사회·문화편
유언비어(1)
아시아태평양전쟁 발발과 '불온 언동'

사회·문화편   일제침탈사 자료총서 60

유언비어(1)

－아시아태평양전쟁 발발과 '불온 언동'

동북아역사재단 일제침탈사 편찬위원회 기획
정병욱·김연옥 편역

발간사

　일본이 한국을 침탈한 지 100년이 지나고 한국이 일본의 지배로부터 벗어난 지 70년이 넘었건만, 식민 지배에 대한 청산은 이루어지지 못하고 있다. 일본의 독도영유권 주장은 도를 넘어섰다. 일본은 일본군 '위안부', 강제동원 등 인적 수탈의 강제성도 인정하지 않고 있다. 일본군 '위안부'와 강제동원의 피해를 해결하는 방안을 놓고 한·일 간의 갈등은 최고조에 이르고 있다. 역사문제를 벗어나 무역분쟁, 안보위기 등 현실문제가 위기국면을 맞고 있다.

　한·일 간의 갈등은 식민 지배의 역사를 어떻게 볼 것인가 하는 역사인식에서 기인한다. 역사는 현재와 과거의 대화이며 이를 기반으로 미래로 나아갈 수 있다. 과거 침략의 역사를 미화하면서 평화로운 미래를 말하는 것은 불가능하다. 식민 지배와 전쟁발발의 책임을 인정하지 않고 반성하지 않으면 다시 군국주의가 부활할 수 있고 전쟁이 일어날 위험성도 배제할 수 없다. 미래지향적 한일관계를 형성하고 나아가 동아시아의 평화와 번영의 기틀을 조성하기 위해 일본은 식민 지배의 책임을 인정하고 그 청산을 위해 노력해야 할 것이다.

　식민 지배의 역사를 청산하기 위해서는 식민 지배는 어떻게 이루어졌는지 그 실상을 명확하게 규명하는 일이 긴요하다. 그동안 일본제국주의에 맞서 조국의 독립을 위해 헌신한 독립운동가들의 활동을 찾아내고 역사적으로 평가하는 일에는 상당한 성과를 거두었다. 반면 일제 식민침탈의 구체적인 실상을 규명하는 일에는 충분한 노력을 기울이지 못했다. 제국주의가 식민지를 침탈했다는 것은 너무나 당연한 사실로 여겨졌기 때문에, 굳이 식민 지배에서 비롯된 수탈과 억압, 인권유린을 낱낱이 확인할 필요가 없었는지도 모른다. 그러는 사이 일본은 식민 지배가 오히려 한국에 은혜를 베푼 것이라고 미화하고, 참혹한 인권유린을 부인하는 역사부정의 인식을 보이는 데까지 이르고 있다. 일제의 통치와 침탈, 그리고 그 피해를 종합적으로 조사하고 편찬할 필요성이 여기에 있다.

　일제침탈사를 체계적으로 정리하는 일은 개인이 감당하기 어렵다. 이에 우리 재단은 한국

학계의 힘을 모아 일제침탈사 편찬위원회를 꾸렸다. 편찬위원회가 중심이 되어 일제의 식민지 침탈사를 정치·경제·사회·문화 모든 방면에 걸쳐 체계적으로 집대성하기로 했다. 일제 식민침탈의 실체를 파악하기 위해 2020년부터 세 가지 방면으로 사업을 추진하고 있다. 하나는 일제침탈의 실상을 구체적이고 생생한 자료를 통해서 제공하는 일로서 〈일제침탈사 자료총서〉로 편찬한다. 다른 하나는 이들 자료들을 바탕으로 연구한 결과물을 〈일제침탈사 연구총서〉로 간행한다. 그리고 연구의 결과를 대중들이 이해하기 쉽게 〈일제침탈사 교양총서〉를 바로알기 시리즈로 간행한다. 자료총서 100권, 연구총서 50권, 교양총서 70권을 기본목표로 삼아 진행하고 있다.

〈일제침탈사 자료총서〉에서는 정치·경제·사회·문화 모든 방면에 걸쳐 침탈의 역사를 자료적 차원에서 종합했다. 침략과 수탈의 역사를 또렷하게 직시할 수 있도록 생생한 자료를 제공하는데 목표를 두었다. 그동안 관련 자료집도 여러 방면에서 편찬되었지만 원자료를 그대로 간행한 경우가 많았다. 이번에 발간되는 자료총서는 해당 주제에 대한 침탈의 실상을 체계적으로 이해할 수 있는 구성방식을 취했으며, 지배자의 언어로 기록되어 있는 자료들을 독자들이 쉽게 읽을 수 있도록 모두 번역했다. 자료총서를 통해 일제 식민 지배의 실체와 침탈의 실상을 있는 그대로 이해할 수 있게 되기를 기대한다.

2021년
동북아역사재단 이사장

| 편찬사

 1945년 한국이 일제 지배로부터 해방된 지 76년의 세월이 지났다. 그럼에도 불구하고 일본 사회 일각에서는 여전히 일제의 한국 지배를 합리화하고 미화하는 주장이 나오고 있으며, 최근에는 한국 사회 일각에서도 일제 지배를 왜곡하고 옹호하는 주장이 나오고 있다. 이는 한국과 일본 사회, 한일 관계와 동아시아 국제관계의 미래를 위해서도 결코 바람직하지 않은 일이다.

 이에 동북아역사재단은 일제의 한국 침략과 식민 지배에 대한 학계의 연구 성과를 총정리한 〈일제침탈사 연구총서〉를 발간하기로 하였다. 이에 따라 2019년 9월 학계의 전문가를 중심으로 편찬위원회를 구성하였으며, 편찬위원회는 학계의 연구 성과를 토대로 정치·경제·사회·문화 부문에서 일제의 침탈이 어떻게 이루어졌는지 정리하여 연구총서 50권을 발간하기로 하였다.

 주지하듯이 1905년 일제는 러일전쟁에서 승리한 뒤, 한국에 군대를 주둔시키면서 한국의 외교권을 빼앗고 통감부를 두어 내정에 간섭하였다. 1910년 일제는 군사력으로 한국 정부를 강압하여 마침내 한국을 강제 병합하였다. 이후 35년간 한국은 일제의 식민 통치를 받았다.

 일제는 한국의 영토와 주권을 침탈하였을 뿐만 아니라, 군사력과 경찰력으로 한국을 지배하면서, 정치·경제·사회·문화의 모든 부문에서 한국인의 권리와 자유, 기회와 이익을 박탈하거나 제한하였다. 정치적으로는 군사력과 경찰력, 각종 악법을 동원하여 독립운동을 탄압하고, 한국인의 정치활동을 억압하고 참정권을 박탈하였으며, 집회와 결사의 자유를 억압하였다. 경제적으로는 일본자본이 경제의 주도권을 장악하고, 일본인 위주의 경제정책을 수행했으며, 식량과 공업원료, 지하자원 등을 헐값으로 빼앗아 갔고, 농민과 노동자 등 대다수 한국인의 경제생활을 어렵게 하였다. 사회적으로는 한국인들을 차별적으로 대우하고, 한국인의 교육의 기회를 제한하고, 한국인으로서의 정체성을 박탈하여 결국은 일본의 2등 국민으로 만들고자 하였다. 문화적으로는 표현과 창작의 자유, 종교와 사상의 자유를 억압하고, 한글 대신 일본어를 주로 가르치고, 언론과 대중문화를 통제하였다. 중일전쟁, 아시아태평양전쟁을 도발한 뒤에는 인적·물적 자원을 전쟁에 강제동원하고, 많은 이들을 전장에 징집하여 생명까지 희생시켰다.

〈일제침탈사 연구총서〉는 침탈, 억압, 차별, 동화, 수탈, 통제, 동원 등의 단어로 요약되는 일제의 침략과 식민 지배의 실상과 그 기제를 명확히 밝히고자 하였다. 이를 통해 일제의 강제 병합을 정당화하거나 식민 지배를 미화하는 논리들을 비판 극복하고, 더 나아가 일제 식민 지배의 특성이 무엇이었는지, 식민 통치의 부정적 유산이 해방 이후에 어떤 영향을 미쳤는지를 밝히고자 하였다.

편찬위원회는 연구총서와 함께 침탈사와 관련된 중요한 주제들에 관하여 각종 법령과 신문·잡지 기사 등 자료들을 정리하여 〈일제침탈사 자료총서〉도 발간하기로 하였다. 아울러 일반인과 학생들이 보다 쉽게 읽을 수 있는 〈일제침탈사 교양총서〉를 바로알기 시리즈로 발간하기로 하였다.

일제의 한국 침략과 식민 지배의 역사는 광복 후 서둘러 정리해냈어야 했지만, 학계의 연구가 미흡하여 엄두를 내기 어려웠다. 이제 학계의 연구가 어느 정도 축적되어 광복 80주년을 맞기 전에 이와 같은 작업을 할 수 있게 된 것을 다행으로 생각한다. 한일 양국 국민이 과거사에 대한 올바른 역사인식을 갖고 성찰을 통해 미래를 향해 함께 나아갈 수 있기를 기대하면서 삼가 이 책들을 펴낸다.

2021년
동북아역사재단 일제침탈사 편찬위원회

차례

발간사	04
편찬사	06
편역자 서문	11
자료 해제	15

I 『대동아전쟁 발발 후 특수범죄 조서: 유언비어와 불경 사건』 ... 33

서문	35
목차	36
1. 유언비어	38
1) 군사 관계	38
2) 경제 관계	143
3) 기타	223
2. 불경 사건	295
* 집계	345

Ⅱ 『대동아전쟁 발발 후 특수범죄 조서: 보안법 위반사건과 일본 등지의 각종 언론사범』 ········ 353

서문 ········ 355

목차 ········ 356

1. 보안법 위반사건 ········ 357

   1) 조선 독립에 관한 불온 언동 ········ 357

   2) 내선일체에 관한 불온 언동 ········ 364

   3) 국어(國語,일본어) 상용에 관한 불온 언동 ········ 375

   4) 지원병제도에 관한 불온 언동 ········ 386

   5) 창씨(創氏)제도에 관한 불온 언동 ········ 393

   6) 징병제도에 관한 불온 언동 ········ 394

   7) 기타 시정 방침에 관한 불온 언동 ········ 398

   8) 집계 ········ 407

2. 일본, 대만, 관동주의 불경 및 유언비어 사건 ········ 411

<부록1> '불온 언동' 처벌법 ········ 472

<부록2> 1942~1943년 조선총독부 검사국 간부의 훈시와 보고 ········ 482

자료목록 ········ 542

인명 찾아보기 ········ 544

일러두기

1. 일제침탈사 자료총서는 가급적 일반 시민들이 읽고 이해할 수 있는 현대적인 문장과 내용으로 구성했다.
2. 인명 및 지명 등 고유명사는 사례마다 처음 등장할 때 원어나 한자를 병기하고 이후에는 한글만 표기했다. '창씨개명'된 인명의 경우 '한글(한자, 일본어 음)'으로 표기했고, 다른 자료에서 본명을 확인할 수 있는 경우 '〔한글 한자〕'로 부기하고 근거를 제시했다. 한글 표기는 국립국어원 외래어표기법에 따랐다.
3. 연도는 서력 표기를 원칙으로 하고 관련 연호는 병기했다. 날짜는 원문 그대로 하고 음력과 양력 여부를 알 수 있는 경우에만 '(음)', 또는 '(양)'으로 기재했다.
4. 숫자는 천 단위까지 아라비아 숫자로 표기하고 만 단위 이상은 '만'자를 넣어 표기했다. 도표 안의 숫자는 가급적 그대로 표기했다.
5. 국한문혼용체와 같이 탈초만으로 문장을 이해하기 힘든 경우 가급적 현대어에 가깝게 윤문했다. 단 풀어쓰기 어려운 낱말이나 문구는 원문을 병기하거나 편역자주를 이용했다.
6. 낱말이나 문구에 대한 설명이 필요한 경우, 또는 편찬사업의 취지에 따라 자료 해설이 필요한 경우 편역자주를 적극 활용했다. 편역자주는 1, 2 등으로 각주 처리했다. 단, 간단한 편역자주는 가독성을 높이기 위해 본문에 쓰고 '〔 〕'로 표시했다.
7. 판독이 불가한 글자의 경우 ■로 표기했다.
8. 원문에는 없으나 '불온 언동'자의 수감 사진이 남아 있는 경우 제시하였다. 사진자료는 국사편찬위원회에 소장되어 있는 것을 협조를 얻어 게재하였다. 또 자료집 뒤에 이 자료집에 수록된 사건을 이해하는 데 필요한 참고자료로 '불온 언동' 처벌법과 1942~1943년 조선총독부 검사국 간부의 훈시와 보고를 번역하여 첨부하였다.
9. 자료원문에 나오는 '역사적' 용어는 시대적 상황을 전하기 위해 원문 그대로 표기했다. 다만 아래의 용어는 다음과 같이 번역하였다.

원문	번역
내지(內地), 내지인	일본, 일본인
선인(鮮人), 반도인(半島人)	조선인
지나(支那), 지나인, 지나군(支那軍)	중국, 중국인, 중국군
북지나(北支那)	화북
지나사변(支那事變), 일지(日支)사변, 사변	중일전쟁

편역자 서문

1937~1945년까지 일본은 중국, 나아가 아시아·태평양 지역에서 전쟁을 일으키면서 식민지 조선에서 전쟁 수행에 필요한 인력, 물자, 자금을 동원했다. 일본 제국주의는 이것들을 원활하게 동원하기 위해 한국인들의 말과 행동을 통제했다. 당시 일본 제국주의가 한국인의 말, 행동을 어떻게 통제하고 탄압했는지는 두 가지 층위에서 살펴볼 수 있다. 하나는 엘리트나 지도층에 대한 것이다. 이는 다시 민족해방이나 독립을 지향하는 운동가에 대한 탄압과 식민지 체제에 적극 순응하거나 그럴 수밖에 없었던 지식인과 지도층에 대한 통제로 나뉠 수 있다. 이는 대체로 전시기(戰時期) 일제의 독립운동 탄압이나 사상 통제에 관한 연구에서 다루어졌다. 한국인의 시점에선 민족해방운동사나 독립운동사, 또는 사상전향이나 '친일'에 관한 연구이다.

다른 하나는 보통 사람들, 민중[1]에 대한 통제와 탄압이다. 앞의 엘리트나 지도층에 대한 그것은 범위와 규모만 달랐을 뿐이지 일제강점기 전 기간에 나타나는 현상이었다. 반면에 민중의 말과 행동에 대한 탄압과 통제는 이전에 없었던 것은 아니지만 전시기에 더 많이 일어났다. 왜냐하면, 당시 '전시 사회'는 전쟁 수행을 위해 사회 전체를 총동원하려는 '총력전 체제'였고 이를 위해서는 엘리트만이 아니라 일반인에 대한 감시와 통제가 필요했기 때문이다. 일제는 민중의 일상을 예의 주시하며 그들의 말과 행동에서 '반일'은 물론이고 체제에 대한 '불만'이나 '비순응'이 보이면 '불온 언동'으로 규정하고 처벌했다. '불온(不穩)'이란 '사상이나 태도 따위가 통치 권력이나 체제에 순응하지 않고 맞서는 성질'을 뜻한다. 전시기 민중의 '불온 언동'은 일제가 한반도에서 전쟁에 필요한 자원을 최대한 쥐어 짜내기 위해 보통 사람들의 말과 행동을 어떻게 통제하고 탄압했는지 알려주는 일제 '침탈'의 새로운 층위를 보여주는 사례라 할 수 있다.

---

1 여기서 '민중'은 지도층이나 엘리트층이 아닌 다양한 사람들을 지칭하는 폭넓은 개념으로 사용한다.

단지 '침탈'의 새로운 층위를 규명하는 차원에서만 '불언 언동' 자료집이 필요한 것은 아니다. 현재 역사학계의 연구 동향을 보아도, 나아가 국내외에서 벌어지는 '기억 전쟁'을 고려해도 '불온 언동' 자료집이 긴요하다. 아래 인용문을 비교해보자.

"(…) 거짓말이 너무나 많은 보도들이었을 것이지만, 그게 거짓이라는 걸 알게 된 것은 1945년 8월 15일 해방 뒤의 일이고, 이때엔 나는 이걸 거부할 만한 딴 지식을 가지고 있지 못했다. 그래 창피한 대로 꽤 길 미래의 일본인의 동양 주도권은 기정사실이니 한국인도 거기 맞추어서 어떻게든 살아 견뎌야 한다는 생각을 세우고 만 것이다. (…) 그때에는 나는 나를 가장 객관적인 관찰가라고 생각했던 것이다. (…)"[2]

"[1941년 12월 8일 자 일기] 오늘 새벽 일본이 서태평양상에서 영국 및 미국과 교전을 벌였다는 것이다. 이제 옛날은 가고 새 시대의 먼동이 떠올랐다! 진정한 인종 간의 전쟁, 즉 황인종 대 백인종의 전쟁이 시작된 것이다. (…) 이번 태평양전쟁에서는 미국에게 100퍼센트의 책임이 있다고 할 수 있다. 미국으로서는 일본을 압박해 전쟁을 시작할 필요도 없었고, 또 그럴 의무가 있는 것도 아니었다. (…) [1941년 12월 9일 자 일기] (…) 일본이 인류 역사상 가장 위대한 전쟁을 시작한 이상, 백인종 특히 앵글로색슨족의 견디기 힘든 인종적 편견과 민족적 오만 및 국가적 침략으로부터 유색인종을 해방하는 데 성공했으면 좋겠다. (…) [1941년 12월 11일 자 일기] (…) 오! 기도하건대, 제발 일본이 앵글로색슨족의 인종적 편견과 불의와 거만함이라는 풍선에 구멍을 뚫는 데 성공하기를, 그뿐만 아니라 풍선을 갈기갈기 찢으면서 이렇게 말할 수 있게 되기를 바란다. 수백 년 동안 유색인종들에게 열등감과 수치심을 안겨주는 도구로 써왔던, 당신들의 그 잘난 과학적 발견과 발명품들을 가지고 지옥에나 떨어져라!"[3]

"[1941년 12월 8일] 일본과 영·미국의 전쟁(日英美戰)이 장기화하면 일본은 재력도 부

---

2 서정주, 『미당 자서전 2: 서정주 전집 5』, 민음사, 1994, 154쪽.
3 국사편찬위원회 편, 박정신·이민원·박미경 번역, 『(국역) 윤치호 영문일기』 10, 2016, 479~481쪽.

족하고 병력도 적기 때문에 경제상 타격을 받아 패배할 것이다. 그때는 조선도 독립할 수 있다" 운운[4]

"[1941년 12월 13일] 일본군은 육지에서 바다에서 하늘에서 백전백승하여 미·영군을 격파하고 막대한 손해를 입혔다고 말하나, 전황 보도에서 자국의 손해를 하나도 발표하지 않으므로 신문이나 라디오 뉴스는 신용할 수 없다. 또 실제 일본군이 이겼는지, 미국군이 이겼는지 알 수 없다."[5]

앞의 두 인용문은 시인 서정주의 회고, 종교인·교육자 윤치호의 일기이다. 뒤의 두 인용문은 이발사 윤기옥, 생선 행상 김삼득의 말이다. 어느 쪽이 더 분별 있는가? 윤기옥이나 김삼득은 미국 대학은커녕 조선의 전문학교 문턱도 넘어보지 못했다. 두 사람만이 아니다. 당시 농민, 노동자, 상인, 짐꾼, 직공, 아동 등 적지 않은 보통 사람들이 일본의 신문이나 라디오 방송을 믿을 수 없다, 일본이 질 것이라 말했다가 처벌받았다. 윤기옥은 육·해군형법 위반으로 징역 10개월, 김삼득도 같은 법 위반으로 금고 8개월의 처분을 받았다.

일제강점 말기, 즉 전시기에는 앞의 두 인용문과 같은 경향 즉, '친일', '내선일체', 조선총독부의 전시정책에 협조하는 내용의 사료가 많긴 하지만 뒤의 두 인용문과 같은 사료도 적지 않다. 그런데 왜 연구는 앞의 경향을 다룬 것이 많을까? '대일협력'의 다양한 조류에서 '동아시아'론, '근대초극'론에 이르기까지 섬세한 연구가 진행되고 있다. 물론 그런 연구도 중요하다. 그런데 그로 인해 당시 엘리트의 머릿속이 해당 시대를 과잉 대표하게 된다면, 나아가 그로 인해 엘리트의 자기 합리화가 담긴 왜곡된 역사상만이 공유되고 기억 정치에 활용된다면 문제가 아닐까. 엘리트 편향의 역사연구와 역사상을 극복하기 위해서도 전시기 민중의 '불온 언동'을 모은 자료집이 절실하다.

더욱이 이 시기 '불온 언동' 사료에는 다른 사료에서 보기 힘든 민중의 일상이 담겨 있다.

---

[4] 高等法院檢查局思想部, 『大東亞戰爭勃發後ニ於ケル特殊犯罪調:造言飛語及不敬事件』, 1943.5, 37쪽; 이 자료집 86쪽.
[5] 위의 자료, 10쪽; 본 자료집 50쪽.

이전에는 훈계나 방면에 그쳤던 '불온 언동'이 처벌되기 시작하면서 불온한 말이 오갔던 보통 사람들의 일상이 사료로 남게 되었다. 전시기 식민지 권력이 전쟁 수행을 위해 민중의 일상에 침투하여 통제를 강화하자 일어났던, 의도치 않았던 결과다. 권력에 의해 포착된 것이라는 한계가 있지만 '불온 언동'은 민중의 이야기와 삶을 보여준다. 전시기 식민지 조선의 사회에 관한 연구는 권력의 포섭에 주목하는 것과 민중의 저항에 주목하는 것으로 크게 나눠볼 수 있는데,[6] '불온 언동'은 지배와 저항이 엉켜 있는 민중의 삶으로 우리를 안내한다. 민중을 주체로 일상을 무대로 지배와 저항을 새롭게 재구성해볼 수 있는 귀중한 사료이다.[7]

편역자를 대표하여
정병욱

---

[6] 전자의 대표적인 연구로 마쓰모토 다케노리 지음, 윤해동 옮김, 『조선농촌의 식민지 근대 경험』, 논형, 2019, 후자의 대표적인 연구로 변은진, 『파시즘적 근대체험과 조선민중의 현실인식』, 선인, 2013이 있다.

[7] 전시기 '유언비어'를 통해 민중의 심정과 의식을 읽어내려 했던 기존 연구로 다음의 글이 있다. 宮田節子, 「조선민중의 중일전쟁관'-유언비어'를 통해서-」, 『朝鮮民衆과 皇民化 政策』, 이형랑 역, 一潮閣, 1997; 박수현, 「중일전쟁기 '流言蜚語'와 조선인의 전쟁 인식」, 『한국민족운동사연구』 제40집, 한국민족운동사학회, 2004; 변은진, 「유언비어를 통해 본 일제말 조선민중의 위기담론」, 『아시아문화연구』 제22집, 경원대 아시아문화연구소, 2011(변은진, 앞의 책, 3장 2절에 수록); 정병욱, 「전시기(1937-1945) 반일언동 사건과 식민지 조선 민중의 의식」, 『민족문화연구』 79, 2018. 이외에도 이시재, 「日帝末의 朝鮮人流言의 硏究」, 『한국사회학』 제20집, 한국사회학회, 1987과 박용하, 「日帝末期 流言蜚語現象에 對한 一考察」, 고려대 석사학위논문, 1990을 참조할 수 있다. 일본 학계의 연구로 山口公一, 「'造言飛語'にみる戰時末期の朝鮮民衆と社會」, 『史海』 第57號, 東京學芸大學史學會, 2010가 있다.

| 자료 해제

'불온 언동' 처벌법과 '특수범죄 조서' 간행의 맥락

이 자료집은 1943년 5월과 8월 고등법원 검사국 사상부(高等法院檢事局思想部)가 펴낸 『대동아전쟁[1] 발발 후 특수범죄 조서: 유언비어[2]와 불경 사건(大東亞戰爭勃發後ニ於ケル特殊犯罪調: 造言飛語及不敬事件)』과 『대동아전쟁 발발 후 특수범죄 조서: 보안법 위반사건과 일본 등지의 각종 언론사범(大東亞戰爭勃發後ニ於ケル特殊犯罪調:保安法違反事件及內地等ニ於ケル各種言論事犯)』을 번역한 것이다. 지금까지 조사한 바로는 1937년부터 1945년까지 검(檢)·경(警)·군(軍) 등 일제 당국이 조사한 것 중 가장 많은 '불온 언동' 사례가 수록된 자료이다.[3]

일제강점기 검찰 사무를 담당하는 검사국은 재판소에 병치(竝置)되었다(朝鮮裁判所令 第9條[4]). 고등법원 검사국이란 고등법원에 병치된 검사국을 말한다. 당시 고등법원이 식민지 조선의 최고법원이었듯이 고등법원 검사국은 식민지 조선의 검찰 사무를 지휘 감독하는 최고 기관이었다. 원 자료집의 편찬자 '고등법원 검사국 사상부'란 명칭은 1928년 무렵부터 사료에 나오기 시작하는데, 식민지 조선에서 '사상'을 탄압하고 통제하는 검찰 지휘부였다.[5] 그곳에서 1943년 『대동아전쟁 발발 후 특수범죄 조서』라는 이름의 두 권의 자료집을 표지

---

[1] 원문의 '대동아전쟁(大東亞戰爭)'은 아시아태평양전쟁을 미화하는 용어이나 시대상을 전하기 위해 그대로 썼다.
[2] 원문의 '조언비어(造言飛語)'는 '유언비어'로 번역했으며, 원문이 '조언비어'라는 점을 밝힐 필요가 있는 경우 괄호 안에 한자 '造言飛語'를 썼다. 자세한 설명은 34쪽 주 2 참조.
[3] 정병욱, 앞의 글, 2018, 227쪽.
[4] 朝鮮總督府 編, 『朝鮮法令輯覽』上卷, 朝鮮行政學會, 1940, 3집 74쪽; 국사편찬위원회 편, 『한국근대사기초자료집 5) 일제강점기의 사법』, 2012, 184쪽.
[5] 장신, 「1920년대 民族解放運動과 治安維持法」, 『學林』 19, 1998; 水野直樹, 「植民地期朝鮮の思想檢事」, 『International Symposium 30 日本の朝鮮·臺灣支配と植民地官僚』, 國際日本文化研究センター, 2007; 水野直樹, 「思想檢事たちの「戰中」と「戰後」 – 植民地支配と思想檢事 –」, 松田利彦·やまだあつし 編, 『日本の朝鮮·臺灣支配と植民地官僚』, 思文閣出版, 2009; 정병욱, 「경성지방법원 검사국 기록과 '사상부'의 설치」, 이타가키 류타·정병욱 편, 『식민지라는 물음』, 소명, 2014.

에 "秘(비)", "取扱主意(취급주의)"까지 찍어 인쇄했다. 고등법원 검사국 사상부는 1943년에 왜 이 자료집을 만들었을까?

그 부제에서 알 수 있듯이 이 자료집에서 주로 다루는 '범죄'는 조선의 '유언비어(造言飛語)'와 '불경', '보안법 위반' 세 가지이다. 우선 가장 많은 분량을 차지하는 '유언비어'를 보면, 그 처벌법은 '육·해군형법', '안녕질서에 대한 죄', '조선임시보안법' 등이었다. 육·해군형법의 해당 조항은 "전시 또는 사변에 즈음하여 군사에 관해 유언비어(造言飛語)를 행한 자는 3년 이하의 금고에 처한다"(육군형법 제99조, 해군형법 제100조)였다.[6] 1937년 7월 7일 일본이 중일전쟁을 일으킨 뒤 8월 초 조선의 군경은 군사에 관한 유언비어 단속을 강화하기 위해 군형법 해당 조항을 적용하여 처벌하겠다고 공표했으며, 9월 2일 해당 조항에 따른 첫 처벌 판결이 나왔다.[7] 이후 육·해군형법은 유언비어에 대한 주요 처벌법으로서 기능했다. 아시아태평양전쟁 발발 이후 1942년 2월 육·해군형법이 개정되어 유언비어 처벌은 '3년 이하 금고'에서 '7년 이하 징역 또는 금고'로 강화되었다.

전쟁이 장기화하고 전시 총동원으로 생활이 곤란해지자 군사 외에도 여러 부문에 관한 유언비어가 늘어났다. 이에 대한 대책으로 일제는 1941년 두 가지 법을 신설하였다. 우선 3월 일본 형법 제105조 뒤에 '안녕질서에 대한 죄'가 추가되었다. '인심의 혹란(惑亂)' 또는 '경제상의 혼란'을 유발할 목적으로 '허위 사실'을 유포한 자는 각각 최고 징역 5년 형, 7년 형으로 처벌할 수 있게 되었다. 또 일본은 12월 7일 아시아태평양전쟁을 일으킨 직후 같은 달 19일 '언론, 출판, 집회, 결사 등 임시단속(取締)법'을 공포하고 21일부터 시행했으며, 조선에서도 같은 달 26일 '조선임시보안령'이란 이름으로 시행되었다. '시국에 관해 유언비어(造言飛語)를 한 자'는 최고 징역 2년(제20조), '시국에 관해 인심을 혹란(惑亂)하게 하는 사항을 유포한 자'는 최고 징역 1년(제21조)의 처벌을 할 수 있게 되었다.

자료집의 '유언비어' 편에 실린 사례 총 546건(중복 1건 포함)에 적용된 처벌법은 조선임시보안령 351회, 육군형법 195회, 해군형법 132회, 안녕질서에 대한 죄 45회, '언론, 출판, 집

---

6   이하 법조문은 본 자료집 〈부록1〉 참조.
7   〈陸軍刑法發動! 流言蜚語取締網을 强化하야, 最高三年의 禁錮刑〉, 《동아일보》, 1937.08.06, 2면 5단; 〈造言飛語流布者에 懲役一年判決, 陸軍刑法의 最初發動〉, 《동아일보》, 1937.09.04, 2면 11단.

회, 결사 등 임시단속법' 3회였다. 총 건수에 비해 적용 처벌법 수가 많은 것은 1건에 두 가지 이상의 법이 적용된 사례가 많기 때문이다. 유언비어 사례를 읽어보면 누구나 '이런 것도 처벌받았나' 하는 생각이 들기 마련인데, 그런 의문은 일면 타당하다. 유언비어 대부분은 전쟁 이전에는 처벌받지 않았었다. 조선군이 1936년 전반기에 포착한 '유언·낙서' 68건을 보면 그 내용이 1937년 중일전쟁 이후와 큰 차이가 없었다.[8] 이는 '유언비어'가 '전시'라는 상황에서 식민지 권력이 만들어낸 '범죄'이지 그 이전에는 딱히 처벌받아야 할 '범죄'가 아니었음을 말해준다. 또 유언비어의 범위는 갈수록 확대되었다. '안녕질서에 대한 죄'로 군사만이 아니라 민중의 모든 말이 대상이 되었다. '조선임시보안령' 제21조로 사실 여부와 상관없이 검·경·군이 보기에 '인심을 혹란'하게 했다면 처벌할 수 있는 길이 열렸다.

'불경'과 보안법 위반은 1937년 중일전쟁 이전부터 있었던 '범죄'이나 전시기로 들어서면 그 내용이 변화하였고 발생 횟수가 늘었다. 자료집의 '불경' 편에 실린 사례는 총 88건이다. 1941년 12월 8일 이후 1943년 4월 말까지 '기소유예' 이상의 처분을 받은 사례로 대략 1개월당 5.2건이었다. 중일전쟁 이후 불경 사건이 '돌연 비약적으로 급증'했다는 1938년 검사가 수리한 불경 사건 수가 27건이었고 그중 '기소유예' 이상은 23건으로 1개월당 약 1.9건이었다. 아시아태평양전쟁 발발 이후 '증가'세가 가팔라졌다고 할 수 있다. 고등법원 검사국은 1938년 급증의 기인(基因)으로 중일전쟁으로 인한 인심의 동요, 후방의 치안 확보를 위한 검거의 역행(力行)을 꼽았다.[9] 그렇다면 아시아태평양전쟁 이후는 '인심의 동요', 즉 한국인의 이반이 더 심해졌고 일제는 치안 확보를 위해 더욱 단속해야 하는 상황이었다고 할 수 있다. 이 자료집의 불경 사례를 읽어보면 한국인 남녀노소 사이에서, 또 전 직업군에서 식민지배에 대한 불만이 손쉽게 일본 천황제에 대한 부정과 모욕으로 표현되었음을 알 수 있다. '인심의 동요'가 아니라 전쟁이란 특수 상황에서 종래 숨겨왔던 본심의 분출 같다. 또 88건 중 앞의 유언비어 처벌법과 병합된 것이 23건 26%였다.[10] 즉, 1/4가량이

---

[8] 朝鮮軍參謀部, 『昭和十一年前半朝鮮思想運動槪況』, 1936.8, 37쪽; 『昭和十一年前半朝鮮思想運動槪況附錄』, 1936.8, 71~77쪽(이상 宮田節子 編, 『朝鮮思想運動槪況』, 不二出版, 1991에 수록. 쪽수는 이에 의거한다.)

[9] 이상 1938년 불경죄에 관해서는 高等法院檢事局思想部, 「不敬罪に關する調査」, 『思想彙報』 21호, 1939.12, 17~39쪽 참조.

[10] 이 자료집의 불경 사례에서 불경죄와 병합된 유언비어 처벌법은 다음과 같다. 육·해군형법 10건, 육군형법 3건, 해군형법 1건, 조선임시보안령 위반 5건, 안녕질서에 대한 죄 4건.

유언비어를 말하면서 천황제를 모독하는 말도 함께 했다. 한국인의 시점에 보면 '불경'은 불만을 표출하는 여러 소재 중 하나일 뿐이었다. 조선총독부 검사국은 기존에 '불경죄'를 식민지배의 근간을 해치는 '사상 사건'의 하나로 항상 특별 취급을 하였으나, 아시아태평양전쟁 단계에 들어서면 유언비어와 함께 광범위하게 자주 발생하였다. 검사국 사상부가 이 자료집에 '불경'을 '유언비어'와 함께 묶는 불경을 저지르게 만든 이유이다.

'보안법'은 1907년 제정된 이래 민족운동을 처벌하는 주요 법령이었으나 중일전쟁 이후 전시기에 들어서면 종교단체, 그리고 개인의 '정치에 관한 불온 언동'을 처벌하는 데 적용되었다. 특히 1941년 개정에 의해 '치안유지법'(제7조)으로도 종교단체 처벌이 가능해지자 보안법 적용은 개인의 '정치에 관한 불온 언동'에 집중되었다.[11] 이 자료집의 보안법 위반 사례는 '집계'에 따르면 총 85건이나 원본 소실로 81건만 수록되었다. 그 내용을 보면 치안유지법으로 처벌될 수 있는 조직이나 단체를 갖추지 않은 경우가 대부분이다. 사례 81건 중 치안유지법과 병합된 경우는 4건 5%인 반면, 유언비어 처벌법과 병합된 것은 28건 35%였다.[12] 유언비어와 보안법 위반은 그 성격상 함께 이뤄지는 경우가 많았다.[13] 양자의 차이점은 전자가 대부분 지인과 대화 중에 나왔다면 후자는 여러 사람의 '면전'에서 이뤄지거나 낙서와 같이 불특정 다수를 향한 경우가 많았다. 이는 보안법 제7조 '정치에 관한 불온 언동'의 '범죄' 구성 요건이 '치안 방해'이기 때문이다.[14]

이상 '유언비어(造言飛語)', '불경' 그리고 '정치에 관한 불온 언동(보안법 위반)'은 전시기, 특히 아시아태평양전쟁 이후 급증하였고, 조선총독부 검찰 당국이 보기에 후방의 치안유지상 박멸해야 할 '불온 언동'이었다.

---

[11] 아시아태평양전쟁 발발 이후 보안법 위반사건의 중심이 종교단체에서 개인의 '정치에 관한 불온 언동'으로 바뀌었다. 정병욱, 「전시기(1937~1945) 경성지방법원 검사국 사건기록과 '사상'사건의 추이」, 『한국민족운동사연구』 83, 2015, 240쪽.
[12] 이 자료집의 보안법 위반 사례에서 보안법 위반과 병합된 유언비어 처벌법은 다음과 같다. 육·해군형법 16건, 육군형법 2건, 조선임시보안령 위반 9건, 안녕질서에 대한 죄 1건. 이외 불경죄와 병합된 사례가 4건이다.
[13] 高等法院檢事局思想部, 「支那事變以後に於る保安法違反事件に關する調査」, 『思想彙報』 19호, 1939.6, 65쪽.
[14] 현실에선 이러한 구성 요건이 충족되었다고 보기 어려운 경우도 보안법 위반으로 처분되었다. 村崎滿, 「保安法の史的素描」, 『朝鮮司法協會雜誌』 22-11, 1943, 25~26쪽.

후방(銃後) 치안유지에 중요한 점은 인심에 불안과 동요를 유발하지 않는 것입니다. 이러한 불안 동요의 주된 원인은 각종 유언부설(流言浮說)로, 이 유언부설을 단속하고 박멸하는 것은 치안유지상 긴요한 사항에 속합니다. 종래 치안에 관한 불온한 언동은 보안법으로, 군사에 관한 유언비어(造言飛語)는 육·해군형법으로 (…) 단속해 왔습니다만, 전시(戰時)에는 이렇게 하여 충분히 그 목적을 달성하지 못한 부분도 있고, 앞서 형법을 개정하여 인심 혹란(惑亂)을 목적으로 한 허위 사실 유포 및 경제적 혼란 유발을 목적으로 한 허위 사실 유포를 금지하여 새롭게 이를 처벌하며 (…) 끝으로 조선임시보안령을 발포하여 널리 시국에 관한 유언비어(造言飛語)를 만든 자와 시국에 관해 인심을 혹란하게 할 사항을 유포시킨 자를 처벌하여 전시 상황에서 각종 유언부설 단속에 관한 법규를 완비해 나가고 있습니다.

- 1942년 5월 경찰부장회의 중 마스나가 쇼이치(增永正一) 고등법원 검사장의 훈시에서[15]

치안유지상 불온 언동 단속이 중요해지자 종래 '시국 범죄'로 다뤄지던 유언비어나 개인의 '정치에 관한 불온 언동'(보안법 위반)은 이제 '불경'과 함께 사상 문제로 다루어지기 시작했다. 고등법원 검사국 사상부가 1937년 12월 펴낸 『사상휘보』를 보면 유언비어는 '사상 사건'이 아니라 '사기', '시국 이용 무고와 절도', '보안법 위반' 등과 함께 '시국 관계 범죄'였다. 사상부는 이 '시국 관계 범죄' 총 49건 중 47건은 '사상과 관계없는 것'으로 판단했다. 1943년 10월 『사상휘보』가 속간되었을 때 유언비어는 '사상' 사건으로 다뤄졌다. '사상' 사건 통계에 유언비어를 처벌하는 '육·해군형법 위반', '안녕질서에 대한 죄', '조선임시보안령 위반'이 포함되었다.[16] 아래의 검찰 수뇌부의 발언은 이러한 시각 변화를 잘 보여준다.

---

15 高等法院檢事局 編, 『朝鮮刑事政策資料-昭和17年度版-』, 1942, 13~14쪽; 본 자료집 486쪽.
16 유언비어 등 불온 언동 사건의 '사상 사건'화에 대해서는 정병욱, 앞의 글, 2015, 244~246쪽; 정병욱, 앞의 글, 2018, 230~231쪽 참조.

불경 사범의 격증이나 유언비어(流言蜚語) 또는 악질 낙서의 빈발 등 민족의식의 발로라고 여겨지는 많은 현상을 종합하면, 아무리 과격한 사상 사범의 검거는 근소하다고 하더라도 반도 각반 각층에 걸쳐 민족의식 앙양 경향은 현저한 측면이 있다고 판단하지 않을 수 없다. 현재 국민단결이 요청되고 있는 것이 절실한 이때 실로 매우 유감이니 신속히 발본색원할 수 있는 구체적인 방책을 연구해 반도 사상계의 철저한 숙정을 기도해야 한다.

- 1943년 4월 재판소 및 검사국 감독관회의 중 도자와 시게오(戶澤重雄) 경성지방법원 검사정의 관내 상황 보고에서[17]

이렇게 볼 때 『대동아전쟁 발발 후 특수범죄 조서』는 조선의 사상 통제와 탄압을 지휘하는 고등법원 검사국 사상부가 아시아태평양전쟁 이후 급증하여 새롭게 후방의 치안을 위협하는 사상 사건으로 부각된 유언비어, 보안법 위반을 유사한 성격의 불경과 함께 '특수 범죄'로 묶어서 펴낸 자료집이라 할 수 있다. 여기서 '특수'란 종래 검사국 사상부가 다루던 사상 사건, 즉 공산주의나 민족주의와 관련된 단체의 사상 사건과 다르다는 의미일 것이다. 전시라는 상황에서 미조직 개인의 유언비어, 보안법 위반, 불경과 같은 불온 언동 사건도 사상 사건으로 다뤄졌던 것이다. 불온 언동은 일본이 패전하는 시점까지 계속 '사상 사건'으로 취급되었다. 1945년 초 조선총독부 법무국 형사과 사상계(思想係)가 조사 작성한 「1944년도 반도의 사상 정세」를 보면 '사상 사건'을 '불경', '불온언론', '치안유지법 위반', '첩보모략'으로 나누었는데, '불온언론'의 처벌법은 '조선임시보안령', '육해군형법', '보안법', '안녕질서에 대한 죄', '언론, 출판, 집회, 결사 등 임시단속법'이었다.[18]

'특수'라는 말에는 일제 검찰 당국의 당혹감도 담겨 있다. 이 자료집에 수록된 사례는 유언비어 사례 546건, 불경 88건, 보안법 위반 85(원문 누락 4건)이다. 후대의 연구자에게는 축복이지만 검사국 사상부는 왜 이 많은 사례가 필요했을까? 검찰 수뇌부는 1941년 말이면 "각종 유언부설 단속에 관한 법규가 완비"되었다고 했지만, 그 법령을 실제 집행해야 하는 실무자에게도 '완비'였을까? 예를 들어 이후 유언비어 처벌의 주된 법령이 되는 '조선임시

---

17 高等法院檢事局 編, 『朝鮮刑事政策資料 – 昭和18年度版-』, 1943, 83쪽; 본 자료집 522쪽.
18 高等法院檢事局, 『朝鮮檢察要報』 13, 1945.3, 16, 23~24쪽.

보안령'은 '시국에 관한 유언비어(造言飛語)를 하는 자', '시국에 관해 인심을 혹란(惑亂)하게 할 수 있는 사항을 유포하는 자'를 2년 이하의 징역으로 처벌할 수 있게 하였다. '시국'이란 용어가 법률 용어로 처음 쓰였는데 광범위하고 모호한 개념이다. 또 '인심 혹란' 여부는 어떻게 판단할 수 있는가. 단속 법령의 '완비'로 모든 말이 처벌 가능해졌는지 모르겠지만, 실제 그 법령을 집행하는 실무자에게는 무엇이 처벌 가능한 유언비어이고 양형은 적당한지 명확하지 않았다. 이 자료집 서문에 쓰인 "등재된 사건에 대한 의율(擬律), 과형이 타당하지 않다고 인정되는 것도 여기저기에 조금 보이"지만 "각자의 연찬"을 기대한다거나[19] "(일본과 대만의) 이런 종류 사범의 처리 상황, 특히 의율의 점에 상당히 참고되는 것이 있다"[20]는 구절도 이런 맥락에서 이해할 수 있다. 중일전쟁 발발 이후 유언비어 관련 육·해군형법이 본격 적용되었음에도 1945년 초에도 고등법원 검사국은 여전히 '유언비어(造言飛語)'와 '군사상 유해'의 의미, '사실'의 범위와 '사실보도'의 방법 등에 관한 판결문을 참고자료로 제시해야 했다.[21] 그만큼 실무자에게는 여전히 모호했던 것이다. 전시기 유언비어 등 불온 언동에 관한 많은 사례의 집적은 검경 실무자가 관련 법규의 적용 범위, 양형의 적정성을 판단하기 위한 실무적 요구도 반영된 것이라 할 수 있다.

'특수범죄 조서'의 구성과 항목

조선총독부 고등법원 검사국 사상부가 1943년 5월에 펴낸 『대동아전쟁 발발 후 특수범죄 조서: 유언비어와 불경 사건(大東亞戰爭勃發後ニ於ケル特殊犯罪調:造言飛語及不敬事件)』은 현

19　高等法院檢事局思想部,「서문(はしがき)」,『大東亞戰爭勃發後ニ於ケル特殊犯罪調:造言飛語及不敬事件』, 1943.5; 본 자료집 35쪽.
20　高等法院檢事局思想部,「서문(はしがき)」,『大東亞戰爭勃發後ニ於ケル特殊犯罪調:保安法違反事件及內地等ニ於ケル各種言論事犯』, 1943.8; 본 자료집 355쪽.
21　高等法院檢事局,『朝鮮檢察要報』제13호, 1945.3, 52쪽. 일본에서도 유언비어 관련 법규의 적용은 그 개념이나 양형에 통일을 기하기 어려웠다. 이에 대해서는 西ケ谷徹,「支那事變に関する造言飛語に就いて」, 司法省刑事局,『思想研究資料』第55號, 1938, 135~137쪽 참조(社会問題資料研究會 編,『社会問題資料叢書』第1輯, 京都: 東洋文化社, 1978에 수록).

재 서울대학교 도서관이 소장하고 있으며, 이를 번역 대본으로 삼았다.[22] 1943년 8월에 펴낸 『대동아전쟁 발발 후 특수범죄 조서: 보안법 위반사건과 일본 등지의 각종 언론사범(大東亞戰爭勃發後ニ於ケル特殊犯罪調:保安法違反事件及內地等ニ於ケル各種言論事犯)』(1943.8)은 방기중 편, 『일제 파시즘기 한국사회 자료집 2』(선인, 2005, 409~518쪽)에 수록된 것을 번역 대본으로 삼았다. 소실, 누락된 부분이 있고 일부 인쇄 상태가 좋지 않으나, 현재까지 유일한 공개본이다.

두 권의 『대동아전쟁 발발 후 특수범죄 조서』는 크게 조선의 유언비어, 불경, 보안법 위반, 그리고 일본 등지의 각종 언론 사범 총 네 부분으로 이뤄져 있다. 각각의 형식은 대동소이하므로 순서대로 1943년 5월 고등법원 검사국 사상부(高等法院檢事局思想部)가 펴낸 『대동아전쟁 발발 후 특수범죄 조서: 유언비어와 불경 사건』의 구성과 항목을 살펴보고 겹치지 않는 범위에서 동년 8월에 펴낸 『대동아전쟁 발발 후 특수범죄 조서: 보안법 위반사건과 일본 등지의 각종 언론사범』을 살펴보겠다.

1943년 5월에 간행된 『대동아전쟁 발발 후 특수범죄 조서: 유언비어와 불경 사건』은 1941년 12월 8일 일본의 미국 진주만 공습으로 아시아태평양전쟁이 발발한 이래 1943년 4월 말까지 발생하여 검거되었던 각종 유언비어와 불경 사건 가운데, 검사가 기소유예 이상을 처분하였던 것 중 '검찰사무보고'가 이루어진 사건을 모은 것이다. '검찰사무보고'란 고등법원 검사국, 복심법원 검사국, 지방법원 검사국이 조선총독부 법무국 형사과에 즉시 보고해야 할 사건을 규정한 것이다. 현재 확인 가능한 1942년도 1월 규정을 보면 불경과 보안법 위반사건은 보고 대상이었으나 유언비어 사건은 아직 그 대상이 아니었다.[23] 이후 유언비어 사건이 중요해짐에 따라 보고 사건에 포함된 것으로 보인다.

고등법원 검사국 사상부는 위 보고 사건들을 '유언비어' 편과 '불경' 편으로 나누고 '유언비어' 편의 경우 내용에 따라 분류하고 다시 발생일시 순으로 배열했다. '불경' 편은 내용 분

---

22 이 자료는 종전에 연구자들 사이에서 總督府警察局, 『昭和17年版 朝鮮不穩言論取締集計書』로 알려졌으나 잘못이다. 일본 滋賀縣立大學 도서관의 '박경식 문고'에 『昭和17年版 朝鮮不穩言論取締集計書:總督府警察局秘版』이라는 서명으로 제본된 것이 있는데, 이 서명은 후대에 제본하면서 임의로 붙인 것 같다. 그 내용은 서울대학교 법학도서관에 보존되어 있는 高等法院檢査局思想部 編, 『大東亞戰爭勃發後ニ於ケル特殊犯罪調:造言飛語及不敬事件』, 1943.5와 동일하다.

23 朝鮮總督府, 『昭和十七年一月 朝鮮總督府報告例別冊乙號』, 1941.11.25, 18쪽.

류 없이 사건 발생순으로 수록하였다. '유언비어' 사건의 분류 항목, 목차를 보면[24] 유언비어가 군사나 경제, 전시 총동원 정책 전반에 걸쳐 발생하고 있음을 알 수 있다. 대분류로는 '군사 관계'가 '경제 관계'보다 많았다. 총 547건 중 전자가 215건 39%이고, 후자가 187건 34%를 차지했다. 나머지는 '기타' 145건 27%였다. 소분류로는 '경제 관계'의 항목이 수위를 점했다. '식량 부족' 77건, '배급 관계' 50건이었다.

'유언비어' 편과 '불경' 편에 수록된 각 사례는 아래 그림과 동일한 양식으로 기재되었다.

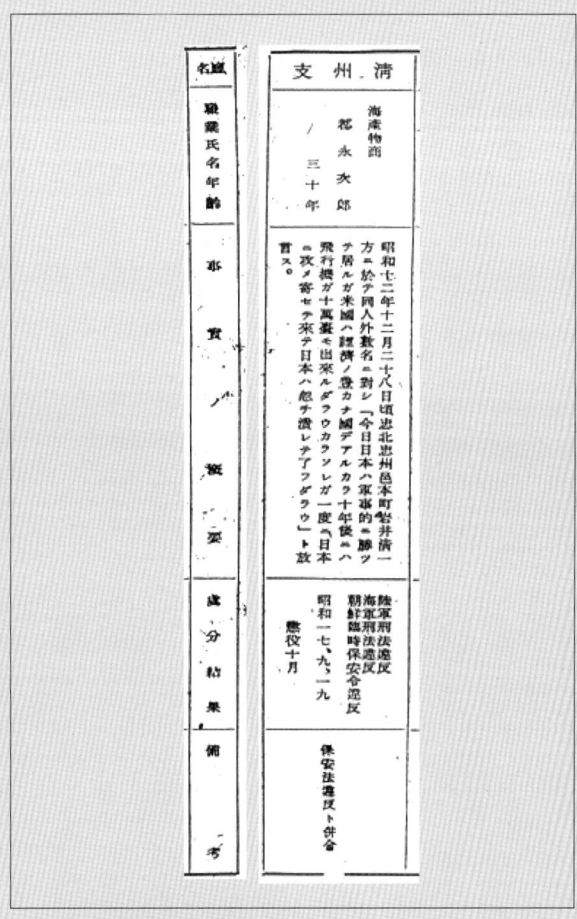

〈그림1〉 사건 사례 기재 양식
자료: 高等法院檢事局思想部, 『大東亞戰爭勃發後ニ於ケル特殊犯罪調: 造言飛語及不敬事件』, 1943.5, 43쪽.

---

24 본 자료집 36~37쪽 참조.

청명(聽名): 사건을 담당한 검사국이 소속된 곳을 말한다. 일제강점기에 검찰 사무를 담당하는 검사국은 재판소에 병치(竝置)되었다. 지방법원에 지청이 설치되는 경우 그 지청에 검사분국이 병치되었다(朝鮮總督府裁判所令 第9條[25]). 위 그림의 '淸州支'는 '대전지방법원 청주지청 검사분국'을 말한다. 대전지방법원 검사국이라면 '大田地'로 표기되었다. 번역 시 끝의 '검사국'과 '검사분국'을 생략하고 "○○지방법원", "○○지방법원 ○○지청"으로 표기했다. 일제강점기 지방법원과 관할구역, 그 지청은 아래 표와 같다.

〈표1〉 일제강점기 법원, 관할구역, 지청(1938년 이후)

고등법원	복심법원	지방법원	관할구역	지청
고등법원(경성)	경성	경성	경기도, 강원도 일부	개성, 여주, 수원, 인천, 춘천, 철원, 원주
		대전	충청남도 일부, 충청북도	공주, 강경, 홍성, 서산, 청주, 충주
		함흥	함경남도, 강원도의 통천군, 고성군, 양양군, 강릉군, 삼척군	북청, 원산, 강릉, 혜산
		청진	함경북도	성진, 회령, 웅기
	평양	평양	평안남도	안주, 덕천, 진남포
		신의주	평안북도	정주, 영변, 강계, 초산
		해주	황해도	서흥, 사리원, 송화
	대구	대구	경상북도, 강원도 울진군	김천, 상주, 안동, 의성, 경주, 영덕
		부산	경상남도	마산, 밀양, 통영, 진주, 거창
		광주	전라남도	순천, 목포, 장흥, 제주
		전주	전라북도, 충청남도 서천군	남원, 정읍, 군산

자료: 朝鮮總督府 編, 『朝鮮法令輯覽』上卷, 朝鮮行政學會, 1940, 3집 76~79쪽.

보통 지방법원 지청에서도 검사의 기소와 1심 재판이 이루어지나 '조선총독부재판소령'에 따라 일정 형량 이상의 범죄나 특정 범죄는 3인의 판사로 구성된 합의 재판을 받아야

---

[25] 朝鮮總督府 編, 『朝鮮法令輯覽』上卷, 朝鮮行政學會, 1940, 3집 74쪽; 국사편찬위원회 편, 『(한국근대사기초자료집 5) 일제강점기의 사법』, 2012, 184쪽.

한다(제4조). 예를 들면 이 자료집에 수록된 경남 통영군의 박응진은 불경죄를 지었다고 기소되었는데, 불경죄는 합의 재판을 받아야 한다. 그런데 관할청인 부산지방법원 통영지청은 판사가 2인이라 3인의 판사가 근무하는 같은 지방법원 마산지청으로 이송되어 재판을 받았다. 충남 강경읍의 박흥림도 같은 이유로 대전지방법원 강경지청에서 대전지방법원으로 이송되었다. 지청에서 재판을 받은 경우, 2심은 해당 복심법원에서 이뤄졌다. 당시 일본에서 구(區)재판소에서 1심이 이뤄진 경우 지방재판소에서 2심이 진행된 것과 다르다.

이 자료집에 수록된 사건이 해당 기간 해당 법원 검사국에서 처분한 사건 전부가 아님에 유의할 필요가 있다. 현존 경성지방법원 검사국의 사건기록을 보면 1942년 사건 18건(기록호 기준) 중 치안유지법 위반이나 출판법 위반을 제외한 '불온 언동' 사건(육·해군형법 위반, 조선임시보안령 위반, 보안법 위반, 불경죄)은 11건이었다.[26] 이 중 6건만 이 자료집에 수록되었다. 어떤 이유에선지 5건은 '기소유예' 이상의 처분임에도 수록되지 않았다.

직업·씨명·연령: 피고인 또는 피의자의 인적 사항으로, 두 사람 이상인 경우는 함께 병렬하여 기재되었다.[27] 그런데 지방법원이나 지청에 따라 동일 사건이지만 분리하여 1인 1건으로 기재된 경우도 있다.[28] 따라서 자료집에 나누어 기재된 사건의 수보다 실제 사건 수는 적다고 할 수 있다.

'직업'의 경우 농업, 상업과 같은 대분류명과 직공, 기수, 노동과 같은 소분류명이 혼재되어 있다. 전체적인 동향을 파악하기 위해서는 일정한 기준에 따른 재분류가 필요하다. 직업 통계는 뒤의 '집계'에 제시되었다. 또 당연한 얘기지만 같은 직업이라 하더라도 저마다의 내력이 있기 마련이다. 예를 들면 육·해군형법 위반의 전북 진안군 신석창(辛錫昌)은 직업이 '농업'으로 나온다. 그는 1930년 대만 무사(霧社)사건을 언급하면서 조선인도 단결과 용기가 필요하다고 역설했다.[29] 그에 대한 전주지방법원의 판결문을 보면 그는 1937년 일본 중앙대학교 전문부 법과를 졸업한 뒤 위 본적지에서 농업과 어업에 종사하는 자인데,

---

26 정병욱, 앞의 글, 2015, 255쪽 참조.
27 예를 들면 청진지방법원 웅기지청 검사분국이 처분한 강중형 등 8인의 육·해군형법 위반 사건은 8인의 인적 사항이 함께 기재되었다. 본 자료집 38쪽.
28 예를 들면 경성지방법원 철원지청 검사분국이 '안녕질서에 대한 죄'로 처분한 대산천혜자(大山千惠子, 오야마 지에코) 등 5인의 사건은 피고인별로 나누어 5건으로 기재되었다. 본 자료집 135~136쪽.
29 본 자료집 100쪽 참조.

1934년 도쿄에서 치안유지법 위반으로 기소유예처분을 받은 적이 있는 사람이다.[30] 위 그림의 '도영차랑(都永次郞)'도 직업이 '해산물상'으로 표기되어 있지만, 판결문을 찾아보면 그는 1935년 3월 청주농림학교를 졸업한 뒤, 대구사범학교 단기 강습과를 거쳐 안동공립보통학교와 수안보공립심상소학교의 훈도로 근무하다 그만두고 1941년 11월 청주에서 해산물 소매점을 차렸으나 망하고 검거 당시에는 '무위도식' 상태였다.[31] 자료에 나오는 직업이 당사자의 삶에 대해 많은 것을 얘기해주지 않는 경우다.

'씨명'은 대다수가 설정 '창씨(創氏)'나 '창씨개명(創氏改名)'에 의해 변경된 한자로 표기되었다. 표기된 한자 이름을 어떻게 읽었을까. 앞에서 예로 든 윤치호, 김삼득, 윤기옥의 창씨명은 각각 伊東致昊, 金本三得, 伊川文雄이었다. 이 한자명을 이동치호, 김본삼득, 이천문웅과 같이 한국어 음으로 읽었을까? 아니면 이토 지코, 가네모토 산토쿠, 이카와 후미오와 같이 일본어 음으로 읽었을까? 씨는 일본어 음으로 이름은 한국어 음으로 읽는 방법도 있다. 윤치호는 그의 일기에 자신의 창씨개명 영문 이니셜을 "T.H. Ito"로 적었다. '이토 치호'로 읽고 싶었던 것 같다.[32] 그의 바람과 달리 일본인과 함께하는 공개석상이라면 윤치호는 '이토 지코'로 불렸을 가능성이 크다. 『대동아전쟁 발발 후 특수범죄 조서』의 편찬자는 자료에 나오는 한국인 피고인의 '씨명'을 일본어로 읽었겠지만, 피고인은 각자 처한 상황에 따라 자신의 바뀐 이름을 다르게 읽고, 다르게 불렸을 것이다.[33] 특히 한국인 지인들 사이에 일본어

---

30 전주지방법원 1942.12.19, 「1942년 刑公 제683호 判決: 辛錫昌」.
31 大田地方法院淸州支廳 1942.12.19, 「1942년 刑公 제332호 判決: 都永次郞」.
32 『윤치호 일기』 1940년 6월 17일자 일기(국사편찬위원회, 한국사데이터베이스 http://db.history.go.kr/의 한국사료총서에서 원문과 번역본 검색가능하다, 검색일, 2020.10.20.) "Ito(伊東) with change of names presented to the Mayor's Office for Census Record this afternoon. From this day my full name is 伊東致昊 or T.H. Ito in Japanese. 오늘 오후 경성부청 인구조사과에 가서 우리 식구들의 성을 '이토'(伊東)로 바꾼 변경서를 제출했다. 오늘부터 내 이름은 일본식으로 伊東致昊, 곧 T.H. Ito다." 번역본에는 마지막이 "이동치호(伊東致昊), 곧 이토 지코다."라고 번역되었는데, '이토 지코'라면 영문 이니셜이 적어도 "T.K. Ito"가 되어야 한다. 미즈노 나오키의 지적대로 영문 이니셜에 따르면 윤치호 본인은 '씨'는 일본어(이토), '명'은 한국어(치호)로 읽은 것 같다. 미즈노 나오키 지음, 정선태 옮김 『창씨개명: 일본의 조선지배와 이름의 정치학』, 산처럼, 2008, 237~238쪽.
33 학교에선 한국인들 사이에서도 이름, 특히 씨는 일본어 음으로 불렸던 것 같다. 1941년경 경기공립고등여학교를 다녔던 나영균은 다음과 같이 회고한다. "우리 동창생들은 지금도 만나면 일본 이름으로 서로를 불러야 하는 웃지 못할 처지에 있다. 한국 이름으로는 서로를 인지하지 못하기 때문이다. 그래서 지금도 마끼노牧野 상이니 미즈하라水原 상이니 하면서 그때마다 묘한 감정을 맛보는 것이다."(나영균, 『일제시대, 우리 가족은: 어느 가족의 삶을 통해 본 식민지 한국 지식인 사회의 풍경』, 황소자리, 2003, 206~207쪽)

로 읽혔을 가능성은 크지 않으며, 아예 쓰이지 않았을 수도 있다.[34]

이 복잡한 식민지적 상황, 모든 가능성을 감안하여 이 자료의 '씨명'을 번역할 때 우선 한글 음으로 읽고 둥근 괄호 안에 한자를 제시하고, 일본어 음을 병기하였다. 또 관련 '판결문', '형사사건부', '사건기록' 등에서 본명을 찾은 경우 격쇠괄호 '〔 〕'안에 한글, 한자 순으로 병기하고 출처를 제시했다.[35] 예를 들면, "김본삼득(金本三得, 가네모토 산토쿠)〔김삼득金三得〕", "이천문웅(伊川文雄, 이카와 후미오)〔윤기옥尹奇玉〕"과 같은 방식이다. 창씨의 머리 자가 '金'인 경우 한국 방식으로 '김'으로 읽었다. 위의 그림의 '도영차랑(都永次郞)은 '都'가 '씨'이고 '永次郞'이 명이며, 본명은 도영학이다. 따라서 "도영차랑(都永次郞, 미야코 에이지로)〔도영학都永鶴〕"으로 표기했다.

피고인의 '연령'은 뒤의 '집계'에 통계가 제시되었다. 아울러 피고인이 여성인 경우는 직업명 뒤 괄호 안에 '여성'으로 표시됐으며, '집계'에서도 구분됐다. 연령과 여성에 관해서는 '집계' 항목에서 설명하겠다.

사실의 개요: 언제 어디서 누구에게 어떤 말을 했는지 간략히 기록되었다. 다시 그 말이 전파될 때도 이어서 같은 방식으로 기록되었다. '사실의 개요' 서두에 나오는 지명이 틀린 경우가 많아 가능한 한 교정을 보았다. 대화 중의 지명은 교정을 보지 않았다. '사실의 개요'에 나오는 인물도 대부분 '창씨개명'한 한자로 표기되었는데, 피고인과 달리 한국인인지 일본인인지 구분하기 어려운 경우가 많다. 이런 경우는 일본인으로 간주하고 '일본어 음(한자)'로 표기했다. 경찰이나 접대부 대부분이 그러하다.

'사실의 개요'는 어디까지나 사건을 수사한 검사 측의 의견이라는 점에 유의해야 한다. 대전지방법원 검사국이 불경죄로 기소한 오봉렬의 경우 자료에는 처분결과가 '공판 중'으로 나오지만 국가기록원 소장 '집행원부'나 '형사사건부'에 의하면 1심(대전지방법원), 2심(경성복심법원)에서 모두 '무죄' 판결을 받았다.[36] 판결문을 확인할 수 없어 어떤 이유에서 이런 판

---

[34] '창씨개명' 일반에 대해서는 미즈노 나오키, 앞의 책 참조. 경기공립중학교 학생 강상규의 예로 본 이중언어 생활과 창씨개명에 대해서는 정병욱, 『식민지 불온열전』, 역사비평사, 2013, 63~69쪽 참조.

[35] 주된 출처는 국가기록원, 〈독립운동관련판결문 https://theme.archives.go.kr//next/indy/viewMain.do〉과 국사편찬위원회, 〈한국사데이터베이스 http://db.history.go.kr〉이다. 모든 검색 일자는 2020년 10월 20일과 2021년 4월 30일이다. 이하 두 곳을 인용할 때 사이트 주소와 검색일은 생략한다.

[36] 국가기록원, 〈독립운동관련판결문〉의 '집행원부'와 '형사사건부' 참조.

결이 나왔는지 모르겠지만, 이 자료에 수록된 '사실의 개요'를 검토할 때는 검사의 의견이 강조되었다는 점을 고려해야 한다. 또 그 개요가 사건의 전모가 아닐 수 있다는 점도 감안해야 한다. 위의 도영학에 대한 '사실의 개요'에는 암정청일(岩井淸一, 이와이 세이이치)의 집에서 일본의 패전을 예상하는 말만 기록되었으나, 판결문을 보면 이외에도 그는 수안보소학교 재직 때 학생들에게 민족의식을 고취하였다. 판사는 전자는 조선임시보안령 제20조, 후자는 보안법 제7조에 해당하는 것으로 보고 징역 10개월로 판결하였다. 도영학의 보안법 위반은 이 자료집의 해당 편에 나오지 않는다.

무엇보다 '사실의 개요'는 검사가 '죄'에 해당한다고 판단되는 내용을 중심으로 구성된 요약이다 보니 '불온 언동'의 현장성, 맥락이 사라지기 쉽다. 이 자료집에 나오는 경기도 양주군 이찬응의 경우 1942년 3월 자신의 점포에서 마을 사람 가와사키 치히로(川崎千尋)에게 '일본 해군이 바다에 빠져 죽어 유쾌하다, 대동아 건설의 맹주는 러시아가 될 것이다'라고 말했다가 2심까지 가서 징역 3개월의 판결을 받았다. '사실의 개요'만으로는 이찬응과 가와사키 치히로는 어떠한 내력의 인물인지, 마을에서 어떤 위치에 있는지, 양자의 관계는 어떤지, 어떤 상황에서 이찬응이 말을 하였는지, 가와사키는 어떻게 대응했는지 전혀 알 수 없다. 다행히 이 사건의 경우 경성지방법원 검사국의 사건기록이 국사편찬위원회에 보관되어 있어, '불온 언동'의 현장성과 맥락을 재구성해볼 수 있다.[37] 이는 많은 시간과 품이 들지만 '불온 언동' 탐구를 위해서는 필요한 작업이다.

처분결과(處分結果): 위반 법령, 처분날짜, 형량이 기록되었다. 유언비어의 위반 법령에 관해서는 뒤의 '집계'에 통계가 나온다. '불경'의 경우 단일 법령이기 때문에 위반 법령은 생략되었다. 재판 청구 중이나 진행 중인 경우는 '공소 신청 중', '공판 중'으로 표기되었다. 다른 자료에서 확정된 형이 확인된 경우는 주에 표시하고 근거를 제시했다. 재판까지 가지 않은 경우, 즉 죄는 인정하나 기소하지 않은 경우는 '기소유예'로 기재되었다.

비고: 다른 법 위반과 병합하여 기소된 경우 그 법령명이 기입되었다. 또 한국인이 아닌 경우 소속 민족이 기재되었다. 이 자료집에 수록된 조선에서 발생한 '불온 언동' 피고인에는 일본인이 13명, 외국인이 8명 포함되었다. 8명의 외국인 중 7명이 중국인이었다.

---

[37] 국사편찬위원회 편, 『일제강점기 경성지방법원 형사사건기록 해제』, 국사편찬위원회, 2009, 92~94쪽.

1943년 8월에 간행된 『대동아전쟁 발발 후 특수범죄 조서: 보안법 위반사건과 일본 등지의 각종 언론사범』 중 조선의 '보안법 위반'은 1941년 12월 8일 이후 1943년 7월 말까지 발생하여 검거된 정치에 관한 불온 언동 사건, 즉 보안법 위반사건 가운데, 기소유예 이상의 검사 처분이 있었던 것 중 7월 말까지 '검찰사무보고'가 이뤄진 사건을 모은 것이다. 내용을 분류하고 각 항목 안에서는 발생순에 따라 사건을 배열했다. 사례별 기록 양식은 앞의 '유언비어' 편과 대동소이하다. '불경'과 같이 단일 법령이기 때문에 '처분결과'에서 위반 법령은 생략되었다. 분류된 항목을 보면[38] 보안법 위반은 주로 조선총독부의 전시정책과 관련된 것임을 알 수 있다. 총 104건 중 '국어, 즉 일본어 상용에 관한 불온 언동'이 18건으로 가장 많았다. 다음으로 '기타 시정 방침에 관한 불온 언동' 16건, '내선일체에 관한 불온 언동'과 '조선 독립에 관한 불온 언동'이 각 15건이었다. 다만 '조선 독립에 관한 불온 언동'의 경우 '집계'에는 15건으로 나오나 원본의 소실로 11건만 번역되었다.

　집계: 이상 조선의 '유언비어'와 '불경' 편, '보안법 위반' 편의 끝에 '집계'가 수록되어 있어 각 사건의 대강을 파악하는 데 유익하다. 다만 효과적인 이용을 위해서는 집계 방식과 오류에 유의해야 한다. 우선 '유언비어'와 '불경'에 관해서는 '죄명별 처분결과(인원)' 표와 '직업, 연령별, 남녀별 인원' 표가 제시되었다. 그런데 이 통계의 기준은 '인원'이고 본문에서 다루었던 사례 중 '미제(未濟) 사건'은 제외하고 계산되었다. 따라서 본문의 사례에 나오는 피고인 수와 통계의 인원수가 일치하지 않는다. 예를 들면 유언비어 편의 총 피고인 수는 678명이나 집계의 통계는 609명이고, 불경 편도 각각 104명, 86명이다. 또 각 세부 항목의 합계와 제시된 합계가 일치하지 않는 수치가 더러 보인다. 어느 쪽이 오류인지 확정할 수 없어 원문을 고치지 않고 각주에 표시하였다. '보안법 위반'의 경우 인원수와 함께 건수도 집계되었으나 사례의 원문이 일부 누락되어 대조 자체가 곤란하다. 이런 점을 감안하면서 간단히 집계된 수치를 살펴보자.

　'유언비어'의 주된 처벌법은 '조선임시보안령'이었다. 유언비어로 처분을 받은 자 총 609인 중 310명 51%가 조선임시보안령으로 처벌받았다. 다음으로 육·해군형법 위반이 213명 35%, 안녕질서에 대한 죄가 86명 14%를 차지하였다. 검사국 관내별로 보면 '유언

---

[38] 본 자료집 356쪽 참조.

비어'는 해주지방법원이 122명 20%로 가장 많았다. 다음으로 함흥지방법원 88명 14%, 신의주지방법원 80명 13% 순이었다. 불경죄는 총 86명 중 평양지방법원이 17명 20%로 가장 많았다. 다음은 대전지방법원과 부산지방법원이 각 11명 13%를 차지하였다. 보안법 위반의 경우 총 104명 중 경성지방법원이 21명 20%로 가장 많았으며 다음으로 부산지방법원 19명 18%, 신의주지방법원 10명 10% 순이었다. 이것이 해당 지역에 유언비어가 성행했다는 절대적인 증거는 아니다. 앞서 보았듯이 각 지방법원 검사국이 관내에서 발생한 모든 유언비어를 보고한 것은 아니었다. 그럼에도 관서 지역에서 불온 언동이 많이 보고되었다는 점은 이채롭다.

직업별 인원을 보면 단일 직업으로는 유언비어, 불경, 보안법 위반 모두 농업이 가장 많았다. 각각 190명 32%, 23명 27%, 14명 13%로 수위를 차지했다. 그러나 이는 1942년 전체 조선의 산업별 인구 중에서 농업의 비중이 66%였다는 점을 감안하면 그렇게 높은 비중은 아니었다. 농업 다음으로 많았던 직업명은 유언비어에서 무직과 상업 각각 72명 12%, 불경에서 학생 14명 16%와 무직 13명 15%, 보안법 위반에서 회사원과 무직 각각 12명 12%였다. 전체적으로 농업 외에도 다양한 직업 종사자 또는 무직자가 불온 언동을 했다가 처벌받았다. 연령별로 보면 소년(20세 이하)부터 노년(51세 이상)까지 골고루 분포했지만, 유언비어와 보안법 위반에서는 청년(21~30세)층, 불경에서는 소년층이 다수였다.

집계에 따르면 유언비어로 처분을 받은 자 609명 중 12%인 74명, 불경 사건으로 처분을 받은 자 86명 중 9%인 8명이 여성이었다. 총 82명의 직업을 보면 무직이 44명 54%로 가장 많았다. 실제 무직일 수도 있지만 가사노동 등 여성 노동 대부분이 직업으로 인정되지 않았기 때문일 것이다. 연령별로는 전체와 달리 노년(51세 이상)이 21명 26%로 가장 많았다. 일반인 중에서도 여성은 더욱 사료로 만나기 어려운 존재라는 점을 고려하면 여성의 불온 언동 사례는 귀중한 자료라 할 수 있다. 피고인, 즉 주된 발화자 외에도 '불온 언동' 중에는 여성이 적지 않게 등장한다. 식민지 사회와 여성을 탐구해 볼 수 있는 좋은 자료이다.

'일본 등지의 각종 언론사범' 편은 일본, 대만, 관동주(關東州)의 각 관할청에서 1943년 1월 이후 통보한 사건을 모은 것이다. 대체로 1942, 43년 발생 사건이다. 내용 분류 없이 소속 지방재판소별로 나누고 다시 사건 발생순으로 기재되었다. 일본의 경우 조선의 지방법원에 해당하는 것이 지방재판소이고 지청에 해당하는 것이 구(區)재판소이다. 도쿄를 기준으로 먼저 서남쪽으로 내려가며 지역재판소의 사건이 수록되어 구마모토지방재판소에서 끝나고 다음으로 도쿄 동북쪽으로 올라가면서 지역재판소의 사건이 수록되어 홋카이도의 아사히카와지방재판소까지 수록된 뒤 가라후토(樺太, 사할린)지방재판소가 이어진다. 가라후토, 즉 사할린은 당시 사법의 일본화가 이뤄져 '지방재판소'란 명칭을 붙였다. 이 지역에서 1심에 불복하여 공소하면 삿포로공소원(札幌控訴院)에서 2심이 진행되었다. 가라후토지방재판소 다음으로 대만 대북(臺北)지방법원, 관동지방법원이 이어진다. 대만과 관동주는 조선처럼 일본과 별도의 법률에 따라 재판소가 설치되어 '지방법원'이란 명칭이 부여되었다.

〈표2〉 일본과 그 식민지 권역의 재판소 구성

지역	1심	2심	3심
일본	지방재판소 구(區)재판소	공소원(控訴院) 지방재판소	대심원(大審院)
화태(樺太)	화태지방재판소	삿포로(札幌)공소원	
대만(臺灣)	지방법원	고등법원 복심부(覆審部)	고등법원 상고부(上告部)
관동주(關東州)	지방법원	고등법원 복심부	고등법원 상고부
조선	지방법원 지방법원 지청	복심법원(覆審法院)	고등법원

자료: 百瀨孝, 『(事典) 昭和戰前期の日本: 制度と實態』, 吉川弘文館, 1990, 54~56, 407, 414, 417, 418쪽.

'일본 등지의 각종 언론사범' 편의 각 사건 기재 양식은 앞과 대동소이하다. 위반법이 '언론, 출판, 집회, 결사 등 임시단속법'인 경우 비고란에 해당 조항이 기재되었다. 또 비고란에는 피고인이 일본인이 아닌 경우 소속 민족이 기재되었는데, 2명의 조선인이 나온다. 모두 105건을 번역하였으나 번역 대본에 소실된 부분이 있다. 뒤에 '집계'를 제공하고 있지 않아 원래 수록된 건수를 알 수 없다.

대동아전쟁 발발 후 특수범죄 조서

-유언비어(造言飛語)와 불경 사건-

I. 『대동아전쟁 발발 후 특수범죄 조서: 유언비어와 불경 사건』

1943년(昭和 18) 5월

대동아전쟁¹ 발발 후 특수범죄 조서

−유언비어(造言飛語)²와 불경 사건

비(秘) 취급주의   고등법원 검사국 사상부(高等法院檢事局思想部)

---

1   당시 일본에서 아시아태평양전쟁(1941.12.8~1945.8.15)을 미화하기 위해 사용했던 용어다. 사료에 나오는 경우 당시 시대상을 전하기 위해 그대로 썼다.
2   사료 원문상 '조언비어(造言飛語)'이다. '조언'은 '근거 없는 사실을 꾸며서 하는 말'이고 '비어(飛語, 蜚語)는 '근거 없이 떠도는 말'이지만, 현재 사용되지 않는 단어이다. 당시도 현재도 '아무 근거 없이 널리 퍼진 소문'이란 뜻으로 사용되는 유언비어(流言蜚語)와 비슷한 말이다. 의미상 '조언비어'가 꾸며낸 행위를 더 강조한 용어로, 당시 '유언비어'를 처벌하려는 법령 조문에 사용되었다(이 자료집 〈부록1〉 '불온 언동' 처벌법 참조) 그러나 당시 검경 당국도 '조언비어'와 함께 '유언비어'를 사용했다. 예를 들면 1943년 모리우라 후지오(森浦藤郎) 고등법원 검사는 이 자료집 조언비어(造言飛語) 편에서 다루는 육·해군형법에서 정한 조언비어(造言飛語)죄, 안녕질서에 대한 죄, 조선임시보안령 위반 등을 소위 '유언비어'에 관한 범죄라 했다(이 자료집 514쪽 참조). 이 자료집에선 원문에 나오는 '조언비어'를 일괄적으로 '유언비어'로 번역했으며 원문이 '조언비어'라는 점을 밝힐 필요가 있는 경우 괄호 안에 한자 '造言飛語'를 표기했다.

서문

이 책은 1941년(昭和 16) 12월 8일 대동아전쟁 발발 이래 금년[1943년] 4월 말에 이르는 동안 발생·검거하였던 각종 유언비어(造言飛語) 사건(보안법 위반사건을 제외함)과 불경 사건 가운데 기소유예 이상의 검사 처분이 있었던 사건 중 금년 4월 말일까지 '검찰사무보고'가 이루어진 사건을 집록한 것이다.

등재한 사건에 대한 의율(擬律)·과형(科刑) 가운데 타당하지 않다고 인정되는 것도 여기 저기에 조금 보이나, 그것은 각자의 연찬(研鑽)에 기대하기로 하고 일단 보고된 그대로를 집록(輯錄)했다.

그리고 편집의 편의상 사건의 내용에 따라 목차와 같이 분류하고 다시 발생일시 순으로 배열했는데, 그 방법이 적절하지 않을 수 있는 점에 대해서는 양해를 구한다.

또 참고를 위해 끝에 이 책 등재 사건 중 유언비어 관계의 형벌 규정을 발췌하여 게재하였다.

(인쇄로 필사를 대신함)

목차

1. 유언비어(造言飛語)

   1) 군사 관계

      (1) 일본 본토 공습에 관한 것

      (2) 군사보도에 관한 것

      (3) 대륙(중국·만주) 작전에 관한 것

      (4) 남방작전에 관한 것

      (5) 일본의 패전을 이야기하는 것

      (6) 조선 공습(등화관제실시 등)에 관한 것

      (7) 일·소 관계에 관한 것

      (8) 조선육군특별지원병에 관한 것

      (9) 기타

   2) 경제 관계

      (1) 식량사정에 관한 것

         ① 배급 관계

         ② 식량 부족

         ③ 식량 공출

      (2) 기타 물자에 관한 것

         ① 배급 관계

         ② 물자 부족

      (3) 기타

3) 기타

    (1) 징병제도 실시에 관한 것

    (2) 조선청년체력검사에 관한 것

    (3) 저축장려에 관한 것

    (4) 국방헌금에 관한 것

    (5) 각종 물자의 헌납·공출에 관한 것

    (6) 일본, 기타 지역의 노동자 모집 등에 관한 것

    (7) 미신(종교관계를 포함)에 관한 것

    (8) 기타

2. 불경 사건

* 집계

  1) 유언비어

    (1) 죄명별 처분결과(인원)

    (2) 직업·연령·남녀별 인원

  2) 불경죄

    (1) 처분결과(인원)

    (2) 직업·연령·남녀별 인원

* 부록: 불온언론 단속에 관한 형벌 규정

1. 유언비어(造言飛語)

1) 군사 관계

(1) 일본 본토 공습에 관한 것

청명: 청진지방법원 웅기지청

직업·성명·연령: 농업 강중형(姜重衡) 55세, 노동 박해상(朴海翔) 62세, 농업 박득성(朴得星) 54세, 노동 이두화(李斗和) 53세, 농업 대산규련(大山奎錬, 오야마 게이렌) 29세, 우마차부 김광호(金光虎) 40세, 우마차부 오주인묵(吳洲仁默, 고스 닌모쿠) 33세, 목수 오은현(吳殷鉉) 31세

사실의 개요: 해당자들은 모두 함북 아오지읍(阿吾地邑)에 살며 위에 쓴 직업에 종사 중인 자들인바, 강중형은 1941년(昭和 16) 12월 20일에 박해상, 박득성 등에게 "도쿄(東京)의 학교에서 휴가로 돌아온 둘째 아들의 말에 따르면 도쿄는 방공연습으로 밤에는 등불도 사용할 수 없고, 또 미국 비행기가 공습하기 때문에 일찍 귀성했다고 한다"라고 함부로 말하였다. 박해상은 12월 20일 박득성 등에게 "도쿄가 공습을 당했다면 부산도 마찬가지로 공습당할 것이 틀림없으니, 고향인 충청도도 위험할 것이다"라고 함부로 말하였다. 박득성은 12월 21일[3] 강중형에게서 들은 대로 이두화에게 전하였고, 이두화는 12월 22일 대산규련 등에게 박득성에게서 들은 대로 전하였으며, 대산규련은 12월 22일 김광호에게 이두화에게서 들은 대로 전하였다. 김광호는 그 무렵 오주인묵에게 대산규련에게서 들은 대로 전하였고, 오주인묵은 12월 22일 오은현에게 김광호에게서 들은 대로 전하였으며, 오은현은 그 무렵 정영현(鄭榮鉉)에게 오주인묵에게서 들은 대로 전하였다.

처분결과: 육군형법 위반, 해군형법 위반, 1942.2.28 강중형 금고 4월[4], 박해상 금고 3월

---

[3] 원문은 "目"이나 '日(일)'로 바로잡는다.
[4] 현재 달을 세는 단위로 '개월'과 '월'이 있다. 형을 선고하거나 구형할 때 '월'을 쓰기도 하나 혼동을 피하고자 '개월'을 많이 쓰는 추세이다. 일제강점기 법령이나 조선총독부 측 자료에는 대부분 '월'로 표기되었다. 이 자료집에서는 원문에 따라 '월'은 '월'로, '개월'은 '개월'로 번역했다. 단 해제나 각주에서는 '개월'을 썼다.

2년간 집행유예, 기타 전원 금고 3월

청명: 대구지방법원

직업·성명·연령: 일용노동 김자이오(金子二五, 가네코 니고)[김이오金二五]⁵ 27세

사실의 개요: 1942년(昭和 17) 1월 12일 대구부 동운정(東雲町, 시노노메초)에서 3명에게 "하와이 해전 때 날씨 덕분에 일본 비행기는 미국 함선의 굴뚝에 날아들어 이를 폭파했다는 이야기가 있으나, 최근 신문기사에 따르면 미국은 6만 대의 비행기를 보유하고 있으며 이를 전부 단번에 날려 일거에 일본 영토를 공습한다고 한다. 그때는 상공에 흡사 많은 무리의 새떼가 날아들어 하늘을 뒤덮는 것처럼 어두컴컴해져 그토록 대단한 일본군도 곤란에 빠질 것이다"라고 함부로 말하였다.

처분결과: 육군형법 위반, 해군형법 위반, 1942.3.20 금고 8월

청명: 대구지방법원 영덕지청

직업·성명·연령: 소형 자동차 운전수 암본용현(巖本勇賢, 이와모토 유켄)[이명조李命祚]⁶ 25세

사실의 개요: 1942년(昭和 17) 1월 13일 본적지 강원도 울진군(蔚珍郡) 평해면(平海面) 삼달리(三達里)에서 친족 2명에게 "도쿄에 적기 15~16대가 날아와서 그중 5~6기는 격추되고 나머지는 달아났는데, 폭탄을 투하해 화재를 일으켜, 건물이 소실되는 등 큰 피해를 보았다"라고 함부로 말하였다.

처분결과: 안녕질서에 대한 죄, 육군형법 위반, 해군형법 위반, 1942.4.8 징역 10월

---

5 본명은 국가기록원, 〈독립운동관련판결문〉의 '수형인명부'와 '형사사건부'에 의한다. 이에 따르면 김이오 사건의 판결일은 1942년 3월 19일이다.
6 본명은 大邱地方法院盈德支廳, 「1942년 刑公 제69호 判決:巖本勇賢」, 1942.4.8에 의한다.

청명: 대전지방법원

직업·성명·연령: 상업학교 학생[7] 신정정남(新井政男, 아라이 마사오)[박흥림朴興林][8] 17세

사실의 개요: 1942년(昭和 17) 3월 18일 통학처인 충남 강경공립상업학교 교정에서 학생 다수에게 "런던도 공습당해 전부 파괴되었는데, 도쿄도 공습당한다면 대부분 목조가옥뿐이니 전멸할 것이다. 그 때문에 천황 폐하도 죽을 것이 틀림없다. 천황 폐하 같은 자는 죽어도 어쩔 수가 없다. 아니, 죽어도 상관없다"라고 함부로 말하였다.

처분결과: 육군형법 위반, 해군형법 위반, 1942.7.3 징역 단기 1년 장기 4년

비고: 불경죄와 병합

청명: 함흥지방법원

직업·성명·연령: 페인트도장업 하림염창(河林濂昌, 가와바야시 렌쇼) 25세

사실의 개요: 1942년(昭和 17) 4월 21일 거주지인 함남 홍원읍(洪原邑) 남당리(南塘里) 향천궁매(香川宮梅, 가가와 규바이)의 집에서 그가 도쿄에 재주하는 장남에게 연락이 없음을 걱정하고 있다는 말을 듣자, 그에게 "편지가 오지 않는 이유가 있다. 그것은 4월 18일 러시아(露西亞)의 비행기가 도쿄 방면을 공습해 상당한 피해를 줘서 지금 도쿄는 몹시 소란스럽기에 아마도 편지를 보낼 수 없을 것이다"라고 함부로 말하였다.

처분결과: 육군형법 위반, 1942.5.28 기소유예

---

[7] 원문은 "생도生徒"이다. 일본어로 아동兒童, 생도生徒, 학생學生은 학교교육법에 따라 각각 초등교육을 받는 자, 중등교육(중학교, 고등학교)을 받는 자, 고등교육(대학교, 전문학교)을 받는 자로 구분되나, 보통 통칭하여 '학생'이라고도 한다. 이 자료에서도 본문에서는 일부 구분하기도 했으나 뒤의 '집계표'에서는 모두 합쳐서 "학생"으로 나온다. 아동, 생도, 학생은 모두 학생으로 번역하겠다.

[8] 본명은 국가기록원, 〈독립운동관련판결문〉의 '집행원부', '형사사건부'에 의한다. 이 자료에 따르면 박흥림은 1942년 4월 27일 대전지방법원 강경지청에서 합의부 공판에 부치기 위해 대전지방법원으로 이감되었다. 당시 '불경죄' 피고인은 3인의 판사로 구성된 합의 재판을 받아야 했다.

청명: 함흥지방법원

직업·성명·연령: 직공 청원길야(淸原吉野, 기요하라 요시노) 23세

사실의 개요: 1942년(昭和 17) 4월 22일경 근무처인 함남 흥남읍(興南邑) 소재 닛치쓰(日窒, 일본질소비료주식회사) 흥남공장의 용인(傭人) 대기실에서 동료 수 명에게 "신문지상에 이번 일본의 공습피해가 근소했다고 보도하고 있으나, 사실은 이와 반대로 피해가 몹시 심대하여 전 국민이 크게 마음 아파하고 있는 것 같다. 게다가 최근 만주 방면에 다수의 군대가 수송되었는데, 이 군인들도 머지않아 자신들도 죽는 것은 아닌지 걱정하고 있는 것 같다. 이 군대가 조만간 전부 죽는다면 드디어 우리가 끌려갈 차례다"라고 함부로 말하였다.

처분결과: 육군형법 위반, 1942.7.2 징역 6월

청명: 경성지방법원

직업·성명·연령: 세탁 직인 동옥명(董玉明) 40세, 목수 추입언(鄒立言) 35세

사실의 개요: 동옥명은 1942년(昭和 17) 4월 23일 경성부 서소문정(西小門町) 양성원(梁成元)의 집에서 추입언에게 "4~5일 전 서양 비행기가 일본을 폭격해 기차를 파괴해서 사람들이 많이 죽었다. 또 일본은 상해(上海)나 한구(漢口)도 점령하고 있지만, 장차 서양 비행기가 와서 일본을 타격한다면 중국이 전쟁에 이겨 중국인도 나아질 것이다. 일본 신문은 '이겼다, 이겼다'라고 말하고 있으나 전부 거짓말이다. 장차 서양 비행기가 조선을 폭격한다면 조선에 있는 중국인은 차차 나아질 것이다"라고 함부로 말하였으며, 추입언은 4월 27~28일경 위의 양성원 집 외 1개소에서 중국인 장복경(張福慶) 외 1명에게 "탐조등을 비추는 것은 비행기가 오지 않을까 염려하는 것이다. 최근에도 서양 비행기가 도쿄나 오사카를 폭격해 모두 파괴하여 일본인이 많이 죽었다. 경성부청에 쌓아둔 흙 주머니도 비행기의 내습이 두려워서이다. 일본은 한구(漢口)를 점령했다고 말하고 있으나 거짓말이다. 일본 신문은 거짓말만 적고 있다. 일본은 지금은 이기고 있으나 장래에는 패배할 것이다"라고 함부로 말하였다.

처분결과: 해군형법 위반, 육군형법 위반, 조선임시보안령 위반, 1942.12.3 각각 징역 1년

비고: 두 사람 모두 중국인[9]

청명: 대전지방법원

직업·성명·연령: 철도국 고원(목포역 근무) 송파석룡(松坡錫龍, 마쓰자카 샤쿠류)[장석룡張錫龍][10] 25세

사실의 개요: 1942년(昭和 17) 4월 23일 충남 대덕군(大德郡) 유성온천(儒城溫泉)에서 대전부 내로 향하는 승합자동차 안에서 동승자 약 15명에게 "도쿄는 폭격당했으나 이도 좋다. 꽃구경도 좋다. 술 마시는 것은 매우 좋다. 이타가키(板垣) 군사령관은 지금은 이러한 시국이니 술을 마셔도 좋다고 했단 말이다"라고 함부로 말하였다.

처분결과: 조선임시보안령 위반, 1942.7.31 벌금 100엔

청명: 함흥지방법원

직업·성명·연령: 노동 문원금암(文元金巖, 후미모토 긴간) 21세

사실의 개요: 1942년(昭和 17) 4월 24일경 함남 흥남읍(興南邑) 운성리(雲城里) 송산원길(松山元吉, 마쓰야마 겐키치)의 집에서 그 외 2명에게 "이번 도쿄에 러시아 비행기 30여 대가 내습하여 궁성까지 폭격했다고 한다"라고 함부로 말하였다.

처분결과: 육군형법 위반, 해군형법 위반, 1942.7.2 징역 6월

청명: 함흥지방법원

직업·성명·연령: 잡화상 겸 농업 중원평팔랑(中原平八郞, 나카하라 헤이하치로) 24세

---

9 이 사건에 관해서는 京城東大門警察署長 → 京城地方法院 檢事正 등,「陸軍刑法違反被疑者檢擧ニ關スル件」, 1942.9.3 참조(京城地方法院檢事局,『(1940.8~1943.5)思想ニ關スル情報(警察署長)』에 수록).

10 본명은 국가기록원, 〈독립운동관련판결문〉의 '수형인명부'에 의한다.

사실의 개요: 1942년(昭和 17) 5월 2일 함남 문천군(文川郡) 천내리역(川內里驛) 발 용택리역(龍澤里驛)행 열차 안에서 지인 성천경호(星川景鎬, 호시카와 게이코) 외 1명에게 "이번 적기가 게이힌(京濱, 도쿄와 요코하마) 지방을 공습해 정세가 몹시 복잡해졌다. 만약 이번 전쟁에 우리나라가 패하기라도 한다면 창씨(創氏)도 필요 없어질 것이다"라고 함부로 말하였다.

처분결과: 조선임시보안령 위반, 1942.7.18 징역 6월

청명: 평양지방법원
직업 · 성명 · 연령: 노동 이전계림(李田桂林, 리타 게이린) 57세, 무직 이전득수(李田得水, 리타 도쿠스이)[11] 52세, 농업 포산영극(浦山永極, 우라야마 에이고쿠) 77세, 농업 원전신(原田信, 하라다 신) 55세, 농업 송성정보(松盛廷保, 마쓰모리 데이호) 27세, 농업 송산명호(松山明湖, 마쓰야마 메이코)[12] 34세, 농업 김촌영희(金村榮熙, 가네무라 에이키) 24세, 농업 안본향묵(安本享默, 야스모토 교모쿠)[13] 47세

사실의 개요: 이전계림이 1942년(昭和 17) 5월 초순경 이전득수에게 "들은 바에 따르면 일전에 미국 비행기가 도쿄에 날아와 폭탄을 떨어뜨려서 쇼와(昭和)가 맞아 죽었다 한다"라고 함부로 말하였으며, 이전득수는 5월 16일 포산영극 집에서 포산 등에게, 포산영극은 5월 20일 자택에서 원전신 등에게, 원전신은 5월 22일 자택에서 송성정보 등에게, 송성정보는 5월 22일 송산명호 집에서 그에게, 송산명호는 5월 23일 김촌영희 집에서 그에게, 김촌영희는 5월 23일 안봉향묵 집에서 그에게, 안본향묵은 5월 25일에 강천희태(康川熙泰, 야스카와 기타이)에게 각각 들은 바에 따라 같은 내용의 말을 함부로 하였다.

처분결과: 육군형법 위반, 해군형법 위반, 1943.4.9 각각 징역 1년

비고: 불경죄와 병합

---

[11] 불경 사건 항목에서도 재차 언급되지만, "李田得永"으로 기록되어 있다(본 자료집 323쪽).
[12] 불경 사건 항목에서도 재차 언급되지만, "松山明潮"로 기록되어 있다(본 자료집 323쪽).
[13] 불경 사건 항목에서도 재차 언급되지만, "安本享黙"으로 기록되어 있다(본 자료집 323쪽).

청명: 대구지방법원

직업·성명·연령: 홀치기염색업(鹿子絞業) 목촌순희(木村淳熙, 기무라 준키)[이순희李淳熙][14] 35세

사실의 개요: 1942년(昭和 17) 5월 12일 대구부 횡정(橫町, 요코초)의 조선요릿집 수향원(水香園)에서 수향원 계산대의 사무원 능성자헌(綾城滋憲, 아야시로 시게노리)에게 "적기의 도쿄 공습 때 우리 쪽도 날아올라 공중전을 벌였는데, 한 대만 격추시키고 나머지는 달아났기에 추격했으나 적기 쪽의 속력이 빨라 따라잡을 수가 없었다. 폭탄 중 하나는 니주바시(二重橋) 부근에 떨어졌는데, 그곳은 높은 담을 둘러 일반인에게 보이지 않게끔 해 놓았다. 그리고 남방 점령지도 점령한 뒤에 경비가 불가능하여 적병이 상륙해오는 등의 일이 있어 곤란을 겪고 있다. 이번 전쟁은 우리의 일생 중에 끝날지, 끝나지 않을지 알 수 없다. 일본은 지금 강하나 훗날 승부가 어떻게 될지 알 수 없다"라고 함부로 말하였다. 게다가 5월 12일 대구부 견정(堅町, 다테초)의 자택에서 장수구(長水久, 나가미즈 히사시) 외 6명에게 "도쿄에 공습한 적기는 비행사의 모습이 보일 정도로 저공비행을 하고 비아냥거리듯 손을 흔들며 대담한 폭격을 하였는데, 그 기술의 우수함에 보던 이가 모두 감탄했다고 한다. 신문에 적기를 9대 격추하였다고 하나 실제로는 2~3대이다. 이번 공습에서 적기가 도쿄 시내에 들어오고 얼마 뒤에 공습경보가 울렸다는 사실로 일본에서는 군에 대한 비난이 소리가 높다"라고 함부로 말하였다.

처분결과: 육군형법 위반, 1942.9.8 금고 6월

청명: 대구지방법원

직업·성명·연령: 조선요리업 능성자덕(綾城滋德, 아야시로 시게노리)[구자덕具滋德][15] 34세

사실의 개요: 1942년(昭和 17) 5월 14일 대구부 횡정(橫町, 요코초) 자택에서 김전병호(金田丙浩, 가네다 헤이코) 외 2명에게 "도쿄를 공습한 적기는 비행사의 모습이 보일 정도로 저공비행을 하였으며, 폭탄이 떨어졌던 곳은 판자 울타리를 쳐서 밖에서는 전혀 보이지 않

---

[14] 본명은 국가기록원, 〈독립운동관련판결문〉의 '수형인명부'에 의한다.
[15] 본명은 국가기록원, 〈독립운동관련판결문〉의 '수형인명부', '형사사건부'에 의한다.

는다. 이는 피해가 상당히 컸기에 사람들에게 공포심을 일으키지 않기 위해서이다. 적기는 1대 격추되었을 뿐이며 나머지는 모두 달아났다고 한다. 신문에는 피해가 근소하다고 하나, 실제로는 몹시 큰 것 같다. 또 적기는 주로 군수공장을 목표로 높은 굴뚝이 있는 곳을 폭격했는데, 이 때문에 전매국(專賣局)에도 폭탄이 떨어졌다"라고 함부로 말하였다.

처분결과: 육군형법 위반, 1942.7.21 금고 6월 2년간 집행유예

청명: 경성지방법원
직업·성명·연령: 전기상 국지정웅(菊池貞雄, 기쿠치 사다오) 40세
사실의 개요: 1942년(昭和 17) 5월 15일 함흥발 함남 함주군(咸州郡) 선덕(宣德)행 승합자동차 안에서 동승 중인 지인에게 "이번에 도쿄가 공습당했는데, 일본 해군은 미국 항공모함이 도쿄를 폭격하러 올 것을 알고 조금 더 가까이 접근하게 두어 일거에 격멸할 작전이었으나, 비행기만 출격했다가 달아나버렸기에 당하고 말았다. 또 적기 중에서 격추된 것 외에는 중국으로 달아나 불시착하였는데, 1기에 탄 5인 중 2인은 죽고 3인은 포로가 되어 일본으로 연행되었다. 그리고 고바야시광업회사(小林鑛業會社)[16]가 남방에 사원 8명을 파견했으나, 적에게 당해 배가 침몰하여 6명이 죽고 2명이 구조되었다"라고 함부로 말하였다.

처분결과: 육군형법 위반, 해군형법 위반, 조선임시보안령 위반, 1942.6.30 기소유예

청명: 전주지방법원
직업·성명·연령: 농업 김본수천(金本守千, 가네모토 슈센)[김수천金守千][17] 18세
사실의 개요: 1942년(昭和 17) 7월 3일 전북 무주군(茂朱郡) 설천면(雪川面) 두길리(斗吉

---

16 소림광업주식회사는 1934년 경성부에 고바야시 우네오(小林釆男)가 설립한 회사로 초기에는 조선총독부의 산금장려정책(産金獎勵政策)에 따라 금광채굴에 종사했으나, 1937년 황해도 곡산의 백년광산(百年鑛山)을 매입하면서 텅스텐 채굴에 주력했다. 소림광업(주)은 조선 내 텅스텐 생산량의 70%를 담당했던 대표적인 군수광업회사이다(정병욱, 『한국근대금융연구: 조선식산은행과 식민지 경제』, 역사비평사, 2004, 311~315쪽).
17 본명은 全州地方法院, 「1942년 刑公 제997호 判決:金本守千」, 1943.1.20에 의한다.

里) 안전성술(安田成述, 야스다 세이주쓰)의 집에서 그 외 3명에게 "도쿄에 비행기 4대가 날아와 공습했기 때문에 도쿄는 전멸했다고 한다"라고 함부로 말하였다.
처분결과: 육군형법 위반, 해군형법 위반, 1943.1.20 징역 단기 1년 장기 2년

청명: 부산지방법원 밀양지청
직업·성명·연령: 농업 대원재현(大原在賢, 오하라 아리카타)[노재현盧在賢][18] 43세
사실의 개요: 1942년(昭和 17) 7월 4일 사는 마을인 경남 창녕군(昌寧郡) 고암면(高岩面) 우천리(牛川里)에서 마을 사람 대원쾌(大原快, 오하라 가이) 외 3명에게 "일본은 강하다고 하나 미국을 두려워하고 있는 모양으로, 일본 비행기가 미국 본토를 공습하는 것은 절대 불가능한 데에 반하여 미국은 수많은 비행기를 군함에 실어와 한낮에도 저공으로 도쿄를 폭격했다. 어젯밤도 갑자기 경방단(警防團)이 마을에 와서 등불을 끄라고 소리 질렀는데, 적국의 비행기가 11대 날아왔다고 한다"라고 함부로 말하였다.
처분결과: 해군형법 위반, 조선임시보안령 위반, 1942.8.7 금고 6월

청명: 부산지방법원
직업·성명·연령: 철도공장 기술공 김산길수(金山吉秀, 가나야마 요시히데) 36세
사실의 개요: 1942년(昭和 17) 8월 10일 부산부 범일정(凡一町) 부산철도공장 대차부(臺車部) 작업장에서 동료 월성계지조(月城桂之助, 쓰키시로 게이노스케) 외 1인에게 "8월 8일 오전 8시경 적기 13기가 일본으로 날아와 우리 군용선 2척, 순양함 1척을 격침하고 도주하던 중에 우리 비행기에 발견되어 추격당해 2기가 격추되었다"라고 함부로 말하였다.
처분결과: 해군형법 위반, 1942.9.7 기소유예

---

[18] 국가기록원, 〈독립운동관련판결문〉에 '대원재현'으로 검색하면 '집행원부'에 위의 사건이 나오나 본명이 기재되어 있지 않다. '형사사건부'에는 '마산지검 밀양지청'에서 1941년 9월 17일 '육군형법 위반'이나 증거불충분으로 '불기소'된 '대원재현'이 나오며 본명은 노재현이다. 위와 동일 사건은 아니나, 이 사람의 주소가 '경상남도 창녕군 고암면 우천리 530번지'인 것으로 볼 때 동일 인물일 가능성이 크다.

청명: 경성지방법원 춘천지청

직업·성명·연령: 노동 유희만(兪熙萬) 36세

사실의 개요: 1942년(昭和 17) 9월 2일 강원도 화천군(華川郡) 화천면 동촌리(東村里) 김동병규(金東炳奎, 가네토 헤이케이)의 집에서 송전상옥(松田相玉, 마쓰다 소교쿠) 외 5명에게 "이렇게 희망이 없는 시국엔 어떻게든 살아가기만 하면 좋지 않은가. 들은 바에 따르면 미국 비행기가 날아와 폭탄을 떨어뜨려 일본 본토는 엉망진창이 돼버렸다고 한다"라고 함부로 말하였다.

처분결과: 육군형법 위반, 1942.2.9 금고 8월

(2) 군사보도에 관한 것

청명: 경성지방법원 철원지청

직업·성명·연령: 자동차부 집금인(集金人) 도변광서(渡邊光書, 와타나베 고쇼) 37세

사실의 개요: 1941년(昭和 16) 12월 8일 강원도 김화군(金化郡) 창도면(昌道面) 창도리의 음식점에서 음주 잡담 중 동석자 5명에게 "해군의 전과에 관해 라디오는 우리나라가 승리해서 이렇게 방송하는 것인지 패배해서 이렇게 방송하는 것인지 확실하지 않다. 라디오 방송은 신용할 수 없다"라고 함부로 말하였다.

처분결과: 해군형법 위반, 1942.2.12 징역 8월

청명: 부산지방법원 마산지청

직업·성명·연령: 마산공립중학교 학생 허영훈(許永勳) 17세

사실의 개요: 1941년(昭和 16) 12월 8일 전승 기원을 위해 남마산신사(南馬山神社)에 모였을 때 동급생 다수가 하와이에서 아군의 혁혁한 전과에 관해 함께 이야기하고 있었는데, 이에 대해 "그 라디오 방송은 선전일 뿐이지 않은가"라고 함부로 말하였다. 게다가 다음날 9일 마산공립중학교에서 동급생 약 10명에게 "일본의 전과는 선전이다. 그런 전과를 거두었을 리가 없다"라고 함부로 말하였다.

처분결과: 해군형법 위반, 1942.7.15 금고 6월 4년간 집행유예

청명: 대전지방법원 홍성지청
직업 · 성명 · 연령: 사범학교 학생 산본혜정(山本惠正, 야마모토 게이쇼) 16세
사실의 개요: 1941년(昭和 16) 12월 9일 통학하는 충북 청주읍(淸州邑) 소재 청주사범학교 교실 내에서 동급생 산본문언(山本文彦, 야마모토 후미히코) 외 1명에게 "하와이 공습에 관한 대본영의 발표는 미국 등의 허구선전과 마찬가지로, 다소 과대하게 발표해 민심을 안정시키려는 것이다"라고 함부로 말하였다.
처분결과: 육군형법 위반, 해군형법 위반, 1942.5.31 기소유예
비고: 보안법 위반과 병합

청명: 해주지방법원 사리원지청
직업 · 성명 · 연령: 노동 김촌정문(金村貞文, 가네무라 사다후미) 47세
사실의 개요: 1941년(昭和 16) 12월 9일 황해도 재령(載寧)에서 장연(長淵)으로 향하는 열차 안에서 동승자에게 "어제 재령읍에서 일·미 전쟁의 라디오 방송을 들었더니 일본 군함이 1척 파괴되었다고 말하고 있으나, 1척이 파괴되었는지 10척이 파괴되었는지 알 수 없다"라고 함부로 말하였다.
처분결과: 해군형법 위반, 1942.12.30 금고 4월

청명: 신의주지방법원 정주지청

직업·성명·연령: 농업 김촌정삼(金村鼎三, 가네무라 데이조)[김정삼金鼎三][19] 55세

사실의 개요: 1941년(昭和 16) 12월 10일 평북 정주군(定州郡) 대전면(大田面) 운산동(雲山洞) 64번지 안본제민(安本濟民, 야스모토 사이민)의 집에서 그 외 1명에게 "일·미 개전 후 적의 군함을 다수 격침했다거나 비행기를 다수 추락시켰다는 등 신문·라디오 등에서 보도하고 있으나, 사실은 그렇지 않을 것이다. 또 항상 우리에게 손해가 없다고 말하고 있으나 그것도 거짓말이다. 이는 민심을 동요시키지 않기 위해 이러한 보도를 하는 것이다. 태평양은 이미 영·미 측이 포위진을 짜고 있으니 일본은 반드시 패한다. 그 증거로는 지리적으로 봤을 때 곧바로 점령하는 것이 가능해 보이는 홍콩조차 점령하지 못하는 것을 보아도 일본의 약점이 보인다"라고 함부로 말하였다.

처분결과: 육군형법 위반, 해군형법 위반, 1942.9.9 금고 3월

청명: 대구지방법원

직업·성명·연령: 메리야스(莫大小) 상인 목하인수(木下仁守, 기노시타 진슈)[박순호朴順互][20] 41세

사실의 개요: 1941년(昭和 16) 12월 11일 대구부 내에서 이발업에 종사하는 김본유길(金本裕吉, 가네모토 유키치)의 집에서 잡담 중 그에게 "신문지상에서 일본은 일본군이 이겼다고 보도하고 서양에서는 서양군이 이겼다고 보도하고 있으니, 모두 허위를 발표하고 있어 상대할 수가 없다"라고 함부로 말하였다.

처분결과: 육군형법 위반, 해군형법 위반, 1942.2.5 금고 6월

---

[19] 본명은 高等法院刑事部, 「1919년 刑上 제71호 判決:金鼎三」, 1919.5.17에 의한다. 이 판결문에 의하면 김정삼은 1919년 3월 1일 평북 선천군 선천면 시위에 참여했다가 체포되어 징역 6개월의 형을 선고받았다. 이때 주소가 평북 정주군 대전면 운학동이고, 직업은 농업, 나이는 32세였다. 이름, 지역, 직업, 나이로 볼 때 본문의 '불온 언동' 피고인과 동일 인물로 추정된다.

[20] 본명은 국가기록원, 〈독립운동관련판결문〉의 '수형인명부'에 의거한다. 동 '형사사건부'에는 "박순임朴順任"으로 나와 있다.

청명: 대구지방법원

직업·성명·연령: 생선 행상 김본삼득(金本三得, 가네모토 산토쿠)[김삼득金三得][21] 39세

사실의 개요: 1941년(昭和 16) 12월 13일 대구부 신정(新町) 고물상 농빈롱치(瀧濱龍治, 다키하마 로지)의 집에서 그 외 2명에게 "일본군은 육지에서 바다에서 하늘에서 백전백승하여 미·영군을 격파하고 막대한 손해를 입혔다고 말하나, 전황 보도에서 자국의 손해를 하나도 발표하지 않으므로 신문이나 라디오 뉴스는 신용할 수 없다. 또 실제 일본군이 이겼는지, 미국군이 이겼는지 알 수 없다"라고 함부로 말하였다.

처분결과: 해군형법 위반, 육군형법 위반, 1942.2.26 금고 8월

청명: 평양지방법원 진남포지청

직업·성명·연령: 농업 겸 우마차꾼 송산도근(松山道根, 마쓰야마 도콘) 37세

사실의 개요: 1941년(昭和 16) 12월 14일 사는 마을인 평안남도 강서군(江西郡) 동진면(東津面) 학송리(鶴松里)에서 지인과 잡담 중에 그가 신문기사에 의거해 일본군이 적기 80여 대를 격추했다는 내용을 말하고 그 전과를 칭송하자 "지금의 신문기사는 그대로 진부믿을 수 없다. 일본은 작은 나라로서 병력도 돈도 무기도 적기 때문에 미·영 같은 대국을 이길 것이라고는 생각할 수 없다" 운운하며 함부로 말하였다.

처분결과: 육군형법 위반, 1942.3.11 금고 1년

청명: 부산지방법원 거창지청

직업·성명·연령: 양복 재봉공 김전황(金田晃, 가네다 히카루) 23세

사실의 개요: 1941년(昭和 16) 12월 17일 하숙처 경상남도 거창읍(居昌邑) 하동(下洞) 일신여관(一新旅館)에서 동숙자 3명과 모여 음주 중에 그들에게 "미국 비행기가 도쿄를 폭격하고 돌아갔다"라고 함부로 말하였다. 다시 12월 26일 일신여관에서 동숙자 3명에게 "홍콩

---

[21] 본명은 국가기록원, 〈독립운동관련판결문〉의 '수형인명부'와 '형사사건부'에 의거한다.

이 함락되었다고 하나, 홍콩은 함락되지 않았다. 신문의 발표는 3분의 1 정도밖에 믿을 수 없다"라고 함부로 말하였다.

처분결과: 안녕질서에 대한 죄, 육군형법 위반, 1942.2.25 금고 1년

청명: 대구지방법원
직업 · 성명 · 연령: 천주교 선교사 요안 마리 하몬[Hamon][22] 43세
사실의 개요: 1942년(昭和 17) 12월 18일 경북 경산군(慶山郡) 경산면 국곡동(國谷洞) 월성상우(月城相雨, 쓰키시로 소우)의 집에서 순회 전도 종료 후 이등손사랑(伊藤孫四郎, 이토 마고시로) 외 3명에게 "현재 일본의 신문은 대체로 100분의 5 정도는 진실인 기사를 게재할지도 모르겠으나, 그 나머지는 대부분 허위로 보도하는 것들이다. 나는 이렇게 허위를 보도하는 신문은 바보 같아서 읽을 기분이 나지 않기 때문에 읽지 않고 있다"라고 함부로 말하였다.
처분결과: 조선임시보안령 위반, 1943.1.28 기소유예
비고: 프랑스인

청명: 함흥지방법원
직업 · 성명 · 연령: 국민학교 교원 신촌정(新村正, 니무라 마사루) 27세
사실의 개요: 1941년(昭和 16) 12월 중순경 근무처인 함남 신흥군(新興郡) 하원천면(下元川面) 하원천공립국민학교 교원실에서 같은 학교 교원 옥천보(玉川保, 다마가와 다모쓰) 외 1명에게 "일본은 지금 대동아공영권(大東亞共榮圈) 확립이라는 미명 하에 전쟁을 벌이고 있으나, 이는 침략이다. 신문에서는 '일본이 전쟁에 이겼다, 이겼다'라고 말하고 있으나, 사실은 어떠한지 모르겠다. 대동아전쟁이 시작되고 일본의 병력이 약해졌기 때문에 조선인도 끌고 가는 것이다"라고 함부로 말하였다.

---

22 국가기록원, 〈독립운동관련판결문〉의 '형사사건부'에 따르면 한국명은 하제안(河濟安)이다.

처분결과: 육군형법 위반, 해군형법 위반, 1942.4.30 징역 1년 6월
비고: 보안법 위반과 병합

청명: 신의주지방법원 정주지청
직업·성명·연령: 농업 송곡서훈(松谷瑞薰, 마쓰타니 즈이쿤) 26세
사실의 개요: 1941년(昭和 16) 12월 20일 거주하는 면인 평북 정주군(定州郡) 임포면(臨浦面) 고성동(古盛洞) 최호영(崔鎬永)의 집에서 송산승련(松山昇鍊, 마쓰야마 쇼렌) 외 수명과 잡담 중에 송산이 매일신보를 보면서 일본 해군이 미국 군함 2척을 격침했다는 이야기를 하자 일동에게 "신문기사는 반 이상이 거짓이다"라고 함부로 말하였다.
처분결과: 해군형법 위반, 1942.8.31 금고 3월

청명: 경성지방법원 철원지청
직업·성명·연령: 국민학교 학생 김학태(金鶴泰) 18세
사실의 개요: 1941년(昭和 16) 12월 24일 강원도 김화읍(金化邑) 암정리(岩井里) 김해옥경(金海玉瓊, 가네미 교쿠케이)의 집에서 그에게 "대동아전쟁의 전황에 관하여 일본은 적국 병사가 한 명 전사하면 두 명이라고 발표하고, 일본군이 전사한 것은 발표하지 않아서 일본군만 강한 것처럼 허위 발표하고 있다"라고 함부로 말하였다.
처분결과: 육군형법 위반, 1942.8.8 금고 단기 6월 장기 3년

청명: 전주지방법원
직업·성명·연령: 사립학교 교원 김산민부(金山敏夫, 가나야마 도시오)[김종국金種國][23] 24세

---

[23] 본명은 全州地方法院, 「1942년 刑公 제756호 判決:金山敏夫, 金山正一」, 1943.1.16에 따른다. 원문의 처분일이 판결문의 날짜와 다르다.

사실의 개요: 1942년(昭和 17) 1월 상순 근무처인 전라북도 익산군(益山郡) 망성면(望城面) 화산리(華山里) 소재 천주교계 사립계명학교(啓明學校)에서 교원 달성충웅(達成忠雄, 다쓰시로 다다오) 외 1명에게 "신문의 보도기사는 거짓이다. 신문에는 일본군의 손해를 적게 적고 적측의 손해를 크게 적고 있지만, 일본군의 전쟁 사상자는 신문에서 발표한 것 외에도 많다. 또 적 함선의 격침 수는 신문에 발표한 것처럼 많지는 않다. 신문은 국민을 안심시키기 위해 일본의 손해를 적게 발표하는 것이다"라고 함부로 말하였다.

처분결과: 육군형법 위반, 해군형법 위반, 1943.1.15, 징역 2년

비고: 보안법 위반, 불경죄와 병합

청명: 진남포지방법원

직업 · 성명 · 연령: 농업 고도희봉(高島希鳳, 다카시마 기호) 23세

사실의 개요: 1942년(昭和 17) 1월 9일 사는 마을인 평안남도 강서군(江西郡) 신정면(新井面) 탄현리(炭峴里)에서 국민학교 학생 궁장유원(弓長裕遠, 유미나가 유엔)이 선생님에게서 들어 알게 되었다고 하며 황군의 혁혁한 전과를 이야기하자, 궁장유원 등 5명에게 "미국도 영국도 세계의 강국이니 그렇게 호락호락하게 패할 리가 없다. 그처럼 격침, 격파했다고 말하는 것은 허위이다. 비행기 20대를 격추했다면 40~50기로, 100대를 격추했다면 110대라 말하는 식으로 과장하는 것이다. 학교의 선생님도 실제로 본 것이 아니라 신문이나 라디오로부터 알게 된 것일 뿐이니 신용할 수 없다"라고 함부로 말하였다.

처분결과: 육군형법 위반, 1942.3.10 금고 10월

청명: 대구지방법원 경주지청

직업 · 성명 · 연령: 연와(煉瓦) 직공 산성해두(山城海斗, 야마시로 가이토) 22세

사실의 개요: 1942년(昭和 17) 1월 19일 경북 경주군(慶州郡) 경주읍 내의 동일여관(東日旅館)에서 동숙자 1명에게, 게다가 20일 본적지인 경주군 내동면(內東面) 평리(坪里)에서 마을 사람 2명에게 "요코하마(橫濱) 지방은 남자가 출정했기 때문에 적령기의 여성이 결혼

난에 빠져, 결혼 지망자는 남녀 모두 이력서를 당국에 제출하면 집합일시·장소를 지정받아 그곳에서 남녀가 마주 보고 서서 남자 측이 수건으로 눈을 가리고 여자를 손으로 찾아서 잡는데, 그 잡은 여자와 결혼하고 동거한다. 그리고 신문의 발표에 따르면 적국 비행기의 손해가 크고 우리나라의 피해는 근소하다고 하나, 같이 전쟁을 하는 이상 피해는 똑같을 터인데 우리나라만 피해가 적다고 하는 것은 거짓말이다"라고 함부로 말하였다.

처분결과: 육군형법 위반, 해군형법 위반, 조선임시보안령 위반, 1942.3.26 징역 4월

청명: 부산지방법원 마산지청

직업·성명·연령: 포목상(애국반장) 김본익환(金本益煥, 가네모토 에키칸) 45세

사실의 개요: 1942년(昭和 17) 1월 31일 마산부 부정(富町, 도미초)연맹이사장 연안창길(延安昌吉, 노부야스 쇼키치)의 집에서 개최된 임시 애국반 회의 석상에서 연안 외 수 명에게 "이처럼 일본군은 큰 전과를 거두고 있으나, 미·영도 세계의 최강대국이니 그처럼 지고만 있을 리가 없다. 신문기사는 국민을 안심시키기 위해 일본군의 패배는 하나도 적지 않는다. 신문기사에 거짓이 있다"라고 함부로 말하였다. 다시 1942년 2월 16일 전날 연맹사무소에서 싱가포르 함락 축하행사 협의를 위해 개최된 임시 애국반장 회의 석상에 있던 연안창길 외 수 명에게 "싱가포르는 동양에서 미·영이 아성으로 의지하고 있는 요새이다. 일본군이 함락시켰다고 하나 그 누구도 가서 본 적이 없어 신문기사만으로는 도무지 믿을 수가 없다"라고 함부로 말하였다.

처분결과: 육군형법 위반, 항소 제기 중

비고: 제1심 판결 1943.1.28 금고 8월

청명: 함흥지방법원 강릉지청

직업·성명·연령: 농업 김본종완(金本鍾完, 가네모토 쇼칸)[김종완金鍾完][24] 18세

---

24 본명은 국사편찬위원회, 〈한국사데이터베이스_일제감시대상인물카드〉에 의한다.

사실의 개요: 1942년(昭和 17) 2월 16일 거주지인 강원도 양양군(襄陽郡) 손양면(巽陽面) 상왕도리(上旺道里) 김본주학(金本周學, 가네모토 슈가쿠)의 집에서 상왕도리의 중산강남(中山康男, 나카야마 야스오) 외 3명이 '이겼구나, 일본'을 합창하는 것을 듣고 중산강남 등에게 "자네들은 뭐가 기뻐서 노래를 부르고 있는가. 싱가포르가 함락되었다고 말하는 것은 거짓이며, 또한 신문에 항상 '일본이 이겼다, 이겼다'라고 쓰여 있는 것도 전부 거짓이다"라고 함부로 말하였다.

처분결과: 육군형법 위반, 해군형법 위반, 1942.7.13 금고 단기 1년 장기 2년

〈그림2〉 1942년 인천소년형무소에 수감된 김종완의 인물카드
출처: 국사편찬위원회, 일제감시대상인물카드 [ia_1372]

청명: 전주지방법원

직업·성명·연령: 회사원 김본광봉(金本光峰, 가네모토 고호)[김용갑金容甲][25] 23세

사실의 개요: 1942년(昭和 17) 3월 10일 근무처인 전북 김제군(金堤郡) 봉산면(鳳山面) 소재 미쓰비시광업 김제채금소(三菱鑛業金堤採金所)의 금구지소(金溝支所) 합숙소에서 소원(所員) 천견경전(淺見慶典, 아사미 요시노리) 외 2명에게 "신문에는 하와이 해전에서 큰 전

---

25 본명은 全州地方法院, 「1942년 刑公 제535호 判決:金本光峰」, 1942.8.15에 의거한다.

과를 거둔 것처럼 게재되어 있으나, 하와이의 방비는 견고하므로 아군 측에도 신문 발표 이 외의 손해가 있다"라고 함부로 말하였다.

처분결과: 해군형법 위반, 1942.8.15, 금고 6월

청명: 평양지방법원
직업·성명·연령: 신문사 문찬계(文撰係) 송본수정(松本守廷, 마쓰모토 슈테이) 29세
사실의 개요: 1942년(昭和 17) 4월 18일 평양부 교구정(橋口町, 하시구치초) 자택에서 같은 정의 목촌덕지조(木村德之助, 기무라 도쿠노스케) 부부 외 1명에게 "이번 도쿄 공습에 관한 신문기사는 허위이며 손해가 막대하다"라고 함부로 말하였다. 다시 5월 중순경 위의 목촌의 집에서 그 부부에게 "전장에서 일본의 병사들은 상관의 명령에 따르지 않으며, 지휘관을 죽이고 병사들도 죽었다"라고 함부로 말하였다.

처분결과: 육군형법 위반, 조선임시보안령 위반, 1942.9.22 징역 10월

청명: 평양지방법원
직업·성명·연령: 세탁업(애국반장) 국본충남(國本忠男, 구니모토 다다오) 33세
사실의 개요: 1942년(昭和 17) 4월 19일 평양부 남정(南町, 미나미초) 자택에서 점원 목촌덕지조(木村德之助, 기무라 도쿠노스케) 외 수 명에게 "도쿄가 폭격당해 큰 손해를 입었다. 신문에는 항상 괜찮은 듯 쓰여 있으나 실제는 그렇지 않다. 미·영 양국은 긴 역사가 있으며, 비행기 등도 많이 있으므로 최후에는 일본도 패할 것이다"라고 함부로 말하였다. 그리고 6월 초순경 자택에서 점원 박병관(朴炳寬)이 평양부청에서 온 청장년체격검사 통지서를 수리해 기뻐하는 것을 보고 그에게 "전쟁에 나가서 금 100엔을 받아봤자 뭐라도 되겠는가. 그보다 여기에서 얻어먹으면서 50~60엔을 받는다면 편하지 않은가. 조만간 일본인이 많이 죽어서 일본인 여자를 아내로 2~3명이나 얻게 되지 않겠는가" 하고 함부로 말하였다.

처분결과: 육군형법 위반, 조선임시보안령 위반, 1942.10.27 징역 1년

청명: 청진지방법원 성진지청

직업·성명·연령: 사립길주공업보습학교 학생 신정남중(新井南重, 아라이 난주) 17세

사실의 개요: 1942년(昭和 17) 4월 20일 통학처인 함북 길주읍(吉州邑) 소재 길주사립공업보습학교(吉州私立工業補習學校) 제2학년 교실 내에서 동급생 풍천택수(豊川澤洙, 도요카와 다쿠슈) 외 12명에게 "게이힌(京濱) 지방의 공습은 피해가 상당히 컸던 모양이나, 대본영은 피해가 경미하고 황실도 안전하다고 발표하고 있다. 이는 국민을 안심시키기 위함이니 신용할 수 없다. 실제는 피해가 크고 도쿄는 상당히 혼란에 빠져 있다고 한다. '일본은 강하다'던가 '이겼다'라고 말하고 있으나, 미국군 쪽도 강하다. 실제 태평양을 건너와 일본 본토를 공습하는 사실을 보아도 명백하다"라고 함부로 말하였다.

처분결과: 육군형법 위반, 해군형법 위반, 1942.7.23 금고 단기 1년 장기 2년

청명: 청진지방법원

직업·성명·연령: 사립길주공업보습학교 학생 산원태섭(山原泰燮, 야마하라 다이쇼)[최태섭崔泰燮][26] 17세

사실의 개요: 1942년(昭和 17) 4월 21일 함북 길주읍(吉州邑) 소재 사립 길주공업보습학교 운동장에서 동급생 도천국수(島川國水, 시마카와 구니미즈) 외 수 명에게 "대본영이 발표한 미국 비행기의 일본 본토 공습은 상당한 피해가 있던 것이 틀림없다. 그러나 이는 일본에 불리한 사실이기 때문에 겉치레로 발표한 것이다. 이 점으로 보아도 일본의 전과(戰果)는 신용할 만한 것이 아니다"라고 함부로 말하였다.

처분결과: 육군형법 위반 해군형법 위반, 1942.12.15 징역 단기 2년 장기 5년

비고: 치안유지법 위반, 보안법 위반과 병합

---

26 본명은 淸津地方法院, 「1942년 刑公 제36호 判決:山原泰燮」, 1942.12.15(京城地方法院檢事局思想部, 『(1943年)鮮內檢事局情報』에 수록)에 의한다.

청명: 함흥지방법원 강릉지청
직업·성명·연령: 공장 수위 송본충부(松本忠夫, 마쓰모토 다다오) 26세
사실의 개요: 1942년(昭和 17) 4월 26일 강원도 삼척읍(三陟邑) 정상리(汀上里) 소재 조선협동유지회사(朝鮮協同油脂會社)[27] 공장 수위 대기소에서 동료 고산영태랑(高山榮太郎, 다카야마 에이타로) 외 2명에게 "최근 미국 비행기가 도쿄에 날아와 군용미를 넣어둔 창고를 폭격해 소실시켰기 때문에 쌀 배급이 적어졌다. 신문은 자국의 형편에 유리한 기사만 싣고 불리한 기사는 보도하지 않으니 신용할 수 없다"라고 함부로 말하였다.
처분결과: 육군형법 위반, 해군형법 위반, 조선임시보안령 위반, 1942.7.3 징역 6월

청명: 함흥지방법원
직업·성명·연령: 기계상 평송동묵(平松東默, 히라마쓰 도모쿠) 44세
사실의 개요: 1942년(昭和 17) 5월 22일 함흥부 영정(榮町, 사카에초) 문천주점(文川酒店)에서 음주 중에 동석한 김산강식(金山剛湜, 가나야마 고쇼쿠) 외 5명에게 "시베리아의 비행기가 도쿄에 와서 폭탄을 떨어뜨려 상당수 사람이 죽었으나, 신문에는 그러한 일이 하나도 실리지 않고 비행기를 전부 추락시켰다고 쓰여 있다. 조선에도 시베리아로부터 비행기가 날아올지도 모르니 실컷 마시고 즐기자. 일본은 결국 패할 것인데 미·영이 일본 본토를 계속 폭격하지 않는 것은 어리석다. 장기전이 되었으므로 우리 생활상에도 심각한 곤란을 받고 있다. 얼른 일본이 패했으면 좋겠다"라고 함부로 말하였다.
처분결과: 육군형법 위반, 해군형법 위반, 1942.7.20 징역 4월

---

27 원문은 '朝鮮協同油肥會社'이나 당시 삼척에 공장이 있는 '조선협동유지회사'를 잘못 쓴 것 같다. 국사편찬위원회, 〈한국사데이터베이스_한국근현대회사조합자료〉 참조. 본 자료집 201쪽의 같은 회사명도 수정하였다.

청명: 대구지방법원 안동지청

직업·성명·연령: 영주군 장수면장(長壽面[28]長) 김성동태(金城東泰, 가네시로 도타이) 39세

사실의 개요: 1942년(昭和 17) 6월 4일 경북 영주군(榮州郡) 장수면(長壽面) 반구리(磐邱里) 파평순이(坡平順伊, 사카히라 준이)의 집과 반구리에서 음식점을 하는 안본음전(安本音典, 야스모토 오토노리)의 집에서 고목재우(高木在祐, 다카기 아리스케) 외 1명에게 "남방의 치안이 확보되었는지 아닌지 알 수 없다. 신문의 보도는 대동소이하나 신용할 수 없다. 요새 전쟁은 닭싸움처럼 패한 쪽이 반격해오므로 승패는 알 수 없다"라고 함부로 말하였다.

처분결과: 육군형법 위반, 해군형법 위반, 공판 중[29]

비고: 조선지방선거단속규정 위반과 병합

청명: 경성지방법원

직업·성명·연령: 자동차운전자 대성영길(大城永吉, 오시로 에이키치)[서상일徐相一][30] 34세

사실의 개요: 1942년(昭和 17) 6월 날짜 미상 경기도 부천군(富川郡) 소사읍(素砂邑) 오류리(梧柳里) 소재 조선주조주식회사(朝鮮鑄造株式會社) 공장 안에서 직공장(職工長) 고천번(古川繁, 후루카와 시게루) 외 1명에게 "일본 신문에는 일본에 좋은 쪽으로 발표하고 있기에 그 기사는 신용할 수 없다. 미·영은 문명국으로 일본보다 우수한 병기를 지녔으므로 일본만 항상 이기고 미·영이 패하기만 하고 있을 리가 없다"라고 함부로 말하였다.

처분결과: 육군형법 위반, 해군형법 위반, 공판 중

---

[28] 원문에 "長水面"으로 표기되었으나 '長壽面'으로 바로잡는다.
[29] 국가기록원, 〈독립운동관련판결문〉의 '집행원부'에 의하면 본 건은 1943년 4월 23일 대구지방법원 안동지청에서 무죄가 선고되었다.
[30] 서상일에 관한 경성지방법원 사건기록이 국사편찬위원회에 보관되어 있다. 국사편찬위원회 편, 『일제강점기 경성지방법원 형사사건기록 해제』, 국사편찬위원회, 2009, 118~119쪽.

청명: 대전지방법원

직업·성명·연령: 애국생명보험회사 대전출장소장 김수판조(金水判造, 가네미즈 한조) 44세

사실의 개요: 1942년(昭和 17) 6월 상순 대전부 춘일정(春日町, 가스가초) 조선생명보험회사(朝鮮生命保險會社) 충청지사 사무실에서 충청지사장 고산완이(高山莞爾, 다카야마 간지) 외 2명에게 "일본 본토에서는 남자가 많이 전사해서 부족하므로 남자 1명이 10명 정도 아내를 맞을 수 있다. 대본영의 발표는 모두 날조다. 상대방만 당하고 있는 것처럼 발표하나, 일본도 상대방의 절반 정도는 확실히 당하고 있다"라고 함부로 말하였다. 그리고 1942년 6월 중순 조선생명보험회사 충청지사 사무실에서 위의 고산완이 등에게 "놋쇠 그릇은 조선인 특유의 것으로 골동품이기 때문에 내줄 필요는 없다. 일본은 탄환이 부족하므로 열심히 금속류를 모으는 것이다"라고 함부로 말하였다.

처분결과: 육군형법 위반, 해군형법 위반, 공판 중

비고: 보안법 위반과 병합

청명: 광주지방법원

직업·성명·연령: 사립하치오지(八王子)여학원 원장 아이다 기스케(相田喜助) 54세

사실의 개요: 1942년(昭和 17) 7월 8일 전남 제주도(濟州島) 서귀포북공립국민학교(西歸浦北公立國民學校) 직원실 안에서 교장 미무라 노부오(三村信男)에게 "일본의 라디오 방송이나 신문 보도는 국민을 기만한다. 실제 제도(帝都) 공습 중인 것을 시즈오카(靜岡) 공습 중으로 방송하며, 또한 신문은 적기 9기를 격추하고 공습의 피해는 근소하다고 보도하였으나 사실 격추한 것은 단 2기뿐이며 피해도 심각했다"라고 함부로 말했다. 이 외에도 7월 18일 서귀포 나카하라 유키시게(中原幸茂)의 집에서 다나카 쇼지로(田中象次郎)에게 위와 같은 취지의 유언비어를 말하였고, 게다가 "지금의 전쟁은 국민의 총의(總意)가 아니라 군부만이 좋아서 전쟁하고 있다. 군부는 전쟁으로 인해 자기의 지위를 높이고 훈장을 받으며 돈을 얻어 국민의 존경을 받을 것이기 때문에 전쟁 중지를 원하지 않으나, 국민은 이러한 군부에 질질 끌려 괴로워하고 있다"라고 함부로 말하였다.

처분결과: 육군형법 위반, 해군형법 위반, 제1심 판결 1942.11.16 금고 6월, 제2심 판결

1942.12.28 제1심과 같음, 1943.2.17 상고 기각
비고: 일본인

청명: 해주지방법원
직업·성명·연령: 사립학교 교사 단산재성(丹山載星, 니야마 자이세이) 27세
사실의 개요: 1942년(昭和 17) 8월 27일 사는 곳인 황해도 신천군(信川郡) 초리면(草里面)[31] 월산리(月山里) 단산일랑(丹山一郞, 니야마 이치로)의 집에서 그 외 1명에게 "지난번 포로감시원 18명이 전사했는데 이는 대동아전쟁 발발 이래 조선인 최초의 전사자로, 영령은 야스쿠니 신사(靖國神社)에 모셔질 것이라고 신문에 쓰여 있었다. 더욱이 신문에 의하면 남방으로 향한 감시원 48명이 전사했다고 하는데, 자네의 동생도 감시원으로 남방에 갔다고 하는데, 전사자 이름 중에 없기에 안심했다"라고 함부로 말하였다.
처분결과: 육군형법 위반, 1942.9.18 기소유예

청명: 함흥지방법원
직업·성명·연령: 무직 여산필노(礪山必魯, 도야마 히쓰로) 27세
사실의 개요: 1942년(昭和 17) 12월 20일 강원도 고성군(高城郡) 장전읍(長箭邑) 장전리 김곡홍율(金谷弘律, 가네야 히로노리) 집 여인숙에서 장전리에 거주하는 공전주환(共田周煥, 도모다 슈칸) 외 1명에게 "우리가 보고 있는 신문에는 황군(皇軍)이 어디 어디를 점령했다고 게재되어 있으나, 그것은 거짓 보도다"라고 함부로 말하였다.
처분결과: 육군형법 위반, 해군형법 위반, 조선임시보안령 위반, 공판 중

---

31 원문은 "都草面"이나 신천군에 없는 면이다. 월산리가 속한 '草里面'으로 바로잡는다.

청명: 해주지방법원 서흥지청

직업·성명·연령: 조선(造船) 직공 지전용웅(池田龍雄, 이케다 다쓰오) 25세

사실의 개요: 1942년(昭和 17) 11월 20일 황해도 곡산군(谷山郡) 멱미면(覓美面) 생왕리(生旺里) 목산문엽(木山文燁, 기야마 분요)의 집에서 그 외 3명에게 "나남(羅南)에는 1개 사단이 있는데 병력은 약 1만 명으로, 그 대부분은 함북의 국경방면에 분산 배치되어 있다. 작년부터 나남과 청진 간에 군부 전용의 직통열차가 부설 중으로, 매일 수천 명의 인부가 사역하고 있으나 대외 비밀로 취급하기 때문에 청진방면에서도 이 사실을 아는 자가 적다. 더욱이 우리 회사 공장에서는 실제로 나남 해군부대의 방비선(防備船)을 줄곧 수선하고 있는데, 이는 러시아가 출전했을 때를 대비할 목적이다. 지금 신문에 대동아전쟁의 전황이 발표되고 있는데, 적국의 군함·비행기 등이 비참한 손해를 입은 것에 비하여 일본군의 손해는 적다. 같은 전쟁을 수행하고 있으니 승패는 피차 마찬가지이다. 일본군도 발표된 내용 이외에 상당 부분 패하고 있음이 사실이다. 4월에 적기가 도쿄 방면 등에 습격해 와서 폭탄이나 소이탄을 떨어뜨렸을 때 학교, 병원 등의 사상자가 200~300명이라 발표했으나, 실제는 2,000~3,000명에 달한다고 하는 이야기가 있다. 지금의 신문은 진상을 싣고 있지 않다"라고 함부로 말하였다.

서분결과: 육군형법 위반, 해군형법 위반, 조선임시보안령 위반, 1942.12.24 징역 6월

(3) 대륙(중국·만주) 작전에 관한 것

청명: 대전지방법원 홍성지청

직업·성명·연령: 신문지국 수금인 풍연서국(豊淵瑞國, 도요후치 즈이코쿠)[이서국李瑞國][32] 22세

사실의 개요: 1941년(昭和 16) 12월 26일 충청남도 서산군(瑞山郡) 대호지면(大湖芝面) 두산리(杜山里) 소재의 음식점에 투숙 중 연말 야간 경비를 위해 모여 있던 경방단원 4명에게 "미국과 하와이에 재주하는 조선인은 지금도 계속해서 옛날 국기(國旗)를 지니고 독립운

---

32 창씨명과 본명은 大田地方法院洪城支廳 「1942년 刑公 제172호 判決:豊淵瑞國」, 1942.3.19; 京城覆審法院刑事第一部 「1942년 刑控 제119호 判決:豊淵瑞國」, 1942.5.12와 국사편찬위원회, 〈한국사테이터베이스_일제감시대상인물카드〉에 따른다. 원문은 "豊川瑞國"이나 판결문에 따라 '豊淵瑞國'으로 고쳤다.

동을 하고 있는데, 조선의 중등·전문·대학교의 학생들도 그쪽의 독립운동과 연락하고 있는 자가 많다", "일본의 병사는 강하다고 하면 강하나, 전쟁을 치러 피로워지자 도주하는 자가 생겼다. 그 도망병은 중국 병사들에게 잡혀서 살해당하거나 혹은 수로에 빠져 죽거나 하는 일도 있다. 중국 병사들이 일본 병사를 죽일 때는 질긴 밧줄로 트럭 2대에 각각 손발을 따로 묶어 두 트럭을 반대 방향으로 달리게 해서, 몸이 갈기갈기 찢겨 죽어버린다. 또 일본 병사를 발가벗겨 촛불을 고환에 대면, 음모가 타버리는 가운데 '후후'하고 웃다가 죽어버린다"라고 함부로 말하였다.

처분결과: 해군형법 위반, 육군형법 위반, 제1심 판결 1942.3.19 금고 6월 3년간 집행유예, 제2심 판결 1942.5.12 제1심과 같음

비고: 제1심에서 보안법 위반과 병합, 제2심에서 보안법 위반 사항은 무죄

〈그림3〉 **1942년 서대문형무소에 수감된 이서국의 인물카드**
출처: 국사편찬위원회, 일제감시대상인물카드 〔ia_3882〕

청명: 경성지방법원

직업·성명·연령: 야채행상 우병홍(于炳洪) 34세, 야채행상 우병천(于炳泉) 42세, 요리사 우광전(于廣田) 34세, 페인트직공 민연승(閔連陞) 59세

사실의 개요: 우병홍은 1942년(昭和 17) 1월 중순경 경성부 서소문정(西小門町) 104번지 중국인 합숙소에서 친형 우병천에게 "최근 일본군이 본적지인 산동성(山東省) 영성현(榮城

縣) 석도(石島)에 상륙해 팔로군(八路軍)과 교전한 결과 일본군은 대부분 전멸하였다. 겨우 생존한 기관총 병 6명은 포로가 되어 팔로군이 노획한 기관총의 조작방법 교시를 강요하자, 3명은 이를 수긍하지 않아 생매장되었으며, 남은 3명은 지금 팔로군 부대에 억류 중이다"라고 함부로 말했다. 우병천은 1942년(昭和 17) 3월 초순 경성부 서소문정 민연승 집에서 그 외 1명에게 위와 같은 내용의 유언비어를 전하였고, 민연승은 1942년(昭和 17) 3월 10일경 자택에서 우광전 외 1명에게 위와 같은 내용의 유언비어를 전하였으며, 우광전은 1942년(昭和 17) 4월 9일 경성부 서소문정 동흥목포(東興木舖) 안에서 직인 손규한(孫奎漢) 외 2명에게 위와 같은 내용의 유언비어를 전하였다.

처분결과: 육군형법 위반, 1942.9.28 각각 금고 1년

비고: 4명 모두 중국인

청명: 대전지방법원
직업·성명·연령: 청주사범학교 교원 김본우평(金本宇平, 가네모토 우헤이)[김상호(金相昊)][33] 26세
사실의 개요: 1942년(昭和 17) 1월 12일 근무처인 충북 청주읍(淸州邑) 청주사범학교 특설강습과 제1조 교실에서 일본인과 조선인 학생 48명에게 "장개석(蔣介石)의 원교근공(遠交近攻) 정책에 기반을 둔 항일교육도 중일전쟁 발발의 한 원인이다. 그러나 한편으로 북청사변(北淸事變)[34] 이후 미·영은 중국에서 획득한 권익 일부를 반환하고 회유책을 내세웠기 때문에 점차 배척을 면하였지만, 오로지 일본은 그러한 방책을 내세우는 일 없이 정의라고 칭하여 획득한 권익을 여전히 확보하였으며 게다가 침략의 태도를 보인 것이 중일전쟁이 발생한 유력한 원인이다"라고 함부로 말하였다.

처분결과: 조선임시보안령 위반, 제1심 판결 1942.7.1 징역 2년, 제2심 판결 1942.11.10 징역 1년 4월

비고: 불경죄와 병합

---

33 본명은 국가기록원, 〈독립운동관련판결문〉의 '수형인명부', '집행원부', '형사사건부'에 의한다.
34 의화단운동을 말한다.

청명: 신의주지방법원 정주지청

직업·성명·연령: 보험회사 사원 철원충현(鐵原忠賢, 가나하라 다다카타) 37세

사실의 개요: 1942년(昭和 17) 2월 8일 평북 박천읍(博川邑) 남부동(南部洞)에 수금하러 갔을 때 마을 사람 5명에게 "산서성(山西省)은 조선보다 크다. 쪽발이(일본인의 멸칭)가 5~6년간이나 싸워서 아직 철도 연선(沿線)밖에 점령하지 못했다. 실제로는 중국이 강하다. 1920년(大正 9) 통계에 중국 인구는 4억이라고 이야기하고 있으나, 지금은 몇 억인지 알 수 없다. 그 사람들이 지금 잠자코 있으나, 일제히 오줌을 누는 것만으로도 쪽발이는 전부 떠내려가 버릴 것이다. 쪽발이의 부대는 지금 200만 정도 있다고 하나, 그것으로는 산서성만 지키기에도 힘들다. 실제로는 1,000만 정도가 아니라면 안 될 터지만, 아니라면 쪽발이는 끝장이다. (중략) 조선의 기업령(企業令)은 쪽발이가 러시아를 모방해 공포했다. 러시아는 실로 현명하여 죄다 쪽발이보다 빠르다. 식량배급 건조차 러시아가 먼저 실시했다. 조선도 지금 토지와 가옥의 사용을 제한할 터이니, 죄다 러시아와 똑같이 될 것이다" 운운하며 함부로 말하였다.

처분결과: 육군형법 위반, 조선임시보안령 위반, 제1심 판결 1942.4.11 징역 8월, 제2심 판결 1942.6.11 제1심과 같음

청명: 평양지방법원

직업·성명·연령: 농업 양천상희(陽川尙喜, 요카와 나오키) 41세

사실의 개요: 1942년(昭和 17) 2월 9일 황해도 황주군(黃州郡) 흑교리(黑橋里) 송흥여관(松興旅館)에서 동숙 중인 중천의명(中川義明, 나카가와 요시아키) 외 2명에게 "중국군은 제1선에 병사를 내보내 싸우나, 일본군은 소위가 제1선에 나가 싸운다고 한다. 이번 중일전쟁에서도 일본의 소위가 매일 수백 명씩 죽었다"라고 함부로 말하였다.

처분결과: 육군형법 위반, 1942.6.2 금고 6월

청명: 신의주지방법원

직업·성명·연령: 국민학교 교원 요시다 아키라(吉田昭) 29세, 수원고등농림학교 학생 요시다 다카시(吉田尙) 26세

사실의 개요: 요시다 아키라는 1942년(昭和 17) 3월 4일 근무지인 평북 선천군(宣川郡) 수청면(水淸面) 가물남(嘉物南)공립국민학교 직원실에서 교장 마루메 마사오(丸目正雄) 외 6명에게 "이번 화북 출정 중에 귀환한 친동생 요시다 다카시에게 들은 바에 의하면 전장에서는 상당히 난폭한 병사가 있다. 간부 후보생 출신의 젊은 장교는 자신들이 그다지 고생을 겪고 있지 않아서인지 부하에게 가혹하게 대해서 부하가 장교의 말을 듣지 않는다. 막상 실전에 임해 '전진'이라 호령해도 '탄환은 앞에서만 날아오는 것이 아니다. 뒤에서도 날아올 것이다'며 젊은 장교를 위협해 좀처럼 전진하지 않는다고 한다. 따라서 장교도 자신들이 지나쳤다고 생각했는지 뒤에서 병사에게 한 잔 대접해 화해하는 일도 있다고 한다"라고 함부로 말했다. 요시다 다카시는 3월 1일 전남 나주군(羅州郡) 세지면(細枝面) 동곡리(東谷里)의 자택에서 위의 요시다 아키라에게 앞에 적은 같은 내용을 전하였다.

처분결과: 육군형법 위반, 요시다 아키라 1942.6.19 금고 8월 3년간 집행유예, 요시다 다카시 1942.6.11 기소유예

비고: 두 명 모두 일본인

청명: 대구지방법원 경주지청

직업·성명·연령: 광업회사원 사이토 후지오(齊藤富士夫) 34세

사실의 개요: 1942년(昭和 17) 5월 17일 경북 경주읍(慶州邑) 서리(西里)[35] 요릿집 보정(寶亭)에서 예기(藝妓) 마쓰다 미요코(松田ミヨ子)에게 "나는 장교로서 중부 중국으로 출정하여 참모와 함께 전선 시찰 중에 다수의 일본 병사가 20세 전후의 중국 아가씨 2명을 번갈아 가며 강간하는 것을 보고 제지한 적이 있으나, 황군의 위신 유지상 그 여자는 살해했다"라고 함부로 말하였다.

---

[35] 당시 경주읍에 "서리"는 없고 '서부리(西部里)'와 '노서리(路西里)'가 있으나 확정할 수 없어 원문대로 두었다.

처분결과: 육군형법 위반, 1942.7.11, 금고 4월
비고: 일본인

청명: 해주지방법원 사리원지청
직업·성명·연령: 농업(구장區長) 이등성경(伊藤性敬, 이토 세이케이) 47세
사실의 개요: 1942년(昭和 17) 5월 18일 사는 마을인 황해도 황주군(黃州郡) 주남면(州南面[36]) 순천리(順天里)의 제2구장 이등경준(伊藤景俊, 이토 가게토시)의 집에서 면서기 삼정순만(三井淳萬, 미쓰이 준반) 외 6명에게 "일본 부대는 화북 시골에서 젊은 아가씨나 예쁜 여자가 있으면 정교(情交)를 요구하는데, 만약 응하지 않는다면 총살한다고 한다. 그뿐만 아니라 때때로 조선인이 경영하는 요릿집에 와서 급히 쓸 데가 있으니 돈을 빌려달라 요구하니, 돈을 갚을 것 같지 않아도 후환이 두려워 어쩔 수 없이 빌려줘 버린다고 한다"라고 함부로 말하였다.
처분결과: 육군형법 위반, 1942.7.30 금고 6월

청명: 신의주지방법원
직업·성명·연령: 토목노동자 양원봉섭(楊原鳳燮, 야나기하라 호쇼) 56세
사실의 개요: 1941년(昭和 16) 5월 28일, 5월 29일과 7월 9일 3회에 걸쳐 평북 맹중리(孟中里)역 부근 제니타카구미(錢高組) 경의선 복선 공사장에서 김원경즙(金原京楫, 가네하라 교슈) 외 수 명에게 "만리장성을 쌓은 진시황제는 실로 위대한 사람이었다. 그 무렵 중국은 정치도 원만히 다스려지고 나라도 매우 번영했었으나, 지금은 운이 나쁘기에 운이 좋은 일본과 전쟁을 치르고 있지만 아무래도 패할 것 같다."
"중일전쟁이 일어난 원인도 일본인이 만주에서 토지를 경작하거나 해서 장개석이 그에 분개해 부득이하게 전쟁을 치르게 된 것이다."

---

[36] 원문은 "南面"이나 실재했던 '州南面'으로 고쳤다.

"우리가 어릴 적에 노인들로부터 '네가 50~60세가 될 무렵에는 전쟁이 일어날 것이다'라는 말을 들었는데, 그 말대로이다. 그 노인은 정감록(鄭鑑錄) 2책을 항상 손에서 놓지 않고 정감록에 '조선은 일본에 망하고 일본은 중국에 망하며, 중국에서 머리에 풀이 자란 것 같은 이가 나온다면 동양을 자유롭게 할 것이다'라고 이야기하곤 했는데, 그럴지도 모르겠다. 실제로 중국에는 장개석이라는 위인이 나왔다."

"또 장개석보다 그 아내(송미령宋美齡을 뜻함)는 더욱 훌륭한 인물이다. 이러한 인물이 활동하고 있으므로 중일전쟁의 장래는 알 수 없다."

"러일전쟁에서 일본이 이겼던 것은 우리 고향 마을의 백대위(白大尉)라는 사람이 일본군에 가세하여 러시아 어느 대장의 목을 쳤기 때문이다."

"또 독일은 매우 뛰어나다. 일본은 요령이 좋아 이에 가담하고 있다."

"옛날에는 중국이 조선과 전쟁으로 남자가 부족했다. 장차 일본에서도 남자가 부족해질 것이므로 작년부터 여자에 대한 훈련이 격해진 것이다."

"우리 고향 마을에는 아직 조선 독립을 꾀하고 있는 자가 상당수 있다. 작년에도 경찰에 3명 검거되었던 사실이 있다."

"이 지방은 어떨지 모르겠지만, 우리 고향에서는 아이들을 학교에 보내는 것을 꺼려 한문 서당에 보내고 있다."

"이번에 조선에도 징병제도를 실시하게 되었는데, 이것도 어쩔 수 없는 국책(國策)이라고 생각한다. 현재 일본의 모 현(縣) 모 군(郡) 모 촌(村)에는 4,000호의 집단부락이 있는데, 그 중에 남자가 있는 집은 1,000호에 지나지 않으며, 나머지 3,000호는 여자뿐이다. 이처럼 남자가 부족해져서는 전쟁할 수 없으니 조선에도 징병제도를 실시해 조선인 남자를 전쟁에 보내는 것이다" 등을 함부로 말하였다.

처분결과: 조선임시보안령 위반, 안녕질서에 대한 죄, 예심 중

비고: 보안법 위반, 불경죄와 병합[37]

---

37 국가기록원, 〈독립운동관련판결문〉의 '수형인명부'에 의하면 양원봉섭은 1943년 9월 13일 신의주지방법원에서 징역 2년을 선고받았다. 이에 따르면 그의 본적은 '전북 순창군 동계면 구미리 627번지'이다.

청명: 해주지방법원

직업·성명·연령: 회사원 김진선구(金津善九, 가나즈 젠큐) 28세

사실의 개요: 1942년(昭和 17) 6월 8일 황해도 은율군(殷栗郡) 북부면(北部面) 금산리(金山里) 풍전영일(豊田榮一, 도요다 에이이치)의 집에서 그 외 2명에게 "내가 화북에 종군 중이었던 어느 때 일본군이 전멸된 적이 있었다. 그리고 군부에서는 동료 간에 싸움을 벌여 죽어도 전부 전사라고 발표한다"라고 함부로 말하였다. 다시 6월 11일, 13일 두 차례 금산리 김진두헌(金津斗憲, 가나즈 도켄)의 집에서 그 외 수 명에게 같은 내용을 함부로 말하였다.

처분결과: 육군형법 위반, 1942.7.18 징역 6월

청명: 경성지방법원

직업·성명·연령: 무직 김정창윤(金井昌潤, 가네이 쇼준)[김창윤金昌潤][38] 25세

사실의 개요: 해당자는 지원병훈련소 졸업 후 교육소집에 응소하여 육군 이등병 계급을 얻고 제대한 자인데, 1942년(昭和 17) 6월경 자택에서 무전삼봉(武田三鳳, 다케다 산포) 외 수 명에게 "제1선에서 군대의 힘은 실로 위대한 것으로, 우리 부대가 어떠한 일을 벌여도 주민들은 절대복종하고 있다. 일반인은 제1선에서 매일 전쟁만 벌이고 있는 것처럼 생각하고 있으나, 제1선에도 술이 있고 여자가 있으며, 게다가 군대의 권력이 절대적이기 때문에 아주 제멋대로 굴며 상상 이상으로 재미있는 생활을 하고 있다. 어느 날 저녁 전우 3명과 '만주'인(滿洲人) 부락에서 여자 2명을 상대로 술을 마시고 있었는데, 갑자기 비적(匪賊)의 습격을 받아 십 수 명을 상대로 교전해 한 명을 포로로 잡았으나, 공교롭게도 실내에서 나오지 않았던 전우 한 명이 어깨에 상처를 입었다. 비적을 포로로 삼으면 반드시 죽였다. 그 방법은 그자를 앉혀서 머리를 베는 것이었는데, 거기에는 요령이 있어서 힘껏 힘을 실어서 베면 몸통과 머리가 떨어져 나가지만 이는 가장 하수다. 능숙하게 베는 것은 머리의 가죽이 조금 남아 몸통에서 머리가 축 늘어진 것처럼 해야 한다" 운운하며 함부로 말하였다.

---

[38] 본명은 京城地方法院 刑事第二部, 「1943년 刑公 제262호 判決:金井昌潤」, 1943.4.14(西大門刑務所長 → 朝鮮總督, 「假出獄執行濟ノ件報告」, 1944.5.3에 寫本 수록)에 의한다.

처분결과: 육군형법 위반, 1943.4.14 징역 1년 2월
비고: 공문서위조행사, 사기와 병합

청명: 청진지방법원
직업 · 성명 · 연령: 직공 국본건재(國本健在, 구니모토 겐자이) 23세
사실의 개요: 1942년 7월 날짜 미상 청진부 포항정(浦項町) 양전사(陽電社) 공장[39] 내에서 동료 장본박공(長本博公, 나가모토 히로키미)[위진魏軫]에게 "독·소전은 신문 보도와 같이 진전되고 있지 않으며, 스탈린그라드는 아마 함락되지 않았을 것이다. 중일전쟁에서 일본은 장개석을 오지에 몰아넣었지만, 장(蔣)이 굴복하는 일은 없을 것이다. 왜냐하면 장에게는 광대한 영토와 다수의 인구가 있을 뿐 아니라 물자도 풍부하고 그 배후에는 미·영·소 등 강국의 원조가 있기 때문이다. 따라서 결국에는 장개석이 최후의 승리를 거둘 것이다"라고 함부로 말하였다.
처분결과: 해군형법 위반, 육군형법 위반, 1943.2.12 징역 6월
비고: 보안법 위반과 병합

청명: 평양지방법원
직업 · 성명 · 연령: 농업 복광훈(卜廣勳) 22세
사실의 개요: 1942년(昭和 17) 7월 중순경 평양부 기림정(箕林町, 미노바야시초)에서 김천일능(金川日能, 가나가와 니치노) 외 1명과 잡담하던 중 동쪽에서 기관총 소리가 들려왔을 때 앞의 김천일능이 "저 기관총은 무섭네" 하고 말하자, 그에게 "뭐가 무섭나, 대체로 일본의 총기는 별 것 아니다. 그 증거로 내가 중국 산동성(山東省)에 있을 무렵 일본군의 습격을 받아 도주할 때 철포 탄환에 맞았으나 아직 죽지 않았잖은가. 중국 부대는 장개석의 명령에

---

[39] 청진부 포항정의 양전사(陽電社)는 자동차 수리소이다. 국본건재과 장본박공의 직업은 자동차수리공이다. 본 자료집 358쪽; 淸津地方法院檢事正, 「治安維持法違反被疑事件起訴狀送付ノ件: 長本博公」, 1942.12.3(京城地方法院檢事局思想部, 『(1943년)鮮內檢事局情報』에 수록) 참조. 장본박공의 본명은 이 자료에 따른다.

따라 일본군을 중국의 오지로 끌어들여 중국 영토가 얼마나 넓은지 보여주며 동시에 시간을 끌어 영·미 양국이 지원해 오는 날에 일본군을 일거에 해치우는 것이 전술 수단이다" 운운하며 함부로 말하였다.

처분결과: 육군형법 위반, 1943.4.8 징역 8월

청명: 해주지방법원
직업·성명·연령: 진남포 이연(理研)알루미늄공장 직공 김증(金烝) 21세
사실의 개요: 1942년(昭和 17) 7월 30일 황해도 금천군(金川郡) 서천면(西泉面) 시변리(市邊里) 충본흥운(忠本興雲, 다다모토 고운)의 집에서 그에게 "구주 대전쟁(歐洲大戰爭, 제1차 세계대전) 당시 인도 병사는 영국군의 선두에 서서 싸웠다. 일본은 그것을 따라 해, 중국 병사를 제1선에 세우고 그다음에 조선인 지원병을 세우며 그 뒤에 일본군을 두어 전쟁을 벌인다"라고 함부로 말하였다.
처분결과: 육군형법 위반, 1942.9.25, 징역 1년
비고: 불경죄와 병합

청명: 해주지방법원 사리원지청
직업·성명·연령: 평양사범학교 학생 김정학근(金井學根, 가네이 가쿠콘) 21세
사실의 개요: 1942년(昭和 17) 7월 30일 본적지인 황해도 봉산군(鳳山郡) 만천면(萬泉面) 선정리(蟬井里)에 귀성 중 선정리 노상에서 이전달권(李田達權, 리타 다쓰켄) 외 1명과 회담 중에 그가 장개석 군의 병사가 약탈과 폭행을 저지르고 군기가 문란하다고 말하자, 그에게 "일본군이 하는 짓도 똑같다. 패배한 군대가 초토전술로 나오는 것은 당연하다. 현재 신문기사 등은 당치도 않다. 중국인 여자에게 고환을 붙잡혀 살해당한 일본 병사라도 명예로운 전사로 발표된다고 한다"라고 함부로 말하였다.
처분결과: 육군형법 위반, 1942.9.17, 금고 4월

청명: 해주지방법원

직업·성명·연령: 흥행업 고도용(高島勇, 다카시마 이사오) 54세

사실의 개요: 1942년(昭和 17) 8월 20일경 황해도 신천읍(信川邑) 극장 고토부키자(壽座) 앞에서 송본건치(松本健治, 마쓰모토 겐지) 외 4명에게 "화북의 전장에 있는 일본 군인 중에는 아편 중독자가 있다. 병사 4~5명이 중국인 집에 들어가 아편을 마시고 나오는 것을 발견해 그 이유를 물었더니, 병사들이 '어차피 죽을 터이니 아편이라도 마시고 기운을 차리지 않으면 안 된다' 했다"라고 함부로 말하였다.

처분결과: 육군형법 위반, 1942.10.19 징역 4월 2년간 집행유예

청명: 해주지방법원 서흥지청

직업·성명·연령: 농업 대천의상(大川義相, 오카와 기소) 23세

사실의 개요: 1942년(昭和 17) 11월 23일 황해도 금천군(金川郡) 산외면(山外面) 신명리(新明里)에서 음식점을 운영하는 해원정호(海原丁浩, 가이하라 조코)의 집에서 김광문엽(金光文燁, 가네미쓰 분요) 외 3명에게 "나는 니가타현(新潟縣) 소속 부대에서 1933년(昭和 8)에 북지사변(北支事變, '만주사변')에 출정했다가 귀환한 병사로, 당시 내 소속 부대에는 350명의 병력이 있었으며 부대장은 당시 30세쯤, 다음 계급의 사람은 27세 정도로 모두 젊고 활기가 있었다. 부대가 적을 공격하면 때에 따라 식량 보급이 이루어지지 않아 3일이나 밥을 굶었던 적도 있었는데, 이러면 병사가 중국인 부락에 들어가 호미로 칡뿌리를 파서 먹은 적도 있다. 또 부대가 진격할 때는 중국인 중에서 반항하는 자를 무참히 살해한 적도 있다"라고 함부로 말하였다.

처분결과: 육군형법 위반, 1942.12.24 징역 4월

청명: 대전지방법원

직업·성명·연령: 철공소 사무원 목촌건영(木村建榮, 기무라 겐에이) 32세

사실의 개요: 1942년(昭和 17) 12월 5일 강경읍(江景邑) 본정(本町) 원전상무(原田尙武,

하라다 나오타케)의 집에서 양원정일(良原正一, 요시하라 세이이치) 외 1명에게 "말레이 방면의 최고지휘관 야마시타(山下) 중장은 현재 목단강(牧丹江)에 주재하고 있는데, 목단강에는 4개 사단 정도의 병력이 주둔하고 있다. 또 지하로 100척에 달하는 콘크리트 진지가 있다" 운운하며 함부로 말하였다.

처분결과: 육군형법 위반, 1943.2.22 기소유예

청명: 해주지방법원 사리원지청
직업·성명·연령: 이발소 고용인 민본종식(閔本宗植, 미모토 슈쇼쿠)[민종식閔本宗植]⁴⁰ 21세
사실의 개요: 1943년(昭和 18) 1월 13일 사리원역(沙里院驛)에서 국본창옥(國本昌玉, 구니모토 쇼교쿠)에게 "열차가 연착하는 것은 중국이나 '만주'에 있는 부대를 일본이나 조선에 있는 부대와 교대시키기 위해 기차가 붐벼 늦는 것이다. 조선이나 일본의 부대가 만주나 중국의 전장에 가면 기후, 풍토, 음식물 등에 익숙하지 않아서 바로 병에 걸리기 때문에, 조선이나 일본의 부대를 '만주'나 중국에 보내 현지에서 훈련하여 유사시에 대비해두는 것이다" 운운하며 함부로 말하였다.

처분결과: 육군형법 위반, 1943.2.26 징역 단기 6월 장기 2년

청명: 함흥지방법원
직업·성명·연령: 무직 우에다 기쿠요(上田キクヨ) 55세
사실의 개요: 1943년(昭和 18) 2월 4일 [강원도] 고성군(高城郡) 고성읍 봉수리(烽燧里)에서 봉수리의 다카이시 시즈카(高石シツカ) 외 1명에게 "천진 부근에는 다수의 황군 병사가 집결해 있는데 조선인 병사를 제1선에, 일본인 병사를 제2선에 배치했다. 그러나 전투 개시 때에는 일본인 병사를 제1선에 내보낸다고 한다"라고 함부로 말하였다.

처분결과: 육군형법 위반, 1943.4.7 기소유예

---

40 본명은 金泉少年刑務所長 → 朝鮮總督, 「假出獄執行濟ノ件報告」, 1944.2.11에 따른다.

비고: 일본인

청명: 함흥지방법원

직업·성명·연령: 무직 다카이시 시즈카(高石シツカ) 37세

사실의 개요: 1943년(昭和 18) 2월 11일 고성군(高城郡) 고성읍 자택에서 고성읍의 도쿠모리 마사코(德森マサ子)에게 "천진 방면에서 다수의 부대가 결집해 있는데 제1선에는 조선인 병사를, 제2선에는 일본인 병사를 배치했다. 이는 일본인 병사의 희생을 줄이기 위해서다"라고 함부로 말하였다.

처분결과: 육군형법 위반, 1943.4.7 기소유예

비고: 일본인

청명: 경성지방법원

직업·성명·연령: 체신 기술공 삼본시영(杉本始榮, 스기모토 시에이)[이시영李始榮]⁴¹ 27세

사실의 개요: 1943년(昭和 18) 2월 23일 홍천군(洪川郡) 홍천면 진리(津里) 금송여관(錦松旅館)에서 동거인 신정계옥(新井啓玉, 아라이 게이교쿠) 외 1명에게 첫째, "중일전쟁에서 서주(徐州) 공격 때 일본군은 중국군에게 반격을 당했는데, 이를 지원하기 위해 나간 일본 비행기 12기 중에서 1기는 짙은 안개 때문에 인천 해상에 추락하였으며, 또 다른 1기는 충남 서산 근해를 비행 중에 추락하였다" 둘째, "현재 독·소전은 독일의 정세가 불리하다. 일본은 일·소 중립조약(3개년)의 기간이 만료되면 독일을 지원하여 일·소 개전은 불가피하다"라고 함부로 말하였다.

처분결과: 육군형법 위반, 조선임시보안령 위반, 1943.4.1 징역 8월

---

41 이시영에 관한 경성지방법원 사건기록이 국사편찬위원회에 보관되어 있다. 국사편찬위원회 편, 『일제강점기 경성지방법원 형사사건기록 해제』, 국사편찬위원회, 2009, 120~121쪽. 본명은 이에 따른다.

청명: 평양지방법원

직업·성명·연령: 우편국 사무원 고교용수(高橋龍洙, 다카하시 류슈) 22세

사실의 개요: 1943년(昭和 18) 4월 7일 평양부 감북정(坎北町)[42] 시장 부근 노상에서 평양부 용흥정(龍興町) 박촌진흥(朴村鎭興, 호무라 진코)와 만나 잡담 중에 "도조(東條) 수상이 만주국을 방문하고 왕정위(汪精衛) 주석이 내조(來朝)했다. 또 야마시타(山下) 중장(육군 최고지휘관)은 블라디보스토크 방면으로 가 있다고 한다. 그리고 방공훈련도 지금부터는 엄중히 실시한다고 하니 조만간 일·소 전쟁이 일어날지도 모른다"라고 함부로 말하였다.

처분결과: 육군형법 위반, 공판 중

(4) 남방작전에 관한 것

청명: 대전지방법원

직업·성명·연령: 농업 청원건일(淸原健一, 기요하라 겐이치) 21세

사실의 개요: 1941년(昭和 16) 12월 8일 충북 청주읍(淸州邑) 청주상업학교 부근 노상에서 서포수원(西浦壽元, 니시우라 주겐) 외 수 명에게 "오늘 일본군이 미국의 선전포고에 앞서 진주만을 공격해 다수의 사람을 살상한 것은 비겁하다"라고 함부로 말하였다.

처분결과: 해군형법 위반, 1942.9.25, 징역 1년

비고: 불경죄, 보안법 위반과 병합

---

42 이 자료에서 평양부의 기존 '~里'가 '~町'으로 표기된 경우가 많은데, 1942년경 바뀌었던 것 같다. 아직 근거 자료는 찾지 못했으나 다음 자료는 그 변화상을 말해준다. 朝鮮總督, 「朝鮮總督府告示第694號」, 『朝鮮總督府官報』제4578호, 1942.5.6; 平壤府尹, 「平壤府告示第153號」, 『平壤彙報』제135호, 1943.9, 42~44쪽. 이 과정에 기존의 "감흥리(坎興里)"가 "감북정(坎北町)"으로 바뀐 것 같다. 둘 다 해당 지역 '감북산(坎北山)'과 관련된 지명이다.

청명: 광주지방법원 제주지청

직업·성명·연령: 점원 삼전종차랑(森田宗次郎, 모리타 슈지로)[43] 20세

사실의 개요: 1941년(昭和 16) 12월 10일 전남 제주읍(濟州邑) 내 약종상 에나쓰(江夏)[44] 의 집에서 그 점원에게 "아까 무전국 직원(無電局員)의 말에 따르면 영어로 미국이 일본의 잠수함 11척을 격침했다는 내용의 방송이 있었다"라고 함부로 말하였다.

처분결과: 해군형법 위반, 1942.1.14 금고 3월 2년간 집행유예

청명: 경성지방법원

직업·성명·연령: 금융조합 이사 김무극명(金武克明, 가네타케 가쓰아키)[김승극金承極][45] 40세

사실의 개요: 1941년(昭和 16) 12월 23일 강원도 양구군(陽口郡) 북면(北面) 공수리(公須里) 노상에서 양구경찰서에서 근무하는 경부보 히로타 이사오(廣田勇)[46] 외 2명에게 "옛날의 전쟁은 서로 이름을 걸고 일대일 승부를 겨루는 것이었으나, 이번 하와이 해전에서 일본의 태도는 무사도(武士道) 정신이 없다. 즉 적 함대가 진주만에 닻을 내리고 방심하고 있는 틈을 타 기습했기 때문에 이처럼 큰 전과를 거둔 것이다"라고 함부로 말하였다.

처분결과: 해군형법 위반, 1942.8.21, 징역 8월

비고: 불경죄와 병합

---

43 판결문에 따르면 그의 "舊名"은 "姜宗次郎"이다. 光州地方法院濟州支廳, 「1942년 刑 제1호 判決：森田宗次郎」, 1942.1.14.

44 에나쓰 도모지로(江夏友次朗)인 것 같다. 그에 관해서는 국사편찬위원회, 〈한국사데이터베이스_한국근현대인물자료〉 참조.

45 김승극에 대한 1심, 2심 판결문을 국가기록원, 〈독립운동관련판결문〉에서 확인할 수 있다. 본명은 이에 따른다. 경성지방법원 「1942년 刑公 774호 判決：金武克明」, 1942.6.29; 경성복심법원 「1942년 刑控 제284호 判決：金承極」, 1942.8.21. 원문의 "1942.8.21"은 2심 경성복심법원의 판결일이다.

46 히로타(廣田勇)는 1939년 12월 경부보 시험에 합격한 신참 경부보로서 1940년 양구군 해안면 매동심상소학교 김창환 등의 낙서 사건을 보안법과 치안유지법 위반으로 확대 수사한 책임자였다. 낙서 사건에 대해서는 정병욱, 『식민지 불온열전』, 역사비평사, 2013, 183~214쪽 참조.

청명: 함흥지방법원 북청지청

직업·성명·연령: 이발업 김도병수(金島炳洙, 가네시마 헤이슈) 46세

사실의 개요: 1942년(昭和 17) 1월 15일 사는 마을인 함남 풍산군(豊山郡) 웅이면(熊耳面) 어은리(於隱里)에서 신범용(申凡用) 외 2명에게 "현재 일본은 미·영 양국과 교전 중으로 작전상 일본 비행기는 양국을 폭격하지 않으면 안 되나, 추위로 인해 엔진이 얼어 비행할 수 없어서 현재 전쟁 중지 상태이다"라고 함부로 말하였다.

처분결과: 육군형법 위반, 해군형법 위반, 1942.3.5 금고 6월

청명: 함흥지방법원 북청지청

직업·성명·연령: 인부 십장 신범용(申凡用) 36세

사실의 개요: 1942년(昭和 17) 1월 15일 전항의 김도병수에게 들은 유언비어를 다시 마을 사람 5명에게 전하였다.

처분결과: 육군형법 위반, 해군형법 위반, 1942.3.5 금고 4월

청명: 해주지방법원

직업·성명·연령: 농업 도본하제(島本河濟, 시마모토 가사이) 50세

사실의 개요: 1942년(昭和 17) 2월 5일 황해도 신천군(信川郡) 초리면(草里面) 월산리(月山里) 자택에서 마을 사람 4명에게 "이번 전쟁에서 미·영이 갑작스럽게 일본에게 공격당했는데, 본국에서 먼 거리여서 원군이 오지 않아 소수의 부대로 싸웠기 때문에 패한 것이다. 그러나 장기전에 접어들면 일본은 경제전에서 패한다. 또 소련(蘇聯)이 미·영과 군사협정을 맺었기 때문에 일본은 위험하다"라고 함부로 말하였다.

처분결과: 육군형법 위반, 해군형법 위반, 1942.4.6 금고 3월

청명: 함흥지방법원

직업·성명·연령: 신문지국장(支局長) 김곡영삼(金谷榮三, 가네야 에이조)[김식영金湜榮][47] 37세

사실의 개요: 1942년(昭和 17) 2월 25일 함남 영흥군(永興郡) 진평면(鎭坪面) 진흥리(鎭興里) 국민학교장 히라카와 다카시(平川隆士)의 집에서 히라카와 다카시 외 1명에게 "대동아 전쟁은 일본을 위해서는 성전(聖戰)이나, 적측에서 보자면 성전이 아니다. 현재 일본은 미·영을 철저히 두들기고 있다고 말하고 있으나, 이는 불가능하다. 이는 제1차 세계대전 때 독일의 예를 보아도 명백하며, 미·영도 언젠가는 세력을 만회해 일본이 두들겨 맞는 시기가 도래할지도 모른다. 특히 현재 조선에 와 있는 자와 같은 일본인을 남방으로 보냈다면 남방 경영이 실패할 것은 필연이다"라고 함부로 말하였다.

처분결과: 육군형법 위반, 해군형법 위반, 조선임시보안령 위반, 제1심 판결 1942.5.21 징역 1년 3년간 집행유예, 제2심 판결 1942.7.31 징역 6월

비고: 보안법 위반과 병합

〈그림4〉 1942년 서대문형무소에 수감된 김식영의 인물카드
출처: 국사편찬위원회, 일제감시대상인물카드 [ia_1355]

---

[47] 본명은 京城覆審法院,「1942년 刑控 제223호 判決:金谷榮三」, 1942.7.31에 의거한다. 다만 국사편찬위원회, 〈한국사데이터베이스_일제감시대상인물카드〉에 金谷榮三의 카드가 두 장 있는데, 한 장의 이름은 "金堤榮"으로 표기되어 있다.

청명: 해주지방법원

직업·성명·연령: 선원(화천火天) 대야춘성(大野春成, 오노 슌세이) 37세, 목수 백천용수(白川用洙, 시라카와 요슈) 39세

사실의 개요: 대야는 1942년(昭和 17) 2월 28일 황해도 겸이포(兼二浦) 읍내에서 백천 외 3명에게 "나는 요코스카(橫須賀)에서 운요마루(雲洋丸)에 탑승해 군용 트럭 등을 적재해서 1941년(昭和 16) 12월 23일 네덜란드령 보르네오의 쿠친[Kuching]에 입항했다. 그러나 적 비행기의 습격을 받아 배가 격침되어 팬티만 입고 바다 한가운데에 뛰어들었는데 다른 배에 구조되어 구사일생이었다. 그 후 프랑스령 인도차이나의 사이공·깜라인만 등을 지나 고교마루(興業丸)로 고베(神戶)에 돌아와서 급료 6개월분과 조난수당 등을 받았는데, 해군 당국이 이번 일은 일절 외부에 누설하지 말라고 주의를 받았으며, 그 내용을 서약서에 서명했다"라고 함부로 말했다.

백천용수는 1942년(昭和 17) 2월 2일 겸이포 읍내에서 지원병모집 희망자 김정정관(金井楨觀, 가네이 데이칸) 외 1명에게 "내선일체(內鮮一體)라 말하지만 군대조차 차별이 있다. 내 친구의 이야기에 따르면 지원병으로 나가도 일본인은 옷도 모자도 받을 수 있으나, 조선인은 신발 한 켤레밖에 받을 수 없다. 부대에 가도 조선인은 개와 같은 취급을 받는다"라고 함부로 말하였다. 이외 3월 3일 겸이포 읍내에서 앞의 김정 외 2명에게 앞의 대야에게서 들은 바대로 전한 뒤 "금후 배에 타는 사람은 모두 강제로 전쟁에 참가할 것이다"라는 내용을, 또 4월 4일 겸이포 읍 내에서 다시 김인용(金仁容) 외 1명에게 같은 내용을 함부로 말하였다.

처분결과: 육군형법 위반, 해군형법 위반, 1942.4.11 대야춘성 금고 4월 2년간 집행유예, 백천용수 징역 6월

비고: 백천용수는 보안법 위반과 병합

청명: 대전지방법원

직업·성명·연령: 무직 장곡인식(長谷仁植, 하세 닌쇼쿠) 25세

사실의 개요: 1942년(昭和 17) 2월 날짜 미상 충북 제천읍(堤川邑) 읍부리(邑部里) 강대원

(姜大源)의 집에서 장곡영랑(長谷榮郎, 하세 에이로) 외 2명에게 "이번 필리핀 전선에서 미국은 필리핀 병사를 위험한 최전선에 세우고 자신들은 후방 안전지대에 있었다고 하는데, 조선의 지원병도 필리핀 병사와 마찬가지의 처지에 처해 있음이 틀림없다"라고 함부로 말하였다.
처분결과: 육군형법 위반, 조선임시보안령 위반, 1943.2.17 징역 8월
비고: 불경죄, 보안법 위반과 병합

청명: 경성지방법원
직업·성명·연령: 잡화상 영산찬응(永山贊應, 나가야마 산오)[이찬응李贊應][48] 30세
사실의 개요: 1942년(昭和 17) 3월 4일 경기도 양주군(楊州郡) 광적면(廣積面) 가납리(佳納里) 자택 점포에서 고객 수 명이 보는 가운데 마을 사람 가와사키 치히로(川崎千尋)에게 "지금 일본은 전쟁을 치르고 있는데, 전장은 남쪽 바다로 해군 부대가 풍덩풍덩 바다에 빠져 죽고 있으니 실로 유쾌하다. 이 전쟁은 일본의 승리로 귀결될 것이나, 대동아 건설의 맹주가 될 자는 러시아이다"라고 함부로 말하였다.
처분결과: 해군형법 위반, 조선임시보안령 위반, 제1심 판결 1942.6.29 징역 8월, 제2심 판결 1942.11.25 징역 3월
비고: 보안법 위반과 병합, 제2심에서 보안법 위반 사항은 무죄

---

[48] 이찬응에 관한 경성지방법원 사건기록이 국사편찬위원회에 보관되어 있다. 국사편찬위원회 편, 『일제강점기 경성지방법원 형사사건기록 해제』, 국사편찬위원회, 2009, 92~94쪽.

〈그림5〉 1942년 서대문형무소에 수감된 이찬웅의 인물카드
출처: 국사편찬위원회, 일제감시대상인물카드 [ia_4332]

청명: 함흥지방법원

직업·성명·연령: 매약 청매업(賣藥 請賣業) 청원규석(淸原奎錫, 기요하라 게이샤쿠) 40세

사실의 개요: 1942년(昭和 17) 3월 14일 함흥부 서상정(西上町, 니시가미초) 동위승명(東衛承明, 히가시에 쇼메이)의 집에서 그 외 수 명에게 "일본군은 말레이반도를 점령했으나, 그 후 방심해서 적군에게 역습당해 전멸상태에 빠졌다"라고 함부로 말하였다.

처분결과: 육군형법 위반, 해군형법 위반, 1942.6.4 금고 6월

청명: 대전지방법원 청주지청[49]

직업·성명·연령: 약종상 유승덕(柳承悳) 39세

사실의 개요: 1942년(昭和 17) 3월 20일 본적지인 충북 괴산군(槐山郡) 연풍면(延豊面) 삼풍리(三豊里) 안본신일(安本信一, 야스모토 신이치)의 집에서 안본정웅(安本貞雄, 야스모토 사다오) 외 1명에게 "나는 경성에서 영업 부진에 빠졌기 때문에 군부의 지인에게 부탁해 싱

---

[49] 원문은 '濟州支'이나 본 사건의 1심 판결문에 의거해 '淸州地'로 바꾸어 번역했다. 大田地方法院淸州支廳, 「1942년 刑公 제315호 判決:柳承悳」, 1942.9.5; 경성복심법원형사제1부, 「1942년 刑控 제403호 判決:柳承悳」, 1942.10.15 1심 판결문을 보면 유승덕의 "柳"에 "やなぎ"라 일본어 발음을 달았으며 직업은 "藥種商雇人"이었다.

가포르(新嘉波)에 갈 작정이었으나, 그곳은 황군이 점령한 뒤에도 오히려 미국 해군의 역습이 있어 위험하므로 도항을 단념했다. 그리고 최근 일·소 개전의 기운이 농후하다. 재만(在滿) 조선인의 다수는 한밑천 잡고자 개전을 대망(待望)하고 있다. 지금 만주로 건너가지 않으면 조만간 개인의 도만(渡滿)은 가망 없을 것이다"라고 함부로 말하였다.

처분결과: 육군형법 위반, 해군형법 위반, 조선임시보안령 위반, 제1심 판결 1942.9.5 징역 8월 3년간 집행유예, 제2심 판결 1942.10.15 징역 8월 2년간 집행유예

청명: 함흥지방법원
직업·성명·연령: 재목상 이종림(李宗林) 28세
사실의 개요: 1942년(昭和 17) 6월 초순경 함남 흥남읍(興南邑) 신상리(新上里) 주본광조(朱本光助, 아카모토 고스케)의 집에서 주본광조 외 2명에게 "일본은 지금 보르네오·말레이·필리핀·수마트라 등을 점령하고 있으나, 지역이 넓어서 병력이 부족해 곤란을 겪고 있다. 또한 선박도 뜻대로 만들 수 없으며, 설탕 등의 수송도 당분간 전망이 없다. 일본은 지금 미·영과 싸워 상당한 전과를 거둔 것처럼 말하고 있으나, 미·영 또한 본래의 실력을 내고 있지 않으며 신무기도 사용하고 있지 않으니 장래의 승부는 알 수 없다. 또한 일본이 강하다고 해도 중경(重慶)이 아직 함락되지 않은 것을 보니 중국군도 강하다"라고 함부로 말하였다.

처분결과: 육군형법 위반, 해군형법 위반, 1942.11.14 징역 4월

청명: 전주지방법원 남원지청
직업·성명·연령: 회사 용인(傭人) 오산문수(吳山文洙, 구레야마 분슈)[오문수吳文洙][50] 21세
사실의 개요: 1942년(昭和 17) 8월 27일 전북 순창군(淳昌郡) 복흥면(福興面) 정산리(鼎山里)에서 음식점을 하는 오길영(吳吉榮)의 집에서 옥천삼길(玉川三吉, 다마가와 산키치) 외

---

[50] 본명은 국가기록원, 〈독립운동관련판결문〉의 '집행원부', '형사사건부'에 따른다.

3명에게 "이전에 정읍군(井邑郡)에서 징집당해 남방으로 가는 인부 250명을 태운 배가 항행 중에 적의 기뢰에 당해 침몰했다고 한다"라고 함부로 말하였다.

처분결과: 육군형법 위반, 해군형법 위반, 1942.11.16 금고 6월

청명: 부산지방법원 마산지청

직업 · 성명 · 연령: 조선주조업(朝鮮酒造業) 원전화규(原田華圭, 하라다 가케이) 33세

사실의 개요: 1942년(昭和 17) 10월 10일 경남 함안군(咸安郡) 칠원면(漆原面) 유원리(柳原里)에서 이발업을 하는 원황명재(原黃命在, 하라키 메이자이)의 집에서 그 외 1명에게 "리스본마루(リスボン丸)에는 많은 보트가 있어서 또한 영국 포로를 수백 명이나 구할 여유가 있었던 것인데, 먼저 일본 부대의 구조를 끝내고 나서 포로를 구했으므로 일본 병사가 죽었을 리가 없다"라고 함부로 말하였다.

처분결과: 육군형법 위반, 해군형법 위반, 1942.11.12 징역 8월

비고: 보안법 위반과 병합

청명: 함흥지방법원 원산지청

직업 · 성명 · 연령: 광업 이등희일랑(伊藤喜一郎, 이토 기이치로) 39세

사실의 개요: 1942년(昭和 17) 12월 27일 강원도 고성군(高城郡) 서면(西面) 시랑리(侍郎里) 목하주항(木下冑恒, 기노시타 주코)의 집에서 성산광랑(星山光郎, 호시야마 미쓰로) 외 2명에게 "태평양에는 미국 잠수함이 많이 있는데, 이전에 고바야시광업사(小林鑛業社)의 배가 버마[미얀마]로 건너가는 도중에 습격당해 침몰했지만 나카야마(中山) 기사(技師)가 탔던 배는 무사히 건너갔다"라고 함부로 말하였다.

처분결과: 해군형법 위반, 공판 중

청명: 부산지방법원 거창지청

직업·성명·연령: 직공 성산관이(城山寬二, 시로야마 간지) 47세

사실의 개요: 1942년(昭和 17) 12월 28일 경남 함양군(咸陽郡) 소동면(小東面) 장산리(莊山里)[51]에서 주류 판매업을 하는 성연수(成連守)의 집에서 그 외 2명에게 "일본군은 미국에 속했던 남양(南洋)의 섬들을 빼앗았다고 한창 신문지상에서 외치고 있으나, 실제 미국은 군함이 너무나도 크며 이에 반해 일본 군함은 실로 매우 작아서 이를 격멸하는 것은 도리어 어려울 것이다. 일본군이 자폭정(自爆艇)으로 미국 군함에 돌격해도 상대가 되지 않으며 겨우 미국 함선의 하복부를 조금 파괴할 뿐이다. 일본군이 비행기로 미국 함선의 굴뚝에 숨어 들어가 이를 격멸시킬 정도이다. 또 남양 군도를 일본이 취해도 미·영은 세계 1~2위의 강국이고 일본은 작고 약한 나라이니 이를 취한다고 해도 결국 일본은 패할 것이다. 그리고 러시아가 일본을 공격하는 것은 가장 쉬운 일로 일본에는 두려운 일이다. 독일이 러시아를 맹격한 관계상 러시아도 지금은 곁눈질로 보고 있을 뿐이다. 이번 전쟁이 끝나도 일본은 군의 식량을 저장할 것이기 때문에 옛날과 같이 물자가 풍부한 평화로운 시대는 기대할 수 없다. 곡식의 공출로 우리는 더욱 곤란해질 것이다"라고 함부로 말하였다.

처분결과: 육군형법 위반, 해군형법 위반, 조선임시보안령 위반, 예심 중

청명: 함흥지방법원 원산지청

직업·성명·연령: 농업 성산광남(星山光男, 호시야마 미쓰오) 54세

사실의 개요: 1942년(昭和 17) 12월 29일 강원도 고성군(高城郡) 서면(西面) 시랑리(侍郎里) 연산주형(延山周瀅, 노부야마 슈케이)의 집에서 그에게 "태평양에는 미국 잠수함이 잡어(雜魚)처럼 우글우글 모여 있으면서 일본 배를 해치우고 있다. 이전에 고바야시광업사(小林鑛業社)가 남양으로 건너가는 도중에 미국 잠수함에게 공격당해 침몰했기 때문에 200~300명이나 죽었다 한다"라고 함부로 말하였다.

처분결과: 해군형법 위반, 공판 중

---

51 함양군에 "小東面 莊山里"는 없다. '水東面 花山里'인 것 같지만 원문대로 두었다.

청명: 전주지방법원

직업·성명·연령: 광업소 사무원 다카미 료이치(高見良一) 23세

사실의 개요: 1943년(昭和 18) 1월 18일 전주부 대정정(大正町, 다이쇼초) 히노마루(日ノ丸) 여관에서 여종업원 오모리 하루코(大森春子)에게 "솔로몬 해전[52]은 일본이 이겼다고 할 수 없다"라고 함부로 말하였다.

처분결과: 해군형법 위반, 1943.2.16 기소유예

비고: 일본인

청명: 대전지방법원

직업·성명·연령: 이발업 송천영금(松川永金, 마쓰카와 에이킨) 34세

사실의 개요: 1943년(昭和 18) 2월 7일 충북 옥천군(沃川郡) 옥천면 구일리(九逸里) 김천귀차랑(金川龜次郎, 가나가와 가메지로)의 집에서 광전태풍(廣田泰豊, 히로타 야스토요)에게 "현재 경성에는 싱가포르에서 영국 포로를 데려와 일을 시키고 있는데, 이 포로 중에서 2명이 도망갔기 때문에 일본 병사가 이를 잡아 수용소에서 총살했다"라고 함부로 말하였다.

처분결과: 육군형법 위반, 해군형법 위반, 공판 중

청명: 경성지방법원 수원지청

직업·성명·연령: 노동 풍천기재(豊川綺宰, 도요카와 기사이) 61세

사실의 개요: 1943년(昭和 18) 3월 15일 안성군(安城郡) 안성읍 동리(東里) 국본명실(國本明實, 구니모토 아키자네)의 집에서 그 외 1명에게 "일본군이 점령한 싱가포르 및 남태평양이 미·영군에게 탈환 당해 일본군 수만 명이 포로가 되었다"라고 함부로 말하였다.

처분결과: 해군형법 위반, 육군형법 위반, 1943.4.14 징역 8월

---

[52] 1942년 8월부터 동년 11월까지 태평양 서남부에 있는 솔로몬 제도 과달카날섬을 둘러싸고 미국과 일본 사이에 벌어진 3차례 해전이다. 다음 해 2월 일본군이 철수하여 미국이 섬 주변의 제해권을 장악했다.

(5) 일본의 패전을 이야기하는 것

청명: 평양지방법원 안주지청

직업·성명·연령: 광업소 사환 해원태향(海原泰郷, 가이하라 다이고) 17세

사실의 개요: 1941년(昭和 16) 12월 8일 평남 개천(价川)우편국에서 전신 담당에게 "일본은 궤멸할 것이다. 오늘 아침 일본과 미·영이 개전하였는데 곤란한 일이다"라고 함부로 말하였다.

처분결과: 육군형법 위반, 해군형법 위반, 1941.12.30 금고 2년

청명: 광주지방법원

직업·성명·연령: 이발사 이천문웅(伊川文雄, 이카와 후미오)[윤기옥尹奇玉][53] 31세

사실의 개요: 1941년(昭和 16) 12월 8일 전남 제주도(濟州島) 제주읍 삼도리(三徒里) 천주교회 신부 도슨 패트릭[54] 집에서 암촌옥(岩村鈺, 이와무라 교쿠)[허봉학許鳳鶴] 외 2명에게 "일본과 영·미의 전쟁이 장기화하면 일본은 재력도 부족하고 병력도 적기 때문에 경제상 타격을 받아 패할 것이다. 그때는 조선도 독립할 수 있다" 운운하며 함부로 말하였다.

처분결과: 육군형법 위반, 해군형법 위반, 1942.10.28[55] 징역 10월

비고: 보안법 위반과 병합

---

53 관련 인물의 본명은 光州地方法院, 「1942년 刑公合 제43-2호 判決:ダウソン パトリツク 등 11인」, 1942.10.24에 따른다.

54 패트릭 도슨(Patrick Dawson)을 말한다. 그는 골롬반회 선교사로 1934년 제주 본당 보좌로 부임하여 1936년 제주 본당 제7대 주임에 임명되었다. 이 시기 제주도의 아일랜드 출신 신부들과 주민들의 항일사건에 관해서는 제주선교 100주년기념사업추진위원회 편, 『제주 천주교회 100년사』, 제주: 빅벨, 2001, 153~161쪽; 제주도지편찬위원회, 『濟州抗日獨立運動史』, 제주도, 1996, 160~164, 804~823쪽 참조.

55 위 판결문에 따르면 판결일은 "1942.10.24"이다.

청명: 전주지방법원

직업·성명·연령: 면 촉탁(囑託) 수원강웅(水原康雄, 미즈하라 야스오)[백시영白時榮][56] 28세

사실의 개요: 1941년(昭和 16) 12월 8일 전북 익산군(益山郡) 망성면(望城面) 신작리(新鵲里)에서 음식점을 경영하는 박노학(朴魯學)의 집에서 음주 중에 면서기 장궁영일(長宮永一, 나가미야 에이이치)[장규만張圭晚]이 '드디어 일본과 미국의 전쟁이 개시되었다'는 뜻의 말을 하자, 장궁영일 외 2명에게 "그놈들이 우리를 죽일 작정으로 이런 짓을 벌이는 것이다"라고 함부로 말하였다.

처분결과: 육군형법 위반, 해군형법 위반, 1942.6.9 금고 6월

청명: 함흥지방법원

직업·성명·연령: 무직 김삼성선(金森性善, 가나모리 세이젠) 18세

사실의 개요: 1941년(昭和 16) 12월 초순부터 1942년 3월 하순 사이에 원산부(元山府) 두산리(斗山里)에서 친구 덕산성규(德山聖奎, 도쿠야마 세이케이) 외 2명에게 "조선인은 현재 일본인에게 압박을 받아 비참한 상황에 있는데, 일본은 이번 대동아전쟁에서 서전(緒戰)에 승리했지만 장기전이 된다면 경제적 파탄을 초래해 패전할 것이다. 미·영은 물자가 풍부하니 최후에 승리를 거둘 것이 확실한데, 미·영의 승리는 그 동맹국인 장개석 정권의 승리가 될 것이니 그때 조선은 미·영의 원조와 장개석 군과의 제휴로 인해 독립을 달성하지 못할 리 없다. 그렇다면 우리 조선인 청년은 단결하여 혁명을 일으켜 독립 국가를 건설하고자 노력해야 하니, 조선 청년이 일어서야 할 때는 지금이다"라고 함부로 말하고 선동하였다.

처분결과: 육군형법 위반, 해군형법 위반, 1942.12.15 징역 단기 1년 장기 3년

비고: 치안유지법 위반과 병합

---

[56] 관련 인물의 본명은 全州地方法院,「1942년 刑公 제360호 判決:水原康雄」, 1942.6.9에 따른다.

청명: 경성지방법원

직업·성명·연령: 전 조선총독부철도중앙종업원양성소 학생 국전길(菊田吉, 기쿠타 하지메) 19세

사실의 개요: 1941년(昭和 16) 12월 10일 경성부 신당정(新堂町) 의전장홍(義田章弘, 요시다 아키히로)의 집에서 그 외 3명에게 "드디어 일본과 미·영의 전쟁이 발발했다. 일본은 이미 중일전쟁에서 보유자원이 소모 결핍되어 상당히 궁박한 실정이다. 미·영은 자원이 풍부하니 장기전이 된다면 일본은 경제적으로 압박을 받아 곤경에 빠져 결국은 어쩔 수 없이 패전에 이르게 될 것이다"라고 함부로 말하였다.

처분결과: 육군형법 위반, 해군형법 위반, 1943.2.24 금고 단기 6월 장기 1년

청명: 함흥지방법원

직업·성명·연령: 조선질소비료(朝窒) 직공 곡천홍준(谷川弘準, 다니가와 고준) 22세

사실의 개요: 1941년(昭和 16) 12월 10일 자기 하숙집에서 동숙인에게 "일본놈들이 아무리 힘이 세어도 태평양은 넓고 또 미국에는 비행기가 일본의 50배나 있으니 이기는 것은 불가능하다. 미·영의 항공모함은 비행기 100~200대를 싣고 있으므로 일본이 이기는 것은 불가능하다. 신문이나 라디오에서 일본이 이기고 있는 것처럼 발표하는 것은 거짓이다" 운운하며 함부로 말하였다.

처분결과: 육군형법 위반, 해군형법 위반, 1942.1.24 금고 1년

청명: 함흥지방법원 강릉지청

직업·성명·연령: 정어리기름(鰮油) 제조업 김원무성(金原茂盛, 가네하라 시게모리) 28세

사실의 개요: 1941년 12월 10일 강원도 양양군(襄陽郡) 속초면(束草面) 속초리 여인숙에서 주인 외 1명에게 "이번 일과 미·영의 전쟁에서 일본은 단기전이라면 이길지라도 장기전이라면 승산은 없을 것이다"라고 함부로 말하였다.

처분결과: 육군형법 위반, 해군형법 위반, 1942.5.1 금고 4월

청명: 청진지방법원

직업·성명·연령: 무역회사 사원 김산기렬(金山基烈, 가나야마 기레쓰) 22세

사실의 개요: 1941년(昭和 16) 12월 10일 청진부 내 카페에서 친구와 음주 중에 여급 후카다 미사오(深田ミサオ)에게 "이번 전쟁에 일본이 이긴다고 생각하는가?" 하고 물었는데, 후카다 미사오가 '실제로 이기고 있지 않은가'라고 반박하자 "지금은 이기고 있으나 지금부터 3일 이내에 조선이 독립하면 일본은 패하는 것이다"라고 함부로 말하였다.

처분결과: 육군형법 위반, 해군형법 위반, 1942.10.6 징역 8년

비고: 업무상 횡령, 방화, 보안법 위반과 병합

청명: 전주지방법원

직업·성명·연령: 양말제조업 마반요신(馬返堯臣, 우마가에 교신)[강요신姜堯臣][57] 27세

사실의 개요: 1941년(昭和 16) 12월 10일 전주부 노송정(老松町) 소재 이발소에 있던 부민(府民) 2명에게 "일본은 중국과 4~5년간 전쟁을 치러 물자가 상당히 부족하므로 이번 미·영과 개전해 지구전이 된다면 물자 부족 때문에 패전에 이를 것이다"라고 함부로 말하였다.

처분결과: 육군형법 위반, 해군형법 위반, 1942.4.8 금고 6월

청명: 전주지방법원

직업·성명·연령: 무직 김원규엽(金原圭燁, 가네하라 게이요)[김규엽金圭燁] 25세, 무직 안풍종한(安豊鍾漢, 야스토요 쇼칸)[이종한李鍾漢] 28세, 무직 암천창엽(岩川昌燁, 이와카와 쇼요)[김창엽金昌燁] 28세, 사립상업실수학교(商業實修學校) 촉탁교원 향촌유환(鄕村侑煥, 사토무라 유

---

57 창씨명과 본명은 全州地方法院, 「1942년 刑公 제157호 判決:馬返堯臣」, 1942.4.8에 따른다. 원문에는 "馬"가 누락된 채로 "返堯臣"라 적혀 있다. 판결문에 나오는 강요신의 직업은 '메리야스제조업'이다.

칸)[오유환吳侑煥][58] 27세

사실의 개요: 김원규엽은 1941년(昭和 16) 12월 10일 도쿄시 스기나미구(杉並區) 오기쿠보(荻窪) 4정목 오야 렌스케(大矢廉助)의 집에서 명촌제립(明村濟立, 아키무라 사이리쓰)[명재립明在立] 외 2명에게 "일본은 대동아전쟁의 서전(緖戰)에서 승리를 거두었지만, 중일전쟁 때문에 상당히 피폐해 있다. 따라서 미·영과 같은 강대국과 개전하여 장기전이 된다면 일본은 패전할 것이다. 그 때 우리는 일어나 독립운동을 해야 한다" 운운하며 함부로 말하였다.

안풍종한은 12월 15일 도쿄시 나카노구(中野區) 나가카와조(永川町) 고하라(小原)의 집에서 김원규엽에게 "일본은 강국인 미·영과 개전했으나, 이미 5년간이나 중국과 싸워 상당한 국력을 소모하고 있으니 대동아전쟁에서는 필시 패전할 것이다. 우리는 이 기회에 조선 민중을 지도 계발해야 한다"라고 함부로 말했다. 다시 12월 28일 충남 대덕군 산내면(山內面) 대별리(大別里) 시원영이(市原永二, 이치하라 에이지)의 집에서 그에게 앞과 같은 내용을 함부로 말하였다.

암천창영은 12월 8일 오야 렌스케 집에서 김원규엽에게 "일본은 중일전쟁에서 5년간이나 싸워 인적 물적으로 상당히 피폐해 있으니 이번 대 미·영 전쟁에서는 패전할 것이다. 이때 미·영의 원조로 민족운동을 일으키면 조선의 독립은 실현될 것이다"라고 함부로 말하였다.

향촌유환은 12월 16일 도쿄시 도시마구(豊島區) 지하라초(千原町) 1정목 아카쓰 다케오(赤津武雄)의 집에서 김원규엽에게 "일본이 아무리 무력이 강해도 세계의 최강대국인 미·영을 상대로 싸우면 경제적으로 파탄을 초래해 결국 패전할 것이다" 운운하며 함부로 말하였다.

처분결과: 육군형법 위반, 해군형법 위반, 각각 공판 중[59]

비고: 치안유지법 위반과 병합

---

[58] 관련 인물의 본명은 全州地方法院, 「1943년 刑公 제65호 判決: 金原佳正 등 12인」, 1943.4.23에 따른다.

[59] 위의 판결문을 보면 전주지방법원은 1943년 4월 23일 김규엽 징역 6년, 이종한 징역 3년, 김창엽 징역 2년 6개월, 오유환은 징역 1년 6개월의 형을 판결했다. 김규엽은 상고했으나 기각되었다. 高等法院刑事部, 「1943년 刑上 제44호 判決: 金原佳正」, 1943.6.17

청명: 경성지방법원 인천지청

직업·성명·연령: 농업 신전사균(神田士均, 간다 시킨) 26세

사실의 개요: 1941년(昭和 16) 2월 13일 사는 마을인 경기도 강화군(江華郡) 화도면(華道面) 덕포리(德浦里)에서 마을 사람 수 명에게 "중일전쟁에 접어들어 중국은 우리나라[일본]에 점령당했으나 다시 일·미 전쟁이 일어나면 30년은 걸릴 것이다. 그동안 일본은 경제력이 피폐해져 30년 뒤에는 결국 우리나라가 질 것이다"라고 함부로 말하였다.

처분결과: 육군형법 위반, 해군형법 위반, 1942.2.26 금고 6월

청명: 청진지방법원 웅기지청

직업·성명·연령: 전기기구상 청전영기(靑田永基, 아오타 에이키) 30세

사실의 개요: 1941년(昭和 16) 12월 13일 함경북도 웅기읍(雄基邑) 자택에서 친구에게 "미싱 기계도 자동차도 미국 쪽이 우월하다. 일본은 지금 이기고 있으나 미국은 과학이 발달한 나라이니 장기전에 접어들면 어떤 우수한 기계를 가져올지 알 수 없으므로 기계 전쟁에 접어들면 일본이 패할지도 모른다"라고 했으며, 또다시 12월 13일 웅기 읍내 음식점에서 주인 아들에게 "드디어 전쟁이 시작되었으나 장기전에 접어들면 결국 일본이 패할 것이다"라고 각각 함부로 말하였다.

처분결과: 육군형법 위반, 해군형법 위반, 1942.2.28 금고 3월

청명: 대구지방법원 영덕지청

직업·성명·연령: 농업 벽도여래(碧島礪來, 미도리지마 레이라이)[김여래金礪來][60] 53세

사실의 개요: 1941년(昭和 16) 12월 13일 경북 영덕군(盈德郡) 창수면(蒼水面) 인량동(仁良洞) 태원영화(太元永和, 오모토 나가카즈)의 집에서 그에게 "일본은 이번에 미·영 등의 강국을 상대로 싸우게 되었는데, 싸움을 좋아하는 이는 반드시 큰 적과 만난다고 하는 속담

---

[60] 본명은 高等法院刑事部 「1943년 刑上 제10호 判決:碧島礪來」, 1943.4.22에 따른다.

처럼 일본은 드디어 큰 적과 만나 미·영에게 박멸될 것이다"라고 함부로 말하였다.

처분결과: 육군형법 위반, 해군형법 위반, 1943.4.22 징역 3년

비고: 사기와 병합

청명: 해주지방법원

직업·성명·연령: 무직 고원효삼랑(高原孝三郎, 다카하라 고자부로) 20세

사실의 개요: 1941년(昭和 16) 12월 18일 황해도 사리원읍(沙里院邑) 북리(北里) 강본신웅(岡本信雄, 오카모토 노부오)의 집에서 그 외 1명에게 "일·미 개전의 원인은 확실하지 않으나, 상대는 기존의 중국과 다르다. 미·영은 대국이며 자원이 풍부하니 일본이 필시 패한다. 성서(聖書)에도 말세에 접어들면 큰 전쟁이 일어나 세계가 불바다가 된다고 하는데, 지금 세상은 실로 그대로이므로 드디어 말세가 가까워졌다는 증거이다. 그러나 일본이 패해도 미·영은 기독교 국가이니 기독교 신자를 학대하지 않을 것이다. 우리는 단지 열심히 천주님께 기도드리면 될 일이다"라고 함부로 말하였다.

처분결과: 안녕질서에 대한 죄, 육군형법 위반, 해군형법 위반, 1942.3.20 징역 8월

비고: 불경죄와 병합

청명: 전주지방법원

직업·성명·연령: 천주교신부, 사립학교장 사원청정(砂原淸井, 스나하라 세이쇼)[김영호金永浩][61] 33세

사실의 개요: 1941년(昭和 16) 12월 중순 자택에서 달성충웅(達城忠雄, 다쓰시로 다다오) 외 1명에게 "일·미 전쟁이 시작되었는데 일본에 무엇이 가능하겠는가. 일본은 결국 동서 양쪽에 끼어서 경제전으로 인해 패할 것이다. 그리스도가 예언한 불의 비가 내릴 때가 도래하

---

61 본명은 全州地方法院, 「1943년 刑公 137호 判決:砂原淸井」, 1943.6.22; 大邱覆審法院, 「1943년 刑控 제197호 判決:砂原淸井」, 1943.8.12에 따른다. 김영호는 불경죄, 육군형법 위반, 해군형법 위반으로 1심과 2심에서 '징역 3년'의 판결을 받았다.

였다"라고 함부로 말하였다.

처분결과: 육군형법 위반, 공판 중
비고: 불경죄와 병합

청명: 함흥지방법원
직업·성명·연령: 여인숙 영업 호산광윤(虎山光允, 도라야마 코인) 55세
사실의 개요: 1941년(昭和 16) 12월 20일 함남 흥남읍(興南邑) 천기리(天機里) 자택에서 방문한 목사 고도정도(高島正道, 다카시마 마사미치)에게 "최근의 신문을 보면 미·영 격멸운동(擊滅運動)이 성행하고 있다. 그중에는 기독교도에 의한 운동도 상당히 활발한데, 특히 전승기원(戰勝祈願) 등이 한창인 모양이다. 이러한 사례를 보면 기독교 관계의 조선인 중에 최근 친일화 되어 미·영 격멸운동을 실시하는 자가 많아진 모양이나, 이는 은혜를 알지 못하는 자나 하는 일이다. 우리는 어제까지 미·영 선교사의 신세를 지며 성장해오지 않았는가. 그 은인인 미·영에 대하여 격멸운동을 하거나 그에 찬성하는 자들은 바보이다. 지금 일본은 미·영과 전쟁을 벌이고 있으나, 양국은 영토도 넓고 부자인 데다가 예로부터 문화가 발달한 나라이니 결국 전쟁은 일본이 패하는 것으로 정해져 있다"라고 함부로 말하였다.
처분결과: 육군형법 위반, 해군형법 위반, 1942.4.8 금고 10월

청명: 함흥지방법원 강릉지청
직업·성명·연령: 농업 삼강상철(森崗相喆, 모리오카 소테쓰) 38세
사실의 개요: 1941년(昭和 16) 12월 24일 사는 마을인 강원도 양양군(襄陽郡) 강현면(降峴面) 하복리(下福里)에서 마을 사람 4명에게 "좌담회 등에서 일본은 세계 어느 나라와 전쟁을 치러도 충분히 이길 만한 실력이 있다고 말하나, 저런 작은 영토로 저런 큰 영토를 가진 장개석과 세계에서 가장 강한 미국이나 영국과 전쟁을 치르게 된다면 아무래도 이길 수는 없다고 생각한다"라고 함부로 말하였다.
처분결과: 육군형법 위반, 해군형법 위반, 1942.1.31 금고 5월

청명: 해주지방법원 송화지청

직업 · 성명 · 연령: 목수 함산인극(咸山仁極, 간야마 닌고쿠) 35세

사실의 개요: 1941년(昭和 16) 12월 24일 여행처인 황해도 송화군(松禾郡) 연정면(蓮井面) 두죽리(杜竹里)에서 마을 사람 5명에게 "이번 일본과 미·영의 전쟁은 일본이 이겼다고 선전하고 있으나, 실제로는 패하고 있다. 일본은 지금 세계에서 가장 돈이 많고 준비가 된 강국이라 할 수 있는 미·영을 상대하고 있으며 러시아도 러일전쟁의 남은 원한을 풀고자 이 기회에 도전해올 것이다. 장개석도 아직 항전하고 있으므로 일본이 아무리 동양에서 가장 강하다고 위세를 떨치고 있어도 세계의 강국 여러 나라를 상대해서는 이길 리가 없다"라고 함부로 말하였다.

처분결과: 육군형법 위반, 해군형법 위반, 1942.1.30 금고 6월

청명: 대전지방법원 청주지청

직업 · 성명 · 연령: 해산물 상인 도영차랑(都永次郎, 미야코 에이지로)[도영학都永鶴][62] 30세

사실의 개요: 1941년[63] 12월 28일 충북 청주읍(淸州邑) 본정(本町, 혼마치) 암정청일(岩井淸一, 이와이 세이이치)의 집에서 임징청일 외 수 명에게 "오늘날 일본은 군사적으로 이기고 있으나 미국은 경제가 풍요로운 나라이다. 따라서 10년 뒤에는 비행기가 10만 대나 만들어질 것이고, 그것들이 한 번에 일본으로 공격해 와서 일본은 금세 파괴되어 버릴 것이다"라고 함부로 말하였다.

처분결과: 육군형법 위반, 해군형법 위반, 조선임시보안령 위반, 1942.9.19 징역 10월

비고: 보안법 위반과 병합

---

62 본명은 大田地方法院淸州支廳,「1942년 刑公 제332호 判決:都永次郎」, 1942.9.19에 따른다. 판결문에 기록된 직업은 "元 國民學校訓導"이다.

63 원문에는 "昭和 12年", 즉 1937년으로 나오나 판결문에 따라 "1941년"으로 고쳤다.

〈그림6〉 1942년 서대문형무소에 수감된 도영학의 인물카드
출처: 국사편찬위원회, 일제감시대상인물카드 [ia_1834]

청명: 신의주지방법원

직업·성명·연령: 전 연희전문학교 학생 김산건차랑(金山健次郎, 가나야마 겐지로) 21세

사실의 개요: 해당자는 일찍이 민족주의 사상을 품었던 자인데 1941년(昭和 16) 4월 연희전문학교에 입학하자 동급생 국본경수(國本景洙, 구니모토 게이슈)[64]와 서로 합심하여 상해로 도항해 독립운동을 실천하고자 협의한 뒤 국본경수와 함께 상해로 가는 도중 12월 4일 경의선 정주역(定州驛) 부근에서 차내 경찰관에게 발견 당해 도주했지만 얼마 지나지 않아 경성부 내에서 체포되었던 자이다. 12월 28일 평안북도 경찰부 유치장 안에서 옆방에 구금 중인 국본경수가 해당자에게 전향을 표명하고 황국신민으로서 갱생할 결의를 고하자, 그를 회유하고자 간수가 없는 틈을 타 휴지에 연필로 "황국신민이란 무엇인가. 조선을 떠나 상해로 가는 자에게는 전혀 무의미한 것이다. 일과 미·영의 전쟁에서 지금 일본군이 착착 전과를 거두고 있다고 이야기하는 것도 당분간일 것이며, 미국이 한번 태평양 함대를 정비해 공격해 온다면 일본 해군은 이미 그 적수가 되지 못해 바로 패퇴할 것이다. 독·소전(獨蘇戰)도 독일이 과거 나폴레옹의 전철을 밟을 수밖에 없으며 승리는 소련에 있다. 이와 같이 세계의 정세는 우리에게 유리하게 전개되고 있는데, 황국신민 운운하는 말을 입 밖에 낸 것은 죄다

---

64 국가기록원, 〈독립운동관련판결문〉의 '수형인명부'에 의하면 치안유지법 위반으로 '징역 2년'을 선고받았다.

반성하고 초심대로 조선 독립운동에 헌신해야 할 것이다"라고 써서 이를 국본경수에게 손으로 전해 읽게 하였다.

처분결과: 육군형법 위반, 해군형법 위반, 조선임시보안령 위반, 1942.5.14 징역 단기 2년 장기 5년

비고: 치안유지법 위반과 병합

청명: 청진지방법원

직업·성명·연령: 사립성진실업보습학교 학생 김포윤극(金浦允極, 가네우라 인고쿠) 19세

사실의 개요: 1941년(昭和 16) 12월 하순경 날짜 미상 통학처인 함북 성진부(城津府) 소재 사립 성진실업보습학교(城津實業補習學校) 운동장에서 학생 양천세일(梁川世一, 야나가와 세이이치)에게 "지금 일본은 미·영과 싸우고 있는데, 단기전이라면 일본이 이길지도 모르지만, 장기전에 접어들면 일본은 패한다. 미국은 세계 제일의 대 해군국으로 일본은 해군력에서도 자원에서도 미·영의 적수가 못 된다. 또 일본의 배후에 있는 소련도 필시 미·영을 원조할 것인데 그때 김일성(金日成)이 많은 부하를 지휘해 도전할 것이니, 그때야말로 우리 조선은 완전히 일본 제국의 지배로부터 이탈해 독립하는 것이다"라고 함부로 밀해 독립운동의 실행을 선동했다. 이외에도 그 무렵부터 1942년(昭和 17) 1월 22일에 이르는 동안 위의 양천세일 외 1명에게 똑같이 일본의 패전을 역설하고 전승의 보도를 부정하는 유언비어를 말하였다.

처분결과: 육군형법 위반, 해군형법 위반, 1942.12.21 징역 단기 1년 장기 3년

비고: 치안유지법 위반, 불경죄와 병합(불경죄는 무죄)[65]

---

65 김포윤극의 판결문이 남아 있다. 淸津地方法院刑事部, 「1942년 刑公 제14호 判決:金浦允極」, 1942.12.3(京城地方法院檢事局思想部, 『(1943년)鮮內檢事局情報』에 수록).

청명: 경성지방법원

직업·성명·연령: 자전거도매상업조합 사무원 도정융치(桃井隆治, 모모이 다카하루)[이병수李炳洙][66] 36세

사실의 개요: 1942년(昭和 17) 1월 4일 경성부 강기정(岡崎町, 오카자키초, 현 갈월동) 위에 적은 조합의 서무주임인 사토 렌지(佐藤連司)의 집에서 음주한 뒤 사토 렌지 부부 외 수명에게 "지금 일본은 전쟁을 치러 이기고 있으나, 필시 미국이 이를 뒤집을 때가 올 것이다. 일본이 조금이라도 잘못한다면 위험하다"라고 함부로 말하였다.

처분결과: 육군형법 위반, 1942.6.17 금고 10월

비고: 보안법 위반과 병합

청명: 청진지방법원

직업·성명·연령: 잡화 행상 한상근(韓相根) 55세

사실의 개요: 1942년[67] 2월 1일 청진부 포항정(浦項町) 애국반장 수원규지(水原奎之, 미즈하라 후미유키)의 집에서 방공 연습에 관해 잡담하던 중 그 외 2명에게 "모래 등을 준비해도 미·영과 같은 대국에게 일본과 같은 소국이 이길 리가 없다. 일본은 찻잔 속의 물과 같이 계속 줄어들어만 갈 것이다. 만약 일본이 전쟁에서 패해도 살해당하는 것은 군인으로, 우리 인민은 살해당할 일이 없을 테니 우리는 승리한 나라의 밑에서 생활하는 편이 낫다. 지금의 정치는 야만의 정치이다. 구정(舊正月)이 이윽고 다가오는데 소주 한 되도 살 수가 없다" 운운하며 함부로 말하였다.

처분결과: 육군형법 위반, 해군형법 위반, 1942.4.24 징역 10월

비고: 보안법 위반과 병합

---

66 이병수에 관한 경성지방법원 사건기록이 국사편찬위원회에 보관되어 있다. 국사편찬위원회 편, 『일제강점기 경성지방법원 형사사건기록 해제』, 국사편찬위원회, 2009, 88~89쪽.

67 원문에는 '昭和 十'으로 표기되었으나 '七'이 누락된 것으로 보인다. 바로잡았다.

청명: 대전지방법원 홍성지청
직업·성명·연령: 농업 평소칠모(平沼七模, 히라누마 시치모)[윤칠모尹七模][68] 20세
사실의 개요: 1942년(昭和 17) 2월 9일 충남 홍성(洪城) 읍내 음식점에서 주인과 고용인 여성에게 "지금 일본은 세계의 강국인 미국과 영국을 상대로 전쟁을 시작했으나, 일본은 이미 5년간이나 전쟁을 계속한 뒤이니 물자도 적어 패할 터이다. 지금 일본은 대체로 치안이 지켜지지 않아 말도 못할 정도이다. 실은 나도 도쿄가 위험해서 도망쳐 돌아왔다"라고 함부로 말하였다.
처분결과: 육군형법 위반, 해군형법 위반, 조선임시보안령 위반, 1942.4.16 징역 6월

청명: 신의주지방법원 정주지청
직업·성명·연령: 토목청부업 하정현석(河鄭玄錫, 가와테이 겐샤쿠) 30세
사실의 개요: 1942년(昭和 17) 2월 10일경 평북 선천읍(宣川邑) 명치정(明治町, 메이지초)에서 여인숙을 운영하는 고산관익(高山官益, 다카야마 간에키)의 집에서 대산영전(大山永典, 오야마 나가노리) 외 수 명에게 "영·미는 동아시아에서 전쟁에 패하고 있는 것처럼 보이나, 주로 현지인[土人]이나 흑인을 전선에 내세워 전사시키고 있기 때문에 본국 병사의 손해는 좀처럼 없다. 일본인은 인구 1억이라고 말하나 노인 어린이 부녀자를 제외하면 반수도 되지 않는다. 게다가 중일전쟁이나 대동아전쟁으로 인해 다수의 병사가 전사하고 있기 때문에 인구수나 비행기수로 보아도 당연히 장기전이 된다. 장기전에 접어들면 일본은 위험하다"라고 함부로 말하였다.
처분결과: 육군형법 위반, 해군형법 위반, 조선임시보안령 위반, 제1심 판결 1942.5.19 징역 1년 3월, 제2심 판결 1942.7.7 제1심과 같음
비고: 조선마약단속령 위반과 병합

---

[68] 본명은 大田地方法院洪城支廳, 「1942년 刑公 제273호 判決:平沼七模」, 1942.4.16에 의거한다.

청명: 평양지방법원

직업·성명·연령: 농업(기독교회 집사) 김천병옥(金泉炳玉, 가네이즈미 헤이교쿠) 34세

사실의 개요: 1942년(昭和 17) 2월 10일경 평남 대동군(大同郡) 고평면(古平面) 장광리(長光里) 자택에서 김택건차(金澤健次, 가나자와 겐지) 외 1명에게 "지금 일본은 미·영과 교전 중이나 원래 일본은 가난한 나라로, 무기 발달 등도 뒤쳐져 있기 때문에 머지않아 패전할 것이다"라고 함부로 말하였다. 4월 중순경 평남 강서군(江西郡) 잉차면(芿次面) 삼리(三里) 소재 고창교회당(高昌敎會堂)에서 김이묵(金履默) 외 30명에게 "지금 당국은 조선인에게 국어[일본어]의 사용을 강요하고 있으나, 우리 조선인이 조선어를 사용하는 것은 당연한데 국어를 굳이 억지로 상용한다면 예수의 구원을 얻기 힘들다"라고 함부로 말하였다. 게다가 4월 하순경 사는 마을의 방공감시소에서 감시원 문길상(文吉祥) 외 3명에게 "일본은 싱가포르를 점령했다고 말하나, 아직 한 방울의 석유도 입수하지 못하고 있지 않은가. 우리가 이처럼 방공감시를 실시한다고 해도 적기가 내습한다면 전부 사망한다"라고 함부로 말하였다.

처분결과: 육군형법 위반, 해군형법 위반, 조선임시보안령 위반, 1942.12.26 징역 8월

청명: 해주지방법원 사리원지청

직업·성명·연령: 농업 백천수업(白川守業, 시라카와 슈교) 67세

사실의 개요: 1942년(昭和 17) 2월 13일 사는 마을인 황해도 봉산군(鳳山郡) 토성면(土城面) 무릉리(武陵里)[69]에서 마을 사람 4명에게 "일본은 장개석과 5년 이상이나 전쟁을 치르고 있으면서 아직 이기지 못하고 있음에도 이번에 세계에서 제일 큰 국가인데다가 물자가 풍부한 미·영을 상대로 전쟁을 시작했는데 어떻게 이길 수 있겠는가. 일본의 군함은 이미 100척이나 침몰 당했다고 한다. 그러니 전쟁에 이길 수 있겠는가", 그리고 2월 18일 황해도 사리원읍(沙里院邑) 동리(東里)에서 읍민 3명에게 "조선은 지금까지 지원병제도에 따라 병사를 모집해왔으나, 내년부터는 징병제도가 선포되어 매년 150만 명의 병력을 뽑게 된다"라고 함부로 말하였다.

처분결과: 육군형법 위반, 해군형법 위반, 조선임시보안령 위반, 1942.4.15 징역 1년

---

69 당시 토성면에 '무릉리'란 지명은 없고 무정리(武井里)와 함릉리(咸陵里)가 있었다.

청명: 해주지방법원 사리원지청

직업·성명·연령: 농업 백천천복(白川千福, 시라카와 센푸쿠) 36세

사실의 개요: 1942년(昭和 17) 2월 17일 황해도 신천군(信川郡) 노월면(蘆月面) 설매리(雪梅里) 송전평(松田平, 마쓰다 다이라)의 집에서 개최된 애국반 임시 상회(常會) 석상에서 그 외 7명에게 "현재 일본이 이기고는 있으나, 미·영은 부자 나라이니 장기전에 접어들면 일본은 패한다"라고 함부로 말하였다.

처분결과: 육군형법 위반, 해군형법 위반, 1943.3.15 금고 4월

청명: 전주지방법원

직업·성명·연령: 농업 신석창(辛錫昌)[70] 31세

사실의 개요: 1942년(昭和 17) 4월 초순경 전북 진안군(鎭安郡) 진안면 군상리(郡上里) 친동생 석춘(錫椿)의 집에서 연안휘일(延安輝一, 노부야스 기이치)에게 "1930~1931년 무렵 대만에서 아리무사(阿里霧社) 사건[71]이 발생하여 대만인 순사와 교원이 부락민을 선동해 차차 부근의 관청을 습격했는데, 일본 정부는 군대를 파견해 진정시키고자 하였지만 지리적으로 불편이 많아서 결국 비행기로 폭격해 진정시켰다. 대만인조차 이처럼 용기가 있는데 조선인에게 이러한 용기와 단결심이 없을 리는 없다. 대동아전쟁에서 일본은 인도나 호주까지 손을 뻗치고 있지만, 북방에는 소련이 있어서 언제 일·소 개전을 보게 될지 모른다. 일본이 주장하는 대동아공영권의 확립은 도저히 불가능하며 최후에는 일본이 패하게 될 것이니, 우리는 그때 조선 독립을 위해 일어서지 않으면 안 된다"라고 함부로 말하여 연안휘일의 동의를 얻어 협의했다.

처분결과: 육군형법 위반, 해군형법 위반, 1942.12.23 징역 1년 6월

비고: 치안유지법 위반과 병합

---

[70] 신석창에 대한 판결문이 국가기록원, 〈독립운동관련판결문〉에서 확인된다. 全州地方法院, 「1942년 刑公 제683호 判決:辛錫昌」, 1942.12.19.

[71] 1930년 대만 아리산 지역의 고산족이 일본인을 공격하여 일본인 130여 명을 죽이고, 일본군 군대와 경찰이 그 보복으로 900명을 살해한 사건이다. 일본인의 원주민 노동력 착취, 고산족 무시가 원인이었다. 일본군이 '토벌작전'에 비행기까지 동원하였다(김영신, 『대만의 역사』, 지영사, 2001, 292~293쪽; 주완요 지음, 손준식 신미정 옮김, 『대만: 아름다운 섬 슬픈 역사』, 신구문화사, 134~145쪽).

청명: 경성지방법원

직업·성명·연령: 식초제조판매업 안전치호(安田致鎬, 야스다 지코)[안치호安致鎬][72] 23세

사실의 개요: 1942년(昭和 17) 5월 15일 평양부 상수정(上需町) 자택에서 상수정의 송본대룡(松本大龍, 마쓰모토 다이류)[오대룡吳大龍]과 대담 중에 그에게 "일본군은 현재 중국과 남양 방면으로 전국(戰局)을 확대하고 있지만, 남양 군도 전부를 점령하는 것은 도저히 불가능할 뿐만 아니라 전쟁이 장기화한다면 아무리 일본군이 강고한 정신을 지녔다고 해도 군대 수에서 그리고 경제력에서 일본보다 우세한 미·영에 승산이 없다"라고 함부로 말하였다.

처분결과: 육군형법 위반, 해군형법 위반, 1943.4.19 징역 3월

청명: 평양지방법원

직업·성명·연령: 무직 반준호(潘俊浩) 29세

사실의 개요: 1942년(昭和 17) 5월 날짜 미상 1942년 9월 12일 평양부 내의 찻집 '히노시마(火ノ島)'와 그 밖의 1곳에서 오형선(吳亨善)에게 "대동아전쟁은 일본의 제국주의적 야심에 기반을 둔 침략전쟁으로 최후의 승리는 물자력이 강대한 미·영에 돌아갈 것이다. 그런데 과거의 예에 따르면 약소민족의 독립은 대전쟁 후에 실현되는 것이니, 조선의 독립도 대동아전쟁에 일본이 패한다면 실현될 것이다" 운운하며 조선독립의 실행에 관하여 협의, 선동했다.

처분결과: 육군형법 위반, 공판 중

비고: 치안유지법 위반과 병합

---

[72] 안치호에 관한 경성지방법원 사건기록이 국사편찬위원회에 보관되어 있다. 국사편찬위원회 편, 『일제강점기 경성지방법원 형사사건기록 해제』, 국사편찬위원회, 2009, 108~110쪽. 관련 인물의 본명은 위 사건기록에 의한다.

청명: 대구지방법원 김천지청

직업·성명·연령: 인부 십장 전전문일(前田文一, 마에다 분이치)[김길규金吉奎] 21세, 군농회 지도원 김전성길(金田成吉, 가네다 세이키치)[김점술金占述][73] 21세

사실의 개요: 전전(前田)은 1942년(昭和 17) 6월 상순 날짜 미상 근무처인 경북 김천군(金泉郡) 개령면(開寧面) 대광동(大光洞)에 있는 사방사업구(砂防事業區) 사무실 안에서 김전(金田) 외 2명에게 "독·소전 개시 당시 독일은 소련 정도야 곧바로 해치워버릴 수 있다고 생각했으나, 실제 싸워보니 좀처럼 그렇게 간단히 되지 않았으니, 소련도 대단하다. 만약 독일이 패한다면 소련은 병력을 일본으로 향하게 할 것이 확실하다. 그렇게 된다면 일본은 상당히 곤란할 것이다. 미·영을 상대로 한 데다가 소련과도 전쟁하게 되니, 그때 일본은 상당히 고전하게 되어 대동아전쟁에 승리할지 패배할지 알 수 없다"라고 함부로 말하였다.

김전은 그 무렵 대광동 김원용길(金原容吉, 가네하라 요키치)의 집에서 그 외 3명에게 앞의 전전에게서 들은 유언비어를 전한 뒤, 덧붙여서 "남방에서 점령한 여러 섬은 건조물 등도 훌륭한데, 그 본국은 그 이상으로 훌륭할 것이다. 현재 일본은 싱가포르도 점령하고 있으나, 독·소전에서 독일이 패한다면 소련은 병력을 일본으로 향하여, 결국 일본은 세 대국을 상대로 하게 되니 장기전에 접어든다면 패할 것이다. 그렇게 되면 모처럼 점령한 싱가포르도 탈환 당해 별 볼 일 없는 것이 된다"라고 함부로 말하였다.

처분결과: 육군형법 위반, 해군형법 위반, 1942.9.7 각각 징역 8월

청명: 경성지방법원

직업·성명·연령: 경성외국어학원 학생 서원경환(西原景煥, 니시하라 게이칸) 19세

사실의 개요: 1942년(昭和 17) 6월 하순경 경성부 혜화정(惠化町) 청조일광(晴朝一光, 하루토모 잇코)의 집에서 지인 청원시환(淸原時煥, 기요하라 시칸) 외 1명에게 "아무리 일본 국민이 금속 헌납에 열의를 보여도 머지않아 미·영 양국에 패할 것이다"라고 함부로 말하였다.

처분결과: 육군형법 위반, 해군형법 위반, 1942.11.9 징역 단기 1년 장기 2년

---

[73] 본명은 국가기록원,〈독립운동관련판결문〉의 '형사사건부'에 의한다.

청명: 경성지방법원

직업·성명·연령: 목사 오건영(吳建泳)[74] 61세

사실의 개요: 1942년(昭和 17) 7월 중순 및 하순 2회에 걸쳐 경성부 인사정(仁寺町) 소재 승동교회(勝洞敎會)에서 부목사 국원덕흥(國原德興, 구니하라 도쿠코)[이덕흥李德興] 외 2명에게 "친구 여운형(呂運亨)의 말에 따르면 이전에 도쿄 나고야 등을 공습했던 미국 비행기는 일본 비행기보다 그 성능이 훨씬 우수하여 일본 비행기가 이를 추적하지 못할 정도였다. 그렇다면 대체로 이번 전쟁은 장기전이라고 하더라도 2~3년 안에 종결될 것이며 실제로 미국 재주 조선인은 독립운동을 준비하고 있다. 최후의 승리는 미·영 측에 있을 것이니 그때 조선의 독립은 가능할 것이다"라고 함부로 말하였다.

처분결과: 육군형법 위반, 해군형법 위반, 제1심 판결 1942.12.28 징역 6월, 피고인 공소 신청 중[75]

비고: 보안법 위반과 병합

청명: 대구지방법원 상주지청

직업·성명·연령: 보성전문학교 학생 임재영(林在韺) 21세

사실의 개요: 1942년(昭和 17) 7월 16일 경북 상주군(尙州郡) 공검면(恭儉面) 화동리(華洞里) 이인기(李仁基)의 집에서 순사 미하라 다쿠오(三原卓夫) 외 1명에게 "일본은 문화·재정·군비 등에서 서양에 뒤처지기 때문에 대동아전쟁에서 이길 전망은 없다"라고 함부로 말하였다.

처분결과: 육군형법 위반, 해군형법 위반, 1942.9.9 징역 8월 3년간 집행유예

---

[74] 오건영에 관한 경성지방법원 형사사건기록이 국사편찬위원회에 보관되어 있다. 국사편찬위원회 편, 『일제강점기 경성지방법원 형사사건기록 해제』, 국사편찬위원회, 2009, 104~106쪽. 국원덕흥의 본명은 이 기록에 의거한다.

[75] 1943년 4월 30일 경성복심법원에서 징역 6월 집행유예 3년의 판결을 받았다. 京城覆審法院, 「1943년 刑控 제63호 判決:吳建泳」, 1943.4.30

청명: 부산지방법원

직업·성명·연령: 대장장이 평산응갑(平山應甲, 히라야마 오코) 42세

사실의 개요: 1942년(昭和 17) 8월 21일 사는 마을 경남 김해군(金海郡) 진영면(進永面) 여래리(余來里) 평산의 집에서 평산에게[76] "이번 전쟁이 일어난 것도 결국 일본이 패할 것도 일찍이 성서(聖書)에 의해 알고 있었다. 현재 일본은 2~3회의 전투에서는 이기더라도 최후에 패하는 것과 마찬가지로, 우리도 2~3년 후에는 산속으로 쫓겨나게 될 것이다"라고 함부로 말하였다.

처분결과: 조선임시보안령 위반, 1942.9.25 기소유예

청명: 해주지방법원

직업·성명·연령: 무직 청송달기(靑松達基, 아오마쓰 다쓰키) 22세

사실의 개요: 1942년(昭和 17) 9월 5일부터 10월 21일에 이르는 동안 3회에 걸쳐 황해도 벽성군(碧城郡)[77] 영천면(泳泉面) 한석리(閑石里) 자택 앞 노상에서 복영규삼(福永圭三, 후쿠나가 게이조) 외 1명에게 "시골에서는 일본이 대동아전쟁에서 패했다는 소문이 있다. 외국(미·영)은 신의 수호를 받고 있으니 전승(戰勝)은 필연이다"라고 함부로 말하였다.

처분결과: 육군형법 위반, 해군형법 위반, 1942.12.16 징역 6월 3년간 집행유예

청명: 신의주지방법원

직업·성명·연령: 서당교사 구룡최준범(龜龍璀酸範, 기류 간슌한)[78] 45세

사실의 개요: 1941년(昭和 16) 12월 8일부터 1942년(昭和 17) 8월 상순경 사이에 수차례

---

76 원문 그대로 번역했으나, 평산응갑이 누구에게 말했는지 명확하지 않다.
77 1938년 10월 1일 해주군의 해주읍이 해주부로 승격되면서 나머지 해주군 지역이 벽성군으로 개칭되었다.
78 원문의 성명(창씨개명)은 新義州地方法院檢事正, 「治安維持法違反等被告事件起訴狀送付 /件」 1943.11.18(京城地方法院檢事局思想部, 『(1943年)鮮內檢事局情報』에 수록)을 참조하여 판독했다. 일부러 어려운 한자, 쓰지 않는 한자를 사용하여 '창씨개명'을 한 것 같다. 기소장이나 판결문에도 본명이 표기되지 않았다.

에 걸쳐 평북 용천군(龍川郡) 내중면(內中面) 연곡동(蓮谷洞) 서당에서 학생 광천봉구(廣川鳳九, 히로카와 호큐) 외 사십 수 명에게 "중국은 약하니 미·영이 후원할 것이므로, 일본은 생각하는 것처럼 이길 수가 없다. 우리는 조선인으로서 일본이 빨리 패하면 좋다. 일본이 패하기만 한다면 조선인이 안락해진다", "대동아전쟁이라고 말하며 일본이 드디어 영·미와 싸우게 되었다. 이번에 일본이 패할 시기가 왔다", '이겼구나, 일본'이라는 창가를 부르는 것에 대해 "우리는 멸망해야 할 국가의 노래를 불러서는 안 된다" 등을 함부로 말하였다.

처분결과: 육군형법 위반, 해군형법 위반, 조선임시보안령 위반, 1943.2.25 징역 2년

비고: 치안유지법 위반, 보안법 위반과 병합

(6) 조선 공습(등화관제실시 등)에 관한 것

청명: 청진지방법원 웅기지청

직업·성명·연령: 읍사무소 고원 영전수성(永田守成, 나가타 슈세이) 30세

사실의 개요: 1942년(昭和 17) 1월 8일 함북 웅기읍(雄基邑) 내의 당구장 '본정(本町, 혼마치) 클럽'에서 고산갑손(高山甲孫, 다카야마 고손) 외 수 명에게 "최근 웅기역 부근의 경계가 상당히 엄중해졌는데, 조선 내의 어딘가가 폭격당했다고 한다"라고 함부로 말하였다.

처분결과: 육군형법 위반, 1942.4.27 금고 3월

청명: 함흥지방법원 원산지청

직업·성명·연령: 농업 박내금(朴乃今) 48세

사실의 개요: 1942년(昭和 17) 3월 8일 원산부(元山府) 본정(本町, 혼마치) 5정목 원흥여관(元興旅館)에서 주인 이재성(李載成)에게 "나는 작년 4월 경성에서 함남 문천(文川)으로 이사를 왔는데, 그 당시 경성부 가회정(嘉會町) 방면에 빈집이 상당히 많았다. 이는 부자들이 경성이 공중폭격 당할 위험이 있다는 소문에 겁이 나 시골로 도피했기 때문이라 한다"라고 함부로 말하였다.

처분결과: 조선임시보안령 위반, 1942.5.22 징역 6월 3년간 집행유예

청명: 함흥지방법원

직업·성명·연령: 직공 안천정웅(安川政雄, 야스카와 마사오) 29세

사실의 개요: 1942년(昭和 17) 5월 5일 함남 흥남읍(興南邑) 소재 닛치쓰(日窒, 일본질소비료주식회사) 흥남의 대기실에서 동료 직공 신림홍석(新林洪錫, 니바야시 고샤쿠)[김홍석金洪錫][79]에게 "어젯밤에 적 비행기 3~4대가 흥남 상공을 통과해 북으로 갔다. 그 때문에 회사에서는 등화관제를 실시하고 가스를 막느라 바빴다. 사무소 앞에 기관총을 꺼내 손질하고 있으니 너도 가서 봐라"라고 함부로 말하였다.

처분결과: 육군형법 위반, 1942.6.4 징역 4월

청명: 함흥지방법원

직업·성명·연령: 직공 신림홍석(新林洪錫, 니바야시 고샤쿠)[김홍석金洪錫] 28세

사실의 개요: 1942년(昭和 17) 5월 5일 함남 흥남읍(興南邑) 조일정(朝日町, 아사히초) 자택에서 하숙인 무원의국(茂原義國, 시게하라 요시쿠니)에게 앞에 적은 안천에게서 들어 알게 된 같은 내용의 유언비어를 전하였다.

처분결과: 육군형법 위반, 1942.6.4 징역 3월

청명: 함흥지방법원

직업·성명·연령: 무직 무원의국(茂原義國, 시게하라 요시쿠니) 25세

사실의 개요: 1942년 5월 5일 흥남읍(興南邑) 조일정(朝日町) 노상에서 지인 김원광수(金原光洙, 가네하라 고슈) 외 수 명에게 앞의 신림에게서 들어 알게 된 같은 내용의 유언비어를 전하였다.

처분결과: 육군형법 위반, 1942.6.4 징역 4월

---

[79] 본명은 국가기록원, 〈독립운동관련판결문〉의 수형인명부에 의한다.

청명: 대전지방법원 청주지청

직업·성명·연령: 무직 요산성삼(遼山省三, 료야마 세이조) 42세

사실의 개요: 1942년(昭和 17) 5월 20일 충북 보은군(報恩郡) 내북면(內北面) 상궁리(上弓里)[80]의 국본선갑(菊本善甲, 기쿠모토 젠코)의 집에서 보은 경찰서 내북주재소 순경 호시무라 도키요시(星村時良) 외 1명에게 "5월 4일 밤 경성부 내에서 경계경보가 발령된 것은 부산 상공에 국적 불명의 비행기가 출현했기 때문인데, 다행히 황군 비행기의 추격으로 인해 어떠한 피해도 없이 격퇴할 수 있었다" 운운하며 함부로 말하였다.

처분결과: 조선임시보안령 위반, 1942.7.13 기소유예

청명: 함흥지방법원

직업·성명·연령: 전 토목인부(함경남도 용인) 청원대용(淸原大勇, 기요하라 다이유) 29세

사실의 개요: 1942년(昭和 17) 5월 22일 함남 함주군 연포(連浦)에서 함흥부(咸興府)로 향하는 승합자동차 안에서 동승 중인 지인 송원융(松原隆, 마쓰하라 다카시)에게 "5월 5일의 경계경보 발령 때 함흥에서는 밤 2시 반경 등화관제의 통지가 있었는데, 그때 무언가 북쪽에서 날아온 것 같다"라고 함부로 말하였다.

처분결과: 육군형법 위반, 1942.6.30 기소유예

청명: 청진지방법원

직업·성명·연령: 목수(애국반장) 길도용웅(吉島龍雄, 요시지마 다쓰오) 39세

사실의 개요: 1942년(昭和 17) 7월 3일 오후 7시 반경(경계경보 발령 중) 이전부터 성적 불량이었던 담당 반원 청진부 포항정(浦項町)의 남운섭(南雲燮) 외 3명에게 완전한 등화관제를 하게 할 목적으로 "지금 청진부두에 군함이 들어와 전깃불로 신호 중이니 얼른 소등하라"라고 함부로 말하였다.

처분결과: 해군형법 위반, 1942.8.3 기소유예

---

80 원문은 "上方里"이나 당시 없는 동리명이다. 내북면의 가장 유사한 지명으로 고쳤다.

청명: 함흥지방법원
직업·성명·연령: 노동 안천두을(安川斗乙, 야스카와 도오쓰) 38세
사실의 개요: 1942년(昭和 17) 7월 4일 한창 경계경보 발령 중에 사는 마을인 함남 함주군(咸州郡) 주북면(州北面) 장흥리(長興里) 궁본재식(宮本在植, 미야모토 자이쇼쿠)의 집에서 그에게 "어제 함경남도 방면에 적 비행기가 날아왔다"라고 함부로 말하였다.
처분결과: 육군형법 위반, 해군형법 위반, 1942.7.29 기소유예

청명: 해주지방법원 사리원지청
직업·성명·연령: 상업 평산홍희(平山洪熙, 히라야마 고키) 42세
사실의 개요: 1942년(昭和 17) 7월 4일 사는 마을인 황해도 신천군(信川郡) 용문면(龍門面) 반정리(泮亭里) 화강일웅(花岡一雄, 하나오카 가즈오)의 집에서 그 외 1명에게 "어젯밤 돌연 재령읍(載寧邑)의 방공감시초에서 적 비행기를 발견했기 때문에 급히 방공준비에 착수한 참이다"라고 함부로 말하였다.
처분결과: 육군형법 위반, 해군형법 위반, 1942.8.24 금고 4월

청명: 대구지방법원 안동지청
직업·성명·연령: 군농회 기수(技手) 삼전종구(森田鍾久, 모리타 쇼큐)[이종구李鍾久][81] 36세
사실의 개요: 1942년(昭和 17) 7월 6일 경북 의성군(義城郡) 점곡면(點谷面) 면사무소 내에서 점곡면 서기 김전길홍(金田吉弘, 가네다 요시히로) 외 4명에게 "나는 방공감시초원인데, 경계경보가 발령되었던 밤에는 처음 제주도(濟州島) 상공에 적기가 나타났다는 정보 전화가 있었고 그 후 울릉도 상공에 적기가 보인다는 전화가 있어서 전화를 받느라 난리법석을 떨어 한숨도 잘 수가 없었다. 또 대구에 갔다 온 사람의 말에 따르면 이번에 대구는 공습경보 사이렌이 울림과 동시에 통행금지를 발령하고 통행하던 사람은 전부 지상에 엎드리게

---

81 본명은 국가기록원, 〈독립운동관련판결문〉의 '수형인명부', '집행원부'에 의한다.

했는데, 양복을 입은 신사나 양산을 갖고 있는 부인 중에서 옷이 더러워지는 것을 꺼려 엉덩이를 높이 쳐든 이를 경찰관이나 경방단원이 발로 차서 정리하였다"라고 함부로 말하였다.
처분결과: 육군형법 위반, 해군형법 위반, 조선임시보안령 위반, 제1심 판결 1942.10.19 징역 6월 3년간 집행유예, 제2심 판결 1942.11.17 제1심과 같음

청명: 해주지방법원
직업·성명·연령: 무직(여성) 추산용복(秋山勇福, 아키야마 유후쿠) 50세
사실의 개요: 1942년(昭和 17) 10월 29일 황해도 송화군(松禾郡) 연방면(蓮芳面) 마산리(馬山里) 산본봉식(山本鳳植, 야마모토 호쇼쿠)의 집에서 그 외 5명에게 "송화군 봉래면(蓬萊面) 수교리(水橋里)에서는 방공훈련에 젊은 부인이나 아가씨까지도 출동하게 하고 있는데, 이는 간호사로 보내기 위해서다"라고 함부로 말하였다.
처분결과: 조선임시보안령 위반, 1942.12.17 벌금 100엔

청명: 부산지방법원
직업·성명·연령: 회사 수위 달본성수(達本聖洙, 다쓰모토 세이슈) 28세, 직공 대산태일랑(大山太一郞, 오야마 다이치로) 33세
사실의 개요: 달본성수는 1942년(昭和 17) 12월 13일 밤 경계경보 발령 중에 근무처인 부산부 조선전기제동주식회사(朝鮮電氣製銅株式會社) 용접장에서 직공 대산태일랑에게 "적기가 내습해 부산을 폭격했으며, 그 때문에 부산은 지금 전멸상태니 얼른 불을 꺼라"라고 함부로 말하였다. 대산은 1942년(昭和 17) 12월 13일 밤 위의 회사 용접장에서 위에 적은 대로 달본성수가 적기가 내습해 부산을 폭격하여 전멸상태니 얼른 소등해야 한다고 말하자 당황하여 밤 근무 중이었던 동료 고도삼룡(高島三龍, 다카시마 산류) 외 수 명에게 같은 취지의 말을 함부로 이야기하였다.
처분결과: 조선임시보안령 위반, 1943.1.11 달본성수 벌금 50엔, 1942.12.26 대산태일랑 기소유예

청명: 부산지방법원
직업·성명·연령: 침구술 영업 신강일(信岡一, 노부오카 하지메) 43세
사실의 개요: 1941년(昭和 16) 12월 14일 부산부 폭정(幅町)[82]에서 음식점을 하는 박경칠(朴敬七)의 집에서 신정성봉(新井成鳳, 아라이 세이호) 외 2명에게 그 전날인 12월 13일 남조선 지구에 경계경보가 발령되었던 일에 관하여 "일본 방면에 적 비행기가 보였기 때문인 것 같다"라는 이야기를 함부로 말하였다.
처분결과: 조선임시보안령 위반, 1943.1.15 기소유예

(7) 일·소(日蘇) 관계에 관한 것

청명: 전주지방법원 남원지청
직업·성명·연령: 농업 이본상용(李本相容, 리모토 소요)[이상용李相容][83] 34세
사실의 개요: 1941년(昭和 16) 12월 10일경 사는 마을인 전라북도 장수군(長水郡) 반암면(蟠岩面) 지지리(知止里)에서 다른 이와 잡담 중에 지지리의 염명선(廉明先)에게서 들은 대로 "이번에 일본은 러시아와 개전하여 대패했다. 그렇지 않은가"라고 함부로 말하였다.
처분결과: 육군형법 위반, 1942.2.16 금고 4월

청명: 함흥지방법원 혜산지청
직업·성명·연령: 영화흥행업 국본봉준(國本奉俊, 구니모토 호슌) 38세
사실의 개요: 1941년(昭和 16) 12월 12일 함남 혜산(惠山) 읍내 음식점에서 음주 잡담 중에 동석자 3명에게 "일본은 현재 미국과 전쟁하고 있는데, 단지 미국뿐만 아니라 영·소·장(蔣, 중국)을 더한 4개 대국을 상대로 한 전쟁이니 도저히 승리는 예측할 수 없다. 그리고 청진(清津) 근해 일·러 국경인 연해주에는 일본 군함을 배치하여 부근 어부를 보호하고 있으

---

82 당시 부산부에 없는 정명(町名)이나 원문 그대로 두었다.
83 본명은 국가기록원,〈독립운동관련판결문〉의 '수형인명부', '집행원부', '형사사건부'에 따른다.

나 역부족이다. 소련 관헌은 때때로 우리 어부를 체포해 신병을 수 개월간 구속하여 1인당 수천 엔의 벌금을 징수하고 있다"라고 함부로 말하였다.

처분결과: 육군형법 위반, 해군형법 위반, 1941.12.24 금고 8월

청명: 대전지방법원 충주지청
직업·성명·연령: 농업 서원구복(西原九福, 니시하라 규후쿠)[정규화鄭奎和][84] 39세
사실의 개요: 1941년(昭和 16) 12월 27일 사는 마을인 충북 제천군(堤川郡) 봉양면(鳳陽面) 학산리(鶴山里)의 음식점에서 마을 사람 목촌은우(木村殷雨, 기무라 인우) 외 3명에게 "7월경 청진과 그 외 북조선의 각 역에서 군대 수송을 위해 일반 승객의 승차는 전연 불가능했다. 또 친구에게서 들은 이야기인데, 지금 일·소 관계가 긴박해져 국경인 무산(茂山)에서는 일본군의 경비가 지극히 엄중해졌다. 경비병 중에는 다수의 반도 출신 병사가 있으며 경비병이 노고를 버티지 못해 군인의 아내와 딸까지 군복을 입혀 경비를 서게 한다"라고 함부로 말하였다.

처분결과: 육군형법 위반, 조선임시보안령 위반, 1942.5.30 징역 6월

청명: 대구지방법원 김천지청
직업·성명·연령: 면서기 부평금이랑(富平金二郎, 도미히라 긴지로) 30세
사실의 개요: 1942년(昭和 17) 2월 3일 근무처인 경북 김천군(金泉郡) 농소면(農所面) 면사무소 숙직실에서 면서기 등 6명에게 "제국은 앞선 게히마루(氣比丸)[85] 사건에서도 소련의 부유기뢰 때문에 190여 명의 생명을 바다 한가운데에서 잃었지만, 제국의 현 상황으로는 소

---

[84] 본명은 국가기록원, 〈독립운동관련판결문〉의 '수형인명부'에 따른다.
[85] 게히마루는 1939년 준공된 일본의 화객선으로 동해 횡단 노선을 운항했다. 1941년 11월 청진을 출발하여 쓰루가시(敦賀市)로 가던 중 소련제 유출된 기뢰와 부딪혀 침몰하고 150여 명이 사망했다. 이 조난사고에 대해서는 海日新報社 特派員 金中源, 「日本海上의 悲劇-空中에서 본 氣比丸 沈沒 現場-」, 『三千里』 13-12, 1941.12 참조.

련에게 터럭만큼도 강하게 나설 수가 없다. 또 노몬한 사건[86] 때 황군은 소련 전차 앞에서 국경선을 사수하여 전차에 깔려 모두 전사하고 말았다. 일본군은 전차의 위력을 이때 처음 알았다고 한다. 진격하는 소련군을 어떻게 할 수가 없어서, 전력을 다해 외교 수단으로 정전협정을 맺고 소련이 점령한 지역을 할양하여 잠시 평화로워졌다"라고 함부로 말하였다.

처분결과: 육군형법 위반, 조선임시보안령 위반, 1942.3.12 금고 4월[87]

청명: 대전지방법원 충주지청

직업·성명·연령: 농업 김천호연(金川浩淵, 가나가와 고엔) 29세

사실의 개요: 1942년(昭和 17) 4월 6일 사는 마을인 충북 제천군(堤川郡) 금성면(錦城面) 강제리(江諸里) 송본형택(松本亨澤, 마쓰모토 교타쿠)의 집에서 하본유영(河本有永, 가와모토 아리나가) 외 1명에게 "일·만(日滿) 국경에서 세력을 떨치고 있는 김일성(金日成) 일파는 이미 소련에서 무기 공급을 받았고, 또 재만(在滿) 조선인 수천 명을 불러 모아 조선을 침략할 태세에 있다"라고 함부로 말하였다.

처분결과: 안녕질서에 대한 죄, 조선임시보안령 위반, 1942.6.30 징역 10월

청명: 신의주지방법원 영변지청

직업·성명·연령: 무직 김정정강(金井政強, 가네이 세이쿄) 54세

사실의 개요: 1942년(昭和 17) 5월 8일 평북 영변군(寧邊郡) 봉산면(鳳山面) 고성리(古城里) 오성희일(吳城喜一, 구레시로 기이치)의 집에서 그 외 9명에게 "작년 6월경 고노에(近衛) 내각은 미국이 일본과 개전할 목적으로 블라디보스토크 방면에 다량의 군수품을 수송

---

[86] 1939년 5월부터 8월까지 몽골과 만주국의 국경지대인 노몬한 지역(힐하강 유역)에서 일본의 관동군·만주국과 소련군·몽골군 간에 전투가 벌어진 사건이다. 이 지역은 만주국과 몽골 간의 국경지대로 잦은 분쟁이 있었는데, 몽골군이 힐하강을 건너오자 일본군이 불법 월경으로 간주하여 전투가 벌어졌다. 몽골을 지원하는 소련군의 개입하여 일본군이 패배했다.

[87] 본 사건에 대한 판결문을 국가기록원, 〈독립운동관련판결문〉에서 확인할 수 있다. 大邱地方法院 金泉支廳,「1942년 刑公 제55호 判決:富平金二郎」, 1942.3.12

한 사실을 알지 못했기 때문에 그 책임을 지고 총사퇴하였으며, 이를 대신한 도조(東條) 내각은 급거 블라디보스토크 방면에 약 40만의 군대를 파견한 사실이 있다. 또 대동아전쟁 발발 전 정부는 국고금 약 150억 엔을 소유했을 뿐이라 전비에 부족을 느껴 미쓰이(三井) 미쓰비시(三菱) 등의 재벌에게서 원조 확약을 받고 전쟁을 결행하기에 이르렀으며, 각 재벌에게 점령지의 각종 전리품을 증여하고 있으니 재벌의 부는 점점 늘고 있다. 이번 미·영에 대한 개전 목적은 오로지 중국에 있으며 다른 하등의 목적이 없다. 개전 후 얼마 지나지 않아 싱가포르를 공략해 다수의 전리품을 얻어서 일본의 경제적 실력은 강고해졌기 때문에 통제경제도 크게 완화되었다. 실제로 경성부 내의 여관은 혼식을 폐지하라는 명령을 받아 숙박자에게 백미를 제공하고 있다"라고 함부로 말하였다.

처분결과: 육군형법 위반, 조선임시보안령 위반, 1942.8.13 징역 1년

청명: 청진지방법원 웅기지청

직업·성명·연령: 탄갱 인부 임석순(任石順) 32세

사실의 개요: 1942년(昭和 17) 5월 30일경 함북 경흥군(慶興郡)[88] 아오지읍(阿吾地邑) 회암동(灰岩洞) 제3갱구 입구 부근에서 갱부 김택번(金澤繁, 가나자와 시게루) 외 3명에게 "장고봉(張鼓峰) 사건[89] 당시 나는 우마차부(牛車夫)로 징발되어 실제로 전쟁을 직접 보았는데, 러시아군은 비행기 외에도 다른 전비를 갖추고 있는 데 반해 일본 측은 무기 준비가 없었을 뿐만 아니라 러시아군은 산 위쪽부터 산 아래의 일본군을 공격했기에 일본군은 한 발의 응사도 못하고 전멸했다. 일본에서 온 원군도 마찬가지였다. 러시아군 비행기는 참새 떼처럼 비행하였는데 일본군은 1대도 날지 못하고 결국 산을 점령당하였으며, 약한 일본군은 아직 이를 탈환하지도 못했다. 또 당시 운반에 종사했던 우마차부 70여 명은 러시아군의 포탄에 놀라 모두 도주했다"라고 함부로 말하였다.

처분결과: 육군형법 위반, 1942.7.8, 금고 6월

---

[88] 원문은 "慶源郡"이나 아오지읍이 속한 '경흥군'으로 고쳤다.
[89] 1938년 7~8월 두만강의 하류의 장고봉 고지를 둘러싸고 일본군과 소련군 사이에 벌어진 전투이다. 소련이 승리하였다. 이 사건은 조선인이 가까이서 지켜볼 수 있었으며, 일본의 패전 소식은 한반도 전역에 전파되었다.

청명: 대전지방법원 청주지청
직업·성명·연령: 매약 청부업 상전병철(上田炳哲, 우에다 헤이테쓰)[서병철徐炳哲][90] 64세
사실의 개요: 1942년(昭和 17) 7월 14일 충북 보은군(報恩郡) 마로면(馬老面) 좌중리(左中里)[91] 화산용원(和山龍源, 와야마 류겐)의 집에서 서하원희(西河元喜, 니시카와 겐키) 외 5명에게 "라디오 방송에서 일·소 개전에 접어들었다는 사실을 다른 이로부터 들었다. 조선은 소련과 인접하고 있어서 금후 방공훈련도 한층 격해질 것이다"라고 함부로 말하였다.
처분결과: 육군형법 위반, 해군형법 위반, 조선임시보안령 위반, 1942.9.28 징역 4월

청명: 경성지방법원
직업·성명·연령: 일용노동 향산춘봉(香山春奉, 가야마 슌포)[이춘봉李春奉][92] 47세
사실의 개요: 1942년(昭和 17) 7월 중순 경성부 공덕정(孔德町) 자택 부근에서 광전영남(廣田英男, 히로타 히데오)[황한성黃翰性]에게 "자네는 죽고 싶은가. 내가 일찍이 만주국에서 일본군의 비적(匪賊) 토벌을 따라 군대물자 운반에 종사하면서 몸소 경험한 바인데, 부락민이 비적에게 습격당할 것이라는 사실을 통지받고 사전에 구원을 요청했으나, 일본군은 혹시 우세를 점하지 못할까 하여 토벌을 연기하고 그 습격을 받은 다음 날 무렵 비로소 그 부락에 가서 비적의 행방을 탐사하는 형편이었다. 수월하게 토벌할 수 없는 상황이라면 과연 신문기사와 같이 대동아전쟁 하에서 일본군이 남방에서 승리를 얻고 있는지 아닌지 확실하지 않으니 그 곳에 가는 것은 위험하다. 일본이 만약 러시아와 싸우면 일본군은 반드시 러시아군에게 패할 것이며, 러시아가 조선으로 진공하면 가장 곤란한 것은 우리 조선인이다"라고 함부로 말하였다.
처분결과: 육군형법 위반, 1943.2.26 금고 8월

---

[90] 본명은 국가기록원, 〈독립운동관련판결문〉의 '수형인명부'에 따른다.
[91] 당시 마로면에 '左中里'가 없으나 그대로 두었다. 같은 면에 세중리(世中里), 한중리(閑中里)가 있다.
[92] 이춘봉에 관한 경성지방법원 사건기록이 국사편찬위원회에 보관되어 있다. 국사편찬위원회 편, 『일제강점기 경성지방법원 형사사건기록 해제』, 국사편찬위원회, 2009, 107~108쪽. 관련 인물의 본명은 위 사건기록에 의한다.

청명: 평양지방법원
직업·성명·연령: 회사 수위 요시오카 마사루(吉岡勝) 27세
사실의 개요: 1942년(昭和 17) 8월 6일 근무처인 평양부 선교정(船橋町) 평안양조주식회사 수위실에서 동료 오토모 시로(大友四郎) 외 1명에게 "내가 있던 만주 연길(延吉)의 부대에서는 밥만큼은 충분히 먹고 일요일 등에는 병사가 외출하기 때문에 잔반을 다량으로 버리고 있는 상황으로, 참으로 아까운 이야기다. 또 이번에 군용기로 평양·함흥 등을 25분 만에 날아갈 수 있을 정도의 우수한 비행기가 나왔기 때문에 만약 소련 정도와 전쟁을 벌여도 질 일은 없다. 연길에서 비행기가 공중 충돌하여 산 속으로 추락한 일이 있으나, 연길에는 10년 혹은 12년간 사용할 수 있을 정도의 가솔린 저장소가 있으니 실로 이 저장소에 떨어지지 않아서 다행이었다. 또한 현재 소련에서는 절대로 덤벼오지 않는다. 도리어 일본의 히노마루(日ノ丸)를 달고 있는 비행기가 7,000~8,000미터 정도의 고도로 국경으로 날아가 소련 국내를 촬영하고 왔다고 한다"라고 함부로 말하였다.
처분결과: 육군형법 위반, 1943.1.30 징역 6월
비고: 일본인

청명: 함흥지방법원 원산지청
직업·성명·연령: 점원 궁본일랑(宮本一郎, 미야모토 이치로) 22세
사실의 개요: 1942년(昭和 17) 11월 28일 남양(南陽)발 경성행 열차 안에서 승객 산본건남(山本建男, 야마모토 다케오) 외 수 명에게 "지금 일·소 관계가 압박을 받고 있기 때문에 두만강에서는 일·만·소(日滿蘇)의 국경지대인 관계 상 경비하는 경찰관이 정규 다리 이외로 월강하는 자를 전부 총살한다"라고 함부로 말하였다.
처분결과: 조선임시보안령 위반, 1942.12.30 벌금 50엔

(8) 조선육군특별지원병에 관한 것

청명: 경성지방법원 춘천지청

직업·성명·연령: 어묵가게 고용인 평산두병(平山斗炳, 히라야마 도헤이) 21세, 농업(여성) 이근유성(利根有成, 도시네 유세이) 39세

사실의 개요: 평산두병은 1942년(昭和 17) 1월 3일 고용처인 경성부 수은정(授恩町) 어묵가게 '대륙(大陸)'에서 숙모인 이근유성(강원도 양구군楊口郡 거주)에게 그녀의 상경을 저지할 목적으로 없는 이의 이름을 써서 "일본은 병사가 부족해 다수의 지원병을 모집하는데, 경성지방에서도 수천 명이 남태평양으로 출전했다. 또 전매국(專賣局)에서도 50명이 출정하여 그중에 37명이 전사하였는데, 내 친구인 양구 출신의 평산두병도 전사했다. 시체가 발견되면 머리만 보내겠다"라고 서신에 써서 우송하여 도달하게 했다.

이근유성은 1월 16일 강원도 양구군 양구면 양구우편국에서 양구우편국 사무원 양천헌충(梁川憲忠, 야나가와 노리타다) 외 1명에게 앞에서 적은 통신문의 내용을 전하였다.

처분결과: 육군형법 위반, 해군형법 위반, 1942.3.30 평산두병 금고 8월, 1942.2.28 이근유성 기소유예

정명: 평양지방법원 덕천지청

직업·성명·연령: 농업 평산창주(平山昌周, 히라야마 쇼슈) 43세

사실의 개요: 1942년(昭和 17) 1월 7일 거주지인 평남 덕천군(德川郡) 덕천면 산양리(山陽里) 김홍식(金弘植)의 집에서 신성인준(神城寅俊, 가미시로 인슌)에게 "현재 일본은 군인이 부족해서 조선에서 지원병을 모집하고 있는 것이다. 지원병으로 나가면 다시 집으로 돌아오는 것은 불가능한데 너는 어째서 부모와 처자를 내버려 두고 가려고 하는 것인가", 또 1월 10일 산양리 박택찬준(朴澤燦俊, 호자와 산슌)의 집에서 김정복래(金井福來, 가네이 후쿠라이)에게 "현재 대동아전쟁은 일본이 이길지 어떨지 알 수 없다. 일본은 현재 군인이 부족해서 조선에서 지원병을 모집하고 있는 것이다. 지원병으로 간다면 다시 집으로 돌아오는 것은 불가능할 것이다"라고 각각 함부로 말하였다.

처분결과: 육군형법 위반, 1942.5.25 금고 4월

청명: 경성지방법원 춘천지청

직업·성명·연령: 숯 인부 지갑득(池甲得) 40세

사실의 개요: 1942년(昭和 17) 2월 14일 강원도 양구군(楊口郡) 수입면(水入面) 청송리(靑松里)에서 주류 판매업을 하는 목본찬식(木本燦植, 모토 산쇼쿠)의 집에서 마을 사람 성원덕희(星原德熙, 호시하라 도쿠키) 외 7명에게 "이번에 조선 청년의 체력검사를 시행한 것은 일본에서 청년이 부족해서 조선 청년을 일본에 보내 공장 또는 농업에 일하게 하기 위해서다. 그런데 일본은 물자가 부족하고 술도 담배도 할 수 없고, 또 과부 등 여자가 남아 조선 청년이 일본에 가면 이 부녀자들이 매일 밤에 교대로 자러 오며, 게다가 국어를 가르치기 위해 야학을 하므로 잘 시간은 1시간 정도밖에 없다고 한다. 더욱이 전장에서는 조선인 지원병을 항상 앞줄에 세우고 일본인 병사는 뒤에서 감시하며, 탄환도 지원병은 쏠 때마다 한 발씩 준다고 한다. 그 이유는 지원병이 전장에서 총을 거꾸로 쥐고 머리를 위아래로 한 차례 흔들면 금세 모습을 감춰 어디론가 가버린다고 한다. 이는 춘천의 박(朴) 모가 중국에 가서 선술(仙術)을 배워 와 자유로이 모습을 감출 수 있다고 하기 때문으로, 그런 사람이 지원병을 어디론가 데려가 기다리며 조선에 사람이 줄어들 때 그 지원병을 데리고 와 조선을 독립시켜 이전과 같은 정치를 펴게 될 것이다. 그때 지원병이 총을 사용할 우려가 있어서 탄환을 1발씩만 지니게 한다고 한다"라고 함부로 말하였다.

처분결과: 육군형법 위반, 조선임시보안령 위반, 1942.8.31 징역 10월

비고: 보안법 위반과 병합

청명: 경성지방법원

직업·성명·연령: 농업(애국반장) 김계봉(金啓鳳) 36세

사실의 개요: 1942년(昭和 17) 2월 17일 강원도 회양군(淮陽郡) 내금강면(內金剛面) 상소곤리(上小坤里) 자택에서 민정사찰을 위해 사복으로 방문한 관할 회양경찰서 말휘리(末輝里)주재소 히라야마(平山) 순사에게 "일전에 면서기가 상소곤리 구장 집에 애국반장을 모아 놓고 이번에 청년 체력검사를 하도록 해 학문을 한 자는 육군으로, 학문하지 않은 자는 해군의 공장에 보낸다고 말하였다. 현재는 [짐승을 잡듯이 백성에게] 그물을 치는 듯한 세

상으로, 지원병으로 가지 않고 넘기기는 불가능하다. 지원병으로 스스로 나서서 가는 자는 한 명도 없을 것으로 생각하나, 지원하지 않으면 험한 꼴을 당하기 때문에 가는 것이지 진심으로 나서서 가는 자는 없다"라고 함부로 말하였다.

처분결과: 육군형법 위반, 해군형법 위반, 조선임시보안령 위반, 1942.6.22 징역 10월

비고: 불경죄와 경합

청명: 신의주지방법원
직업 · 성명 · 연령: 운송회사 보조원 하촌성모(河村成模, 가와무라 세이보)[정성모鄭成模][93] 19세
사실의 개요: 1942년(昭和 17) 3월 초순 날짜 미상 평북 신의주 강안역(江岸驛) 조운(朝運, 조선운송주식회사) 현장 대기소에서 소원(所員) 남광희(南光熙) 외 수 명에게 "이번 전쟁에서 일본군의 점령지역은 매우 넓어서 일본의 부대만으로는 도저히 전쟁 후의 수비가 불가능하여서 체력검사에 합격한 조선 청년을 남방 전장에 보내 수비병으로 충당시킨다고 한다"라고 말했다. 또 그 무렵 같은 장소에서 옥원용하(沃原龍夏, 요쿠하라 류카)에게 "현재 조선 지원병은 매우 고생한다고 한다. 한 지원병과 면회하러 온 그 아버지가 함께 울고 있었기에 입회한 상관이 '지원병이 싫어진 것은 아닌가'라고 질문하자 그 지원병은 아무 말도 하지 않고 머리를 숙인 채 긍정하였기에 상관은 '그렇다면 얼른 여기를 나가라'라고 소리치고 아버지를 돌려보낸 뒤 몰래 지원병을 총살해 버렸다고 한다. 실로 무서운 일이 아닌가" 하고 함부로 말하였다.

처분결과: 육군형법 위반, 1942.6.4 징역 단기 1년 장기 3년

비고: 불경죄, 보안법 위반과 병합

---

93 하촌성모의 가출옥서류가 남아 있다. 國史編纂委員會 編, 『韓國獨立運動史』 五, 探求堂, 1969, 569~574쪽. 본명은 이 자료에 의거한다.

청명: 해주지방법원

직업·성명·연령: 농업 평전병수(平田秉洙, 히라타 헤이슈) 18세

사실의 개요: 1942년(昭和 17) 3월 10일 해주부 내 벽성여관(碧城旅館) 안에서 동숙자 문원덕선(文原德善, 후미하라 도쿠젠) 외 1명에게 "나는 집에 있으면 지원병으로 끌려갈 우려가 있어서 2~3일 체재할 작정으로 이곳에 왔는데, 지원병은 원래 각자의 자발적 지원에 따른 것이어야 할 터인데 현재는 이와는 반대로 관헌에서 강제하는 상태다"라고 함부로 말하였다.

처분결과: 조선임시보안령 위반, 1942.5.16 벌금 100엔

청명: 대전지방법원 홍성지청

직업·성명·연령: 농업 국본삼복(國本三福, 구니모토 산푸쿠)[이화집李化執][94] 58세

사실의 개요: 1942년(昭和 17) 2월 27일 사는 곳 충남 서산군(瑞山郡) 운산면(雲山面) 갈산리(葛山里) 국본청실(國本靑實, 구니모토 아오자네)[이금산李金山] 집에서 마을 사람 평산무웅(平山茂雄, 히라야마 시게오)[정재명鄭在鳴] 외 수 명에게 "어찌 되었든 곤란한 일이다. 18세부터 20세까지는 청년대(지원병을 말함)로 끌려가고 40세 이하는 노동자로 전부 데려가니 남은 것은 노인과 어린아이뿐이 아닌가. 이는 조선인 인종을 없애기 위해서일 것이다. 옛날 임진왜란 때 사명당(四溟堂)이 사람 가죽 300장을 벗겨내었기에 그 원수를 갚기 위해서다"라고 함부로 말하였다. 또 3월 14일 사는 마을의 궁전정옥(宮田丁玉, 미야타 조교쿠)[조정옥曺丁玉] 집에서 마을 사람 목본덕순(木本德淳, 기모토 도쿠준)[박덕순朴德淳] 등에게 같은 내용을 함부로 말하였다.

처분결과: 조선임시보안령 위반, 1942.5.23 징역 6월

---

[94] 관련 인물의 본명은 大田地方法院洪城支廳, 「1942년 刑公 제340호 判決:國本三福」에 의거한다. 아래 "국본청실(國本靑實)"은 판결문에는 "국본춘실(國本春實)"로 나온다.

청명: 해주지방법원

직업 · 성명 · 연령: 무직 김준문(金俊文) 29세

사실의 개요: 1942년(昭和 17) 4월 28일 황해도 장연군(長淵郡) 목감면(牧甘面) 화금리(花錦里) 조연구(趙鳶九)의 집에서 그 외 2명에게 "내 본적지는 충남으로, 연 수입 400석 정도의 토지를 소유하고 있으나 큰 형과 둘째 형이 수년 전에 지원병으로 가서 아직 집으로 돌아오지 않았는데, 나도 주재소에서 지원병 응모를 강요당했기에 도망쳐 왔다. 내 본적지에서는 18세 이상 40세 이하의 남자는 대부분 지원병으로 가서 청년을 보기 드물다"라고 함부로 말하였으며, 게다가 4월 29일 장연군 속달면(速達面)[95] 남교리(南橋里) 평본수영(平本秀永, 히라모토 히데나가)의 집에서, 그리고 4월 30일 남교리 김촌대화(金村大化, 가네무라 다이카)의 집에서 각각 같은 내용의 말을 함부로 하였다.

처분결과: 조선임시보안령 위반, 1942.6.20 징역 1년

비고: 주거침입 · 절도와 병합

청명: 신의주지방법원 강계지청

직업 · 성명 · 연령: 농업 고촌도근(高村道根, 다카무라 두콘) 33세

사실의 개요: 1942년(昭和 17) 5월 4일 평북 후창군(厚昌郡) 후창면 장흥동(章興洞)의 변지화(邊枝和) 집 앞마당에서 김해계율(金海啓律, 가네미 게이리쓰) 외 5명에게 "조선인도 만 18세부터 35세까지 남자는 경찰에서 경성의 지원병 훈련소로 보내 군인으로 만들게끔 바뀌었다"라고 함부로 말하였다.

처분결과: 조선임시보안령 위반, 1942.10.26 기소유예

---

[95] 원문은 "連達面"이나 당시 없는 행정구역명으로 남교리가 속한 '속달면(速達面)'으로 고쳤다.

청명: 부산지방법원

직업·성명·연령: 승려 영천남천(永川南天, 나가카와 난텐) 45세

사실의 개요: 1942년(昭和 17) 5월 10일경 부산부 좌천정(佐川町, 사가와초) 김재준(金在俊)의 집에서 김재준 형제에게 "학교에 가서 교육을 받으면 지원병으로 뽑혀 출정해 전사하는 것이 필연이니 학교에 가는 것은 그만두는 편이 좋다"라고 함부로 말하였다. 다시 1942년 여름 무렵 위의 김재준의 어머니와 형에게 "일본은 지금 전쟁 중이기 때문에 부산도 폭격을 받아 부민(府民)이 틀림없이 전멸할 것이다. 이 기회에 2~3년 시골로 피난했다가 3년 뒤에 돌아오면 남아 있는 토지나 건물을 자유롭게 손에 넣을 수가 있다"라고 함부로 말하였다.

처분결과: 조선임시보안령 위반, 1942.11.16 벌금 100엔

(9) 기타

청명: 함흥지방법원

직업·성명·연령: 교원 안흥방언(安興邦彦, 야스오키 구니히코) 22세

사실의 개요: 1941년(昭和 16) 12월 8일 함경남도 흥남읍(興南邑) 소재 사립동광학원(東光學園) 교실 내에서 제6학년생 학생 86명에게 "이번의 일본 대 미·영 전쟁에서 일본이 패전할 때에는 반 추축(反樞軸) 국가의 원조를 얻어 조선을 독립시키지 않으면 안 된다"라고 함부로 말하였다.

처분결과: 육군형법 위반, 해군형법 위반, 1942.3.31 징역 2년

비고: 치안유지법 위반과 병합

청명: 해주지방법원 서흥지청

직업·성명·연령: 함바집 경영 김천성해(金川成海, 가나가와 세이카이) 47세

사실의 개요: 1941년(昭和 16) 12월 10일 황해도 곡산군(谷山郡) 이령면(伊寧面) 거리소리(巨利所里) 자택에서 광부 등 5명에게 "회령(會寧) 부대의 한 병사가 군무의 고초를 견디

기 힘들어 탈영했으나 잡혀서 끌려 돌아왔는데, 부대장은 부대 전원을 회령읍 남문 밖에 출동시켜 장시간 훈화를 한 뒤 한 병사에게 명령하여 탈영병의 목을 잘라버리게 했다고 한다"라고 함부로 말하였다.

처분결과: 육군형법 위반, 1942.3.7 금고 10월 3년간 집행유예

청명: 전주지방법원 군산지청
직업·성명·연령: 면서기 송강수웅(松岡秀雄, 마쓰오카 히데오)[김봉학金奉學][96] 37세
사실의 개요: 1941년(昭和 16) 12월 11일 사는 곳 전북 옥구군(沃溝郡) 임피면(臨陂面) 읍내리(邑內里) 소재 임피기독교회당에서 신도 가수중신(駕首中信, 가슈 나카노부) 외 1명에게 "드디어 일·미 전쟁이 시작된 것 같은데, 일본은 미국에 수차례에 걸쳐 사죄했으나 미국은 완고히 듣지 않고 도리어 기존의 석유 수출을 금지한 뒤 선전포고를 했기 때문에 일본도 어쩔 수 없이 이에 응전하는 모양이다. 미국이 일본에 석유를 수출하지 않으면 우리는 밤 예배도 드릴 수 없으며 생활 면에서도 큰일이다"라고 함부로 말하였다.

같은 해 12월 25일경 사는 마을 노상에서 마을 사람 부전길남(富田吉南, 도미타 기치난)에게 "공공재가 배급제도로 바뀌는 것은 망국이 근본이다. 헌새 일본과 영·미의 전쟁에서 일본은 이겼다고 말하고 있으나 지금의 전쟁은 호랑이와 개가 서로 상대가 되어 싸움하는 것과 마찬가지로, 호랑이는 미국이고 개는 일본이다. 장차 우리 조선인도 미국인이 될 것을 각오하고 예수를 믿자"라고 함부로 말하였다.

1942년(昭和 17) 1월 10일 자택 앞 노상에서 위의 부전길남에게 "하루라도 빨리 기독교를 믿는다면 가까운 시일 내에 미국인이 되어 태평가(太平歌)를 부를 때가 올 것이다. 현재 전쟁은 일본이 이겨가고 있지만, 그러나 전쟁은 국경 방면에서만 하고 있고 사실 미국인에게는 상대도 되지 않으며 일본 정부는 인민을 고생시키고 있다"라고 함부로 말하였다.

처분결과: 안녕질서에 대한 죄, 육군형법 위반, 해군형법 위반, 1942.6.3 금고 6월

---

[96] 본명은 국가기록원, 〈독립운동관련판결문〉의 '수형인명부'에 따른다. 이 자료에 의하면 처분 결과는 징역 6개월이다.

청명: 해주지방법원 사리원지청

직업·성명·연령: 사리원농업학교 학생 안전박광(安田博光, 야스다 히로미쓰) 17세, 사리원고등여학교 학생(여성) 안전계자(安田桂子, 야스다 게이코) 16세

사실의 개요: 언전박광은 1941년(昭和 16) 12월 8일 황해도 사리원읍(沙里院邑) 자택에서 남동생, 그리고 여동생 안전계자에게 "드디어 일·미 전쟁이 시작되었으니 일본이 패하여 조선이 독립할지도 모른다. 이번에 5학년 학생이 일본으로 여행을 가서 도조(東條) 수상이 그렇게 연설하는 것을 듣고 왔다"라고 함부로 말하였다. 안전계자는 위의 이야기를 기반으로 재차 12월 8일 사리원고등여학교에서 급우 4명에게 "드디어 일·미 전쟁이 시작되었으니 일본이 패하여 조선이 독립할지도 모른다. 그렇게 된다면 가네무라(金村) 황해도 지사[97]가 가장 훌륭하니 조선의 왕이 될지도 모른다"라고 함부로 말하였다.

처분결과: 안녕질서에 대한 죄, 1942.2.24 각각 금고 4월 3년간 집행유예

청명: 함흥지방법원 원산지청

직업·성명·연령: 농업(애국반장) 원산봉덕(元山鳳德, 모토야마 호토쿠) 33세

사실의 개요: 1941년(昭和 16) 12월 13일 사는 곳 함경남도 문천군(文川郡) 도초면(都草面) 화라리(禾羅里)에서 마을 사람 2명에게 "나에게 온 공문에 따르면 일본군은 이번 대동아전쟁에서 미국 함선 다수를 격침하였으나, 다수의 사상자를 내어 결국 군인 부족이 초래되었다. 그 보충을 위하여 조만간 도(道)에서 계원이 출장 나와 16세 이상 35세 이하의 조선인 청년을 강제로 모집해 군대로 연행하게 되었다. 그러나 자발적으로 군인을 지원한 자는 군대에서 일단 훈련을 받고 보내나, 강제 모집된 자는 훈련을 받지 않은 채 바로 전장으로 보내져 대우상에 큰 차이가 있다"라고 함부로 말하였다.

처분결과: 안녕질서에 대한 죄, 육군형법 위반, 1942.2.20 금고 10월

---

[97] 김촌태남(金村泰男, 가네무라 야스오)[김병태金秉泰]을 말한다. 1939년부터 1941년까지 황해도 지사를 지냈다.

청명: 전주지방법원 군산지청

직업·성명·연령: 농업 고용인 송환규(宋煥奎) 23세

사실의 개요: 1941년(昭和 16) 12월 13일 고용처인 전북 옥구군(沃溝郡) 대야면(大野面) 죽산리(竹山里) 이노우에 곤자부로(井上權三郎)의 집에서 동료인 고용인 하일동(河一童)에게 "일본은 현재 중국과 전쟁을 벌이고 있는데, 일본이 이기면 좋겠지만 지더라도 조선인에는 노동자가 많아 손해가 적으니 우리 조선인에게는 영향이 없다"라고 함부로 말하였다.

처분결과: 육군형법 위반, 해군형법 위반, 1942.3.20 금고 6월

청명: 평양지방법원 진남포지청

직업·성명·연령: 농업 송본찬선(松本贊善, 마쓰모토 산젠) 41세

사실의 개요: 1941년(昭和 16) 12월 20일 평안남도 강서군(江西郡) 성태면(星台面) 성육리(星六里) 자택에서 자신의 장남 외 1명에게 "이전 마산시장에서 일본 군인이 대마리(大馬里)까지 도망쳐 와서 체포당했다는 일을 들었다. 일본인 중에서도 부잣집에서 부자유스러운 일이 없이 자란 이는 군대 내에서 얻어맞기 때문에 괴로움을 견디기 힘들어 도망간다고 한다. 또 훈련 때 총의 개머리판으로 맞는 등 여러모로 괴롭힘을 당하므로 전장에서 숨결에 죽는 편이 오히려 편하겠지만, 훈련의 괴로움을 버티지 못하고 결국 죽을 신세라면 만주로라도 달아날 계획으로 도망쳤을 것이다. 일본인 녀석들도 죽음을 두려워한다"라고 함부로 말하였다.

처분결과: 육군형법 위반, 1942.3.11 금고 10월

청명: 해주지방법원 사리원지청

직업·성명·연령: 여관 호객꾼(客引) 이봉린(李鳳麟) 20세

사실의 개요: 1941년(昭和 16) 12월 21일 황해도 사리원역(沙里院驛) 앞 경찰관파출소 안에서 동료인 호객꾼 4명과 잡담 중에 호객꾼들에게 "내가 일찍이 겸이포(兼二浦) 제일여관(第一旅館)의 호객꾼 노릇을 하고 있을 때인 12월 10일경에 병사 1명이 도망쳐 와서 숙박

했는데, 그날 밤 형사와 경방단원이 와서 그 병사를 체포해갔다. 일본 병사도 적잖이 달아나는 자가 있는 것 같다"라고 함부로 말하였다.

처분결과: 육군형법 위반, 1942.4.15 징역 1년

비고: 절도와 병합

청명: 부산지방법원 진주지청

직업·성명·연령: 선원 성전기석(成田基錫, 나리타 기샤쿠) 37세

사실의 개요: 1941년(昭和 16) 12월 22일 긴류마루(金龍丸)에 탑승해 경상남도 삼천포(三千浦)에서 경상남도 하동군(河東郡) 진교(辰橋) 해안에 이르렀을 때 화물 주인 구산일조(丘山日祚, 오카야마 닛소)에게 "진해(鎭海) 부근에는 다수의 군함이 정박해 있다. 일반 선박의 부산 왕복은 모두 금지되어 있기에 부산을 목적지로 한 상인의 타격이 막심하다. 또 수일 전 거제도 방면에서 부산을 향해 항해 중이던 범선 1척이 군함 때문에 격침당했는데, 승무원은 무사했다"라고 함부로 말하였다.

처분결과: 해군형법 위반, 1942.1.28 금고 4월

청명: 함흥지방법원 북청지청

직업·성명·연령: 면포상 성산만엽(城山萬葉, 시로야마 반요) 33세

사실의 개요: 1941년(昭和 16) 12월 23일 사는 마을인 함경남도 단천군(端川郡) 북두일면(北斗日面) 대신리(大薪里) 소재 국민학교에서 주재소가 주최한 좌담회에 출석해 회동한 인원 약 100명의 앞에서 일본 필승의 신념을 토로할 때 교육을 받지 못했기 때문에 용어의 타당함이 결여되어 "일본은 백 년 전부터 한 차례도 전쟁에 패한 적이 없으며 그 전술은 세계에서 비할 바가 없다. 결국 경험에 의해 전술이 발전한 것이니, 예를 들면 사람이 물건을 훔치는 경우도 횟수를 거듭함에 따라 능숙해지는 것과 마찬가지다"라고 함부로 말하였다.

처분결과: 육군형법 위반, 해군형법 위반, 1942.2.16 기소유예

청명: 전주지방법원

직업·성명·연령: 농업 야산영태(野山榮泰, 노야마 히데야스)[송영태宋榮泰][98] 55세

사실의 개요: 1941년(昭和 16) 12월 25일 사는 마을인 전라북도 완주군(完州郡) 삼례면(參禮面) 삼례리에서 마을 사람에게 "비황저곡(備荒貯穀)은 흉년에 대비하기 위한 것이라고 말하면서 우리같이 생활이 곤란한 농민에게서 벼나 보리를 징집하고 있으나, 이는 결국 일본 군대의 식량으로 빼앗기는 것이다"라고 함부로 말하였다.

처분결과: 육군형법 위반, 해군형법 위반, 1942.2.10 금고 6월

청명: 경성지방법원

직업·성명·연령: 고용인(여성) 김야선순(金野仙順, 가네노 센준) 19세

사실의 개요: 해당자는 내연의 지아비가 있는 자로, 1942년(昭和 17) 1월 시어머니에게 질책을 받아 가출하여 경성부 내를 배회하던 중 경성부 와룡정(臥龍町) 석원성조(石原成造, 이시하라 세이조)가 그를 고용하고자 자택으로 데려와 가출 이유를 물었더니 수치심에 진상을 숨기고 또 미혼녀인 척하기 위해 석원 부부 등에게 "본적지인 양평(楊平)에서 미혼 여성을 모집해 만주 방면으로 보내 군대의 취사부로 삼는다는 소문이 있어, 이를 피하고자 가출했다"라고 함부로 말하였다.

처분결과: 육군형법 위반, 1942.8.4 기소유예

청명: 함흥지방법원 북청지청

직업·성명·연령: 의사 암본창헌(岩本倉憲, 이와모토 소켄)[이석우李錫雨][99] 33세

사실의 개요: 1942년(昭和 17) 1월 7일경 함남 단천읍(端川邑) 서상리(西上里) 자택에서

---

[98] 본명은 全州地方法院, 「1942년 刑公 제53호 判決:野山榮泰」, 1942.2.10에 의거한다.
[99] 본명은 全州地方法院井邑支廳, 「1942년 刑公 제32호 判決:高原甲子」, 1942.2.20; 大邱覆審法院刑事第二部, 「1942년 刑控 제77호 判決:高原甲子」, 1942.3.25에 의한다.

지인 3명에게 "작년 12월 하순경 평양 연대(聯隊)의 김(金) 대좌(大佐, 대령)가 사복으로 가족을 동반해 경성행 열차에 승차하여 차 안에 동승한 모 씨와 좌석 건으로 말싸움을 벌였는데, 그 남자가 명찰을 보이며 경찰관임을 고하고 김 대좌를 서평양역 앞 경찰관주재소로 연행해 주소 성명 등을 묻자, 대좌가 감정에 복받쳐 취조의 잘못됨을 주장하며 응답하지 않았기 때문에 위의 경찰관은 흥분한 나머지 손바닥으로 대좌의 안면을 연타했다. 대좌가 즉시 이 사실을 평양 연대에 전화로 이야기하여서, 20분 후 평양 연대는 트럭에 병사를 가득 실어 현장으로 급파해 위의 주재소 근무 경찰관 및 평양경찰서장 외 전 서원(署員)을 연대로 동행하여 감금했다. 위의 사실을 안 도지사와 경찰부장은 백방으로 수를 써 연대에 극력으로 사죄하고 석방처리를 간청한 결과 가까스로 허용되었다"라고 함부로 말하였다.

처분결과: 육군형법 위반, 1942.4.24 금고 8월 3년간 집행유예

청명: 경성지방법원
직업·성명·연령: 농업 박본룡만(朴本龍滿, 보쿠모토 류만) 33세
사실의 개요: 1942년(昭和 17) 1월 9일 관리를 가장해 공출을 구실로 다른 이들로부터 물품을 편취할 목적으로 강원도 홍천군(洪川郡) 화촌면(化村面) 군업리(君業里)의 농민 조용봉(趙龍鳳)의 집에 침입해 세무서원이 가택수색을 하는 것과 같이 꾸며 조용봉에게 "현재 군대에서는 깔개가 부족해서 행군 중에 눈 위에 앉아 식사하는 처지이니 군대에 보낼 멍석(筵) 등을 공출하겠다"라고 사칭해 그에게서 멍석(筵) 1매(시가 4엔 정도) 및 놋쇠 숟가락 1자루(시가 40전 정도)를 편취하였다.
처분결과: 육군형법 위반, 1942.6.15 징역 3년
비고: 주거 침입, 사기·사기미수, 강간과 병합

청명: 전주지방법원 정읍지청

직업·성명·연령: 이발 조수 고원갑자(高原甲子, 다카하라 고시)[박갑자朴甲子][100] 18세

사실의 개요: 1942년(昭和 17) 1월 9일 근무처인 전라북도 고창군(高敞郡) 고창면 읍내리(邑內里) 소재 이발소에서 지인인 화산양조(華山良潮, 하나야마 료초. 당년 18세)가 사세보(佐世保) 해군의 직공모집에 응시하겠다고 말하자, 이를 질투하여 단념시키기 위해 화산에게 "해군 군속이 된다면 해군과 함께 전쟁을 치러 죽을 터이니 그만두어라"라고 함부로 말하였다.

처분결과: 조선임시보안령 위반, 제1심 판결 1942.2.20 벌금 20엔, 제2심 판결 1942.3.25 징역 6월

청명: 신의주지방법원

직업·성명·연령: 무직 전중주사(田中珠司, 다나카 슈지) 23세

사실의 개요: 1941년(昭和 16) 1월 11일 신의주부 상반정(常盤町, 도키와초) 기사라기(キサラギ) 식당에서 친구인 덕천국진(德川國秦, 도쿠가와 고쿠신) 외 1명에게 "나는 입대 후 귀향하기까지 진남포 방면으로 연습을 나가 있었으나, 혹한의 계절에 방한설비도 불완전한 데다가 매일의 맹훈련으로 손이 이렇게 부었다. 내 부대에는 오사카 방면에서 소집된 병사가 많이 들어왔는데, 말이 통하지 않아 곤란했다. 이 병사 중에는 27~28세부터 34~35세 정도의 나이가 많은 병사도 있었는데, 때때로 고향에 남겨두고 온 처자가 걱정되어 야영용 모포 속에서 울고 있던 자도 있었다"라고 함부로 말하였다.

처분결과: 육군형법 위반, 1942.6.8 기소유예

---

[100] 본명은 박갑자에 대한 판결문이 국가기록원, 〈독립운동관련판결문〉에서 확인된다. 본명은 이에 따른다. 1심은 전주지방법원 정읍지청, 2심은 대구복심법원에서 이뤄졌다.

청명: 부산지방법원 거창지청

직업·성명·연령: 세탁업 밀산수범(密山洙範, 미쓰야마 슈한) 19세

사실의 개요: 1942년(昭和 17) 1월 12일 방공훈련지도를 위해 경상남도 합천군(陝川郡) 합천면의 중흥부락(中興) 마을에 가는 도중 동반자에게 "일본에서는 일본 병사 중 도주하는 자가 상당히 많은데, 내가 아는 것만 해도 5명 정도는 된다. 그중에서 1명은 물에 뛰어들어 자살하였고 1명은 붙잡혀 히로시마시(廣島市) 서(西)연병장에서 총살되었으며 3명은 잡히지 않았다고 한다. 또 중국에서는 일본 병사가 부대장을 뒤에서 철포로 죽인 일이 있었다고 한다"라고 함부로 말하였다.

처분결과: 육군형법 위반, 1942.2.9 금고 1년 6월

청명: 평양지방법원

직업·성명·연령: 토지매매중개업 고용인 안전재흥(安田再興, 야스다 사이코) 56세

사실의 개요: 1942년(昭和 17) 1월 16일 사는 마을인 평남 중화군(中和郡) 중화면 초현리(草峴里)에서 군대연습 구경을 위해 모인 마을 주민 8명에게 "갑진년(1905년, 明治 38)에 보고 흘렸던 눈물은 지금도 잊을 수 없다. 어떤 한 병사가 거친 말에 차여 쓰러지자 장교가 화를 내며 그 병사의 뺨을 때렸다. 부대는 얼마 지나지 않아 출발했으나 쓰러져 있던 병사는 그대로 방치되어 뒤에서 온 전우가 불쌍히 생각해 안아 일으켜 데리고 갔다. 실로 병사는 불쌍했다. 또 전장에서는 부상자 중에서 군의(軍醫)가 진찰한 결과 완쾌될 기미가 없는 자는 사망자 쪽에 넣어두고 장교들이 말을 타고 밟아 죽인다. 완쾌될 기미가 있는 자만 적십자대로 옮겨 치료한다"라고 함부로 말하였다.

처분결과: 육군형법 위반, 1942.4.16 금고 8월

청명: 경성지방법원 철원지청

직업·성명·연령: 농업 안전영하(安田永河, 야스다 에이카) 43세

사실의 개요: 1942년(昭和 17) 1월 18일 강원도 회양군(淮陽郡) 난곡면(蘭谷面) 이포리(泥

浦里)에서 수 명과 음주 잡담 중에 "현재 일본은 미·영과 전쟁 중인데, 젊은이를 출정시키지 않고 우리를 출정시키면 미국 병사는 사격하지 않고 일본 병사를 사격해올 것이다. 또 일본 잠수함이 세계 최대의 미국 항공모함을 격침하고 또한 미·영의 영토를 점령했다고 하는 신문기사는 허위이다. 더욱이 일본은 우리 조선을 점령하여 조선인을 압박하고 있음에도 조선인은 잠자코 있다"라고 함부로 말하였다.

처분결과: 육군형법 위반, 해군형법 위반, 1942.2.28 징역 1년 6월

비고: 보안법 위반과 병합

청명: 전주지방법원

직업·성명·연령: 농업 유이호(柳利好, 야나기 리코)[유연수柳連秀][101] 21세

사실의 개요: 1942년(昭和 17) 1월 21일 사는 마을인 전북 완주군(完州郡) 소양면(所陽面) 명덕리(明德里)에서 청훈생(靑訓生, 청년훈련소 입소생) 죽촌재혁(竹村在赫, 다케무라 자이카쿠)에게 "일본은 많은 병력이 필요한데도 병력이 부족하므로, 금후 조선인 노동자 중에서 체격이 양호한 자와 국민학교 졸업생이 병사로서 제1선으로 끌려갈 것이다"라고 함부로 말하였다.

처분결과: 육군형법 위반, 해군형법 위반, 조선임시보안령 위반 1942.4.27 징역 8월

청명: 함흥지방법원

직업·성명·연령: 직공 산강의웅(山岡義雄, 야마오카 요시오) 22세

사실의 개요: 1942년(昭和 17) 2월 1일 함남 흥남읍(興南邑) 운중리(雲中里) 음식점에서 작부 외 1명에게 "연포(連浦)에는 비행기 공장도 많이 생겨서 비행대 본부가 되었다. 가까운 미래에는 평양에서도 비행기 공장이 하나 옮겨오고 비행대 제2기 공사도 시작될 것인데, 그렇게 된다면 연포에는 비행기와 군대가 많아지고 시끄러워질 뿐만 아니라 위험해서 살 수

---

[101] 본명은 全州地方法院, 「1942年 刑公 第197號 判決:柳利好」, 1942.4.27에 따른다.

없을 것이다"라고 함부로 말하였다.

처분결과: 육군형법 위반, 1942.3.11 금고 4월 3년간 집행유예

청명: 경성지방법원 수원지청

직업 · 성명 · 연령: 무직(걸식) 김학선(金學善) 76세

사실의 개요: 1942년(昭和 17) 2월 6일 경기도 수원군(水原郡) 우정면(雨汀面) 화산리(花山里)에서 마을 사람 3명에게 "수일 전 수원역에서 전사한 병사의 머리를 화물차 3량에 싣고 남쪽으로 통과하는 것을 목격했다"라고 함부로 말하였다.

처분결과: 육군형법 위반, 1942.4.14 금고 6월

청명: 해주지방법원 사리원지청

직업 · 성명 · 연령: 의류 행상 상전제민(上田濟敏, 우에다 스미토시) 58세

사실의 개요: 1942년(昭和 17) 2월 18일 황해도 사리원읍(沙里院邑) 읍내 국민학교 학생의 싱가포르 축하행진을 목격하고 사리원읍 동리(東里) 평해응칠(平海應七, 히라미 오시치)의 집에서 그 외 3명에게 "싱가포르가 함락되었다고 해도 이 추운 날에 저런 작은 아이들을 밖에서 끌고 다니거나 우리를 모은다고 해서 뭐가 되겠는가. 일본인은 기뻐할지 몰라도 우리는 전연 기쁠 일도 없다. 또 나는 남자아이는 필요 없다. 성장하면 모두 강제로 지원병으로 잡혀가 살해당해 버릴 것이 아니겠는가"라고 함부로 말하였다.

처분결과: 육군형법 위반, 조선임시보안령 위반, 1942.4.15 금고 6월

청명: 대전지방법원 청주지청

직업 · 성명 · 연령: 일용노동 유석준(兪奭濬) 55세

사실의 개요: 1942년(昭和 17) 3월 5일경과 4월 25일경 2회에 걸쳐 사는 마을인 충북 단양군(丹陽郡) 매포면(梅浦面) 고양리(高陽里) 계림경호(鷄林慶鎬, 도리바야시 게이코)[추경

호秋慶鎬]¹⁰² 집에서 그에게 "일본은 조만간 멸망할 것인데, 그때는 동란(動亂) 때문에 도로 등도 파괴되고 보리의 수확도 불가능해 기아에 빠질지도 모른다. 하지만 우리 집은 생내(生內) 방향(위험을 면할 수 있는 방위)으로 향해 있기 때문에 이곳으로 피난하면 된다. 또 최근 우박이 내리거나 하는 것은 일본 멸망의 전조이다"라고 함부로 말하였다.

처분결과: 안녕질서에 대한 죄, 조선임시보안령 위반, 1942.9.4 징역 10월

청명: 부산지방법원

직업·성명·연령: 포목점 점원 삼전학고(森田學古, 모리타 가구코) 37세

사실의 개요: 1942년 3월 7일 본적지 시마네현(島根懸) 스키군(周吉郡) 후세무라(布施村) 목욕탕에서 입욕 중 촌민 후루카와 마쓰사부로(古川松三郎) 외 수 명에게 '부산역은 요새 북방으로 가는 군대로 가득 찼다. 오는 4월경이면 어려울지 모르겠다'라고 함부로 말하였다.

처분결과: 언론출판집회결사등임시단속(取締)법 위반, 1942.6.27 기소유예

비고: 일본인

청명: 해주지방법원

직업·성명·연령: 국민학교 교사 서원건(西原健, 니시하라 다케시) 34세

사실의 개요: 1942년(昭和 17) 3월 9일 근무처인 황해도 신천군(信川郡) 가련(加蓮)공립국민학교 교원실에서 교장 가와시마 마사오(河島正雄) 외 4명과 잡담 중에 경솔하게도 용어의 적절함을 결여한 채 "중일전쟁과 대동아전쟁이 몇 년이나 계속될지 모르겠지만, 결국 일본은 어찌 될까. 어찌 되어도 좋으나 사변과 전쟁이 끝나기까지 이후 백 년은 살아서 결과를 보고 싶다"라고 함부로 말하였다.

처분결과: 조선임시보안령 위반, 1942.5.13 기소유예

---

102 본명은 大田地方法院 淸州支廳, 「1942년 刑公 제316호 判決:兪奭濬」, 1942.9.4에 따른다.

청명: 평양지방법원

직업·성명·연령: 여관업 산본재덕(山本在德, 야마모토 아리노리) 28세, 신탄상 안동헌(安東憲, 안도 겐) 29세

사실의 개요: 산본재덕은 1942년(昭和 17) 3월 15일경 평양부 동정(東町, 히가시초) 2번지 신탄상 안동헌 집 사무소에서 그 외 1명에게 "현재 헌병대에서 싱가포르 방면의 유곽 영업자를 모집 중으로 이미 제1회분은 출발했으나 제2, 제3, 제4회 정도까지는 헌병대에서 허가할 터이다"라고 함부로 말하였다.

안동헌은 3월 20일 평양부 죽원정(竹園町, 다케조노초) 중국 요릿집 만창루(萬昌樓)에서 위의 허언을 재차 김본창룡(金本昌龍, 가네모토 마사타쓰) 외 1명에게 전하였다.

처분결과: 조선임시보안령 위반, 1942.5.5 산본재덕 벌금 500엔, 1942.4.1 안동헌 기소유예

청명: 광주지방법원 순천지청

직업·성명·연령: 무직(여성) 임미순(林米順)[103] 47세, 무직(여성) 김광우양근(金光又良根, 가네미쓰 우료콘) 25세

사실의 개요: 임미순은 1942년(昭和 17) 4월 상순경 전남 여수읍(麗水邑) 동정(東町) 자택에서 장녀 경애(敬愛) 외 1명에게 "종포(鍾浦)에서 아이들을 데리고 목욕탕에서 돌아오던 여자가 병사 3명에게 강간당해 여자는 반죽음을 당했다고 한다. 여자가 밤에 나가 돌아다니는 일은 하지 않는 편이 낫다"라고 함부로 말하였다.

김광우양근[104]은 1942년(昭和 17) 6월 상순경 전남 여수읍 동정 덕산화엽(德山化葉, 도쿠야마 가요)의 집에서 그 외 1명에게 "종포에서 야경(夜警) 중인 조선인 여성이 병사 3명에게 강간당해 반죽음을 당했는데, 뒤에 경찰에게 갔더니 치료하라고 하면서 10엔을 줬다고 한다"라고 함부로 말하였다.

처분결과: 육군형법 위반, 1942.10.7 임미순 금고 4월, 1942.9.30, 김광우양근 기소유예

---

103 임미순에 대한 판결문이 국가기록원, 독립운동관련판결문에서 확인된다. 光州地方法院順天支廳 「1942년 刑公 제660호 判決:林米順」, 1942.10.7

104 위의 임미순에 대한 판결문에 따르면 그는 장녀와 장순아(張順兒, 25세)에게 얘기했다. 따라서 '김광우양근'은 장순아로 추정되나 그사이 이야기가 더 퍼져나가 다른 인물일 가능성도 있다.

청명: 대전지방법원 충주지청

직업·성명·연령: 재봉업(여성) 산본을순(山本乙順, 야마모토 오쓰준) 28세

사실의 개요: 1942년(昭和 17) 4월 23일 사는 마을인 충북 충주군(忠州郡) 앙성면(仰城面) 용포리(龍浦里)의 면서기 김용성(金容誠)의 집에서 그의 아내 외 1명에게 "일본에서는 나라를 위해 남자를 고용해서 출정한 군인의 아내나 과부에게 아이를 배게 하고 있다고 한다"라고 함부로 말하였다.

처분결과: 육군형법 위반, 해군형법 위반, 조선임시보안령 위반, 1942.5.29 징역 6월

청명: 대전지방법원 청주지청

직업·성명·연령: 청주제일공립중학교 학생 전촌혁국(田村爀國, 다무라 가쿠코쿠) 18세

사실의 개요: 1942년(昭和 17) 5월 5일 전교 학생의 도보 행군 중 군가 "이겼구나, 일본"을 제창하면서 충북 청주군(淸州郡) 사주면(四州面) 명암리(明岩里) 명암제(明岩堤)[105] 부근에 모여 있을 때 앞의 가사를 흉내 내서 급우 택전조(澤田操, 사와다 미사오) 외 수 명에게 "졌구나, 일본. 심판을 받아서 졌구나" 하고 함부로 노래를 불렀다.

처분결과: 육군형법 위반, 해군형법 위반, 1942.11.30 기소유예

청명: 신의주지방법원

직업·성명·연령: 무직 한궁봉순(韓宮鳳淳, 가라미야 호준) 19세

사실의 개요: 1942년(昭和 17) 5월 12일 평북 의주군(義州郡) 비현면(枇峴面) 소재 비현경찰관주재소 내에서 수석 순사 쓰루도메 세이지(鶴留淸二)에게 "작년 화북 지역에서 처음으로 일본 군대와 접했을 때는 병사가 좋아 군속이라도 되고 싶은 기분이었으나, 군대 생활의 내막을 알게 되어 싫어졌다. 초년병이 이년 병에게 맞아 얼굴이 비뚤어지거나 군조(軍曹, 중사)가 중위에게 군도로 맞아 입원한다든지, 또 음식을 조금밖에 주지 않아서 병사는 어용

---

[105] 원문은 "昭岩里 昭岩堤"이나 당시 사주면에 있는 지명 "명암리 명암제"로 고쳤다.

상인에게 가서 아귀처럼 먹는다. 그런 것을 보면 군대 생활이 싫다"라고 함부로 말하였다.

처분결과: 육군형법 위반, 1942.8.31 기소유예

청명: 경성지방법원 철원지청
직업·성명·연령: 무직(여성) 대산천혜자(大山千惠子, 오야마 지에코) 22세
사실의 개요: 1942년(昭和 17) 5월 17일 강원도 평강군(平康郡) 평강면 동변리(東邊里) 자택에서 대성정옥(大城貞玉, 오시로 데이교쿠)에게 "일전에 전중리(典中里)에서 산나물을 캐러 간 여성 2명이 병사들에게 강간당해 기절해 있던 것을 마을 사람들이 업고 돌아왔다"라고 함부로 말하였다.
처분결과: 안녕질서에 대한 죄, 1942.9.18 벌금 150엔

청명: 경성지방법원 철원지청
직업·성명·연령: 무직(여성) 대성정옥(大城貞玉, 오시로 데이교쿠) 19세
사실의 개요: 1942년(昭和 17) 5월 18일 앞의 평강면 동변리 자택에서 김산순자(金山順子, 가나야마 준코) 외 1명에게 전 항 같은 내용의 유언비어를 전하였다.
처분결과: 안녕질서에 대한 죄, 1942.8.27 벌금 100엔

청명: 경성지방법원 철원지청
직업·성명·연령: 무직(여성) 김산순자(金山順子, 가나야마 준코) 31세
사실의 개요: 1942년(昭和 17) 5월 18일 앞의 평강면 동변리 자택에서 성산영식(星山永植, 호시야마 에이쇼쿠)에게 전 항 같은 내용의 유언비어를 전하였다.
처분결과: 안녕질서에 대한 죄, 1942.8.27 벌금 100엔

청명: 경성지방법원 철원지청
직업·성명·연령: 노동 성산영식(星山永植, 호시야마 에이쇼쿠) 27세
사실의 개요: 1942년(昭和 17) 5월 18일 앞의 평강면 동변리 자택에서 아내인 이옥희(李玉姬) 외 1명에게 전 항 같은 내용의 유언비어를 전하였다.
처분결과: 안녕질서에 대한 죄, 1942.8.27 벌금 100엔

청명: 경성지방법원 철원지청
직업·성명·연령: 무직(여성) 이옥희(李玉姬) 19세
사실의 개요: 1942년(昭和 17) 5월 19일 앞의 평강면 동변리 죽산욱재(竹山郁哉, 다케야마 이쿠야)의 집에서 그의 아내인 죽산규자(竹山圭子, 다케야마 게이코)에게 전 항 같은 내용의 유언비어를 전하였다.
처분결과: 안녕질서에 대한 죄, 1942.8.27 벌금 100엔

청명: 해주지방법원
직업·성명·연령: 직공 견습 이가관일(李家寬一, 리야 간이치) 17세
사실의 개요: 1942년(昭和 17) 6월 9일 황해도 연백군(延白郡) 연안읍(延安邑) 모정리(模井里)[106] 정곡천학진(鄭谷川學鎭, 데이타니가와 가쿠친)의 집에서 그 외 2명에게 "현재 경성에서는 병사의 자동차가 통행인에게 상해를 입히거나 혹은 쳐 죽였을 때 피해자 측이 그 책임을 물으면 '네가 거기에 있었던 것이 잘못된 것이었다' 하니 어찌할 수가 없다. 교통단속 순사가 이를 보아도 맞설 수가 없다"라고 함부로 말하였다.
처분결과: 육군형법 위반, 1942.6.20 기소유예

---

[106] 원문은 "模成里"이나, 당시 연안읍에 있는 동리명인 "模井里"로 고쳤다.

청명: 광주지방법원

직업·성명·연령: 운수업 임춘웅(林春雄, 하야시 하루오) 35세

사실의 개요: 1942년(昭和 17) 6월 13일 장성(長城)군수 궁촌영부(宮村榮夫, 미야무라 히데오)[이심훈李心勳]의 이삿짐을 화물자동차로 운송하는 일을 맡았으나, 자동차를 대여하지 못함에 따라 궁촌에게 변명으로 "내 소유 화물자동차를 어제 광주부에 보냈는데, 군 수송에 징용당해 현재까지도 돌아오지 않는다"라고 함부로 말하였다.

처분결과: 해군형법 위반, 육군형법 위반, 1943.3.31 기소유예

청명: 대전지방법원 청주지청

직업·성명·연령: 점원 청수삼철(淸水三哲, 시미즈 산테쓰)[이삼철李三哲][107] 17세

사실의 개요: 1942년(昭和 17) 6월 20일 충북 청주읍(淸州邑) 본정(本町, 혼마치) 요도가와 쓰루에(淀川ツルヱ)의 집에서 그 외 1명에게 "일본은 강하다고 하나 이탈리아·독일은 더 강하다. 그보다 더욱 강한 것은 장개석 정권이다. 장개석은 5년간이나 일본과 싸워 아직 항복 안 하지 않았는가. 일본 본토도 미국으로부터 폭격을 받지 않았는가"라고 함부로 말하였다.

처분결과: 육군형법 위반, 해군형법 위반, 조선임시보안령 위반, 제1심 판결 1942.8.5 징역 6월 2년간 집행유예, 제2심 판결 1942.9.16 제1심과 같음

비고: 보안법 위반과 병합

---

107 본명은 大田地方法院淸州支廳, 「1942년 刑公 제261호 判決:淸水三哲」, 1942.8.5; 京城覆審法院刑事第二部, 「1942년 刑控 제347호 判決:淸水三哲」, 1942.9.16에 따른다. 이명(異名)은 "이인국李仁國"이다.

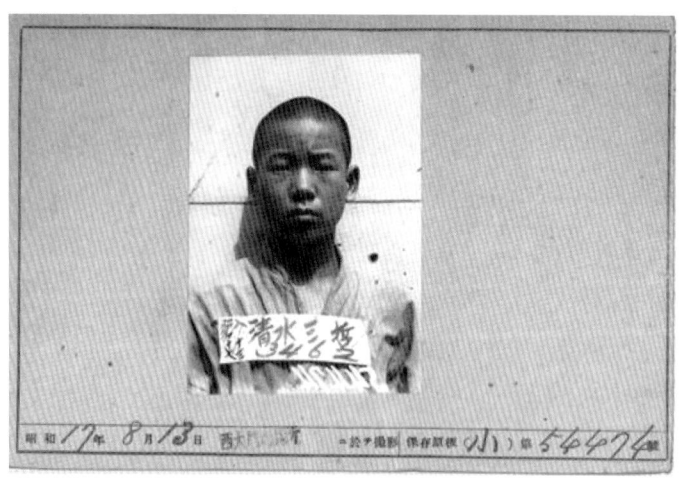

〈그림7〉 1942년 서대문형무소에 수감된 이삼철의 인물카드
출처: 국사편찬위원회, 일제감시대상인물카드 (ia_3849)

청명: 부산지방법원

직업·성명·연령: 신문판매점원 안정정길(安井正吉, 야스이 세이키치) 26세, 우마차 운반업(애국반장) 김해영웅(金海永雄, 가네미 나가오) 30세

사실의 개요: 안정정길은 1942년(昭和 17) 7월 초순 부산부 공립제7국민학교 앞 도로에서 김해영웅에게 '이번 방공연습은 무엇 때문에 시행되는 것인가'란 질문을 받자 "홋카이도(北海道)에 적기가 왔기 때문이다"라고 함부로 말하였다.

김해영웅은 1942년(昭和 17) 8월 초순경 부산부 좌천정(佐川町, 사가와초) 자택 앞 노상에서 최덕원(崔德元) 외 1명에게 "이번 방공연습은 홋카이도에 적기가 왔기 때문에 시행되었다"라고 함부로 말하였다.

처분결과: 조선임시보안령 위반, 1942.11.16 안정정길 벌금 50엔, 1942.11.12 김해영웅 기소유예

청명: 함흥지방법원

직업·성명·연령: 방공감시초원(防空監視哨員) 평소명석(平沼明錫, 히라누마 메이샤쿠) 25세

사실의 개요: 1942년(昭和 17) 중순 함남 영흥군(永興郡) 고녕면(古寧面) 무학리(武鶴里)

소재 감시초소 안에서 초소원 평소정웅(平沼政雄, 히라누마 마사오) 외 수 명에게 "불필요한 전쟁을 해서 이처럼 모기가 무는 곳에서 밤에도 편히 잘 수 없어 고생한다. 얼른 전쟁을 중지하면 좋겠다"라고 함부로 말하였다.

처분결과: 해군형법 위반, 육군형법 위반, 1943.4.23 기소 중지

청명: 대전지방법원 충주지청

직업·성명·연령: 농업 송전성근(松田成根, 마쓰다 세이콘) 28세

사실의 개요: 1942년(昭和 17) 9월 23일 충북 충주군(忠州郡) 이류면(利柳面) 완오동(完五洞) 자택에서 면장 목촌준박(木村俊博, 기무라 도시히로) 외 2명에게 "최근 함흥 부대의 한 병사가 말 먹이 채취를 위해 영외에 나갔을 때 사과밭에 침입해 훔쳐 먹었는데, 주인에게 발견되어 법외 처벌로 30엔 배상을 강요받은 일이 있었다. 이 병사가 그 무렵 처벌되었지만, 부대 장교 중에는 다시 이러한 사태가 발생한다면 위의 사과밭 주인이 사는 마을에 불을 놓아 전멸시켜야 하며, 그 때문에 부대가 다른 곳으로 이전하더라도 굳이 마음 쓸 일이 아니라고 공언(公言)하는 자가 있었다"라고 함부로 말하였다.

처분결과: 육군형법 위반, 1942.11.25 징역 6월 3년간 집행유예

청명: 해주지방법원 서흥지청

직업·성명·연령: 무직 청목길하(青木吉夏, 아오키 기치카)[박길하朴吉夏][108] 16세

사실의 개요: 1942년(昭和 17) 9월 29일 황해도 신계군(新溪郡) 사지면(沙芝面) 사이곡리(沙伊谷里) 잡화상 백천성노(白川成魯, 시라카와 세이로)의 집에서, 일찍이 신계군 소사(所沙)국민학교 교장 집에서 훔친 군복과 군모를 착용한 뒤 위의 백천 외 수 명에게 "나는 지원병으로서 평양부대에 복무 중인 자인데, 최근 황해도 내에 조선인 스파이가 다수 잠입했기 때문에 그 수사 검거를 목적으로 이곳에 파견됐다. 일전에 신막(新幕)에서 조선인 스파이

---

108 본명은 국사편찬위원회, 〈한국사데이터베이스_일제감시대상인물카드〉에 따른다.

1명을 검거했을 때 동료 1명이 희생되어 매우 위험해서 평양부대에 지원을 요청해두었으니 곧 응원 부대가 올 예정이다. 또 우리 관할 구역은 수안(遂安)·곡산(谷山)·평산(平山)·신계·금천(金川)·서흥(瑞興) 각 군인데, 조선 내에 수백 명의 조선인 스파이가 잠입해 평양부대에서도 곤혹스러워한다. 나도 신변이 매우 위험하니 권총을 소지하고 있다"라고 함부로 말하였다.

처분결과: 육군형법 위반, 1942.12.11 징역 단기 1년 6월 장기 3년

비고: 주거침입 절도와 병합

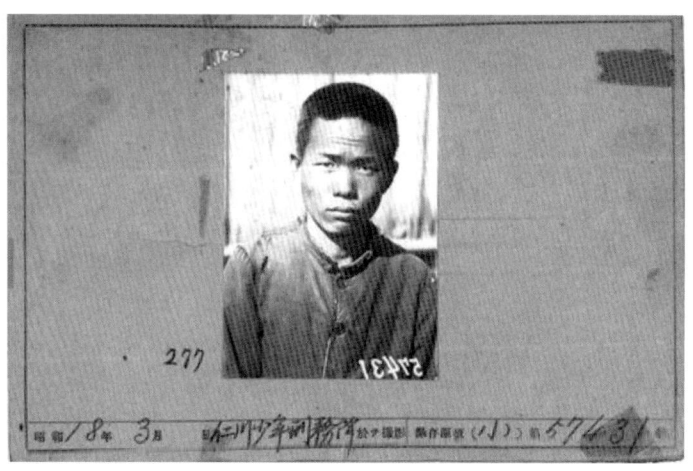

〈그림8〉 1943년 인천소년형무소에 수감된 박길하의 인물카드
출처: 국사편찬위원회, 일제감시대상인물카드 (ia_1984)

청명: 해주지방법원

직업·성명·연령: 목수 견습 강본창원(岡本昌元, 오카모토 마사모토) 20세

사실의 개요: 1942년(昭和 17) 10월 19일 평남 진남포부 항구 안 전마선(傳馬船) 내에서 대야치명(大野致明, 오노 지메이) 외 2명에게 "배를 타는 것은 위험하다. 요즘 진남포 근해에 있는 초도(椒島) 부근에서 일본의 증기선이 적 어뢰에 맞아 침몰했다. 그 때문에 진남포 경찰서 순사가 철포를 갖고 출동했다"라고 함부로 말하였다.

처분결과: 해군형법 위반, 1942.12.26 징역 1년 2년간 집행유예

청명: 부산지방법원

직업·성명·연령: 직공 나가토메 도타(永留藤太) 34세

사실의 개요: 1942년(昭和 17) 11월 10일 직장인 부산철도공장 내 대차부(臺車部) 공장 안에서 동료 아라이 주고(新井重五) 외 3명에게 "병사 훈련 때 옛날에는 손으로 때렸으나, 최근에는 칼로 때리니 몹시 잔혹하다"라고 함부로 말하였다.

처분결과: 육군형법 위반, 1942.12.24 징역 10월 2년간 집행유예

비고: 일본인

청명: 부산지방법원

직업·성명·연령: 대산민환(大山珉煥, 오야마 민칸) 64세

사실의 개요: 1942년(昭和 17) 12월 11일 경남 양산군(梁山郡) 양산면 중부리(中部里) 김촌우두(金村宇斗, 가네무라 우토)의 집에서 국본대삼(國本大三, 구니모토 다이조) 등에게 "양산에서도 아가씨 모집이 있다. 그것은 아가씨를 남양 육군의 전장에 보내 일본 병사 한 사람 한 사람에게 한 명씩 붙여 병사의 세탁을 시키고, 또 병사와 관계를 맺어 일본인과 조선인 잡종을 많이 만들어내기 위해서다"라고 함부로 말하였다.

처분결과: 육군형법 위반, 1943.1.19 징역 6월

청명: 대구지방법원 경주지청

직업·성명·연령: 재봉기 외판원(販賣外交員) 암전용수(岩田龍洙, 이와다 류슈) 31세

사실의 개요: 1942년(昭和 17) 12월 19일 영일군(迎日郡) 지행면(只杏面) 학계리(鶴溪里)에서 음식점을 하는 하산화선(夏山花仙, 나쓰야마 가센)의 집에서 천본봉출(川本奉出, 가와모토 호슈쓰) 외 4명에게 "내가 사는 부산부 수정정(水晶町, 스이조초)의 뒷산에 중일전쟁 이래 다수의 육군 병사가 주둔하기 때문에 이 산의 소나무 숲에서는 일반인이 땔감을 채취할 수 없는 상태다. 1942년(昭和 17) 12월 10일경 40세 정도의 조선인 여성이 이 산으로 솔잎을 채취하러 갔는데, 군인 4명이 와서 그녀에게 정교(情交)를 강요함에 따라 그녀가

이를 거절하자, 결국 이 군인들이 교대로 그녀를 강간했다. 그녀의 아들이 이에 분개하여 경찰에 고소하려고 했지만, 그녀는 상대가 군인일 뿐만 아니라 자기의 수치를 알리는 것이기도 해서 이를 포기하고 제지했다. 군인이라 해도 너무나 무법한 행위를 일삼는다", "부산부 수정정에 일본인 과부가 거주하는데, 부산 주둔 군인이 밤낮 구별 없이 이 집에 드나들며 이 여자와 정교를 맺는 모양이다"라고 함부로 말하였다.

처분결과: 육군형법 위반, 1943.1.30 금고 4월

청명: 대전지방법원

직업·성명·연령: 전 충북 제천군농회(堤川郡農會) 기수 평강원상(平岡元相, 히라오카 겐소)[조원상趙元相][109] 22세

사실의 개요: 1943년(昭和 18) 1월 3일 대전부 춘일정(春日町, 가스가초) 1정목(丁目) 중앙여관(中央旅館)에서 학우인 매원정훈(梅原廷薰, 우메하라 데이쿤)에게 "현재 일본과 미·영은 전쟁 중으로 쌍방이 하는 말이 있으나 어느 쪽의 말이 참인지 알 수 없으며, 또 어느 쪽이 이길지 모르겠다. 미국이 이기면 미국의 편을 들던 자가 영리한 자라고 할 수 있다" 운운하며 함부로 말하였다.

처분결과: 육군형법 위반, 해군형법 위반, 공판 중

---

[109] 본명은 국가기록원, 〈독립운동관련판결문〉의 '수형인명부'에 따른다. 이 기록에 따르면 그는 1943년 5월 15일 대전지방법원에서 징역 6개월의 처분을 받았다.

2) 경제 관계

(1) 식량사정에 관한 것
① 배급 관계

청명: 해주지방법원 서흥지청

직업·성명·연령: 가축의생(家畜醫生) 김본순석(金本順錫, 가네모토 준샤쿠) 48세

사실의 개요: 1942년(昭和 17) 4월 8일 황해도 금천군(金川郡) 서천면(西泉面) 시변리(市邊里)의 음식점에서 석천세충(石川世忠, 이시카와 세추) 외 2명에게 "강원도 이천군(伊川郡) 방면에서는 작년 가을 농민이 생산한 양곡 대부분을 공출하게 했는데, 식량 배급이 제대로 이루어지지 않아 우리는 곤란하다. 최근 이 때문에 농민들이 군농회(郡農會) 창고에 몰려들어 쌀을 달라 소리치고 소동을 일으킨 사실이 있다. 식량 배급이 안 좋아진 것은 전쟁 때문이니 전쟁이 얼른 끝나지 않는다면 농민들은 피로워진다" 운운하며 함부로 말하였다.

처분결과: 조선임시보안령 위반, 1942.6.26 징역 4월

청명: 해주지방법원

직업·성명·연령: 선원 양산만익(陽山萬益, 요야마 반에키) 50세

사실의 개요: 1942년(昭和 17) 4월 30일경 황해도 장연군(長淵郡) 해안면(海安面) 병산리(屛山里) 오본윤정(吳本允禎, 구레모토 인테이)의 집에서 그 외 4명에게 "장연군 후남면(候南面) 남창리(南倉里)[110] 부근의 누군가는 배급미를 살 수 없어서 아이들이 굶주려 울고 소리치며 쓰러져 있는 상황을 보고 비관해 목을 매 죽었다고 한다"라고 함부로 말하였다.

처분결과: 조선임시보안령 위반, 1942.6.20 벌금 50엔

---

[110] 당시 후남면에는 없는 동리명이다. 유사한 지명으로 '남호리(南湖里)'가 있다. 1914년 후산면(候山面)과 남창면(南昌面)이 합쳐서 후남면이 되었는데, 이로 인한 혼동일 수 있다.

청명: 해주지방법원

직업 · 성명 · 연령: 여인숙 영업 오본윤정(吳本允禎, 구레모토 인테이) 67세

사실의 개요: 1942년(昭和 17) 5월 1일 자택에서 앞에 적은 양산만익에게 들어 알게 된 유언비어를 재차 김택동현(金澤東鉉, 가나자와 도켄) 외 3명에게 전하였다.

처분결과: 조선임시보안령 위반, 1942.6.20 벌금 50엔

청명: 해주지방법원

직업 · 성명 · 연령: 농업 한성덕원(漢城德元, 가라시로 노리모토) 64세

사실의 개요: 1942년(昭和 17) 4월 30일경 장연군(長淵郡) 대구면(大救面) 용전리(龍田里) 고산보현(高山保賢, 다카야마 야스카타)의 집에서 그에게 앞에 적은 양산만익에게 들어 알게 된 유언비어를 다시 전하였다.

처분결과: 조선임시보안령 위반, 1942.6.20 벌금 50엔

청명: 해주지방법원

직업 · 성명 · 연령: 농업(구장) 고산보현(高山保賢, 다카야마 야스카타) 59세

사실의 개요: 1942년(昭和 17) 5월 2일 자택에서 앞에 적은 한성덕원에게 들어 알게 된 유언비어를 재차 김택동현(金澤東鉉, 가나자와 도켄)에게 전하였다.

처분결과: 조선임시보안령 위반, 1942.6.20 벌금 50엔

청명: 해주지방법원

직업 · 성명 · 연령: 농업 김택동현(金澤東鉉, 가나자와 도켄) 64세

사실의 개요: 1942년(昭和 17) 5월 3일경 자택에서 앞에 적은 오본윤정에게 들어 알게 된 유언비어를 다시 목촌예돈(木村禮敦, 기무라 레이톤) 외 1명에게 전하였다.

처분결과: 조선임시보안령 위반, 1942.6.20 벌금 50엔

청명: 대전지방법원 충주지청

직업·성명·연령: 광산 사무원 제원국부(齊原國夫, 마사하라 구니오) 33세, 광산 광업소장 능성종일(綾城宗一, 아야시로 슈이치)[구종일具宗一][111] 47세

사실의 개요: 제원은 1942년(昭和 17) 5월 19일 충북 제천군(堤川郡) 덕산면(德山面) 도전리(道田里) 성촌길웅(城村吉雄, 시로무라 요시오)의 집에서 식산국(殖産局) 기수 후치가미 도라하루(淵上虎治), 능성종일 외 수 명에게 "단양군(丹陽郡) 대강면(大崗面)의 어느 곳에서는 식량 배급이 원활하지 않아 3명의 아사자(餓死者)가 나왔으나 이웃에서 이를 살피지 않았기 때문에 주재소에 호출되어 설교를 들었다"라고 함부로 말하였으며,
능성은 5월 20일경 충북 충주읍(忠州邑)의 여관 성광관(星光館)에서 안전순일(安田順一, 야스다 준이치) 외 1명에게 앞에 적은 같은 내용의 유언비어를 전하였다.

처분결과: 조선임시보안령 위반, 1942.10.1 제원국부 벌금 50엔, 능성종일 공판 중

비고: 능성종일, 보안법 위반과 병합

청명: 대전지방법원 홍성지청

직업·성명·연령: 농업 금촌병태(錦村柄台, 니시키무라 헤이타이) 26세

사실의 개요: 1942년(昭和 17) 5월 20일 사는 마을인 충북 괴산군(槐山郡) 도안면(道安面) 석곡리(石谷里) 연암규용(延岩圭容, 노부이와 게이요)의 집에서 그 외 3명에게 "괴산군 사리(沙梨) 방면의 주민 약 20명이 식량 배급 부족에 통분하여 사리면장(沙梨面長)을 살해할 목적으로 사리면사무소를 습격했다"라고 함부로 말하였다.

처분결과: 조선임시보안령 위반, 1942.7.22 징역 6월

---

[111] 본명은 국가기록원, 〈독립운동관련판결문〉의 '집행원부', '형사사건부'에 따른다. 이에 따르면 구종일은 1944년 2월 3일 경성복심법원에서 징역 8개월 집행유예 4년의 판결을 받았다.

청명: 함흥지방법원 혜산지청

직업·성명·연령: 무직 천수정웅(天水正雄, 덴스이 마사오) 27세

1942년(昭和 17) 5월 31일 함남 혜산군(惠山郡) 운흥면(雲興面) 대오시천리(大五是川里) 금성여관(金城旅館)에 숙박 중 주인 금성광중(金城光中)에게 "작년 강원도 방면에서는 배급이 원활하지 않아 식량부족으로 인민이 아사 상태이다. 또 성진에서는 오후 6시에서 1분이라도 지나면 어느 식당에서도 아무것도 먹을 수 없다"라고 함부로 말하였다.

처분결과: 조선임시보안령 위반, 1942.6.24 징역 6월

청명: 해주지방법원

직업·성명·연령: 배재중학교 학생 김광응선(金光應善, 가네미쓰 오젠) 21세

사실의 개요: 1942년(昭和 17) 5월 12일 및 6월 2일 두 차례에 걸쳐 하숙처인 경성부 봉래정(蓬萊町) 송원태웅(松原泰雄, 마쓰하라 야스오)의 집에서 친구인 황해도 재령군(載寧郡) 북율면(北栗面) 북지리(北芝里)의 신정동규(新井東奎, 아라이 도케이)에게 "경성은 물자 부족 때문에 식량 배급을 반감하여 기아로 고생하고 있다. 식료품점은 대부분 폐점하였기에 돈이 있어도 공복 상태며, 걸식하다 죽은 시체가 여기저기 있어서 주재소는 처분에 곤란을 겪고 있다", "우리 학생은 먼저 언어에 구속되어 부자유스럽다. 주목해야 할 것은 이전에 세브란스 의전(醫專) 학생이 전차 안에서 조선어를 사용해 유치되는 곤경에 처했었다" 운운하며 통신문을 써서 이를 우편으로 보내어 보게 했다.

처분결과: 조선임시보안령 위반, 1942.8.18 기소유예

비고: 불경죄와 병합

청명: 함흥지방법원

직업·성명·연령: 노동 지전영진(池田榮鎭, 이케다 에이친) 18세

사실의 개요: 1942년(昭和 17) 6월 4일 함남 흥남읍(興南邑) 서호리(西湖里)의 자택에서 친구인 지전석균(池田錫均, 이케다 샤쿠킨) 외 3명에게 "최근 함흥부 내의 어느 부인은 배급

미가 부족해서 시골로 가 암시장에서 쌀을 사서 돌아오던 도중에 발각되었다. 3일간 유치되었다가 귀가해서 보니 아이들은 모두 아사해 있었다"라고 함부로 말하였다.

처분결과: 조선임시보안령 위반, 1942.7.28 기소유예

청명: 해주지방법원

직업·성명·연령: 목수 겸 농업 석천대석(石川大錫, 이시카와 다이샤쿠) 24세

사실의 개요: 1942년(昭和 17) 6월 11일 황해도 봉산군(鳳山郡) 초와면(楚臥面) 태안리(太安里)[112] 천양윤팔(川梁允八, 가와야나기 인파치)의 집에서 그에게 "최근 어느 곳에서 가족 4명이 배급미를 받지 못해 아이 2명이 아사하고 그 부모는 비관 끝에 자살했다고 한다"라고 함부로 말하였다.

처분결과: 조선임시보안령 위반, 1942.5.30[113] 벌금 30엔

청명: 경성지방법원 춘천지청

직업·성명·연령: 신발 수선업 김한서(金漢西) 58세

사실의 개요: 1942년(昭和 17) 6월 16일 강원도 홍천군(洪川郡) 홍천면 신장대(新場垈) 성전은영(成田殷永, 나리타 인에이)의 집에서 그에게 "경성에서는 하루에 한 사람당 2홉(合) 8작(勺)의 식량 배급을 하고 있었는데, 전 총독이 8작을 줄여 2홉으로 해서 한때 식량부족을 초래해 각처에서 소동이 일어났었다. 하지만 이번 총독이 와서 이 사정을 듣고 2홉 8작으로 되돌렸기에 이제 식량은 곤란하지 않은 모양이다"라고 함부로 말하였다.

처분결과: 조선임시보안령 위반, 1942.9.12 벌금 100엔

---

112 원문은 "大安里"이나, 당시 초와면에 있는 동리명인 "太安里"로 고쳤다.
113 처분날짜가 사건이 발생한 날보다 이르나, 원문 그대로 두었다.

청명: 신의주지방법원

직업·성명·연령: 마부 이촌전주(李村全州, 리무라 젠슈) 34세

사실의 개요: 1942년(昭和 17) 6월 19일 신의주부 서마전동(西麻田洞) 광성(光城)이발점에서 주인 김천만수(金川萬秀, 가나가와 반슈) 외 5명에게 "경성에서는 1인당 1일 2홉 5작의 쌀 배급이 있었으나, 돌연 1홉 5작으로 줄어들자 아사하는 자가 속출해 민심이 동요하고 쌀가게나 보리가게에서 살인사건이 일어날 정도로 싸움이 있었다. 그래서 당국에서 어쩔 수 없이 원래대로 배급한 결과 아사는 면하게 되었다. 또 도쿄에서는 한 말의 쌀이 100엔에 매매된 사실이 있다. 어떤 이가 배급표로 1말을 사서 돌아오는 도중에 다른 이에게 그 쌀을 양보해달라고 부탁받아서 그의 집에 가 보았더니 가족 3명이 아사할 상황이라 그 쌀을 양보하고 100엔을 받았다 한다. 실제 돈이 있어도 물품이 없다면 아무 소용이 없다"라고 함부로 말하였다.

처분결과: 안녕질서에 대한 죄, 조선임시보안령 위반, 1942.7.17 징역 6월

청명: 경성지방법원

직업·성명·연령: 노동 산본성천(山本成川, 야마모토 세이센) 59세

사실의 개요: 1942년(昭和 17) 6월 23일 강원도 이천군(伊川郡) 이천면(伊川面)[114] 천안리(泉岸里)에서 양곡 배급을 하는 소원전성환(小原田星煥, 오하라다 세이칸)의 집에서 같은 리의 평곡철호(平谷喆鎬, 히라타니 테쓰코) 외 수 명에게 "식량을 배급해 주지 않는다면 아침밥은 면장 집에서, 저녁밥은 군수 집에서 먹으면 된다. 여차하면 자동차에라도 치여 죽을 수밖에 없다"라고 함부로 말하였다.

처분결과: 조선임시보안령 위반, 1943.1.30 기소유예

---

[114] 원문은 "伊川里"이나, 당시 천안리가 속한 "伊川面"로 고쳤다.

청명: 경성지방법원

직업·성명·연령: 세탁업 송전동헌(松田東憲, 마쓰다 도켄) 28세

사실의 개요: 전기한 6월 23일 소원전성환 집에서 평곡철호 등에게 "식량을 하루에 한 사람당 1홉 정도로 배급해서는 장차 필시 아사하는 자가 생겨날 것이 틀림없다. 더욱이 관리들에게만 많이 배급하고 우리에게는 소량밖에 배급하지 않는 것은 불합리하다. 만약 우리가 아사하게 된다면 식량배급 관계 책임자를 죽인 뒤에 나도 죽을 결심이다"라고 함부로 말하였다.

처분결과: 조선임시보안령 위반, 1943.1.30 기소유예

청명: 함흥지방법원 혜산지청

직업·성명·연령: 무직(여성) 미쌍가매(米双可梅, 요네후타 가바이) 27세

사실의 개요: 1942년(昭和 17) 6월 23일 함남 삼수군(三水郡) 신파면(新坡面) 신갈파리(新乫坡里) 대화여관(大和旅館)에서 여관주인 도시카와 하루(利川ハル) 외 2명에게 "함흥 부근에서는 1개월에 세 차례 쌀 배급이 있는데, 3회분을 합해도 10일분밖에 되지 않아 곤란하다. 흥남의 어느 곳에서는 밥을 지을 쌀이 없어서 어떤 일본인 부인이 염세 끝에 자살하였다. 함흥의 어떤 조선인 부인이 밥 짓는 쌀 2말을 암거래로 사서 돌아오는 도중에 발각당해 2일간 경찰에 유치된 동안, 3명의 아이는 아사하고 이를 본 어미도 자살했다"라고 함부로 말하였다.

처분결과: 조선임시보안령 위반, 1942.7.11 징역 6월

청명: 대구지방법원 김천지청

직업·성명·연령: 요릿집 영업 암본승평(岩本昇平, 이와모토 쇼헤이)[이득수李得洙][115] 45세

사실의 개요: 1942년(昭和 17) 6월 24일 경북 김천읍(金泉邑) 남산정(南山町, 미나미야마

---

[115] 본명은 국가기록원, 〈독립운동관련판결문〉의 '형사사건부'에 따른다.

초)에서 음식점을 하는 이순남(李順男)의 집에서 송산정웅(松山政雄, 마쓰야마 마사오) 외 10명쯤에게 "일본에서는 식량이 부족하다. 어떤 집에선 배급미가 적어 가족 중 1명이 아사했다고 한다"라고 함부로 말하였다.
처분결과: 조선임시보안령 위반, 1942.10.14 징역 6월

청명: 평양지방법원
직업·성명·연령: 일용노동 고산종영(古山鍾泳, 후루야마 쇼에이) 44세
사실의 개요: 1942년(昭和 17) 7월 1일 평남 대동군(大同郡) 김제면(金祭面) 원장리(院場里) 노상에서 마을 사람 기전승윤(箕田承潤, 미노다 쇼준) 외 4명에게 "평양부 내에서 어떤 주부가 배급미 부족 때문에 시골에 쌀을 사러 갔다가 돌아오는 길에 경찰관에게 발각당해 쌀을 몰수당한 뒤, 유치되어 수일 후에 귀가해 보니 남겨진 남편과 어린아이 한 명이 아사해 있었다"라고 함부로 말하였다.
처분결과: 조선임시보안령 위반, 1942.8.10 징역 6월

청명: 전주지방법원 남원지청
직업·성명·연령: 농업 이가광엽(李家光葉, 리야 미쓰요) 62세
사실의 개요: 1942년(昭和 17) 7월 4일 전북 남원군(南原郡) 운봉면(雲峰面) 사무소 내에서 개최된 저축간담회에 출석해 관민 약 60명에게 "저축장려도 필요하나 우선 먹지 않으면 아무것도 할 수 없으니, 저축을 장려하기 전에 식량을 배급했으면 한다. 작년 관청에서는 후일에 식량은 원활히 배급할 것이라 말하고 가지고 있는 벼를 전부 빼앗아가 버렸는데, 그 뒤에 전혀 배급 안 하지 않았는가"라 함부로 말하였다.
처분결과: 조선임시보안령 위반, 1942.9.3 벌금 100엔

청명: 대전지방법원 청주지청

직업·성명·연령: 농업 김산괴세(金山槐世, 가나야마 가이세)[김괴세金槐世] 44세, 농업 김광상현(金光祥鉉, 가네미쓰 쇼켄)[김상현金祥鉉][116] 35세

사실의 개요: 김산괴세는 1942년(昭和 17) 7월 5일 충북 청주군(淸州郡) 오창면(梧倉面) 괴정리(槐亭里) 자택에서 면서기 원곡창수(願谷昌秀, 네가이타니 마사히데) 외 2명에게 "나는 일전에 식량을 배급받기 위해 면사무소에 갔으나 영농자라는 이유로 거절당해 분개해서 참을 수 없었다. 함경도의 어떤 면에서는 식량 배급의 불공평이 원인이 되어 면민(面民)이 면사무소를 습격해 파괴한 일이 있었다"라고 함부로 말하였다.

김광상현은 앞의 괴정리 자택에서 원곡창수 등에게 "면은 농민에게 보리를 강제로 공출하면서 대신할 식량을 배급하지 않는데, 백성은 무엇을 먹고 생활하겠는가. 한국시대(韓國時代)에 군대에 식량을 배급하지 않았기 때문에 반란이 일어나 군부대신이 살해되었던 전례가 있다. 감히 불공평하게 배급하는 면장이나 면서기는 죽여도 좋다"라고 함부로 말하였다.

처분결과: 조선임시보안령 위반, 1942.10.8 김산괴세 벌금 100엔, 김광상현 벌금 200엔

청명: 해주지방법원 사리원지청

직업·성명·연령: 무직(여성) 김전보비(金田寶妣, 가네다 호히) 41세

사실의 개요: 1942년(昭和 17) 6월 15일 황해도 겸이포읍(兼二浦邑) 화석정(花石町, 하나이시초) 자택에서 장남 김전재국(金田在國, 가네다 아리쿠니)에게 뒤에 적은 내용의 유언비어를 전하였다.

처분결과: 조선임시보안령 위반, 1942.8.21 기소유예

---

[116] 본명은 大田地方法院淸州支廳, 「1942년 刑公 제378호 判決: 金山槐世 金光祥鉉」, 1942.10.8에 따른다.

청명: 해주지방법원 사리원지청

직업·성명·연령: 제철소 직공 김전재국(金田在國, 가네다 아리쿠니) 21세, 제철소 직공 방산원길(方山元吉, 가타야마 겐키치) 23세, 제철소 직공(여성) 일방순경(日方順京, 히가타 준쿄) 33세, 함바집 경영(여성) 신영순(申榮順) 43세, 인부 유흥옥(柳興玉) 32세, 인부 송산복섭(松山福燮, 마쓰야마 후쿠쇼) 38세, 인부 김림학섭(金林學燮, 가나바야시 가쿠쇼) 25세, 인부 목촌판구(木村判九, 기무라 한큐) 38세

사실의 개요: 김전재국은 1942년(昭和 17) 7월 6일 황해도 겸이포(兼二浦) 소재 닛테쓰(日鐵)[117] 겸이포제철소 공작과 최종작업 공장 안에서 동료인 방산원길 외 4명에게 "평양의 어느 가정에서 식량부족 때문에 읍사무소에 쌀의 배급 증량을 요청했으나 들어주지 않아 남편이 시골에 가 쌀을 사서 돌아오는 도중에 경방단원에게 발견되어 그 쌀을 몰수당했다. 어쩔 수 없이 집으로 돌아가 보니 네다섯 명의 가족이 아사할 지경이었다. 이에 분개하여 쌀을 몰수한 경방단원을 찔러 죽였기 때문에 경찰에게 취조당했으나, 결국 네다섯 명의 아이들이 죽어가고 있었다는 사실이 판명되어, 재판 결과 무죄가 되었다고 한다"라고 함부로 말하였다.

방산원길은 1942년(昭和 17) 7월 6일 겸이포읍(兼二浦邑) 욱정(旭町, 아사히초) 자택에서 일방순경 외 1명에게 앞과 같은 내용의 유언비어를 전하였다.

일방순경(여성)은 1942년(昭和 17) 7월 6일 욱정 김천봉걸(金川鳳杰, 기니기와 호케쓰)의 집에서 김천봉걸과 신영순에게 앞과 같은 내용의 유언비어를 전하였다.

신영순(여성)은 1942년(昭和 17) 7월 7일 욱정 자택에서 하숙인인 유흥옥에게 앞과 같은 내용의 유언비어를 전하였다.

유흥옥은 1942년(昭和 17) 7월 8일 욱정 김만두(金萬斗)의 집에서 송산복섭에게, 그리고 욱정 석천건수(石川乾洙, 이시카와 겐슈)의 집에서 석천 외 1명에게 앞과 같은 내용의 유언비어를 전하였다.

송산복섭은 1942년(昭和 17) 7월 10일 겸이포읍 영정(榮町, 사카에초) 김성삼(金成三)의 집에서 김림학섭 외 2명에게 앞과 같은 내용의 유언비어를 전하였다.

---

[117] 일본제철주식회사(日本製鐵株式會社)를 말한다. 1934년 철강업 1소(所) 5사(社)가 합동하여 설립되었다. 이때 합동된 삼릉제철(三菱製鐵)주식회사의 겸이포제철소도 일본제철주식회사가 운영하게 되었다.

김림학섭은 1942년(昭和 17) 7월 12일 겸이포읍 욱정 목촌판구 집에서 그 외 1명에게 앞과 같은 내용의 유언비어를 전하였다.

목촌판구는 1942년(昭和 17) 7월 13일 욱정 백천재우(白川在祐, 시라카와 아리스케)의 집에서 그 외 1명에게 앞과 같은 내용의 유언비어를 전하였다.

처분결과: 조선임시보안령 위반, 1942.8.25 일방순경 신영순 각각 벌금 50엔, 그 외 전부 벌금 100엔.

청명: 함흥지방법원 혜산지청

직업·성명·연령: 농업 김산진화(金山璡化, 가나야마 신카) 23세

사실의 개요: 1942년(昭和 17) 7월 7일 함남 혜산읍(惠山邑) 강구리(江口里) 성명이 확실하지 않은 자의 앞마당에서 삼곡기준(杉谷基準, 스기타니 기준) 외 2명에게 "함남 닛치쓰(日窒, 일본질소비료주식회사) 직공 일본인 모씨의 아내는 아이들이 굶주림에 울고 있어서 이웃의 조선인 집에서 쌀을 훔쳤는데, 이 일이 발각되어 할복자살했다. 그 남편은 배급을 받아 쌀을 그 조선인에게 갚았는데, 그 이후 회사의 배급이 좋아졌다"라고 함부로 말하였다.

처분결과: 조선임시보안령 위반, 1942.7.31 징역 8월

비고: 절도와 병합

청명: 함흥지방법원 혜산지청

직업·성명·연령: 경성실천부기학교(實踐簿記學校) 학생 청송방희(青松邦禧, 아오마쓰 호키) 18세

사실의 개요: 1942년(昭和 17) 7월 11일 본적지인 함남 혜산군(惠山郡) 봉두면(鳳頭面) 용암리(龍岩里)로 귀성 도중 길혜선(吉惠線) 합수역(合水驛) 부근 열차 안에서 승객 암본정자(岩本靜子, 이와모토 세이코) 외 4명에게 "경성 방면에서는 배급미가 부족해서 곤란을 겪고 있는데, 최근 점점 부족해져 약 10호의 가족이 모두 아사한 사실이 있었다. 그 후로 배급이 좋아졌다"라고 함부로 말하였다.

처분결과: 조선임시보안령 위반, 1942.7.27 벌금 200엔

청명: 함흥지방법원 혜산지청

직업·성명·연령: 농업 신정수해(新井壽海, 아라이 주카이) 19세

사실의 개요: 1942년(昭和 17) 7월 11일 함남 삼수군(三水郡) 금수면(襟水面) 성내리(城內里) 김성종백(金城鍾百, 가네시로 쇼하쿠)의 집에서 그 외 4명에게 함남 홍원군청(洪原郡廳)의 식량 담당이라 사칭하여 "홍원군에서는 식량 배급 부족 때문에 매일 다수의 부민이 면사무소나 군청을 습격해 오기 때문에 군청에서는 어쩔 수 없이 도(道) 당국과 연락한 뒤 식량 계원을 삼수·풍산(豊山)·혜산(惠山)·신흥(新興)·장진(長津) 6군에 파견해 식량을 구입하게 하는데, 나도 그 한 사람으로서 이 지방에 온 것이다"라고 함부로 말하였다.

처분결과: 조선임시보안령 위반, 1942.9.4 징역 6월

청명: 청진지방법원

직업·성명·연령: 무직 송산옥기(松山玉己, 마쓰야마 다마키) 42세

사실의 개요: 1942년(昭和 17) 7월 17일 함북 고무산역(古茂山驛)발 무산역(茂山驛)행 열차 안에서 성명이 확실하지 않은 승객에게 "부령(富寧) 지방에서는 식량으로 쓸 쌀이 부족하다. 15일분 배급에서 7일분이 부족해서 아침저녁으로 죽을 먹고 어느 집이든 콩미지(豆腐粕)를 사서 항상 먹는다. 부령 지방의 야금 회사에서도 비료로 쓸 콩깻묵(大豆粕)을 잡곡 대용으로 배급하고 있다"라고 함부로 말하였다.

처분결과: 조선임시보안령 위반, 1942.9.15 벌금 30엔

청명: 함흥지방법원

직업·성명·연령: 노동 영천묵동(永川墨童, 나가카와 보쿠도) 36세

사실의 개요: 1942년(昭和 17) 7월 25일 함남 흥남읍(興南邑) 닛치쓰제련소(日窒製鍊所) 뒷문 부근에서 동료 오본주균(吳本周均, 구레모토 슈킨) 외 십수 명에게 "일전에 어떤 시골 사람이 경성에 이전하였지만, 전거(轉居)증명서가 없이 와서 배급을 받을 수 없었다. 빵을 먹었지만 그것도 할 수 없게 되자 마침내 아이 두 명이 아사했고 이어서 어른 세 명도 아사

했다고 한다"라고 함부로 말하였다.
처분결과: 조선임시보안령 위반, 1942.9.9 징역 6월

청명: 전주지방법원 남원지청
직업·성명·연령: 농업 죽산해식(竹山海植[118], 다케야마 가이쇼쿠) 57세
사실의 개요: 1942년(昭和 17) 7월 28일 사는 마을인 전북 남원군(南原郡) 수지면(水旨面) 고평리(考坪里) 노상에서 죽산봉식(竹山奉植, 다케야마 호쇼쿠) 외 1명에게 "최근 임실군(任實郡)의 어느 임산부가 북조선에 일하러 간 남편의 부재중 먹을 쌀이 궁해져 구장(區長)에게 배급을 부탁했으나 거절당해 결국 모자가 함께 아사했다. 귀가한 남편은 격노하여 구장을 자기 집에 불러 아내의 시체 앞에서 그를 때려죽였다"라고 함부로 말하였다.
처분결과: 조선임시보안령 위반, 1942.9.25 벌금 100엔

청명: 경성지방법원
직업·성명·연령: 농업 조목경린(朝木京麟, 아사키 교린)[이경린李景麟][119] 27세
사실의 개요: 1942년(昭和 17) 7월 날짜 미상 강원도 평강군(平康郡) 현내면(縣內面) 신대리(新垈里) 자택에서 평남 양덕군(陽德郡)에 거주하는 맹성련(孟聖連)에게 보내는 서신을 발송할 때 "당 지방에서는 최근 배급 관계로 식량이 부족해서 많은 사람이 아사하고, 또 아침저녁으로 식사할 수 없는 자가 대부분이다"라고 써서 우편으로 보내 맹성련이 보게 했다.
처분결과: 안녕질서에 대한 죄, 조선임시보안령 위반, 1942.12.12 징역 6월

---

[118] 국가기록원, 〈독립운동관련판결문〉의 '수형인명부'나 '집행원부'에 의하면 창씨명은 "竹山海錫"이다.
[119] 본명은 국사편찬위원회, 〈한국사데이터베이스_일제감시대상인물카드〉에 따른다.

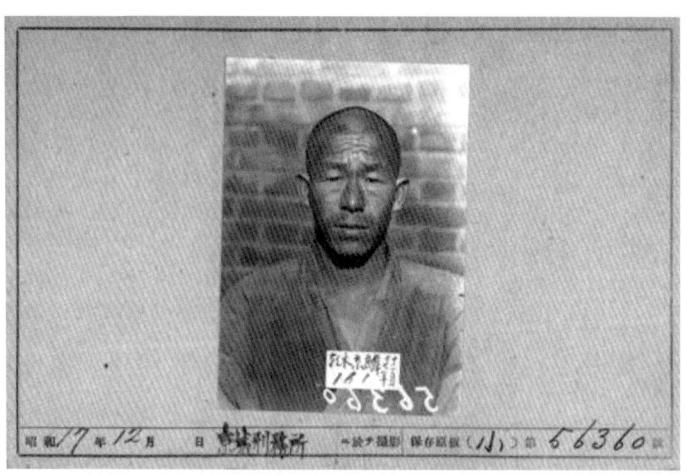

〈그림9〉 1942년 경성형무소에 수감된 이경린의 인물카드
출처: 국사편찬위원회, 일제감시대상인물카드 (ia_3532)

청명: 경성지방법원 철원지청

직업·성명·연령: 농업 광전광부(廣田光夫, 히로타 미쓰오) 41세

사실의 개요: 1942년(昭和 17) 8월 2일 친족 여성이 목매어 죽은 일을 보고하고자 강원도 철원군(鐵原郡) 갈말면(葛末面) 사무소에 출두했을 때 갈말면의 서기 평소두중(平沼斗重, 히라누마 도슈)에게 "이 여성은 보통의 병으로 죽은 것이 아니라 배급미만으로는 식량이 부족해서 목을 매어 죽었기에 사망 신고서를 가져오지 않았다"라고 함부로 말하였다. 다시 8월 2일 갈말면 문혜리(文惠里) 여인숙에서 농회 기수 김촌진한(金村振漢, 가네무라 신칸)에게 같은 내용을 함부로 말하였다.

처분결과: 조선임시보안령 위반, 1942.9.9 징역 4월

청명: 평양지방법원

직업·성명·연령: 노동 장춘봉희(長春鳳希, 나가하루 호키) 45세, 시계 수선업 신본익수(新本益洙, 니모토 에키슈) 50세

사실의 개요: 장춘은 1942년(昭和 17) 8월 10일경 사는 마을인 평남 강동군(江東郡) 삼등면(三登面) 상속리(上束里)의 신본익수 집 점포에서 그에게 "황해도 수안군(遂安郡) 수구면

(水口面) 면장은 양곡의 배급을 받지 못한 어떤 이의 간청을 받아 양곡을 보유한 모 씨에게서 양곡을 징수해 이를 공여해준 것으로 인해 미움을 사 칼에 찔려 죽었다 한다"라고 함부로 말하였다. 신본은 8월 10일 자택에서 아내인 강희순(姜熙順)과 그 자리에 있던 사람 외 1명에게 앞과 같은 내용의 유언비어를 전하였다.

처분결과: 조선임시보안령 위반, 1942.12.17 각각 징역 6월

청명: 해주지방법원

직업·성명·연령: 무직 방촌원교(芳村元交, 요시무라 겐코) 39세

사실의 개요: 1942년(昭和 17) 8월 10일 해주부(海州府) 남욱정(南旭町, 미나미아사히초)에서 여관을 운영하는 김촌응수(金村應洙, 가네무라 오슈)의 집에서 그 외 2명에게 "요즘같이 배급미가 적어서는 일을 할 수가 없다. 또 고기도 머지않아 전표제(切符制度)로 바뀐다고 한다. 고기도 자유롭게 먹을 수 없게 되면 영양부족에 빠질 터인데, 정부는 한창 인적 증식을 장려하고 있으나 인구는 계속 줄어만 가고 있다. 일본의 인구는 남자 1명에 여자 41명의 비율이라고 한다"라고 함부로 말하였다.

처분결과: 조선임시보안령 위반, 1942.11.14 벌금 100엔

청명: 함흥지방법원

직업·성명·연령: 회사도구계(道具係) 십장 완천영부(完川英夫, 히로카와 히데오), 38세

사실의 개요: 1942년(昭和 17) 8월 13일 평원선(平元線)으로 마람역(馬嵐驛)에서 원산으로 가는 도중(천을역天乙驛 부근 통과 중)에 승객 송원유종(松原裕鍾, 마쓰하라 유쇼) 외 1명에게 "내가 사는 성진 지방은 배급미가 적어서 하루 세끼 모두 죽을 먹고 여전히 부족해서 국수 가게 앞에는 여자아이 30~40명이 줄 서서 면을 구하고 있는데, 그조차도 분량이 적어 몹시 곤란하다"라고 함부로 말하였다.

처분결과: 조선임시보안령 위반, 1942.8.28 벌금 30엔

청명: 경성지방법원 춘천지청

직업·성명·연령: 농업 김천돈국(金川敦國, 가나가와 아쓰쿠니) 26세, 농업 야촌용진(野村龍鎭, 노무라 다쓰시게), 42세

사실의 개요: 김천은 1942년(昭和 17) 8월 16일 사는 마을인 강원도 양구군(楊口郡) 양구면 고대리(高垈里) 평산희명(平山熙明, 히라야마 기메이)의 집에서 순사 마쓰하라 메이텐(松原明天) 외 4명에게 "올해 봄에 어디선가 배급미를 받지 못해 100엔 지폐를 입에 물고 죽은 자가 있다고 한다"라고 함부로 말하였다. 야촌은 앞의 집에서 평산 등에게 "그렇다. 소문에 따르면 어디선가 배급미를 받지 못해 아사한 자가 있다고 한다"라고 함부로 말하였다.

처분결과: 조선임시보안령 위반, 1942.9.30 각각 벌금 200엔

청명: 대전지방법원 청주지청

직업·성명·연령: 농업(여성) 김만년(金萬年) 46세

사실의 개요: 1942년(昭和 17) 8월 30일 충북 진천군(鎭川郡) 백곡면(栢谷面) 면사무소 부근에서 구장 조평한(趙平漢) 외 20명에게 "최근 식량 배급이 없어서 우리 아이가 아사했다"라고 함부로 말하였다.

처분결과: 조선임시보안령 위반, 1942.11.29 기소유예

청명: 전주지방법원 정읍지청

직업·성명·연령: 농업 겸 대장장이 견습 천구정균(川口正均, 가와구치 세이킨)[김정균金正均][120] 20세

사실의 개요: 1942년(昭和 17) 8월 30일 전북 고창군(高敞郡) 고창면 교촌리(校村里) 고산무(高山茂, 다카야마 시게루)의 집에서 친구 송전판옥(松田判玉, 마쓰다 한교쿠)이 국어[일본어]를 배워 일본으로 도항하겠다는 뜻을 말하자 그에게 "너 같은 녀석(국어를 알지 못

---

[120] 본명은 全州地方法院井邑支廳,「1942년 刑公 제647호 判決:川口正均」, 1942.10.6에 따른다.

하는 자를 말함)이 일본에 간다면 배급미를 주지 않으니 아사할 것이다"라고 함부로 말하였다.

처분결과: 조선임시보안령 위반, 1942.10.6 징역 4월

청명: 경성지방법원 춘천지청
직업·성명·연령: 노동 문산재신(文山載信, 후미야마 자이신) 73세
사실의 개요: 1942년(昭和 17) 9월 19일 강원도 홍천군(洪川郡) 동면(東面) 노천리(魯川里) 평소규(平沼圭, 히라누마 게이)의 집에서 그 외 5명에게 "최근 우리 마을에서는 2차례나 식량 배급이 없었기 때문에 매우 곤란하다. 듣자 하니 올봄 어디선가 식량 배급이 없어서 죽은 자도 있다고 한다"라고 함부로 말하였다.
처분결과: 조선임시보안령 위반, 1942.10.30 벌금 100엔

청명: 신의주지방법원 강계지청
직업·성명·연령: 무직(여성) 목촌현수(木村賢洙, 기무라 겐슈) 28세, 노동 천본기용(川本基用, 가와모토 기요우) 47세, 무직(여성) 국본규엽(國本奎燁, 구니모토 게이요) 51세, 노동 국본대규(國本大奎, 구니모토 다이케이) 53세
사실의 개요: 목촌현수는 1942년(昭和 17) 10월 26일 강계읍(江界邑) 북천정(北川町, 기타가와초) 자택에서 천본기용에게 "지금 거주하는 동네에서 최근에 아사한 자가 있다", "북천정에 아사한 여자가 있다고 하는데, 작년에도 어떤 여자가 도시에 가서 종일 쌀을 달라고 닦달했지만 결국 받지 못하고 돌아왔다고 하니 지금처럼 배급미가 적다면 여자가 아사했다는 것은 진실이 아니겠는가"라고 함부로 말하였다. 천본기용은 위의 들어서 알게 된 사항을 10월 30일 자택에서 국본규엽에게 전하였고, 국본규엽은 위의 들어서 알게 된 사항을 마찬가지로 자택에서 국본대규에게 전하였다. 국본대규는 위의 들어서 알게 된 사항을 10월 31일 북천정 소재 도살장에서 풍전군자(豊田君子, 도요다 기미코)에게 전하였다.
처분결과: 조선임시보안령 위반, 1943.1.27 목촌현수 벌금 30엔, 천본기용 벌금 100엔, 국본규엽 벌금 30엔, 국본대규 벌금 120엔

청명: 함흥지방법원 혜산지청
직업·성명·연령: 농업 부산일형(富山一衡, 도미야마 잇코) 41세
사실의 개요: 1942년(昭和 17) 10월 30일 함북 길주역(吉州驛)발 하행열차로 유평동역(楡平洞驛)[121]으로 향하는 도중에 연산종섭(延山宗燮, 노부야마 슈쇼) 외 수 명의 승객에게 "성진부(城津府) 내 식량 배급 10일분은 실제로는 5일분 정도밖에 되지 않기에 곤란하다. 성진에 밤에 도착한 손님은 식량이 없으므로 굶어 죽기 쉽다. 성진은 작년까지는 빈집이 없었으나 최근에는 식량부족 때문에 다른 곳으로 이사하여 빈집이 얼마나 늘었는지 알 수 없다. 또 쌀의 암거래가 많아 백미 다섯 되가 14엔이며, 정제한 좁쌀 다섯 되가 12엔이나 한다"라고 함부로 말하였다.
처분결과: 조선임시보안령 위반, 1942.11.9 징역 8월

청명: 부산지방법원 거창지청
직업·성명·연령: 무직 이간란(李干蘭) 47세
사실의 개요: 1942년(昭和 17) 11월 18일 여행지에서 귀가하던 도중 여객자동차 안에서 망월종근(望月鍾根, 모치즈키 쇼콘) 외 2명에게 "대구시장 상인들의 말에 따르면 이번 달 초 무렵에 쌀을 암거래하는 자는 총살한다고 말하는 라디오 방송이 있었다고 한다. 쌀 배급이 없어서 우리는 곤란하다"라고 함부로 말하였다.
처분결과: 조선임시보안령 위반, 1943.2.3 벌금 300엔

청명: 부산지방법원
직업·성명·연령: 목수 임영화(林永化) 50세
사실의 개요: 1942년(昭和 17) 12월 5일 부산부 범일정(凡一町, 본이치초)에서 음식점을 하는 신정병홍(新井炳泓, 아라이 헤이코)의 집에서 그 외 수 명에게 "쌀도 술도 배급이니 이

121　원문은 "楡平驛"이나 백무선(白茂線)에 속한 "楡平洞驛"으로 고쳤다.

상태로는 배불리 먹을 수 없다. 지금의 배급제도로는 조선인은 모두 아사할 것이다. 내가 아사할 것 같다면 먼저 배급소원은 물론이고 총독도 찔러 죽이고 죽겠다. 어차피 죽는다면 그냥은 죽지 않을 것이다"라고 함부로 말하였다.

처분결과: 조선임시보안령 위반, 1943.2.27 징역 6월

청명: 대구지방법원 안동지청
직업·성명·연령: 농업 화소혁원(花咲赫元, 하나사키 가쿠겐) 26세
사실의 개요: 1942년(昭和 17) 12월 12일 의성군(義城郡) 안계면(安溪面) 양곡동(陽谷洞) 김원남수(金元南洙, 가네모토 난슈)의 집에서 그 외 2명에게 "함북 온성군(穩城郡) 온성면 사수동(沙水洞)에 소재한 부인탄광(富仁炭鑛)은 인부들에게 하루에 한 사람당 식량 2홉 8작밖에 주지 않는다. 어떤 소장 같은 이는 처자 3명을 부양하고 있으나 일을 쉬는 날은 식량 배급이 없어서 다른 곳에 취직하고자 일자리를 찾으러 나갔는데, 그 가족은 식량 배급을 받을 수 없었기 때문에 그 아내가 마침 갖고 있던 30엔으로 만주국 혼춘(琿春)에 가서 좁쌀 3말을 사서 돌아오는 도중에 형사에게 발각되어 경찰에 2일간 유치되었으나, 아이들의 일이 걱정되어 형사와 함께 귀가해 보았더니 아이 2명이 아사해 있었다고 한다. 또 어느 과부가 아이 2명을 기르고 있었는데, 쌀이 부족해 좁쌀 3말을 혼춘에서 사서 돌아오는 도중에 어떤 남자가 그 여자에게 '무거워 보이니 들어주겠다'라고 말했다. 하지만 그녀는 수상하다고 생각해 건네지 않았더니 '그렇게 걱정된다면 30엔을 맡기겠다'라고 말하고 돈을 그녀에게 건네고 좁쌀을 받아 들고 가는 시늉을 하다가 달아나버렸다. 그래서 그녀가 얼른 경찰관에게 신고하여 그 남자를 찾았는데, 그 남자도 아이 2명을 기르고 있었으나 쌀이 떨어져 곤란했던 끝에 그녀의 좁쌀을 가져와 아이들에게 죽을 지어 먹였다는 사실이 밝혀졌다. 경찰관은 그 남자와 그녀에게 좁쌀과 30엔을 반씩 나눠서 주었으며, 그 후에 배급미도 받을 수 있게 해 주었다고 한다" 운운하며 함부로 말하였다.

처분결과: 조선임시보안령 위반, 1943.2.12 징역 6월

청명: 함흥지방법원

직업·성명·연령: 농업 기원진순(箕原鎭淳, 미노하라 진준) 45세

사실의 개요: 1942년(昭和 17) 12월 17일 함남 신흥군(新興郡) 신흥면 흥경리(興京里)의 승합자동차영업소 사무실에서 평본대정(平本臺鼎, 히라모토 다이테이) 외 5명에게 "함흥부 내에는 내 친족이 2~3명 있는데, 배급미가 적어서 죽을 정도로 곤란하다. 농가는 현재 지니고 있는 곡식으로 겨우 내년 밭에 파종할 때까지는 버틸 수 있으나, 농가가 아닌 집은 그 전에 흩어져버릴 것이다. 지사나 경찰부장 같은 고등관도 배가 고픈 것은 알 터인데, 무슨 수를 쓰더라도 배급미로는 부족하다. 우리의 입장이 되어 본다면 백성의 고충도 알 터이다. 양곡조합의 이사들도 한 가마니나 두 가마니씩은 지사나 경찰부장 같은 고등관에게 바치고 있지 않을까" 하고 함부로 말하였다.

처분결과: 조선임시보안령 위반, 1942.12.30 벌금 50엔

청명: 평양지방법원

직업·성명·연령: 식료·잡화상 백천송남(白川松男, 시라카와 마쓰오) 45세

사실의 개요: 1942년(昭和 17) 12월 18일 평양 선교(船橋)경찰서 순시 야나가와 고나두(柳川洸澤)가 양곡 보유량을 조사하기 위해 순회할 때 따라가고 있었는데, 때마침 선교경찰서 관 내인 율리정(栗里町) 이인옥(李仁玉)의 집에 다다랐을 때 부락민 20명 정도가 집합해 있는 앞에서 "나는 구장인데, 현재 암거래를 하나하나 적발한다면 도둑놈 천지가 될 것이다. 한 달 7되의 양곡 배급으로는 암거래도 어쩔 수 없다"라고 함부로 말하였다.

처분결과: 조선임시보안령 위반, 약식 청구 중

청명: 신의주지방법원

직업·성명·연령: 무직 최현열(崔賢烈) 24세

사실의 개요: 1942년(昭和 17) 12월 27일 평안북도 희천군(熙川郡) 희천읍 역평동(驛坪洞)의 자택에서 가족에게 "신의주에서 어느 임산부가 백미의 특별배급을 요구했으나, 반장

이 이에 응하지 않았기 때문에 그 임산부는 아사해버렸다"라고 함부로 말하였다.

처분결과: 조선임시보안령 위반, 약식 청구 중

청명: 함흥지방법원 원산지청

직업 · 성명 · 연령: 시계상 외판원 한윤희(韓允熙) 33세

사실의 개요: 1943년(昭和 18) 2월 27일 원산부 본정(本町, 혼마치) 5정목(丁目)의 수월여관(水月旅館)에서 여주인 죽전수자(竹田秀子, 다케다 히데코)에게 "저녁밥 때 콩깻묵은 노동자가 발로 밟아 만든 더러운 것이다. 사람이 먹을 것이 못 된다. 이런 밥을 먹을 수밖에 없게 된 것도 전쟁 때문이다. 도대체 이번 전쟁을 시작한 놈은 어떤 녀석인가. 얼른 일본이 패했으면 좋겠다. 전시 하에 '인적자원'이나 '체육증진'이라 말하고 있으나, 콩깻묵 밥을 아이들에게 먹이면 몸이 건강해 지겠는가" 하고 함부로 말하였다.

처분결과: 해군형법 위반, 육군형법 위반, 조선임시보안령 위반, 공판 중

청명: 해주지방법원

직업 · 성명 · 연령: 면 기수 광전창근(廣田昌根, 히로타 쇼콘) 32세

사실의 개요: 1943년(昭和 18) 3월 15일 연백군(延白郡) 연안읍(延安邑) 연성리(延城里)의 음식점 인천관(仁川館)에서 연안읍 모정리(模井里)의 송천기호(松川基浩, 마쓰카와 모토히로) 외 1명과 점심밥을 먹을 때 송천 등에게 "일전에 약국에 많은 사람이 줄지어 있어서 약을 파는 것도 배급제로 바뀌었나 하고 생각했더니, 실제는 잡곡을 많이 배급받았기 때문에 복통을 일으켜 약을 사러 온 것이었다"라고 함부로 말하였다.

처분결과: 조선임시보안령 위반, 약식 청구 중

청명: 부산지방법원 마산지청
직업·성명·연령: 농업 안원실(安原實) 32세
사실의 개요: 1943년(昭和 18) 3월 15일 경상남도 함안군(咸安郡) 대산면(代山面) 옥렬리(玉悅里)의 노상에서 옥렬리의 안능이현(安陵李鉉, 야스오카 리켄) 외 2명에게 "나는 지난 3월 9일 의령군 봉수면(鳳樹面) 변전리(辨田里)에 갔는데, 이 부락은 백 수십 호로 그중에 약 70호는 농가가 아니나 면에서는 어떤 농가라도 식량을 배급하지 않는다. 그 때문에 매일 수십 명의 마을 사람이 면사무소에 몰려가 배급을 재촉하니 면장은 변명하기 힘들어 10일 간이나 출근하지 않았다 한다"라고 함부로 말하였다.
처분결과: 조선임시보안령 위반, 1943.4.6 징역 6월

② **식량 부족**
청명: 해주지방법원
직업·성명·연령: 구장 김천명규(金川明珪, 가나가와 메이케이) 47세
사실의 개요: 1942년(昭和 17) 3월 19일 사는 마을인 황해도 신천군(信川郡) 남부면(南部面) 서부리(西部里)에서 미곡 공출을 독려 중이던 면서기 상야정치(長野正治, 나가노 마사하루) 외 3명에게 "내 부락 사람이 신천 읍내의 미곡배급조합에 좁쌀을 사러 갔는데 좁쌀이 없어서 살 수가 없었다. 이렇게 먹을 것이 부족하다면 병사도 농민도 아사한다"라고 함부로 말하였다.
처분결과: 조선임시보안령 위반, 1942.4.30 벌금 30엔

청명: 대전지방법원
직업·성명·연령: 농업 안원경인(安原景寅, 야스하라 가게토라)[안경인安景寅][122] 52세
사실의 개요: 1942년(昭和 17) 4월 15일 사는 마을인 충남 연기군(燕岐郡) 남면(南面) 눌

---

[122] 본명은 국가기록원,〈독립운동관련판결문〉의 '집행원부', '형사사건부'에 따른다.

왕리(訥旺里) 승합자동차 정류장에서 상촌수평(上村壽平, 우에무라 주헤이) 외 2명에게 "최근 일본 본토 어느 지방의 아이가 2~3명 있는 가정에서 아사 직전에 처해 아이가 울며 소리치기에 주부가 이웃집에 가서 쌀을 빌려주기를 간청했으나 거절당해 어쩔 수 없이 쌀을 절도해 아이들에게 먹인 일이 발각되어 경찰관이 연행하려 했지만 틈을 타서 목매어 자살하였으며, 쌀을 도둑맞은 피해자는 서장으로부터 어째서 쌀을 빌려주지 않았느냐고 질책을 당했다"라고 함부로 말하였다.

처분결과: 조선임시보안령 위반, 제1심 판결 1942.8.29 벌금 100엔, 제2심 판결 1942.10.19 징역 4월 4년간 집행유예

청명: 대구지방법원 안동지청

직업 · 성명 · 연령: 군농회 지도원 김조용문(金朝龍文, 가네토모 다쓰후미) 32세

사실의 개요: 1942년(昭和 17) 4월 26일 경북 의성군(義城郡) 안계면(安溪面) 교촌리(校村里)에서 주류 판매업을 하는 영전현우(永田賢佑, 나가타 겐스케)의 집에서 농회 기수 평야석구(平野錫求, 히라노 샤쿠큐) 외 4명에게 "일본 어느 곳에서는 쌀 5되 정도를 갖고 있었는데 아침에 일어나 보니 쌀을 도둑맞았고 그 장소에 현금 100엔이 놓여 있었다고 한다. 또 어느 곳에서는 우동 한 그릇을 먹고 다시 한 그릇을 주문했더니 거절당해서 돈이 있어도 아무 쓸모가 없다며 10엔 지폐 1장을 놓고 일어나서 가버렸다고 한다. 또 북선(北鮮) 어느 곳에서는 남편이 돈벌이하러 나간 사이에 아내가 형의 집에 가서 쌀 1말 정도를 받아 돌아오는 도중에 경찰관에게 발각당해 유치장에 들어갔다. 3일 후에 쌀을 몰수당한 뒤 석방되어 집으로 돌아가 보니 아이 3명이 아사해 있었다. 이 일은 당시 신문에도 났었다"라고 함부로 말하였다.

처분결과: 조선임시보안령 위반, 1942.7.30 징역 6월

청명: 대구지방법원

직업·성명·연령: 농업(여성) 중원석전(中原石田, 나카하라 세키텐) 72세

사실의 개요: 1942년(昭和 17) 5월 4일 사는 마을인 경북 군위군(軍威郡) 군위면 대북동(大北洞) 영천만술(永川萬述, 나가카와 반주쓰)의 집에서 그 외 3명에게 "종래 조선에서는 임신한 개를 죽이지 않았으나, 최근 일본에서는 시국 상 사람이 먹을 식량도 부족해 개에게 줄 사료가 없어서 개를 기르는 공장의 개 전부를 때려죽이고 있다. 따라서 조선에서도 올해는 식량 절약을 위해 새끼를 밴 개를 제일 먼저 때려죽이게 되었다"라고 함부로 말하였다.

처분결과: 조선임시보안령 위반, 1942.6.5 벌금 100엔

청명: 경성지방법원 춘천지청

직업·성명·연령: 무직(여성) 연원구철(延原九轍, 노부하라 규테쓰) 42세

사실의 개요: 1942년(昭和 17) 5월 초순경 사는 마을인 강원도 인제군(麟蹄郡) 북면(北面) 용대리(龍垈里) 삼척성철(三陟聖哲, 산초쿠 세이테쓰)의 집에서 그 부부에게 "서화면(瑞和面) 어느 산속의 일가족 7명이 죽어 있는 것을 부근 사람이 발견했는데, 이 집에는 식량이 없이 냄비에 좁쌀 익은 것이 조금이 남아 있어서 아사했다는 사실을 알았다"라고 함부로 말하였다.

처분결과: 조선임시보안령 위반, 1942.11.9 징역 6월

청명: 함흥지방법원 원산지청

직업·성명·연령: 일용노동 강촌신남(江村信男, 에무라 노부오) 63세

사실의 개요: 1942년 5월 6일 원산부 녹정(綠町, 로쿠초) 유곽(貸座敷) '오처루(吾妻樓)' 앞 길에서 평송성환(平松晟桓, 히라마쓰 세이칸)에게 "최근 양곡 배급이 감소했기 때문에 원산 녹정의 조선 여인 모 씨가 2, 3일씩이나 식사하지 못하고 아이들은 굶주리다 울어서 이웃집 쌀을 훔쳐 아이들에게 먹이려 할 때 주인에게 발각되어 경찰관파출소에 신고되었다. 순사가 질책하자 이를 비관하여 뒷산에 올라가 목을 매어 죽었다"라고 함부로 말하였다.

처분결과: 조선임시보안령 위반, 1942.8.4 벌금 100엔

청명: 함흥지방법원 원산지청

직업·성명·연령: 일용노동 평송성환(平松晟桓, 히라마쓰 세이칸) 37세

사실의 개요: 1942년(昭和 17) 5월 9일 원산부 영정(榮町, 사카에초) 성산운석(星山雲錫, 호시야마 운샤쿠)의 집에서 그에게 앞의 강촌신남에게 들어서 알게 된 같은 내용의 유언비어를 전하였다.

처분결과: 조선임시보안령 위반, 1942.8.4 벌금 100엔

청명: 함흥지방법원 원산지청

직업·성명·연령: 일용노동 성산운석(星山雲錫, 호시야마 운샤쿠) 62세

사실의 개요: 1942년(昭和 17) 5월 10일 원산부 영정 하촌구호(河村龜鎬, 가와무라 기코)의 집에서 그에게 앞의 평송성환에게 들어서 알게 된 같은 내용의 유언비어를 전하였다.

처분결과: 조선임시보안령 위반, 1942.8.4 벌금 100엔

청명: 함흥지방법원 원산지청

직업·성명·연령: 목수 하촌구호(河村龜鎬, 가와무라 기코) 53세

사실의 개요: 1942년(昭和 17) 5월 20일 원산부 영정의 음식점 '영춘식당(永春食堂)'에서 고용인 여성 정순엽(鄭順葉) 외 2명에게 앞의 성산운석에게 들어 알게 된 같은 내용의 유언비어를 전하였다.

처분결과: 조선임시보안령 위반, 1942.8.4 벌금 100엔

청명: 함흥지방법원 원산지청

직업·성명·연령: 고물상 등택대일(藤澤大一, 후지사와 다이이치) 60세

사실의 개요: 1942년(昭和 17) 5월 27일 원산부 중정(仲町, 나카초) 산협오랑(山脇五郎, 야마와키 고로)의 집에서 그 외 2명에게 앞과 같은 내용의 유언비어를 말하였다.

처분결과: 조선임시보안령 위반, 1942.8.4 벌금 100엔

청명: 함흥지방법원

직업·성명·연령: 파이프 설치공 궁본법치(宮本法治, 미야모토 노리하루) 38세

사실의 개요: 1942년(昭和 17) 5월 6일 함남 함주군(咸州郡) 선덕면(宣德面) 용흥리(龍興里) 소재 육군병원 정문 앞 소나무 숲속에서 청천귀선(淸川貴善, 기요카와 다카요시) 외 이십 수 명에게, 그리고 5월 18일 청천에게 "흥남의 일본인 집에서 쌀이 없어 곤란을 겪던 끝에 이웃 조선인 집에 쌀을 빌리러 갔으나 사람이 없었기에 쌀을 훔쳐 와 아이들에게 먹였는데, 이후에 발각되어 면목이 없어 자살했다"라고 함부로 말하였다.

처분결과: 조선임시보안령 위반, 1942.6.18 징역 4월

청명: 전주지방법원

직업·성명·연령: 농업 박현영(朴賢永) 56세

사실의 개요: 1942년(昭和 17) 5월 14일 전북 금산군(錦山郡) 남일면(南一面) 상동리(上桐里) 노상에서 박본찬용(朴本贊用, 보쿠모토 산요) 외 1명에게 "일본에서는 젊은이가 전부 출정해 노인이나 아이가 농업에 종사하고 있다. 따라서 기존에 일해 온 절반도 할 수 없어서 밭이나 논 절반 이상이 황폐해져 양식의 확보가 곤란해 조선에서 쌀이나 보리를 보내고 있다. 그러니 일본도 조선도 모두 곤란한 것이다"라고 함부로 말하였다.

처분결과: 육군형법 위반, 해군형법 위반, 조선임시보안령 위반, 1942.8.5 징역 6월

청명: 해주지방법원

직업·성명·연령: 고용인 지재호(池載浩) 70세

사실의 개요: 1942년(昭和 17) 5월 중순경 황해도 안악읍(安岳邑) 훈련리(訓練里) 산본준혁(山本俊赫, 야마모토 슌카쿠)의 집에서 그에게 "안악군(安岳郡) 대달면(大達面)에서 어떤 이가 식량이 궁해 2~3일 여기저기 돌아다녔으나, 구매할 수 없어서 목을 매어 죽었다"라고 함부로 말하였다.

처분결과: 조선임시보안령 위반, 1942.8.26 벌금 30엔

청명: 해주지방법원

직업 · 성명 · 연령: 무직(여성) 산본준혁(山本俊赫, 야마모토 슌카쿠) 23세

사실의 개요: 1942년(昭和 17) 5월 25일경 안악읍 훈련리 자택에서 가구주(家主)의 딸 부전영복(富田泳福, 도미타 에이후쿠)에게 앞의 지재호에게 들어 알게 된 유언비어를 전하였다.

처분결과: 조선임시보안령 위반, 1942.8.26 벌금 30엔

청명: 해주지방법원

직업 · 성명 · 연령: 무직(여성) 부전영복(富田泳福, 도미타 에이후쿠) 18세

사실의 개요: 1942년(昭和 17) 5월 25일경 황해도 안악읍 훈련리 자택에서 앞의 산본준혁에게 들어 알게 된 식량 부족에 관한 유언비어를 다시 친아버지 부전광호(富田光浩, 도미타 미쓰히로)에게 전하였다.

처분결과: 조선임시보안령 위반, 1942.6.30 기소유예

청명: 해주지방법원

직업 · 성명 · 연령: 철물점 부전광호(富田光浩, 도미타 미쓰히로) 48세

사실의 개요: 1942년(昭和 17) 5월 25일 안악읍 비석리(碑石里) 자택 점포에서 경찰관 야마모토 히로요시(山本弘義) 외 3명에게 장녀인 부전영복에게 들어 알게 된 앞의 유언비어를 전하였다.

처분결과: 조선임시보안령 위반, 1942.8.26 벌금 30엔

청명: 함흥지방법원

직업 · 성명 · 연령: 토목노동자 신본수진(新本守辰, 니모토 모리타쓰) 35세

사실의 개요: 1942년(昭和 17) 5월 15일경 함남 흥남읍(興南邑) 용흥리(龍興里) 춘산함정

(春山咸定, 하루야마 간테이)의 집에서 그 외 수 명에게 "흥남 조치쓰(朝窒, 조선질소비료주식회사)에 출근하는 일본인의 부인은 배급미가 부족해 아이들이 배가 고파 밥이 먹고 싶다고 우니, 차마 볼 수 없어 이웃집에 쌀을 빌리러 갔으나 주지 않았다. 그래서 부재중일 때 몰래 들어가 쌀을 훔쳐 아이들에게 먹인 뒤 목을 매어 자살했다"라고 함부로 말하였다.

처분결과: 조선임시보안령 위반, 1942.7.2 징역 4월

청명: 해주지방법원 사리원지청

직업·성명·연령: 정미업 겸 농업 원전순영(原田順永, 하라다 준에이) 49세

사실의 개요: 1942년(昭和 17) 5월 16일 황해도 안악읍(安岳邑) 차신리(車新里) 자택에서 하동신모(河東信模, 가와비가시 신모) 외 3명에게 "오바야시(大林)농장의 소작인이 쌀 배급을 받지 못해 돈을 갖고 있어도 살 수가 없어서 2~3일 결식한 뒤 목을 매어 자살했다"라고 함부로 말하였다.

처분결과: 조선임시보안령 위반, 1942.6.17 벌금 30엔

청명: 해주지방법원

직업·성명·연령: 이발업 광전오성(廣田五星, 히로타 고세이) 42세

사실의 개요: 1942년(昭和 17) 5월 17일 황해도 해주역(海州驛)발 토성역(土城驛)행 열차 안에서 승객 백성녀(白姓女)에게 "최근 식량으로 콩가루를 배급하고 있는데, '다만 먹고 살아라'는 의미로 주는 것인지 혹은 '먹고 죽어라'는 의미로 주는 것인지 뜻을 알 수가 없다. 콩가루를 먹어서 최근 설사를 하는 사람뿐이다. 의사에게 돈을 벌게 할 목적인가. 그러나 나는 현재까지 배급미를 사서 먹은 적은 한 번도 없다. 시골 농가에서 백미를 암거래로 사서 먹었는데, 최근 농가도 벼를 거의 강제로 공출당하기 때문에 암거래로 사는 것도 불가능해 졌다. '농민은 결국 죽어라'는 의미인지, 도대체 뜻을 알 수 없다"라고 함부로 말하였다.

처분결과: 조선임시보안령 위반, 1942.6.6 징역 6월

청명: 대구지방법원

직업·성명·연령: 농업(여성) 청목성진(靑木姓辰, 아오키 세이신) 51세, 양복상 청목종항(靑木鍾恒, 아오키 쇼코)[이종항李鍾恒][123] 23세

사실의 개요: 청목성신은 1942년(昭和 17) 5월 19일 경북 안동군(安東郡) 길안면(吉安面) 송사동(松仕洞) 자택에서 청목종항에게 "최근 안동 지방은 식량 부족으로, 어느 농가의 임신한 주부가 3일이나 먹을 것이 없어서 식량미를 배급받고자 면사무소에 가는 도중 강변에서 쓰러져 죽었다. 이를 알게 된 남편은 낫을 들고 면사무소에 난입했다가 경찰에 유치되어 결국 사망하였고, 3살 된 아이는 아사해버렸다"라고 함부로 말하였다.

청목종항은 5월 23일 대구부 삼립정(三笠町, 미카사초) 노상에서 도촌종표(都村鍾杓, 미야코무라 쇼효) 외 3명에게 위의 유언비어를 다시 전하였다.

처분결과: 조선임시보안령 위반, 1942.8.20 청목성신 무죄, 청목종항 벌금 500엔

청명: 대전지방법원

직업·성명·연령: 농업 송강영종(松岡永琮, 마쓰오카 에이쇼)[오영종吳永琮][124] 64세, 농업 화산달근(和山達根, 와야마 다쓰콘) 58세, 농업 화산건명(和山健明, 와야마 다케아키) 34세, 농업 죽천중면(竹川重冕, 다케가와 주벤)[박중면朴重冕][125] 34세

사실의 개요: 송강영종은 1942년(昭和 17) 5월 20일 넷째 며느리의 친아버지인 충남 공주군(公州郡) 반포면(反浦面) 봉암리(鳳岩里) 화산달근 집에서 그에게 "충북 충주읍(忠州邑) 7인 가족의 어느 호주(戶主)가 식량 배급소에 가서 부재중일 때 6인의 가족이 공복으로 견디기 힘들어 대마 씨앗으로 죽을 지어 먹어서 전부 중독사 해버렸다"라고 함부로 말하였다. 화산달근은 5월 23일 봉암리 최정하(崔庭夏)의 집에서 최정하 및 먼 친척에 해당하는 화산건명에게 앞과 같은 내용의 유언비어를 전하였으며,

---

[123] 본명은 국가기록원, 〈독립운동관련판결문〉의 '수형인명부'에 따른다.
[124] 본명은 국가기록원, 〈독립운동관련판결문〉의 '수형인명부'에 따른다.
[125] 본명은 국가기록원, 〈독립운동관련판결문〉의 '집행원부', '형사사건부'와 국사편찬위원회, 〈한국사데이터베이스_일제감시대상인물카드〉에 따른다. 이명으로 '박창현朴昌鉉'도 쓰였다.

화산건명은 5월 25일 반포면 송곡리(松谷里) 오동준(吳東俊)의 집에서 죽산중면에게 앞과 같은 내용의 유언비어를 전하였고,

죽산중면은 5월 27일 반포면사무소 내에서 송산영차랑(松山英次郎, 마쓰야마 에이지로) 외 부락민 10명에게, 그리고 반포면 온천리 곡물배급소에서 이천총직(利川宗植, 도시카와 쇼쇼쿠) 외 부락민 약 20명에게 각각 앞과 같은 내용의 유언비어를 전하였다.

처분결과: 조선임시보안령 위반, 제1심 판결 1942.11.11. 송각영종 화산달근 화산건명 각 벌금 50엔, 죽천중면 징역 3월, 제2심 판결 죽천중면 1942.12.17 제1심과 같음

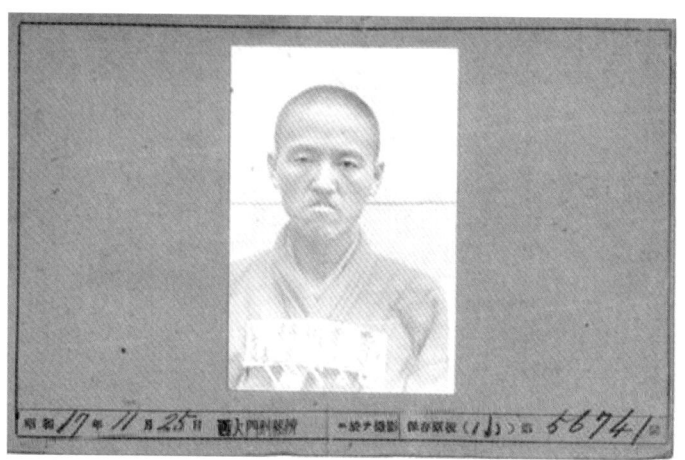

〈그림10〉 1942년 서대문형무소에 수감된 박중면의 인물카드
출처: 국사편찬위원회, 일제감시대상인물카드 [ia_2311]

청명: 해주지방법원 서흥지청

직업·성명·연령: 우마차부 박창호(朴昌浩) 41세

사실의 개요: 1942년(昭和 17) 5월 21일 사는 마을인 황해도 곡산군(谷山郡) 이령면(伊寧面) 거리소리(巨利所里) 음식점 윤태희(尹台熙)의 집에서 윤태희 외 1명에게 "기주(箕州)광산에서는 광부들이 식량이 부족해서 일하러 오지 않는 자가 있다고 한다. 또 최근 갱내에서 광부가 갑자기 졸도하고 구토하다가 사망했는데, 그 토사물 속에는 쌀알이 없고 푸른 풀뿐이었다"라고 함부로 말하였다.

처분결과: 조선임시보안령 위반, 1942.7.3 징역 4월

청명: 함흥지방법원 원산지청

직업 · 성명 · 연령: 농업 이가재순(李家在淳, 리야 자이준) 46세

사실의 개요: 1942년(昭和 17) 5월 25일 함남 안변군(安邊郡) 서곡면(瑞谷面) 면사무소에서 서곡면장 주원국정(周原國楨, 스하라 고쿠테이)[주국정周國楨][126]에게 "원산의 어느 셋방살이 하는 이의 아내가 쌀이 없어 2일간 먹지 못해 아이들이 굶고 있어서 집주인에게 쌀 5홉을 대여해달라 청했지만 거절당했다. 어쩔 수 없이 몰래 훔치려다 집주인에게 발각되어 경찰관에게서 훈계를 들었으며, 이를 비관해 뒷산에 올라 목매어 죽었다"라고 함부로 말하였다.

처분결과: 조선임시보안령 위반, 1942.7.11 징역 6월

청명: 함흥지방법원

직업 · 성명 · 연령: 주류 판매업(여성) 고산계화(高山桂花, 다카야마 게이카)[고계화高桂花][127] 38세

사실의 개요: 1942년(昭和 17) 6월 1일 함경선(咸鏡線) 원산발 함흥행 열차 안에서 동행중인 대산은택(大山殷澤, 오야마 인타쿠) 외 1명에게 "최근 함흥 어느 집의 어머니가 좁쌀 2되를 사서 돌아오는 도중에 순사에게 발각당해 암거래했다는 일로 3일간 구류되었다. 그뒤 귀가해 보니 집을 나올 때 문을 잠그고 나왔기 때문에 아이 2명이 아사해 있었다"라고 함부로 말하였다.

처분결과: 조선임시보안령 위반, 1942.8.21 징역 6월 3년간 집행유예

---

126 본명은 국사편찬위원회, 〈한국사데이터베이스_직원록자료〉에 따른다.
127 본명은 京城覆審法院, 「1942년 刑控 제300호 判決:高桂花」, 1942.8.21에 따른다. 이명으로 "高永淑"이 쓰였다. 원문의 처분결과 날짜는 2심 판결일이다. 1942년 6월 30일 함흥지방법원에서 1심 판결이 있었고, 검사가 공소하여 2심에서 '공소 이유 없음'으로 '1심 판결'이 유지되었다.

청명: 해주지방법원 서흥지청

직업 · 성명 · 연령: 농업(구장) 대곡상봉(大谷常鳳, 오타니 조호) 48세

사실의 개요: 1942년(昭和 17) 6월 2일 사는 마을인 황해도 금천군(金川郡) 금천면 용인리(龍仁里) 산본주녕(山本周寧, 야마모토 슈네이)의 집에서 그 외 수 명에게 "경기도 장단군(長湍郡) 시골의 어느 여자가 이웃 군의 부락에서 쌀을 사 돌아오는 도중에 그 부락의 애국반장에게 붙잡혀 쌀을 몰수당했다. 집에 돌아와 아이들이 보채어도 밥을 줄 수가 없자 '살아서 뭐하겠냐'라고 비관하여 그 자리에서 목을 매어 죽었다"라고 함부로 말하였다.

처분결과: 조선임시보안령 위반, 1942.10.21 벌금 80엔

청명: 평양지방법원

직업 · 성명 · 연령: 평양신학교학생 김택윤수(金澤倫洙, 가나자와 린슈) 24세

사실의 개요: 1942년(昭和 17) 6월 3일 평양부 경창정(景昌町) 소재 평양신학교 기숙사 식당에서 평양신학교 학생 김능기근(金陵基根, 가네오카 기콘) 등 십 수 명에게 "원산에서는 식량이 매우 부족하여 이 때문에 여러 수상한 사건이 발생하고 있다. 어느 정(町)의 청년이 쌀 부족 때문에 정회(町會)사무소로 가 난동을 부리자 정회 사무원이 파출소에 신고했다. 그 청년은 연행되어 구타당해서 귀가한 후 얼마 못 가 사망했다. 어느 부인은 쌀이 없어 산후 3~4일이나 밥을 먹지 못해 10엔 지폐를 '쌀이다, 쌀이다'라고 말하며 씹다가 죽었다. 또 어느 일본인 부인은 이웃의 조선인 부인에게 쌀을 빌려달라고 했으나 거절당했다. 아이들이 가엾은 나머지 그 집에서 무단으로 쌀을 가져왔는데, 뒤에 그 조선인이 경찰에 신고했다. 그 부인은 [경찰의] 호출을 받아 주의받은 것이 부끄러워 자살했다 한다"라고 함부로 말하였다.

처분결과: 조선임시보안령 위반, 제1심 판결 1942.12.1 징역 1년, 제2심 판결 1942.12.24 제1심과 같음

청명: 해주지방법원 서흥지청

직업·성명·연령: 농업 유택수수(柳澤壽秀, 야나기사와 도시히데) 28세, 농업 매전인승(梅田寅昇, 우메다 인쇼) 24세

사실의 개요: 유택수수는 1942년(昭和 17) 6월 6일 사는 황해도 금천군(金川郡) 웅덕면(雄德面) 매남리(梅南里)의 마을 구장인 김부웅렬(金富雄烈, 가네토미 유레쓰)의 집에서 그 외 2명에게 "올해는 가뭄이 계속되어 흉작이 될지도 모르겠다. 흉작이라면 식량을 살 수 없어 모두 죽고 말 것이다. 실제로 남천(南川) 읍내에서는 식량을 살 수 없어 27~28세 정도의 남자가 목을 매어 죽었는데, 호주머니에는 4엔이 있었다"라고 함부로 말하였다.

매전인승은 6월 6일 김부웅렬 집에서 김부 등에게 "최근 닭고기 행상의 말에 따르면 다른 곳에서는 식량이 없어 많은 사람이 아사했다 한다"라고 함부로 말하였다.

처분결과: 조선임시보안령 위반, 1942.7.21 각각 징역 4월

청명: 경성지방법원 춘천지청

직업·성명·연령: 무직 강산영길(康山英吉, 야스야마 에이키치) 61세

사실의 개요: 1942년(昭和 17) 6월 상순 날짜 미상 경기도 양평군(楊平郡) 청운면(靑雲面) 용두리(龍頭里) 김성교원(金城敎元, 가네시로 노리모토)의 집에서 그 부부에게 "홍천군(洪川郡) 남면(南面) 화전리(花田里) 광산의 광부들이 경찰서장의 허가를 받아 수일 전 서면(西面) 대곡리(垈谷里) 방면의 농가를 수색해 다량의 벼를 구매하고 있다 한다"라고 함부로 말하였다.

처분결과: 조선임시보안령 위반, 1942.8.31 벌금 100엔

청명: 함흥지방법원

직업·성명·연령: 목수 겸 칠공 향산창성(香山昌盛, 가야마 마사모리) 35세

사실의 개요: 1942년(昭和 17) 6월 10일경 함남 흥남읍(興南邑) 구룡리(九龍里) 안전영록(安田英祿, 야스다 에이로쿠)의 집에서 그에게 "최근 일본인 부인이 쌀과 잡곡을 1되에

10엔으로 사들인 일이 발각되어 경찰관이 그녀의 집에 가 이를 추궁하자 이런 상황이라고 옆방을 보여주기에 보았더니 아이 3명이 영양불량 때문에 쇠약해져 누워 있었기에 경찰관도 뭐라 할 수 없어서 돌아왔다"라고 함부로 말하였다.

처분결과: 조선임시보안령 위반, 1942.9.25 징역 4월

청명: 청진지방법원
직업·성명·연령: 무직 대산성녀(大山姓女, 오야마 세이조) 48세, 토목청부업 대산충웅(大山忠雄, 오야마 다다오) 25세
사실의 개요: 대산성녀는 1942년(昭和 17) 6월 10일 함북 무산읍(茂山邑) 창렬동(彰烈洞) 대산충웅 집에서 그 부부에게 "오늘 기차 안에서 여객이 말한 바에 따르면 부령(富寧) 방면에서는 식량 부족으로 어느 임산부가 분만 후 5일이 지나 아사했다고 한다. 이에 비교한다면 이곳은 식량 배급이 원활해 다행이나, 결코 먹을 것을 하찮게 여겨서는 안 된다"라고 함부로 말하였다. 대산충웅은 6월 14일 창렬동 노상에서 주재소 순사 사가하라 미쓰오(佐賀原光男)에게 앞과 같은 내용의 유언비어를 전하였다.
처분결과: 조선임시보안령 위반, 1942.8.31 각각 기소유예

청명: 함흥지방법원 북청지청
직업·성명·연령: 무직 안등학(安藤學, 안도 마나부)[안학득安學得][128] 31세
사실의 개요: 1942년(昭和 17) 6월 17일 함경선 북행열차(함남 전진역前津驛 부근 주행 중) 안에서 승객 팔도국남(八島國男, 야시마 구니오) 외 1명에게 "흥남 일질(日窒, 닛치쓰, 일본질소비료주식회사) 사원 모씨의 아내가 아이 2명이 있는데, 식량 부족 때문에 배급소의 쌀을 훔친 일이 발각되어 형사가 경찰서로 연행하고자 했으나, 아이들에게 그 쌀로 밥을 지어 주고 형사가 보지 않는 틈을 타 목매어 죽어버렸다. 아이들은 무심히 밥을 계속 먹었으니

---

[128] 본명은 국가기록원, 〈독립운동관련판결문〉의 '형사사건부'에 의한다. 이 자료에 따르면 원문의 처분결과는 2심의 판결이다.

실로 가여웠다"라고 함부로 말하였다.

처분결과: 조선임시보안령 위반, 1942.10.8 징역 4월 4년간 집행유예

청명: 경성지방법원 철원지청

직업·성명·연령: 엿행상 송원상덕(松原尙德, 마쓰하라 나오노리)[염만금廉萬金][129] 27세

사실의 개요: 1942년(昭和 17) 6월 25일 강원도 철원군(鐵原郡) 신서면(新西面) 방본익준(邦本翼俊, 구니모토 요쿠슌)의 집에서 그에게 "최근 물가가 높아져 전쟁을 치러도 돈이 없기 때문에 가망이 없다. 설령 남양에 물자가 잔뜩 있더라도 가져올 수가 없으며, 배가 있더라도 적 잠수함이 있으니 글렀다. 시골에서는 먹을 것이 없어 곤란하다. 이 날씨를 봐라. 이건 천벌이다"라고 함부로 말하였다. 다시 7월 5일 신서면 구평산(具平山)의 집에서 그 외 3명에게 "최근 각종 물자가 부족한 것은 일본이 전쟁을 치르고 있기 때문이다. 무엇보다도 얼른 전쟁이 끝나지 않는다면 우리 상인도 농민도 평안한 시기는 오지 않을 것이다"라고 함부로 말하였다.

처분결과: 조선임시보안령 위반, 1942.9.9 징역 6월

청명: 함흥지방법원 북청지청

직업·성명·연령: 농업 선금증남(善金曾男, 요시카네 쓰네오) 30세

사실의 개요: 1942년(昭和 17) 6월 30일 함남 단천읍(端川邑) 주남리(州南里) 자택에서 고도성진(高島星軫, 다카시마 세이신) 외 1명에게 "단천 이중면(利中面)의 어떤 집에 두 세대가 살고 있는데, 한 쪽은 식량이 풍부하고 다른 쪽은 식량이 궁핍해 3일간이나 결식하다가 때마침 다른 쪽 가족이 없는 틈을 타 이를 몰래 훔쳐다가 먹은 일이 발각되어, 상대가 고소하겠다고 힐문하자 두려워한 나머지 결국 자살했다"라고 함부로 말하였다.

처분결과: 조선임시보안령 위반, 1942.8.5 금고 6월 3년간 집행유예

---

129 본명은 국사편찬위원회, 〈한국사데이터베이스_일제감시대상인물카드〉에 따른다.

청명: 해주지방법원

직업 · 성명 · 연령: 잡화상 백천창해(白川昌海, 시라카와 마사미) 35세

사실의 개요: 1942년(昭和 17) 7월 1일 황해도 연백군(延白郡) 봉북면(鳳北面) 송전리(松田里) 자택에서 영원홍래(永原鴻來, 나가하라 고라이) 외 2명에게 "황해도 내의 어느 곳에서 주민이 쌀을 사고자 8일간 여기저기 돌아다녔지만 살 수 없었기 때문에 자살했다"라고 함부로 말하였다.

처분결과: 조선임시보안령 위반, 1942.7.15 벌금 50엔

청명: 전주지방법원 남원지청

직업 · 성명 · 연령: 일용노동 경산재선(慶山在善, 요시야마 아리요시) 22세, 농업 궁전복도(宮田卜禱, 미야타 보쿠토) 38세

사실의 개요: 경산재선은 1942년(昭和 17) 7월 3일 전북 남원군(南原郡) 운봉면(雲峯面) 서천리(西川里) 자택에서 궁전에게 "북조선(北鮮)은 지금 가뭄으로 농작물은 고사(枯死)하고 음료수는 부족해졌다. 백미 한 말에 15엔, 보리 한 되에 1엔 이상으로 올랐고 그조차도 좀처럼 살 수가 없으며 여관이나 음식점에서는 밥을 먹을 수 없으니 여행자는 매우 곤란하다"라고 함부로 말하였나. 궁전복도는 다음날 4일 운봉면 동천리(東川里) 박현힐(朴玹詰)의 집에서 친동생인 한도(漢禱) 외 3명에게 앞의 유언비어를 전하였다.

처분결과: 조선임시보안령 위반, 1942.9.3 경산재선 벌금 100엔, 궁전복도[130] 벌금 50엔

청명: 신의주지방법원

직업 · 성명 · 연령: 마차부 김자영준(金子英俊, 가네코 히데토시) 33세

사실의 개요: 1942년(昭和 17) 7월 6일 신의주부 서마전동(西麻田洞) 선천여관(宣川旅館)

---

[130] 원문은 '궁내복도(宮內卜禱)'이나 '궁전복도(宮田卜禱)'로 바로잡는다. 창씨명은 국가기록원, 〈독립운동관련판결문〉의 '집행원부', '형사사건부'에 따른다.

에서 동숙자인 장응호(張應浩)가 하본성룡(河本成龍, 가와모토 세이류) 등에게 "평양에서 부모와 자식 2명이 식량 부족 때문에 시골에 가서 백미 2말을 입수해 돌아오는 밤에 경방단원에게 발견당해 몰수당하였는데, 묵과해 줄 것을 간청했으나 받아들여지지 않자 말싸움 끝에 칼로 경방단원에게 상해를 입히고 경찰에 자수했다"라는 내용을 함부로 말하자, 이에 동조하며 "부모와 자식 2명이 아니라 3명이 진실이다"라고 함부로 말하였다.
처분결과: 안녕질서에 대한 죄, 조선임시보안령 위반, 1942.9.30 기소유예

청명: 평양지방법원 안주지청
직업 · 성명 · 연령: 평양 숭인(崇仁)상업학교 학생 전중기주(田中基周, 다나카 기슈) 18세
사실의 개요: 1942년(昭和 17) 7월 11일 평양부 기림정(箕林町, 미노바야시초) 목촌정수(木村正秀, 기무라 마사히데)의 집에서 신정기준(新井基俊, 아라이 모토토시) 외 1명에게 "조선은 현재 식량이 부족하다. 1944년도(昭和 19)에는 더욱 심각해져서 조선인 3분의 1은 사망하고 내란이 일어날 것이다"라고 함부로 말하였다.
처분결과: 조선임시보안령 위반, 1942.10.30 징역 1년

청명: 평양지방법원 안주지청
직업 · 성명 · 연령: 평양 숭인상업학교 학생 신정기준(新井基俊, 아라이 모토토시) 19세
사실의 개요: 1942년(昭和 17) 8월경 평남 안주군(安州郡) 대니면(大尼面) 협흥리(協興里) 평산정웅(平山靜雄, 히라야마 야스오)의 집에서 그 외 1명에게 앞과 같은 내용의 유언비어를 전하였다.
처분결과: 조선임시보안령 위반, 1942.10.30 징역 1년

청명: 함흥지방법원

직업·성명·연령: 노동 김송독술(金松讀述, 가네마쓰 도쿠주쓰) 45세, 농업 송원효진(松原孝鎭, 마쓰하라 다카시게) 18세

사실의 개요: 김송독술은 1942년(昭和 17) 7월 16일 함경선 함흥역발 신북청(新北靑)행 열차 안에서(서호진西湖津 부근 통과 중) 송원에게 "홍원(洪原) 읍내는 지금 식량 부족 때문에 귀리의 겨나 썩은 감자가루와 배급미를 혼식하기 때문에 읍 사람들은 매우 곤란하다"라고 함부로 말하였다.

송원효진은 그때 김송에게 "경운면(景雲面)에서는 최근 식량 부족으로 소나무 껍질까지 식량으로 쓰는 상황이다. 12세의 국민학교 학생은 소화불량으로 사망하였으며 또 어느 노파는 쌀 부족으로 사망했다는 소문이 있을 정도다"라고 함부로 말하였다.

처분결과: 조선임시보안령 위반, 1942.8.31 각각 기소유예

청명: 대구지방법원

직업·성명·연령: 농업 겸 우마차꾼 강본종윤(岡本鍾潤, 오카모토 쇼준)[이종윤李鍾潤][131] 26세

사실의 개요: 1942년(昭和 17) 7월 16일 사는 마을인 경북 청도군(淸道郡) 금천면(錦川面) 동곡리(東谷里)의 실가에서 마을 사람 신정돈현(新井燉鉉, 아라이 돈켄) 외 10여 명에게 "부산에서는 식량이 부족하다. 어느 노인은 아이가 굶주려 울고 있는데, 이웃집에 식량이 풍족한 것을 보고 이웃집 주인을 꾀어내 그 부재중에 쌀 한 말을 몰래 훔치고 그 대금으로 10엔을 놓고 돌아갔다 한다"라고 함부로 말하였다.

처분결과: 조선임시보안령 위반, 1942.8.25 벌금 50엔

---

[131] 본명은 국가기록원, 〈독립운동관련판결문〉의 '수형인명부'와 '형사사건부'에 따른다.

청명: 평양지방법원 진남포지청

직업·성명·연령: 농업 도촌벽(島村壁, 시마무라 헤키) 78세

사실의 개요: 1942년(昭和 17) 7월 20일 평남 강서군(江西郡) 동진면(東津面) 추죽리(推竹里) 공전하진(共田河鎭, 도모다 가와시게)의 집에서 그와 함께 사는 경찰관 가야마 에이사쿠(香山榮作) 두 사람에게 "중화군(中和郡) 내 어떤 이는 양곡배급 전표를 받지 못해 가족이 아사 상태가 되자 쌀 1말을 암시장에서 매입해 귀가하던 도중 경방단에게 발각당해 강제로 쌀을 빼앗긴 것에 분개하여 지니고 있던 비수로 위의 경방단원을 살해하고 중화경찰서에 자수했는데, 서에서 사실의 진상을 조사한 결과 어쩔 수 없는 일이었다고 인정해 해당자를 석방했다"라고 함부로 말하였다.

처분결과: 조선임시보안령 위반, 1942.11.11 징역 6월 3년간 집행유예

청명: 전주지방법원

직업·성명·연령: 농업 국본동렬(國本東烈, 구니모토 도레쓰) 22세

사실의 개요: 1942년(昭和 17) 8월 4일 전북 금산군(錦山郡) 남일면(南一面) 음대리(陰大里)에서 주류 판매업을 하는 길원종은(吉原鍾殷, 요시하라 쇼인)의 집에서 그 외 4명에게 "북조선에서는 흉년이어서 아사자가 많이 나왔다. 또 감자는 조선 됫박으로 한 말에 1엔 70전이나 한다"라고 함부로 말하였다.

처분결과: 안녕질서에 대한 죄, 1942.10.6 벌금 80엔

청명: 경성지방법원

직업·성명·연령: 건축설계사 암본정우(岩本正雨, 이와모토 세이우)[이정우李正雨][132] 24세

사실의 개요: 1942년(昭和 17) 8월 16일 경성부 돈암정(敦岩町) 자택에서 경북 영덕군(盈德郡)에 거주 중인 친형 암본춘우(岩本春雨, 이와모토 슌우)[이춘우李春雨]에게 서신을 쓸

---

[132] 본명은 京城地方法院, 「1942년 刑公 제2911호 略式命令: 岩本正雨」, 1942.12에 따른다.

때 "경성은 식량 부족으로 큰 곤란이 초래되어 자살하거나 아사하는 자가 적지 않다"라고 적어 우편으로 보내 암본춘우가 읽게 했다.

처분결과: 조선임시보안령 위반, 1942.12.14 벌금 200엔

청명: 부산지방법원 마산지청

직업·성명·연령: 광업 목촌원태(木村源太, 기무라 겐타) 55세

사실의 개요: 1942년(昭和 17) 8월 26일 마산부 오동동(午東洞)에서 음식점을 하는 김협이(金俠伊)의 집에서 그 외 1명에게 "나는 이번에 통영(統營)에 갔는데 그곳도 식량 부족으로 매우 곤란하다. 통영 지청(支廳)의 검사는 피고인 공판 중에 정신이 몽롱해졌다고 하는데 이것도 식량 부족으로 영양불량에 빠졌기 때문이다"라고 함부로 말하였다.

처분결과: 조선임시보안령 위반, 1942.10.10 징역 10월

청명: 평양지방법원

직업·성명·연령: 생선행상(魚行商) 김원의현(金原義鉉, 가네바라 기겐) 34세

사실의 개요. 1942년 9월 17일 평남 강서군(江西郡) 증산면(甑山面) 이안리(利安里) 장강근돈(長岡根墩, 나가오카 곤톤)의 집에서 암리인식(岩里麟植, 이와리 린쇼쿠) 외 몇 명에게 "경방단(警防團)이 뭐냐. 일전에 [대동군大同郡] 원장(院場)에서 경방단원이 평양에 쌀을 자전거에 싣고 가는 암거래 행상을 단속했는데, 거꾸로 그자에게서 얻어맞는 봉변을 당했다 한다"라고 함부로 말하였다.

처분결과: 조선임시보안령 위반, 1943.1.21 벌금 400엔

청명: 함흥지방법원 원산지청

직업·성명·연령: 건축청부업 김암영웅(金岩永雄, 가네이와 나가오) 47세

사실의 개요: 1942년(昭和 17) 10월 25일 함흥역발 경성역행 열차 안에서 승객인 능원호

이(綾原浩二, 아야하라 고지) 외 2명에게 "시골에서는 경작한 쌀을 전부 출하했기 때문에 식량이 부족하므로 농업을 꺼려 노동하려고 경성으로 이사하는 자가 상당히 많다. 또 경성부 신설정(新設町)에서는 배급만으로는 부족하므로 관리와 노인이 집을 지키려 남고, 다른 가족은 고향에 돌아가고 있다"라고 함부로 말하였다.

처분결과: 조선임시보안령 위반, 1942.11.24 징역 6월

청명: 청진지방법원 회령지청

직업·성명·연령: 생선가게 점원 김본이남(金本二男, 가네모토 후타오)[김이남金二男][133] 32세, 하숙집 영업 산본태의(山本泰義, 야마모토 야스요시) 38세

사실의 개요: 김본이남은 1942년(昭和 17) 10월 25일 자택에서 산본태의 외 2명에게 "충청도 사람이 백미를 갖고 경성역에 하차했는데 낯선 신사가 '그 짐은 뭔가' 하고 묻기에 '백미다'라고 대답하자 '자기와 함께 가자' 하며 자기 집으로 데리고 가 자기 가족들이 굶주리고 있는 상황을 보여주고 '이처럼 가족들이 밥을 굶고 있으니 그 백미를 양보해 달라'라고 간청했다. 그가 승낙하자 신사가 100엔 지폐 한 장을 주었다. 그는 위조지폐가 아닐까 생각해 부근의 파출소에 가 진위를 물었는데, 경찰관이 이유를 물어서 사실대로 대답하자 위 신사 집까지 동행할 것을 명해서 동행해보니, 그 신사는 경찰관에게 가족이 굶주리고 있는 상황을 보이고 '금전을 지니고 있어도 어떤 이익이 있겠는가. 나는 쌀 대금으로 100엔을 지불한 것이 아니다. 가족의 목숨값으로 지불한 것이다'라고 말한 일이 있었다"라고 함부로 말하였다. 산본태의는 1942년 12월 6일 함북 온성군(穩城郡) 남양면(南陽面) 남양동 김형규(金亨奎)의 집에서 김형규 외 5명에게 앞과 같은 내용의 유언비어를 함부로 말하였다.

처분결과: 조선임시보안령 위반, 공판 중

---

[133] 본명은 국가기록원, 〈독립운동관련판결문〉의 '수형인명부'에 따른다. 이 자료에 의하면 그는 1943년 2월 23일 징역 3개월의 처분을 받았다.

청명: 대구지방법원 경주지청

직업·성명·연령: 선원 김본명봉(金本命鳳, 가네모토 메이호) 22세

사실의 개요: 1942년(昭和 17) 11월 상순 영일군(迎日郡) 포항읍(浦項邑) 소재 영일어업조합 사무소에서 영일어업조합 사무원 외 십 수 명에게 "최근 경주역 앞에서 쌀의 군외(郡外) 반출을 단속하던 순사가 임신한 조선인 여성이 쌀을 배에 은닉한 것으로 오인해 발로 그녀의 복부를 걷어차서 그녀는 그 자리에서 즉사하고 그 순사는 끌려갔다고 하는 이야기를 들었다"라고 함부로 말하였다.

처분결과: 조선임시보안령 위반, 약식 청구 중[134]

청명: 평양지방법원

직업·성명·연령: 직공 김해성대(金海聲大, 가네미 세이다이) 19세

사실의 개요: 1942년(昭和 17) 11월 11일 본적지인 평남 중화군(中和郡) 상원면(祥原面) 신창리(新昌里)[135] 강본영하(康本永夏, 야스모토 에이카)의 집에서 김산동규(金山東奎, 가네야마 도케이) 외 1명에게 "현재 흥남 방면에서는 식량이 부족해 쌀 1말이 25엔에 암거래되고 있다. 조선인은 어떻게 해서든 암시장에서라도 입수할 수 있지만, 일본인은 그것이 불가능하므로 너욱 곤란해 일본인 쪽이 더 식량이 부족해 자살하고 있다. 주로 철도에서 자살한다고 하는데, 이러한 일은 신문에 나오지 않으니 보통은 알 수 없다"라고 함부로 말하였다.

처분결과: 조선임시보안령 위반, 1943.1.14 징역 1년

---

[134] 국가기록원,〈독립운동관련판결문〉의 '수형인명부'와 '형사사건부'에 의하면 1943년 3월 1일 '벌금 50원'의 처분을 받았다.

[135] 원문의 '新昌里'는 당시 상원면에 없는 동리명이다.

청명: 함흥지방법원 혜산지청

직업·성명·연령: 농업 김촌창학(金村昌學, 가네무라 쇼가쿠) 26세, 노동 지산병수(池山炳秀, 이케야마 헤이슈) 54세

사실의 개요: 김촌창학은 1942년(昭和 17) 11월 16일 함북 길주역(吉州驛)발 혜산진(惠山鎭)행 열차 안에서 지산 외 다수의 승객에게 "성진 방면은 죄다 식량이 부족해 곤란을 겪고 있어서 시골로 이주하는 자가 매우 많다. 결국은 도시 사람들이 산간 지역으로 들어가고 있는 셈이다"라고 함부로 말하였다.

지산병수는 같은 곳에서 위의 김촌의 허언에 대응해 "대동촌(大東村) 주변은 식량 부족으로 거의 이주했기 때문에 빈집이 많이 있다. 요새 배급미는 10일분이라 하지만 5일도 먹지 못한다"라고 함부로 말하였다.

처분결과: 조선임시보안령 위반, 1942.12.22 각각 징역 6월

청명: 경성지방법원 춘천지청

직업·성명·연령: 타면업(打綿業) 완산성한(完山星漢, 히로야마 세이칸) 48세

사실의 개요: 1942년(昭和 17) 11월 17일 춘천읍(春川邑) 소양통(昭陽通) 3정목(丁目) 삼본홍구(三本洪九, 미모토 고큐)의 집에서 그 외 2명에게 "어느 시골의 조선인 부인이 백미 1되를 지니고 경성 시내로 향하던 도중에 어느 남자가 '그 쌀을 달라. 가족들이 아사할 상황이다'라고 하면서 5엔 지폐 1장을 건네고 그 쌀을 갖고 달아나버려다. 그 부인은 부근의 파출소로 가 순사에게 이야기했더니 순사가 그 남자를 찾아 파출소로 데려온 뒤 순사가 안으로 들어가 그 백미를 2엔 50전에 흥정했다 한다"라고 함부로 말하였다.

처분결과: 조선임시보안령 위반, 1943.1.30 벌금 50엔

청명: 부산지방법원

직업·성명·연령: 무직(여성) 유범실(兪凡室) 51세, 병원 사무원 김성우진(金城又進, 가네시로 유신) 16세

사실의 개요: 유범실은 1942년(昭和 17) 11월 17일 부산부 초량정(草梁町) 김성재수(金城在守, 가네시로 아리모리)의 집에서 김성우진 외 1명에게 "어떤 여자는 남편이 사망한 뒤 어린아이 2명을 데리고 있었는데, 식량 부족 때문에 아이 2명을 집에 남기고 문을 잠근 뒤 시골로 가 쌀 2되를 구매해 귀가하던 도중에 경찰관에게 발각되어 연행당했다. 수일 후에 방면되어 귀가해 보니 어린아이 2명이 아사해 있었기에 이를 비관해 자살했다"라고 함부로 말하였다.

김성우진은 1942년(昭和 17) 11월 20일 부산부 초량정 해산(海山)병원에서 현봉선범(玄峰善範, 구로미네 요시노리) 외 1명에게 앞의 유범실에게서 들어 알게 된 유언비어를 재차 전하였다.

처분결과: 조선임시보안령 위반, 1943.1.14 유범실 벌금 50엔, 1942.12.21 가네시로 유신 기소유예

청명: 해주지방법원 서흥지청
직업·성명·연령: 잡화상 송전정남(松田政男, 마쓰다 마사오)[전순남田淳男] 24세, 잡화상 송전영창(松田永昌, 마쓰다 나가마사)[전영창田永昌][136] 21세
사실의 개요: 송전영창은 1942년(昭和 17) 11월 18일 황해도 평산군(平山郡) 남천읍(南川邑) 신남천리(新南川里) 자택에서 친형인 정남 부부에게 "경성 방면에서는 식량의 암거래가 활발히 이루어지지만, 그 단속은 매우 엄중하다. 최근 어떤 곳에서 여자가 아이를 등에 업고 통행 중에 경찰관이 쌀을 등에 숨기고 운반하는 것으로 오해해 검문 중에 곡물을 검사하는 쇠꼬챙이로 여자의 등을 찔렀기 때문에 아이가 찔려 죽어 큰 문제가 되었고 그 경찰관은 면직되었다 한다"라고 함부로 말하였다. 송전정남은 11월 19일과 12월 20일 두 차례 신남천리의 평송석원(平松錫源, 히라마쓰 샤쿠겐)의 집 외 1개소에서 평송석원 외 십 수 명에게 앞과 같은 내용의 유언비어를 전하였다.

---

[136] 2인의 본명은 다음 사건 피고인 최혜숙에 관한 사건기록에 따른다. 국사편찬위원회 편, 『일제강점기 경성지방법원 형사사건기록 해제』, 국사편찬위원회, 2009, 110~111쪽.

처분결과: 조선임시보안령 위반, 1943.1.25 송전정남 벌금 400엔, 송전영창 벌금 100엔

청명: 경성지방법원

직업·성명·연령: 무직(여성) 송전혜숙(松田惠淑, 마쓰다 게이슈쿠)[최혜숙崔惠淑][137] 34세

사실의 개요: 1942년(昭和 17) 11월 중순경 자택에서 송전영창(松田永昌, 마쓰다 나가마사)[전영창田永昌]에게 "경성부 내에서는 식량 부족 때문에 암거래가 횡행하고 있는데, 최근 어떤 여자가 아이를 등에 업고 통행하던 중에 단속하던 경찰관이 암거래한 식량을 등에 은닉해 운반하는 것으로 오인해 등에 곡물을 검사하는 쇠꼬챙이를 찔러 넣어 그녀를 검문했기 때문에 아이가 찔려서 즉사해 큰 문제가 되었을 뿐만 아니라 해당 경찰관은 면직 처분되었다" 운운하며 함부로 말하였다.

처분결과: 조선임시보안령 위반, 약식 청구 중

청명: 부산지방법원 진주지청

직업·성명·연령: 쇠고기 판매업 강릉문웅(江陵文雄, 고료 후미오) 34세

사실의 개요: 1942년(昭和 17) 11월 20일 경남 진주부 영정(榮町, 사카에초)에서 이발소를 하는 옥정수웅(玉井秀雄, 다마이 히데오)의 집에서 그 외 2명에게 "십수 년 전 밀양의 어느 철도공사장에서 터널 개통 중에 낙반 때문에 인부 12명이 생매장당했는데 수일 후에 발굴 구조했더니 그중에 한 명이 행방불명이었다. 조사 결과 일동이 그자를 살해해 그 고기를 먹고 목숨을 유지했던 사실이 판명되었다. 오늘날과 같이 식량이 부족하다면 어쩌면 사람이 사람을 죽여서 잡아먹는 일 같은 사태가 발생할지도 모른다"라고 함부로 말하였다.

처분결과: 조선임시보안령 위반, 1942.12.23 벌금 200엔

---

[137] 본명은 京城地方法院, 「1943년 刑公 제505호 略式命令: 松田惠淑」, 1943.4.6에 따른다. 이 약식명령에 의하면 최혜숙은 1943년 4월 6일 경성지방법원에서 '벌금 300엔, 벌금 완납하지 못할 때는 100일간 노역장 유치' 선고를 받았다.

청명: 해주지방법원 서흥지청

직업·성명·연령: 농업 김본장손(金本長孫, 가네모토 조손) 31세

사실의 개요: 1942년(昭和 17) 11월 21일 황해도 신계군(新溪郡) 다미면(多美面) 백오리(柏嶋里) 평강상규(平岡尙奎, 히라오카 쇼케이)의 집에서 그 외 1명에게 "사리원(沙里院) 방면에서 소림백년(小林百年)광산 방면으로 이사해 온 자가 식량 부족 때문에 가족이 아사할 지경에 처해 쌀을 사러 시골로 갔다. 도중에 알고 지내던 노파가 쌀 2말 정도를 등에 지고 오는 것을 만나 '그 쌀은 무거우니 들어 주겠다'라고 말했으나, 그녀가 거절하므로 믿게 하려고 소지금 200엔을 그녀에게 건네고 그 쌀 2말을 맡아 자택으로 돌아와서 가족이 굶주림을 모면했다. 다음날 노파가 200엔을 가져와 쌀의 반환을 요구했더니 그 남자는 '그 쌀은 가족을 죽음에서 구한 약과 같은 것이었다. 은혜는 결코 잊지 않겠다'라고 말하고 끝까지 200엔을 받지 않았다 한다"라고 함부로 말하였다.

처분결과: 조선임시보안령 위반, 1942.12.29 벌금 100엔

청명: 경성지방법원

직업·성명·연령: 노동 궁천공(宮川功, 미야카와 이사오)[서창금徐昌金][138] 32세

사실의 개요: 1942년(昭和 17) 11월 22일 충남 서천군(舒川郡) 서천면 길산리(吉山里)에서 김광풍길(金光豊吉, 가네미쓰 도요키치) 외 1명에게 "경성에서 가장 가혹한 것은 식량난으로, 부민(府民)은 상당히 곤란하다. 가능한 한 시골 방면에서 쌀을 구매하려 하나 이전에 수원 근처의 어느 노파가 백미 1말 정도를 갖고 경성에 사는 친족을 찾아가는 도중에 열차 안에서 어느 노인에게 그 쌀을 팔아달라는 말을 들어 지폐 1장을 받고 쌀을 건넸는데, 그가 경성역에서 내려서 그녀가 그 지폐를 보았더니 100엔 지폐였기에 놀랐다. 경찰관이 이를 발견해 그녀를 데리고 그 노인의 뒤를 쫓아 그 집으로 가서 쌀 1말을 100엔이나 내고 산 이유를 묻자 '이 집에는 8~9명의 가족이 배급미로는 다 먹을 수 없기에 2~3일간 아무것도 먹지 못한 상태이기 때문에 그렇게 했다. 현재는 돈을 아무리 많이 갖고 있어도 음식을 사서 먹을

---

[138] 본명은 京城地方法院, 「1943년 刑公 제426호 略式命令: 宮川功」, 1943.3.24에 따른다.

수가 없으니 아무 소용이 없다. 살기 위해서는 아무리 비싸도 상관없으니 부디 그 쌀을 팔아달라'라고 애원하였으므로 경찰관도 어찌할 수가 없어서 그대로 돌아갔다 한다"라고 함부로 말하였다.

처분결과: 조선임시보안령 위반, 1943.3.24 벌금 200엔

청명: 청진지방법원

직업·성명·연령: 무직(여성) 평소신자(平沼信子, 히라누마 노부코)[김복낭金福娘]139 22세

사실의 개요: 1942년(昭和 17) 11월 22일 사리원읍(沙里院邑) 구천리(駒泉里) 제일여관(第一旅館) 국본완전(國本完全, 구니모토 간젠)의 집에서 그 외 2명에게 "청진에서는 올해 비가 내리지 않았기 때문에 곡물이나 야채가 전혀 나지 않아 남조선에서 호박을 한 수레 사서 팔았는데, 이를 사서 곡물과 섞어 먹은 자 중에 2~3명이 중독을 일으켜 죽었다", "또 함흥에서 남편이 암거래로 경찰에게 붙잡히자 집에는 처자 5명이 있는데 돈이 없었다. 식량배급일 전날에 먹을 것이 없어져 50전의 돈을 갖고 배급소로 가 쌀을 팔아달라고 요청했지만 거절당했기에 이 50전을 집어던지고 멋대로 쌀을 갖고 돌아왔다. 이에 경찰관이 서둘러 잡으러 왔더니 그 사람은 '아이에게 밥을 먹이고 나서 가겠습니다'라고 한 뒤 방에 들어가 목을 매어 자살해버렸다"라고 함부로 말하였다.

처분결과: 조선임시보안령 위반, 1942.12.31 벌금 50엔

청명: 경성지방법원

직업·성명·연령: 회사원 이천우근(利川又根, 도시카와 유콘)[서우근徐又根] 31세, 회사원 약목일준(若木日準, 와카키 니치준)[장일준張日準]140 31세

---

139 본명은 국가기록원, 〈독립운동관련판결문〉의 '수형인명부'에 따른다.
140 서우근, 장일준에 관한 경성지방법원 사건기록이 국사편찬위원회에 보관되어 있다. 국사편찬위원회 편, 『일제강점기 경성지방법원 형사사건기록 해제』, 국사편찬위원회, 2009, 111~112쪽. 본명은 위 사건기록에 의한다.

사실의 개요: 약목일준은 1942년(昭和 17) 11월 하순경 경성부 황금정(黃金町) 3정목 경춘철도주식회사(京春鐵道株式會社) 사무실에서 이천우근 외 수 명에게 "한강통 파출소(交番) 앞에서 어느 경찰관이 쌀 한 가마니를 배달부를 통해 옮기려는 것을 어느 신사가 보고 20엔에 팔아달라고 하자, 경찰관이 사지 말라고 해서 신사는 다시 50엔을 내고 팔아달라고 말하자 경찰관은 '이 쌀은 팔 수 있는 성격의 것이 아니다. 자네는 쌀 한 가마니를 50엔이나 내고 암거래하려는 비국민(非國民)이다'라고 말하면서 신사를 때렸고, 이에 신사는 반항하여 마침내 싸움이 일어났다. 그 파출소에서 또 한 명의 경찰관이 나와 그 신사[141]에게 '어째서 반항하는가' 하며 때리므로, 그 신사는 '나는 사복 헌병이다'라고 하며 권총을 보이고 '너희는 경찰관으로서 부락민이 암거래한 쌀을 압류해 자기 집으로 운반하려는 것이 틀림없다. 비국민인 것은 너희다. 지금부터 헌병대로 연행할 것인데, 너희 같은 비국민에게 황송하게도 천황 폐하께 받은 관복을 입힐 수는 없다'라고 말하고 관복을 벗기고 셔츠만 입힌 채 헌병대로 연행했다" 운운하며 함부로 말하였다. 이천우근은 1943년(昭和 18) 1월 8일 강원도 춘천읍(春川邑) 남춘천역(南春川驛) 사무실에서 남춘천역의 역무원(驛員) 임진배(林鎭培) 외 3명에게 앞과 같이 들어서 안 내용의 유언비어를 전하였다.

처분결과: 조선임시보안령 위반, 1943.4.28 각각 벌금 200엔

청명: 해주지방법원 서흥지청

직업·성명·연령: 노동 연천장손(延川長孫, 노부카와 조손) 45세

사실의 개요: 1942년(昭和 17) 12월 1일 황해도 평산군(平山郡) 세곡면(細谷面) 누천리(漏川里)에서 국수(麵) 가게를 하는 박명식(朴明植)의 집에서 평송수웅(平松秀雄, 히라마쓰 히데오) 외 십 수 명에게 "최근 경성에서 돌아온 사람의 말에 따르면 그쪽 방면에서는 식량 암거래에 대한 단속이 매우 엄중하여 지난번에도 경성역 부근에서 단속하는 경찰관이 임산부의 복부에 손을 집어넣어 검문해서 그 여성은 결국 유산했다 한다"라고 함부로 말하였다.

처분결과: 조선임시보안령 위반, 1943.1.15 제1심 판결 벌금 200엔, 제2심 판결 1943.3.4 제1심과 같음

---

[141] 원문은 "警察官"이나 문맥상 "紳士"가 맞는 것 같다.

청명: 경성지방법원 춘천지청

직업·성명·연령: 무직 송산복성(松山福星, 마쓰야마 후쿠세이) 53세, 재목상 청산부길(青山富吉, 아오야마 도미요시) 39세

사실의 개요: 송산복성은 1942년(昭和 17) 12월 10일 홍천군(洪川郡) 홍천면발 홍천군 양석(陽石)[142]행 여객자동차 안에서 김산창순(金山昌順, 가나야마 쇼준) 외 수 명에게 "춘천에서는 식량이 적어 암거래가 이루어지고 있으며, 그 방법은 여자가 아이를 등에 업은 것 같은 모양으로 운반한다. 언젠가 어느 순사가 진짜로 아이를 업은 부인을 보고 암거래 운반이라고 착각해 칼을 뽑아 아이를 찔러죽였기 때문에 이 순사는 사형되고 말았다"라고 함부로 말하였다. 청산부길은 송산복성의 말을 받아 "어느 면에서 일본인이 아이 4명이 아사하려 했기 때문에 백미 1말을 40엔에 구입했다고 한다. 살기 힘들어진 경성에서는 식량 암거래가 활발히 이루어지고 있어서 사체 운반을 가장해 식량의 암거래 운반을 한다"라는 이야기를 함부로 말하였다.

처분결과: 조선임시보안령 위반, 1943.2.23 각각 징역 6월

청명: 청진지방법원

직업·성명·연령: 면포상 김해상익(金海尙翼, 가네미 쇼요쿠) 44세

사실의 개요: 1942년(昭和 17) 12월 15일 사는 마을인 함경북도 무산군(茂山郡) 무산면 남산동(南山洞) 자택에서 산본재민(山本宰民, 야마모토 사이민)과 다른 사람들에게 "평양의 어느 곳에서 조선인 노파가 아들에게 백미 2되 5홉을 갖고 가는 도중에 일본인 부인이 나타나 노파의 쌀 주머니를 빼앗고 그 대금으로 돈 45엔을 지불하였다. 노파가 이 상황을 경찰관에게 신고했더니 경찰관은 일의 진상을 규명하고자 그 부인의 주거지로 가 조사했는데, 부인이 말하기를 '나는 쌀을 산 것이 아니라 약을 산 것입니다. 저기를 봐 주십시오. 쌀이 없어서 가족이 아사하려던 참에 그 노파가 양보해준 쌀로 겨우 소생했으니 저것은 쌀이 아니라 약입니다'라고 대답하였으므로 경찰관은 그대로 떠나버렸다"라고 함부로 말하였다.

처분결과: 조선임시보안령 위반, 1943.2.25 벌금 50엔

---

142 당시 홍천군에 없는 지명이다. 유사한 행정구역명으로 "瑞石面"이 있다.

청명: 부산지방법원 거창지청

직업·성명·연령: 양조장 직인 석산우준(錫山又俊, 스즈야마 유슌) 42세

사실의 개요: 1942년(昭和 17) 12월 24일 자택에서 김본갑순(金本甲順, 가네모토 고준) 외 2~3명에게 "부산에서는 철도 선로에 인접한 외딴집의 어느 여자가 실내에 아이 2명을 두고 바깥의 기차가 위험하므로 자물쇠를 채우고 외출해서 시골로 가 쌀을 암거래로 구매해 돌아오는 도중에 경찰관에게 발각당했다. 경찰서에서 3일쯤 유치되어 취조받고 집으로 돌아가 보니 2명의 아이는 이미 죽었다 한다"라고 함부로 말하였다.

처분결과: 조선임시보안령 위반, 약식 청구 중[143]

청명: 평양지방법원

직업·성명·연령: 농업 방천희병(芳川禧柄, 요시카와 기헤이) 44세

사실의 개요: 1943년(昭和 18) 1월 1일 중화군(中和郡) 양정면(楊井面)[144] 신대리(新大里) 평정정(平井楨, 히라이 데이)의 집에서 잡곡 공출 때문에 집합한 임승균(林昇均) 외 6~7명에게 "평양병기제조소(平壤兵器製造所)에서는 매달 직공의 몸무게를 재는데, 최근에는 식량 부족 때문에 1개월에 5근씩 체중이 준다 한다"라고 함부로 말하였다.

처분결과: 조선임시보안령 위반, 1943.1.29 기소유예

청명: 함흥지방법원 혜산지청

직업·성명·연령: 노동 궁본제현(宮本齊鉉, 미야모토 사이켄)(이제현李齊炫)[145] 55세

사실의 개요: 1943년(昭和 18) 1월 2일 길주(吉州)발 혜산(惠山)행 하행열차 안에서 산본

---

143 국가기록원, 〈독립운동관련판결문〉의 '수형인명부'에 따르면 석산운준은 1943년 4월 7일 '벌금 200엔'의 처분을 받았다.
144 원문은 "楊西面"이나 당시 중화군에 없는 면명이다. 신대리가 속한 "楊井面"으로 고쳤다.
145 본명은 국가기록원, 〈독립운동관련판결문〉의 '집행원부'와 '형사사건부'에 따른다. 이 기록에 따르면 이제현은 1943년 4월 23일 2심(경성복심법원)에서 징역 3개월을 판결받았다.

주혁(山本周赫, 야마모토 슈카쿠)에게 "성진은 조선에서 가장 생활이 곤란한 곳으로 배급미로는 부족하다고 한다. 먹지 않을 수 없어서 전분(澱粉)이라도 암거래로 사려면 한 되에 1엔 20전에서 1엔 50전이나 한다. 따라서 적은 돈벌이로는 생활할 수 없다. 감자라도 먹고 살겠다고 생각해 갑산(甲山) 지방으로 이주하는 자가 상당히 있다. 지금은 이 때문에 빈집이 많이 있다. 성진 지방에서 살려고 한다면 돈이 없는 자는 죽을 수밖에 없다"라고 함부로 말하였다.

처분결과: 조선임시보안령 위반, 1943.2.8 징역 3월 3년간 집행유예, 검사 공소 신청 중

청명: 함흥지방법원 혜산지청

직업·성명·연령: 도자기업 청야정웅(淸野正雄, 기요노 마사오)[김환철金煥喆]¹⁴⁶ 34세

사실의 개요: 1943년(昭和 18) 1월 7일 혜산선(惠山線) 열차 안에서 임학룡(林學龍)과 그 외 수 명의 승객에게 "나는 선로감시소 근무로 복역했는데, 군용 비행기가 날마다 20~30대 날 때가 있었지만 하나하나 그 비행 목적지를 본부에 보고해야만 하기에 매우 바쁘다. 최근에 여관에서는 영업용 밥쌀 배급이 적어서 손님에게 제공할 식기로 작은 것을 사고자 분주하다. 나는 본적지에 1만 평의 토지를 소유하고 있으나 가을에 수확하는 쌀은 공출되고 남은 것은 보관을 지시받아 현재 우리 집의 식량은 배급미로, 생활하는 데 곤란하다"라고 함부로 말하였다.

처분결과: 육군형법 위반, 해군형법 위반, 조선임시보안령 위반, 1943.2.8 금고 4월 3년간 집행유예, 검사 공소 신청 중

청명: 부산지방법원

직업·성명·연령: 건어물 상인 송전부일(松田富一, 마쓰다 도미카즈) 51세

사실의 개요: 1943년(昭和 18) 1월 13일 경북 청도군(淸道郡) 청도면 고수동(高樹洞)에

---

146 본명은 국가기록원, 〈독립운동관련판결문〉의 '형사사건부'에 따른다. 이 기록에 따르면 김환철은 1943년 4월 23일 2심(경성복심법원)에서 금고 4개월을 판결받았다.

서 여인숙을 운영하는 수야태경(水野泰敬, 미즈노 야스타카)의 집에서 그 외 2명에게 "최근 울산(蔚山) 군내에서는 한창 쌀의 암거래가 이루어지고 있다. 내 주변 사람 중에서 쌀 암거래를 하다가 경찰서로 끌려가 고문을 받고 유치장 내에서 사망한 이가 있다. 그는 상당한 자산가로 자식 중에는 지원병이 되거나 혹은 순사로 근무하는 자가 있는데, 자식에게 부끄러움을 끼치고 죽었다. 장례식이 마쳤는데, 가족이 경찰에게 시끄럽게 떠들고 갔던 사실이 있다"라고 함부로 말하였다.

처분결과: 조선임시보안령 위반, 1943.3.10 징역 6월

청명: 해주지방법원 사리원지청

직업·성명·연령: 기생(여성) 전복득(全福得) 19세

사실의 개요: 1943년(昭和 18) 1월 16일 황해도 안악군(安岳郡) 용문면(龍門面) 동창리(東倉里)의 요릿집인 동원관(東園館) 객실에서 석원정삼(石原正三, 이시하라 세이조) 외 1명에게 "진남포부(鎭南浦府) 한두정(漢頭町)에서 과부가 아이 2명과 함께 살고 있었는데 식량이 부족하고 쌀을 살 돈도 없어 며칠인가 끼니를 거른 뒤 죽는 편이 낫다고 생각해 쥐약을 밥에 섞어 셋이 먹고 자살했다", "진남포부의 제련소 부근에 사는 조선인 여성이 아이를 데리고 나무배를 타고 암거래로 쌀을 사러 갔는데, 귀가하던 도중에 배가 침몰해 익사했다. 그 밖에도 식량이 부족해 죽은 이가 상당히 있는 모양이다", "진남포부에서는 배급미만으로는 매일 아침저녁 두 차례 모두 죽을 쑤어 먹어도 한 달에 2~3일분은 부족한 상태이므로 '진남포부에 살면 이 상황으로는 아사하는 것이 아닐까' 하며 큰 소란을 일으키고 있다" 운운하며 함부로 말하였다.

처분결과: 조선임시보안령 위반, 약식 청구 중

청명: 부산지방법원

직업·성명·연령: 광산 인부 김전생수(金田生水, 가네다 세이스이) 26세

사실의 개요: 1943년(昭和 18) 2월 7일 함안군(咸安郡) 함안면 괴산리(槐山里) 정두환(鄭

斗煥)의 집에서 그 외 4명에게 "최근 부산부 내의 순사는 식량난 때문에 다수가 다른 곳으로 전근한다. 부산에서는 식량이 부족해 백미 1되에 2엔 50전을 내도 살 수가 없다. 어떤 조선인 가정에서 그 집 여자가 백미 1되를 겨우 구해 밥을 지어두고 남편을 맞으러 나가 있는 동안 누군가가 그 밥을 전부 가져가고 그 대금으로 10엔 지폐 2매를 부엌에 놓고 간 일이 있었다. 부산 쪽은 아무리 돈이 있어도 밥을 얻을 수가 없다. 최근 부산의 어느 조선인 가정에서 쌀이 없어 곤란해서 시골로 가서 백미 3되를 구매해 기뻐하며 돌아오는 도중에 순사에게 발각당해 그날 밤 경찰에 유치되었다. 다음날 집으로 돌아가 보니 집에 있던 아이 2명이 아사해 있었다. 그 후에 이 일이 판명되어 취조한 순사는 징역에 처해진 일이 있었다"라고 함부로 말하였다.

처분결과: 조선임시보안령 위반, 1943.2.23 징역 6월

청명: 부산지방법원
직업·성명·연령: 음식점 영업(여성) 신소악이(辛小岳伊, 가라이 쇼가쿠이) 50세, 철공업 삼정부원(三井富源, 미쓰이 후겐) 49세
사실의 개요: 신소악이는 1943년(昭和 18) 2월 20일 자택에서 삼정부원 외 2명과 식량 문제에 관해 잡담 중에 삼정 등에게 "경주(慶州)에서 돌아오던 차 안에서 조선인 남자에게 들은 이야기인데, 부산부 수정정(水晶町, 스이조초)에 사는 어떤 조선인 여자가 경북 영천(永川)에서 백미 2말을 얻어 돌아오는 도중에 영천역에서 순사부장에게 발각되어 파출소로 연행당해 취조를 받았다. 그녀는 돌연 등에 업고 있던 갓난아이와 백미를 집어던지고 도주해서 추적해 붙잡은 뒤 도주한 이유를 묻자 '자기 집에는 시어머니와 3명의 아이가 쌀이 없어서 세 끼도 걸러 기아에 처해 있는데, 지금 기차로 돌아가지 않으면 4명 모두 죽어버릴지도 모르기 때문에 갓난아이 한 명 정도는 어떻게 되든 상관없다고 생각해 달아났다'라고 말했다. 순사부장이 사실 여부를 조사하자 그녀가 말한 대로였으므로 이 상황을 상사에게 보고하였더니, 상관은 그렇게 곤란하다면 앞으로 쌀 반출은 단속하지 않아도 좋다는 명령을 내렸다. 따라서 금후로는 자유롭게 반출이 가능해졌다 한다" 운운하며 함부로 말했다.
삼정부원은 2월 24일 자택에서 향목수부(香木秀夫, 고노키 히데오) 외 1명에게 앞과 같이

들어서 안 내용의 유언비어를 전하였다.

처분결과: 조선임시보안령 위반, 각각 약식 청구 중

청명: 부산지방법원 통영지청
직업·성명·연령: 음식점 겸 생선소매상 경산두업(慶山斗業, 요시야마 도교)[전두업全斗業][147] 48세
사실의 개요: 1943년(昭和 18) 2월 20일 통영(統營) 읍내 조선시장(朝鮮市場)에서 남성정의(南城正義, 미나미시로 마사요시) 외 생선 행상 부녀자 5~6명에게 "창원군(昌原郡) 진동면(鎭東面)의 어느 임산부는 분만 시기가 되었는데, 식량이 떨어져 3일간이나 음식을 섭취하지 못해 굶주린 나머지 자기가 낳은 갓난아이를 그 자리에서 절반 정도 잡아먹고 있자, 이웃집 노부인이 이를 발견해 죽을 주고 해산을 도와주며 이유를 묻자 '너무 굶주려서 아무 것도 눈에 보이지 않을 정도가 되자 아이가 대구로 보여서 먹었다'라고 대답했다 한다"라고 함부로 말하였다.
처분결과: 조선임시보안령 위반, 1943.3.31 징역 4월[148] 4년간 형 집행유예

청명: 해주지방법원 시흥시청
직업·성명·연령: 무직 평도옥선(平島玉仙, 히라지마 교쿠센) 35세
사실의 개요: 1943년(昭和 18) 2월 28일 곡산군(谷山郡) 멱미면(覓美面)[149] 문암리(文岩里) 문암여관 객실에서 곡산재준(谷山在俊, 다니야마 아리토시) 외 3명에게 "최근 식량 부족 때문에 암거래가 활발히 이루어지고 있는데, 모처에서 어느 여자가 마치 아이를 등에 업고 오는 것처럼 꾸며 암거래한 쌀을 등에 숨겨 운반하는 도중에 경찰관에게 발각당해 도주할 때 노상의 아이를 넘어뜨려 죽게 했다"라고 함부로 말하였다.
처분결과: 조선임시보안령 위반, 공판 중

---

147 본명은 釜山地方法院統營支廳, 「1943년 刑公 제72호 判決 : 慶山斗業」, 1943.3.31에 따른다.
148 원문에 '四年'으로 기재되었으나 위 판결문에 의거해 '四月'로 바로잡는다.
149 원문은 "見美面"이나 당시 곡산군에 없는 면명이다. 문암리가 속한 "覓美面"으로 바로잡는다.

청명: 부산지방법원 마산지청

직업·성명·연령: 구장 달성정수(達城正守, 다쓰시로 마사모리) 57세

사실의 개요: 1943년(昭和 18) 2월 28일 경상남도 함안군(咸安郡) 칠북면(漆北面) 가연리(佳淵里) 소재 답곡(沓谷) 고개에서 휴식 중에 동행하던 위의 칠북면 이령리(二靈里) 구장 천원재수(千原載壽, 지하라 자이주) 외 2명에게 "지난 2월 21일경 창녕군(昌寧郡) 부곡면(釜谷面)에서는 식량 부족 때문에 농가의 부인들 약 40명이 결식으로 얼굴이 부은 아이들을 데리고 면사무소로 들이닥쳐 면장에게 '우리는 식량이 전혀 없어서 아사할 것 같으니 배급해 주었으면 한다. 그것이 불가능하다면 아이에게만이라도 음식을 달라'라고 하며 아이들을 면장에게 맡기고 집으로 돌아가려 했다. 면장도 놀라서 식량을 구하기 위해 나간 채 3일이 지나도 귀가하지 않았다"라는 이야기를, 1943년 3월 7일에는 칠북면 둔천동(屯川洞) 송산분이(松山粉伊, 마쓰야마 훈이)의 집에서 김성형치(金城亨治, 가네시로 게이지) 외 3명에게 앞과 같은 내용과 함께 "최근 함안군(咸安郡) 산인면(山仁面)에서는 식량 부족 때문에 이미 3명이 죽었다"라고 함부로 말하였다.

처분결과: 조선임시보안령 위반, 1943.4 2 징역 6월

청명: 부산지방법원 마산지청

직업·성명·연령: 면서기 김천창돈(金川昌敦, 가나가와 마사아쓰) 48세

사실의 개요: 1943년(昭和 18) 3월 1일 함안군(咸安郡) 산인면(山仁面) 모곡리(茅谷里)에서 술집을 하는 최송아(崔松阿)의 집에서 동석한 파산복진(巴山卜珍, 도모야마 보쿠친) 외 1명에게 "창원군(昌原郡)에서는 작년 가을 무렵부터 식량의 암거래를 엄중히 단속해서 통영과 거제 방면에서 곡류를 암거래하러 온 자는 일반 도로를 통행할 수가 없어 야간에 산길로 다니던 중에 추위와 굶주림 때문에 사망한 이가 있었다. 이 때문에 그 후 마산 방면에서는 식량의 암거래를 엄중히 단속하지 않게 되었다"라고 함부로 말하였다.

처분결과: 조선임시보안령 위반, 1943.4.2 징역 6월

청명: 청진지방법원 성진지청

직업·성명·연령: 무직 홍순자(洪順者) 35세

사실의 개요: 1943년(昭和 18) 3월 5일 함경북도 명천군(明川郡) 동면(東面) 다진동(多津洞) 목촌학범(木村學凡, 기무라 가쿠본)의 집에서 그 외 4명에게 "근래 소문을 듣자 하니 청진에서는 식량 부족 때문에 어미가 어린아이를 죽여 잡아먹었다"라고 함부로 말하였다.

처분결과: 조선임시보안령 위반, 1943.3.25 징역 4월

청명: 경성지방법원

직업·성명·연령: 광산업 삼천순(森川淳, 모리카와 준)[이병우(李秉愚)][150] 51세

사실의 개요: 1943년(昭和 18) 3월 8일 [강원도] 홍천군(洪川郡) 남면(南面) 양덕원리(陽德院里)[151]에서 음식점을 하는 김원원기(金原元基, 가네하라 겐키)의 집에서 지원대근(池原大根, 이케하라 다이콘) 외 3명에게 "경기도 도농군(陶農郡) 미금면(渼金面)[152]에서는 식량 부족 때문에 아사한 자가 2명 있었다"라고 함부로 말하였다.

처분결과: 조선임시보안령 위반, 약식 청구 중[153]

청명: 신의주지방법원

직업·성명·연령: 노동 백천수길(白川壽吉, 시라카와 주키치) 49세

사실의 개요: 1943년(昭和 18) 2월 초순경 삭주군(朔州郡) 구곡면(九曲面) 수풍동(水豊洞) 자택에서 김창정호(金倉禎浩, 가네쿠라 데이코) 외 5명에게 "의주군(義州郡)의 어느 지역에서 노동자 4명이 식량이 떨어진 끝에 야간에 부락 농가에 가서 옥수수 2말을 강제로 뺏

---

[150] 본명은 京城地方法院,「1943년 刑公 제988호 略式命令: 森川淳」, 1943.5.13에 따른다.
[151] 원문은 "陽德里"이나 당시 남면에 없는 동리명이다. 남면에 속한 "陽德院里"로 고쳤다.
[152] 경기도에 없는 지명이다. 가장 유사한 지명은 '양주군 미금면 도농리(楊州郡 渼金面 陶農里)'이다. 앞의 '약식명령'에는 "京畿道 陶農"으로 나온다.
[153] 앞의 판결문에 따르면 이병우는 1943년 5월 13일 '벌금 200원, 벌금을 완납하지 못할 때는 40일간 노역장에 유치한다'는 판결을 받았다.

고 대금으로 8엔을 놓고 갔다. 주인이 주재소에 이를 신고하자 경관은 '기아에 시달려 어쩔 수 없이 저지른 일이고 대금도 지불했으니 강도는 아니다. 어쩔 수가 없다. 돌아가라' 했다"라는 내용을 함부로 말하였다.

처분결과: 조선임시보안령 위반, 약식 청구 중

③ 식량 공출

청명: 신의주지방법원 정주지청

직업·성명·연령: 농업 겸 포목행상 송본몽길(松本夢吉, 마쓰모토 무키치) 38세

사실의 개요: 1942년(昭和 17) 2월 15일경 평북 정주군(定州郡) 대전면(大田面) 운학동(雲鶴洞)의 이찬성(李贊聖)의 집에서 구장 삼야찬모(森野贊模, 모리노 산모)에게 "이렇게 공출을 강제당하니 내 자식도 곤란하다. 이렇게 강제되곤 한다면 장차 국가에 대해서도 내란이 일어날 것이다"라고 함부로 말하였다.

처분결과: 조선임시보안령 위반, 1942.12.24 벌금 500엔

청명: 함흥지방법원 원산지청

직업·성명·연령: 농업 안흥지원(安興智源, 야스오키 도시모토)[안지원安智源] 42세[154]

사실의 개요: 1942년(昭和 17) 3월 11일 함남 안변군(安邊郡) 서곡면(瑞谷面) 계자리(桂子里)의 노상에서 풍곡병규(豊谷炳奎, 도요타니 헤이케이)에게 "면서기나 주재소의 순사가 각 부락에 출장을 와서 강제로 벼를 출하시키기 때문에 우리 부락에서는 볍씨가 떨어졌다. 이래서야 농민은 농사를 그만두고 죽는 것 외에 방법이 없다"라고 함부로 말하였다.

처분결과: 조선임시보안령 위반, 1942.6.30 3년간 집행유예

---

[154] 본명과 나이는 국가기록원,〈독립운동관련판결문〉의 '형사사건부'에 따른다. 이 기록에 따르면 원문의 처분결과 날짜는 2심(경성복심법원)의 판결일이다.

청명: 해주지방법원 서흥지청

직업 · 성명 · 연령: 농업 국본만성(國本萬成, 구니모토 반세이) 30세

사실의 개요: 1942년(昭和 17) 3월 12일 사는 마을인 황해도 평산군(平山郡) 세곡면(細谷面) 누천리(漏川里) 노상에서 마을 사람 천곡융민(千谷隆敏, 지타니 다카토시) 외 1명에게 "오늘 남천(南川) 효자동(孝子洞) 방면에서 평산군청의 식량 조사원이 각각 집을 돌며 식량 조사를 하고 있었는데, 각 집의 식량 5일분은 남기고 그 나머지는 전부 봉인하거나 가마니에 넣어서 징발해간 모양이다"라고 함부로 말하였다.

처분결과: 조선임시보안령 위반, 1942.4.13 벌금 50엔

청명: 부산지방법원 진주지청

직업 · 성명 · 연령: 농업 안본창제(安本昌濟, 야스모토 마사즈미) 46세

사실의 개요: 1942년(昭和 17) 3월 18일 사는 마을인 경남 사천군(泗川郡) 사천읍 구암리(龜岩里)에서 미곡 공출을 독려하러 온 사천경찰서 야마모토(山本) 순사에게 "현재 관공서가 각 농가에서 너무나 많은 벼를 공출하고 있어서 농민은 식량이 없어 절대적으로 괴롭다. 예로부터 농업은 천하의 대본(大本)이므로 백성의 배를 채우고 나서 그 나머지를 상공업 등 다른 직업의 사람들에게 지급해야 할 것이나. 오늘날 당국의 정책은 악정(惡政)이라는 비난을 면할 수 없다"라고 함부로 말하였다.

처분결과: 조선임시보안령 위반, 1942.4.22 벌금 150엔

청명: 부산지방법원 진주지청

직업 · 성명 · 연령: 농업 추전신삼랑(秋田新三郎, 아키타 신자부로) 30세

사실의 개요: 1942년(昭和 17)년 4월 5일 사는 마을인 경남 사천군(泗川郡) 용현면(龍見面) 금문리(琴聞里) 강학룡(姜學龍)의 집에서 개최된 면 주최 관리미(管理米) 공출 독려 좌담회 석상에서 군농회 지도원이 공출의 필요성을 역설하자 일동에게 "이제 와서 모든 벼를 공출하라는 것은 마치 백성에게 죽으라고 말하는 것과 마찬가지다"라고 함부로 말하였다.

처분결과: 조선임시보안령 위반, 1942.6.30 기소유예

청명: 함흥지방법원 강릉지청
직업·성명·연령: 공장 수위 죽강정범(竹岡丁範, 다케오카 조한) 22세
사실의 개요: 1942년(昭和 17)년 4월 10일 강원도 삼척읍(三陟邑) 정상리(汀上里) 소재 조선협동유지회사(朝鮮協同油脂會社) 공장 뒷문의 초소에서 수위 김정금철(金正金哲, 가네마사 긴테쓰) 외 1명에게 "식량미 부족은 앞으로 점점 심각해질 것이다. 애써 농민이 생산한 쌀은 자유롭게 처분하지 못하고 국가에 공출당해 생산자도 쌀을 사지 않으면 안 되니, 백성은 농업을 꺼려 전업하는 이가 속출할 것이기 때문이다. 지금 일본은 개전 이래 대승리를 거두고 있으나, 경제전에서 패하여 이런 추세로 간다면 3년 안에 내란이 일어나 제1차 구주전쟁(歐洲戰爭, 제1차 세계대전)의 독일과 같은 운명에 빠질 것이다"라고 함부로 말하였다.
처분결과: 육군형법 위반, 해군형법 위반, 조선임시보안령 위반, 1942.7.3 징역 6월

청명: 평양지방법원 진남포지청
직업·성명·연령: 농업 김성정백(金城挺百, 가네시로 데이하쿠) 41세
사실의 개요: 1942년(昭和 17) 4월 24일 평남 용강군(龍岡郡) 용강면 난산리(卵山里) 자택에서 용강경찰서 순사 이본창우(李本昌雨, 리모토 쇼우)에게 "요즘 농민은 옛날과 달리 열심히 일해도 아무것도 얻을 수 없다. 벼를 수확해도 대부분 공출되어 버리고, 자기 집에서 먹을 것은 없다. 나도 전부 공출당했기 때문에 현재는 사서 먹고 있다"라고 함부로 말하였다.
처분결과: 조선임시보안령 위반, 1942.7.17 기소유예

청명: 경성지방법원 수원지청
직업·성명·연령: 농업 조산규선(曺山圭瑄, 소야마 게이센) 21세
사실의 개요: 1942년(昭和 17) 5월 6일 경기도 수원군(水原郡) 매송면(梅松面) 어천리(漁川里) 노상과 어천리 소재 경찰관주재소 안에서 수향시륜(水鄕是倫, 미즈사토 시린) 외 1명에게 "정부는 이번 연도부터 민간에서 생산하는 미곡을 전부 강제로 대금을 내지 않고 그대로 징수하며, 식량은 가족 수에 따라 배급하게 되었기 때문에 성실히 증산에 힘써도 아무것도 얻을 수 없다"라고 함부로 말하였다.
처분결과: 안녕질서에 대한 죄, 1942.9.2 징역 9월 3년간 집행유예

청명: 해주지방법원
직업·성명·연령: 농업 목촌용수(木村用水, 기무라 요스이) 43세
사실의 개요: 1942년(昭和 17) 5월 15일 사는 마을인 황해도 장연군(長淵郡) 용연면(龍淵面) 근록리(芹轆里) 공동작업장에서 소속 애국반장 김천진성(金川振聲, 가나가와 신세이)이 반원 십 수 명을 집합시켜 백미와 잡곡 공출을 독려하는데, 위의 가나가와에게 "쓸데없는 소리 하지 마라. 누가 전쟁을 하라고 말했는가? 오늘 우리가 먹을 것도 없어서 곤란하니 배를 째도 공출은 불가능하다"라고 함부로 말하였다.
처분결과: 조선임시보안령 위반, 1942.11.17 징역 4월

청명: 전주지방법원 정읍지청
직업·성명·연령: 농업 김용희(金溶熺) 51세
사실의 개요: 1942년(昭和 17) 5월 27일 전북 부안군(扶安郡) 하서면(下西面) 청호리(晴湖里) 손동진(孫東振)의 집에서 손동진 외 3명에게 "정읍군(井邑郡) 산내면(山內面)은 작년 흉작이었음에도 군이나 면의 직원이 집안을 수색해 식량을 빼앗아갔기 때문에 면민은 전부 아사에 직면해 있다"라고 함부로 말하였으며, 5월 29일 하서면 언독리(堰毒里) 김창길(金昌吉)의 집에서 그에게 같은 내용을 함부로 말하였다.
처분결과: 조선임시보안령 위반, 1942.7.4 기소유예

청명: 경성지방법원 수원지청
직업·성명·연령: 승려(여성) 노순임(盧順任) 60세
사실의 개요: 1942년(昭和 17) 5월 29일 경기도 용인군(龍仁郡) 기흥면(器興面) 영덕리(靈德里) 극락암에서 신성인(申成仁)에게 "자손이 태어나면 나라에 빼앗기고, 농민이 쌀이나 보리를 경작해도 나라에서 뺏어가니 무슨 낙이 있어 살아갈 것인가"라고 함부로 말하였다.
처분결과: 조선임시보안령 위반, 1942.11.7 징역 6월 3년간 집행유예

청명: 부산지방법원
직업·성명·연령: 회사사무원 남창왕(南昌旺) 54세
사실의 개요: 1942년(昭和 17) 10월 5일 부산부 좌천정(佐川町, 사가와초)에서 이발업을 하는 완산존직(完山存稷, 히로야마 존쇼쿠)의 집에서 완산존직 외 2명에게 "지난날 부회(府會)에서 이번 연도 미곡 공출 방침은 일반 농민이 농사를 싫어하는 기분을 일소하기 위해 소작인에게는 내년 단경기(端境期)까지 필요한 식량을 공제한 뒤 공출시키고, 지주의 소득은 사정 여하를 불문하고 전부 공출시키는 것으로 결정했다고 한다. 이렇게 유산자에게서 착취해 무산자에게 나눠주는 것이 소위 공산주의다. 이런 상황으로 간다면 일본의 정치도 장래에는 공산주의가 되는 것이 아닐까"라고 함부로 말하였다.
처분결과: 조선임시보안령 위반, 1942.11.16 벌금 50엔

청명: 대구지방법원
직업·성명·연령: 과자소매상 고목임원(高木任遠, 다카기 닌엔) 41세
사실의 개요: 1942년(昭和 17) 7월 10일 경북 영천군(永川郡) 영천읍 문외동(門外洞) 자택 점포 앞에서 문천민웅(文川敏雄, 후미카와 도시오)에게 "근년 때때로 가뭄이 있었다. 이는 일본의 운명이 좋지 않기 때문이다. 정부는 식량 부족을 무시하고 농민에게 강제로 식량을 공출시키고 있는데 이는 식량을 몰수하는 것과 마찬가지다. 정치가 올바르지 못하기 때문에 조선인이 모두 곤란하니, 한층 더 이 기회에 미·영의 비행기가 일본 대도시를 폭격했

으면 좋겠다"라고 함부로 말하였다.
처분결과: 조선임시보안령 위반, 1943.11.26 징역 6월

청명: 부산지방법원 마산지청
직업 · 성명 · 연령: 농업 호산점신(湖山點信, 고야마 덴신) 50세
사실의 개요: 1942년(昭和 17) 10월 28일 경남 함안군(咸安郡) 군북역(郡北驛)발 의령(宜寧)행 승합자동차 안에서 승객 박순이(朴順伊)에게 "나는 오늘 마산에 가 봤는데, 농민이 미곡생산고 조사 수량보다 공출한 쌀이 적어서 면 직원에게 개처럼 두들겨 맞았다. 이런 꼴이라면 차라리 죽는 편이 낫다"라고 함부로 말하였다.
처분결과: 조선임시보안령 위반, 1943.11.24 징역 8월

청명: 대구지방법원
직업 · 성명 · 연령: 면식량배급통제사무 촉탁 창성정랑(昌成政郎, 마사나리 세이로)[성낙용成洛庸][155] 25세
사실의 개요: 1942년(昭和 17) 11월 초순경 경북 영천군(永川郡) 화북면(華北面) 선천동(仙川洞)의 자택에서 우편국원 안전승평(安田昇平, 야스다 쇼헤이) 외 3명에게 "시국이 시국인 만큼 식량 대책 상 화북면사무소는 쌀 공출을 할당하면서 공출 책임수량보다 많게, 가령 10가마니의 책임수량에 대하여 15가마니를 할당하는 것과 같이 실제 많은 양의 공출 명령을 내리고 있다. 우편국의 채권 할당도 이와 마찬가지로 실제로는 해당 국(局)의 책임 수량보다 많게 할당하여 일반에 구매하게 하고 있을 것이다. 따라서 우편국에서 할당한 수량 전부를 구입할 필요는 없을 것이다"라고 함부로 말하였다.
처분결과: 조선임시보안령 위반, 1943.1.11 벌금 50엔[156]

---

[155] 본명은 국가기록원, 〈독립운동관련판결문〉의 '형사사건부'에 따른다.
[156] 위의 '형사사건부'에 따르면 처분결과는 '벌금 10엔'이다.

청명: 신의주지방법원 영변지청

직업·성명·연령: 양복상 백천식(白川栻, 시라카와 쇼쿠) 31세

사실의 개요: 1942년(昭和 17) 11월 24일 평양발 진남포행 열차 안에서 동승한 백천송일(白川松一, 시라카와 쇼이치)에게 "영변 방면에서는 관청 직원이 농민이 수확한 쌀을 강제로 빼앗으니 은닉한 쌀을 가진 자는 살 수 있으나, 갖고 있지 않은 자는 아사할 지경이다. 국가는 농민의 일 따위는 생각하고 있지 않다"라고 함부로 말하였다.

처분결과: 조선임시보안령 위반, 1943.4.19 징역 4월

청명: 대구지방법원

직업·성명·연령: 농업 산원재기(山原在基, 야마하라 아리모토) 56세

사실의 개요: 1942년(昭和 17) 11월 25일 경북 경산군(慶山郡) 용성면(龍城面) 송림동(松林洞)에서 여인숙을 하는 신금이회(信金以會, 노부카네 이카이)의 집에서 그 외 4명에게 "올해 같은 흉년에 양곡 공출을 지시받았는데, 농민은 가마니를 사고 운임을 지불하여 비용만 비싸지고 받는 돈은 없다. 일반 물가는 높은데 쌀값은 싸니 농민은 죽을 정도로 고생하고 있다. 황군(皇軍)이라고 말하나 농민의 배가 부른 뒤에 생각할 일로, 농민의 배가 곯아서는 황군 따위는 생각할 수 없다. 공출도 마찬가지로 농민의 배가 부른 뒤에 가능한 것이며 농민의 배가 곯아서는 불가능하다. 관리도 몇 홉씩인지 쌀을 배급받고 있는 모양이나, 그들도 그것만으로 먹고 살아갈 수 없을 것이다"라고 함부로 말하였다.

처분결과: 조선임시보안령 위반, 제1심 판결 1942.12.22 벌금 500엔, 제2심 판결 1943.1.30 제1심과 같음

청명: 부산지방법원

직업·성명·연령: 무직 김성선도(金城善度, 가네시로 젠도) 44세

사실의 개요: 1942년(昭和 17) 11월 30일 부산부 영선정(瀛仙町)에서 주류 판매업을 하는 김택강길(金澤康吉, 가나자와 야스키치)의 집에서 원정수원(元井秀元, 모토이 히데모토) 외

5명에게 "김해군수는 가락면(駕洛面)에 미곡 공출을 다른 면에 비해 너무나 지독하게 지시해 농가를 수색한 뒤 한 톨의 벼도 남김없이 징발해버렸다. 대단하던 면장도 군수의 처사에 분개하여 면민에 대한 자기 입장을 명확히 하기 위해 면민의 권고에도 불구하고 사직했다 한다"라고 함부로 말하였다.

처분결과: 조선임시보안령 위반, 1943.1.19 벌금 50엔

청명: 해주지방법원 서흥지청

직업·성명·연령: 농업 연원정희(延原定熙, 노부하라 데이키) 40세

사실의 개요: 1942년(昭和 17) 12월 24일 수안군(遂安郡) 도소면(道所面)[157] 용두리(龍頭里) 연원진하(延原鎭厦, 노부하라 진카)의 집에서 수안군 군속(郡屬) 도쿠하라 간이치(德原寬一) 외 십 수 명이 모여 시국 식량대책에 관해 협의할 때 그 석상에서 "용두리 제1구 부락은 용두리 제2구 부락에 비해 할당 수량이 과하므로 할당대로 공출한다면 수확량 전부를 공출해도 부족하니 잡곡이 한 톨도 남지 않을 처지다. 그리된다면 겨울을 넘기다 아사하는 자도 나올 것이 틀림없다. 실제로 평양 방면에서는 당국이 과도한 공출 할당을 내렸기 때문에 순사가 농민에게 원성을 사 찔려 죽었다는 이야기가 있다"라고 함부로 말하였다.

처분결과: 조선임시보인령 위반, 1943.3.8 징역 2월

청명: 함흥지방법원

직업·성명·연령: 농업 덕산길윤(德山吉允, 도쿠야마 기치인) 32세

사실의 개요: 읍사무소와 군청, 경찰서에서 벼 공출을 독촉받아 할당 수량인 벼 21가마니 중 13가마니만 공출하고 나머지는 이에 응하기 어려운 실정이지만, 누차 공출을 독촉받자 1943년(昭和 18) 1월 8일 단천군(端川郡) 단천읍 내문리(內門里)의 음식점 김산필항(金山弼恒, 가나야마 힛코)의 집에서 이천우순(利川禹淳, 도시카와 우준) 외 4명에게 "관청이 아

---

157 원문은 "道小面"이나 당시 행정구역명인 "道所面"으로 고쳤다.

무리 내놓으라고 말해도 없는 벼를 내놓을 수는 없다. 읍사무소의 예정 수량도 대부분 공출된 것 같으니 이제부터 내놓으라고 말하는 것은 군이나 경찰이나 읍의 직원들이 먹기 위해서다"라고 함부로 말하였다.

처분결과: 조선임시보안령 위반, 1943.2.26 벌금 100엔

청명: 해주지방법원 사리원지청

직업·성명·연령: 일용노동업 송산부(松山富, 마쓰야마 유타카) 43세

사실의 개요: 1943년(昭和 18) 1월 28일 안악군(安岳郡) 서하면(西河面) 복두리(卜頭里)에서 진남포행 도항선 출발을 기다리던 중 하음휘명(河陰輝明, 가와카게 데루아키) 외 5명에게 "내가 황해도 봉산군(鳳山郡)에 갔었는데 그쪽도 식량 때문에 매우 곤란을 겪고 있는 모양이다. 군이나 면에서는 식량 배급을 하지 않고 공출만 요란스럽게 독촉하는데 공출당하면 암거래의 반값밖에 받을 수 없어서 벼와 그 밖의 곡식을 밤중에 논이나 벌판에 가져가 볏짚 속에 숨기느라 소란을 피우고 있는 것을 보았다. 이런 세상은 곤란하다. 내가 사는 진남포(鎭南浦)도 식량 부족 때문에 떠들썩하니 참으로 곤란하다"라고 함부로 말하였다.

처분결과: 조선임시보안령 위반, 1943.2.9 벌금 100엔

청명: 해주지방법원 서흥지청

직업·성명·연령: 농업 윤택용중(尹澤容重, 다다자와 가타시게) 54세

사실의 개요: 1943년(昭和 18) 2월 1일 황해도 평산군(平山郡) 적암면(積岩面) 갈산리(葛山里)에서 갈산리 이길호(李吉浩)의 장례에 참가해서 그곳에 함께 있던 전학봉(田學奉) 외 9명에게 "작년 4월 평산군 세곡면(細谷面) 누천시장(漏川市場)에서 들은 이야기인데, 당시 식량 공출 독촉 조치 때문에 도회의원(道會議員) 외 1명이 평산 군수 집을 가택수사 했더니 그 집에는 백미 12가마니가 숨겨져 있었다 한다"라고 함부로 말하였다.

처분결과: 조선임시보안령 위반, 1943.3.26 징역 3월 3년간 집행유예

청명: 해주지방법원

직업·성명·연령: 농업 이촌익배(伊村益培, 이무라 에키바이) 59세

사실의 개요: 1943년(昭和 18) 2월 8일 황해도 신천군(信川郡) 용진면(用珍面) 유천리(柳川里) 구장 유원사철(柳原士哲, 야나기하라 시테쓰)의 집에서 잡곡 공출에 관해 애국반장회의를 개최한 석상에서 유원병철(柳原炳哲, 야나기하라 헤이테쓰) 외 5명에게 "부락민 중에 나라를 위해서 공출하는 이는 한 사람도 없다. 모두 자기 이익을 위해서거나 배급을 받기 위해 타산적으로 내놓는 것이지 나라를 위해 내놓는 것은 아니다"라고 함부로 말하였다.

처분결과: 조선임시보안령 위반, 공판 중

청명: 대구지방법원

직업·성명·연령: 농업 송본종유(松本鍾留, 마쓰모토 쇼류) 29세

사실의 개요: 1943년(昭和 18) 2월 11일 경북 청도군(淸道郡) 이서면(伊西面) 대곡동(大谷洞)에서 음식점을 하는 김전응준(金田應俊, 가네다 오슌)의 집에서 박용규(朴龍奎) 외 3명에게 "대구부 내의 쌀 창고에 화재가 발생해 이 창고에 저장한 대구부민(大邱府民)의 식량 1년분이 소실되었다. 이를 보전하기 위해 청도군에도 쌀 1만 5,000석의 공출이 할당되었는데, 군수가 도정에 출누해 상의한 결과 그 절반만 공출하기로 했다. 그러나 시국 상 식량이 부족한 이때 청도군민은 한층 곤란할 것이다"라고 함부로 말하였다.

처분결과: 조선임시보안령 위반, 1943.4.8 벌금 600엔

청명: 해주지방법원

직업·성명·연령: 농업 삼산희두(森山熙斗, 모리야마 기토) 43세

사실의 개요: 1943년(昭和 18) 2월 13일 황해도 신천군(信川郡) 온천면(溫泉面) 추산리(楸山里)에서 신천군 군농회 기수 유촌융춘(柳村隆春, 야나기무라 다카하루) 등이 양곡 공출을 독려할 때 부락민의 주택을 임의로 수색한 데에 대하여 "이쪽도 같은 조선인으로서 농민이 맨발로 땀을 흘리며 생산한 곡물을 자기가 먹기 위해 두세 가마니 숨겼다고 해서 그것

을 까탈스럽게 말할 필요는 없지 않은가" 운운하며 함부로 말하였다.

처분결과: 조선임시보안령 위반, 1943.3.10 벌금 200엔

청명: 해주지방법원 사리원지청
직업·성명·연령: 농업 이등규윤(伊藤奎允, 이토 게이인) 57세
사실의 개요: 1943년(昭和 18) 2월 17일 황해도 봉산군(鳳山郡) 사인면(舍人面) 용현리(龍峴里) 제2구 구장 파평양전(坡平良田, 사카히라 료덴)의 집에서 그 외 십 수 명에게 "농업은 그만두지 않으면 안 되겠다. 매일같이 '공출, 공출'이라 말하며 생산한 쌀을 전부 가져가 버리니 먹을 것이 없어서는 살아갈 수가 없다"라고 함부로 말하였다.
처분결과: 조선임시보안령 위반, 공판 중

(2) 기타 물자에 관한 것
① 배급 관계
청명: 신의주지방법원
직업·성명·연령: 농업 대산신원(大山信元, 오야마 노부모토) 27세
사실의 개요: 1942년(昭和 17) 1월 9일 사는 마을인 평북 용천군(龍川郡) 양서면(楊西面) 견일동(見一洞) 박성엽(朴成燁)의 집에서 최제항(崔濟恒)에게 "현재의 물자배급제도는 불공평하다. 촌락은 도시보다 배급률이 낮다"라고 함부로 말하였다. 다시 1월 15일 사는 마을의 양서경찰관주재소에서 순사 동방소범(東方昭範, 도보 아키노리)과 동장(洞長) 장강재주(長岡載柱, 나가오카 자이추) 두 사람에게 "일본에서는 1년 전까지 배급제도는 없었다. 조선은 배급제도를 해도 배급률이 낮아서 생활이 곤란하다" 운운하며 함부로 말하였다.
처분결과: 조선임시보안령 위반, 1942.6.27 기소유예
비고: 보안법 위반과 병합

청명: 해주지방법원 사리원지청

직업·성명·연령: 양품 잡화상 풍전건종(豊田健鍾, 도요다 겐쇼) 33세

사실의 개요: 1942년(昭和 17) 1월 28일 황해도 봉산군(鳳山郡) 구연면(龜淵面) 관대리(館垈里) 국수(素麵)가게에서 4명에게 "일본에서는 이미 의류의 배급점수 제도가 실시되었다. 조선에서는 그 제도를 실시하지 않겠다는 취지의 발표가 있었지만, 올해 4월에는 조선에도 아마 실시할 것이다"라고 함부로 말하였다.

처분결과: 조선임시보안령 위반, 제1심 판결 1942.3.4 징역 4월, 제2심 판결 1942.4.16 벌금 500엔

청명: 평양지방법원

직업·성명·연령: 사진업 백원호익(白原虎翊, 시로하라 고요쿠) 34세

사실의 개요: 1942년(昭和 17) 5월 26일 평양부 감북정(坎北町) 제2정회(町會) 사무소 내에서 정회 서기 김산인호(金山仁鎬, 가나야마 닌코) 외 1명에게 "함남 어느 지방에서는 부민(部民)이 쌀 부족 때문에 대거 주재소에 들이닥쳐 대소동을 일으키고 그 결과 쌀 배급이 원활해졌다는데, 감북정에서도 정민(町民)이 소란을 피우면 식염(食鹽) 배급이 원활해질지도 모른다"라고 함부로 말하였다. 다시 5월 27일 제2정회 사무소 부근 노상에서 암원선필(岩垣善弼, 이와가키 젠스케) 외 수 명에게 같은 취지로 함부로 말하였다.

처분결과: 조선임시보안령 위반, 1942.8.13 벌금 300엔

청명: 해주지방법원

직업·성명·연령: 인부 신정금삼(新井金三, 아라이 긴조) 26세

사실의 개요: 1942년(昭和 17) 9월 5일 황해도 신천군(信川郡) 북부면(北部面) 석당리(石塘里) 황해도 치수사무소 내에서 구장(區長) 장전중두(長田中斗, 나가타 주토) 외 4명에게 "설탕은 일본인에게 배급하고 조선인에게는 배급하지 않는 것인가. 어째서 일본인과 조선인을 차별하는 것인가" 하고 함부로 말하였다.

처분결과: 조선임시보안령 위반, 1942.11.30 기소유예

청명: 해주지방법원
직업·성명·연령: 하녀(여성) 이옥순(李玉順) 16세
사실의 개요: 1943년(昭和 18) 1월 7일 고용주인 목촌길례(木村吉禮, 기무라 기치레이)의 지시에 따라 연료 매입을 위해 해주부 남행정(南幸町, 난코초) 연료배급소로 갔으나 통장을 잊고 가서 구입하지 못한 채 귀가하였다. 앞의 고용주에게 질책을 받을 것을 두려워해 그에게 "광석정(廣石町, 히로이시초) 배급소에서 어느 부녀자가 어린아이를 업고 몇 시간을 기다렸기 때문에 결국 어린아이가 동사하여 그 부인은 갓난아이의 시체를 안고 배급소 사무실로 들어갔는데, 사무원이 '나중에 땔감을 보낼 것이니 집으로 돌아가라'라고 말하여서 빈손으로 돌아왔습니다"라고 허구의 사실을 이야기하였다.
처분결과: 조선임시보안령 위반, 1943.1.29 기소유예

청명: 해주지방법원
직업·성명·연령: 무직(여성) 목촌길례(木村吉禮, 기무라 기치레이), 43세
사실의 개요: 1943년(昭和 18) 1월 7일 앞에 적은 하녀 이옥순에게서 들어 알게 된 사항을 1월 9일 자택에서 진산성칠(晋山聲七, 신야마 세이시치) 외 수 명에게 유포하였다.
처분결과: 조선임시보안령 위반, 1943.1.30 벌금 30엔

청명: 해주지방법원
직업·성명·연령: 어류와 곡물 행상 국본기선(國本基善, 구니모토 모토요시) 63세
사실의 개요: 1943년(昭和 18) 1월 13일 해주부 남수정(南壽町)[158] 연료배급사무실에서 황

---

158 원문은 "南壽町"이나 당시 해주부에 없는 정명(町名)이다. 당시 해주부에 '南'으로 시작되는 면명은 "南幸町"과 "南本

해도 산림회원 김곡길철(金谷吉哲, 가네야 기치테쓰) 외 10명에게 "일전에 어느 부인이 땔나무를 구입하기 위해 어린아이를 등에 업고 해주부 광석정(廣石町) 연료배급소로 가 배급을 기다리고 있었는데, 땔나무도 사지 못하였고 등에 업힌 어린아이는 도중에 한기 때문에 동사했다"라고 함부로 말하였다.
처분결과: 조선임시보안령 위반, 1943.1.25 벌금 30엔

청명: 해주지방법원 사리원지청
직업·성명·연령: 무직 궁본영신(宮本永信, 미야모토 나가노부) 49세
사실의 개요: 1943년(昭和 18) 1월 13일 황주군(黃州郡) 겸이포읍(兼二浦邑) 본정(本町) 점포에서 포목을 구입하기 위해 왔던 노봉숙(蘆鳳淑) 외 2명에게 구매할 마음을 부추길 목적으로 "양단(洋緞)(포목의 품명)은 앞으로 배급 물품이 될 것이다. 그렇게 된다면 지금의 재고품도 곧바로 없어질 것이므로 얼른 사 두도록"이라 함부로 말하였다.
처분결과: 조선임시보안령 위반, 1943.4.6 벌금 50엔

청명: 함흥지방법원
직업·성명·연령: 무직(여성) 원천정록(原川正祿, 하라카와 세이로쿠) 55세
사실의 개요: 1943년(昭和 18) 1월 하순 영흥군(永興郡) 영흥읍 도랑리(都浪里) 원천응규(原川應奎, 하라카와 오케이)의 집에서 중도옥숙(中島玉淑, 나카시마 교쿠슈쿠)에게 "포목류는 애국반을 통해 배급받게끔 되었는데, 그리한다면 배급은 공평해져서 바람직스럽게도 금후 조선인에게도 일본식 기성양복을 배급해 이를 착용하게 될 것이다"라고 함부로 말하였다.
처분결과: 조선임시보안령 위반, 1943.4.30 기소유예

町"이 있었다.

② 물자 부족

청명: 신의주지방법원

직업·성명·연령: 잡화 행상 김전광고(金田光高, 가네다 미쓰타카) 20세

사실의 개요: 1941년(昭和 16) 12월 19일 평북 용천군(龍川郡) 용암포(龍岩浦) 읍내에서 행상하던 단산세명(丹山世明, 니야마 요메이) 외 7명에게 "장차 비누가 없어질 것이라는 뜻이 신문에 실렸으니 많이 사라"라고 함부로 말하였다.

처분결과: 안녕질서에 대한 죄, 1942.8.5 기소유예

청명: 청진지방법원 웅기지청

직업·성명·연령: 야채 겸 잡화상 영목정웅(鈴木正雄, 스즈키 마사오) 28세

사실의 개요: 1942년(昭和 17) 1월 20일부터 1월 30일 사이에 함북 웅기읍(雄基邑) 웅기동의 자기 점포에서 부인 고객 약 20명에게 "세탁비누가 배급제도로 바뀌어 없어질지도 모르니 지금 많이 사 둬라"라고 함부로 말하였다.

처분결과: 안녕질서에 대한 죄, 1942.2.23 벌금 100엔

청명: 대전지방법원 청주지청

직업·성명·연령: 농업 홍원성준(洪原性駿, 히로하라 세이순)[홍성준洪性駿] 44세

사실의 개요: 1942년(昭和 17) 3월 15일 사는 마을인 충북 진천군(鎭川郡) 진천면(鎭川面) 읍내리(邑內里) 이촌창수(伊村昌壽, 이무라 쇼주)의 집에서 그 외 수 명에게 "이렇게 식량 배급을 적게 해서 언제 된장을 담그겠는가. 이런 배급으로는 사람이 살 수 없다. 이런 배급제도는 사람을 죽이는 것이다"라고 함부로 말하였다.

처분결과: 조선임시보안령 위반, 1942.5.5 벌금 100엔

청명: 청진지방법원 회령지청

직업 · 성명 · 연령: 야채행상 전국은(田國恩) 59세

사실의 개요: 1942년(昭和 17) 4월 20일 함북 회령군(會寧郡) 보을면(甫乙面) 유선동(遊仙洞)의 중국인 매금정(梅金亭) 집 앞 노상에서 매금정 외 1명에게 "일본의 신문은 일본군이 이긴 것처럼 보도하고 있으나 전부 거짓이다. 사실은 중국군이 이겨 가고 있다"라고 함부로 말하였다. 다시 7월 1일 매금정 집 앞 노상에서 중국인 진문경(陳文慶) 외 2명에게 "언제까지 전쟁이 계속될 것인가. 일본은 현재 물자가 부족하고 또 고가여서 한 켤레의 양말도 자유롭게 살 수가 없다. 얼른 평화로워졌으면 좋겠다. 전쟁이 계속된다면 백성은 아사하고 일본은 물자 부족 때문에 패전할 것이다"라고 함부로 말하였다.

처분결과: 육군형법 위반, 해군형법 위반, 안녕질서에 대한 죄, 1942.12.28 징역 6월

비고: 중국인

청명: 해주지방법원 사리원지청

직업 · 성명 · 연령: 군농회 기수 이전달권(李田達權, 리타 다쓰켄) 21세

사실의 개요: 1942년(昭和 17) 7월 30일 황해도 봉산군(鳳山郡) 만천면(萬泉面) 선정리(蟬井里) 자태 앞 노상에서 김정학근(金井學根, 가네이 가쿠콘) 외 1명에게 "최근 비누가 없어서 모두 곤란한데, 본래 지금과 같은 배급제도는 없었다. 이런 기구(機構)를 정한 녀석이 나쁜 것이니, 이런 녀석들은 몰살시킬 필요가 있다. 현재와 같이 물자가 부족한 상태로 5년이고 6년이고 전쟁이 계속된다면 국민은 모두 죽어버리지 않겠는가" 하고 함부로 말하였다.

처분결과: 조선임시보안령 위반, 1942.9.9 벌금 100엔

청명: 대전지방법원

직업 · 성명 · 연령: 시장행상 임명수(林明洙) 27세

사실의 개요: 1942년(昭和 17) 8월 9일 충북 영동군(永同郡) 황간면(黃澗面) 남성리(南城里)의 야시장에서 남성리의 전성찬(田成贊) 외 약 50명에게 "시국 상 철류(鐵類)는 점차 줄고 재봉 바늘 등은 제조가 중지되어 장래에는 대나무 바늘이 나올 텐데 이는 사용할 수

없다. 그러니 이 기회에 재봉 바늘을 한 주머니씩이라도 사두지 않으면 비누와 마찬가지로 장차 입수하기 어려워 곤란할 것이다"라고 함부로 말하였다.

처분결과: 조선임시보안령 위반, 1942.9.14 징역 4월

청명: 해주지방법원

직업·성명·연령: 무직(여성) 풍신가옥(豊信佳玉, 도요노부 가교쿠) 38세, 무직(여성) 차순녀(車順女) 45세

사실의 개요: 풍신가옥은 1942년(昭和 17) 8월 31일 사는 마을인 황해도 신천군(信川郡) 궁흥면(弓興面) 삼천리(三泉里) 노상에서 국본경현(國本景鉉, 구니모토 게이켄)에게 "지금부터 성냥은 배급제도로 바뀌어 없어질 것이라고 하니 얼른 사 두는 게 좋다"라고 함부로 말하였다.

차순녀는 1942년(昭和 17) 8월 31일 앞의 삼천리 노상에서 풍신가옥 외 1명에게 앞과 같은 내용의 유언비어를 전하였다.

처분결과: 조선임시보안령 위반, 1942.10.26 각각 벌금 20엔

청명: 해주지방법원

직업·성명·연령: 무직(여성) 송평경운(松平京雲, 마쓰다이라 교운) 66세

사실의 개요: 1942년(昭和 17) 9월 27일 사는 마을인 황해도 은율군(殷栗郡) 은율면 남천리(南川里) 노상에서 대전덕찬(大田德贊, 오타 도쿠산)에게 앞[위의 풍신가옥 등 사건]과 같은 내용의 유언비어를 전하였다.

처분결과: 조선임시보안령 위반, 1942.11.2 벌금 20엔

청명: 해주지방법원

직업·성명·연령: 구장(區長) 덕영정달(德永正達, 도쿠나가 세이타쓰) 50세

1942년(昭和 17) 10월 3일 사는 마을인 황해도 신천군(信川郡) 가산면(加山面) 용두리(龍

頭里) 김본우석(金本祐錫, 가네모토 유샤쿠)의 집에서 농회 기수 신정용조(新井勇助, 아라이 유스케) 외 3명에게 "이번에 성냥은 배급제도로 바뀐다는 취지이다. 배급으로 바뀐다면 적어질 것이니 얼른 사두지 않으면 안 된다"라고 함부로 말하였다.

처분결과: 조선임시보안령 위반, 1942.11.30 벌금 30엔

청명: 대구지방법원 김천지청
직업·성명·연령: 비계공 덕원충정(德原忠政, 도쿠하라 다다마사) 34세
사실의 개요: 1942년(昭和 17) 11월 10일 인천부 앵정(櫻町, 사쿠라초) 국본수동(國本秀同, 구니모토 슈도)의 집에서 경북 김천 읍내의 친아버지 덕원동헌(德原東憲, 도쿠하라 도켄)께 "조만간 조선 전체에 성냥이 품절될 것이므로 몇 상자라도 몇십 전(錢)어치라도 사 두었으면 한다"라는 뜻의 서면을 통신하였다. 그 외 11월 13일 국본수동 집에서 그의 아내 영녀(永汝, 에이조)에게 앞과 같은 내용의 유언비어를 전하였다.
처분결과: 조선임시보안령 위반, 1942.12.19 벌금 30엔[159]

청명: 대구지방법원
직업·성명·연령: 농업 청원경수(淸原慶守, 기요하라 요시모리) 46세
사실의 개요: 1943년(昭和 18) 3월 14일 경상북도 경산군(慶山郡) 자인면(慈仁面) 서부동(西部洞) 석원만주(石原萬珠, 이시하라 반슈)의 집에서 그곳에 같이 있던 암목상문(岩木相文, 이와키 소분) 외 수 명에게 "시국 상 금후 일반 물자는 한층 격감할 것이고 게다가 물가는 앙등할 것이다. 그러므로 어떤 물건이건 상관없이 파는 물건은 보이는 대로 사서 비축해 둘 필요가 있다"라고 함부로 말하였다.
처분결과: 조선임시보안령 위반, 1943.3.25 벌금 50엔

---

[159] 본 건의 판결문은 국가기록원, 〈독립운동관련판결문〉에서 볼 수 있다. 大邱地方法院金泉支廳, 「1942년 刑公 제327호 略式命令: 德原忠政」, 1942.12.19.

(3) 기타

청명: 경성지방법원

직업·성명·연령: 직업 없음(걸식) 박봉화(朴鳳和)[160] 53세

사실의 개요: 1942년(昭和 17) 2월 17일 경기도 수원군(水原郡) 우정면(雨汀面) 화산리(花山里)에서 마을 사람 3명에게 "전시 하의 경제 통제에 수반한 물자 배급제도는 모두 공산주의 제도이다"라고 함부로 말하였다.

처분결과: 조선임시보안령 위반, 1942.7.31 징역 10월 3년간 집행유예

비고: 불경죄와 병합

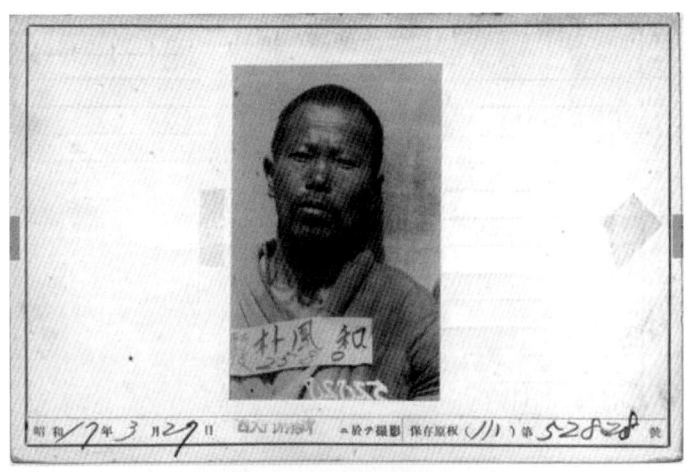

〈그림11〉 1942년 서대문형무소에 수감된 박봉화의 인물카드
출처: 국사편찬위원회, 일제감시대상인물카드 (ia_2064)

---

[160] 박봉화에 관한 경성지방법원 사건기록이 국사편찬위원회에 보관되어 있다. 국사편찬위원회 편, 『일제강점기 경성지방법원 형사사건기록 해제』, 국사편찬위원회, 2009, 89~90쪽. 아울러 경성지방법원과 경성복심법원의 판결문도 국가기록원, 〈독립운동관련판결문〉에서 볼 수 있다. 京城地方法院, 「1942년 刑公 제542호 判決:朴鳳和」, 1942.6.15; 京城覆審法院, 「1942년 刑控 제264호 判決:朴鳳和」, 1942.7.31.

청명: 경성지방법원

직업·성명·연령: 경성사립외국어학원 중등과 학생 평창정욱(平昌正旭, 히라마사 세이쿄쿠)[이희균 李熺均][161] 18세

사실의 개요: 1942년(昭和 17) 6월 4일 하숙처인 경성부 아현정(阿峴町) 길촌수웅(吉村秀雄, 요시무라 히데오)의 집에서 함남 단천군(端川郡)에 귀성해 있는 사촌형 평창정우(平昌正宇, 히라마사 세이우)에게 대금 변제 독촉장을 쓰면서 "지금 경성은 극도의 식량 부족으로 내가 통학하는 학교의 학생 중에도 면학을 중지하고 귀향한 자가 10명을 넘는 상태이고 이미 아사한 자도 여러 명이 있다. 시골에서 상상할 수도 없는 대소동이 일어나고 있다. 나도 얼른 귀향하고 싶으니, 빌린 돈 50엔을 속히 반환해주었으면 한다"라는 내용을 적어 이를 우편으로 보내 보게 했다.

처분결과: 조선임시보안령 위반, 1942.12.3 징역 6월

청명: 경성지방법원 춘천지청

직업·성명·연령: 노동 송원타봉(松原他鳳, 마쓰하라 다호) 26세

사실의 개요: 1942년(昭和 17) 6월 25일 강원도 인제군(麟蹄郡) 서화면(瑞和面) 장승리(長承里)에서 여인숙을 하는 안선동련(安田東璉, 야스다 도렌)의 집에서 길원영웅(吉原永雄, 요시하라 나가오) 외 2명에게 "양구군(楊口郡) 남면(南面) 도촌리(桃村里)에서는 올봄 이래로 해군작업 애국단원(愛國團員)과 가이지마(貝島)탄광 노동자로 부락민 중에서 1회에 90명씩 3회에 걸쳐 합계 270명을 모집해 일본으로 보내서 농사할 사람이 없고, 게다가 식량은 전혀 배급되지 않으며 농가의 보리와 감자까지 공출되었다. 그 결과 집에 남은 농부들도 농사를 꺼리는 기분이 생겨 화천의 한강수전(漢江水電) 공사장이나 철원 방면으로 돈을 벌러 가서 현재는 여자나 아이만 남아 있다. 또 장기간 가뭄이 계속되었기 때문에 비옥한 논도 모내기할 수 없다"라고 함부로 말하였다.

처분결과: 조선임시보안령 위반, 1942.11.16 징역 8월

---

[161] 본명은 京城永登浦警察署長 → 京城地方法院 檢事正 등,「不穩通信物 郵送越ニ關スル件」, 1942.8.20(京城地方法院檢事局,『(1940.8~1943.5)思想ニ關スル情報(警察署長)』에 수록)에 따른다.

청명: 해주지방법원

직업·성명·연령: 농업 오산순필(吳山順弼, 구레야마 준스케) 50세

사실의 개요: 1942년(昭和 17) 8월 6일 황해도 신천읍(信川邑) 무정리(武井里) 자택에서 순사 가네다 다이야(金田抬哉)와 면서기 지산규각(池山圭珏, 이케야마 게이카쿠)에게 "밀 1석의 공정가격이 겨우 26엔 정도이니 너무 싸다. 이는 하급 관리가 상급 관청에 농촌의 실상을 있는 그대로 보고하지 않기 때문이다. 상급 관청에서는 농촌의 실상을 알지 못하고 중간 상인에게 속아서 그들에게 다액의 이익을 제공하며 농민에게는 손해를 입히고 있으니, 이대로라면 농촌은 4~5년 안에 망할 것이다"라고 함부로 말하였다.

처분결과: 조선임시보안령 위반, 1942.9.1 벌금 50엔

청명: 해주지방법원

직업·성명·연령: 농업(여성) 대평자우(大平子祐, 오히라 시유) 54세

사실의 개요: 1942년(昭和 17) 8월 7일 황해도 신천읍(信川邑) 무정리(武井里) 자택에서 삼정순조(三井淳祚, 미쓰이 준소) 외 6명에게 "면서기가 토지의 평수를 조사하러 왔으니 올해 토지에서 평뜨기(坪제)를 하여 수확고를 조사하는 것은 필연이다. 수확이 끝나기까지는 생산한 쌀을 먹겠지만, 수확이 끝난 뒤에는 공출시켜서 배급한다고 한다"며 함부로 말하였다.

처분결과: 조선임시보안령 위반, 1942.8.31 기소유예

청명: 경성지방법원

직업·성명·연령: 농업 삼정순조(三井淳祚, 미쓰이 준소) 58세

사실의 개요: 1942년(昭和 17) 8월 8일 같은 마을 오산순(吳山順, 구레야마 준히쓰)의 집에서 그 외 1명에게 대평자우(大平子祐, 오히라 시유)에게서 들어 알게 된 것과 같은 내용의 유언비어를 전했다.

처분결과: 조선임시보안령 위반, 1942.8.31 기소유예

청명: 경성지방법원

직업 · 성명 · 연령: 농업 김본원길(金本元吉, 가네모토 겐키치)[김원길金元吉][162] 55세

사실의 개요: 1942년(昭和 17) 11월 8일 장단군(長湍郡) 진서면(津西面) 전제리(田齊里) 부락 집회소에서 애국반상회를 했는데, 그 자리에서 미곡공출 할당에 관해 이야기하는 중에 "개풍군(開豊郡) 봉동면(鳳東面)에서는 면장의 지도로 면민이 평뜨기(坪刈)를 할 때 1평 안에서 벼 100포기를 빼내 이를 각자가 은닉해두고 실수확고를 적게 보고해서 면민 일동이 면장의 조치에 감사하고 있다"라고 함부로 말하였다.

처분결과: 조선임시보안령 위반, 약식 청구 중[163]

청명: 부산지방법원

직업 · 성명 · 연령: 시멘트포대 제조업 이부신칠(李阜辛七, 리오카 신시치) 32세

사실의 개요: 1942년(昭和 17) 12월 1일 부산부 초량정(草梁町)의 음식점 황귀택(黃貴澤)의 집에서 김문자(金文子) 외 3명에게 "남자아이를 낳으면 바로 전장으로 끌려가 죽어버리니 좋지 않다. 옛날에는 남자아이를 낳으면 좋다고 말하곤 했으나, 지금은 여자아이를 낳는 편이 낫다. 또 지금은 암거래의 세상이니 암거래를 하지 않고 살아갈 수 있겠는가. 놈들이 말하는 대로 한다면 나는 죽어버릴 것이다. 식량 통제라고 하나, 나는 시멘트와 쌀을 암거래해서 쌀을 많이 샀으니 쌀이 없다면 내일 우리 집에 와라. 쌀을 줄 테니"하며 함부로 말하였다.

처분결과: 조선임시보안령 위반, 1943.1.9 벌금 70엔

---

162 본명은 京城地方法院, 「1943년 刑公 제997호 略式命令: 金本元吉」, 1943.5.4에 따른다. 김원길에 관한 경성지방법원 사건기록이 국사편찬위원회에 보관되어 있다. 국사편찬위원회 편, 『일제강점기 경성지방법원 형사사건기록 해제』, 국사편찬위원회, 2009, 113쪽.

163 김원길은 1943년 5월 4일 경성지방법원에서 '벌금 50원, 벌금을 완납하지 못할 때는 50일간 노역장에 유치한다'는 판결을 받았다. 위의 판결문 참조.

청명: 평양지방법원

직업·성명·연령: 기관사 김정연학(金井鍊鶴, 가네이 렌카쿠) 21세

사실의 개요: 1942년(昭和 17) 12월 30일 [평안남도] 양덕군(陽德郡) 양덕읍 용계리(龍溪里) 자택에서 같은 마을 부전문준(富田文俊, 도미타 후미토시) 외 2명에게 "봉천(奉天)은 물가가 높아 쌀 1말이 40~50엔이나 한다. 그래도 좀처럼 입수할 수가 없는 상태로, 영구(營口)의 '만주인'(滿人) 일가 9명이 식량이 없어서 수일간 음식을 먹지 못한 끝에 물에 뛰어들어 자살했다"라고 함부로 말하였다.

처분결과: 조선임시보안령 위반, 1943.4.26 기소유예

청명: 대전지방법원

직업·성명·연령: 방앗간 정미업(貸搗精米業) 촌전재일(村田裁一, 무라타 사이이치) 39세

사실의 개요: 1943년(昭和 18) 2월 2일 충청남도 아산군(牙山郡) 도고면(道高面) 기곡리(基谷里)에서 음식점을 하는 평농남(平瀧男, 다이라 다키오)의 집에서 청본영숙(淸本英淑, 기요모토 에이슈쿠)에게 "현재 30전의 덕용(德用) 대형 성냥은 조만간 1개에 1엔으로 가격이 오를 것이다"라고 함부로 말하였다.

처분결과: 조선임시보안령 위반, 약식 청구 중

청명: 해주지방법원 서흥지청

직업·성명·연령: 이발업 소림지춘(小林志春, 고바야시 시슌) 32세

사실의 개요: 1943년(昭和 18) 2월 8일 황해도 평산군(平山郡) 남천읍(南川邑) 신남천리(新南川里) 자택 영업소에서 함께 있던 같은 마을 아사노 다쓰요(淺野タツヨ) 외 5명에게 "올해 4월 1일부터 현재 30전의 성냥갑(덕용 소형德小型)에 세금이 붙어 대금은 배인 60전이 된다 한다"라고 함부로 말하였다.

처분결과: 조선임시보안령 위반, 약식 청구 중

청명: 해주지방법원 서흥지청

직업 · 성명 · 연령: 청과판매업 영목풍광(鈴木豊光, 스즈키 도요미쓰) 31세

사실의 개요: 1943년(昭和 18) 2월 8일 황해도 평산군(平山郡)[164] 남천읍(南川邑) 신남천리(新南川里) 소림길춘(小林吉春, 고바야시 기치슌)[165] 집에서 그에게 "올해 4월 1일부터 현재 30전의 성냥갑(덕용 소형德小型)에 세금이 붙어 대금이 60전이 된다 한다"라고 함부로 말하였다.

처분결과: 조선임시보안령 위반, 약식 청구 중

청명: 대전지방법원

직업 · 성명 · 연령: 철물행상 고교재옥(高橋在玉, 다카하시 아리타마) 50세

사실의 개요: 1943년(昭和 18) 2월 28일 충청북도 영동군(永同郡) 황소(黃沼)[166] 면사무소 · 금융조합 · 국민학교 등에서 철물류를 판매할 때 "철물류는 4월부터 10할의 물품세가 부과될 것이므로 지금 구매하는 것이 이익이다"라고 함부로 말하였다.

처분결과: 조선임시보안령 위반, 1943.3.26 벌금 50엔

청명: 해주지방법원

직업 · 성명 · 연령: 군청 고원 신안신도(新安信道, 아라야스 노부미치) 31세

사실의 개요: 1943년(昭和 18) 3월 14일 황해도 연백군(延白郡) 봉북면(鳳北面) 면사무소에서 면 기수 광전창근(廣田昌根, 히로타 쇼콘)에게 "연안 읍내에서 식량에 잡곡이 많아서 약국에서는 위장약이 많이 팔린다"라고 함부로 말하였다.

처분결과: 조선임시보안령 위반, 1943.4.10 기소유예

---

164 원문은 "牙山郡"이나 '평산군'으로 바로잡는다.
165 바로 앞의 사건 피고인 '小林志春'과 동일 인물인 것 같으나 원문 그대로 두었다.
166 당시 영동군에 없는 면명이나 그대로 두었다. 당시 영동군에 속한 면 중 '黃'으로 시작하는 것은 '黃澗面', '黃金面'이 있다.

3) 기타

(1) 징병제도 실시에 관한 것

청명: 해주지방법원

직업 · 성명 · 연령: 사립대학 학생 山本德洙(산본덕수, 야마모토 도쿠슈) 23세

사실의 개요: 1942년(昭和 17) 5월 9일 황해도 사리원(沙里院)발 겸이포(兼二浦)행 열차 안에서 승객 저전복부(楮田福夫, 고조타 후쿠오) 외 1명에게 "시국이 이처럼 비상시국에 접어들었으니 의무교육 실시 전에 징병제도가 선포된 것이다. 조선에서도 중국이나 러시아와 마찬가지로 여자도 병사로 징집될 것이다. 또 징병제도가 선포되었기 때문에 아무것도 모르는 조선의 무학문맹 청년들은 소요를 일으킬 것이다"라고 함부로 말하였다.

처분결과: 조선임시보안령 위반, 1942.9.1 벌금 50엔

청명: 대전지방법원 충주지청

직업 · 성명 · 연령: 철도국 서기(역장) 강전광치(岡田廣治, 오카다 히로하루)[강홍수(주)姜興洙(珠)]¹⁶⁷ 38세

사실의 개요: 1942년(昭和 17) 5월 10일 충북 제천군(堤川郡) 봉양면(鳳陽面) 봉양역 앞에서 음식점을 하는 죽본계화(竹本桂花, 다케모토 게이카)의 집에서 순사 아라이 시게오(新井茂男) 외 면서기 등 2명에게 "조선의 징병제도 실시는 시기상조다. 그 문제보다 먼저 일본인 관공리(官公吏)의 가봉(加俸) 철폐를 단행하지 않으면 내선일체(內鮮一體)는 실현되지 않는다. 따라서 조선인의 울분은 가시지 않을 것이다. 또 병역에 관해서는 일본인조차 표면상으로는 용감히 뛰어나가 이에 복종하는 것 같아도 내심은 비관해서 비명을 지르고 있는 처지이다. 하물며 조선인 중에 이를 기뻐하는 자는 있을 리 없다"라고 함부로 말하였다.

처분결과: 육군형법 위반, 해군형법 위반, 조선임시보안령 위반, 제1심 판결 1942.7.17 징역

---

167 본명 강홍수는 국사편찬위원회, 〈한국사데이터베이스_일제감시대상인물카드〉에 따른 것이다. 국가기록원, 〈독립운동관련판결문〉의 '집행원부', '형사사건부'와 국사편찬위원회, 〈한국사데이터베이스_직원록자료〉에는 본명이 '강홍주姜興珠'로 나온다.

8월, 제2심 판결 1942.10.15 징역 5월

비고: 보안법 위반과 병합, 제2심에서는 보안법과 조선임시보안령 각각 위반으로 처분

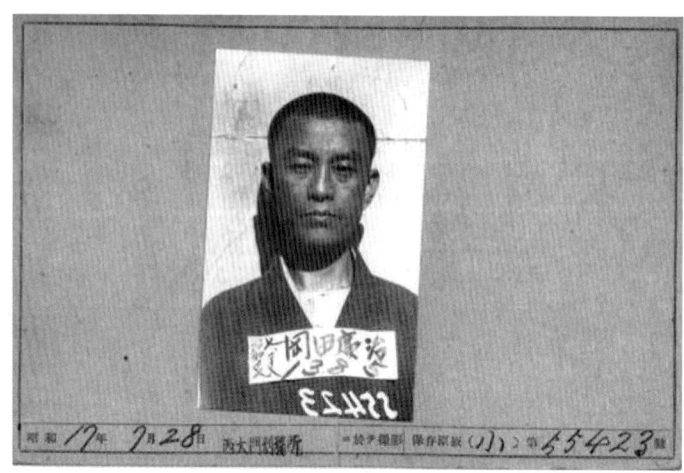

〈그림12〉 1942년 서대문형무소에 수감된 강흥수(주)의 인물카드
출처: 국사편찬위원회, 일제감시대상인물카드 (ia_0198)

청명: 해주지방법원

직업·성명·연령: 신문기자 평산광일(平山光一, 히라야마 고이치) 40세

사실의 개요: 1942년(昭和 17) 5월 11일 해주부 남본정(南本町, 미나미모토초) 삼호여관(三好旅館)에서 조본창규(朝本昌奎, 아사모토 쇼케이)에게 "지원병도 많이 채용했지만, 전선의 확대에 따라 전사자도 많이 나와서 징병제도를 실시해 병사를 많이 채용하게 되었다. 최근 근로보국대(勤勞報國隊) 명의로 조선인 청년이 일본 본토로 파견되고 있으나 그들은 실제로 근로하는 것이 아니다. 일본은 남자가 적고 여자뿐이어서 아이의 씨를 뿌리기 위해 가는 것이다"라고 함부로 말하였다.

처분결과: 육군형법 위반, 해군형법 위반, 조선임시보안령 위반, 1942.8.1 징역 4월

청명: 대전지방법원 강경지청

직업·성명·연령: 농업 고삼양로(高森良魯, 다카모리 료로)[이양로李良魯][168] 22세

사실의 개요: 1942년(昭和 17) 5월 12일 충남 논산읍(論山邑) 본정(本町)의 매약상 구명당(救命堂)에서 김광해일(金光海一, 가네미쓰 가이이치) 외 2명에게 "1944년도(昭和 19)부터 시행되는 징병 수검자는 만 18세부터 21세인 자일 것이다. 또 나는 농촌에 머무르고 싶지 않기 때문에 만주로 갈 작정이다. 만주는 조선보다 발달하지 않았으니 징병검사를 면할 수 있을 것이며, 가령 검사를 받아도 조선보다 엄중하지는 않을 것이다"라고 함부로 말하였다.

처분결과: 조선임시보안령 위반, 제1심 판결 1942.7.1[169] 금고 4월, 제2심 판결 1942.9.4 제1심과 같음

〈그림13〉 1942년 서대문형무소에 수감된 이양로의 인물카드
출처: 국사편찬위원회, 일제감시대상인물카드 [ia_3996]

---

168 본명은 大田地方法院江景支廳, 「1942년 刑公 제213호 判決:高森良魯」, 1942.7.18; 京城覆審法院刑事第2部, 「1942년 刑控 제337호 判決:高森良魯」, 1942.9.4에 따른다.
169 원문은 "9월 18일"이나 위 판결문에 의거해 바로잡는다.

청명: 함흥지방법원 북청지청
직업·성명·연령: 완구상(玩具商) 평야승식(平野昇植, 히라노 쇼지키) 20세
사실의 개요: 1942년(昭和 17) 5월 12일 함남 단천군(端川郡) 수하면(水下面) 고성리(古城里) 식료품 상인 평야규준(平野奎俊, 히라노 게이슌)의 집에서 그 외 4명에게 "이번에 징병된 자는 지난번 체력검사를 받은 자라고 하므로 나도 받지 않으면 안 되지만, 군인은 상관에게 맞고 식사량도 적으므로 실제 [징병되는 것은] 싫다. 현재 일본은 대동아전쟁 중이므로 만약 일본이 전쟁에서 져서 위험에 처한다면, 다음번에 입영하는 자는 3년의 훈련 기간을 단축해서 3개월 정도의 훈련으로 전쟁터에 나갈 것이다. 모두 뉴스 영화에서 군대가 강을 건널 때 교각 대용이 되는 병사들을 봤을 것이다, 조선인 지원병이 있는 부대에서는 모두 조선인으로 한다. 우리도 입영하면 이런 악질적 임무에 복종해야 할 것이다"라고 함부로 말하였다.
처분결과: 육군형법 위반 해군형법 위반, 1942.8.5 징역 단기 1년 장기 3년

청명: 대구지방법원 김천지청
직업·성명·연령: 우편집배원 정목구원(正木久源, 마사키 규겐)[170] 26세
사실의 개요: 1942년(昭和 17) 5월 12일 경북 김천군(金泉郡) 남면(南面) 번사무소 안에서 시본운식(柿本雲植, 가키모토 운쇼쿠) 외 2명에게 "이번 징병제도는 18세에서 38세까지인 자를 청년훈련소에 집어넣어 훈련하게 한 뒤 병사로 징집한다"라고 함부로 말하였다.
처분결과: 조선임시보안령 위반, 1942.7.4 징역 4월 3년간 집행유예

---

[170] 正木久源의 판결문은 국가기록원, 독립운동관련판결문에서 확인할 수 있다. 大邱地方法院金泉支廳, 「1942년 刑公 제145호 判決:正木久源」, 1942.7.4.

청명: 대구지방법원 상주지청

직업·성명·연령: 견습직공 김전치신(金田治信, 가네다 하루노부) 26세

사실의 개요: 1942년(昭和 17) 5월 14일 경북 상주읍(尙州邑) 냉림정(冷林町) 평소분악(平沼分岳, 히라누마 분가쿠)의 집에서 2남 정중(正仲, 마사나카)에게 "현재 '일본이 이겼다, 이겼다'라고 말하고 있으나, 실제로는 지고 있는 것과 마찬가지이다. 학교를 졸업하면 병사로 뽑힐 것이니 지금 학교를 그만두고 경성 근처의 상점에 가 있는 편이 병사로 뽑히지 않고 끝날 것이니 안전하다"라고 함부로 말하였다.

처분결과: 해군형법 위반, 육군형법 위반, 조선임시보안령 위반, 1942.8.7 징역 1년

비고: 주거침입과 병합

청명: 대구지방법원

직업·성명·연령: 농업 화원범락(華元範洛, 하나모토 한라쿠) 19세

사실의 개요: 1942년(昭和 17) 5월 17일 경북 영천군(永川郡) 화산면(花山面) 유성동(柳星洞)에서 이발업을 하는 평야양돌(平野洋乭, 히라노 요토쓰)의 집에서 그 외 1명에게 "내가 경산군(慶山郡)에서 쇠바늘 행상을 하던 때 어느 구장 집에서 동민(洞民)의 이야기를 들은 바에 따르면 드디어 조선에도 징병령이 시행되어 올해 3월의 체력검사를 받은 조선 청년은 징병령 시행과 동시에 전부 의무병(義務兵)으로 군에 징집을 당하게 되었다 한다"라고 함부로 말하였다.

처분결과: 육군형법 위반, 해군형법 위반, 조선임시보안령 위반, 1942.7.23 징역 6월 2년간 집행유예

청명: 부산지방법원 밀양지청

직업 · 성명 · 연령: 농업 성전이영(成田二永, 나리타 니에이)[성이영成二永][171] 44세

사실의 개요: 1942년(昭和 17) 7월 3일 사는 마을인 경남 창녕군(昌寧郡) 유어면(遊漁面) 대대리(大垈里)에서 음식점을 하는 하산칠갑(夏山七甲, 나쓰야마 시치코)의 집에서 그 외 2명에게 "조선에도 징병제도가 생길 모양인데, 이는 국법이기 때문에 아이를 길러 병사로 만들지 않으면 안 된다. 그러나 일본인 중에도 부대로 가는 도중에 도망가는 자가 많은 모양이니 조선인도 아무리 부대로 가라고 해도 달아나 버리면 가지 않고 끝날 것이다"라고 함부로 말하였다.

처분결과: 육군형법 위반, 1942.8.13 기소유예

청명: 대전지방법원 강경지청

직업 · 성명 · 연령: 농업 김전강수(金田康秀, 가네다 야스히데)[김정수金廷洙][172] 45세

사실의 개요: 1943년(昭和 18) 2월 15일 충청남도 논산군(論山郡) 양촌면(陽村面) 반곡리(盤谷里)의 송야만(宋野萬) 집 객실에서 반곡리의 김곡일정(金谷一正, 가네타니 잇세이) 외 2명에게 "징병제도가 선포된 오늘날 중학교를 졸업해도 병사로 뽑혀 부대로 가면 전사할지도 모르고, 무사히 돌아와도 언제 응소해야 할지 모르기 때문에 고용처도 없이 취직이 곤란하다. 그러므로 고생해서 아이를 중학교에 보내는 것보다는 백성이라도 시키는 편이 낫다. 결국 봉사나 벙어리나 귀머거리나 절름발이 같은 불구자가 집에 남아 부모에게 효도하는 아이다"라고 함부로 말하였다.

처분결과: 조선임시보안령 위반, 공판 중[173]

---

171 본명은 국가기록원, 〈독립운동관련판결문〉의 '형사사건부'에 따른다. 그런데 이 자료에 의하면 처분 일자 및 결과는 1941년 9월 30일, 금고 6개월이다.

172 본명은 大田地方法院江景支廳, 「1943년 刑公 제102호 判決 : 金田康秀」, 1943.4.23에 따른다.

173 위 판결문에 따르면 김정수는 1943년 4월 23일 대전지방법원 강경지청에서 금고 3개월, 1년간 집행유예의 처분을 받았다.

(2) 조선청년체력검사에 관한 것

청명: 신의주지방법원

직업·성명·연령: 농업 강본창호(岡本昌浩, 오카모토 마사히로) 58세

사실의 개요: 1942년(昭和 17) 1월 17일 평북 자성군(慈城郡) 중강면(中江面) 중덕동(中德洞) 자택에서 김성경섭(金城景燮, 가네시로 게이쇼)에게 "조선인을 육군대장, 중장, 소장으로 삼지 않는 것은 독립운동을 할 우려가 있기 때문이다"라고 함부로 말하였다. 게다가 1월 23일 자택에서 김성경섭에게 "일본은 '남방의 전쟁에서 이겼다, 이겼다'라고 말하고 있으나, 많은 군인이 죽어서 부족해 조선 청년을 데려가기 위해 청년체력검사를 시행하는 것이다"라고 함부로 말하였다.

처분결과: 육군형법 위반, 1942.9.30 금고 6월

청명: 함흥지방법원 강릉지청

직업·성명·연령: 농업 안전희유(安田熙侑, 야스다 기유) 19세

사실의 개요: 1942년(昭和 17) 2월 상순 날짜 미상 강원도 삼척군(三陟郡) 소달면(所達面) 신기리(新基里) 김재문(金在文)의 집에서 마을 사람 김본진수(金本鎭洙, 가네모토 진슈)에게 "이번 체력검사가 종료되면 바로 전장으로 보내져 군의 마부로 사역당할 것이다"라고 함부로 말하였다.

처분결과: 육군형법 위반, 1942.7.3 금고 4월 3년간 집행유예

청명: 전주지방법원

직업·성명·연령: 농업(여성) 방원정숙(房原貞淑, 후사하라 데이슈쿠)[장정숙張貞淑][174] 57세

사실의 개요: 1942년(昭和 17) 2월 9일 사는 마을인 전북 완주군(完州郡) 고산면(高山面) 읍내리(邑內里) 송궁희춘(松宮熙春, 마쓰미야 기슌)의 집에서 그에게 "머지않아 18~19세

---

[174] 본명은 국가기록원, 〈독립운동관련판결문〉의 '수형인명부'에 따른다.

의 조선인 남자가 신체검사를 치를 모양인데, 군인으로서 이들을 전장으로 보낼 것 같다"라고 함부로 말하였다.

처분결과: 조선임시보안령 위반, 1942.4.20 벌금 30엔

청명: 대구지방법원 안동지청
직업·성명·연령: 농업 한산차용(韓山次用, 가라야마 지요)[한차용韓次用]¹⁷⁵ 40세
사실의 개요: 1942년(昭和 17) 2월 9일 사는 마을인 경북 의성군(義城郡) 단촌면(丹村面) 장림동(長林洞) 평산조섭(平山照燮, 히라야마 기쇼)에게 "머지않아 청년체력검사를 실시하게 되어 우리 마을에서 자네와 내 장남 2명이 검사를 받게 되었다. 이 검사를 받는 자는 싱가포르 방면 전장으로 가기 위해 모집될 것으로 판단된다. 위험하니 검사를 피하기 위해 당분간 어딘가로 소재를 감추는 편이 좋겠다. 나도 대구에 있는 장남의 주소를 면이나 주재소에 숨기도록 [장남에게] 알릴 예정이다"라고 함부로 말했다. 이외에 2월 18일 장남 완복(完馥, 간푸쿠)에게 "위험한 장소로 가게 된다면 큰일이니 거기 있더라도 주소를 숨기고 집에 편지를 보낼 때는 가짜 이름과 가짜 주소를 사용해라"라고 편지를 써서 이를 우편으로 보내 보게 했다.

처분결과: 조선임시보안령 위반, 1942.6.27 징역 6월

청명: 부산지방법원 거창지청
직업·성명·연령: 면 임시고원 정원영세(井原英世, 이하라 히데요) 22세
사실의 개요: 1942년(昭和 17) 2월 10일 사는 마을인 경남 합천군(陜川郡) 봉산면(鳳山面) 봉계리(鳳溪里)에서 이발업을 하는 조상숙(曺尙淑)의 집에서 마을 사람 2명에게 "이번에 조선에서 청년체력검사를 하는 것은 그 합격자를 남양(南洋)의 부녀자와 교미시켜 좋은 아이를 만들어낼 씨내리로 남양에 보내기 위해서다"라고 함부로 말하였다.

---

175 본명은 국가기록원, 〈독립운동관련판결문〉의 '수형인명부'에 따른다.

처분결과: 조선임시보안령 위반, 1942.5.13 벌금 50엔

청명: 해주지방법원

직업·성명·연령: 사철 용인(역부) 송본방탁(松本芳卓, 마쓰모토 호타쿠) 20세

사실의 개요: 1942년(昭和 17) 2월 13일 근무처인 조선철도주식회사 황해선 서사리원역(西沙里院驛) 사무실 안에서 동료인 이근호(李根鎬)에게 "청년체력검사는 아마도 일본이 대동아전쟁에서 병력이 부족해서 체력을 검사해 합격한 자를 강제로 병사로 징발하려는 것이 틀림없다"라고 함부로 말하였다.

처분결과: 조선임시보안령 위반, 1942.5.30 벌금 50엔

청명: 해주지방법원

직업·성명·연령: 사철 용인(역부) 이근호(李根鎬) 19세

사실의 개요: 1942년(昭和 17) 2월 9일 근무처인 앞의 서사리원역에서 동료인 양산성만(陽山成滿, 요야마 나리미쓰) 외 수 명에게 앞에 적은 송본방탁이 이야기한 것과 같은 내용을 함부로 말하였다.

처분결과: 조선임시보안령 위반, 1942.5.30 벌금 50엔

청명: 해주지방법원

직업·성명·연령: 사철 용인(역부) 김광의남(金光義男, 가네미쓰 요시오) 19세

사실의 개요: 1942년(昭和 17) 2월 10일 근무처인 앞의 서사리원역 사무실 내에서 동료인 석천성치(石川盛治, 이시카와 모리하루) 외 수 명에게 앞에 적은 송본방탁이 이야기한 것과 같은 내용을 함부로 말하였다.

처분결과: 조선임시보안령 위반, 1942.5.30 벌금 50엔

청명: 해주지방법원 사리원지청
직업·성명·연령: 농업 박두정(朴斗亭) 65세
사실의 개요: 1942년(昭和 17) 2월 14일 신천군(信川郡) 초리면(草里面) 병학리(兵鶴里)[176] 해산영국(海山永國, 우미야마 나가쿠니)의 집에서 해산진선(海山鎭善, 우미야마 시게요시) 외 1명이 "우리는 어제 체력검사를 받았는데, 이 검사를 받으면 어떻게 되는가" 묻자 "너희는 국어도 모르고 학문을 하지도 않았으니 이 검사에서 합격하면 전장의 인부나 공장의 인부로 사역할 것이고, 훈련을 받은 뒤에 전쟁에 나갈지도 모른다"라고 함부로 말하였다.
처분결과: 조선임시보안령 위반, 1943.1.26 벌금 50엔

청명: 전주지방법원 정읍지청
직업·성명·연령: 무직 신계성근(新溪成根, 신타니 세이콘) 21세
사실의 개요: 1942년(昭和 17) 2월 14일 사는 마을인 전북 고창(高敞) 읍내에서 마을 사람 몇 명에게 "청년체력검사를 받은 자에게는 일본어를 가르치고 훈련하여 군대에 보낸다. 나는 몸이 약하므로 검사받지 않겠다"라고 함부로 말하였다.
처분결과: 조선임시보안령 위반, 1942.5.15[177] 징역 4월

청명: 함흥지방법원 원산지청
직업·성명·연령: 농업 김성선표(金城璿杓, 가네시로 센표) 27세
사실의 개요: 1942년(昭和 17) 2월 16일 함남 안변군(安邊郡) 안도면(安道面) 어운리(於雲里)에서 마을 사람 3명에게 "소문에 따르면 이번에 실시한 조선청년체력검사는 상이군인에게 수혈하기 위해 특별히 체격이 양호한 자를 고른다 한다"라고 함부로 말하였다.

---

176 당시 초리면에 없는 동리명이나 그대로 두었다. 초리면에 '鶴'이 들어가는 동리명이 '龍鶴里'와 '興鶴里' 2개가 있다.
177 판결문 全州地方法院井邑支廳, 「1942년 刑公 제190호 判決:新溪成根」, 1942.5.16에 따르면 처분일은 1942년 5월 16일이다.

처분결과: 육군형법 위반, 해군형법 위반, 조선임시보안령 위반, 1942.3.31 징역 8월

청명: 함흥지방법원 혜산지청
직업·성명·연령: 농업 중광종무(重光宗武, 시게미쓰 무네타케) 19세
사실의 개요: 1942년(昭和 17) 2월 19일 함남 삼수군(三水郡) 삼수면(三水面) 운봉리(雲峰里) 인척 완산귀섬(完山貴蟾, 히로야마 기센)의 집에서 그 부부에게, 그리고 2월 21일 삼수면 하석리(下石里)의 인척 국본종훈(國本鍾勳, 구니모토 쇼쿤)의 집에서 그 부부와 그 아들에게 "내 고향인 자서면(自西面)에서 체력검사가 끝나 신체 건강한 자는 싱가포르로 가게 되었는데, 이 지방은 어떨까. 나도 3월 중에 싱가포르로 출발하게 될 모양이니 친족을 방문하러 온 것이다. 싱가포르는 회사나 공장이 많으니 청년신체검사를 시행해 튼튼한 자를 보내는 것이다"라고 각각 함부로 말하였다.
처분결과: 조선임시보안령 위반, 1942.3.27 벌금 100엔

청명: 해주지방법원 사리원지청
직업·성명·연령: 농업 목촌병일(木村秉一, 기무라 헤이이치) 23세, 노동(여성) 진동목(陳桐目) 40세
사실의 개요: 목촌병일은 1942년(昭和 17) 2월 23일 진동목에게 "체력검사를 받은 자는 어떻게 되는가"라는 질문을 받자 "합격자 중에서 보통학교를 졸업한 자는 지원병으로 뽑히고, 졸업하지 않은 자는 미국 내의 점령지에서 농업을 수행하는 인부로 보내진다"라고 함부로 말하였다. 진동목은 1942년 3월 3일 황주(黃州) 읍내 명덕(明德)국민학교 교정에서 이루어진 체력검사 실시를 견학하던 중 채송월(蔡松月) 외 수 명에게 "따뜻한 옷을 입히고 따뜻한 음식을 먹여 고생해서 키운 아이를 한번 가면 두 번 다시 돌아올 수 없는 곳으로 보내는 바보가 어디 있나. 실제로 내 이웃집인 강봉수(姜鳳洙)도 손자가 체력검사를 받게 되었는데, 먼 점령지로 보내지는 것을 아닐까 매일 울고 있다"라고 함부로 말하였다.
처분결과: 조선임시보안령 위반, 1943.1.15 각각 벌금 50엔

청명: 경성지방법원 춘천지청

직업·성명·연령: 농업 단산재연(丹山在淵, 니야마 자이엔) 32세

사실의 개요: 1942년(昭和 17) 2월 24일 강원도 인제군(麟蹄郡) 인제면 상남리(上南里) 자택에서 마을 사람 진산일만(晋山一萬, 신야마 이치만)에게 "다가올 3월 1일부터 시행될 조선청년체력검사는 청년을 싱가포르 방면의 부대 또는 석유·고무회사의 인부로 쓸 목적으로 하는 것이다. 또 작년에 시행되었던 국민등록[178]에 따라 등록된 40세 미만의 농민도 병사 혹은 인부로 그 지방에 파견될지도 모른다"라고 함부로 말하였다.

처분결과: 조선임시보안령 위반, 1942.4.30 징역 8월

청명: 함흥지방법원 원산지청

직업·성명·연령: 농업 우창배(禹昌培) 21세

사실의 개요: 1942년(昭和 17) 2월 25일 함남 문천군(文川郡) 풍하면(豊下面) 외고읍리(外古邑里) 김공필(金孔弼)의 집에서 그 외 1명에게 "황해도에서도 청년체력검사를 실시하여 이에 합격한 자는 평양에서 2년간 군사교련을 받는다"라고 함부로 말하였다.

처분결과: 조선임시보안령 위반, 1942.9.9 징역 4월 2년간 집행유예

청명: 해주지방법원 사리원지청

직업·성명·연령: 무직 장목규락(張木奎洛, 하리키 게이라쿠) 62세

사실의 개요: 1942년(昭和 17) 2월 25일 사는 마을인 황해도 봉산군(鳳山郡) 문정면(文井面) 어수리(御水里) 원천응옥(原川應玉, 하라카와 오교쿠)의 집에서 원천진환(原川鎭煥, 하라카와 진칸)에게 "배우지 않아 국어도 모르는 자는 체력검사 후 만주국의 북간도 방면으로 보내 도로 수리작업을 시킨다 한다"라고 함부로 말하였다.

처분결과: 조선임시보안령 위반, 1942.4.22 벌금 50엔

---

[178] 1941년 11월 30일 '國民登錄令'에 의해 만16세 이상 만40세 미만 청장년 남자에 대한 '국민등록'이 일제히 실시되었다. '유사시 사람을 동원하는 데 유감이 없게 한다'는 취지였다.

청명: 전주지방법원

직업·성명·연령: 대장장이 안동차병(安東車秉, 안도 샤헤이)[179] 57세

사실의 개요: 1942년(昭和 17) 2월 28일 사는 마을인 전주부 화산정(華山町, 하나야마초) 노상에서 정연맹(町聯盟) 서기 박성원병(朴城源秉, 호시로 겐페이)과 애국반장 송전영일(松田榮一, 마쓰다 에이이치) 두 사람에게 "일본이 표면상으로는 조선인의 건강 정도를 보기 위해 체력검사를 한다고 말하나, 그 진실은 검사 실시 후 병사로서 남양(南洋) 방면의 전장으로 데려가는 것이다"라고 함부로 말하였다.

처분결과: 조선임시보안령 위반, 1942.6.8 벌금 100엔

청명: 해주지방법원 서흥지청

직업·성명·연령: 광산 잡역부 박중팔(朴仲八) 22세

사실의 개요: 1942년(昭和 17) 3월 1일 황해도 곡산군(谷山郡) 이령면(伊寧面) 거리소리(巨利所里) 자택에서 광부 김용규(金龍奎)에게 "이번 체력검사를 받으면 시국 상 군대 또는 공장으로 징용당해 어디로 끌려갈지, 또 언제 집에 돌아올 수 있을지 모른다. 그렇게 된다면 부모와도 만날 수 없으므로, 이 기회에 여비를 마련해 어딘가로 도피해서 검사를 받지 않는 쪽이 양책(良策)이다"라고 함부로 말하였다.

처분결과: 조선임시보안령 위반, 1942.5.22 징역 2월 3년간 집행유예

청명: 대구지방법원 김천지청

직업·성명·연령: 사법서사 신정원치(新井源治, 아라이 겐지)[박신도朴愼道][180] 53세

사실의 개요: 1942년(昭和 17) 3월 3일 경북 선산군(善山郡) 장천면(長川面) 상장동(上場洞) 승합자동차정류장 대합실에서 면서기가 청년 체력검사 수험자를 인솔해 군청으로 가는

179　국가기록원, 〈독립운동관련판결문〉의 '수형인명부'에 따르면 창씨명은 "宋本車奉"이다.
180　본명은 大邱地方法院金泉支廳, 「1942년 刑公 제99호 略式命令: 新井源治」, 1942.5.8에 따른다.

것을 목격하고 임본길정(林本吉正, 하야시모토 요시마사) 외 6명에게 "저 청년들의 체력검사를 하여 지원병으로 채용하거나 남양 방면으로 보낼 작정이다"라고 함부로 말하였다.

처분결과: 조선임시보안령 위반, 1942.5.8 벌금 50엔

청명: 해주지방법원

직업·성명·연령: 제과 직공 태전덕현(太田德鉉, 오타 도쿠켄) 20세

사실의 개요: 1942년(昭和 17) 3월 4일 사는 마을인 황해도 사리원읍(沙里院邑) 상하리(上下里)의 김산정용(金山正勇, 가나야마 세이유)에게 "이번 조선청년체력검사의 수험자는 사리원 읍내만으로 2,000명 이상인데, 그중에서 59명은 체격이 양호했기 때문에 지원병으로 뽑혔으며, 그 밖의 합격자는 남양 방면으로 보낸다 한다"라고 함부로 말하였다.

처분결과: 조선임시보안령 위반, 1942.5.9 벌금 100엔

청명: 전주지방법원 군산지청

직업·성명·연령: 농업 김본수남(金本壽男, 가네모토 도시오)[김수남金壽男][181] 29세

사실의 개요: 1942년(昭和 17) 3월 4일 전북 김제군(金堤郡) 만경면(萬頃面) 만경리 자택에서 마을 사람 목원동영(木元東暎, 기모토 도에이)에게 "청년체력검사에 합격하면 일본 방면으로 뽑혀가 2~3년은 돌아올 수 없다. 너는 형제도 없으니 뽑혀간다면 양친이 곤란할 것이다. 어딘가 시골에서 숨어 있다가 검사가 끝나면 나와 함께 북조선 지방으로 돈을 벌러 가지 않겠는가" 하고 함부로 말하였다.

처분결과: 조선임시보안령 위반, 1942.5.30 벌금 100엔

---

181 본명은 국가기록원, 〈독립운동관련판결문〉의 '수형인명부'에 따른다.

청명: 부산지방법원 마산지청

직업·성명·연령: 우마차부 전촌조이(田村祚伊, 다무라 소이) 37세

사실의 개요: 1942년(昭和 17) 3월 6일 경남 함안군(咸安郡) 칠북면(漆北面)[182] 검단리(檢丹里) 음식점에서 음주 중에 대원천업(大原千業, 오하라 센교) 외 2명에게 "청년체력검사는 건강한 자를 뽑아서 전장으로 보내기 위해서다. 전쟁이 길어진다면 조선인도 장차 30세 이하인 자는 검사하여 건강한 자를 병사로 전쟁에 내보낼 것이니, 농촌은 40세 정도인 자가 남아 농사를 짓게 될 것이다"라고 함부로 말하였다.

처분결과: 조선임시보안령 위반, 1942.4.13 징역 6월

청명: 평양지방법원 안주지청

직업·성명·연령: 농업 수전선익(水田善益, 미즈타 요시마스) 21세

사실의 개요: 1942년(昭和 17) 3월 8일경 평남 안주군(安州郡) 연호면(燕湖面) 용삼리(龍三里) 자택 부근 노상에서 목촌시진(木村時珍, 기무라 지친)에게 "나는 이번 체력검사를 받았는데, 이번 전쟁에서 일본 병사가 부상하거나 전사해 부족해져서 이를 보충하고자 검사를 받은 자 중에서 체격이 양호한 자는 병사로 채용해 싱가포르 방면으로 보내는 것이다"라고 함부로 말하였다.

처분결과: 육군형법 위반, 해군형법 위반, 제1심 판결 1942.8.22 금고 6월, 제2심 판결 1942.9.22 제1심과 같음

청명: 해주지방법원

직업·성명·연령: 무직 가산호관(佳山鎬官, 가야마 고칸) 19세

사실의 개요: 1942년(昭和 17) 3월 16일 황해도 사리원역(沙里院驛) 앞 평화여관(平和旅館)에서 호객꾼 2명에게 "이번 조선청년체력검사는 일본이 전쟁에서 병사가 부족해서 건강

---

182 원문은 "漆谷面"이나 당시 함안군에 없는 면이다. 검단리가 속한 칠북면으로 고쳤다.

한 자를 병사로 채용해 전장으로 보내기 위해 시행한 것이다. 건강한 자는 국어를 알든 모르든 상관없이 철포를 쏘는 방법만 알고 있다면 채용된다. 즉 일본이 패할 때를 준비하는 것이다. '만주사변' 때는 여자도 출정했다. 현재 조선에서는 여학교에서도 부대 훈련을 하고 있으니 머지않아 반도의 여성도 군대에 가게 될 것이다. 일본은 지금 미·영·이란·포르투갈 등과 전쟁을 치러 이기고 있으나 장래는 어떻게 될지 알 수 없다"라고 함부로 말하였다.

처분결과: 육군형법 위반, 해군형법 위반, 조선임시보안령 위반, 1942.5.9 징역 1년 3년간 집행유예

청명: 평양지방법원 안주지청
직업·성명·연령: 농업 수전계엽(水田桂燁, 미즈타 게이요) 37세
사실의 개요: 1942년(昭和 17) 3월 말경 평남 안주읍(安州邑) 칠성리(七星里) 웅산공장(雄山公章, 가쓰야마 기미아키)의 집에서 그 등에게 "우리 부락에선 최근 체력검사를 받은 청년이 싱가포르 방면 혹은 조선 내의 탄광에 노동자로 보내진다고 해서 일도 하지 않고 술만 마시고 있다. 또 청년의 부형은 노동자로 보내진다고 해서 걱정하고 있다"라고 함부로 말하였다.
처분결과: 조선임시보안령 위반, 1942.8.12 벌금 50엔

청명: 평양지방법원 안주지청
직업·성명·연령: 농업 목촌시언(木村時彦, 기무라 도키히코) 20세
사실의 개요: 1942년(昭和 17) 4월 중순경 사는 마을인 평남 안주군(安州郡) 연호면(燕湖面) 용삼리(龍三里) 노상에서 목촌선봉(木村善鳳, 기무라 젠포)에게 "최근 20세와 21세의 체력검사가 이루어졌는데, 체격이 양호한 자는 싱가포르로 보내져 노동에 종사할 것이다. 올 7월경에는 또다시 22세와 23세 청년의 체력검사가 시행될 것이다"라고 함부로 말하였다.
처분결과: 조선임시보안령 위반, 1942.8.1 벌금 50엔

(3) 저축장려에 관한 것

청명: 함흥지방법원

직업·성명·연령: 철공소 직공 기도홍국(箕島弘國, 미노시마 히로쿠니) 25세

사실의 개요: 1941년(昭和 16) 12월 28일 사는 마을인 함경남도 함주군(咸州郡) 선덕면(宣德面)[183] 동상리(東上里) 소재 이발소에서 동상리 구장 외 10명에게 "국민은 군용 비행기 헌납금, 국채 매입금 등에 전 재산을 빼앗겨 뼈 말고는 남지 않을 것이다. 장려저금은 명의뿐이고 헌금과 마찬가지로 환급받을 수 없다"라고 함부로 말하였다.

처분결과: 조선임시보안령 위반, 1942.2.21 금고 4월

청명: 부산지방법원 거창지청

직업·성명·연령: 농업 신농찬준(神農贊俊, 신노 산순) 72세, 무직(여성) 신농말령(神農末令, 신노 마쓰레이) 71세, 상업 신농의성(神農義性, 신노 기세이) 27세, 농업 고용인 김촌찬숙(金村燦夙, 가네타니 산슈쿠) 56세

사실의 개요: 신농말령은 찬준의 아내이고 신농의성은 그 손자이며 김촌찬숙은 그 고용인이다. 신농찬준은 장남의 식산은행(殖産銀行)에 대한 채무 1만 엔을 갚기 곤란하여 두루 구매자를 물색해 자기가 소유한 토지를 매각하고자, 1942년(昭和 17) 2월 7일 경남 합천군(陜川郡) 초계면(草溪面) 초계리 자택에서 4명과 공모한 뒤 "내 소유 토지에서 거둔 벼가 100가마니지만, 취득한 벼를 공출 매각해도 공제저금(天引貯金) 수백 엔을 내고 잔금으로 지세와 호별 할당의 기타 각종 기부금 5,000~6,000엔을 부담해서 취득액만으로는 부족해 한탄스럽다. 어쩔 수 없이 소유한 토지를 일반에게 매각할 심산인 까닭에 운운"이라는 광고문 3통을 스스로 만들어, 한 통은 부근 길가의 포플러 가로수에 내걸고, 한 통은 부락연맹이사장에게 우편으로 보내 선전을 의뢰하였다.

처분결과: 조선임시보안령 위반, 1942.3.26 각각 기소유예

---

183 원문은 "宜德面"이나 당시 함주군에 없는 면명으로 '宣德面'으로 고쳤다.

청명: 경성지방법원 철원지청

직업 · 성명 · 연령: 농업 최경삼(崔景三)[184] 66세

사실의 개요: 1942년(昭和 17) 2월 15일 사는 마을인 강원도 회양군(淮陽郡) 내금강면(內金剛面) 봉현리(蓬峴里) 김팽수(金彭洙)의 집에서 그 외 2명에게 "이곳에서는 좋은 쌀을 얻을 수 있기는 하나 면사무소에서 전부 가져가고 보국저금(報國貯金)도 하라고 장려하고 있는데, 실제 곤란한 것은 농민뿐이다. 최근 인제 방면에서는 보국저금을 장려했으나 실행하지 않았기에 면사무소에서 가옥을 압류하므로 장전(長箭) 방면으로 이사하는 자가 20호나 있다. 머지않아 이곳도 그렇게 될 것이다"라고 함부로 말하였다.

처분결과: 안녕질서에 대한 죄, 조선임시보안령 위반, 제1심 판결 1942.4.28 징역 8월 2년간 집행유예, 제2심 판결 1942.5.29 징역 4월

〈그림14〉 1942년 서대문형무소에 수감된 최경삼의 인물카드
출처: 국사편찬위원회, 일제감시대상인물카드 (ia_5392)

---

[184] 최경삼에 대한 2심(경성복심법원) 판결문이 남아 있다. 京城覆審法院刑事第一部, 「1942년 刑公 제178호 判決: 崔景三」, 1942.5.29.

청명: 함흥지방법원

직업·성명·연령: 농업 평소봉효(平沼奉孝, 히라누마 호코) 38세

사실의 개요: 1942년(昭和 17) 3월 중순쯤부터 1942년 10월까지 제일징병보험주식회사(第一徵兵保險株式會社) 경성지점 함흥지부 외판원으로 일하던 자인데, 1942년 7월경부터 1942년 10월까지 함남 신흥군(新興郡) 동상면(東上面) 광대리(廣大里) 및 동상면 신성리(新成里)[185]에서 청원창우(淸原昌禹, 기요하라 쇼우) 외 40명에게 앞 회사의 교육보험 가입을 권유하면서 "지금의 전쟁은 10년이 걸릴지 20년이 걸릴지 혹은 100년이나 계속될지 모르기 때문에 애국저금(愛國貯金)은 언제 환급해줄지 모른다"라고 함부로 말하였다.

처분결과: 조선임시보안령 위반, 1942.4.6 벌금 50엔

청명: 함흥지방법원

직업·성명·연령: 상업 조야순숙(朝野珣淑, 아사노 슌슈쿠) 34세

사실의 개요: 1942년(昭和 17) 4월경부터 1942년 9월경 사이에 제일징병보험주식회사 경성지점 함흥지부 소속 외판원으로 일하던 자인데, 그동안 함남 신흥군(新興郡) 영고면(永高面)[186] 송하리(松下里), 동상면(東上面)[187] 신성리(新成里)와 달아리(達阿里)에서 유영정(柳榮井) 외 60명에게 제일징병보험주식회사의 교육보험에 가입할 것을 권유하면서 "지금의 전쟁은 언제까지 계속될지 모르지만, 애국저금은 이 전쟁이 끝날 때까지 받을 수 없다"라고 함부로 말하였다.

처분결과: 조선임시보안령 위반, 1942.3.22 벌금 50엔

---

185 원문은 "新咸里"이나 당시 동상면에 없는 동리명이다. 해당 면의 '新成里'로 고쳤다.
186 원문은 "水高面"이나 당시 신흥군에 없는 면명으로, 송하리가 속한 '永高面'으로 고쳤다.
187 원문은 "同面"으로 "水高面"을 가리키나, 당시 신성리와 달아리가 속한 '東上面'으로 고쳤다.

청명: 신의주지방법원

직업·성명·연령: 증권회사 외판원 곡산창권(谷山昌權, 다니야마 쇼켄) 36세, 무직 청산시읍(靑山始揖, 아오야마 시유) 32세

사실의 개요: 곡산창권은 1942년(昭和 17) 5월 26일 평북 신의주부 미륵동(彌勒洞) 궁삼치작(宮森治作, 미야모리 지사쿠)의 집 외 1개소에서 그 외 1명에게 "채권은 종잇조각과 같으니 언제까지 보관해도 돈이 되지 않는다. 아무 쓸모도 없다"라고 함부로 말하였다.

청산시읍은 5월 26일 신의주부 미륵동 김촌국영(金村國榮, 가네무라 구니히데) 집 외 2개소에서 그 외 2명에게 앞과 같은 내용의 말을 함부로 하였다.

처분결과: 안녕질서에 대한 죄, 조선임시보안령 위반, 1942.8.22 곡산창권 무죄, 청산시읍 징역 3월

청명: 신의주지방법원 정주지청

직업·성명·연령: 농업 김정용득(金正龍得, 가네마사 류토쿠) 45세, 농업 평산도희(平山道熙, 히라야마 도키) 47세

사실의 개요: 위의 두 사람은 공모하여 1942년(昭和 17) 5월 하순부터 6월 상순 사이 평북 박천군(博川郡) 용계면(龍溪面), 가산면(嘉山面) 등에서 정본종희(井本宗希, 이모토 슈키) 외 십 수 명에게 "보국채권(報國債券) 1엔권의 상환을 받는 것은 앞으로 전쟁이 끝나기까지 5년, 10년 혹은 몇 년이 소요될지 모른다. 또 당첨될 전망도 전혀 없고 시가 70전의 가치밖에 없으니, 이 기회에 조금 싸더라도 하루빨리 팔아서 돈으로 바꾸는 편이 좋은 계책이다" 운운하며 함부로 말해서 정본종희 등에게서 해당 채권 1엔권 약 400매를 1장당 70전씩으로 매점했다.

처분결과: 안녕질서에 대한 죄, 1942.9.9 각각 징역 10월

청명: 평양지방법원

직업·성명·연령: 무직 송원국태(松原國泰, 마쓰하라 구니야스) 40세

사실의 개요: 1942년(昭和 17) 6월 17일 및 18일 2회에 걸쳐 평양부 기림정(箕林町) 광전세록(廣田世錄, 히로타 세로쿠)의 집에서 그 부부 외 1명에게 "전시보국채권은 전비를 마련하기 위해 국가에서 발행하는 것인데, 일본은 현재 미·영과 전쟁에서 형세가 몹시 불리해 위태로운 상황이다. 그뿐만 아니라 전쟁 종료 후가 아니라면 환급받을 수 없을 것 같은 채권은 가치가 없는 것과 마찬가지이다. 액면가 20엔인 것을 10엔에 판다면 그야말로 이득이다"라고 함부로 말하였다.

처분결과: 육군형법 위반, 해군형법 위반, 안녕질서에 대한 죄, 공판 중

비고: 가격등통제령(價格等統制令) 위반과 병합

청명: 부산지방법원 거창지청

직업·성명·연령: 생명보험 외판원 안홍무웅(安洪武雄, 야스히로 다케오) 19세

사실의 개요: 1942년(昭和 17) 7월 21일경 경남 합천군(陜川郡) 쌍백면(双栢面) 육리(陸里)[188]의 청계기수(淸溪琦水, 기요타니 기스이) 등 십 수 명에게 생명보험 가입을 권유하면서 "지금 일본은 대동아전쟁 중으로 그 때문에 관리미(管理米) 및 보리는 전쟁이 계속되는 한 공출될 것이며, 이 공출에 대한 공제저금(天引貯金)과 더불어 각종 채권의 구입도 전쟁이 계속되는 한 강제될 것이다. 게다가 전쟁은 언제 끝날지 전혀 예상할 수 없으므로 공제저금이나 채권도 절대 현금으로 환급될 전망은 없다"라고 함부로 말하였다.

처분결과: 조선임시보안령 위반, 1942.12.3 벌금 50엔

---

188 원문은 "능리(陵里)"이나 '육리'로 바로잡았다.

청명: 함흥지방법원
직업·성명·연령: 노동 김산성연(金山成淵, 가나야마 세이엔) 36세
사실의 개요: 1942년(昭和 17) 8월 중순경부터 1942년 10월 말경 사이에 신흥군(新興郡) 동상면(東上面) 광대리(廣大里)와 원풍리(元豊里) 등에서 동리(同里)의 김학도(金學道) 외 20명에게 보험을 권유하면서 이십수 회에 걸쳐 "이 전쟁은 언제까지 계속될지 모른다. 금융조합 등에 애국저금을 빼앗길 뿐이고 전쟁이 계속되는 한 언제까지고 환급해주지는 않을 것이다"라고 함부로 말하였다.
처분결과: 조선임시보안령 위반, 1943.3.31 벌금 50엔

청명: 부산지방법원 거창지청
직업·성명·연령: 무직 안전도조(安田稻助, 야스다 도스케) 22세
사실의 개요: 1942년(昭和 17) 8월 20일경 경남 합천군(陜川郡) 대양면(大陽面) 도리(道里)에서 마을 사람 약 20명에게 생명보험 가입을 권유하면서 "지금 일본은 대동아전쟁 중으로 그 종국은 전혀 전망이 없다. 국민으로서 농산물 등의 공출에 따라 공제저금(天引貯金)을 강요당하고 또 채권 등을 구매해야 하나, 이 채권이나 저금은 현금으로 환급받을 전망이 전혀 없다"라고 함부로 말하였다.
처분결과: 조선임시보안령 위반, 1942.11.9 벌금 100엔

청명: 광주지방법원 장흥지청
직업·성명·연령: 잡화상 장전효진(長田孝辰, 나가타 고신)[장효진張孝辰][189] 36세
사실의 개요: 1942년(昭和 17) 12월 26일 타인이 소지한 채권을 싼값으로 구입해 이를 담보로 금융조합에서 돈을 빌리고자 해남군(海南郡) 계곡면(溪谷面)[190] 성진리(星津里)의 방

---

[189] 본명은 국가기록원, 〈독립운동관련판결문〉의 '집행원부'에 따른다.
[190] 원문은 "漆谷面"이나 해남군에 없는 면명으로, 성진리가 속한 '계곡면'으로 고쳤다.

촌화심(方村花心, 가타무라 가신) 외 수 명의 채권 소유자들에게 "채권은 수년이 지나지 않으면 현금이 되어 돌아오지 않기 때문에 이를 계속 소지하는 것보다 다소 싼 값이더라도 지금 바로 이를 매각해 그 대금을 장사 자금으로 이용하는 편이 유리하다. 실제로 채권 매매는 목포부(木浦府)에서 활발히 이루어지고 있다"라고 함부로 말하였다.

처분결과: 조선임시보안령 위반, 1943.3.24 기소유예

(4) 국방헌금에 관한 것

청명: 평양지방법원

직업 · 성명 · 연령: 농업 장규래(莊奎來) 43세

사실의 개요: 1941년(昭和 16) 12월 15일 평양부 대치령리(大馳嶺里) 왕명산(王明山)의 집에서 미곡배급 및 국방헌금 등에 관해 상의하기 위해 집합한 대치령리에 거주하는 중국인 유력자 8명에게 "우리 중국인이 무엇 때문에 일본에 헌금을 낼 필요가 있는가. 일본은 미국과 전쟁을 치러 패하고 있지 않은가. 이처럼 패하고 있는 일본에 국방헌금을 낸다면 미국 군대가 와서 헌금을 낸 자를 전부 죽일 것이다. 나는 그런 바보 같은 짓은 하지 않을 것이다. 헌금을 내겠다면 너희 마음대로 해라"라고 함부로 말하였다.

처분결과: 육군형법 위반, 1942.3.26 금고 8월

비고: 중국인

청명: 평양지방법원

직업 · 성명 · 연령: 농업 곡원산석(谷元山石, 다니모토 산세키) 44세

사실의 개요: 1942년(昭和 17) 1월 27일 평남 순천군(順川郡) 사인면(舍人面)[191] 사창리(社倉里)의 자택에서 순찰 중인 주재소 순사에게 "일본 병사는 결사의 심정으로 싸우니 이기는 것은 당연하나, 일본은 가난해서 곤란을 겪고 있다. 정부는 돈이 없으니 매사 벌금을 징수하

---

[191] 원문은 "舍川面"이나 순천군에 없는 면명이다. 사창리가 속한 '사인면'으로 고쳤다.

기만 하고 있다. 지금까지는 관공리가 징수한 곡물은 공매해서 그 돈을 본인에게 돌려주었으나, 요즘은 돌려주지 않고 전부 나라에 낸다고 한다. 최근에도 약 2,000엔을 공매하면서 본인에게 주지 않고 억지로 국방헌금으로 징수했다고 한다. 이는 모두 정부에 돈이 없는 증거로, 이래서는 백성들이 곤란하다" 운운하며 함부로 말하였다.

처분결과: 조선임시보안령 위반, 1942.3.31 기소유예

청명: 광주지방법원

직업 · 성명 · 연령: 농업 다목업수(多木業水, 오키 교스이)[이업수李業水][192] 45세

사실의 개요: 1942년(昭和 17) 1월 27일 사는 마을인 전남 함평군(咸平郡) 함평면 장년리(長年里)에서 마을 사람 다목연(多木淵, 오키 후치)이 '우리가 이렇게 따뜻한 온돌에서 편안하게 살 수 있는 것은 전부 일본제국 덕분이다'라고 말하며 술회하자 마을 사람 수 명의 앞에서 그에게 "그런 일이 있을 리가 있나. 구한국 시대 쪽이 좋았다. 구한국 시대는 설령 세상이 혼란해도 지금처럼 헌금이나 헌납 따위는 하지 않아도 되었다" 운운하며 함부로 말하였다.

처분결과: 조선임시보안령 위반, 1942.3.10 징역 6월

비고: 보안법 위반과 병합

청명: 함흥지방법원 북청지청

직업 · 성명 · 연령: 우마차부 임승남(林承南) 38세

사실의 개요: 1942년(昭和 17) 2월 8일 주거지인 청진부에서 본적지인 함남 홍원군(洪原郡)으로 가는 도중 청진발 경성역(京城驛)행 열차 안에서 승객 방본태근(邦本泰根, 구니모토 다이콘)에게 "최근 청진부 내에서는 부민에게 비행기 헌납기금이라고 하며 빈부의 차이 없이 각호당 15엔 이상의 할당을 매겨서 나도 30엔의 할당을 받았는데, 구장에게 감액을 간청해 15엔을 헌금했다. 나는 지금 가족이 7명 있어 생활이 곤란하다. 일반 국민도 나와 마

---

[192] 본명은 국가기록원, 〈독립운동관련판결문〉의 '수형인명부'에 따른다.

찬가지로 통제경제 아래에서 부자유한 생활을 하고 있는데도 당국에서 이러한 헌납금을 갹출하는 것은 시국이 장기화하여 일본에 재정적 고난이 일어났기 때문이다"라고 함부로 말하였다.

처분결과: 조선임시보안령 위반, 1942.4.8 징역 6월

청명: 해주지방법원 서흥지청
직업 · 성명 · 연령: 농업 양산근수(楊山根守, 야나기야마 곤슈) 65세
사실의 개요: 1942년(昭和 17) 3월 16일 사는 마을인 황해노 곡산군(谷山郡) 상도면(上圖面) 대동리(大同里) 김촌제남(金村濟南, 가네무라 사이난)의 집에서 개최된 시국좌담회 종료 후 십 수 명의 부락민에게 "요즘 '직역봉공(職域奉公), 직역봉공' 하는데, 실제로 우리는 식량 부족으로 곤란한 처지다. 아사한다면 직역봉공이고 뭐고 불가능하지 않은가. 또 요즘 애국반이 걸식하듯이 부락민에게 5전, 10전의 국방헌금을 모아 가는데, 이는 일본이 세계에서 제일 가난한 나라이기 때문일 것이다"라고 함부로 말하였다.

처분결과: 조선임시보안령 위반, 1942.4.30 벌금 70엔

청명: 함흥지방법원
직업 · 성명 · 연령: 노동 중산흥주(中山興冑, 나카야마 고추) 42세
사실의 개요: 1942년(昭和 17) 7월 25일 함남 신흥철도(新興鐵道) 오로역(五老驛)발 송흥역(松興驛)행 열차 안에서(송하역松下驛 부근 통과 중) 승객인 신정창수(新井昌水, 아라이 쇼스이) 외 1명에게 "최근 함흥에서는 묘한 일이 있었다. 10전짜리 백동화(白銅貨)로 100엔을 모아 도청에 가져간 자에게 지폐 100엔과 교환해준 뒤 포상으로 광목(廣木) 1필을 주었다. 그래서 그 부근 사람이 마찬가지로 백동화 100엔을 가져갔더니 이를 강제로 국방헌금으로 내게 하고 광목 1필을 받았을 뿐이었다. 이 이야기를 들은 어떤 이는 백동화 95엔을 모았었는데 강제로 국방헌금으로 내게 해서는 큰일이라 생각해 전부 써버렸다"라고 함부로 말하였다.

처분결과: 조선임시보안령 위반, 1942.8.28 징역 4월

청명: 해주지방법원
직업·성명·연령: 타면업 홍해지걸(興海之傑, 고카이 시케쓰) 38세
사실의 개요: 1943년(昭和 18) 1월 17일 신천군(信川郡) 신천읍 척서리(滌署里) 목촌연덕(木村淵德, 기무라 후치노리)의 집에서 신천경찰서 순사 궁기진천(宮崎辰天, 미야자키 신텐) 외 4명에게 "이번에 연초가 가격이 올라 한 상자당 30전이 되었는데, 15전은 연초 값 15전은 국방헌금으로 하는 모양이다. 국민에게 국방헌금을 내게 하는 것은 곤란하니 10일간만 연초 가격을 인상해 그 차액을 국방헌금으로 삼고 10일 후에는 원래 가격으로 되돌릴 모양이다"라고 함부로 말하였다.
처분결과: 조선임시보안령 위반, 1943.2.8 벌금 50엔

청명: 신의주지방법원 강계지청
직업·성명·연령: 농업 청목학근(靑木學根, 아오키 가쿠곤) 63세
사실의 개요: 1943년(昭和 18) 2월 중순 평안북도 강계군(江界郡) 시중면(時中面) 외시천동(外時川洞)[193] 김산인학(金山仁學, 가나야마 진가쿠)의 집에서 위 사람 외에 3명에게 "이번에 담뱃값 인상은 비행기 1대를 헌납하기 위해 1개월간 가격을 인상하는 것으로 그 후에는 종전 가격으로 돌아간다"라고 함부로 말하였다.
처분결과: 조선임시보안령 위반, 1943.3.26 기소유예

---

[193] 원문은 "外川洞"이나 시중면에 없는 동리명으로, '외시천동'으로 고쳤다.

(5) 각종 물자의 헌납·공출에 관한 것

청명: 전주지방법원 남원지청

직업·성명·연령: 군농회 기수 청원희정(靑原喜正, 아오하라 기세이)[이희정李喜正][194] 22세

사실의 개요: 1942년(昭和 17) 1월 12일 면화 공출독려를 위해 전북 순창군(淳昌郡)[195] 금과면(金果面) 청룡리(靑龍里)로 출장을 가 열심히 독려한 나머지 어리석게도 청룡리 구장 밀산두병(密山斗丙, 미쓰야마 도헤이) 외 4명에게 "이번에 도(道)에서 면화 공출에 응하지 않는 자는 채찍으로 때려 공출시키라고 해서 소의 음경으로 만든 채찍 11자루를 군으로 보내 왔으니 머지않아 각 면(面)으로 한 자루씩 배부할 터이므로 구타당하기 전에 자진해서 공출해야 한다"라고 함부로 말하였다.

처분결과: 조선임시보안령 위반, 1942.4.11 기소유예

청명: 해주지방법원

직업·성명·연령: 농업 대촌찬원(大村贊元, 오무라 산겐) 50세

사실의 개요: 1942년(昭和 17) 3월 10일 사는 마을인 황해도 은율군(殷栗郡) 이도면(二道面) 고정리(高井里) 고본찬돈(高本贊敦, 다카모토 산톤)의 집에서 그 외 3명에게, 그리고 3월 13일 자택에서 고정리 부인회를 개최해서 회원 등 12명에게 "최근 경찰서에서 야소교회(耶蘇敎會)의 조종(釣鐘)[196]을 징발했는데, 금후는 민간의 공유재산도 국가가 전부 징발한다는 취지이므로 부인회의 공동 면작지(棉作地)를 빨리 매각해서 분배하는 편이 좋겠다"라고 함부로 말하였다.

처분결과: 조선임시보안령 위반, 1942.5.2 징역 4월

---

194 본명은 국가기록원, 〈독립운동관련판결문〉의 '집행원부'와 '형사사건부'에 따른다.
195 원문은 "청창군(淸昌郡)"이나 금과면이 속한 '순창군(淳昌郡)'으로 고쳤다.
196 원문은 "吊鐘"이나 '釣鐘'으로 고쳤다.

청명: 함흥지방법원

직업·성명·연령: 기독교 전도사 송천찬영(松川燦永, 마쓰카와 산에이) 43세

사실의 개요: 1942년(昭和 17) 5월 24일 함경남도 영흥군(永興郡) 고령면(古寧面) 예배당에서 같은 면 가진리(加進里)에 거주하는 청원기호(淸原基浩, 기요하라 모토히로) 외 2명과 함께 조종(釣鐘) 헌납에 관하여 협의하면서 헌납에 반대했으나 받아들여지지 않자 위의 3명에게 "우리가 헌납한 성종(聖鐘)으로 탄환을 만들어 우리에게 복음을 전해줬던 미·영국인을 죽이는 것은 괴로운 일이다"라고 함부로 말하였다.

처분결과: 육군형법 위반, 해군형법 위반, 공판 중

비고: 불경죄와 병합

청명: 해주지방법원 사리원지청

직업·성명·연령: 농업 대산정부(大山正夫, 오야마 마사오) 52세

사실의 개요: 1942년(昭和 17) 8월 2일 자택에서 신천군(信川郡) 가산면(伽山面) 서기 대원준기(大原俊基, 오하라 도시모토)가 군용 건초의 공출량이 1호당 80관(貫) 정도가 될 것이라 하자, 일본에서 공출량은 1호당 24관을 필요로 한다는 내용의 잡지 기사를 상기해 그 등에게 "이 부락도 군용 건초의 공출은 유축(有畜) 농가가 1호당 140관, 무축 농가는 1호당 80관씩 할당받았으나, 이는 일본과 비교하면 조선 쪽이 상당히 부담이 가중되었는데 어째서 이런 불공평한 할당을 하는가. 이런 많은 양의 할당 수량은 도저히 공출할 수가 없다" 운운하며 함부로 말하였다.

처분결과: 조선임시보안령 위반, 1943.2.24 벌금 50엔

청명: 함흥지방법원

직업·성명·연령: 무직(여성) 궁본고분녀(宮本古分女, 미야모토 고부조) 34세

사실의 개요: 1942년(昭和 17) 11월 하순경과 1943년(昭和 18) 1월 24일 2회에 걸쳐 영

흥군(永興郡) 영흥읍 도정리(都井里)[197] 114번지 천도서학(川島西學, 가와시마 세이가쿠)의 집에서 그 외 1명에게 "신창(新昌)에서는 털실 목도리를 놋쇠 식기처럼 공출하게 해 그것으로 군인의 의복을 만든다 한다"라고 함부로 말하였다. 다시 같은 해 1월 24일 영흥읍 남산리(南山里)에서 여관을 하는 길전귀룡(吉田貴龍, 요시다 기류)의 집에서 그에게 같은 내용의 말을 함부로 하였다.

처분결과: 조선임시보안령 위반, 1943.2.22 벌금 50엔

청명: 함흥지방법원

직업·성명·연령: 노동 신정인학(新井仁鶴, 아라이 닌가쿠) 41세

사실의 개요: 1943년(昭和 18) 1월 9일 흥남읍(興南邑) 운중리(雲中里) 정회(町會) 사무소에서 서기 산전주현(山田住鉉, 야마다 주켄) 외 4명에게 "최근 북청(北靑) 방면에서는 관청에서 통행인을 일제히 조사해 순모(純毛) 제품을 착용한 자에게서 전부 그것을 징발하였을 뿐만 아니라 부인들이 착용한 허리띠까지 징발해버렸다고 한다. 그러니 조만간 흥남 방면에서도 그러한 일이 생길 것이다. 그 일은 아침 신문에도 실렸다"라고 함부로 말하였다.

처분결과: 조선임시보안령 위반, 1943.3.24 벌금 50엔

청명: 함흥지방법원

직업·성명·연령: 여관업 길전귀룡(吉田貴龍, 요시다 기류) 44세

사실의 개요: 1943년(昭和 18) 2월 2일 영흥군(永興郡) 영흥읍 남산리(南山里) 중도옥숙(中島玉淑, 나카시마 교쿠슈쿠)의 집에서 그 외 8명에게 "이제부터는 관청에서 조사하여 의류를 많이 가진 사람은 공출해 군대로 보낸다 한다"라고 함부로 말하였다. 게다가 2월 2일 영흥읍 운평리(雲坪里) 엄본병우(嚴本秉祐, 겐모토 헤이유)의 집에서 그 외 8명의 부녀에게 "본견(本絹)·양단(洋緞)도 이제부터 배급제로 바뀐다고 한다. 조만간 관청에서 양단 '저고

---

[197] 원문은 "郡井里"이나 영흥읍에 없는 동리명이다. 당시 영흥읍에서 가장 유사한 동리명 '都井里'로 고쳤다.

리'를 조사해 많이 가진 사람에게는 늦게 배급하고 적게 가진 사람에게는 빨리 배급한다고 한다. 또 신창(新昌)에서는 털실 목도리를 강제로 모두 모아서 경방단(警防團)이 손수레에 쌓아서 가져가 헌납시킨다고 한다. 그것을 풀어서 군인들의 의복을 만든다고 한다. 상점에 가 보아도 솜이 하나도 없는데, 이는 솜을 전부 전장으로 가져가 군인들에게 입히기 위해서라고 한다" 운운하며 함부로 말하였다.

처분결과: 조선임시보안령 위반, 1943.3.31 벌금 50엔

(6) 일본, 기타 지역의 노동자 모집 등에 관한 것

청명: 전주지방법원 남원지청

직업·성명·연령: 페인트직인 천원인석(千原仁錫, 지하라 닌샤쿠)[천재봉千載奉][198] 31세

사실의 개요: 1941년(昭和 16) 12월 18일 전라북도 장수군(長水郡) 장수면 여인숙에서 동숙 중인 목수들에게 "소위 국민등록이라는 것은 전시 하에 정부가 필요에 따라 국민을 징용하기 위해 미리 그 직업 능력을 등록시키는 것으로, 훗날 평화로워진다면 최초로 목수, 막일꾼, 함석 직공 등이 대량으로 징용될 것이다. 또 내 친구가 전주경찰서의 남양(南洋) 이주노동자 모집에 응한 뒤 가사상의 사정으로 단념했더니 경찰이 '너는 비국민이다. 징역 3년에 처하겠다'라고 협박해서 어쩔 수 없이 모집에 응해 남양으로 갔다"라고 함부로 말하였다.

처분결과: 안녕질서에 대한 죄, 1942.3.5 징역 6월

청명: 해주지방법원 서흥지청

직업·성명·연령: 농업 평촌수하(平村秀夏, 히라무라 슈카) 20세

사실의 개요: 1942년(昭和 17) 5월 6일 황해도 금천군(金川郡) 서천면(西泉面) 냉정리(冷井里) 자택에서 친동생인 종하(宗夏, 소카) 외 1명에게 "특별 근로보국대(勤勞報國隊)에 선발 징용된 경우는 점령지나 먼 곳의 공장 등으로 보내져 가족에게 편지도 보낼 수 없고 전연

---

[198] 본명은 국가기록원, 〈독립운동관련판결문〉의 '수형인명부'와 '형사사건부'에 따른다.

귀가도 불가능하니 우리 청년은 근로보국대원 선발 징용이 전부 끝날 때까지 어디론가 도망가는 것이 양책이다"라고 함부로 말하였다.

처분결과: 조선임시보안령 위반, 1942.6.19 벌금 50엔

청명: 부산지방법원 진주지청

직업·성명·연령: 농업 신본상범(新本祥範, 니모토 쇼한) 18세

사실의 개요: 1942년(昭和 17) 5월 12일 사는 마을인 경남 남해군(南海郡) 삼동면(三東面) 물건리(物巾里) 산송성규(山松星奎, 야마마쓰 세이케이)의 집에서 그의 장남 무부(茂夫, 시게오) 외 2명에게 "조선인 노동자의 일본 이입(移入) 알선에 관하여 이번에 사람의 공출명령이 내려져 남녀 17세부터 40세까지인 자를 전부 강제로 공출해 일본 방면의 탄갱, 토목공장, 광산 등으로 보내 노동에 종사하게 되었다"라고 함부로 말하였다.

처분결과: 안녕질서에 대한 죄, 1942.6.18 기소유예

청명: 해주지방법원 서흥지청

직업·성명·연령: 요리사 원경원(原慶遠, 하라 게이엔) 28세, 자동차운전수 산본무부(山本武夫, 야마모토 다케오) 26세

사실의 개요: 원경원은 1942년(昭和 17) 6월 17일 황해도 금천군(金川郡) 금천면 금능리(金陵里)에서 같은 군 시변리(市邊里)로 가는 승합자동차에서 승객 진산이표(晋山二杓, 신야마 니효) 외 17~18명에게 "우리 근로보국대 금천군반(班)이 돈벌이하러 가는 곳에서는 배급하는 식량이 조악해 반원들이 연이어 도망가 곤란하다. 우리 반의 일은 아니나 도망자를 회사의 감시원이 잡아 구타하는 등의 제재를 가하는데, 그것이 너무나 가혹하여서 자살하거나 물에 뛰어들어 익사하는 자가 있다는 이야기다"라고 함부로 말하였다.

산본무부는 6월 17일 앞에 적은 금능리 소재 금천자동차부 대합실에서 앞의 원경원에게 "강계(江界) 수력전기 공사의 노동은 상당히 위험한데, 작년에는 공사장의 토산이 무너져 내려서 중국인 노동자 약 20명이 매몰되어 죽었다 한다. 공사장에서는 노동자에게 구타 등

을 가하여 학대하며 가혹하게 일을 시킨다" 운운하며 함부로 말하였다.

처분결과: 조선임시보안령 위반, 원경원 1943.9.7 벌금 70엔, 산본무부 1943.8.20 기소유예

청명: 함흥지방법원 원산지청
직업·성명·연령: 노동 중산경남(中山庚男, 나카야마 고난) 31세
사실의 개요: 1942년(昭和 17) 8월 24일 함남 문천군(文川郡) 도초면(都草面) 천내리(川內里)에서 현장식당을 하는 성택선일(成澤善一, 나루자와 젠이치)의 집에서 길전택명(吉田澤明, 요시다 다쿠메이) 외 2명에게 "7월 30일 고원역(高原驛)에서 노동자 모집에 응해 북행열차에 타서 이름도 모르는 작은 역에서 내렸는데, 기차의 창문은 전부 닫혔다. 그 뒤 화물자동차를 타서 시트를 뒤집어쓰고 어딘가 모르는 곳에 내렸다. 확실히는 모르겠으나 함북으로, 2리 정도 가면 두만강이 나오는 곳이라고 한다. 공사는 수력전기 공사로, 육군에서 쓰는 군사시설로 상당히 훌륭한 것이었다. 우리는 터널 안 발파 작업을 했는데, 낙반이 매서워 많은 사상자가 나왔지만 정리도 하지 않았다. 또 무서운 곳에서 달아나고자 해도 군대가 감시하고 있어서 달아날 수가 없다. 발견되면 엄중한 제재를 가하는데, 나는 어느 밤에 친구와 함께 도망쳐 왔다"라고 함부로 말하였다.

처분결과: 육군형법 위반, 1942.12.28 금고 6월

청명: 해주지방법원
직업·성명·연령: 농업 은천생금(銀川生金, 긴카와 세이킨) 21세
사실의 개요: 1942년(昭和 17) 8월 28일 황해도 벽성군(碧城郡) 일신면(日新面) 법교리(法橋里) 자택에서 면서기 송전창훈(松田暢薰, 마쓰다 쇼쿤) 외 3명으로부터 '어째서 산업 전사로서 일본으로 도항하고서도 탈주, 귀가하는가' 하고 추문을 당하자 "돈을 벌러 가는 곳의 탄광은 매우 위험해 자주 부상자가 나올 뿐만 아니라 왕왕 사망자가 나온다. 목격한 바에 따르면 시체를 갱 밖으로 운반해 매장하는데, 사람들이 보지 않는 곳에서는 시체를 그대로 내버린다고 하니 두려워서 도주했다"라고 함부로 말하였다.

처분결과: 조선임시보안령 위반, 1942.11.25 벌금 50엔

청명: 부산지방법원
직업·성명·연령: 토목노동자 조조동(曺朝童) 41세, 대장장이 김희철(金喜澈) 24세
사실의 개요: 조조동은 1942년(昭和 17) 10월 15일 부산부 초량역(草梁驛) 구내 공사장 현장식당에서 김희철 등 동료 수 명에게 "자네는 무엇을 위해 일본에 가는가. 나도 젊었을 때 탄갱에서 일했던 적이 있는데, 지금도 그때 일을 생각하면 몸이 떨린다. 갱구는 하나로 거기에서 수백 명의 갱부가 갱내로 들어가는데, 안은 셀 수 없을 정도의 갱도로 갈라지며 그 하나의 갱도에서 일하는 갱부는 겨우 2~3명이고, 게다가 천정에서는 상시 돌덩어리가 낙하해 맞으면 즉사한다. 매일 20~30명의 갱부가 사망하며 이를 들것으로 반출하고 있는데, 들것에 생생한 피가 끊이는 일이 없어서 매우 비참하다. 어쨌든 일본 노동자 모집에는 응할 것이 못 된다"라고 함부로 말하였다.

김희철은 1942년(昭和 17) 10월 15일 부산부 초량역 구내 공사장 현장식당에서 앞의 조조동이 일본 탄갱 근로자의 비참한 생활을 매우 과장해 말하며 일본 노무자 모집에 응해서는 안 된다는 취지를 역설하자 이에 호응하여 "조(曺)가 말한 대로이다. 탄갱만큼 위험한 곳은 없다. 무엇을 위해 그런 곳으로 가는가. 조선에서 일하는 편이 낫다"라고 함부로 말하였다.
처분결과: 조선임시보안령 위반, 1942.11.16 조조동 벌금 100엔, 김희철 기소유예

청명: 해주지방법원 서흥지청
직업·성명·연령: 삼림 주사보 의평경상(義平景相, 요시히라 게이소) 26세
사실의 개요: 1942년(昭和 17) 10월 17일 황해도 신계군(新溪郡) 다율면(多栗面) 송능리(宋陵里)[199]의 구장 부천상용(富川商鏞, 도미카와 쇼요)의 집에서 그 외 5명에게 "이번에 모집하는 해군 군속 노동자는 표면상 요코스카 방면에서 토목공사에 종사하는 것으로 되어

---

[199] 원문은 "安陵里"이나 다율면에 없는 동리명이다. 다율면에 속한 '송능리'로 고쳤다.

있지만, 실제로는 전부 남양(南洋) 방면의 점령지로 데려가 진지 축조공사에 사역하는 것이 틀림없다. 참으로 목숨이 위험하다"라고 함부로 말하였다.

처분결과: 조선임시보안령 위반, 1942.11.27 벌금 100엔

청명: 부산지방법원

직업·성명·연령: 미장이 김전기락(金田琪洛, 가네다 기라쿠)[김원달金元達][200] 28세

사실의 개요: 1942년(昭和 17) 10월 20일 부산부 수정(壽町)[201] 노상에서 신정재근(新井在根, 아라이 자이콘)에게 "홋카이도(北海道)의 보국대원은 형무소의 죄수 취급보다 심하며, 게다가 배가 고파 곤란을 겪는다. 걸핏하면 대원은 구타하고 약간의 병 기운 정도로는 치료도 해주지 않으며 난폭하게 굴면 감옥에 가두기도 한다. 때때로 작업장에서 시체가 한두 구 나오는 일이 있어서 조선인 보국대원은 모두 조선으로 돌아가고 싶어 고민하고 있다"라고 함부로 말하였다.

처분결과: 조선임시보안령 위반, 1943.1.9 벌금 50엔

청명: 대구지방법원

직업·성명·연령: 음식점영업 성야정광(星野正光, 호시노 마사미쓰)[배갑수裵甲壽][202] 44세

사실의 개요: 1942년(昭和 17) 10월 22일 대구부 남산정(南山町, 미나미야마초) 성전낙환(成田樂煥, 나리타 라쿠칸)의 집에서 송산진대(松山鎭大, 마쓰야마 진다이) 외 20명에게 "내선일체를 당국은 떠들썩하게 외치고 있지만, 일본이야말로 일본인과 조선인의 구별이 심하니 참으로 이름뿐인 형식이다. 조선에서 일본으로 건너간 노동자에게는 집도 빌려주지 않고 식량 등도 원활히 지급하지 않으며 흡사 짐승 취급한다. 따라서 이에 분개한 오사카(大

---

200 본명은 국가기록원, 〈독립운동관련판결문〉의 '수형인명부'에 따른다.
201 당시 부산부에 수정(壽町)은 없고 수정정(水晶町)은 있었다.
202 본명은 국가기록원, 〈독립운동관련판결문〉의 '수형인명부'와 '형사사건부'에 따른다.

阪)·고베(神戶) 주변의 조선인 노동자는 동맹휴업을 하고, 심하게는 공장주나 기타 감독자를 때려죽인 사례가 있다"라고 함부로 말하였다.

처분결과: 조선임시보안령 위반, 공판 중[203]

청명: 부산지방법원 밀양지청

직업·성명·연령: 일용노동 평소근출(平沼近出, 히라누마 긴슈쓰) 22세

사실의 개요: 1942년(昭和 17) 11월 4일 경남 창녕군(昌寧郡) 성산면(城山面) 냉천리(冷川里)의 성씨(成氏) 집 재실(齋室) 바깥 정원에서 김소용(金小用) 외 1명에게 "이번에 또 성산면으로 일본에서 노무자를 모집하러 오는데, 조선 남자는 전부 일본의 탄갱으로 모집해가고 조선은 여자만 남겨 농사를 짓게 한다고 한다"라고 함부로 말하였다.

처분결과: 조선임시보안령 위반, 1942.11.28 기소유예

청명: 함흥지방법원

직업·성명·연령: 농업 양천풍기(梁川豊基, 야나가와 도요모토) 29세

사실의 개요: 1942년(昭和 17) 12월 6일 장진군(長津郡) 북면(北面) 대흥리(大興里) 자택에서 방문한 궁본병근(宮本秉根, 미야모토 헤이콘) 외 1명에게 자기 친동생 양천영기(梁川英基, 야나가와 히데키)가 산업전사로서 일본에 일하러 간다는 이야기를 하면서 "어느 공장 같은 곳은 사람이 출입할 때마다 하나하나 자물쇠를 걸어 유치장 같은데, 영기가 가는 곳은 그런 곳은 아니다. 군수공장에 가면 절대로 고향에 편지도 보낼 수 없다. 기간은 3년이니 일본에서 아내를 얻으면 조선으로는 쉽게 돌아올 수 없다"라고 함부로 말하였다.

처분결과: 조선임시보안령 위반, 1943.3.31 벌금 50엔

---

203 위의 자료에 의하면 배갑수는 1943년 5월 6일 대구지방법원에서 '벌금 600원'의 처분을 받았다.

청명: 부산지방법원

직업 · 성명 · 연령: 짐꾼 손광희(孫光熙) 24세

사실의 개요: 1942년(昭和 17) 12월 13일 시모노세키항(下關港)에서 철도잔교를 계류 중인 관부(關釜)연락선 덴잔마루(天山丸)의 삼등선 객실 내에서 강동성한(江東盛漢, 고토 세이칸)에게 "교토(京都)에서는 일본인과 조선인에 상관없이 병사로 가지 않는 자로서 아내가 없는 자와 아내가 있어도 아이가 없는 22세 이상 35세 이하인 자를 탄갱 노동자로 징용하기 시작해 그 수가 약 6,000명에 이르렀다. 그러나 징용 후의 일은 죽을 정도로 격하고 밥은 하루에 작은 공기로 두 그릇밖에 주지 않아 공복이기 때문에 절대로 일은 불가능하다. 따라서 나는 두려워 지금 도망쳐서 돌아가는 중이다. 탄갱의 징용 인부로는 죽어도 갈 수 없다"라고 함부로 말하였다.

처분결과: 언론출판집회결사등임시단속법 위반, 1943.2.4 벌금 100엔

청명: 부산지방법원

직업 · 성명 · 연령: 갱부 신정범룡(新井範龍, 아라이 노리타쓰) 23세

사실의 개요: 1942년(昭和 17) 12월 27일 시모노세키 출항 후 얼마 지나지 않아 연락선 덴잔마루(天山丸) 삼등선 개실 내에서 승객 영야재지(永野載之, 나가노 노리유키) 외 1명에게 "나는 이주 탄갱 노동자로 일본에서 일하는 자인데, 탄갱 노동자에 대한 탄갱 측의 학대는 심하고 감시는 엄중하며 혹독한 취급을 하기에 도저히 참을 수가 없다. 감시자가 노동자를 구타해서 노동가자 발광한 사실이 있는데, 실제로 내가 이를 목격했다. 일본에는 두 번 다시 노동자로 응모해서 갈 바가 아니다"라고 함부로 말하였다.

처분결과: 언론출판집회결사등임시단속법 위반, 1942.12.14 벌금 50엔

청명: 부산지방법원

직업 · 성명 · 연령: 주방업 김원태술(金原泰述, 가네하라 다이주쓰) 28세

사실의 개요: 1943년(昭和 18) 2월 6일 경남 울산(蔚山) 읍내 학성여관(鶴城旅館) 외 1개

소에서 홋카이도(北海道) 무로란(室蘭) 소재 일본제철주식회사(日本製鐵株式會社) 와니시제철소(輪西製鐵所) 제3기 훈련생 모집에 응모하고 있던 김광원달(金光元達, 가네미쓰 겐타쓰) 외 3명에게 "너희는 이번 모집에 갈 생각인가. 과연 일당은 3엔 50전이나 실제로는 여러 가지가 공제되어 월에 겨우 20~30엔 정도밖에 안 된다. 그 밖에도 만족할 수 없는 것들이 있다. 먹을 것도 조악한 음식으로 분량이 적고 공복이어서 일을 할 수가 없다. 추위도 심해 밤에는 창문에서 눈이 불어 들어와 덮고 있던 이불에 쌓일 정도다"라고 함부로 말하였다.

처분결과: 조선임시보안령 위반, 1943.3.1 벌금 50엔

청명: 해주지방법원 서흥지청

직업·성명·연령: 이발 직인 삼본경환(森本京煥, 모리모토 게이칸) 29세

사실의 개요: 1943년(昭和 18) 2월 9일 평산군(平山郡) 남천읍역(南川邑驛) 앞에서 이발소를 하는 목원태학(木原台學, 기하라 다이가쿠)의 집에서 그 외 4명에게

"하나. 기네시마(杵島) 탄광에서는 조선에서 응모해 온 노동자가 대부분 도망가 19명만 남았을 뿐이기에 탄광에서는 야간 경비견을 두어 도망을 방지한다.

둘. 일본 탄광에서는 남녀 노동자가 섞여 있어서 정교(情交) 관계를 맺는 자가 많아 풍기가 문란하다.

셋. 일본 탄광에서는 노동자 훈련 중에는 적잖이 식량을 주었으나, 실제로 일을 시작하면 식량이 매우 조악해져서 때로는 옥수수가 절반 들어간 밥 한 그릇밖에 받지 못한다.

넷. 내가 간 탄광의 노동자는 거의 노인이나 불구자였고 드물게 전장에서 돌아온 젊은이가 있었을 뿐이었다.

다섯. 일본 탄광의 노동자는 거의 여자로, 여자 10인에 남자 1인의 비율이며 남자도 젊은이는 거의 전장으로 가서 노인과 불구자뿐이다"라고 함부로 말하였다.

처분결과: 조선임시보안령 위반, 1943.4.17 징역 4월

(7) 미신(종교관계를 포함)에 관한 것

청명: 전주지방법원 군산지청

직업·성명·연령: 농업(기독교회 집사) 가수중신(駕首中信, 가슈 나카노부)[김용규金容珪][204] 33세

사실의 개요: 1941년(昭和 16) 12월 25일 사는 마을인 전북 옥구군(沃溝郡) 임피면(臨陂面) 읍내리(邑內里) 소재 임피교회당에서 거행된 강탄제(降誕祭)에 출석해 신도 약 20명에게 "성서에 나라와 나라가 싸우고 백성과 백성이 싸우는 것은 세상이 말세가 된 것이라는 예언이 있는데, 실제로 나라와 나라가 싸우고 있는 것이니 현세도 말세에 가까워졌다고 생각한다. 그러나 우리 기독교 신도는 어떠한 일이 있어도 예수를 믿기만 한다면, 예수가 재림해 반드시 신자들을 구원해줄 시기가 올 것이다"라고 함부로 말하였다.

처분결과: 안녕질서에 대한 죄, 1942.5.20 징역 8월

청명: 해주지방법원 사리원지청

직업·성명·연령: 기독교 전도사 신전목민(神田牧民, 간다 보쿠민) 30세

사실의 개요: 1942년(昭和 17) 1월 4일과 1월 11일 두 차례에 걸쳐 소속된 황해도 서흥군(瑞興郡) 목감면(木甘面) 입암리(立岩里) 소재, 그리고 서흥군 내덕면(內德面) 상석리(上石里) 소재의 교회당에서 신도 수십 명에게 "현재 세계 각지에 전쟁이 벌어지고 있는 것은 성서에서 말하는 소위 말세의 증거이다. 게다가 흉작이 계속되어 물자가 부족해 모든 이가 곤란한 것은 더욱 가까워졌기 때문이다. 그러나 말세가 와도 기독교 신자만은 그리스도의 재림에 의해 구원될 것이다"라고 설교하였다.

처분결과: 안녕질서에 대한 죄, 1942.2.28 징역 4월 3년간 집행유예

청명: 함흥지방법원 혜산지청

직업·성명·연령: 명태상인 안원병식(安原秉湜, 야스하라 헤이쇼쿠) 49세

---

[204] 본명은 국가기록원, 〈독립운동관련판결문〉의 '수형인명부'에 따른다.

사실의 개요: 1942년(昭和 17) 1월 15일 함경남도 혜산읍(惠山邑) 여인숙에서 주인 외 2명에게 "현재 국내에 물자가 부족해서 배급이 원활하지 않으나, 각종 공장 방면으로는 배급이 풍부하다. 성진 소재의 고주파공장(高周波工場)도 정부가 경영하는 군수품 공장이기 때문에 지방민은 이 공장에 취직하려는 경향이 있다. 이 공장은 막대한 군수품을 마구 제조해 매달 성진에 군함이 와서 어느 방면인가로 적출(積出)하고 있다. 또 정감록의 8개조로 된 거주금지 예언에 따르면 해변이나 도시에 살지 말라는 말이 있다. 전시 하에는 해변이나 도시는 공중폭격의 위험이 있어 여러모로 소란스러운 일이 많으니 정감록의 예언은 현재와 같은 전시 하를 상상해 이야기한 것으로 지금 완전히 그대로이다" 운운하며 함부로 말하였다.

처분결과: 해군형법 위반, 조선임시보안령 위반, 1942.2.9 금고 8월

청명: 신의주지방법원 정주지청

직업·성명·연령: 무직 홍촌순서(洪村順瑞, 히로무라 준즈이) 33세

사실의 개요: 홍촌순서는 풍수학에 소양이 있어 1941년(昭和 16) 11월 중에 성천용복(成川龍福, 나리카와 류후쿠) 등에게 정감록의 예언을 기반으로 중일전쟁은 일본이 패배하며 평안도가 전장이 되어 2년간 인민은 전부 패망할 것이니, 이를 면하기 위해서는 정감록에 이른바 승지(勝地)(강원도, 경상도, 충청도 특히 태백·소백산을 가리킨다)로 피난해야 한다는 취지를 말했었다. 1942년(昭和 17) 1월 31일경 평북 구성군(龜城郡) 오봉면(五峯面) 내양동(內陽洞)의 친아버지 홍촌기룡(洪村基龍, 히로무라 기류)의 집에서 위와 관련하여 그 외 2명에게 "실제로 승지에 가 봤는데 과연 내가 처음 정감록을 보고 이야기한 그대로의 지명도 있어서 거기로 갔더니 바위 동굴이 있고, 그 동굴에서 물이 흘러나오고 있었다. 그 물은 자시(子時)에 그쳤다가 다시 축시(丑時)에 흐르기 시작했기에, 그 사이를 이용해 동굴 안으로 들어갔더니 거기에는 많은 사람이 있어서 무언가 왁자지껄 떠들며 음식을 주었기에 돌아왔다. 피난 장소로는 가장 좋은 곳으로, 지금 가지 않으면 내년 3월 말에는 교통이 차단되어 갈 수 없게 된다"라고 함부로 말하였다.

처분결과: 안녕질서에 대한 죄, 1942.7.17 징역 8월

청명: 해주지방법원

직업 · 성명 · 연령: 기독교 전도사 주전경순(朱田敬淳, 아카다 게이준) 33세

사실의 개요: 1942년(昭和 17) 2월 15일경 황해도 장연군(長淵郡) 용연면(龍淵面) 소재 용연 교회에서 집합한 신도 광전후영(廣田厚永, 히로타 아쓰나가) 외 9명에게 말세에 관하여 설법하면서 '말세란 그리스도가 하늘에서 내려와 재림하기까지의 기간을 칭하며, 현재가 말세가 된 것은 신도가 아닌 일반 사람도 말세라고 하는 것을 보아도 명백하다' 운운하여 흡사 현재 수행되고 있는 대동아전쟁이 성서의 소위 "나라와 나라가 서로 싸워 인류가 거의 멸망해 기독교 신자만이 살아남는 말세"에 해당하는 것처럼 함부로 말하였다.

처분결과: 안녕질서에 대한 죄, 약식 청구 중

청명: 해주지방법원

직업 · 성명 · 연령: 농업(기독교회 영수領袖[205]) 김전정련(金田正鍊, 가네다 세이렌) 37세

사실의 개요: 1942년(昭和 17) 2월 22일 황해도 봉산군(鳳山郡) 기천면(岐川面) 송탄리(松灘里) 파평건중(坡平建重, 사카히라 다케시게) 외 1명에게 "일본에서는 천황이 가장 위대할지도 모르나, 천황을 지배하는 천주(天主)는 더욱 위대하다. 천황은 우리에게 물질상의 위로를 주고 있을지 모르나, 정신상의 위로를 주는 것은 불가능하다. 정신상의 위로를 주는 것은 천주뿐이다. 게다가 현재 일본은 대동아전쟁에서 이기고 있으나, 그것은 일본이 강하기 때문에 이기는 것이 아니라 천주의 도움에 의해 이기는 것이다. 미·영이 패한 것은 신의 벌을 받은 것이다"라고 함부로 말하였다.

처분결과: 육군형법 위반, 해군형법 위반, 1942.5.22 징역 1년

비고: 불경죄와 병합

---

[205] "영수領袖"는 장로교회에서 안수를 받지 않은 장로로서 평신도 목회자이다.

청명: 신의주지방법원

직업·성명·연령: 농업(국민총력연맹 이사장) 산본기연(山本己淵, 야마모토 기엔) 49세, 농업 단산항순(丹山恆順, 니야마 고준) 22세, 노동(여성) 김덕성(金德成) 28세, 노동(여성) 최성문(崔成文) 25세, 노동(여성) 서원재홍(西原載弘, 니시하라 자이코) 31세, 노동(여성) 노촌순녀(蘆村順女, 아시무라 준조) 27세, 농업(여성) 백씨(白氏) 46세, 농업 평천국패(平川國佩, 히라카와 고쿠하이) 42세, 농업(여성) 장촌정문(張村政文, 하리무라 세이분) 32세, 농업(여성) 백천천옥(白川天玉, 시라카와 덴교쿠) 56세, 무직(여성) 산가금주(山佳錦珠, 야마요시 긴슈) 28세, 무직(여성) 향산병원(香山秉元, 가야마 헤이겐) 39세, 무직(여성) 안촌정숙(安村貞淑, 야스무라 데이슈쿠) 23세, 농업(여성) 김곡탄일(金谷彈日, 가네타니 단지쓰) 60세, 무직(여성) 고봉세화(高峰世和, 다카미네 세와) 54세, 고물상(여성) 평산길자(平山吉子, 히라야마 요시코) 31세, 농업(여성) 향야씨영(香野氏英, 가노 시에이) 59세, 농업(여성) 평산씨(平山氏, 히라야마씨) 59세, 목수 안장덕호(安長德浩, 야스나가 노리히로) 36세, 농업(여성) 백천영식(白川媖湜, 시라카와 에이쇼쿠) 38세, 농업(여성) 최창희(崔昌姬) 43세, 농업(여성) 최본총녀(崔本聰女, 사이모토 소조) 25세, 무직(여성) 최성도(崔成道) 61세, 농업(여성) 김정대효(金井大孝, 가네이 다이코) 50세, 무직 안장태항(安長泰恒, 야스나가 야스쓰네) 61세, 노동(여성) 원경운(元京雲) 18세, 무직(여성) 암본용옥(岩本龍玉, 이와모토 류교쿠) 19세, 농업 덕산인숙(德山仁淑, 도쿠야마 닌슈쿠) 16세, 국민학교 학생(여성) 목촌명숙(木村明淑, 기무라 메이슈쿠) 16세, 무직(여성) 김곡정자(金谷貞子, 가네타니 사다코) 20세, 농업(여성) 평산찬숙(平山贊淑, 히라야마 산슈쿠) 16세, 국민학교 학생 김곡성완(金谷成完, 가네타니 나리히로) 17세, 국민학교 학생 평산문길(平山文吉, 히라야마 분키치) 16세, 농업 백천문웅(白川文雄, 시로카와 후미오) 17세, 농업 광원충하(廣原忠河, 히로하라 주카) 18세

사실의 개요:

신본기연은 1942년(昭和 17) 2월 날짜 미상 김덕일(金德日)의 집에서 그에게,

단산항순은 1942년 3월 24일 자택에서 신정길자(新井吉子, 아라이 요시코) 외 4명에게,

김덕성은 1942년 3월 30일경 사는 곳인 용천군(龍川郡) 부라면(府羅面) 원성동(元城洞) 김정룡(金貞龍)의 집에서 원경운에게,

최성문은 1942년 4월 2일경 의주군(義州郡) 위원면(威遠面)과 고관면(古舘面) 경계의 노상에서 백씨에게,

서원재홍은 4월 3일경 용천군 양하면(楊下面) 입암동(立岩洞) 도전패련(島田佩璉, 시마다 하이렌)의 집에서 그 외 2명에게,

노촌순녀는 4월 3일경 평천국패 집에서 그에게,

백씨는 4월 4일 의주군 송장면(松長面) 금광동(金光洞) 백천일순(白川日順, 시라카와 니치준)의 집에서 백천천옥 외 4명에게,

평천국패는 4월 6일경 장촌정문 집에서 그에게,

장촌정문은 4월 6일 자택에서 김곡탄일에게

백천천옥은 4월 6일 산가금주 집에서 그에게,

산가금주는 4월 7일 자택 부근에서 향산병원 외 1명에게,

향산병원은 4월 7일 자택에서 향산용운(香山龍雲, 가야마 류운) 외 3명에게,

안촌정숙은 4월 11일 신의주부(新義州府) 서마전동(西麻田洞) 암본용옥 집에서 그 외 1명에게,

김곡탄일은 4월 11일 자택에서 덕산인숙 외 1명에게,

고봉세화는 4월 15일 자택에서 조본려수에게,

평산길자는 4월 16일 의주군 비현면(枇峴面) 체마동(替馬洞) 최정옥(崔正沃)의 집에서 평산찬숙에게,

향아씨영은 4월 17일 자택에서 김곡성완 외 1명에게,

평산씨는 4월 19일 자택에서 안장덕호에게,

안장덕호는 4월 22일 의주군 비현면 체마동 미성충남(美城忠男, 미시로 다다오)의 집에서 백천영식 외 1명에게,

백천영식은 4월 22일 자기 장남인 백천문웅에게,

최창희는 4월 25일 안본총녀(岸本聰女)[206] 집에서 안본총녀에게,

안본총녀는 4월 25일 최성도 집에서 최성도에게,

최성도는 4월 25일 자택에서 안장태항 외 2명에게,

김정대효는 4월 26일 자택에서 장녀 영목정숙(鈴木正淑, 스즈키 세이슈쿠) 외 1명에게,

---

[206] 위의 성명란에는 "崔本聰女"로 기입되었다.

안장태항은 4월 28일 의주군 비현면 체마동 오산명립(吳山明立, 구레야마 메이리쓰)의 집에서 오산아기(吳山阿岐, 구레야마 아키) 외 4명에게,

원경운은 1942년 2월 20일 자택에서 서원재홍에게,

암본용옥은 2월 11일 자택에서 부모에게, 그리고 2월 13일 자택에서 고봉세화에게,

덕산인숙은 1942년 4월 12일경 신의주부 낙원동(樂元洞)에서 목촌명숙에게,

목촌명숙은 4월 12일 신의주부 내 고진(古津)국민학교 교실 내에서 김곡명현(金谷明鉉, 가네타니 메이켄) 외 2명에게,

김곡정자는 4월 16일 의주군 비현면 체마동 광전금선(廣田錦善, 히로타 긴젠)의 집에서 그 외 2명에게,

평산찬숙은 4월 17일 앞의 체마동 최정옥 집에서 최정옥의 어머니인 향야씨영에게,

김곡성완은 4월 19일 의주군 월화면(月華面) 장무동(長武洞)의 자택에서 어머니인 김곡아지(金谷阿只, 가네타니 아시) 외 1명에게,

평산문길은 4월 19일 의주군 월화면 용도봉동(龍島峰洞)[207]에서 아버지인 히라야마 자이쇼쿠(平山載湜) 외 2명에게,

시라카와 후미오는 4월 22일 의주군 비현면 홍희동(弘希洞) 김기태(金基泰)의 집에서 백천문웅 외 1명에게,

백천문웅은 4월 26일 용천군 동상면(東上面) 대평동(臺坪洞) 광원재현(廣原載賢, 히로하라 자이켄)의 집에서 김정대효 외 2명에게,

1. 말하는 소가 나타나 말하길 '올해는 독한 역병이 유행할 것인데, 3되 3홉의 떡을 만들어 먹으면 그 독한 역병에는 걸리지 않는다'라고

2. 고양이와 닮은 요괴가 백발의 노파로 변해 나타나 말하길 '올해는 독한 역병이 유행하는데, 그 예방으로써 이야기를 듣고 3일째에 백미나 옥수수로 떡을 만들어 먹으면 독한 역병에 걸리지 않는다'라고

3. 우두인신(牛頭人身)의 괴물이 나타나 말하길 '올해는 독한 역병이 유행하는데, 그 예방으로써 이야기를 듣고 3일째에 백미 3되 3홉으로 떡을 만들어 먹고 그 나머지를 말려두어 독

---

207 월화면에 없는 동리명이나 원문대로 두었다.

한 역병이 유행할 때에 갈아서 먹으면 독한 역병에 걸리지 않는다'라고
4. 말을 하는 송아지가 태어나 말하길 '올해는 독한 역병이 유행하는데, 그 예방으로써 이야기를 듣고 3일째에 3되 3홉의 떡을 만들어 먹고, 그 나머지를 말려두었다가 독한 역병이 유행할 때 갈아서 먹으면 독한 역병에 걸리지 않는다'라고 했다고 함부로 말하였다.

처분결과: 안녕질서에 대한 죄, 1942.12.15 산본기연 200엔, 단산항순 외 23명 벌금 100엔, 1942.12.8 원경운 외 9명 기소유예

청명: 청진지방법원 웅기지청
직업·성명·연령: 농업 김산호성(金山浩成, 가나야마 히로나리)[김호성金浩成][208] 25세
사실의 개요: 1940년(昭和 15) 음력 8월경부터 1942년(昭和 17) 음력 2월 하순에 이르는 동안 경북 상주군(尙州郡) 내서면(內西面) 고곡리(古谷里) 주원동호(住源東浩, 스미모토 도코) 외 5명에게 "지금 일본은 중국과 미·영을 상대로 전쟁 중인데, 전란 시에는 독한 역병이 유행하므로 돌아가신 아버지 시절부터 발매해 왔던 선약(仙藥)을 복용하면 발병을 면할 것이고 또 추위와 더위를 모르고 전란을 면할 수 있다"라고 사칭하여 해당 선약의 대금 명목으로 합계 일금 610엔을 편취하였다.

처분결과: 조선임시보안령 위반, 1942.7.31 징역 10월
비고: 사기와 병합

청명: 해주지방법원
직업·성명·연령: 배 목수 대천천일(大川天一, 오카와 덴이치) 22세
사실의 개요: 1942년(昭和 17) 3월 1일 황해도 사리원역(沙里院驛) 앞 평화여관(平和旅館)에서 열차를 기다리던 중 위 여관의 호객꾼 김촌윤근(金村允根, 가네무라 인콘) 외 3명에게서 천주교의 말세 및 천주에 관하여 질문을 받자 "말세란 세상이 망하는 것으로, 일찍이

---

[208] 본명은 국가기록원, 〈독립운동관련판결문〉의 '형사사건부'에 따른다.

노아의 홍수라 불리던 물의 말세가 있었는데 이번에는 불의 말세이다. 말세에 이르면 나라와 나라, 인류와 인류가 서로 다투어 끝내 멸망해 버리는 것이다"라고 함부로 말하였다.

처분결과: 안녕질서에 대한 죄, 1943.7.24 징역 8월

비고: 불경죄와 경합

청명: 대전지방법원 홍성지청

직업·성명·연령: 농업 강원원길(江原源吉, 에하라 겐키치)[유태훈劉台薰][209] 54세

사실의 개요: 1942년(昭和 17) 3월 4일 충남 홍성군 광천면(廣川面) 소암리(所岩里) 송본구봉(松本九鳳, 마쓰모토 규호)[이구봉李九鳳] 집에서 마을 사람 송본선인(松本善仁, 마쓰모토 요시히토)[이종원李鍾元]에게 "일본이 싱가포르도 프랑스령 인도차이나(佛印)도 점령하여 대동아 건설은 착착 진전되고 있으나, 정감록의 비결에 따르면 10년 후에는 공주 계룡산(鷄龍山) 기슭의 신도안(新都內)에 조선의 수도가 건설된다고 적혀 있으니 아마 그 무렵 조선은 독립할 것이다. 또 그 비결에 따르면 올해나 내년 중에 천재지변과 벌레 독(蟲毒)이 심해질 것이니 일본도 장차 어떻게 될지 의문이다"라고 함부로 말하였다.

처분결과: 조선임시보안령 위반, 1942.6.25 징역 6월

청명: 신의주지방법원 정주지청

직업·성명·연령: 짚신 상인 김궁화순(金宮化淳, 가네미야 가준) 62세, 농업(여성) 선원성화(旋源成化, 센겐 세이카) 25세, 취사부(여성) 김희숙(金熙淑) 39세, 농업(여성) 김촌상현(金村祥賢, 가네무라 쇼켄) 39세, 농업(여성) 백천택서(白川澤瑞, 시라카와 다쿠즈이) 51세, 농업(여성) 대산형원(大山炯源, 오야마 게이겐) 58세, 농업(여성) 김안보패(金安寶貝, 가네야스 호카이) 29세, 농업(여성) 홍확실(洪確實) 37세, 농업(여성) 김촌준녀(金村俊女, 가네무라 준조) 27세, 농업(여성) 김촌초녀(金村初女, 가네무라 쇼조) 31세, 선원(여성) 김촌지경(金村智京, 가네무라 지쿄) 32세, 농업 백

---

[209] 관련자의 본명은 大田地方法院洪城支廳, 「1942년 刑公 제430호 判決:江原源吉」, 1942.6.25에 따른다.

원낙연(白原樂挭, 시로하라 라쿠엔) 51세, 농업(여성) 강본원백(江本元伯, 에모토 겐파쿠) 42세, 농업(여성) 강본인숙(江本仁淑, 에모토 닌슈쿠) 20세, 농업(여성) 김산계조(金山界祚, 가나야마 가이소) 72세, 농업 계명규(桂明奎) 16세, 농업 김전광린(金田光吝, 가네다 고린) 75세

사실의 개요: 김궁화순은 1942년(昭和 17) 3월 중순 날짜 미상 평북 정주군(定州郡) 임포면(臨浦面) 원단동(元端洞)의 선원성화 집에서 그에게,

선원성화는 3월 중순 날짜 미상 원단동 김산계조 집에서 그에게,

김희숙은 3월 중순 날짜 미상 원단동 김촌상현 집에서 그에게,

김촌상현은 3월 상순 날짜 미상 원단동 강본원백 집에서 그에게,

홍확실은 3월 중순 날짜 미상 정주군 남서면(南西面) 하단동(下端洞) 자택에서 백천택서에게, 백천택서는 3월 하순 날짜 미상 하단동 백천명소(白川明素, 시라카와 아키모토)의 집에서 그의 처 복순(福順, 후쿠준)에게,

대산형원은 3월 하순 날짜 미상 정주군 임포면 천태동(天台洞)의 김안보패 집 부근에서 김안보패에게,

김안보패는 3월 하순 날짜 미상 위의 자택에서 김촌준녀에게,

김촌준녀는 3월 26일경 천태동 김촌초녀 집에서 그에게,

김촌초녀는 3월 26일경 천태동 김촌지경 집에서 그에게,

긴촌지경은 3월 26일경 임포면 서호동(西湖洞)[210] 계진조(桂鎭祚)의 집에서 계진조의 처 인신(仁辛)과 그 아들 명규(明奎) 등에게,

백원낙연은 3월 27일경 서호동 자택 부근에서 백천문욱(白川文旭, 시로카와 분요쿠) 외 2명에게,

김산계조는 3월 중순경 임포면 원단동(元端洞) 김희숙 집에서 그에게,

강본원백은 3월 중순경 원단동 자택에서 강본인숙에게,

강본인숙은 3월 10일경 정주군(定州郡) 남서면 하단동 홍확실 집에서 그에게,

계명규는 3월 27일경 남서면 서호동 석영삼(石永三)의 집에서 백원낙연 외 수 명에게,

---

[210] '서호동'은 정주군 남서면에 속한 동리명이나 같은 임포면 '염호(濂湖)'동의 오자일 가능성도 있으므로 원문대로 두었다.

김전광린은 1942년 4월 상순경 날짜 미상 남서면 상단동(上端洞) 자택에서 한신보(韓信普)에게,

모처에 나타났던 신의 계시를 받은 소의 잠언(箴言)이라 칭하며 "올해(1942년)는 풍년이나 독한 역병이 유행한다. 쌀, 찹쌀, 옥수수, 수수, 팥의 오곡을 섞어 약 떡을 만들어 먹으면 병에 걸리는 재앙을 면할 수 있을 것"이라는 취지의 말을 함부로 하였다.

처분결과: 안녕질서에 대한 죄, 김궁화순 이하 12명 공판 중, 강본원백 이하 5명 1942.11.30 기소유예

청명: 함흥지방법원 원산지청
직업 · 성명 · 연령: 무직(여성) 청원옥찬(淸原玉燦, 기요하라 교쿠산) 42세
사실의 개요: 1942년(昭和 17) 3월 28일 사는 마을인 함남 덕원군(德源郡) 풍하면(豊下面) 청계리(淸溪里) 신원실(申元實)의 집에서 장천관일(長川寬壹, 나가카와 간이치) 외 4명에게 "원산의 소문에 따르면 산신령이라는 백발의 노인이 산에 올라온 농가의 부녀자에게 '올해는 풍작이나 쥐(鼠) 병이 유행해 다수의 사람이 죽을 것이다. 그 예방으로써 솔잎을 쪄서 가마솥에 십자형으로 걸고 쌀이나 곡물로 떡을 쪄서 가족만 먹으면 재액을 면할 것이다'라고 알리고 모습을 감추었다"라고 함부로 말하였다.

처분결과: 안녕질서에 대한 죄, 1942.6.30 벌금 150엔

청명: 경성지방법원 철원지청
직업 · 성명 · 연령: 농업 장천관일(長川寬壹, 나가카와 간이치) 40세
사실의 개요: 1942년(昭和 17) 3월 30일 강원도 이천군(伊川郡) 이천면 비석리(碑石里)의 자택에서 마을 사람 김삼문자(金森文子, 가나모리 후미코) 외 3명에게 "원산 지방에서 어느 날 여자들이 산에 올랐더니 산신령이라는 노인이 나타나 '올해는 풍작일 것이나 독한 역병이 유행해 절반 이상의 사람이 죽을 것이다. 예방으로써 산에서 가시나무를 잘라 와 가마솥 안에 십자로 걸고 거기에 쌀이나 좁쌀로 만든 약 떡을 쪄서 그 떡을 먹으면 좋다'라고 알

렸다"라고 함부로 말하였다.

처분결과: 안녕질서에 대한 죄, 1942.5.28 벌금 100엔

청명: 신의주지방법원 정주지청
직업·성명·연령: 여인숙 영업 안본국신(安本國信, 야스모토 구니노부) 64세
사실의 개요: 1942년(昭和 17) 4월 18일 평북 구성군(龜城郡) 사기면(沙器面) 향산동(香山洞)에서 고산수자(高山秀子, 다카야마 히데코)에게 "어딘가에 소의 머리에 사람의 몸을 한 것이 나타나 '떡을 3되 3홉 분량을 찧어 먹으면 독한 역병이 유행해도 면할 수 있다'라고 말했다. 그러니 액막이로 찧어 먹는 것이 좋다"라고 함부로 말하였다.
처분결과: 안녕질서에 대한 죄, 공판 중

청명: 대구지방법원 상주지청
직업·성명·연령: 농업 안전세경(安田世京, 야스다 세쿄)[안세경安世京] 50세, 농업 안본병선(安本柄善, 야스모토 헤이젠)[권병선權柄善][211] 51세
사실의 개요: 안전세경은 1942년(昭和 17) 4월 19일 경북 상주군(尙州郡) 은척면(銀尺面) 봉중리(鳳中里) 임노진(林魯鎭)의 집에서 안본병선 외 2명에게 "옛날에는 70세 이상의 노인은 고려장(옛날 고려시대에 행해졌다는 일종의 노인 유기 방법)을 시행해 죽을 때까지 자손이 밥을 운반했다고 하나, 최근 김천(金泉) 모 방면에서는 70세 이상의 노인은 고려장을 하고 있다는데 식량 관계로 옛날처럼 밥을 운반하는 것도 불가능하다. 참으로 곤란한 일이다"라고 함부로 말하였다. 안본병선은 4월 19일 봉중리에서 주류 판매업을 하는 권동병추(權東柄樞, 곤도 헤이스)의 집에서 그 외 2명에게 앞에 적은 유언비어를 재차 전하였다.
처분결과: 조선임시보안령 위반, 1942.5.30 각각 벌금 100엔

---

[211] 두 사람의 본명은 국가기록원, 〈독립운동관련판결문〉의 '수형인명부'에 따른다.

청명: 부산지방법원 마산지청

직업 · 성명 · 연령: 고공품(藁工品)검사소 검사원 야마다 요시유키(山田義行) 25세, 국수제조소 사무원 하본용현(河本龍鉉, 가와모토 류켄) 40세, 농업(여성) 에자와 미에(柄澤ミエ) 62세

사실의 개요: 야마다 요시유키는 1942년(昭和 17) 6월 초순경 경남 창원군(昌原郡) 창원 산업조합 사무소 내에서 하본 외 2명에게 "진해 방면에서 소(머리가 인간이고 아래는 소와 같은 것)가 태어나 말하기를 '전쟁은 올해나 내년 중에 반드시 승리해서 마무리되나, 올해는 독한 역병이 유행할 것이니 이 말을 들은 날로부터 3일 이내에 '우메보시'와 '락교'를 하나씩 먹으면 병에 걸리지 않는다" 했다고 함부로 말하였다.

하본용현은 그 무렵 창원군 창원면 소계리(召界里)의 에자와 집에서 그 부부에게 앞과 같은 내용의 유언비어를 전하였다.

에자와 미에는 그 무렵 앞의 자택에서 마쓰자와 사사요(松澤ササヨ)에게 앞과 같은 내용의 유언비어를 전하였다.

처분결과: 조선임시보안령 위반, 1942.11.30 각각 벌금 100엔

비고: 야마다 요시유키와 에자와 미에는 일본인

청명: 해주지방법원

직업 · 성명 · 연령: 기독교 전도사 고산흥진(高山興鎭, 다카야마 고친) 55세

사실의 개요: 1942년(昭和 17) 7월 26일 황해도 신계군(新溪郡) 신계면 향교리(鄕校里) 예배당에서 신도 염본혜란(廉本惠蘭, 가도모토 게이란) 외 9명에게 "하늘에 계신 신께는 부모 이상으로 존경하지 않으면 안 된다. 신의 권능은 무한하므로 하루아침에 천지를 변동시키는 것도 가능하다"라고 함부로 말하였다.

처분결과: 조선임시보안령 위반, 제1심 판결 1943.3.31 무죄, 검사 공소 신청 중

청명: 평양지방법원

직업·성명·연령: 경성부 동대문병원 총무 유천형기(柳川瀅基, 야나가와 게이키)[유형기柳瀅基] 47세, 무직 덕전일형(德田一亨, 도쿠다 잇쿄)[정일형鄭一亨]²¹² 40세, 광희문(光熙門)교회 목사 전촌유풍(田村有豊, 다무라 아리토요) 58세, 핸드백손잡이 제조 송전흥국(松田興國, 마쓰다 고코쿠) 43세, 주식거래소 외판원 김산광웅(金山光雄, 가나야마 미쓰오) 38세

사실의 개요: 유천형기는 1942년(昭和 17) 7월 날짜 미상 경성부 필운정(弼雲町) 양원주삼(梁原柱三, 하리하라 쥬산)의 집에서 그에게 "올해는 흉년이라는 말을 들었다. 묘한 것은 전쟁과 흉년이 동반된다는 것이다. 이전의 세계대전 때에도 구주(歐洲, 유럽)에서는 대흉작이 있었다. 흉년은 인류가 서로 죽이는 세상에 대한 신의 벌일지도 모른다"라고 말하였다. 게다가 1942년 9월 21일 평양부 서문통(西門通) 최용훈(崔龍勳)의 집에서 그 외 3명에게 "일·소가 개전하면 가장 곤란한 곳은 조선일 것이다. 즉 제일 먼저 당하게 된다"라고 함부로 말하였다.

덕전일형은 1942년(昭和 17) 1월 날짜 미상 2회에 걸쳐 경성부 냉천정(冷泉町, 레이센초)의 자택에서 송전흥국에게 "일본 정부가 선박 제조를 원조하는 것은 이번 전쟁에 일본이 다수의 선박을 잃어버린 것을 안에서 증명한다. 이번 남태평양 해전에 미 함대는 달아났다고 말하고 있지만, 사실은 그렇지 않다. 호주 방면의 미 함대와 합세한 것이다"라고 함부로 말하였으며, 게다가 1942년 9월 21일 평양부 서문통의 음식점에서 4~5명에게 "일·미 전쟁은 오래 계속되지 않는다. 머지않아 끝나니 미국에 가서 신학이라도 잘 공부하는 것은 어떤가"라고 함부로 말하였다.

송전흥국은 1941년(昭和 16) 12월 말경 앞의 덕전일형 집에서 "최근 일·소 관계가 험악해지고 있어서 경성의 시민 다수가 공습을 두려워해 시골 방면으로 주거지를 옮기는 것이다"라고 함부로 말하였으며, 게다가 1942년(昭和 17) 6월 날짜 미상 앞의 덕전일형 집에서 그의 아내에게 "경성에서는 쌀의 배급이 감소하여 시민이 크게 소동한다. 한 여자가 쌀가게에 가서 50전 정도의 쌀을 팔아달라고 부탁했으나 주인은 배급표가 없이는 팔 수 없다고 거절했는데, 그 여자가 아무 말도 하지 않고 쌀 2~3되를 주머니에 넣고 50전을 던진 채로 돌아

---

212 두 사람의 본명은 高等法院刑事部, 「1944년 刑上 제16호 判決:柳川瀅基, 德田一亨」, 1944.3.30에 따른다.

가 버렸다. 쌀가게 주인은 파출소에 신고해 순사와 함께 그 여자 집으로 가 파출소까지 연행하려 했지만, '잠깐만 기다려달라'라고 말해서 기다리고 있었는데 좀처럼 나오지 않기에 살펴보았더니 변소에서 목을 매어 죽었다"라고 함부로 말하였다.

전촌유풍은 1942년(昭和 17) 1월경 경성부 냉천정 감리교단 중앙위원실에서 박본연서(朴本淵瑞, 보쿠모토 엔즈이) 외 1명에게 "대동아전쟁을 개시하는 것은 일본이 할 수 없는 일이라 생각했으나, 일본이 선전포고와 동시에 진주만을 폭격한 것은 놀라웠다. 그러나 이 전쟁은 장차 무슨 일이 있어도 일본이 승리하는 것은 불가능하다"라고 함부로 말하였다.

김산광웅은 1942년(昭和 17) 9월경 경성부 내 동대문부인병원 사무실에서 유천형기에게 "외무대신이 사직한 이유를 알고 있는가. 그것은 총리대신과의 의견충돌 때문이다. 즉 외무대신은 '일·소 개전은 시기상조다'라고 주장했지만, 총리대신은 이를 수용하지 않았기 때문에 외무대신이 어쩔 수 없이 사직하기에 이른 것이다", "현재 소련과 만주의 국경에서 일·소가 개전 상태이기 때문에 최근 주식이 상당히 폭락하고 있다"라고 함부로 말하였다.

처분결과: 육군형법 위반, 해군형법 위반, 조선임시보안령 위반, 각각 공판 중[213]

청명: 대구지방법원 영덕지청
직업·성명·연령: 농업 겸 주류와 연초 소매상 신정도인(新井道仁, 아라이 미치히토) 69세
사실의 개요: 1942년(昭和 17) 11월 24일 자택에서 영양(英陽)경찰서 석보(石保)주재소의 순사 사카우에 쇼지로(坂上庄次郎) 외 2명에게 "옛 노인의 말에 따르면 '음력 9~10월의 날씨가 가뭄이면 다음 해 음력 3~4월의 날씨는 가뭄이다'라고 했는데, 올해 음력 9~10월은 가뭄이었으므로 내년 음력 3~4월경의 날씨도 가뭄인 것은 필연이니 보리농사는 흉작일 것이다. 현재의 식량난은 한층 심각해질 것이다"라고 함부로 말하였다.
처분결과: 조선임시보안령 위반, 1943.1.14 징역 4월

---

213 위 판결문에 따르면 유형기와 정일형은 1심(평양지방법원)에서 각 징역 1년을 판결받았고, 2심(평양복심법원, 1943.11.29)에서 유형기는 벌금 100원, 정일형은 무죄를 선고받았다. 검사 측이 상고하여 열린 3심(고등법원, 1944.3.30.)에서 '상고 기각'의 판결이 났다.

청명: 해주지방법원

직업·성명·연령: 무직 김창동(金昌洞) 63세

사실의 개요: 1943년(昭和 18) 1월 31일 황해도 신천군(信川郡) 신천읍(信川邑) 자택에서 마침 와 있던 같은 읍 민현숙(閔顯淑)에게 "올해 9월 산기슭에 사는 노인의 집에 밤에 호랑이가 와서 새끼 세 마리 낳았는데, 이를 아침에 발견해 그 새끼 호랑이를 호랑이굴 부근에 데려다주었다. 그날 밤 꿈에 신령이 나타나 감사 인사를 한 뒤 '올해 독한 역병이 유행할 터이니 오늘부터 3일째 되는 날에 3되 3홉의 약 떡과 새끼 호랑이 모양의 떡 3개를 만들어 가족만 먹으면 병에 걸리지 않는다. 또 이 이야기를 차례대로 다른 사람들에게도 전하라'라고 이야기했다"라는 내용을 함부로 말하였다.

처분결과: 조선임시보안령 위반, 약식 청구 중

청명: 함흥지방법원

직업·성명·연령: 무직 상곡종하(上谷宗夏, 가미타니 소카) 64세

사실의 개요: 해당자는 기독교회 장로인바, 1941년(昭和 16) 2월 9일 원산(元山)발 고산(高山)행 열차 안에서 승객 수 명에게 기독교 교의를 설파하면서 "현재 쌀이 1말에 20엔이나 하고 생활필수품이 배급제도로 바뀌어 인민이 고초를 겪는 것은 전부 국민이 신 여호와를 믿지 않기 때문이다. 여호와는 우주의 최고 권위자로 천황이라 해도 이 신의 뜻을 받아 태어나며 국가의 법률도 또한 이 여호와가 천황에게 명해 만들게 한 것이다" 운운하며 함부로 말하였다.

처분결과: 조선임시보안령 위반, 공판 중

비고: 불경죄와 병합

(8) 기타

청명: 부산지방법원

직업·성명·연령: 이나리신사 신직(稲荷社 神職) 다나카 조지로(田中長次郞) 32세

사실의 개요: 1941년(昭和 16) 12월 15일 부산부 내에서 슈토 산난(首藤三男)에게 "경기도 평택(平澤) 지방에서는 최근 조선인 폭도가 봉기하여 조선독립만세를 외치며 대소동을 벌이고 있다"라는 뜻을 말함으로써 인심의 혹란(惑亂)을 유발할 허위 사실을 유포하였다.

처분결과: 안녕질서에 대한 죄, 1942.2.27 금고 4월

비고: 일본인

청명: 부산지방법원 진주지청

직업·성명·연령: 농업 김본영갑(金本榮甲, 가네모토 에이코) 29세

사실의 개요: 1941년(昭和 16) 12월 26일 사는 마을인 경남 진주군(晉州郡) 문산면(文山面) 갈촌리(葛村里)에서 음식점을 하는 박본길웅(朴本吉雄, 보쿠모토 요시오)의 집에서 그 외 1명과 음주 중에 그들에게 "전쟁이 이렇게 길어지면 일본인 남성은 대부분 전사해 2~3년 뒤에는 남자 1인에 여자 45인 이상의 비율이 되어 조선은 반드시 독립한다"라고 함부로 말하였다.

처분결과: 안녕질서에 대한 죄, 조선임시보안령 위반, 1942.4.24 벌금 1,000엔

청명: 대전지방법원

직업·성명·연령: 과자 행상 탁양현(卓養鉉) 62세

사실의 개요: 1941년(昭和 16) 12월 31일 사는 마을인 충남 아산군(牙山郡) 온양(溫陽) 읍내에서 수 명에게 "나는 양말의 공정가격초과판매 사범으로 벌금 20엔에 처했는데, 당국은 인민에게서 1전이라도 많이 징수해 그것을 전비(戰費)로 사용한다. 전쟁이 이렇게 길게 이어진다면 우리가 가진 물건은 전부 징수당하고 말 것이다"라고 함부로 말하였다.

처분결과: 조선임시보안령 위반, 1942.4.7 징역 8월

청명: 경성지방법원 철원지청

직업·성명·연령: 무직 민수천(閔壽千) 55세

사실의 개요: 1942년(昭和 17) 1월 1일 사는 마을 강원도 김화군(金化郡) 원동면(遠東面) 장연리(長淵里) 노상에서 같이 의논하던 부인에게 "여자가 13세가 되면 근로보국대에 입대시키는데, 그 복역 상태를 보았더니 실로 참혹해 눈 뜨고 볼 수가 없다. 까닭에 부모들은 되는 대로 딸을 시집보내고 있다. 당신도 얼른 큰딸을 시집보내는 편이 득책일 것이다"고 함부로 말하였다.

처분결과: 조선임시보안령 위반, 1942.2.21 징역 1년 6월 벌금 50엔

비고: 의사규칙 위반, 주거침입, 약취미수와 병합

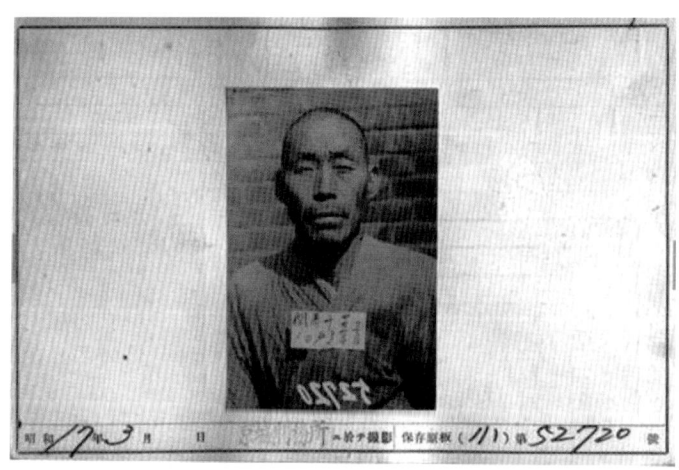

〈그림15〉 1942년 경성형무소에 수감된 민수천의 인물카드
출처: 국사편찬위원회, 일제감시대상인물카드〔ia_1925〕

청명: 경성지방법원 철원지청

직업·성명·연령: 농업 동원희조(東原喜朝, 히가시하라 기초) 57세

사실의 개요: 1941년(昭和 16) 12월 12일 강원도 김화군(金化郡) 근남면(近男面) 마현리(馬峴里) 여인숙에서 동숙인 2명에게 "일본에서는 모든 남자가 출정해 노동은 대체로 여자가 하고 있는데, 조선도 머지않아 그렇게 될 것이다. 최근 조선에서는 처녀가 결혼하는 일이 많다. 이는 여자 근로보국대로 입대하면 생명이 위험해지는 군사 방면의 일에 종사하므로 부모가 딸이 보국대에 입대하는 것을 피하려고 결혼시키기 때문이다. 현재는 남자는 일정한 주거지 없이 각지를 방랑하고 여자는 조혼하는 것이 가장 현명하다"라고 함부로 말하였다.

처분결과: 안녕질서에 대한 죄, 육군형법 위반, 1942.2.4 징역 8월

청명: 부산지방법원 거창지청
직업·성명·연령: 인쇄소 점원 본산봉학(本山鳳鶴, 모토야마 호가쿠) 19세
사실의 개요: 1942년(昭和 17) 1월 8일 경남 거창(居昌)군청 회의실에서 거행된 육군특별지원병 구술시험에 출두하여 육군특별지원병 구술시험 수험자 13명과 잡담 중에 수험자들에게 농담을 치면서 "올해부터 여자가 배급 나올 것이다"라고 함부로 말하였다.
처분결과: 조선임시보안령 위반, 1942.2.12 기소유예

청명: 신의주지방법원 정주지청
직업·성명·연령: 소 중개업 평산원경(平山元京, 히라야마 겐쿄) 62세
사실의 개요: 1942년(昭和 17) 1월 24일 투숙처인 평북 정주읍(定州邑) 성내동(城內洞) 동전창식(東田昌植, 히가시다 쇼쇼쿠)의 집에서 동업자인 이영록(李永祿) 외 2명에게 "누런 금(황색 10전이나 5전 백동화를 뜻함)을 갖고 가면 광목 1필을 준다" 운운하며 함부로 말하였다.
처분결과: 조선임시보안령 위반, 1942.5.22 벌금 30엔

청명: 해주지방법원
직업·성명·연령: 직공 나주학규(羅州學奎, 라슈 가쿠케이) 20세
사실의 개요: 1942년(昭和 17) 2월 15일 본적지인 황해도 봉산군(鳳山郡) 사인면(舍人面) 검천리(劍川里) 친아버지 집에서 마을 사람 국본현웅(國本賢雄, 구니모토 가타오) 외 1명에게 "병기 보급창은 정확히 군대 생활과 같다. 수입은 상당하나 시국 상 한번 취직하면 자기 마음대로 그만두는 것이 불가능하다. 그만두려면 군수의 승낙서가 필요하며, 만약 멋대로 그만두면 반드시 헌병대에 검거되어 처벌받는다"라고 함부로 말하였다.
처분결과: 조선임시보안령 위반, 1942.5.23 벌금 100엔

청명: 평양지방법원

직업·성명·연령: 엿·두부 행상(여성) 박인관(朴寅觀) 58세, 농업 위학린(韋學麟) 69세, 농업 목촌성배(木村成培, 기무라 세이바이) 69세, 철공업 목촌전필(木村銓弼, 기무라 센스케) 26세

사실의 개요: 박인관은 1942년(昭和 17) 1월 27일 평양부 사동정(寺洞町) 자택에서 이웃인 위학린에게 "곤란한 일이다. 10엔 지폐에 1엔짜리 수입인지를 붙이지 않은 것은 사용할 수 없다고 한다"라고 함부로 말하였다.

위학린은 1월 27일 자택에서 위의 유언비어를 다시 목촌성배 외 1명에게 전하였다. 목촌성배는 1월 27일 자택에서 위의 유언비어를 다시 손자에 해당하는 목촌전필 외 1명에게 전하였다.

목촌전필은 다음날 1월 28일 평양부 사동정의 현대(現代)이발소에서 위의 유언비어를 다시 현대이발소의 직인인 석촌학길(石村鶴吉, 이시무라 쓰루요시) 외 1명에게 전하였다.

처분결과: 조선임시보안령 위반, 1942.4.18 각각 벌금 100엔

청명: 대전지방법원

직업·성명·연령: 노동 양본중만(楊本重滿, 야나기모토 시게미쓰)[조중만趙重滿][214] 28세

시실의 개요: 1942년(昭和 17) 2월 15일 오사카시(大阪市) 외곽 히라카타초(枚方町)에서 당시 토목노동자로서 근로 중 내연의 아내였던 충남 서천군(舒川郡) 비인면(庇仁面) 구복리(九福里) 능성정순(綾城貞順, 아야시로 데이준)에게 보내는 서신을 작성하면서 "일본에 재주하는 조선인은 올해 3월 이후 조선으로 돌아갈 수 없게 되었다. 그 이유는 일본에 재주하는 조선인 중에 배급미가 부족해서 귀국하는 자가 매달 수천 명인 다수에 이르러 이래서는 일본의 노동자가 모두 없어질 것이기 때문에 정부 당국이 비밀리에 조선인이 입국할 수 없게 하는 규칙을 발한 것이다. 금후 대동아전쟁이 끝날 때까지 일본에 재주하는 조선인은 그 부모가 죽어도 돌아갈 수가 없게 된 것이다. 또 이곳은 매일 밤 등화관제 때문에 부민(府民)이 곤궁해져 민심에 큰 동요가 왔다"라고 적어 우송했다.

처분결과: 조선임시보안령 위반, 1942.6.11 징역 6월 3년간 집행유예

---

214 본명은 국가기록원, 〈독립운동관련판결문〉의 '수형인명부'에 따른다.

청명: 함흥지방법원

직업·성명·연령: 선원 산본동일(山本東一, 야마모토 도이치)²¹⁵ 26세

사실의 개요: 1942년(昭和 17) 2월 27일 함남 흥남읍(興南邑) 작도리(鵲島里) 강원봉운(康原鳳韻, 야스하라 호인)의 집에서 그 외 수 명에게 "이번 전쟁은 얼른 종료된다면 좋겠지만, 이것이 3년이나 계속된다면 민간에는 돈이 1문(文)도 남지 않게 될 것이다"라고 함부로 말하였다.

처분결과: 조선임시보안령 위반, 1942.7.30 기소유예

청명: 해주지방법원

직업·성명·연령: 농업 수원기선(水原基善, 미즈하라 모토요시) 43세

사실의 개요: 1942년(昭和 17) 3월 2일 사는 마을인 황해도 사리원읍(沙里院邑) 대원리(大元里) 대원태호(大原泰鎬, 오하라 다이코)의 집에서 그 외 2명에게 "조선에서는 올해 4월 1일부터 가옥 매매 대금의 6할은 정부가 징수하고 남은 4할만 판매자에게 준다"라고 함부로 말하였다.

처분결과: 조선임시보안령 위반, 1942.4.18 벌금 50엔

청명: 대구지방법원 김천지청

직업·성명·연령: 연탄공장 인부 고본현(高本炫, 다카모토 겐) 21세

사실의 개요: 1942년(昭和 17) 3월 20일경부터 5월 말경 사이에 수차례에 걸쳐 경북 김천읍(金泉邑) 성내정(城內町, 조나이초) 노상에서 통행 중인 국민학교 학생 길전정일(吉田貞一, 요시다 데이이치) 외 1명에게 "국민학교 학생이 어째서 거창하게 국어[일본어]를 쓰는가. 조선어가 녹슨다"라고 함부로 말했다. 이 외에도 6월 20일경 김천읍 성내정 자택에서 장점선(張點仙)이 최근 '국어를 모르는 자는 바보나 마찬가지다'라고 말하자 그에게 "모두

---

215 1941년 9월 8일 '연안 발동기선 3등기관사'로 등록된 '山本東一'의 본명이 '최운호(崔雲浩)'이나(朝鮮總督府, 『朝鮮總督府官報』 제4426호, 1941.10.25) 위의 사건 인물과 동일인인지 확정할 수 없어 주에 기록해 둔다.

가 그렇게 '국어, 국어' 하면 조선어에 녹이 슨다"라고 함부로 말하였다.

처분결과: 조선임시보안령 위반, 1942.11.18 징역 8월[216]

청명: 함흥지방법원 원산지청

직업 · 성명 · 연령: 수산업 서원동철(西原東哲, 니시하라 도테쓰) 31세

사실의 개요: 1942년(昭和 17) 3월 22일 사는 마을인 강원도 장전읍(長箭邑) 장전리 음식점에서 마을 사람인 조천신원(趙川臣元, 조카와 신겐)에게 "청진 앞바다 쪽에 매일 러시아에서 10개 정도의 기뢰가 떠내려오는데, 이를 두려워해 어부가 출어하지 않기 때문에 고기를 잡을 수 없어 불경기다. 일전에도 어부가 기뢰를 주워 올려 장난치다가 돌연 폭발해 4명이 즉사했다. 그 지방의 어부는 위험하다고 다른 곳으로 이주하는 자가 많다. 부자도 전부 시골로 피난했기에 청진부(淸津府) 수남동(水南洞) 부근의 굉장한 서양식 건물이 거의 빈집이 된 상태다"라고 함부로 말하였다.

처분결과: 조선임시보안령 위반, 1942.6.2 징역 6월

청명: 신외주지방법원 강계지청

직업 · 성명 · 연령: 하숙업 겸 과일 행상(여성) 좌좌목직자(佐々木直子, 사사키 나오코) 46세

사실의 개요: 1942년(昭和 17) 3월 25일 및 다음 26일 두 차례 평북 강계군(江界郡) 강계읍 행정(幸町) 자택에서 남원영화(南原榮化, 미나미하라 에이카) 외 1명에게 "10전 백동화 50매를 읍이나 면의 사무소에 가져가면 광목 1필을 특별 배급받을 수 있다"라고 함부로 말하였다.

처분결과: 조선임시보안령 위반, 1942.10.26 기소유예

---

216 고본현의 판결문(大邱地方法院金泉支廳, 「1942년 刑公 제300호 判決:高本炫」 1942.11.18)에 의하면 그는 징역 6개월의 처분을 받았다.

청명: 해주지방법원

직업 · 성명 · 연령: 무직(산민도장 수련생) 암곡해태랑(岩谷海太郞, 이와타니 우미타로) 22세

사실의 개요: 1942년(昭和 17) 3월 28일 황해도 곡산군(谷山郡) 곡산면 연하리(蓮荷里) 소재 산민도장(山民道場) 숙사에서 친구인 활본수남(活本壽男, 가쓰모토 주난)에게 "우리는 자산이 없으나 조선인으로서 금전과 교육 외에 무엇이 있겠는가. 삼천리 반도를 두고 가면 이 강산을 지키는 자는 누구일까. 계곡 같은 산중에도 왜인이 산재하여 우리의 피를 빨고 있지 않은가. 영·미는 인류의 평등을 부르면서 토인을, 인도인을, 우리에게는 밥만 먹여주고 있는가. 교육해야 한다. 그들은 돈으로 지배하는 것 외에 아무것도 알지 못한다"라는 취지의 편지를 써서 이를 우편으로 보내 도달하게 했다.

처분결과: 조선임시보안령 위반, 1942.5.9 징역 6월

청명: 대구지방법원 김천지청

직업 · 성명 · 연령: 노동 김도명덕(金島命德, 가네시마 메이토쿠) 37세

사실의 개요: 1942년(昭和 17) 4월 7일 본적지인 경북 선산군(善山郡) 무을면(舞乙面) 원동(院洞) 지전위식(池田衛植, 이케다 에이쇼쿠)의 집에서 그 외 1명에게 "일본에서는 과부에게 시집가도록 권하여 이에 응하지 않으면 매달 70엔 정도의 세금을 부과하고 있다"라고 함부로 말하였다.

처분결과: 조선임시보안령 위반, 1942.5.28 기소유예

청명: 신의주지방법원 초산(楚山)지청

직업 · 성명 · 연령: 잡화상 남원영화(南原榮化, 미나미하라 에이카) 41세, 무직 남원옥(南原玉) 32세, 농업 송산저은(松山佀殷, 마쓰야마 쇼인) 39세, 고물상 연산영준(延山泳俊, 노부야마 에이슌) 33세

사실의 개요: 남원영화는 1942년(昭和 17) 4월 12일경 평북 위원군(渭原郡) 위원면 구읍동(舊邑洞) 자택에서 남원옥에게 "누런 10전짜리 동전 30엔분을 군청 또는 읍사무소 등으

로 가져가면 광목 1필을 주니 누런 10전짜리 동전을 적극적으로 수집하는 편이 좋다"라고 함부로 말하였다.

남원옥은 4월 28일경 구읍동 자택에서 송산저은에게 앞과 같은 유언비어를 전하였다.

송산저은은 5월 4일경 위원면 고성동(古城洞) 자택에서 연산영준에게 같은 유언비어를 전하였다.

연산영준은 5월 8일경 위원면 구읍동 안전두칠(安田斗七, 야스다 도시치)의 집에서 동업자인 김주학린(金州鶴獜, 긴슈 가쿠린) 외 2명에게 같은 유언비어를 전하였다.

처분결과: 조선임시보안령 위반, 1942.7.25 각각 기소유예

청명: 부산지방법원 거창지청
직업·성명·연령: 매약 행상 이정상규(二井祥圭, 니이 쇼케이) 55세
사실의 개요: 1942년(昭和 17) 4월 27일 경남 함안군(咸安郡) 함안면 하동(下洞) 위성여관(渭城旅館) 객실에서 사법서사 유천원문(柳川元文, 야나가와 모토후미) 외 수 명에게 "전라도에서는 지난 4월 1일부터 토지 매매를 한 경우 그 대금의 4할은 매도인의 자유로운 처분을 인정하나, 남은 6할은 국가가 강제로 국방헌금 시키므로 토지를 저당으로 잡힌 자나 빚이 있는 지주는 파산할 수밖에 없는 상태가 되어 대소동이 벌어지고 있다. 경상도에서도 조만간 이러한 법령이 선포될 터이다"라고 함부로 말하였다.

처분결과: 조선임시보안령 위반, 1942.6.4 벌금 70엔

청명: 대전지방법원 충주지청
직업·성명·연령: 면 임시고원 임본길웅(林本吉雄, 하야시모토 요시오)[임각규林角奎][217] 19세
사실의 개요: 1942년(昭和 17) 5월 5일 사는 마을인 충북 충주군(忠州郡) 살미면(乷味面) 경찰관주재소에서 순사 시마다 에이스케(島田榮助) 외 경방단원 수 명에게 "충주읍에서는

---

217 본명은 京城覆審法院刑事第一部, 「1942년 刑控 제225호 判決: 林本吉雄」, 1942.8.12에 의거한다.

경방단원의 1회 출동 수당이 65전인데, 조선인 측에는 아무런 불평도 없으나 일본인 측은 전부 불만을 품고 있다. 또 경찰 당국은 조선인 상점에만 준엄한 단속을 시행하고 일본인 상점의 공공연한 암거래를 불문에 부치고 있으니 폭리를 취한 일본인 업자는 연일 요정(料亭)에 드나들며 음주 여흥에 빠져 있다. 내가 경찰관이라면 일본인 상점도 철저히 단속하겠다. 지금의 경찰관은 정실에 얽매여 있다"라고 함부로 말하였다.

처분결과: 조선임시보안령 위반, 제1심 판결 1942.5.30 징역 1년, 제2심 판결 1942.8.12 징역 1년 4년간 집행유예

비고: 보안법 위반과 병합

〈그림16〉 1942년 서대문형무소에 수감된 임각규의 인물카드
출처: 국사편찬위원회, 일제감시대상인물카드 [ia_4490]

청명: 전주지방법원 정읍지청

직업·성명·연령: 농업 윤남석(尹南錫)[218] 52세

사실의 개요: 1942년(昭和 17) 5월 5일 및 6일 양일에 걸쳐 전북 정읍군(井邑郡) 소성면(所聲面) 봉양리(鳳陽里) 자택에서 이목계수(李木桂守, 리키 게이슈) 외 1명에게 "앞으로

---

218 윤남석의 판결문에는 이명으로 '남오南午'가 기입되었다. 또 처분일은 1942년 8월 10일이다. 全州地方法院井邑支廳, 「1942년 刑公 제392호 判決:尹南錫」, 1942.8.10.

는 지폐에 인지를 붙이지 않으면 사용할 수 없게 되었다"라고 함부로 말하였다. 게다가 5월 9일 사는 부락연맹이사장 고전달웅(古田達雄, 후루타 다쓰오)의 집에서 그 외 8명의 애국반원에게 앞과 같은 내용의 유언비어를 거듭해 말한 것 외에도 "나라가 선 초반에는 살기 쉬우나, 나라의 끝에는 살기 어렵다. 송도(松都, 고려) 말년에는 불가사리가 쇠를 먹었으나, 지금은 나라가 쇠를 모은다"라고 함부로 말하였다.

처분결과: 안녕질서에 대한 죄, 1942.8.7 징역 6월 3년간 집행유예

청명: 해주지방법원

직업·성명·연령: 농업 신농창복(神農昌福, 신노 쇼후쿠) 33세

사실의 개요: 1942년(昭和 17) 5월 7일 황해도 연백군(延白郡) 연안(延安) 읍내 사법서사 연합사무소에서 사법서사 목촌문용(木村文勇, 기무라 분유) 외 5명에게 "지금부터 가격 5,000엔 이하의 토지 매매에 관해서는 벌금을 부과하지 않으나, 가격 5,000엔 이상인 토지를 매매하는 자에 대해서는 200엔 이상의 벌금을 물리게 되었다"라고 함부로 말하였다.

처분결과: 조선임시보안령 위반, 1942.5.22 벌금 50엔

청명: 부산지방법원

직업·성명·연령: 무직 서원규석(西原圭錫, 니시하라 게이샤쿠) 22세

사실의 개요: 1942년(昭和 17) 5월 23일 동래군(東萊郡) 구포면(龜浦面) 구포리 대산무(大山茂, 오야마 시게루)의 집에서 대산무송(大山茂松, 오야마 시게마쓰)에게 "포로 감시원이 되어 미·영 사람을 학대하거나 하면 일본의 포로도 학대받을 것이다", "일본 육군은 이곳에는 없지만, 서양에 가면 많이 있다"라고 함부로 말하였다.

처분결과: 육군형법 위반, 1943.2.20 징역 1년

청명: 부산지방법원 진주지청

직업·성명·연령: 음식점 영업 송본창오(松本昌五, 마쓰모토 쇼고) 53세

사실의 개요: 1942년(昭和 17) 5월 26일 경남 하동읍(河東邑) 광평리(廣坪里) 김성수신(金城守信, 가네시로 모리노부)의 집에서 그 외 1명에게 "지원병으로 대구 연대에 근무 중인 장남이 싱가포르 방면 제1선으로 출정하게 되어서 함께 도쿄로 갔었다. 나와 함께 조선에서 온 자 7명과 같이 궁성에 들어갔는데, 쇼와(昭和)가 나와서 '모두가 아이를 부대로 보내주어 매우 고맙다'라고 일장 연설을 하고 동석한 뒤에 술 석 잔을 주었다. 그 뒤 장남과 함께 싱가포르·한구(漢口)·만주 등을 구경하고 돌아왔다"라고 함부로 말하였다. 다시 6월 3일 하동읍 읍내동(邑內洞) 김삼삼우(金森三又, 가나모리 산우)의 집에서 그와 신본칭신(新本昌信, 니모토 마사노부)에게 앞에 적은 내용의 언사를 지껄인 뒤 "그 무렵 쇼와에게 '외아들을 군대로 보내 생활이 곤란하니 범선으로 각지의 산물을 사 모아 이를 다른 곳에 운반해 판매하는 일을 허가해 달라'라고 청원하자 쇼와는 '조선 총독에게 전화를 걸어 주겠다' 했다"라고 함부로 말하였다.

처분결과: 육군형법 위반, 1942.8.26 징역 2년

비고: 불경죄, 사기, 사기미수와 병합

청명: 대구지방법원 경주지청

직업·성명·연령: 문방구상 겸 신문지국장 김본우길(金本又吉, 가네모토 마타요시) 25세

사실의 개요: 1942년(昭和 17) 5월 27일에서 6월 3일까지 4번에 걸쳐 경북 경주읍(慶州邑) 동부리(東部里) 자택 및 기타 노상에서 천원수웅(川原壽雄, 가와바라 쥬오)에게 "영·미 포로 감시대는 별거 아니다. 감시대에 갔다 오더라도 아무런 도움이 되지 않으니 응모를 단념하라"라고 함부로 말하였다.

처분결과: 육군형법 위반, 1942.7.9 금고 4월

청명: 해주지방법원

직업·성명·연령: 무직(여) 대도지량(大島志亮, 오시마 시스케) 37세

사실의 개요: 1942년(昭和 17) 5월 30일경 황해도 재령군(載寧郡) 신원면(新院面) 가국리(佳菊里) 자택에서 "재령 지방에서는 처녀들을 먼 곳으로 보낸다고 한다. 이전에 남자를 가까운 곳으로 수일간 일하러 보낸다고 꾸며 일본으로 데려가 일을 시켰는데 배가 고파 곤란했다고 한다. 그러니 여동생인 신량(信亮, 신료)을 어딘가에 여자 교원이나 유치원 보모로라도 집어넣어 얼른 시집보내지 않으면 안 되겠다"라고 황해도 안악읍(安岳邑)에 거주 중인 친어머니에게 서신을 써서 이를 우편으로 보내 보였다.

처분결과: 조선임시보안령 위반, 1942.8.4 벌금 30엔

청명: 평양지방법원 진남포지청

직업·성명·연령: 철공소 선반공 경곡영숙(慶谷永淑, 요시타니 에이슈쿠) 22세

사실의 개요: 1942년(昭和 17) 5, 6월경 날짜 미상 통근처인 진남포부 원정(元町, 모토초) 소재 중앙철공소(中央鐵工所) 공장 내에서 동료 직공 안촌수호(安村壽浩, 야스무라 도시히로) 외 2명에게 "전쟁은 언제 끝날지 모르며 적 비행기는 언제 올지 모르니 너무 바빠 일만 하지 말고 담배라도 피우면서 해라"하고 함부로 말하였다. 1942년 7월 17일 중앙철공소 공장 내에서 지각했기 때문에 공장주 김성정무(金城正武, 가네시로 마사타케)에게서 질책받자 그에게 "조금 늦어도 상관없지 않은가. 언제 적 비행기가 와서 폭탄을 떨어뜨릴지도 모르는데"라고 함부로 말하였다.

처분결과: 조선임시보안령 위반, 1942.8.10 벌금 100엔

청명: 대전지방법원 충주지청

직업·성명·연령: 목수직 임원식(林元植) 43세

사실의 개요: 1942년(昭和 17) 6월 12일 강원도 원주군(原州郡) 귀래면(貴來面) 용암리(龍岩里)에서 음식점을 하는 김성명순(金城明順, 가네시로 메이준)의 집에서 충북 충주경찰서

소태(蘇台)주재소 순사 쓰루야마 겐타로(鶴山健太郎) 외 2명에게 "나라가 편안해야 비로소 풍년이 찾아오는데, 나라가 전쟁을 하는 오늘날은 비가 내려도 풍년이 기대되지 않는다. 요컨대 한 세대의 집이라도 가족이 불화한다면 가계가 풍요로워질 수 없는 일이 아닌가" 하고 함부로 말하였다.

처분결과: 조선임시보안령 위반, 1942.7.13 벌금 100엔

청명: 광주지방법원
직업·성명·연령: 군농회 기수 양천병시(梁川炳時, 야나가와 헤이지) 21세
사실의 개요: 1942년(昭和 17) 6월 24일 전남 곡성군(谷城郡) 죽곡면(竹谷面) 연화리(蓮花里)[219] 노상에서 귀가 도중인 국민학교 학생 국본기섭(國本起燮, 구니모토 기쇼)(당시 13세)에게 "나는 네덜란드인이다. 내가 타고 온 비행기가 여기에서 2리 정도 떨어진 산속에 있으니 그것을 타고 네덜란드로 가자. 내일 이 시간쯤 이곳에 와서 기다리고 있어라" 하고 함부로 말하였다.

처분결과: 안녕질서에 대한 죄, 1942.9.30 기소유예

청명: 부산지방법원 거창지청
직업·성명·연령: 우편국 사무원 김본상칠(金本相七, 가네모토 소시치) 18세
사실의 개요: 1942년(昭和 17) 6월 27일 경남 합천군(陜川郡) 율곡면(栗谷面) 기리(己里) 김석화(金錫化)의 집에서 그 외 1명에게 "나는 우편국 사무원으로 국채를 판매하러 왔는데, 시대가 이렇게 되었으니 조만간 남자 한 명에 여자 3명씩 강제로 결혼시켜 아이를 낳게 할 것이다"라고 함부로 말하였다.

처분결과: 조선임시보안령 위반, 1942.8.21 벌금 40엔

---

219 원문은 "봉화리(蓬花里)"이나 곡성군 죽곡면에 없는 동리명이다. 가장 유사한 '연화리'로 고쳤다.

청명: 부산지방법원 마산지청

직업·성명·연령: 잡화상 산가영한(山佳永漢, 야마요시 에이칸) 45세

사실의 개요: 1942년(昭和 17) 7월 초순경 마산부 부정(富町, 도미초) 서산금장(西山金藏, 니시야마 긴조) 집 앞 노상에서 그 외 1명에게 "대동아전쟁에 의해 일본은 인도의 독립을 인정한 모양인데, 인도조차 독립시킨다면 어째서 조선을 독립시키지 않는가. 유대인은 이번 유럽 전쟁으로 유럽에서 쫓겨나 뿔뿔이 흩어졌으나 단결심이 강하다. 나라는 없으나 유대인이라는 민족의 이름은 언제까지고 남아 있다. 조선도 일본과 병합하였으므로 나라는 없으나, 조선인이라는 민족의 이름은 역시 언제까지고 남아 있지 않겠는가. 내선일체라면 일본은행권(日本銀行券)과 조선은행권(朝鮮銀行券)을 어째서 구별하고, 조선인의 일본 도항을 자유롭게 하지 않는가" 하고 함부로 말하였다.

처분결과: 조선임시보안령 위반, 1942.9.21 징역 10월

비고: 보안법 위반과 병합

청명: 평양지방법원

직업·성명·연령: 광산 기관수 김강덕윤(金岡德潤, 가네오카 도쿠준) 22세

사실의 개요: 1942년(昭和 17) 7월 16일 평남 양덕읍(陽德邑) 용계리(龍溪里) 냇가에서 평곡(平谷)광산 철공 신천성오(新川成五, 아라카와 세이고) 외 1명에게 "평양에서는 40세 이상인 부녀자를 부외(府外) 2리의 시골로 피난시킨다고 한다"라고 함부로 말하였다.

처분결과: 조선임시보안령 위반, 1942.9.7 기소유예

청명: 대구지방법원 안동지청

직업·성명·연령: 재목점 고용인 천전계근(千田繼根, 지다 게이콘) 21세

사실의 개요: 1942년(昭和 17) 8월 16일 경북 안동읍(安東邑) 영남정(嶺南町)에서 주류 판매업을 하는 김해숙(金海淑)의 집에서 해원굉부(海原紘夫, 가이하라 히로오) 외 1명에게 "최근 정부는 '낳아라, 늘려라' 장려하고 있는데, 이는 남편인 병사가 제1선으로 나가 전사

해버려서 부인만 남은 곳에 젊고 팔팔한 청년을 뽑아 함께 묵게 해 아이를 늘리려는 것이 아닌가"라고 함부로 말하였다.

처분결과: 조선임시보안령 위반[220], 1942.10.2 징역 8월

청명: 전주지방법원

직업·성명·연령: 식량잡화상 유창성(柳昌成) 44세

사실의 개요: 1942년(昭和 17) 9월 28일 전주부 대정정(大正町, 다이쇼초) 사법서사 송전조광(松田朝光, 마쓰다 도모미쓰)의 사무소 안에서 그 외 수 명에게 "조선인치고 경제사범으로 벌금을 내지 않은 놈이 어디에 있는가. 일본은 지금 경제범을 검거해 많은 벌금을 걷어 그 돈으로 큰 전쟁을 치르고 있지 않은가. 경제범은 강도나 절도와 성질이 다르므로 전쟁이 끝나면 국가는 벌금을 냈던 자에게 벌금을 돌려줘야 하고, 전과도 없애야 한다"라고 함부로 말하였다.

처분결과: 육군형법 위반, 해군형법 위반, 조선임시보안령 위반, 1942.11.28[221] 징역 1년

청명: 해주지방법원

직업·성명·연령: 도기 행상 전길용(全吉龍) 71세

사실의 개요: 1942년(昭和 17) 10월 4일 곡산군(谷山郡) 운중면(雲中面) 방면에서 행상하던 도중에 노상에서 동행하던 사복 사찰 중인 곡산경찰서 순사 노치야마 요젠(後山養善)에게 "앞으로는 시국 상 노인도 무위도식하게 놔두지 않고 노인 1인당 아이 15명을 돌보게 한다고 한다. 그조차 불가능한 자는 바다에 빠뜨려 버릴 것이라는 이야기도 있다"라고 함부로 말하였다.

처분결과: 조선임시보안령 위반, 약식 청구 중

---

220 국가기록원,〈독립운동관련판결문〉의 '수형인명부'와 '집행원부'에 따르면 죄명에 '상해'가 추가되어 있다.
221 유창성의 판결문에 따르면 처분일은 1942년 11월 27일이다. 全州地方法院,「1942년 刑公 제781호 判決:柳昌成」, 1942.11.27.

청명: 해주지방법원 서흥지청

직업·성명·연령: 농업(구장) 수원완극(水原完極, 미즈하라 간고쿠) 44세

사실의 개요: 1942년(昭和 17) 10월 6일 황해도 곡산군(谷山郡) 동촌면(東村面) 한달리(閑達里) 김촌두일(金村斗鎰, 가네무라 도이쓰)의 집에서 그 외 5명에게 "신사(神祠)가 완성되면 그 부근에 사는 자는 시절이 시절이니만큼 행사 때마다 매일 신사에 오르락내리락해야 하니 귀찮은 일이다. 발이나 허리가 아파질 뿐 아무 소용도 없다"라고 함부로 말하였다.

처분결과: 조선임시보안령 위반, 1942.12.19 벌금 100엔

청명: 해주지방법원 사리원지청

직업·성명·연령: 닛테쓰(日鐵) 겸이포제철소 공원(工員) 길전영일(吉田永一, 요시다 에이이치) 23세

사실의 개요: 1942년(昭和 17) 11월 4일 황해도 겸이포(兼二浦)에 소재한 근무처 휴게실에서 청수만근(淸水萬根, 시미즈 반콘) 외 3명에게 "고노에(近衛) 수상은 조선도 상당히 문화가 발달해 왔으므로 독립시키는 편이 좋다고 주장했으나, 대학교수를 하는 동창 친구가 이를 듣고 '고노에 녀석, 조선을 독립시켜서 어쩌자는 것인가. 그런 말을 하는 놈은 야스쿠니 신사의 영령에게 송구스러우니 그 신사 앞에서 목을 싹둑 잘라버려야 한다'라고 말하며 반대했기에 결국 조선은 독립국이 될 수 없었다", "경성에 이(李)라는 위대한 사람이 있어서 '조선을 독립시켜 준다면 이 대동아전쟁을 바로 평화롭게 해주겠다' 이야기하고 있다"라고 함부로 말하였다.

처분결과: 안녕질서에 대한 죄, 1943.2.26 징역 1년 6월

청명: 부산지방법원

직업·성명·연령: 마사지 침술사 길승화(吉昇華) 51세

사실의 개요: 1942년(昭和 17) 12월 2일 부산부 초량정(草梁町) 김경택(金敬澤)의 집에서 그 외 2명에게 "내 집주인의 아들이 천진(天津)에서 운전사를 하는데, 어느 날 짐을 가득 채운 자동차를 운전 중에 사고가 나서 그 자리에서 수리하던 중, 뒤에서 온 자동차가 이를 추

월해 잠시 앞으로 가다가 지뢰를 밟아 운전자가 죽은 일이 있었다. 집주인의 아들은 자동차 고장으로 위험한 상황을 운 좋게 벗어났다. 그곳에서는 이러한 일이 많이 있어서 여기에서 간 사람이 많이 죽는다"라고 함부로 말하였다.

처분결과: 조선임시보안령 위반, 1942.12.16 기소유예

청명: 함흥지방법원

직업·성명·연령: 농업(경방단 반장) 양천풍기(梁川豊基, 야나가와 도요모토) 29세

사실의 개요: 1942년(昭和 17) 12월 6일 자택에서 궁본병근(宮本秉根, 미야모토 헤이콘) 외 1명에게 "어느 공장에서는 사람을 내보내거나 들여보내거나 할 때 자물쇠를 걸어 유치장과 같지만, 동생인 영기(英基, 히데키)가 간 곳은 그런 곳은 아니다. 군수공장으로 간다면 절대 고향에 편지도 보낼 수 없고 기간은 3년이니 일본에서 아내를 맞으면 조선으로 쉽게 돌아올 수 없다"라고 함부로 말하였다.

처분결과: 조선임시보안령 위반, 1943.3.31 벌금 50엔[222]

청명: 해주지방법원 사리원지청

직업·성명·연령: 농업 김산향성(金山鄕星, 가나야마 고세이) 26세, 농업 김성문국(金城文國, 가네시로 분코쿠) 46세

사실의 개요: 1942년(昭和 17) 12월 15일 황해도 봉산군(鳳山郡) 동선면(洞仙面) 조양리(朝陽里) 김성문국 집에서 그 외 3명에게 "평남의 어느 곳에서 어떤 사람이 올해 3세가 되는 아이를 잃어버려 찾던 중 3일째 되는 밤 그 어머니의 꿈에 나타나 '어머니, 저와 만나고 싶다면 내일 어떤 역으로 오세요' 하기에 그 역으로 가 보았더니 어떤 여자가 자기 아이와 닮은 아이를 업고 모자를 씌워 기차에 타려 하고 있어서 보여달라 요구했으나 거절당하였다. 두 사람 사이에 한 신사가 와서 '경찰관주재소로 가서 판단해달라고 해라'라고 말했

---

[222] 이 건은 '3) 기타 (6) 일본, 기타 지역의 노동자 모집 등에 관한 것'에도 나온다(본 자료집 252쪽 참조).

으므로 바로 파출소에 신고하고 그 아이를 보았더니 틀림없이 자신의 아이였으나 죽어 있었다. 바로 병원으로 데려가 보았더니 아이의 시체 뱃속에 아편이 잔뜩 채워져 있었다" 운운 하며 함부로 말하였다.

[김성문국은] 1942년(昭和 17) 12월 17일 황해도 봉산군 동선면 조양리 송본효원(松本孝源, 마쓰모토 고겐)의 집에서 그 외 4명에게 앞과 같은 내용의 유언비어를 전하였다.

처분결과: 안녕질서에 대한 죄, 1942.2.8 각각 벌금 100엔

청명: 함흥지방법원

직업·성명·연령: 작부(여성) 전금순(田錦順) 25세

사실의 개요: 1943년(昭和 18) 1월 15일 함흥에서 함남 장진군(長津郡) 북면(北面) 이상리(梨上里)로 가는 도중 여객자동차 안에서 동승 중인 성명 불명인 조선인 부인 4명에게 "강원도에서는 17~18세가 된 여자아이 중에서 예쁜 자를 뽑아 강제로 전쟁하는 곳으로 보내니 15~16세가 된 여자아이는 한창 결혼식을 올리고 있다"라는 내용을 함부로 말하였다.

처분결과: 조선임시보안령 위반, 1943.2.22 기소유예

청명: 해주지방법원 서흥지청

직업·성명·연령: 이발업 청천원기(清川元記, 기요카와 겐키) 51세

사실의 개요: 1943년(昭和 18) 1월 17일 황해도 평산군(平山郡) 남천읍(南川邑) 남천리 남궁복(南宮復)의 집에서 그 외 4명에게 "이번에 연초의 가격 인상이 발표되었는데, 어떤 사람이 읍내 신남천리(新南川里)에서 한약상을 하는 김본준형(金本俊炯, 가네모토 슌케이)의 집에서 이번 연초 가격 인상을 예언해 이를 언급했기 때문에 징역 6월에 처했다는 이야기가 있다" 운운하며 함부로 말하였다.

처분결과: 조선임시보안령 위반, 약식 청구 중

청명: 부산지방법원

직업·성명·연령: 토목업 김본청작(金本淸作, 가네모토 세이사쿠) 32세

사실의 개요: 1943년(昭和 18) 1월 18일 울산읍(蔚山邑)사무소에서 울산읍 서기 송지정(松枝靜, 마쓰에다 시즈카) 외 2명에게 "이번 부산에서 근로보국대의 작업이 중지되었는데, 이는 작년 여름 큰 가뭄 때문에 식량 결핍에 고초를 겪은 피해지역 농민이 끊임없이 부산으로 모여들어서 자연히 노동력에 여유가 생겨 근로보국대의 활동이 필요하지 않게 되었기 때문이다"라고 함부로 말하였다.

처분결과: 조선임시보안령 위반, 1943.2.18 기소유예

청명: 부산지방법원

직업·성명·연령: 회사원 부영황길(富永晃吉, 도미나가 고키치) 27세, 무직 김전금암(金田金岩, 가네다 긴간) 32세

사실의 개요: 1943년(昭和 18) 2월 9일 여수항(麗水港)에서 부산으로 가는 가모마루(鴨丸) 2등선 실내에서 승객 50명의 앞에서 대담하던 중에 유영황길(柳永晃吉, 야나기나가 고키치)[223]은 김전금암에게 "최근은 상인도 월급쟁이도 쓸 데가 없다. 가장 좋은 일을 하고 보수가 좋은 것은 경찰관뿐이다. 우리 가게도 부산에서 면포상을 하고 있으나 경찰이 성가셔 몹시 괴로운 상황이다. 지배인도 대수롭지 않은 일로 경찰서에 호출되어 담당관에게서 협박 받아 일금 1,000엔을 빼앗긴 뒤 유치장에 수감되었는데, 그 유치장에서 학대받던 꼴은 말로 하지 못할 지경이었다. 어쨌든 경찰인 자는 재미를 보고 있다"라고 함부로 말하였다.

김전금암은 유영황길에게 "일본의 경제 단속은 매우 철저히 이루어지고 있으나, 내막이 있어 단속하는 관헌을 후하게 포섭하기만 한다면 어떠한 암거래라도 할 수 있다. 실제로 오사카(大阪)의 어떤 경찰관 같은 이는 상당한 부자가 되었을 정도로 암거래가 횡행하고 있다. 또 일본에서는 의류 전표제를 시행하는데, 전표가 떨어졌다 해도 걱정할 필요 없다. 돈만 낸다면 암시장에서 얼마든지 구입할 수 있다"라고 함부로 말하였다.

처분결과: 조선임시보안령 위반, 약식 청구 중

---

223 "富永晃吉"과 "柳永晃吉" 중 하나는 오류인 것 같으나, 어느 것 오류인지 확정할 수 없어 그대로 두었다.

청명: 함흥지방법원 원산지청

직업·성명·연령: 악기상 천야장방(天野長芳, 아마노 나가후사) 37세

사실의 개요: 1943년(昭和 18) 3월 10일 원산부 본정(本町) 4정목(丁目)의 동일양철점(東一鈇力店)[224]에서 삼촌길헌(三村吉憲, 미무라 요시모리)[우길헌禹吉憲][225] 외 3명과 음주 중에 그들에게 "지금 경성역에서는 관헌이 승하차하는 사람 중 머리카락이 1촌 이상인 자를 잡아 1엔씩 징수하고 있는데, 1년 동안에 수십만 엔에 달할 것이다. 위 사실은 시국 상 2년 정도는 공표되지 않을 모양이다"라고 함부로 말하였다.

처분결과: 조선임시보안령 위반, 약식 청구 중

---

[224] "鈇力(브리크)"은 네덜란드어 blik(생철, 양철)를 음차한 단어로 얇은 철판에 주석(錫)을 도금한 것이다. 이 자료집에서 '鈇力店'은 양철점, '鈇力職'은 양철공으로 번역하였다.

[225] 본명은 元山毎日新聞,『咸南名鑑』, 1940, 원산 141쪽에 따른다. 그는 1909년생으로 1940년 원산에서 '자전거업'을 개업했다. 이 자료에 본 사건의 피의자 '천야장방'이란 이름도 나온다. 1907년 함경남도에서 태어났고 1930년부터 '천야악기점(天野樂器店)'을 운영해왔다(같은 책, 원산 4쪽). 국사편찬위원회,〈한국사데이터베이스_한국근현대인물자료〉에서는 그가 '일본인'으로 분류됐는데, 아마 출전인『함남명감』에 '창씨개명' 이전의 '구명(舊名)' 즉 본명이 게재되지 않아서 그렇게 분류한 것 같다. 검색해보면 '천야악기점'은 1930년대 중반 동아일보, 조선일보의 후원을 받아 '만담회', '음악무용' 등을 주최했다. 이 자료집에서 조선인이 아닌 경우 비고란에 '민족명'이 기재되나, 천야장방 사건의 비고란에는 어떤 민족명도 기재되지 않았다. 이 자료집 편찬자는 그를 조선인으로 보았다.

2. 불경 사건

청명: 광주지방법원

직업·성명·연령: 무직(여) 김본윤덕(金本允德, 가네모토 준토쿠)[곽윤덕郭允德] 45세, 무직(여) 암본범순(岩本凡巡, 이와모토 본준)[추범순秋凡巡] 36세, 무직(여) 성전평업(成田平業, 나리타 헤이교)[김대악金大岳]²²⁶ 51세, 무직(여) 산촌봉순(山村奉淳, 야마무라 호준)²²⁷ 33세

사실의 개요: 김본윤덕은 본적 전남 광양군(光陽郡) 출신으로, 무학문맹인 농가(農家)의 주부이다. 1941년(昭和 16) 2월 중 이른바 신내림을 받아 예언점괘 등을 보기에 이르렀다. 이후 자신을 천신(天神)이나 백운산의 신령 또는 부처라고 칭했고, 또한 백운사에서 불공을 드리며 기도한 끝에 도를 깨닫고 해탈하는 경지에 들어갔다는 황당무계한 불온 언사를 하고 다니며 무지몽매한 부녀자들에게 포교하여 수십 명의 교도(敎徒)를 획득하여 이름 없는 종교 유사단체와 같은 모습을 보였다. 그 포교 수단으로 1941년(昭和 16) 4월경부터 1942년 (昭和 17) 1월까지 전남 구례군 또는 광양군 방면에서 교도들 다수에게 (1) "나는 천신이며 백운산의 신령한 부처이다. 천상천하 모든 만물은 천신의 은혜를 입지 않는 자가 없고, 너희들은 물론 현재 쇼와(昭和, 지금 폐하를 지칭함)도 모두 평등하게 천신인 나의 자녀이다" 운운하거나, (2) "쇼와의 학교에 아이를 통학하게 하더라도 새로운 세상이 출현할 즈음에는 통용되지 않을 뿐만 아니라, 쇼와파(昭和派)로서 천신의 벌에 의해 죽을 것이므로 조선의 한문 서당에 다니게 하여 한문을 습득시켜야 할 것이다" 운운하거나, 혹은 (3) "쇼와는 우리 농민이 땀을 흘려 경작하는 쌀, 보리, 마, 면화는 말할 것도 없고 빗질 도구와 같은 것도 계속해서 약탈한다" (4) "쇼와의 국기를 게양하거나 쇼와를 위해 황국신민의 서사(誓

---

226 본명은 光州地方法院, 「1943년 刑公合 제43호 判決:金本允德 등 4인」에 따른다. 성전평업은 판결문에 성전평엽(成田平葉)으로 나온다. 또 3인의 직업은 판결문에 각각 농업, 일용노동, 농업으로 기재되었다. 원문에 나오지 않은 피고인 1인은 농업 해금대임(海金大任, 우미가네 다이닌)[황대임黃大任] 51세이다. 김본윤덕의 본명은 2심 판결문에선 "정윤덕(鄭允德)"으로 나온다(大邱覆審法院, 「1943년 刑控 제406호 判決:金本允德 등 4인」, 1944.5.26).

227 국가기록원, 〈독립운동관련판결문〉의 '형사사건부'에 불경죄로 기소유예 판결을 받은 산촌봉순(山村鳳順)이 확인된다. 판결기관은 광주지방법원순천지청, 판결일은 1944년 11월 5일이고, 본명은 정봉순(鄭鳳順)으로 나온다.

詞)를 외우면 천신의 벌을 받을 것이므로 신속히 중지하라" 운운하며 함부로 말하였다.

암본범순은 1941년 9월경 김본윤덕의 권유로 위 유사종교에 입교하여 포교에 종사해 온 바, 같은 해 11월부터 12월 25일까지 수차례에 걸쳐 전남 광양군 옥룡면(玉龍面) 운평리(雲坪里) 자택에서 교도 수 명에게 앞에서 언급한 것과 같은 취지의 불경한 언동을 늘어놓았다.

성전평업은 1941년 9월경 김본윤덕의 권유로 위 유사종교에 입교하여 포교에 종사해 온바, 같은 해 10월부터 12월 8일까지 운평리 자택에서 수차례에 걸쳐 교도 수 명에게 앞에서 언급한 것과 같은 취지의 불경한 언동을 늘어놓았다.

산촌봉순은 1941년(昭和 16) 11월 중 김본윤덕의 포교를 받아 같은 해 12월 18일경 광양 읍내 자택에서 친어머니에게 김본이 본인은 천신이고 우리는 물론 쇼와도 자신의 자녀라고 말한 내용을 전했다.

처분결과: 1942.11.5 산촌봉순 기소유예, 그 외 3명 예심 중[228]

비고: 안녕질서에 대한 죄, 보안법 위반과 병합

청명: 전주지방법원

직업·성명·연령: 잡화상 점원 국원영휘(國原永輝, 구니하라 에이키) 17세

사실의 개요: 이 사람은 소농 출신으로 본적지(전북, 순창淳昌) 보통학교 졸업하고, 이후 1938년(昭和 13) 4월경부터 매제인 전주부 본정(本町) 잡화상 환정광웅(丸井光雄, 마루이 미쓰오) 집의 점원으로 있었다. 1941년(昭和 16) 12월 13일 자택에서 어린 시절부터 친구였던 본적지에 거주하는 손평(孫坪)에게 인사차 근황을 알리는 편지를 쓸 때, 위험한 전황 상황에서 이번에 발표한 천황의 선전포고문에 빗대어 "전략(前略), 짐은 이에 충량한 부하의 열 손가락을 신뢰하며 이에 풍전등화와 같은 상황에 대해 선전을 포고한다 운운. 어명어새"라 쓰고 봉인해서 친구에게 우송하여 도달하게 하였다.

처분결과: 1942.1.19 기소유예

---

[228] 위 판결문에 따르면 1943년 10월 11일 광주지방법원에서 곽윤덕 징역 2년, 추범순은 징역 1년 집행유예 3년, 김대악 징역 6개월 집행유예 3년의 처분을 받았다.

청명: 전주지방법원

직업·성명·연령: 이발업 종업원 남원일부(南原一夫, 미나미하라 이치오)[진기천晉基千][229] 38세

사실의 개요: 이 사람은 소농 출신으로 본적지(전북, 임실任實) 보통학교를 졸업하고, 이후 전북 임실군 임실면 대곡리(大谷里) 박세린(朴世麟)의 집에서 고용되어 이발업에 종사하며 1941년(昭和 16) 5월 이후 거주지 부락연맹이사장에 재직했던 자이다. 같은 해 12월 15일 거주지 임실신사(神祠)에서 거행되었던 조서(詔書)봉독식 및 봉고제(奉告祭), 국민대회에 그 전날 구장(區長)이 반원을 인솔해 출석해야 한다고 권했지만 참가하지 않았다. 같은 날 부락을 지나가던 마을 사람 2명이 연맹이사장인데도 불구하고 왜 오늘 행사에 참가하지 않느냐며 힐문하자, 그들에게 앞의 궁성요배 등의 국민의례와 조서봉독식(詔書捧讀式)을 지칭하며 "내 일로 바쁜데 개의 음경[230]을 핥아야 하겠냐"라고 함부로 말하였다.

처분결과: 1942.2.27 징역 6월

청명: 대구지방법원

직업·성명·연령: 대구사범학교 심상과 학생 안전병수(安田炳秀, 야스다 헤이슈)[안병수安炳秀][231] 16세

사실의 개요: 이 사람은 중류 농가 출신으로 본적지(경북, 예천醴泉) 소학교를 거쳐, 1940년(昭和 15) 대구사범학교에 입학하여 현재 2학년에 재학 중인 자이다. 일찍부터 같은 학교 4학년생이자 같은 고향 사람인 박두운(朴斗運, 사망)의 영향을 받아 민족의식을 품기에 이르러 일본인에게 반감을 품었다. 1941년(昭和 16) 12월 17일 같은 학교 기숙사 본인의 방에서 오사카마이니치신문(大阪每日新聞) 제1면에 제78회 임시의회에서 환궁할 때 천황 폐하가 타고 지휘하는 약식 자동차 행렬 사진이 박힌 것을 보고 갑자기 분노를 느껴 품

---

[229] 본명은 全州地方法院, 「1942년 刑公 제83호 判決:南原一夫」, 1942.2.27에 따른다.
[230] 원문에 "珍棒"으로 판결문에는 "珍寶"로 쓰였으며, 어느 것이나 일본어로 'ちんぼう'이며 뜻은 음경이다. 실제 대화에서 비속어가 쓰였으나 문서에선 에둘러 표현된 것으로 보인다. 이하 'ちんぼう'는 음경으로 번역했다.
[231] 본명은 국가기록원, 〈독립운동관련판결문〉의 '수형인명부', '형사사건부'에 따른다.

고 있던 죽도(竹刀) 파편의 뾰족한 끝을 화로에 집어넣어 달군 후에 위 사진의 천황 얼굴에 해당하는 부분을 크게 훼손하였다.

처분결과: 제1심 판결 1942.1.21 징역 3년, 제2심 판결 1942.3.2 제1심과 동일

청명: 해주지방법원

직업 · 성명 · 연령: 무직 고원효삼랑(高原孝三郎, 다카하라 고자부로) 20세

사실의 개요: 이 사람은 황해도 사리원(沙里院) 읍내 동부교회(東部敎會) 목사 고원준웅(高原俊雄, 다카하라 도시오)의 3남으로 어린 시절부터 북장로파 기독교를 독실하게 신봉하고 본적지(황해도, 재령) 소학교를 거쳐, 1940년(昭和 15) 황해도 황주읍(黃州邑) 소재의 사립 춘광원예학교(春光園藝學校)에 입학하였으나, 2학년 재학 중 퇴학하고 이후 무위도식 중이던 자이다. 1941년(昭和 16) 12월 18일 황주읍 신창리(新昌里)[232] 성천광평(星川光平, 호시카와 고헤이)의 집에서 신자인 그와 강본신웅(岡本信雄, 오카모토 노부오) 두 사람과 잡담하던 중, 우연히 최근 경찰 당국이 교회에서 기도 중에도 국민의례를 강요하기에 이른 상황이 언급되었다. 강본이 "미일전쟁 발발 이후 일본에서는 천황을 예수보다 상위에 두고 예수를 아래로 취급하는 모양인가?" 하고 질문하자, 강본에게 "바보 같은 소리하지 말게. 예수가 친황보다 위에 있지 않은가. 우리는 오직 예수만 믿고 있으면 되네"라고 함부로 말하였다.

처분결과: 1942.3.20 징역 8월

비고: 육 · 해군형법 위반, 안녕질서에 대한 죄와 병합

---

[232] 당시 황주읍에 없는 동리명이다. 가장 유사한 동리명으로 "신상리新上里"가 있다.

청명: 광주지방법원

직업 · 성명 · 연령: 국민학교 촉탁교원 주본정부(朱本正夫, 아카모토 마사오)[주만우朱萬尤][233] 21세

사실의 개요: 이 사람은 본적지가 전남 광주부로, 작년 3월 광주공립서중학(光州公立西中學)을 졸업하고 10월 8일부로 전남 담양군(潭陽郡) 무정면(武貞面) 무정공립국민학교 촉탁교원으로 임명받았던 자로서 일찍부터 민족의식이 농후한 자이다. 1941년(昭和 16) 12월 20일 위 학교 교내에서 6학년생 유천정(柳川貞, 야나가와 사나에) 등 수 명에게 "이로하니 별사탕, 별사탕은 달아, 단 것은 사탕, 사탕은 희지, 흰 것은 토끼, 토끼는 빨라, 빠른 것은 비행기, 비행기는 높아, 높은 것은 천황, 천황은 인간, 인간은 나"[234]를 2번 불러 들려주었다. 게다가 같은 달 31일 6학년생 창안동옥(昌安東玉, 쇼안 도고쿠) 등 5명에게 세상에서 누가 제일 위대한지 질문한 후 학생들이 천황 폐하라 답하자, "천황 폐하는 위대하지 않아, 처칠, 히틀러, 장개석이 위대하다"라고 함부로 말하였다.

처분결과: 1942.12.26 징역 1년 6월[235]

비고: 치안유지법, 보안법, 육·해군형법 위반과 병합

청명: 해주지방법원

직업 · 성명 · 연령: 농업(區長) 화림우현(華林禹鉉, 하나바야시 우켄) 51세

사실의 개요: 이 사람은 황해도 평산(平山) 출신으로, 어린 시절 한학을 배운 것 외에는 아무런 학력이 없고, 거주하는 곳의 제1 구장이자 부락연맹이사장, 애국반장 등의 공직(본건

---

[233] 본명은 光州地方法院刑事部, 「1942년 刑公合 제69호 判決:中川原助, 朱本正夫」, 1942.12.26(국가보훈처, 〈공훈전자사료관〉에서 검색. 2020.10.20). '사건의 개요'에 나오는 학생 유천정(柳川貞)과 창안동옥(昌安東玉)은 각각 "양천정(梁川貞)"과 "창안동욱(昌安東旭)"으로 나온다.

[234] "원숭이 엉덩이는 빨개, 빨간 것은 사과~"와 같은 일본어 단어연상 노래이다. 원문의 시작은 "いろはにこんぺいとう"이다. '이로하니(いろはに)'는 일본의 문자를 쉽게 외울 수 있도록 히라가나 47자를 중복하지 않고 의미 있게 배열한 '이로하' 노래의 시작 부분이다. 이 노래의 다음 부분은 '호헤토(ほへと)'인데, 단어연상 노래에선 발음이 비슷한 '콘페이토(こんぺいとう, 金平糖. 포르투갈어 'confeito'를 음차)'로 바뀌었다. 콘페이토는 별사탕으로 당시 아이들에게 인기 있는 과자였다.

[235] 위 판결문에 따르면 주만우는 불경죄와 육·해군형법 위반으로 1년 6개월의 징역형 외에도 유몽룡(劉夢龍)과 함께 치안유지법 위반으로 징역 1년을 선고받았다. 후자는 광주서중학교 독서회 무등회(無等會) 사건의 일부이다.

으로 전부 사직함)에 있었던 자이다. 1941년(昭和 16) 12월 하순경 면사무소로부터 신궁대마(神宮大麻)²³⁶ 2체(體)를 삼가 받고, 그중 1체는 거주지 평산군 마산면(馬山面) 도평리(桃坪里) 자택의 가미다나(神棚)²³⁷에 모셔두었고, 남은 1체는 1942년(昭和 17) 5월 30일에 이르기까지 바깥방 침구 선반에 잡동사니와 함께 방치하였다. 또 앞서 언급한 신궁대마(神宮大麻)를 모셔둔 가미다나에 이발용 면도기와 솔을 놓아두었다. 같은 해 5월 30일 관할 주재소 순사가 발견하고 주의를 주었음에도 불구하고 여전히 방치해 두었다.

처분결과: 1942.7.24 기소유예

청명: 해주지방법원
직업·성명·연령: 농업 신정동규(新井東奎, 아라이 도케이) 20세
사실의 개요: 이 사람은 본적지 황해도 재령군(載寧郡) 하의 중농 출신으로, 기독교 계열의 소학교를 졸업한 후 농업에 종사한 자로서 기독교(장로파)를 독실하게 믿는 자이다. 1941년(昭和 16) 12월 말경(일자 불명), 재령군 북율면(北栗面) 내종리(內宗里) 교회당 안에서 김택문웅(金澤文雄, 가나자와 후미오) 외 4명에게 "아마테라스 오미카미는 신인가 아닌가. 나는 신이란 우주 삼라만상을 창조한 예수뿐이고, 겨우 일본제국만을 만든 아마테라스 오미카미는 결코 신이 아니며, 신은 예수만이 유일하다고 믿는다"라고 함부로 말하였다.

처분결과: 1942.1.16 징역 단기 1년 장기 2년

청명: 광주지방법원
직업·성명·연령: 농업 송전치묵(松田致黙, 마쓰다 지모쿠)[문치묵文致黙]²³⁸ 26세
사실의 개요: 이 사람은 빈농(貧農) 출신으로 특별한 학력이 없는 자이다. 1942년(昭和 17)

---

236 신궁대마(神宮大麻, じんぐうたいま, おおぬさ)는 일본의 황조신(皇祖神) 아마테라스 오미카미(天照大神)를 모신 이세신궁(伊勢神宮)에서 매년 전국에 배포하는 신찰(神札), 즉 부적을 말한다.
237 가미다나(神棚)는 집이나 사무실에 신을 모셔두는 감실(龕室)이다.
238 본명은 光州地方法院刑事部, 「1942년 刑公合 제8호 判決:松田致黙」, 1942.2.19에 따른다.

1월 4일 친구 수 명과 함께 광주부 본정(本町, 혼마치)에 있는 광주극장에 가서 영화를 보던 중 영사된 지치부노미야의 왕비를 선두로 해서 다카마쓰노미야의 왕비, 미카사노미야[239]의 왕비 세 분이 함께 부상한 병사를 위문하시기 위해 육군병원으로 납시었던 사진을 보고, "맨 앞에 통과하는 사람이 내 아내다"라고 함부로 말하였다.

처분결과: 1942.2.19 징역 10월

청명: 전주지방법원
직업·성명·연령: 사립학교 교원 김산민부(金山敏夫, 가나야마 도시오)[김종국金種國] 24세, 무직 김산정일(金山正一, 가나야마 세이이치)[김종군金鍾郡][240] 24세
사실의 개요: 김산민부는 경성의 사립 동성상업학교(東星商業學校)를 졸업하고 오사카(大阪)의 사립 천주교계 신학교에 입학하였으나 질병으로 인해 중도 퇴학하고, 1941년 9월부터 전북 익산군(益山郡) 망성면(望城面) 화산리(華山里)에 있는 사립 천주교계 계명학교(啓明學校) 교원이 된 자이다. 1942년(昭和 17) 1월 4일 위 학교 교원실에서 김산정일 외 2명에게 "일본의 역사는 거짓이다. 역사에 아마테라스 오미카미가 있었다거나 다카마가하라(高天原)에 살았다고 말하지만, 그런 것은 없었다고 생각한다. 그것은 후대 역사가가 만들어 낸 것이다" 운운하며 함부로 말하였다.

김산정일은 동성상업학교를 졸업하고 다시 오사카 사립 천주교계 신학교에 입학하였으나 질병으로 중도 퇴학하고 현재 요양 중인데, 같은 곳에서 김산민부 외 2명에게 "메이지(明治) 천황은 이토 히로부미(伊藤博文)에게 고메이(孝明) 천황을 죽이게 하고 스스로 즉위한 것이다"라고 함부로 말하였다.

처분결과: 1943.1.15 각각 징역 2년
비고: 김산민부 보안법, 육·해군형법 위반과 병합, 김산정일 보안법 위반과 병합

---

239 지치부노미야(秩父宮)는 다이쇼(大正) 천황의 2남, 다카마쓰노미야(高松宮)는 3남, 미카사노미야(三笠宮)는 4남이다.
240 본명은 全州地方法院, 「1942년 刑公 제756호 判決:金山敏夫,金山正一」, 1943.1.16에 따른다. 원문의 처분일이 판결문의 날짜와 다르다.

청명: 대전지방법원

직업 · 성명 · 연령: 강경공립상업학교 학생 송원성호(松原成虎, 마쓰하라 세이코)[박욱래朴昱來]²⁴¹ 19세

사실의 개요: 이 사람은 충남 서산군(瑞山郡) 출신으로 서산군 안면(安眠)공립보통학교를 거쳐 1939년(昭和 14) 강경공립상업학교(江景公立商業學校)에 입학하여 재학 중에 본 건에 의해 퇴학처분을 받은 자이다. 올해 1월 초순경 하숙처인 강경읍내 방하경백(芳賀慶伯, 하가 게이하쿠)의 집에서 동급생인 신정정남(新井政男, 아라이 마사오)[박홍림朴興林]²⁴²에게 "[천황이] 만든 시, 가사는 심사원이 첨삭해서 좋게 만든 후 신문에 발표하는 것이므로 [원래] 결코 그렇게 잘 작성된 것은 아니다"라고 함부로 말하였다. 또 같은 달 하순경 같은 장소에서 같은 사람에게 "일본이라는 나라는 대대손손 장남이 천황이 되므로 장남이 차남보다 바보라도 틀림없이 천황의 자리에 오르는 것이다"라고 함부로 말하였다.

처분결과: 1942.8.19 징역 1년 6월 3년간 집행유예

청명: 전주지방법원

직업 · 성명 · 연령: 사립학교 교장(천주교 신부) 사원청정(砂原淸井, 스나하라 세이쇼)[김영호金永浩]²⁴³ 32세

사실의 개요: 이 사람은 27세 때 대구부에 있는 천주교회 신학교 신학과를 졸업하고 같은 해 전북 익산군(益山郡) 망성면(望城面) 화산리(華山里)에 있는 천주교회 신부와 사립 계명학교(啓明學校) 교장이 되었던 자이다. 1942년(昭和 17) 1월 초순경 자택에서 김산종욱(金山鍾郁, 가나야마 슈이쿠)에게 "메이지(明治) 천황은 이토 히로부미(伊藤博文)에게 고메이(孝明) 천황을 죽이게 하고 즉위했는데, 이토 히로부미는 어디까지나 일국의 천황을 죽이

---

241 본명은 국가기록원, 〈독립운동관련판결문〉의 '수형인명부', '형사사건부'에 따른다. '집행원부'에는 "박경래朴景來"로 표기되었다.
242 본명은 40쪽 주 8 참조.
243 본명은 全州地方法院, 「1943년 刑公 137호 判決:砂原淸井」, 1943.6.22; 大邱覆審法院, 「1943년 刑控 제197호 判決:砂原淸井」, 1943.8.12에 따른다. 그는 불경죄, 육 · 해군형법 위반으로 1심과 2심에서 '징역 3년'의 판결을 받았다.

고 지위를 얻은 사내로 실로 야심가다"라고 함부로 말하였다. 또 같은 달 25일 위 학교 교장실에서 같은 학교 교사인 달성충웅(達城忠雄, 다쓰시로 다다오)이 학교직원과 학생에게 배분해야 할 신궁대마(神宮大麻)를 가지고 오자 "또 왔네"라고 혼잣말을 하며 그것을 파기하였다.

처분결과: 공판 중

비고: 육·해군형법 위반과 병합

청명: 광주지방법원 목포지청

직업·성명·연령: 죽재상(만선일보滿鮮日報 목포지국장) 불국사관전(佛國寺觀典, 붓코쿠지 간텐) [김부력金夫力]²⁴⁴ 35세

사실의 개요: 이 사람은 농가 출신으로 본적지(전남 무안務安) 보통학교를 졸업 후 일본, 만주에 거주한 적이 있다. 1940년(昭和 15) 8월경 조선으로 돌아와 목포부 부내에서 죽재상(竹材商)에 종사 중인 자이다. 가정불화로 인해 음독자살을 시도하여 목포부 차남수의원(車南守醫院)에 입원하여 치료를 받던 중, 1942년(昭和 17) 1월 12일 같은 병원 병실에서 친구 송기옥(宋基玉) 외 2명과 잡담하던 중 신문사진첩에 게재된 황후 폐하의 사진에 대해 이 사람들에게 "황후 폐하는 아름다우셔서 결혼 전에 천황 폐하와 연애의 관계를 맺어 임신하신 결과 급히 결혼하셨다. 이왕비(李王妃) 전하도 아름다우셔서 천황 폐하와 연애 관계가 있으셨지만 어떤 연유로 이왕 전하와 결혼하시게 되었다" 운운하며 함부로 말하였다.

처분결과: 1942.4.14 징역 1년 6월

---

²⁴⁴ 본명은 국가기록원, 〈독립운동관련판결문〉의 '집행원부'에 따른다.

청명: 대전지방법원

직업·성명·연령: 공주공립고등여학교 학생(여) 신정미자자(新井美慈子, 아라이 미시코)[박순기 朴順基]²⁴⁵ 17세

사실의 개요: 이 사람은 농가 출신으로, 본적지(충남 공주읍公州邑)에 있는 사립 소학교를 거쳐 1940년(昭和 15) 공주공립고등여학교에 입학하여, 현재 위 학교 2학년에 재학 중인 자이다. 1942년(昭和 17) 10월 10일 자택에서 이동순자(伊東淳子, 이토 준코)와 이토 가즈코(伊東カズ子) 두 사람이 대본교(大本敎) 교주인 데구치 오니사부로(出口王仁三郎)의 불경한 언설에 대해 얘기하던 것을 듣고 그 일부를 곡해하고 본인의 그릇된 판단을 추가하여, 같은 달 16일 위 여학교 2학년생 교실에서 동급생 김촌청자(金村淸子, 가네무라 세이코) 외약 10명의 일본인·조선인 학생들에게 "지금 천황 폐하는 아마테라스 오미카미의 직계 자손이 아니고 방계 자손이다. 지금 천황 폐하의 재위는 일본의 멸망을 초래할 것이므로 조만간 퇴위하시고, 아마테라스 오미카미의 직계 자손이나 혹은 배우지 못한 자라고 하더라도 가까운 시일 내에 즉위하실 것이다"라고 함부로 말하였다.

처분결과: 제1심 판결 1942.6.19 징역 단기 6월 장기 2년, 제2심 판결 1942.9.18 징역 1년 3년간 집행유예

청명: 전주지방법원

직업·성명·연령: 토목 조수 영정충치(永井忠治, 나가이 주지)[진택수(晋澤秀)]²⁴⁶ 26세

사실의 개요: 이 사람은 본적지(전북, 임실任實) 보통학교를 졸업한 후 면서기, 수리조합 공수(工手) 등을 거쳐 1941년(昭和 16) 3월 이후 전라북도 토지개량과에 토목조수(土木助手)로 재직하는 자이다. 1942년(昭和 17) 1월 16일 하숙집인 전주부 대정정(大正町, 다이쇼초) 평안여관(平安旅館) 내 계산대(帳場)에서 그 집 고용인 이치구(李致求)가 바지 단추를 잠그지 않아 뜻하지 않게 음부를 노출한 것을 보고, 같은 고용인 한정기(韓正基)가 "저녁

---

²⁴⁵ 본명은 국가기록원, 〈독립운동관련판결문〉의 '집행원부', '형사사건부'에 따른다.
²⁴⁶ 본명은 全州地方法院, 「1942년 刑公 제89호 判決:永井忠治」, 1942.2.25에 따른다. 처분일이 원문과 다르다.

식사를 마쳤으니 밤 인사를 하는 거겠지" 하고 야유하자, 영정충치가 이치구의 상태가 마치 용변이 끝났다는 것과 같다는 의미로 "이것은 지금 어명어새(御名御璽: 천황의 서명 날인)를 칭하는 것이다"[247]라고 함부로 말했다.

처분결과: 1942.2.27 징역 6월

청명: 경성지방법원

직업 · 성명 · 연령: 저술가 동문인(東文仁, 히가시 후미히토)[김동인金東仁][248] 43세

사실의 개요: 이 사람은 평양 숭실중학교(崇實中學校) 중도 퇴학 후 1913년 도쿄로 건너가 사립 메이지학원(明治學院) 중학부에 입학하였으나, 1918년 퇴학 후 조선으로 돌아온 이후 역사소설 등의 저술에 종사하고 있는 자이다. 1942년(昭和 17) 1월 19일 경성부 종로 2정목에 있는 잡지 '삼천리' 사무실에서 잡담하던 중 이 잡지 편집기자인 오야마 진카(大山仁化)가 천황기관설(天皇機關說)이 무엇인지 질문하자, 천황기관설이란 법률상으로 천황의 권한은 천황 자신에게 있는 것이 아니고 천황도 국가의 기관에 지나지 않는다고 하는 것이라 설명한 후 덧붙여 "저 같은 자는 기관에 불과하다"라고 함부로 말하였다.

처분결과: 제1심 판결 1942.5.18 징역 1년, 제2심 판결 1942.7.24 징역 8월

청명: 대전지방법원

직업 · 성명 · 연령: 보험회사 외판원 오원의부(吳原義夫, 구레하라 기오)[오봉렬吳奉烈][249] 25세

사실의 개요: 이 사람은 보통학교를 졸업한 것 외에 학력이 없고, 철도국의 용인(傭人), 세탁업 등을 전전한 후 1942년(昭和 17) 1월경부터 지요다(千代田)생명보험회사 대전출장소 외판원으로 근무 중인 자이다. 일찍이 기독교를 독실하게 믿고 세례를 받아 1938년(昭

---

247 위 판결문에 따르면 '소변을 다 누었다'는 의미로 최종 결재인 '어명어새御名御璽'라 칭한 것이다.
248 본명은 京城地方法院刑事第二部, 「1942년 刑公 제244호 判決:東文仁」, 1942.5.18에 따른다.
249 본명은 국가기록원, 〈독립운동관련판결문〉의 '집행원부'와 '형사사건부'에 따른다. 오봉렬은 '만국부인기도회사건'에 증인으로 나오는데(1941.4.10), 그때 직업은 세탁업이었다. 국사편찬위원회 편, 『韓民族獨立運動史資料集 66: 萬國婦人祈禱會事件Ⅵ, 戰時期 反日言動事件』, 국사편찬위원회, 2006, 84~85쪽.

和 13) 봄 무렵부터 대전교회 집사에 취임하여 예수 외의 신은 사탄 우상이라 맹신해 온바, 1942년(昭和 17) 1월 19일 자택에서 목사 연이창재(延李彰宰, 노부리 쇼사이)에게 "대전신사(大田神社)는 우상을 모시는 것이 아니라고 하지만, 모시고 있는 신은 우상이 아니고 무엇인가" 하고 함부로 말하였다.

처분결과: 공판 중[250]

청명: 대전지방법원

직업·성명·연령: 농업 이촌응종(李村應鍾, 리무라 오슈) 61세

사실의 개요: 이 사람은 충남 홍성(洪城) 출신으로 어린 시절 한학을 배운 것 외에는 별도의 학력이 없고 농업에 종사하여 23세 무렵부터 시천교(侍天敎), 성도교(性道敎) 등 유사종교를 독실하게 믿어온 자이다. 1942년(昭和 17) 1월 21일 경성부 견지정(堅志町, 겐시초)에 있는 시천교 중앙종무소에서 간부 산하세욱(山河世旭, 야마가와 요이쿠) 외 1명에게 "1937년(昭和 12) 무렵 꿈속에 나타난 한 노인이 신인(神人)으로서 강림하셔서 조선 천년의 도읍을 열었던 단군은 (노인) 본인으로, 자신은 곧 아마테라스 오미카미임과 동시에 동학교(東學敎)의 비조(鼻祖) 최수운(崔水雲)이라는 뜻의 계시를 받았다"라고 함부로 말했다. 이외에도 1938년(昭和 13) 1월부터 1942년(昭和 17) 2월 중순쯤까지 수십 회에 걸쳐 충남 홍성군 은하면(銀河面) 장곡리(長谷里) 자택에 모시고 있는 신궁대마(神宮大麻)를 최수운의 신령한 부적이라고 칭하며 시천교와 성도교의 예배방식에 따라 최수운에게 하듯이 향을 피우고 예배하고 기도 올렸다.

처분결과: 1942.8.26 징역 1년

---

[250] 위의 '집행원부'와 '형사사건부'에 의하면 오봉렬은 1943년 6월 8일 1심(대전지방법원)에서 '무죄', 1943년 8월 13일 2심(경성복심법원)에서 '검사 공소 이유 없음' 판결을 받고 출감 처분되었다.

청명: 대전지방법원

직업·성명·연령: 사립학교 교원(여) 고산강순(高山江順, 다카야마 에준)[고강순高江順][251] 36세

사실의 개요: 이 사람은 경기도 강화군(江華郡) 출신으로 경성 진명여자고등보통학교를 졸업한 후 죽은 오빠에게 감화를 받아 기독교(천주교)를 독실하게 믿고 경성, 원산 등의 수도원에서 수도한 후, 작년 4월 이후 충북 음성군(陰城郡) 감곡면(甘谷面) 왕장리(王場里)에 있는 천주교 장호원교회 부속 사립 매괴학교(玫瑰學校[252], 프랑스인 부이용[R. Camille Bouillon] 신부 설립)의 교원으로 이 학교 여자부 6학년을 담당해 왔던 자이다. 교장 대리로 부임한 신정용길(新井龍吉, 아라이 류키치)의 황국신민 연성을 목표로 하는 교육방침에 반감을 품은 결과 1941년(昭和 16) 5월 이후 1942년(昭和 17) 2월 23일까지 수차례에 걸쳐 담당하던 여학생 19명(조선인)에게 국사 수업이나 성서 과외강의를 실시할 때 "천주는 우주 만물의 창조자지만 천황은 풀 한 포기 나무 한 그루도 만들지 못한다. 천주는 천황보다 우월한 분으로 사람은 죽은 후 천주의 심판을 받지 않으면 안 된다. 천황이라도 인간이므로 심판에서 비껴갈 수 없다. 천황 사후 신민이 그를 받들더라도 진정한 신이 될 수는 없다"라고 함부로 말하였다.

처분결과: 제1심 판결 1942.9.25 징역 1년 6월, 제2심 판결 1942.12.28 제1심과 동일, 상고심 1943.3.31 징역 1년

비고: 보안법 위반과 병합

---

[251] 본명은 大田地方法院, 「1942년 刑公 제401호 판결: 高山江順」, 1942.9.25; 京城覆審法院, 「1942년 刑形控 제441호 판결: 高山江順」, 1942.12.28; 高等法院, 「1943년 刑上 제8호 決定: 高山江順」, 1943.3.31에 따른다.
[252] 원문에는 '玫瑰(민괴)'로 나오나 '玫瑰(매괴)'로 바로잡는다.

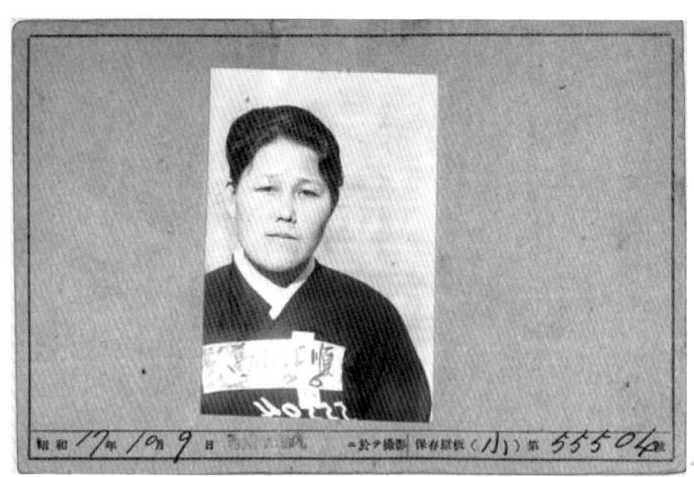

〈그림17〉 1942년 서대문형무소에 수감된 고강순의 인물카드
출처: 국사편찬위원회, 일제감시대상인물카드 (ia_0208)

청명: 함흥지방법원

직업·성명·연령: 양철공 송촌신일(松村新一, 마쓰무라 신이치) 25세

사실의 개요: 이 사람은 소학교 졸업 후 만주국, 함경도 방면을 전전하며 양철공(鋲力職)으로 종사해 왔던 자이다. 1941년(昭和 16) 1월 24일 함흥부 본정(本町) 마루야마(丸山)양철점에서 페인트 직공 강산옥성(江山玉成, 에야마 타마나리) 외 3명과 잡담 중에 강사에게 잡지〈삼천리〉에 게재된 천황 폐하의 사진을 보여주면서 "이것은 쇼와 두목이다"라고 함부로 말하였다. 또 같은 해 2월 3일 이전과 같은 장소에서 같은 사람들과 잡담 중에 신문에 게재된 황후 폐하의 사진을 보고 "이것은 천황 폐하의 안사람이다"라고 함부로 말하였다.

처분결과: 1942.2.20 기소유예

청명: 함흥지방법원

직업·성명·연령: 사설철도 차장 영정수부(英井秀夫, 하나이 히데오) 32세

사실의 개요: 이 사람은 빈농 출신으로 본적지(함남, 신흥新興)의 소학교를 졸업한 후, 1934년(昭和 9) 함남 흥남읍(興南邑)에 있는 신흥철도주식회사(新興鐵道株式會社)에 입사해 1940년(昭和 15) 이후 열차 차장으로 근무 중인 자이다. 1942년(昭和 17) 2월 5일 모

역장 송별회에 출석하여 음주한 후 집으로 돌아가던 중 서호리역(西湖里驛)에서 기관차에 승차 중이던 동료 십 수 명에게 "천황 폐하 놈은 개의 자지[253]이므로 매일 아침 우리 집에 인사하러 온다. 안 오면 (그게) 잘못된 거다. 먹기만 한다면 왕이든 뭐든 상관없다[254]"라고 함부로 말하였다.

처분결과: 1942.3.27 징역 2년

청명: 함흥지방법원

직업 · 성명 · 연령: 점원 대산문웅(大山文雄, 오야마 후미오) 30세

사실의 개요: 이 사람은 중농(中農) 출신으로 고등보통학교 2학년 퇴학 후, 1941년(昭和 16) 7월 이후 원산부 경정(京町, 교마치) 스즈키어업부(鈴木漁業部) 점원으로 근무 중인 자이다. 일찍부터 강렬한 민족의식을 품고 있었고 1942년(昭和 17) 2월 6일 밤 원산부 본정(本町) 카페 '오월(五月)'에서 동료 평야시삼(平野市三, 히라노 이치조)과 술을 마시던 중 조선인에 대한 차별대우 문제를 토론하던 끝에 그에게 "이태왕(李太王, 고종) 전하는 머리가 낡고 멍청해서 조선이 이런 꼴이 된 거야"라고 함부로 말하였다. 또 평야가 귀가한 후 마침 여급 등 수 명이 있던 객실의 긴 의자에 천장 보며 누운 채로 "나는 천황 폐하를 만나 조선인을 차별하지 않도록 부탁할 것이다. 이태왕 전하가 재(灰)가 된 것은 애석하다"라고 함부로 말하였다.

처분결과: 1942.4.4 징역 1년 6월

---

[253] 원문은 "ちんぼ"로 사전상 의미는 음경의 유아어이다.
[254] 원문(食べさえすれば王様も糞もあるものか) 그대로 직역했으나 이 부분만으로는 의미가 불분명하다. 문맥상으로는 '(식량 걱정 없이) 먹을 수 있는 상황이 된다면, 천황이 있든 없든 상관없다'는 정도의 의미로 추정된다.

청명: 부산지방법원

직업·성명·연령: 식당 고용인(야간중학교 학생) 이촌서웅(李村瑞雄, 리무라 즈이오) 18세

사실의 개요: 이 사람은 본적지 함남 정평군(定平郡)의 중농 출신으로 소학교를 졸업한 후 상급학교 입학시험에 실패하여 1940년(昭和 15) 말 도쿄(東京)로 건너가 식당 고용인으로 노동하면서 도쿄부립(東京府立) 쇼도중학교(尙道中學校, 야간중학) 3학년에 재학하며 공부 중인 자이다. 1942년(昭和 17) 2월 11일 기원절 봉축을 위해 교원에게 인솔되어 니주바시(二重橋) 앞에서 궁성 배례를 거행했는데, 같은 날 밤 하숙집인 요도바시구(淀橋區) 도쓰카마치(戶塚町) 쓰쓰이 시게루(筒井繁)의 집에서 일기를 쓸 때 "궁성은 처음인데 그렇게 엄청난 위엄은 없다. 좀 더 높은 곳에 있었다면 하고 생각했다. 무의미하다는 답답한 기분이 들었다. 쩨려보았지만 지금 생각해보면 내가 바보인가. 어디 두고 보자"라고 기록했다.

처분결과: 1942.10.13 징역 단기 1년 장기 3년

청명: 부산지방법원 마산지청

직업·성명·연령: 초등학교 학생 무본삼갑(武本三甲, 다케모토 산코) 16세

사실의 개요: 이 사람은 경남 거창군(居昌郡)의 소작농 출신으로, 거창군 남상면(南上面) 소재 남상제일공립국민학교[255] 6학년에 재학 중인 자이다. 1942년(昭和 17) 2월 14일 동교 6학년 교실에서 교사가 아동 교양 자료로 게재한 황후 폐하의 사진에 대해 "유령이 나올 것 같다"라고 함부로 말하였다. 또 미카사노미야(三笠宮) 왕비 전하가 동석한 사진 속의 왕비 전하의 사진에 대해서도 "정말 미인처럼 찍혔네. 이건 내 딸 같네. 이 녀석 찔러버려야겠다"라고 계속 함부로 말하면서 핀셋의 뾰족한 곳으로 사진의 오른쪽 눈 부분을 찔러서 훼손하였다. 이 밖에도 미카사노미야 전하의 사진에 대해 "이건 우리 아들 같네"라고 함부로 말하였다.

처분결과: 1942.6.9 징역 단기 1년 장기 2년

---

[255] 원문은 "上南面", "上南第一公立國民學校"이나 거창군에 없는 면명, 학교명이다. 가장 유사한 '남상면', '남상제일공립국민학교'로 고쳤다.

청명: 대전지방법원

직업 · 성명 · 연령: 군농회 기수(郡農會技手) 한성영정(漢城永政, 가라시로 에이세이) 25세

사실의 개요: 이 사람은 공립보통학교를 거쳐 본적지 충남 당진군(唐津郡) 면천공립농업보습학교(沔川公立農業補習學校)를 졸업하고, 1938년(昭和 13) 7월 이후 충북 단양군(丹陽郡)농회 기수로 임명받아 오늘에 이르렀던 자이다. 1942년(昭和 17) 2월 15일 단양군 가곡면(佳谷面) 사무소에서 1월 1일부 매일신보사 발행 〈사진순보(寫眞旬報)〉에 실린 황후 폐하의 사진을 보고 그 자리에 같이 있던 국민학교 훈도(訓導) 하본유영(河本有永, 고모토 유에) 등 몇 명을 돌아보며 "미인이네"라고 함부로 말하면서 해당 사진에 입술을 갖다 대었다.

처분결과: 1942.8.14 징역 1년

청명: 평양지방법원

직업 · 성명 · 연령: 진남포공립상공학교 학생 장본신일(張本信一, 하리모토 신이치) 20세

사실의 개요: 이 사람은 황해도 안악군(安岳郡) 출신으로 공립국민학교를 거쳐 1937년(昭和 12) 진남포공립상공학교(鎭南浦公立商工學校)에 입학하여 현재 5학년 재학 중인 자이다. 1942년(昭和 17) 2월 15일 진남포부 비석리(碑石里)에 있는 친형 장본중수(張本重秀, 하리모토 시게히데)의 집에서 일기를 썼는데, 천황 폐하를 친구라 하고 황후 폐하를 연인이라 기입한 뒤 지인 김천풍준(金川鳳俊, 가나가와 호쥰)에게 그것을 보여주었다.

처분결과: 제1심 판결 1942.8.21 징역 단기 1년 장기 2년, 제2심 판결 1942.9.22 제1심과 동일[256]

---

[256] 국가기록원, 〈독립운동관련판결문〉의 '집행원부'에 의하면 장본신일은 1943년 4월 27일 대구지방병원김천지청에서 '형집행정지 출감' 처분을 받았다. 그간 김천소년형무소에 수감되었던 것 같다.

청명: 신의주지방법원

직업·성명·연령: 무직 김성경섭(金城景燮, 가네시로 게이쇼) 19세

사실의 개요: 이 사람은 본적지 평북 자성군(慈城郡) 중강면(中江面) 중덕동(中德洞) 보통학교를 졸업한 후 만주국 방면에서 급사(給仕) 등으로 고용되었던 자이다. 1942년(昭和 17) 2월 16일 본적지 강본창호(岡本昌浩, 오카모토 쇼코)의 집에서 강본정종(岡本正宗, 오카모토 세이소) 외 3명에게 "이왕 전하는 멋진 황족을 부인으로 맞이하셨지만, 자녀가 생기면 조선의 독립운동을 할 우려가 있으므로 자손이 없도록 수술하셨으므로 자녀를 낳지 못하신다. 또 이태왕비의 소행이 불량했기 때문에 내란이 일어나 결국 조선은 망해버렸다. 이태왕은 바보다[257]"라고 함부로 말하였다.

처분결과: 1942.9.10 징역 단기 1년 장기 3년[258]

비고: 치안유지법 위반과 병합

청명: 경성지방법원

직업·성명·연령: 무직(걸식) 박봉화(朴鳳和) 53세[259]

사실의 개요: 이 사람은 충남 서산(瑞山) 출신으로 천도교를 신앙하고 수년 전부터 폐병을 앓아 걸식하며 각처를 배회하던 자이다. 1942년(昭和 17) 2월 17일 경기도 수원군(水原郡) 우정면(雨汀面) 화산리(花山里)에서 농업에 종사하는 산진장교(山津章敎, 야마쓰 쇼쿄)[최장교崔章敎] 집 바깥마당에서 이 사람 외 2명에게 "우리가 안락한 생활을 할 수 있는 것은 천황의 한량없는 은혜가 아니다. 이 모든 것이 천주님 덕분이다"라고 함부로 말하였다.

처분결과: 제1심 판결 1942.6.15 징역 10월 3년간 집행유예, 제2심 판결 1942.7.31 제1심과 동일

비고: 조선임시보안령 위반과 병합

---

[257] 문맥상 '이왕(李王)'은 일본 황족과 결혼 한 '영친왕', '이태왕비'는 '민비'를 가리킨다. 이태왕은 고종이다.
[258] 국가기록원, 〈독립운동관련판결문〉의 '집행원부'에 의하면 김성경섭은 1944년 4월 27일 경성지방법원 인천지청에서 '형집행정지 출감' 처분을 받았다. 그간 인천소년형무소에 수감되었던 것 같다.
[259] 박봉화의 경성지방법원 사건기록, 판결문은 217쪽 주 160 참조. '산진장교'의 본명은 사건기록에 의한다.

청명: 경성지방법원

직업·성명·연령: 농업(애국반장) 김계봉(金啓鳳) 36세

사실의 개요: 이 사람은 어린 시절 한문을 배운 것 외에 특별한 학력은 없고 강원도 회양군(淮陽郡) 내금강면(內金剛面) 상소곤리(上小坤里)에서 농업에 종사하고, 1939년(昭和 14)부터 애국반장의 직책에 있던 자이다. 1942년(昭和 17) 2월 17일 위 자택에서 관할 경찰관주재소 히라야마(平山) 순사에게 "이 부락에서는 궁성요배(宮城遙拜)는 실행하지 않고 있다. 일본인이 전쟁에 이기기 위해 하라는 것을 누가 실행하겠는가?" 하고 함부로 말하였다.

처분결과: 1942.6.22 징역 10월

비고: 육·해군형법 위반, 조선임시보안령 위반과 병합

청명: 신의주지방법원

직업·성명·연령: 운송회사 보조원 하촌성모(河村成模, 가와무라 세이보)[정성모鄭成模][260] 19세

사실의 개요: 이 사람은 본적지 평북 선천공립보통학교(宣川公立普通學校) 고등과를 졸업한 후 제련소 직공견습을 거쳐 1941년(昭和 16) 5월 이후 조선운송(朝鮮運送) 신의주지점 보조원으로 근무 중인 자이다. 1942년(昭和 17) 2월 중순경(일자는 불명), 근무처인 신의주 강안역(江岸驛) 조선운송주식회사 현장 대기소에서 이곳 고원(雇員) 옥원용하(沃原龍夏, 요쿠하라 류카) 외 1명에게 "지금 천황 폐하의 따님은 말도 못 하는 벙어리라 한다"라고 함부로 말하였다.

처분결과: 1942.6.4 징역 단기 1년 장기 3년

비고: 보안법 위반, 육군형법 위반과 병합

---

260 본명은 118쪽 주 93 참조.

청명: 부산지방법원 거창지청

직업 · 성명 · 연령: 사법서사조합 급사(給仕) 광원정의(光原正義, 미쓰하라 마사요시) 16세

사실의 개요: 이 사람은 본적지 경남 산청면(山淸面) 공립소학교를 졸업한 후 산청사법서사조합(山淸司法書士組合)의 급사로 고용된 자이다. 일찍부터 아오키 후쿠난(靑木福南, 소학교 6학년생, 당시 16세)를 좋아해서, 이 소녀에게 장난칠 목적으로 1942년(昭和 17) 2월 20일 위 조합사무소에서 관제엽서에 잉크로 음탕하게 남녀가 교접하는 모습을 묘사하고 그 옆에 "천황 폐하에게 충성"이라 기재하여 그것을 우편함에 넣고 발송하였다.

처분결과: 1942.3.24 기소유예

청명: 해주지방법원

직업 · 성명 · 연령: 농업 김전정련(金田正鍊, 가네다 세이렌) 37세

사실의 개요: 이 사람은 어린 시절 서당에서 한문을 배운 것 외에 아무런 학력이 없고 소작농으로 생활하고, 일찍부터 기독교를 신앙하며 거주지인 황해도 재령군(載寧郡) 은룡면(銀龍面) 창전리(蒼田里) 송탄교회(松灘敎會)의 영수(領袖)로서 장로를 보좌해 왔던 자이다. 1942년(昭和 17) 2월 22일 위 교회에서 탈퇴하려는 신도 파평건중(坡平建重, 하비라 겐쥬)과 평본재석(平本在錫, 히라모토 아리샤쿠)의 집에서 두 사람에게 탈퇴할 생각을 그만두어야 한다며 각자에게 "일본에서는 천황이 제일 위대할지 모르겠지만, 천황을 지배하는 천주는 더욱 위대하며, 천황은 우리에게 물질적으로 위로를 줄지는 몰라도 정신적 위로를 주실 수는 없다, 정신적 위로를 주시는 분은 천주님뿐이다"라고 함부로 말하였다.

처분결과: 1942.5.22, 징역 1년

비고: 육·해군형법 위반과 병합

청명: 해주지방법원

직업 · 성명 · 연령: 배 목수 대천천일(大川天一, 오카와 텐이치) 22세

사실의 개요: 이 사람은 황해도 수안군(遂安郡) 출신으로 본적지 보통학교를 졸업한 후 농

업에 종사했으나, 2년 전부터 평양에 와서 배 목수를 직업으로 삼고, 일찍부터 천주교를 독실하게 믿던 자이다. 1942년(昭和 17) 2월 28일 황해도 사리원역(沙里院驛) 앞 평화여관에서 기차를 기다리던 중 호객 행위를 하던 김촌윤근(金村允根, 가네무라 인콘) 외 3명에게서 천주교에서 말세 및 천주에 대해 질문받았고 그들에게 "천주는 만물의 창조자로서 인류는 원래부터 모두 그가 창조하셨으므로 세상에서 제일 위대하다, 일본의 천황 폐하보다 위대하다"라고 함부로 말하였다.

처분결과: 1942.7.24 징역 8월

비고: 안녕질서에 대한 죄와 병합

청명: 광주지방법원

직업·성명·연령: 농업(면협의원) 이천한성(利川漢成, 리카와 칸세이) 44세

사실의 개요: 이 사람은 본적지 전남 광양공립보통학교를 졸업한 후 약 9년간 김(海苔)어업조합 사무원으로 근무하고 그 후 본적지 전남 광양군(光陽郡) 옥곡면(玉谷面) 신금리(新錦里)에서 농업에 종사한 자이다. 1942년(昭和 17) 2월 28일 같은 마을 월산의륭(月山義隆, 쓰키야마 요시타카)의 집에서 구장(區長) 선원춘길(善元春吉, 요시모토 하루요시)과 잡담하던 중 이 집의 온돌 북측 정면 상부에 걸려 있는 황실 사진을 올려다보면서 황후 폐하를 손으로 가리키며 "그녀의 사진은 세상 제일 아름다운 얼굴이시니 저렇게 귀여운 남자아이가 태어난 것이다. 그러므로 세계에서 가장 좋은 ○○를 갖고 계실 것이다. 1회 ○○ 대신에 목을 걸라고 하더라도 ○○하려는 자가 있을 것이다. 나라면 가령 목숨을 걸라고 하더라도 한번 ○○하는 편이 좋다, 저 사진을 볼 때마다 ○○가 서서 곤란하니 없애 버리고 싶다"라고 함부로 말하였다.

처분결과: 1942.6.29 징역 1년 6월

청명: 부산지방법원 통영지청[261]

직업·성명·연령: 이발업(예수교교회 집사) 박응진(朴應珍) 36세

사실의 개요: 이 사람은 거주지인 경남 통영군(統營郡) 장목면(長木面) 장목리에 있는 두모교회(頭毛敎會) 집사로 일찍부터 민족의식이 농후한 자이다. 1942년(昭和 17) 2월 하순경 관할 거제경찰서 장목경찰관주재소에서 순사부장에게 "천황 폐하는 그리스도의 장남이므로 그리스도교 신자인 나는 천황 폐하에게 요배 등을 할 필요 없다"라고 함부로 말하였다.

처분결과: 1942.6.3 징역 1년

청명: 평양지방법원

직업·성명·연령: 국민학교 학생 산본준형(山本俊衡, 야마모토 도시히라) 15세

사실의 개요: 이 사람은 평남 중화(中和) 출신으로 1942년(昭和 17) 3월 중화군 풍동면(楓洞面) 풍동공립국민학교를 졸업한 자이다. 같은 달 9일 그 학교 졸업식 거행 후 동창생 덕산장범(德山長範, 도쿠야마 나가노리)이 교실에서 훔쳐 온 황대신궁(皇大神宮)[262]의 천황 사진을 보관해 줄 것을 의뢰하여 소지하다가 "이런 거로 뭐 하려는 거야"라고 함부로 말하며 찢어서, 같은 학교 농구실(農具室) 부근에 쥐구멍을 파서 쑤셔 넣었다.

처분결과: 1942.7.23 기소유예

---

[261] 박응진은 국가기록원, 〈독립운동관련판결문〉의 '형사사건부'에 의하면 1942년 5월 11일 자로 '마산지검 충무지청'에서 '마산 검사국'으로 이송이 결정된 것으로 나오는데, '형사사건부' 원문이 없어 확인할 수 없지만, 부산지방법원 마산지청에서 통영지청으로 이송된 것 같다. 당시 마산과 통영('충무'의 일제강점기 및 현재 지명)은 부산지방법원의 지청이 설치된 곳인데 근무 판사가 전자는 3인, 후자는 2인이었다. 박응진이 위반한 '불경죄'는 '조선총독부재판소령'에 의하면 3인 판사로 구성된 합의 재판을 받아야 한다(4조 3항). 따라서 박응진은 부산지방법원 통영지청 검사분국에서 조사를 받았고 재판은 마산지청에서 받은 것으로 보인다. 조선총독부 편, 『朝鮮總督府及所屬官署職員錄』 1942년판, 153쪽(국사편찬위원회, 〈한국사데이터베이스〉의 '직원록자료'에서 검색 가능); 朝鮮總督府 編, 『朝鮮法令輯覽』 上卷, 朝鮮行政學會, 1940, 3집 74쪽.

[262] 아마테라스 오미카미(天照大神)를 모신 이세신궁(伊勢神宮)의 내궁(內宮)을 말한다.

청명: 전주지방법원

직업·성명·연령: 김제군청 고원 부전상풍(富田相豊, 도미타 아이토요)[나상풍羅相豊][263] 27세

사실의 개요: 이 사람은 전북 김제군(金堤郡) 김제읍 출신으로 김제공립보통학교 보습과를 졸업한 후, 1940년 3월 이후 김제군청 고원으로 임명받은 이후 농정계(農政系)에 근무해 왔던 자이다. 1942년 3월 12일 김제신사(金堤神祠)에서 김제읍 주최로 관민합동 대동아전쟁 제2차전 승전 기원제 및 축하회에 약 2,000명의 관민이 함께 참가하여 신관이 축사를 아뢰어 올리는 동안 고의로 머리를 숙이지 않고 양손을 양복바지 주머니에 찔러 넣거나 뒷짐 지고 있다가 축사가 끝나자 바로 두 번 혀를 차고, 또 김제군수가 선전포고의 대조(大詔)를 봉독하자 고의로 앞서와 같은 행위를 하여 신궁과 천황에 대해 불경한 행위를 하였다.

처분결과: 1942.6.15 징역 10월

청명: 경성지방법원

직업·성명·연령: 금융조합이사 김무극명(金武克明, 가네타케 가쓰아키)[김승극金承極][264] 40세

사실의 개요: 이 사람은 평남 대동군(大同郡) 출신으로 경성의 사립중학교를 거쳐 1925년(大正 14) 경성법학전문학교를 졸업하고 동시에 금융조합에 봉직했으며 1936년(昭和 11) 8월 이후 강원도 양구(楊口)금융조합 이사로 근무 중인 자이다(1942년 3월 30일 의원퇴직). 어릴 적부터 기독교를 신봉하고 민족의식이 농후한 결과 일찍이 신사참배 거부 사상을 품고 있어서 1942년(昭和 17) 3월 17일 거주지역 양구의 신명신사(神明神祠)에서 관민과 학생 등 약 600명이 모여 기년제(祈年祭)를 거행할 때 이 사람도 참가하여 다마구시호텐(玉串奉奠)[265]을 행할 때 고의로 모자를 벗어 땅에 던지며 소란스러운 태도로 제단으로 뛰어 올라가 다마구시(玉串)를 던질 듯이 다마구시안(玉串案) 위에 두었으며, 마치 어린아이가 장난치는 듯한 태도로 예배하고 빠른 걸음으로 단에서 내려왔다. 이로써 신궁(神宮)에 대한

---

[263] 본명은 全州地方法院, 「1942년 刑公 제350호 判決:富田相豊」, 1942.6.15에 따른다.
[264] 본명은 이 자료집 76쪽 주 45 참조.
[265] 비쭈기나무 가지에 베 또는 종이 오리를 매단 것(玉串)을 신전에 바치는(奉奠) 의례를 말한다.

불경한 행동을 하였다.

처분결과: 제1심 판결 1942.6.29 징역 10월, 제2심 판결 1942.8.21 징역 8월

비고: 해군형법 위반과 병합

청명: 대전지방법원

직업·성명·연령: 강경공립상업학교 학생 신정정남(新井政男, 아라이 마사오)[박흥림朴興林][266] 17세

사실의 개요: 이 사람은 경기도 안성군(安城郡) 출신으로 충남 논산공립보통학교를 거쳐 1939년(昭和 14) 강경공립상업학교에 입학하여 재학 중에 본건을 일으켜 퇴학 처분을 받았던 자이다. 1942년(昭和 17) 3월 18일 이 학교 교정에서 학생 다수의 앞에서 "런던도 공습당해 전부 파괴되었는데, 도쿄도 공습받게 되면 거의 목조건축뿐이므로 전멸하게 될 것이다. 이로 인해 천황 폐하도 죽을 것이 틀림없다. 천황 폐하와 같은 자는 죽어도 어쩔 수 없다, 아니 죽어도 좋다"라고 함부로 말하였다.

처분결과: 1942.7.3 징역 단기 1년 장기 4년

비고: 육·해군형법 위반과 병합

청명: 함흥지방법원

직업·성명·연령: 사립 순다이상업학교 학생 지전승해(池田承海, 이케다 쇼카이) 22세

사실의 개요: 이 사람은 본적 함남 홍원군(洪原郡) 빈농 출신으로 보통학교 졸업 후 작년 4월 뜻을 세워 일본으로 도항하여 도쿄시(東京市) 우시고메쿠(牛込區)의 사진업자에게 고용되어 조수로 근무하는 한편 사립 순다이상업학교(駿台臺商業學校) 2학년에 다니고 있던 자이다. 1942년(昭和 17) 3월 15일과 6월 29일 두 차례에 걸쳐 본적지 거주 6촌 동생인 지전창로(池田昌輅, 이케다 쇼로)에게 자신의 소식을 전하면서 송금을 요구하는 취지의 서신을 쓰면서 본인을 지칭하는 데 "짐(朕)"이라는 문자를 사용하여, 이를 그에게 우송하였다.

처분결과: 1942.9.12 기소유예

---

[266] 본명은 이 자료집 40쪽 주 8 참조.

청명: 대전지방법원

직업·성명·연령: 무직 임성기(林星基) 47세

사실의 개요: 1942년(昭和 17) 3월 26일 충남 홍성읍(洪城邑)의 음식점인 사이토 아야(齋藤アヤ)의 집에서 이 사람 외 1명에게 "마쓰다이라(松平)의 딸을 받다니(지치부노미야秩父宮 전하를 지칭) 멍청하지(조선어로 바카馬鹿의 뜻)[267], 나도 저 사진 5, 6장 가지고 있는데, 아무리 봐도 멍청해" 하고 함부로 말하였다.

처분결과: 공판 중

청명: 전주지방법원

직업·성명·연령: 농업 김성복동(金城福童, 가네시로 후쿠도)[김복동金福童][268] 24세

사실의 개요: 이 사람은 무학 문맹으로 어릴 적부터 농업에 종사한 자이다. 1942년(昭和 17) 3월 26일 이보삼(李輔三, 경력 불명) 외 3명과 전북 김제군(金堤郡) 청하면(靑蝦面) 관상리(官上里) 주류판매업 수원주경(水原周京, 미즈하라 슈쿄)[백주경白周京] 집에 가서 술을 마시고자 하였으나, 이들은 가지고 있는 돈은 없고 술은 취한 상태였기 때문에 수원주경이 술 제공을 거부하자 이에 분개해, 김성복동과 이보삼은 수원주경 집 객실 동쪽 벽에 안치되어 있던 대마전(大麻殿)의 앞면 문짝을 무리하게 당겨 상하로 두 곳에 고정되어 있던 문짝을 떼어버린 후 신궁대마(神宮大麻)를 꺼내 표면의 포장지를 훼손하였다.

처분결과: 1942.6.12 징역 6월

비고: 이보삼은 '기소중지' 처분

---

[267] 원문상으로는 "モンソバン"이라고 표기되어 있으나, 굳이 "バカ"라고 표현하지 않은 것으로 보아 "멍청이"의 어감을 살리려 했던 것으로 추측된다.

[268] 관련 인물의 본명은 全州地方法院,「1942년 刑公 제359호 判決:金城福童」, 1942.6.12에 따른다.

청명: 평양지방법원

직업·성명·연령: 전차승무원 삼정성삼(三井聖三, 미쓰이 세조) 23세

사실의 개요: 이 사람은 본적지 평남 대동군(大同郡) 형산공립보통학교(兄山公立普通學校)를 졸업한 후 1940년(昭和 15) 이후 평양부 서선합동전기주식회사(西鮮合同電氣株式會社) 전차과의 승무원으로 근무하는 자이다. 1942년(昭和 17) 4월 9일 평양부 동대원정(東大院町, 도다이인초) 승무원 대기소에서 휴식 중이던 감독 가나자와 히데노리(金澤秀則)가 승무원 김성진혁(金城珍赫, 가네시로 진카쿠)에게 전차과장의 방침이라며 두발(頭髮)을 잘라야 한다고 종용하는 것을 듣고 "쇼와 천황도 머리를 자르지 않았는데 전차승무원에게만 자르라는 것은 너무 하지 않은가" 하고 함부로 말하였다.

처분결과: 1942.7.14 기소유예

청명: 경성지방법원

직업·성명·연령: 한문 가정교사 신정용숙(新井容肅, 아라이 요우슈쿠) 54세

사실의 개요: 이 사람은 경기도 장단(長湍) 출신으로 약 25년간 경성부 궁정정(宮井町, 미야이초) 환관 김해세욱(金海世旭, 가네우미 세이쿄쿠)[김세욱金世旭] 집에 한문교사로 출입하며 생활하면서 그의 은혜를 입은 자이다. 세욱이 양자 순민(舜敏, 순빈)과 사이가 나빠 1938년(昭和 13) 무렵부터 소송 사태에 이르러 분쟁이 계속되었는데, 그 사이 신정은 세욱에게 가담했고, 순민 편에 그의 아내와 양자 김해응창(金海應昌, 가네우미 오쇼) 등이 가담하여 서로 반목해 왔다. 신정은 올해 초 무렵부터 위 김해응창과 싸워 극도로 증오하기에 이르러 무고(誣告)하기로 결의하였다. 1942년(昭和 17) 4월 중순경과 5월 초순경 두 차례에 걸쳐 경성부 내에 있는 박용구(朴龍九) 외 1명에게 김해응창이 작년 신상제(神嘗祭)[269] 당일 자택에서 천황 폐하의 사진에 '망국의 왕'이라 쓴 적이 있으므로 이 불경한 사실이 투서 되었으면 하는 뜻으로 허구의 사실을 말하고 의뢰했다. 박용구 등이 그 취지로 경기도 경찰부 외사과 이와나가(岩永) 경부(警部)와 경성헌병대로 투서하고 밀고하기에 이르렀다.

---

269 매년 10월 17일에 행하는 일본의 궁중 행사로, 천황이 햅쌀을 이세신궁(伊勢神宮)에 바치는 제사이다.

처분결과: 1943.4.7 징역 1년 6월

비고: 무고죄와 병합

청명: 해주지방법원

직업·성명·연령: 배재중학교 학생 김광응선(金光應善, 가네미쓰 오젠) 21세

사실의 개요: 이 사람은 황해도 재령(載寧) 장로파 목사의 차남으로 태어나 지금 경성 사립 배재중학교(培材中學校) 4학년에 재학 중인데, 아버지에게 감화되어 민족의식을 품고 있으면서 또 기독교를 독실하게 믿어 신사숭경(神社崇敬)의 관념이 없는 자이다. 1942년(昭和 17) 4월 24일 야스쿠니신사(靖國神社) 임시 대제(大祭) 때 아침 일찍 학교직원과 학생들이 함께 조선신궁(朝鮮神宮)에 참배하고 같은 날 하숙집 경성부 봉래정(蓬萊町) 송원태웅(松原泰雄, 마쓰하이라 야스오)의 집에서 일지를 기입할 때 "조선신궁에 가는 것은 그다지 좋은 기분이 아니지만 어쩔 수 없이 평소보다 40분 일찍 나섰다"라고 적었다.

처분결과: 1942.8.18 기소유예

비고: 조선임시보안령 위반과 병합

청명: 경성지방법원

직업·성명·연령: 경기공립상업학교 학생 신정정부(新井正夫, 아라이 마사오)[박재화朴載和][270] 18세

사실의 개요: 이 사람은 본적지 경기도 용인군(龍仁郡)의 중류 가정에서 태어나 본적지에 있는 보통학교를 거쳐 1938년(昭和 13) 경성부 청운정(靑雲町)에 있는 경기공립상업학교(京畿公立商業學校)에 입학했던 자이다. 5학년 재학 중이던 1942년(昭和 17) 4월 29일 학교 강당에서 천장절(天長節) 축하식 종료 후 천황의 사진을 봉안전(奉安殿)에 봉안하기 위해 검도 도장에 집합해 있을 때 사진을 보며 "저런 사진에 몇 번씩이나 절해서 뭐가 될까"

---

[270] 본명은 京城覆審法院刑事第一部, 「1942년 刑控 제463호 判決: 新井正夫」, 1943.2.26에 따른다(국가보훈처, 〈공훈전자사료관〉에서 열람 가능. 검색일 2020.10.20)

하고 함부로 말하였다.

처분결과: 제1심 판결 1942.9.30 징역 단기 1년 장기 2년, 제2심 판결 1943.2.26 징역 1년 2년간 집행유예

청명: 대전지방법원

직업·성명·연령: 해산물 소매상 김전순갑(金田順甲, 가네다 쥰코) 43세

사실의 개요: 이 사람은 어린 시절 서당에서 한문을 배운 것 외에 특별한 학력이 없고 일본으로 도항하여 나고야(名古屋) 방면에서 노동에 종사한 적이 있고 그 후 농업을 하고 1940년 이후 해산물 소매상에 종사해 온 자이다. 1942년(昭和 17) 5월 1일 충남 공주읍(公州邑) 욱정(旭町, 아사히초)의 사진업 이응배(李應培)의 집에서 그 고용인 금광창수(金光昌洙, 가네미쓰 쇼슈)와 얘기하던 중 공주경찰서에 근무하는 순사 히로타 미쓰오(廣田光生)가 사복 차림으로 외설 사진 단속을 위해 방문해서 금광에게 나체사진의 유무를 묻자, 금광과 히로타 순사에게 "나는 일찍이 임금 마누라(조선어로 왕의 처를 말하며 황후 폐하를 비칭한 것)의 나체를 촬영한 사진을 본 적이 있다"라고 함부로 말하였다.

처분결과: 1942.6.24 징역 8월

청명: 대전지방법원

직업·성명·연령: 조선회사 공원(工員) 국본말길(國本末吉, 구니모토 스에기치) 26세

사실의 개요: 이 사람은 정규 교육을 받은 적 없이 어릴 적부터 농업과 수공업에 종사하였고 1939년(昭和 14) 4월 나가사키시(長崎市)로 도항해 중국음식점 주방장을 거쳐 조선소 공원(工員)으로 종사하던 중 아내를 데리고 가기 위해 일시 조선에 돌아왔다. 1942년(昭和 17) 5월 상순경 충북 청주(淸州) 읍내와 그 외 한 곳에서 평산장균(平山張均, 히라야마 조킨) 외 수 명에게 "내가 근무하는 회사의 사장은 지금 천황 폐하의 사촌의 여동생이신 분을 부인으로 맞이한 상태이다[271]"라고 함부로 말하였다.

---

[271] 일반적으로 천황의 사촌 여동생과 혼인할 정도의 '신분'은 화족 상당의 높은 계급이어야 함을 고려하면, 위 사항은

처분결과: 1943.1.27 기소유예

청명: 평양지방법원

직업·성명·연령: 노동 이전계림(李田桂林, 리타 게이린) 57세, 무직 이전득영(李田得永, 리타 도쿠에이) 52세, 농업 포산영극(浦山永極, 우라야마 에이고쿠) 77세, 농업 원전신(原田信, 하라다 신) 55세, 농업 송성정보(松盛廷保, 마쓰모리 데이호) 27세, 농업 송산명조(松山明潮, 마쓰야마 메이초) 34세, 농업 김촌영희(金村榮熙, 가네무라 에이키) 24세, 농업 안본형묵(安本亨默, 야스모토 교모쿠) 47세

사실의 개요: 이전계림은 1942년(昭和 17) 5월 초순경 자택에서 이전득영에게 "들은 바로는 저번에 미국 비행기가 도쿄에 날아와 폭탄을 떨어뜨려서 쇼와 천황이 맞아 죽었다고 한다"라고 함부로 말하였다.

이전득영은 같은 달 16일 포산영극 집에서 그에게, 포산영극은 같은 달 20일 자택에서 원전신 등에게, 원전신은 같은 달 22일 자택에서 송성정보 등에게, 송성정보는 같은 날 송산명조의 집에서 그에게, 송산명조는 같은 달 23일 김촌영희 집에서 그에게, 김촌영희는 같은 날 안본형묵의 집에서 그에게, 안본형묵은 같은 달 25일 강천희태(康川熙泰, 야스가와 기타이)에게 각각 앞과 같은 취지로 함부로 말하였다.

처분결과: 1943.4.9 각각 징역 1년

비고: 육·해군형법 위반과 병합

청명: 경성지방법원

직업·성명·연령: 배재중학교 학생 송평동필(松平東弼, 마쓰다이라 도스케) 15세

사실의 개요: 이 사람은 강원도 홍천(洪川) 출신으로 경성부 방산공립소학교(芳山公立小學校)를 나와 1942년(昭和 17) 4월 경성 사립 배재중학교(培材中學校)에 입학해 현재 1학년

'허위'성이 강해 처벌 대상이 된 것으로 보인다.

재학 중(본 건으로 퇴학처분을 받음)인 자이다. 1942년(昭和 17) 5월 11일 학교 교실에서 급우들과 함께 징병제도에 관해 잡담하던 중 신도광웅(新島光雄, 니지마 미쓰오) 외 58명의 동급생에게 "나는 징병 될 때는 비행사가 되어 적진으로 가서 폭격하고 돌아올 때는 궁성(宮城)에 폭탄을 떨어뜨릴 거야" 하고 함부로 말하였다.
처분결과: 1942.8.10 기소유예

청명: 전주지방법원
직업·성명·연령: 농업 김부용근(金富容根, 가네토미 요우콘) 37세
사실의 개요: 이 사람은 본적지 사립보통학교 졸업 후 면서기로 봉직했고, 1938년(昭和 13) 이후 자작농으로 생활을 영위하고 있는 자이다. 1942년(昭和 17) 5월 16일 거주 마을인 전북 장수군(長水郡) 산서면(山西面) 사상리(社上里) 김흥곤(金興坤)의 집에서 마을 사람 김포기힐(金浦畿詰, 가네우라 기키쓰) 외 4명과 잡담하던 중 김포 등에게 "지금 폐하는 '머시마'(남자의 멸칭) 2명과 '가시네'(여자의 멸칭) 4명이 있는데, 쓸모없는 '가시네'를 많이도 낳으셨네"라고 함부로 말하였다.
처분결과: 1942.8.5 징역 6월

청명: 광주지방법원
직업·성명·연령: 농업 양천판암(梁川判岩, 야나가와 한간)[양해봉梁海峰, 양길선梁吉先][272] 37세
사실의 개요: 이 사람은 공립보통학교 부설 학술강습소를 졸업 후 거주 마을인 전남 담양군(潭陽郡) 창평면(昌平面) 일산리(一山里)에서 농업에 종사하고 있는 자이다. 친척에 해당하는 거주지역 구장(區長) 고전한호(高田漢浩, 다카다 칸고)[신한호申漢浩] 및 그의 친동생 고전정호(高田貞浩, 다카다 데이코)[신정호申貞浩]가 물자배급에 관해 하등의 우선적 배급은 하지 않고 다른 사람과 평등하게 취급하는 것에 분개하여 이들이 형사처분을 받게 할 목

---

272 양해봉 등 관련 인물의 본명은 光州地方法院刑事部, 「1942년 刑公合 제41호 判決:梁川判岩」, 1942.7.25에 따른다.

적으로 1942년 5월 19일 거주하는 자택에서 위 두 사람의 명의를 도용해서 "한일 양국이 불화(不和)하는 것은 쇼와(지금의 폐하)의 죄이므로 이것을 양지(諒知)해 주기 바란다"라는 취지의 내용을 먹(墨)으로 써서 관할 담양경찰서 앞으로 우송하여 도달하게 하였다.

처분결과: 1942.7.27 징역 10월

비고: 사문서위조행사, 무고죄와 동시 처분

청명: 평양지방법원

직업·성명·연령: 사립전문학교 학생 선우원일(鮮于源一, 센우 겐이치) 26세

사실의 개요: 이 사람은 평양부 출신으로 평양사범학교(平壤師範學校) 졸업 후 평남 용강군(龍岡郡) 오신(吾新)공립보통학교 훈도(訓導)가 되었는데, 1941년(昭和 16) 3월 사직하고, 같은 해 4월 평양부에 있는 사립 대동(大同)공업전문학교 채광(採鑛) 야금과(冶金科)에 입학해 현재에 이르렀다. 1942년(昭和 17) 5월 23일 학교 교실에서 동급생 쓰카하라 산지(塚原三次, 일본인)가 그 전날 일어났던 동급생 고가 미노루(古賀實)와 파다야신삼(波多野信三, 하타노 신조)[273] 사이의 일본인-조선인 학생 대립분쟁사건에 관해 동급생 모두를 훈계할 목적으로 교단에 올라가 모두에게 '차렷' 하고 구령한 후 '군인칙유'의 한 구절을 봉독하자 "그만둬, 칙유가 뭐야, 내려와" 등을 외쳤다.

처분결과: 1942.8.14 징역 1년

청명: 함흥지방법원

직업·성명·연령: 기독교회 전도인 송천찬영(松川燦永, 마쓰가와 산에이) 43세

사실의 개요: 이 사람은 함남 영흥(永興) 출신으로 사립학술강습소에서 국민학교 4학년 정도의 교육을 받았고 20세 무렵부터 기독교를 믿어 그 후 원산부 및 경성부의 기독교 계통

---

[273] 문맥상 古賀實와 波多野信三 중 1인은 조선인인 것 같다. 일단 후자를 조선인으로 간주하여 예에 따라 이름을 표기했다.

학원에서 기독교에 관한 과목을 이수하고 1940년(昭和 15) 5월 이후 전도사가 되었다. 기독교를 맹신하면서 일찍부터 농후하게 민족의식을 품고 있었던 결과, 1942년(昭和 17) 5월 24일 거주지역 교회 예배당에서 대산이진(大山二律, 오야마 니리츠) 외 수 명에게 "아담과 하와는 우리 인간의 선조로 각국의 왕과 대통령도, 일본의 천황도 모두 이 아담의 자손이다. 신은 천지를 만드시고 그 구역을 정해 신이 창조한 인간에게 명해 만물을 다스리게 하셨다. 각국의 왕과 대통령, 일본에서는 천황이 국가를 통치하는 것도 모두 신이 주신 주권에 의해 통치하는 것이다. 아마테라스 오미카미는 일본의 국신(國神)으로 숭배되고 있는데, 기독교 관점에서 보면 역시 신(神) 여호와가 만들어 주신 인간에 불과하다"라고 함부로 말하였다.

처분결과: 공판 중

비고: 육·해군형법 위반과 병합[274]

청명: 부산지방법원 진주지청

직업·성명·연령: 음식점 영업 송본창오(松本昌五, 마쓰모토 쇼고) 53세

사실의 개요: 이 사람은 경남 하동군(河東郡) 출신으로, 아내의 명의로 음식점을 경영하면서 무면허인 채로 의업(醫業) 유사행위를 하며 하동군 내를 여기저기 배회하는 자이다. 1942년(昭和 17) 5월 26일과 6월 3일 두 번에 걸쳐 김성수신(金城守信, 가네시로 모리노부) 등에게 천황에 대한 불경한 언사를 하였다.

처분결과: 1942.8.26 징역 2년

비고: 육군형법 위반, 사기, 사기미수와 병합[275]

청명: 신의주지방법원

직업·성명·연령: 토공(土工) 양원봉섭(楊原鳳燮, 야나기하라 호쇼) 56세

---

[274] 본 자료집 248쪽 참조.
[275] 본 자료집 285쪽 참조.

사실의 개요: 1942년(昭和 17) 5월 29일 평북 맹중리(孟中里)역 부근의 제니타카구미(錢高組) 경의선 복선(復線) 공사장에서 김원경즙(金原京楫, 가네하라 교슈) 외 2명에게 "이완용이 일본에서 자산가의 아들 아무개(某)를 데리고 와서 조선왕비(이왕 척坧[276]의 비전하를 삼가 일컫는 것으로 해석됨)의 병을 치유해 주겠다고 말하며 중국으로 데려가 그 왕비와 정을 나누었다"라고 함부로 말하였다.

처분결과: 예심 중

비고: 보안법, 조선임시보안령 위반, 안녕질서에 대한 죄와 병합[277]

청명: 평양지방법원

직업·성명·연령: 농업 당안용호(棠岸龍浩, 도기시 류코) 55세, 농업 김성수학(金城壽學, 가네시로 쥬가쿠) 48세, 농업 산천운학(山川雲鶴, 야마가와 운가쿠) 22세

사실의 개요: 모두가 어린 시절부터 농업에 종사하여 온 자이다. 당안용호는 1942년(昭和 17) 5월 하순 평남 평원군(平原郡) 숙천면(肅川面) 면내 도로에서 김성수학에게 "이번에 미국 비행기가 도쿄를 공습해 궁성(宮城)이 심하게 파괴되었고, 쇼와 천황이 즉사했다고 한다" 운운하며 함부로 말하였다. 김성수학은 같은 해 6월 3일 평원군 동송면(東松面) 운용리(雲龍里)에서 산천운학 외 1명에게 들어 알고 있는 사항과 관련해 앞의 취지와 같은 말을 했고, 산천운학은 같은 해 8월 23일경 순천군(順天郡) 북창면(北倉面) 용하리(龍下里)에서 김산영조(金山永造, 가나야마 에이조) 외 1명에게 들어서 알고 있는 것과 관련된 앞의 취지와 같은 말을 함부로 했다.

처분결과: 1943.4.7 각각 징역 1년

비고: 육·해군형법 위반과 병합

---

[276] 순종(純宗)을 말한다.
[277] 본 자료집 67쪽 참조.

청명: 청진지방법원

직업·성명·연령: 정회(町會) 사무원 송효근실(松孝根實, 마쓰다카 곤시쓰)[이근실李根實] 26세, 잡화상 점원 청산태용(淸山台容, 기요야마 다이요)[鄭台容][278] 20세

사실의 개요: 송효근실은 청진부 출신으로 공립보통학교를 거쳐 청진공립상업보습학교를 졸업한 후 점원으로 일했고, 1942년(昭和 17) 2월 이후 청진부 신암정(新岩町, 신이와초) 제3정회(町會) 사무소 서기로 봉직했다. 일찍부터 민족의식을 품고 있었는데, 1942년(昭和 17) 6월 16일 밤 청진부 공회당에서 개최된 총력연맹주최 징병제도 실시 청년웅변대회를 방청하던 중 변사(辯士) 향월신삼(香月信三, 가쓰키 신조)이 천황에게 귀일(歸一)해 받드는 것만으로써 황국신민이 된 자의 책무를 다할 수 있다는 취지의 연설을 하자, 양발을 앞으로 쭉 내밀고 오른쪽 팔꿈치를 들어 상체를 오른쪽으로 비스듬하게 하는 등 불손한 태도를 계속 취했고 [연설] 전후로 4번에 걸쳐 작은 소리로 "천황 따윈 소용없다"라고 함부로 말하였다. 청산대용은 경기도 개풍(開豊) 출신으로 본적지 공립보통학교 졸업 후 청진부 신암정 잡화상 점원으로 고용되었는데, 일찍부터 민족의식을 품고 있었다. 송효와 같이 앞서 기술한 웅변대회를 방청하던 중 향월신삼의 연설에 대해 작은 소리로 "뭔 소리를 하는 거야"라고 함부로 말하였다.

처분결과: 1942.9.26 송효근실 징역 2년, 청산태용 징역 단기 6월 장기 2년

청명: 부산지방법원 마산지청

직업·성명·연령: 과일행상 겸 일일노동 신정정하(新井政夏, 아라이 세이카) 31세

사실의 개요: 이 사람은 충북 영동(永同) 출신으로 전혀 교육을 받지 못한 사람이다. 1942년(昭和 17) 6월 22일 밤 거주하는 경남 밀양읍(密陽邑) 읍내 한 동네에서 소속 애국반장 송전대웅(松田大雄, 마쓰다 다이오)이 부녀자 8명을 지휘하며 방공훈련을 실시하고 있었는데, 신정의 아내도 당시 두 살이었던 차남을 등에 업고 방공훈련에 참여하고 있는 것

---

[278] 본명은 淸津地方法院,「1942년 刑公 제28호 判決:松孝根實, 淸山台容」, 1942.9.26(晉州刑務所長 → 朝鮮總督,『假出獄執行濟ノ件報告』, 1944.6.19에 寫本 수록)에 따른다.

을 보고 불쾌한 생각이 들었다. 이에 신정이 송전대웅에게 한두 살짜리 아이가 있는 부녀자를 훈련에 참가시키는 것에 대해 비난 힐문하니, 송전이 "뭐가 나쁜가? 이것도 천황 폐하의 명령이다"라고 대답하자, "국가도 음경도 천황 폐하도 소용없다, 모두 해치워버려, 이놈의 목덜미를 잡아당겨 뽑아버리자"라고 함부로 말하였다.

처분결과: 제1심 판결 1942.9.9 징역 1년, 제2심 판결 1942.12.6 징역 8월

청명: 대전지방법원

직업·성명·연령: 무직 김성명남(金城明南, 가네시로 메이난)[김명남金明南][279] 16세

사실의 개요: 이 사람은 전남 영암(靈巖) 출신으로 공립보통학교를 졸업한 후 고물상을 경영하는 친아버지 집에서 무위도식하던 중 1941년(昭和 16) 4월 친아버지와 사이가 나빠져 말없이 집을 나와 친어머니의 매제인 충남 천안읍(天安邑) 대화정(大和町, 다이와초) 김본길정(金本吉正, 가네모토 요시마사)의 집에서 기거하게 되었다. 1942년(昭和 17) 6월 30일 우연히 읍내 영정(榮町, 사카에초)공립국민학교 교정을 산책하던 중 이 학교의 훈도(訓導) 오쓰카 다이라(大塚平)[280]에게서 질책받고 나가라 명령받은 것에 유한(遺恨)을 느끼고 그 훈도에게 복수할 목적으로 그날 밤 학교 교정으로 가서 대마봉사전(大麻奉祀殿)의 울타리 정문의 나무로 만든 문빗장을 철거하고 옥상의 가쓰오기(鰹木)[281] 한 그루를 벗겨내고 내던졌다. 그 외에도 봉사전(奉祀殿) 정면의 목제 여닫이문 열쇠를 부수고 개폐 여닫이문의 상단 안쪽 부분의 정면에 모셔둔 대마(大麻) 바로 앞에 안치해 두었던 신경(神鏡)을 꺼내 그것을 자갈 위에 던져 버렸다. 게다가 봉사전(奉祀殿)의 북쪽에 나란히 건립되어 있던 천황의 사진을 모셔둔 봉안전(奉安殿)으로 가서 대마봉사전(大麻奉祀殿)에서 뜯어서 가지고 갔던 문빗장으로 봉안전 정면의 철제 여닫이문을 난타(亂打)하였다.

처분결과: 1942.9.16 징역 단기 1년 장기 4년

---

279 본명은 국가기록원, 〈독립운동관련 판결문〉의 '수형인명부'에 따른다.
280 大塚平은 국사편찬위원회, 〈직원록자료〉에 의하면 창씨개명이 실시되기 전인 1937년부터 동일 씨명으로 충청남도 소재 보통학교, 소학교에 재직한 것으로 나온다. 따라서 일본인으로 간주했다.
281 신사(神社)나 궁전의 마룻대 위에 하는 장식으로 마룻대와 직각 방향으로 늘어놓은 통나무를 칭한다.

청명: 경성지방법원

직업·성명·연령: 농업 평산기성(平山基成, 히라야마 기조)[신기성 申基成][282] 52세

사실의 개요: 이 사람은 강원도 회양군(淮陽郡) 출신으로 어린 시절 한문을 배운 이후 본적지에서 농업에 종사해 온 자로, 열 살 무렵부터 천주교를 믿고 1939년(昭和 14) 이후 회양군 사동면(泗洞面)에 있는 천주성교 회장직을 맡고 있었다. 1942년(昭和 17) 7월 15일 사동면 능동리(菱洞里) 자택에 찾아온 주재소 순사 향산정의(香山正毅, 가야마 마사타케)에게 "경찰이나 천주교 본부의 명령으로 신사에 참배는 하고 있지만, 신사에 모셔진 아마테라스 오미카미는 죽었다. 인간이기 때문에 가짜 신에 불과하고, 내가 믿는 천주님은 우주 만물을 지배하는 가장 존엄한 신인데, 천황은 우리의 생활에서만 상위에 있는 분이므로 도덕적으로는 천주님이 최고이고 천황은 그다음에 위치한다"라고 함부로 말하였다.

처분결과: 제1심 판결 1942.12.2 징역 6월, 제2심 판결 1943.1.19 제1심과 동일

청명: 해주지방법원

직업·성명·연령: 직공 김증(金烝) 21세

사실의 개요: 이 사람은 본적지 경성부의 빈농 가정에서 태어나 보통학교 3학년 중퇴 후 경성 사립 문창학원(文彰學院)에 다닌 적이 있으며, 1941년(昭和 16) 12월 이후 평남 진남포(鎭南浦)에 있는 이연(理研)금속주식회사 알루미늄공장의 직공으로 일하고 있는 자이다. 1942년(昭和 17) 7월 30일 친구인 황해도 금천군(金川郡) 서천면(西泉面) 시변리(市邊里) 충본흥운(忠本興雲, 다다모토 고운)의 집에서 그와 잡담하던 중 "윤치호(尹致昊)는 위대한 인물로, 만약 서양에서 태어났다면 대통령이 되었을 것이고, 일본에서 태어났더라면 천황 폐하와 같은 위대한 사람이 되었을 것이다"라고 함부로 말하였다.

처분결과: 1942.9.25 징역 1년

---

[282] 본명은 京城覆審法院刑事第一部, 「1942년 刑控 제551호 判決:平山基成」, 1943.1.19에 따른다. 신기성에 관한 경성지방법원 사건기록이 국사편찬위원회에 보관되어 있다. 국사편찬위원회 편, 『일제강점기 경성지방법원 형사사건기록 해제』, 국사편찬위원회, 2009, 101~103쪽.

비고: 육군형법 위반과 병합[283]

청명: 광주지방법원

직업·성명·연령: 전남산업부 농무과 고원(雇員) 옥강황(玉岡晃, 다마오카 히카루) 26세

사실의 개요: 매제인 최수열(崔壽悅)이 형사처분을 받게 할 목적으로 1942년(昭和 17) 8월 12일 자택에서 최수열이

1. 황후 폐하의 음부도 [내가] 돈이 있으므로 취할 수 있다

2. 천황 폐하도 내 돈으로 살아가고 있다

3. 나는 천황 폐하의 아이가 아니라 최선진(崔善鎭)의 자녀이다

4. 천황 폐하는 나의 소사(小使, 심부름꾼)이다

라고 함부로 말하였고, 또

5. 폐하의 사진을 찢어 코를 풀었다.

이러한 사실이 있다는 취지의 허위 사실을 날조하여 기재한 투서를 광주헌병분대장에게 발송하였다.

처분결과: 공판 중

비고: 무고와 병합

청명: 평양지방법원

직업·성명·연령: 예수교 전도부인 최덕지(崔德支) 43세, 예수교 전도부인 광전명복(廣田明復, 히로타 메이후쿠) 32세, 예수교 전도부인 무전학숙(武田學淑, 무라타 가쿠슈쿠) 29세

사실의 개요: 이 사람들은 여호와 신이 천지만물을 창조하고 천지만물을 지배 통치하는 최고이자 유일하고 절대적인 전지전능한 신이라고 하는 반면, 다른 신은 모두 가짜 신 혹은 우상이라는 독단적인 판단을 내렸다. 외람되게도 아마테라스 오미카미를 비롯한 모시

---

[283] 본 자료집 71쪽 참조.

고 있는 역대 천황과 뭇 신들은 여호와 신의 피조물인 아담과 이브의 자손으로 필경 불완전한 인간에 불과하고, 이른바 신사(神社)란 황태신궁(皇太神宮)을 비롯해 모두 분영(分靈)을 모시는 곳으로 천황가의 시조인 아마테라스 오미카미를 제사지내는 것도 이에 기반하지만 우상에게 제사를 지내는 것이며, 또 지금 천황을 현인신(現人神)으로 숭배하는 것 등도 우상숭배로, 여호와 신의 계명에 반(反)하는 것이라며 전적으로 이를 부정하였다. 게다가 역대 천황은 여호와 신으로부터 통치권을 부여받아 우리나라를 통치하도록 명령받은 것이라고 한다면 신의 뜻에 따라 그것을 박탈하는 것 역시 가능하므로 우리나라의 존망과 관련된다고 해도 여호와 신의 뜻대로 해야 한다고 하는 불경(不敬)스러운 신관(神觀)을 갖고, 1941년(昭和 16) 12월 18일부터 1942년(昭和 17) 8월 23일까지 부산부, 통영읍(統營邑), 기타 지역에서 일본의 국체를 바꾸고 신의 뜻에 부합하는 지상천국 건설을 위해 활동한 모양이다. 그리고 신궁(神宮)을 비롯한 신사는 모두 우상을 섬기는 것이므로 이에 대한 참배를 절대 배격해야 한다는 뜻을 역설하거나 혹은 불경 불온한 기도를 하였다.

처분결과: 예심 중

비고: 치안유지법 위반과 병합

정명: 광주지방법원 목포지청

직업·성명·연령: 잡화상 점원 공전병택(共田丙澤, 도모다 헤이사와)[황점택黃點澤][284] 18세

사실의 개요: 이 사람은 본적이 전남 영암군(靈巖郡)으로 어린 시절 5년간 개량서당(改良書堂)에서 배워 국어를 습득하고, 1940년(昭和 15) 이후 영암군 영암면 동무리(東武里) 잡화상 미야케 하치주로쿠(三宅八十六) 집의 점원으로 고용되었다. 1942년(昭和 17) 4월 거주 지역의 청년훈련소 주사(主事)의 종용에 의해 영암면 용흥리(龍興里) 부락회관을 회장(會場)으로 삼아 국어강습회를 개최하고 자진해서 강사가 되어 매일 밤 부락민에게 국어를 가르쳐 왔는데, 부락 구장 겸 연맹이사장 복곡계래(福谷啓來, 후쿠타니 게이라이)가 이것에 반대할 뿐만 아니라 부락 노인들도 이 사람의 노력을 무시하는 경향을 보이자, 이에 분개해 복

---

[284] 본명은 국가기록원, 〈독립운동관련판결문〉의 '수형인명부'에 의거한다.

곡계래 등에게 책임을 전가해 울분을 해소하고자 도모하였다. 1942년(昭和 17) 8월 26일 밤 용흥리 부락회관 온돌방 벽에 걸려 있던 천황 폐하, 황후 폐하, 황태자 전하가 같이 찍힌 사진에 갖고 있던 작은 칼로 각자의 존안(尊顔)에 '×'자 모양으로 훼손을 가했다.

처분결과: 1942.11.30 징역 단기 1년 장기 2년

청명: 경성지방법원
직업·성명·연령: 강원도 원주군 소초면 기수(技手) 서원재덕(西原在悳, 니시하라 아리토쿠) 31세
사실의 개요: 이 사람은 본적이 강원도 원주군(原州郡)으로, 국민학교 졸업 후 원주군농회(農會) 지도원, 면 촉탁 등을 거쳐, 1941년(昭和 16) 4월 원주군 소초면(所草面) 기수로 임명받았다. 1942년(昭和 17) 9월 4일 소초면 장양리(長陽里) 주류 판매업 김촌동호(金村東鎬, 가네무라 도고)의 집에서 주재소 순사 미쓰이 미치루(三井滿) 외 3명과 식사 중에 미쓰이 순사가 안방 벽에 궁성(宮城) 니주바시(二重橋) 그림이 중앙에, 그 좌우로 조선 기생이 음악을 연주하고 흥겹게 노는(奏樂幽興) 상황이 그려진 그림이 걸려 있는 것을 보고, 주인인 김촌 부부에게 좌우의 그림은 부적당하므로 떼야 할 것이라며 주의를 주자, "천황 폐하도 저런 곳에서 나오신 거예요"라고 함부로 말하였다.

처분결과: 1942.11.16 기소유예

청명: 대전지방법원
직업·성명·연령: 무직 안본주학(安本柱鶴, 야스모토 주가쿠) 60세
사실의 개요: 이 사람은 충남 공주군(公州郡) 출신으로 어린 시절 9년간 한문서당에서 배운 적이 있고, 이후 농업, 한약 행상, 한문 사숙 교사 등을 해 왔는데, 처자식과 사별함에 따라 약 2년 전부터 충남 방면을 전전 배회하며 방랑해 오고 있었다. 1942년(昭和 17) 9월 13일 충남 서산군(瑞山郡) 정미면(貞美面) 여미리(餘美里) 이가민중(李家敏中, 리카 빈쥬)의 집에서 이가원중(李家元中, 리카 겐쥬) 외 1명에게 "이토 히로부미는 메이지 천황의 아버지에게 서양문명의 모방을 장려했으나 거절되었기 때문에 자진해서 메이지 천황의 아버지를 살

해한 후 메이지 천황을 동반해 도쿄로 가서 정치를 한 결과 일본이 지금처럼 번영하게 되었다. 메이지 천황은 정치상으로 어쩔 수 없이 그 친부를 살해한 이토 히로부미와 상담해야 할 경우에는 군신(君臣) 관계임에도 불구하고 두 사람의 대담(對談) 석상에 칸막이를 마련하여 얼굴을 마주하지 않고 대담을 하였다. 또한 이토 히로부미를 하얼빈에서 암살한 안중근을 사람들은 삼국의 충신이라고 칭한다. 즉, 안중근은 메이지 천황의 아버지를 살해한 대역 범인인 이토 히로부미를 암살했기 때문에 일본의 충신이라 칭해지고, 일한병합의 공로자로 칭해지는 이토 히로부미를 암살했으므로 조선의 충신이라 칭해지며, 또 만주병합을 기획하여 그곳을 시찰 중이던 이토 히로부미를 암살했기 때문에 만주를 일본에 병합시키지 않고 현재와 같이 독립국가로 되게 했으므로 만주의 충신이다" 운운하며 함부로 말하였다.

처분결과: 1943.2.17 징역 8월

청명: 평양지방법원

직업 · 성명 · 연령: 무직(여) 이천정명(利川貞月, 리카와 데이메이) 68세

사실의 개요: 이 사람은 무학문맹으로 1936년(昭和 11) 무렵부터 기독교를 믿었고 기독교를 절대 유일한 종교라고 맹신해 왔다. 1942년(昭和 17) 9월 26일 평남 강서군(江西郡) 적송년(赤松面) 석삼리(石三里)[285] 송산관주(松山觀周, 마쓰야마 간슈)의 집에서 적송면주재소에 근무하는 순사 기요시마 시게루(清島茂) 외 1명에게 "천황 폐하가 위대하다고 말하지만 예수보다는 위대하지 않다"라고 함부로 말하였다.

처분결과: 1943.1.29 기소유예

---

[285] 원문은 "仁西郡 赤松面 不三里"이나, 인서군과 불삼리는 평안남도에 없는 행정구역명이다. 각각 적송면이 속한 강서군, 적송면에 속한 석삼리로 바꾸었다.

청명: 평양지방법원

직업·성명·연령: 모필 행상 겸 농업 김원섭(金元燮) 53세

사실의 개요: 이 사람은 극빈한 가정에서 나고 자라 농업 일을 하면서 모필(毛筆) 행상(行商)에 종사했는데, 4년 전 무렵 기독교에 입신하여 세례를 받고 그리스도를 절대 유일한 신으로 맹신해 왔다. 1942년(昭和 17) 8월 조선에서 발생한 수해(水害) 때 황공하옵게도 내탕금과 하사품을 삼가 받는 영광을 입었고, 1942년(昭和 17) 9월 27일 그 전달식에 참가하여 수재민 대표로 답사를 얘기할 때, "하사품을 받게 되었는데 이것은 첫째는 천주님의 은덕이고, 둘째는 천황의 은덕이며, 셋째는 총독 이하 각 관공서 관리의 은덕입니다" 운운하며 함부로 말하였다.

처분결과: 1942.12.30 기소유예

청명: 부산지방법원

직업·성명·연령: 미싱공 서원상도(西原相道, 니시하라 소도) 41세

사실의 개요: 이 사람은 사립학교 졸업 후 농업에 종사해 왔는데, 1935년(昭和 10) 겨울 무렵 노동을 목적으로 부산으로 가서 당시 부산부 내 학림(鶴林)피복공장에서 미싱공으로 일하던 중, 1942년(昭和 17) 10월 중순경 장남이 때마침 병명을 알 수 없는 열병에 걸려 노심초사하고 있었는데, 치유되기를 열망한 나머지 장남의 병은 집 변소의 방향이 나쁜 결과라 망령되이 판단했다. 예전에 이런 경우 하늘의 명령이라고 기재된 종잇조각을 변소에 붙이면 병마가 퇴치된다는 고로(古老)의 얘기가 떠올라, 우리나라에서는 천황 폐하가 절대불가침의 지상지고하신 대군(大君)이시므로 천황명령이라 기재하고 붙이면 된다고 생각해, 같은 달 24, 25일경 한지(朝鮮紙)에 "천황명령"이라 기재하고 집 변소의 정면과 바깥쪽 상부 벽에 붙였다.

처분결과: 1943.3.15 기소유예

청명: 광주지방법원

직업·성명·연령: 철도국 서기(역장) 송본광홍(松本光弘, 마쓰모토 미쓰히로)[이수용李守用][286] 45세

사실의 개요: 이 사람은 보통학교와 용산철도종업원양성소를 졸업한 후, 철도국 고원(雇員)으로 임명받아 역 조역(助役) 등을 거쳐 철도국 서기로 임관하여 득량(得粮)역장으로 옮겨 지금에 이르렀다. 1942년(昭和 17) 10월 19일 득량신사(神祠)의 추계예제(秋季例祭)에 참가하여 신주(神酒)를 주고받던 중, 사소한 술주정이 계기가 되어, "총독이라도 애국반상회에 출석하면 일개 반원(班圓)이고, 천황이라도 양위하면 보통사람이다"라는 취지로 함부로 말하였다.

처분결과: 1943.2.13 징역 6월 2년간 집행유예

청명: 전주지방법원

직업·성명·연령: 전주사범학교 학생 대원효삼(大原孝三, 오하라 고조) 16세

사실의 개요: 이 사람은 전주사범학교(全州師範學校) 1학년에 재학 중인 자이다. 본인의 대담함을 과시하고자 하는 한때의 어린 마음에서 1942년(昭和 17) 10월 날짜는 불명, 이 학교 기숙사 청명료(淸明寮) 제2실에서 본인의 수첩 종이 1장에 여러 사람의 만화를 그렸는데, 그중 한복에 갓을 쓴 조선인의 모습을 만화로 그렸고, 그림 속에 "이 군(李君, 이왕 전하를 지칭), 이제 조선을 한번 통일해 주세요"라고 기재하고 그것을 같은 방의 산가순웅(山佳淳雄, 야마요시 준오)에게 보여 주었다.

처분결과: 1943.2.19 기소유예

---

[286] 본명은 光州地方法院木浦支廳,「1943년 刑公合 제1호 判決:松本光弘」, 1943.2.13에 따른다.

청명: 대전지방법원

직업·성명·연령: 제화업 평본도치(平本道治, 히라모토 미치하루)[문도치文道治][287] 23세

사실의 개요: 이 사람은 보통학교를 졸업 후 친모를 따라 일본으로 도항해 오사카시(大阪市)에 있는 사립 흥국상업학교(興國商業學校), 일본대학 오사카전문학교를 졸업하고 조선으로 돌아와 대전부에서 제화업을 경영하면서 추가로 도자기 상점을 운영할 계획을 하던 자로, 일찍부터 농후한 민족의식을 품고 있었다. 1942년(昭和 17) 11월 7일 대전부 내 요정(料亭)에서 양전대경(梁田大耕, 야나다 다이코) 외 1명과 회식하던 중, 술 추가 제공을 거절당한 것이 계기가 되어 말싸움이 났고, 접대부 여종업원으로부터 경찰관이 가게에 와 있으니 정숙해 달라는 주의를 받자, 이들 면전에서 "경찰관이면 뭐 [어때서], 천황 폐하면 뭐 [어때서]"라고 함부로 말했다. 1942년(昭和 17) 11월 18일 같은 장소에서 양전대경 외 5명과 회식 중에 이들에게 "이 세상에서 천황 폐하와 경찰이 없으면 좋겠다"라고 함부로 말하였다.

처분결과: 1943.3.1 징역 10월

청명: 해주지방법원

직업·성명·연령: 농업 원산명석(元山明錫, 모토야마 메이샤쿠)[원명석元明錫][288] 18세

사실의 개요: 이 사람은 황해도 신천군(信川郡) 출신으로 가난한 농가에서 태어나 사립 농민학원(農民學院) 4학년을 졸업하고 이후 농업에 종사해 온 자이다. 1939년(昭和 14) 8월경 하합상준(河合尙俊, 가와이 나오토시)에게서 "일본이 문명국이 된 것은 이토 히로부미가 서양의 문명을 시찰하고 돌아와 메이지 천황의 부친에게 일본도 문명국으로 나아가야 한다고 진언했는데, 메이지 천황의 부친은 완고하고 우매하셔서 수용하지 않았으므로, 이토 히로부미는 메이지 천황에게 그 뜻을 아뢴 후 메이지 천황과 함께 도모하여 메이지 천황의 부친을 살해하고 정치를 행했기 때문에 현재와 같은 문명국이 되었다고 한다"라는 얘기를 듣고 믿고 있었다. 그런데 마침 1942년(昭和 17) 11월 20일 신천경찰서에서 실시된 1943년

---

[287] 본명은 국가기록원, 〈독립운동관련판결문〉의 '수형인명부'에 의거한다.
[288] 본명은 平壤覆審法院刑事部, 「1943年 刑公 제75호 判決:元山明錫」, 1943.3.9(慶北安東少年刑務支所長 → 朝鮮總督, 「假出獄執行濟ノ件報告」, 1944.7.13에 寫本 수록)에 의한다.

도 조선육군특별지원병 제1회 전형 시험에서 일본사 시험문제로 "메이지 천황은 어떤 일을 하셨는지 아는 대로 쓰시오"에 대해, "메이지 천황은 이토 히로부미와 함께 부친을 살해하고 어린 시절부터 천황이 되어서 외국과 전쟁해 승전을 거두었다. 운운"으로 기재한 답안을 담당관에게 제출하였다.

처분결과: 제1심 판결 1943.1.22 징역 1년 4년간 집행유예, 제2심 판결 1943.3.9 징역 단기 1년 장기 3년

청명: 부산지방법원
직업 · 성명 · 연령: 염건어물류 소매상 김림상수(金林尙秀, 가네바야시 나오히데) 19세
사실의 개요: 이 사람은 보통학교를 졸업한 후 사천군(泗川郡) 사천면에 있는 공설시장에서 소금에 절인 건어물류 소매상을 경영하는 자이다. 1942년(昭和 17) 12월 1일 친구 3명이 쥐잡이 덫으로 포획해 온 쥐를 작대기로 찌르고 있는 것을 보고 "천황 폐하 만세"라고 외쳤다.
처분결과: 1942.12.21 기소유예

청명: 경성지방법원
직업 · 성명 · 연령: 농업 평촌영학(平村永學, 히라무라 에이가쿠) 37세
사실의 개요: 이 사람은 보통학교 5학년을 중도 퇴학하고 농업에 종사해 왔는데, 17세 때 천주교에 입신하였다. 천주교를 믿지 않으면 우리나라의 천황 폐하라 하더라도 돌아가시게 되면 지옥에 떨어진다는 불령(不逞)스러운 종교관을 품고 있었다. 1942년(昭和 17) 12월 2일 학봉(鶴鳳)주재소에 근무하는 순사 가라사와 엔소(唐澤演相) 외 1명에게 "인간은 현세에서 아무리 선한 일을 하더라도 천주교를 믿지 않으면 원죄에 의해 지옥에 떨어지게 되어 있는 법으로 우리나라 천황 폐하라 해도 천주교를 믿지 않으면 지옥에 떨어질 것이다"라는 취지로 함부로 말하였다.
처분결과: 1943.2.26 기소유예

청명: 함흥지방법원

직업 · 성명 · 연령: 잡화상 홍택종근(洪澤鍾根, 고타쿠 쇼콘) 30세

사실의 개요: 1942년(昭和 17) 12월 9일 강원도 통천(通川)경찰서 학일(鶴一)경찰관주재소에서 기독교도 지도교화를 위한 좌담회를 개최했을 때 해당 주재소에 근무하는 순사 미치히로 오지(道廣雄二) 외 5명에게 "천황 역시 여호와의 지배를 받는 자이므로 우리는 먼저 첫째로 여호와 신을 숭배하고 감사하고, 둘째로 숭배하고 감사해야 할 존재가 천황이다"라는 취지로 함부로 말하였다.

처분결과: 공판 중

청명: 부산지방법원 밀양지청

직업 · 성명 · 연령: 잡화상 광촌조웅(廣村照雄, 히로무라 데루오) 20세

사실의 개요: 이 사람은 경남 밀양(密陽) 출신으로 사립학교를 졸업한 후 다시 1942년(昭和 17) 3월 부산공립직업학교 광산과를 졸업하고 거주하던 면에서 임시 고원(雇員)을 거쳐 밀양읍내 산업조합 임시고원이 되었다가 1943년(昭和 18) 1월 31일 퇴직했던 자이다. 1942년(昭和 17) 6월경부터 육군사관학교 입학을 지망하여 수험준비를 위해 열심히 공부해 오던 중, 자신을 격려하고 합격을 기원하는 좌우명을 만들고자 한 나머지 1943년(昭和 18) 1월 1일 자택에서 불경스러운 문구로 거짓으로 꿈꾼 사실을 기재하여 본인의 서재 벽에 붙였다.

처분결과: 1943.3.29 기소유예

청명: 함흥지방법원

직업 · 성명 · 연령: 회사원 평소성복(平沼星福, 히라누마 세이후쿠) 23세

사실의 개요: 이 사람은 중류의 가정에서 태어나 소학교 졸업 후 함흥부 내 북선(北鮮)교통주식회사의 급사(給仕)로 고용되어 지금 그 회사 흥상(興上)정류장 대기소 사무원으로 근무 중이다. 1943년(昭和 18) 1월 8일 흥상(興上)국민학교 교정에서 열렸던 대동아전쟁 일

주년기념 시간(時艱)극복국위선양대회에 참가했는데, 함주군(咸州郡) 군수가 메이지 천황으로부터 하사받은 교육에 관한 칙어를 봉독했는데, 이때 머리를 숙이지 않고 콧물을 닦고 침을 뱉는 등의 행동을 하였다.

처분결과: 1943.2.25 기소유예

청명: 함흥지방법원
직업·성명·연령: 경성쇼와공과학교 학생 안원도관(安原道寬, 야스하라 미치히로) 19세
사실의 개요: 이 사람은 경성사립 쇼와공과학교(昭和工科學校) 광산과 야간부 1학년에 재학 중인 자이다. 휴가로 귀성 중이던 1943년(昭和 18) 1월 8일 함흥군 흥상국민학교 교정에서 열린 대동아전쟁 일주년 기념식전에 참가했는데, 마침 그 자리에 있었던 함남 도지사 세토 미치카즈(瀨戶道一)가 서보장(瑞寶章) 약수(略綬)[289] 외 4개의 기념장, 기장(記章)의 약수 등을 패용하고 있는 것을 보자, 옆에 있던 친구 이산홍항(李山弘恒, 리야마 히로쓰네)에게 조선어로 "저게 훈장이야, 딱 개 목걸이 모양인데"라고 함부로 말하였다.

처분결과: 1943.2.26 기소유예

청명: 대전지방법원
직업·성명·연령: 전공(電工) 송본재영(松本在永, 마쓰모토 아리에이)[심유택沈裕澤][290] 23세
사실의 개요: 이 사람은 보통학교 졸업 후 대전부 전기기술원양성소를 수료하고 경성전기회사 영등포변전소에 전공(電工)으로 고용된 자이다. 일찍부터 농후한 민족주의 사상을 품고 있었는데, 1943년(昭和 18) 1월 21일 충남 부여군(扶餘郡) 남면(南面) 송암리(松岩里) 음식점 목산승원(牧山承元, 마키야마 쇼젠)의 집에서 남면 주재소 수석 순사 와타나베 사다

---

[289] 원문에는 "略授"로 표기되어 있지만, "略綬"의 오기(誤記)로 추정된다. 약수(略綬)란 훈장이나 기장들을 받은 수여자가 달지 않을 때 수장(受章) 이력을 나타내기 위해 약식으로 수(綬, 리본, 띠)를 붙이는 형태를 칭한다.
[290] 본명은 국가기록원, 〈독립운동관련판결문〉의 '수형인명부'에 의거한다. 이에 따르면 그는 대전지방법원에서 1943년 5월 4일 불경죄로 징역 10개월을 선고받았다.

오(渡邊貞雄, 일본인) 외 1명에게 "조선인은 제16대 천황 이후의 천황(제15대 천황 이전의 천황을 잘못 말한 것임)은 무시한다" 운운하며 함부로 말하였다.

처분결과: 공판

청명: 부산지방법원

직업 · 성명 · 연령: 직공 고도삼룡(高島三龍, 다카시마 산류) 19세

사실의 개요: 이 사람은 경남 동래(東萊) 출신으로 간이(簡易)학교를 졸업한 후 1941년(昭和 16) 4월부터 부산부 가야리(伽耶里)에 있는 조선전기제강(朝鮮電氣製鋼)주식회사에 전기 용접공으로 고용된 자이다. '어제(御製)'라는 자구는 천황의 작가(作歌) 이외에는 사용해서는 안 되는 것을 알면서도 1943년(昭和 18) 1월 25일 김해군(金海郡) 대저면(大渚面) 대지리(大池里)[에 사는] 부친인 고도명수(明守)의 집에서 갖고 있던 수첩에 "바라보고 바라보네 내 마음인가, 눈동자에 비치는 기다리는 마음의 외로움이 어떠한가, 오호라 슬프고 애잔한 마음은 흐르는 물 같구나"라는 노래 가사를 적고, 그 말미에 "다가지간(多可志間)[291] 어제(御製)"라고 기록했다. 추가로 같은 해 2월 중 부산부 가야리 숙박처에서 통신문을 적을 때 "황(皇)이신 귀하에게"라는 자구(字句)를 사용하여 받는 사람을 천황 폐하로 오해하게 하고, 그중 한 통을 친구인 부산부 전포리(田浦里) 김본인석(金本仁錫, 가네모토 진샤쿠)에게 도착하게 했다.

처분결과: 1943.4.5 기소유예

청명: 평양지방법원

직업 · 성명 · 연령: 무직 중평번웅(中平繁雄, 나카다이라 시게오) 25세

사실의 개요: 이 사람은 평남 중화(中和) 출신으로 보통학교를 졸업한 후 평양사범학교(平

---

[291] "多可志間"를 일본어 음으로 읽으면 "다카시마"에 해당한다. 본인이 창씨한 성(姓)을 다르게 표현하면서 본인이 지었음을 나타낸 것으로 추정된다.

壤師範學校)에 입학했지만 1936년(昭和 11) 3월 신경쇠약으로 퇴학하고, 1937년 말경 병이 완전히 낫자 친형이 경영하는 건축업을 도우면서 지금에 이르렀다. 일찍부터 일반적으로 조선인들은 창씨(創氏)를 했음에도 불구하고 이왕 전하가 창씨하지 않으신 것은 내선일체를 생각하지 않은 것이다. 따라서 전하를 왕족으로 존경할 필요는 없다는 관념을 품고, 결국 전하를 왕족으로서 예우하고 숭배하는 말을 하지 않으려 했다. 1943년(昭和 18) 2월 7일 "이왕 전하와 공족(公族)은 신(新)일본국방을 위해 신속히 신적(臣籍)에 들어가야 할 것"이라는 서면을 도쿄 교육총감부 이왕(李王) 은(垠) 전하 앞으로 우송하였고, 또한 같은 달 11일 같은 취지의 서면을 궁내대신(宮內大臣) 앞으로 우송하였다.

처분결과: 공소(控訴) 신청 중

비고: 제1심 판결 1943.4.14 징역 1년 3년간 집행유예

청명: 함흥지방법원

직업·성명·연령: 무직 상곡종하(上谷宗夏, 가미타니 소카) 64세

사실의 개요: 이 사람은 함남 정평(定平) 출신으로 어린 시절 수년간 한문을 학습한 것 외에 특별한 학력이 없는 자로, 지금부터 사십 수년 전 기독교 세례를 받은 이후 독실한 신자가 되어 정평교회의 장로를 거쳐 회령(會寧)교회 장로가 되어, 오로지 기독교 전도 임무를 맡아 왔다. 1943년(昭和 18) 2월 9일 원산(元山)을 출발해 고산(高山)으로 가는 열차 속에서 승객 수명에게 기독교 교의를 설명할 때 "현재 쌀값이 1두에 20엔 이상이고 생활필수품이 배급제도가 되어 인민의 삶이 힘들어진 것은 모두 국민이 여호와 신을 믿지 않기 때문이다, 여호와는 우주 최고의 권위자로 천황이라고 해도 신의 뜻을 받아들여 살아가야 하며 국가의 법률도 여호와가 천황에게 명해 만든 것이다" 운운하며 함부로 말하였다.

처분결과: 공판 중

비고: 조선임시보안령 위반과 병합

청명: 전주지방법원

직업·성명·연령: 무직(여) 공본복순(孔本福順, 구모토 후쿠준)[공복순孔福順][292] 29세

사실의 개요: 이 사람은 무학문맹으로 강본봉명(岡本峰明, 오카모토 호메이)[강기중姜基仲]의 첩으로 무위도식해 온 자이다. 1943년(昭和 18) 2월 9일 남원(南原)경찰서 연무장(演武場)에서 개최된 남원읍내 지도자 계급 부인의 식량대책간담회에 출석하여 희망 의견을 개진할 때 위 경찰서 서장 야마모토 세이치(山本正一)[293]에게 "쇼와[천황]가 먹으면 우리도 먹을 것이고, 쇼와가 입으면 우리도 입게 될 것이므로 이 점은 불안하지 않다" 운운하며 함부로 말하였다.

처분결과: 1943.4.7 징역 10월

청명: 대전지방법원

직업·성명·연령: 고인(雇人) 청원기순(淸原起淳, 기요하라 기준) 51세

사실의 개요: 이 사람은 충남 서산(瑞山) 출신으로 무학문맹인 자이다. 1943년(昭和 18) 2월 18일 먼 친척인 충남 서산군(瑞山郡) 부석면(浮石面) 갈마리(渴馬里) 청원운용(淸原云用, 기요하라 운요)의 집에서 이 사람과 일본 군인에 관해 담화하던 중, 이 사람과 마침 그 자리에 있던 유한보(柳漢甫) 외 2명에게 "조선은 예부터 이씨나 김씨가 왕위에 올라서 실패했는데, 일본인 군주의 자리는 대단하다. 쇼와 천황이나 그 자녀가 바보라도 군주가 되고, 일은 대신이 하고, 전쟁은 군대가 한다. 군주의 자리는 대대로 계승되어 만대 변함이 없으니 일본의 군주 자리는 대단한 것이다"라고 함부로 말하였다.

처분결과: 공판 중

---

[292] 관련 인물의 본명은 全州地方法院, 「1943년 刑公 제253호 判決:孔本福順」, 1943.4.9에 따른다.

[293] 山本正一은 국사편찬위원회, 〈한국사데이터베이스_직원록자료〉에 의하면 창씨개명이 실시되기 전인 1933년부터 경찰서에 재직한 것으로 나온다. 따라서 일본인으로 간주했다.

청명: 광주지방법원

직업 · 성명 · 연령: 면협의원 평야기주(平野基住, 히라노 기주) 53세

사실의 개요: 이 사람은 전남 담양(潭陽) 출신으로 어린 시절 10년간 한문을 배우고 1917년(大正 6) 11월부터 1932년 5월까지 면서기로 봉직했고, 이후 농업에 종사해 1935년(昭和 10) 5월 이후 면협의원(面協議員) 직책을 맡은 자이다. 1941년(昭和 16) 6월 중 미곡 공출 시 할당된 백미 1가마니의 공출을 아까워하여 부패한 쌀을 공출한 혐의가 있어, 그 취조를 위해 그 무렵 이틀간 담양경찰서에 구속되었었다. 그는 이 상황이 김본봉빈(金本奉彬, 가네모토 호빈)의 신고에 의한 것으로 추측하고 원한을 품게 되었고, 기회를 살피던 중, 김본이 벼 4가마니를 반출(搬出)한 것을 마치 그가 암거래하려 한 것인 양 사실을 날조하여 형사처분을 받게 할 목적으로 1943년(昭和 18) 2월 23일 자택에서 종이에 [김본이] "(앞 내용 생략) 작년은 심각한 가뭄으로 인해 인민의 생활이 안정되지 못했는데, 올해 역시 작년 이상의 가뭄이다. 이것은 국운(國運)이 좋지 못하고 쇼와 천황의 황운(皇運)이 부족하기 때문이다"라고 선전하고 있다는 취지로 기재한 서면(書面)을 담양 경찰서장에게 보냈다.

처분결과: 공판 중

비고: 무고와 병합

청명: 부산지방법원

직업 · 성명 · 연령: 여관업 김림정학(金林正鶴, 가네바야시 마사쓰루) 54세

사실의 개요: 이 사람은 부산 출신으로 어린 시절 7년간 한문을 배운 것 외에 다른 학력은 없는 자이다. 마침 지구절(地久節)[294]에 해당하는 1943년(昭和 18) 3월 6일, 자택 여관의 계산대(帳場) 겸 객실에서 술을 마시고 있던 송포유웅(松浦猷雄, 마쓰우라 유오) 외 3명의 면전에서 부근 민가의 집 밖에 펄럭이는 국기를 보면서 "아아, 쇼와의 신께서 태어나신 날이니까 국기가 달려 있네"라며 혼잣말을 했다.

처분결과: 1943.4.22 기소유예

---

294 일본 황후 탄생일의 옛 명칭이다.

* 집계
(본 집계는 미제사건을 제외하고 계산하였음)

1) 유언비어(造言飛語)

(1) 죄명별 처분결과(인원)[295]

×는 형 집행유예자, ◎는 다른 죄(유언비어 이외의 죄)와 병합·처벌된 자. 양측 모두 합계에 포함.

관내별	죄명	체형體刑(징역·금고)				벌금형				기소유예	합계
		6월 미만	1년 미만	1년 이상	계	50엔 미만	100엔 미만	100엔 이상	계		
경성	안녕질서에 대한 죄		3 ×1 ◎2		3 ×1 ◎2			6	6	2	11 ×1 ◎2
	군형법 위반	3	15 ◎5	9 ◎3	27 ◎8					3	30 ◎8
	조선임시보안령 위반	2	8 ×2	1	11 ×2		1	9	10		21 ×2
대전	안녕질서에 대한 죄										
	군형법 위반	1 ◎1	11 ×4 ◎1	4 ◎1	16 ×4 ◎3					4 ◎1	20 ×4 ◎4
	조선임시보안령 위반	4 ×1	6 ×1	2 ×1	12 ×3	5	5		10	2	24 ×3
함흥	안녕질서에 대한 죄							1	1		1
	군형법 위반	10 ×2 ◎5	15 ×2 ◎2	4	29 ×4 ◎7	1			1	6	36 ×4 ◎7
	조선임시보안령 위반	7 ×2	16 ×4		23 ×6	1	13	8	22	6	51 ×6

---

[295] 표에서 * 표시한 수치는 각 세부 항의 합계와 제시된 전체 합계가 일치하지 않는 경우다. 세부 항목과 전체 합계 중 어느 쪽이 오류인지 확정하지 못해 그대로 두었다. 다만 '조선임시보안령'의 벌금형 '100엔 미만'의 각 세부 항목 합계는 '62'가 아니라 '64'이고, 신의주지방법원의 '조선임시보안령' 위반 세부 합계(벌금형 '100엔 미만'은 없음)는 '15'가 아니라 '17'이다. 이를 모두 반영한다면 전체 합계는 '609'가 아니라 '613'이 된다.

지역	죄명										합계
청진	안녕질서에 대한 죄							1	1		1
	군형법 위반	10 ×1	4 ◎3	4 ◎3	18 ×1 ◎6					1	19 ×1 ◎6
	조선임시보안령 위반	2	1		3	2		2	2		7
평양	안녕질서에 대한 죄										
	군형법 위반	1	10 ◎1	11 ◎9	22 ◎10						22 ◎10
	조선임시보안령 위반		3 ×1	4	7 ×1		2	8	10	6	23 ×1
신의주	안녕질서에 대한 죄	1 ◎1	3 ◎1		4 ◎2			27	27	21	52 ◎2
	군형법 위반	2	2 ×1	6 ◎6	10 ×1 ◎6					3	13 ×1 ◎6
	조선임시보안령 위반	1	1		2	3		3	6	9	15*
해주	안녕질서에 대한 죄	3 ×3	1 ◎1	1	5 ×3 ◎1			1	1	5	11 ×3 ◎1
	군형법 위반	9 ×2	8 ×1 ◎3	7 ×2 ◎1	24 ×5 ◎4			1	1	2	27 ×5 ◎4
	조선임시보안령 위반	9 ×2	2	1	12 ×2	14	24	23	61	11	84 ×2
대구	안녕질서에 대한 죄		1 ◎1		1 ◎1			1	1		2 ◎1
	군형법 위반	4	9 ×4	2 ◎3	15 ×4 ◎3						15 ×4 ◎3
	조선임시보안령 위반	3 ×1 ◎1	7		10 ×1 ◎1	1	4	5	10	2	22 ×1 ◎1
부산	안녕질서에 대한 죄	1	1 ◎1		2 ◎1					1	3 ◎1
	군형법 위반	1	5 ×2 ◎2	3	9 ×2 ◎2					2	11 ×2 ◎2
	조선임시보안령 위반	1 ×1	10		11 ×1	1	12	8	21	15	47 ×1
광주	안녕질서에 대한 죄									1	1
	군형법 위반	2 ×1	2 ◎1		4 ×1 ◎1					2	6 ×1 ◎1
	조선임시보안령 위반		1 ◎1		1 ◎1					1	2 ◎1

		소년 (20세 이하)	청년 (30세 이하)	장년 (40세 이하)	계		고년 (50세 이하)	노년 (51세 이상)	계
전주	안녕질서에 대한 죄		3 ×1		3 ×1	1		1	4 ×1
	군형법 위반	1	8 ◎2	4 ◎3	13 ◎5			1	14 ◎5
	조선임시보안령 위반	2	2 ◎1		4 ◎1	1	1	5	7	3	14 ◎1
계	안녕질서에 대한 죄	5 ×3 ◎1	12 ×2 ◎6	1	18 ×5 ◎7		1	37	38	30	86 ×5 ◎7
	군형법 위반	44 ×6 ◎1	89 ×14 ◎22*	54 ×2 ◎29*	187 ×22 ◎52*	1	1	2	24 *	213 ×22 ◎52*
	조선임시보안령 위반	31 ×7 ◎1	57 ×8 ◎2	8 ×1	96 ×16 ◎3	21	62*	74	157*	57	310* ×16 ◎3
합계		80 ×16 ◎3	158 ×24 ◎31	63 ×3 ◎31	301 ×43 ◎65	21	64*	112	197*	111 ◎1	609* ×43 ◎66

(2) 직업·연령·남녀별 인원[296]

×는 형 집행유예자, ◎는 다른 죄(유언비어 이외의 죄)와 병합·처벌된 자. 양측 모두 합계에 포함.

직업별＼연령별	소년 (20세 이하)	청년 (30세 이하)	장년 (40세 이하)	고년 (50세 이하)	노년 (51세 이상)	계
농업	19 ×2	41 ×1	34 ×2	48 ×5	48 ×10	190 ×20
상업	2	18	20 ×2	19 ×2	13 ×1	72 ×5
공업		11	5	1		17
광업	1	5	3		1	10
군농회 기수		3	1			4
무직	10 ×5	19 ×8	12 ×6	13 ×8	18 ×8	72 ×35

---

296 표에서 * 표시한 수치는 각 세부 항의 합계와 제시된 전체 합계가 일치하지 않는 경우다. 세부 항목의 합계를 반영하면(각각 140, 104, 105) 전체 합계는 '603'이 된다.

노동	2 × 1	12 × 3	17 × 2	10	11	52 × 6
직인	1	11 × 1	13	6	5	36 × 1
용인(傭人)	6 × 1	12 × 1	3 × 1		3	24 × 3
이발업	1 × 1	1	1	2		5 × 1
우마차부		2	5			7
학생	21 × 2	7				28 × 2
직공	4	13	3 × 1			20 × 1
병원 사무원	1					1
회사원	1	3	7		1	12
면서기		3	1	1		5
전도사		1		1		2
선원		1	4			5
교사		6	1	1	1	9
여관 영업	1	1		1	2	5
의사			1	1	1	3
점원	4	3	4			11
운수업			1			1
신직(神職)			1			1
무신입			1			1
군·면 고원	1	3	2			6
우편국원	1	1				2
사진업			1			1
금융조합 이사			1			1
신문지 국장			1			1
사법서사					1	1
승려				1	1	2
철도국원		1	1			2
계	76 × 12	178 × 14	144* × 14	105* × 15	106* × 19	609* × 74

2) 불경죄

(1) 처분결과(인원)

◎는 다른 죄와 병합·처벌된 자, ×는 형 집행유예자. 양측 모두 합계에 포함.

관내별	체형(體刑)				기소유예	합계
	6월 미만	1년 미만	1년 이상	계		
경성		4 ◎ 2 × 1	3 ◎ 1 × 1	7 ◎ 3 × 2	3	10 ◎ 3 × 2
대전		4 × 1	6 ◎ 2 × 1	10 ◎ 2 × 2	1	11 ◎ 2 × 2
함흥				2	2	4	6
청진				2	2		2
평양			13 ◎ 8	13 ◎ 8	4	17 ◎ 8
신의주			2 ◎ 1	2 ◎ 1		2 ◎ 1
해주		2 ◎ 1	4 ◎ 2	6 ◎ 3	2 ◎ 1	8 ◎ 4
대구			1	1		1
부산		1	4 ◎ 1	5 ◎ 1	6 ◎ 1	11 ◎ 2
광주		3 ◎ 1 × 1	4	7 ◎ 1 × 1	1	8 ◎ 1 × 1
전주		6	2	8	2	10
합계		20 ◎ 4 × 3	43 ◎ 15 × 2	63 ◎ 19 × 5	23 ◎ 2	86 ◎ 21 × 5

(2) 직업·연령·남녀별 인원[297]

×인은 여자로, 합계 내에 포함.

직업별＼연령별	소년 (20세 이하)	청년 (30세 이하)	장년 (40세 이하)	고년 (50세 이하)	노년 (51세 이상)	계
무직	4	2 × 1	2 × 2	1 × 1	4 × 2	13 × 3[6]
점원	4	1				5
용인(傭人)	2		1			3
학생	11 × 1	3				14 × 1
교사		1	2 × 1		1	4 [1]
농업	2	5	5	4	7	23
노동					1	1
상업	1	2	2	1	2	8
회사원		1				1
직인	1	3	1		1	6
철도 차장		2				2
면 기수			1			1
농회 기수		?				2
철도국 서기				1		1
군(郡) 고원		1				1
금융조합 이사			1			1
합계	25 × 1	23 × 1	15 × 3	8 × 1	15 × 2	86 × 8

---

[297] 표에서 '[ ]' 표시한 수치는 바로잡은 수치이다.

* 부록

불온언론 단속에 관한 형벌 규정

(본 권에 게재한 사건과 관계된 규정만을 등재하였다.)

법령명	형벌조항(罰條)	구성 요건	형벌	비고
형법	제105조의 2 제1항	인심을 혹란(惑亂)하게 하는 것을 목적으로 허위 사실을 유포한 자	5년 이하의 징역 혹은 금고, 또는 5,000엔 이하의 벌금	1941년(昭和 16) 3월 11일[343] 법률 제61호로 형법 개정(1941년 3월 20일부터 시행)
	제105조의 2 제2항	은행 예금의 대규모 인출이나 기타 경제상의 혼란을 유발할 것을 목적으로 허위의 사실을 유포한 자	7년 이하의 징역 혹은 금고, 또는 5,000엔 이하의 벌금	
	105조의 3	전시·천재지변이나 기타 사변에 즈음하여 인심의 혹란 또는 경제상의 혼란을 유발하고자 허위 사실을 유포한 자	3년 이하의 징역 혹은 금고, 또는 3,000엔 이하의 벌금	
육군형법	제99조	전시 또는 사변에 즈음하여 군사에 관해 유언비어(造言飛語)를 행한 자	7년 이하의 징역 또는 금고	1942년(昭和 17) 2월 20일 법률 제35호로 개정(1942년 3월 15일[344]부터 시행) 개정 전의 형벌은 3년 이하의 금고.
해군형법	제100조	전시 또는 사변에 즈음하여 군사에 관해 유언비어(造言飛語)를 퍼트린 자	7년 이하의 징역 또는 금고	1942년(昭和 17) 2월 20일 법률 제36호로 개정(1942년 3월 15일부터 시행) 개정 전의 형벌은 3년 이하의 금고.
조선임시보안령	제20조	시국에 관해 유언비어(造言飛語)를 퍼트린 자	2년 이하의 징역 혹은 금고, 또는 2,000엔[345] 이하의 벌금	1941년(昭和 16) 12월 26일 제령(制令) 제34호로 공포 (즉일 시행)
	제21조	시국에 관해 인심을 혹란하게 하는 사항을 유포한 자	1년 이하의 징역 금고 혹은 구류, 또는 1,000엔 이하의 벌금 혹은 과료	

언론, 출판, 집회, 결사 등 임시단속(取締)법	제17조	시국에 관해 유언비어(造言飛語)를 퍼트린 자	2년 이하의 징역 혹은 금고, 또는 2,000엔 이하의 벌금	1941년(昭和 16) 12월 19일[346] 법률 제97호로 공포(일본에서 12월 21일부터 시행)
	제18조	시국에 관해 인심을 혹란하게 하는 사항을 유포한 자	1년 이하의 징역 혹은 금고, 또는 1,000엔 이하의 벌금	

---

[298] 원문은 "12일"이지만 '11일'로 고쳤다. 본 자료집 〈부록1〉 '불온 언동' 처벌법 참조(이하 동일).
[299] 원문은 "5일"이지만 '15일'로 고쳤다.
[300] 원문은 "3,000엔"이지만 '2,000엔'으로 고쳤다.
[301] 원문은 "18일"이지만 '19일'로 고쳤다.

대동아전쟁 발발 후 특수범죄 조서

-보안법 위반사건과 일본 등지의 각종 언론사범-

Ⅱ

Ⅱ.『대동아전쟁 발발 후 특수범죄 조서: 보안법 위반사건과 일본 등지의 각종 언론사범』

1943년(昭和 18) 8월

대동아전쟁 발발 후 특수범죄 조서

-보안법 위반사건과 일본 등지의 각종 언론사범-

비(秘) 취급주의　　　　　　　　고등법원 검사국 사상부(高等法院檢事局思想部)

서문

먼저 인쇄·배포한 '유언비어(造言飛語)와 불경 사건'에 이어서 이번에는 1941년(昭和 16) 12월 8일 대동아전쟁 발발 이후 금년(1943년) 7월 말일 사이에 발생·검거한 정치에 관한 불온 언동 사건, 즉 보안법 위반사건 중에서 기소유예 이상의 검사 처분이 있었던 사건으로서 금년 7월 말일까지 도착한 검찰사무보고서의 사건을 집록했다.

또한 일본·대만·관동주(關東州)의 각종 언론사범으로서 금년 1월 이후 각 관할청에서 통보한 사건을 함께 집록했는데, 위 각 지역에서 이루어진 각종 사범의 처리 상황, 특히 의율(擬律)의 점(불경은 제외)에서 상당히 참고할 만한 것이 있다고 생각한다.

(인쇄로 필사를 대신함)

목차

1. 보안법 위반사건

    1) 조선 독립에 관한 불온 언동

    2) 내선일체에 관한 불온 언동

    3) 국어(國語, 일본어) 상용에 관한 불온 언동

    4) 지원병제도에 관한 불온 언동

    5) 창씨(創氏)제도에 관한 불온 언동

    6) 징병제도에 관한 불온 언동

    7) 기타 시정 방침에 관한 불온 언동

    8) 집계

        (1) 관내별 수리 건수·인원

        (2) 발생 시기별 건수·인원

        (3) 처분 결과별 인원

        (4) 직업·연령·남녀별 인원

2. 일본, 대만, 관동주의 불경 및 유언비어 사건 411

1. 보안법 위반사건

1) 조선 독립에 관한 불온 언동

청명: 신의주지방법원

직업 · 성명 · 연령: 무직 청목좌보(靑木佐輔, 아오키 사스케) [심좌보沈左輔][1] 19세

사실의 개요: 예전부터 일본인과 조선인 사이에 대우의 차별이 있다는 불만을 품고 한글로 된 옛날 잡지를 탐독하던 중, 점차 민족주의 사상에 감염되었고, 1941년(昭和 16) 7월 히틀러 전기를 읽고 히틀러가 피폐한 독일을 재흥시킨 일에 감동해 자기도 또한 이를 모방해 조선 독립단체와 군대를 조직하고 마지막에 이를 지휘해 폭동을 일으키는 방법으로 조선의 독립을 수행하려는 것을 열망 · 기도하여 결국 그러한 목적을 위해 동지를 얻고자 1942년(昭和 17) 1월 하순 경기도 고양군(高陽郡) 은평면(恩平面) 소재 하자마구미(間組) 수색(水色)출장소의 합숙소에서 인부 암촌증복(岩村曾福, 이와무라 소후쿠) 외 1명에게 "조선인은 단결력이 없어서 이처럼 일본에 병합되어 비참한 현실에 처해 있으므로, 이를 구제해 조선을 독립시키기 위해서는 먼저 조선인에게 강고한 단결력을 함양시킬 필요가 있다. 이를 위해서는 사상 통일을 도모할 수 있는 교육을 보급해야만 한다"라고 주장하였다.

처분결과: 1943.1.28 징역 단기 1년 6월 장기 3년

비고: 치안유지법 위반과 병합

---

[1] 본명은 국사편찬위원회, 〈한국사데이터베이스_일제감시대상인물카드〉에 따른다.

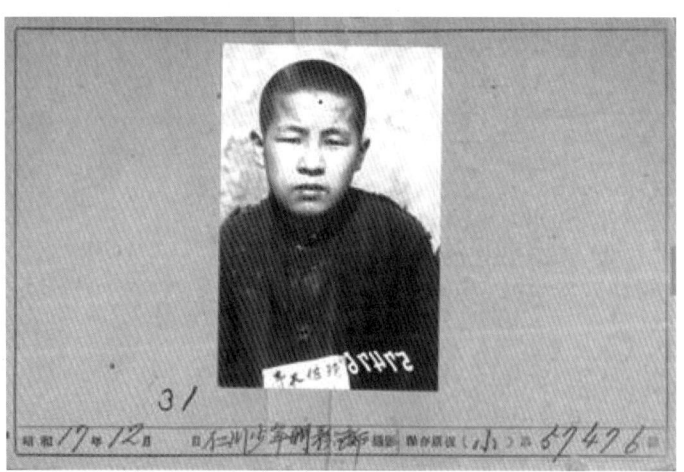

〈그림18〉 1942년 인천소년형무소에 수감된 심좌보의 인물카드
출처: 국사편찬위원회, 일제감시대상인물카드 (ia_2886)

청명: 청진지방법원

직업·성명·연령: 자동차수선공 국본건재(國本健在, 구니모토 겐자이) 24세

사실의 개요: 1942년(昭和 17) 4월 날짜 불명, 4월 20일, 8월 10일경 3회에 걸쳐 청진부 포항정(浦項町) 양전사(陽電社) 정원 앞 외에 2개소에서 장본박공(長本博公, 나가모토 히로키미)[위진魏軫]에게 "너는 황국신민이 아님에도 불구하고 어째서 정오 묵도(黙禱)를 하는가", "이제 인도는 독립을 위해 국민이 궐기하고 있는데 우리 조선에도 이러한 시기가 도래하면 좋겠다", "예부터 조선인은 짧은 활로 먼 거리를 겨누었는데, 일본인은 큰 활로 가까운 거리도 쏘지 못했다. 게다가 명중률도 나쁘다. 이로 보아도 조선 민족은 일본인보다 우수하다. 그러나 조선 민족이 궐기하지 않는다면 자연의 혜택을 없애는 것이 된다. 모든 대사는 자연의 힘이 해결하는 것이다"라고 함부로 말하였다.

처분결과: 1943.2.12 징역 6월

비고: 육·해군형법 위반과 병합[2]

---

2   본 자료집 70쪽 참조.

청명: 신의주지방법원

직업 · 성명 · 연령: 농업 김성효진(金城孝振, 가네시로 고신) 61세

사실의 개요: 생활비가 궁핍해진 결과 마치 조선 독립운동 혹은 공산주의 운동의 운동자금 획득에 분주한 자처럼 행동해서 사람들을 공갈 협박하여 금품을 획득하고자 하여, 1942년 5월 24일 평북 의주군(義州郡) 위원면(威遠面) 동린동(東麟洞) 김성진천(金城鎭泉, 가네시로 신센)의 집에 침입하여 취침 중이던 그에게 "나는 이전사(李戰士)라 칭하며 신의주로부터 조사를 위해 방문했는데, 나는 왜구의 압박이 지독하기에 삼천리 강토를 회복하여 이천만 동포를 해방하기 위해 시베리아에서 온 자로, 시베리아에서 태어나 이후 30여 년을 이러한 운동에 헌신해 왔고, 삼일운동에도 활동한 적이 있다. 이번에 무기 구입 자금을 모으기 위해 200석 이상 자산가에게 자금을 모집하고 있는데 이 마을에서는 자산가가 1명이므로 나 혼자 모집하러 온 것이며, 600엔 정도 출금해 주길 바란다"라고 말하였다.

처분결과: 제1심 판결 1942.12.4 징역 2년, 1942.12.5 피고인 공소, 제2심 판결 1943.4.30 징역 1년

비고: 주거침입, 공갈 미수와 병합

청명: 부산지방법원 밀양지청

직업 · 성명 · 연령: 무직 문산석우(文山錫雨, 후미야마 세키우) ■■세

사실의 개요: 1942년 7월 7일(날짜 불분명) 경남 밀양읍(密陽邑) 내일동(內一洞) 제일양화점(第一洋靴店)에서 동원차암(東原且岩, 히가시바라 쇼간) 외 1명과 잡담 중 동원차암 등에게 "미국의 어느 지방에 조선인 어떤 부락이 있는데 그 부락민은 한국 국기를 ■…■

처분결과: 공판 중[3]

비고: 육·해군형법 위반과 병합

■…■[원문 3, 4쪽 소실][4]

---

[3] 국가기록원,〈독립운동관련판결문〉의 '형사사건부'에 따르면 1943년 5월 7일 1심에서 징역 6개월 집행유예 3년을 선고받았다.

[4] 방기중 편,『일제 파시즘기 한국사회 자료집 2』, 선인, 2005, 416~417쪽. 원본의 3~4쪽이 소실된 채로 영인되었다.

청명: ■■■■■■ ■■지청

직업·성명·연령: ■…■ 23세

사실의 개요: ■…■조선독립은 불가능하며 만약 이것을 시도하려는 듯한 자가 있다면 탄압해야 할 것이라는 취지를 역설한 것에 대해 "그렇지 않다, 조선독립이 가능한지 불가능한지는 실제 그 운동이 일어나 보지 않으면 알 수 없다"라고 함부로 말하였다.

처분결과: ■…■ 징역 6월

청명: 경성지방법원

직업·성명·연령:

경성 중앙방송국 제2보도부 보도과 서기 광암용신(廣岩龍信, 히로이와 다쓰노부)[박용신 朴龍信] 28세

경성 중앙방송국 제2보도부 보도과 현업 주임 청목진근(靑木珍根 아오키 진콘)[송진근 宋珍根] 28세

경성 중앙방송국 제2보도부 보도과 서기 손본정봉(孫本正鳳, 마고모토 세이호)[손정봉孫正鳳][5] 28세

사실의 개요: 경성 중앙방송국 제2방송부 사무실에서 광암용신은 1943년(昭和 18) 1월 하순 이원구(李元九) 등에게 "과달카날섬을 중심으로 한 공중전 및 해전이 격렬한데, 전국(戰局)은 미군에게 유리하게 전개되고 일본군은 막대한 손해를 입고 있다. 이번 내선(大戰)의 승리는 미·영 측에게 있으며 조선 동포는 간악한 왜구(倭狗)에게 속지 말고 그들을 조선에서 추방하여 조선을 독립시켜야 한다는 취지로 미국에서 방송이 있었다"라고 함부로 말하였으며,

청목진근, 손봉정봉은 함께 1942년(昭和 17) 12월 25일 일봉정호(日峯鼎鎬, 히미네 데이코) 외 3명 등에게 앞과 같은 내용의 말을 함부로 하였으며, 또한 12월 27일 이계원(李啓元) 외 1명 등에게 "'버마에서는 영국 공군이 일본군의 진지를 폭격했다. 조선은 조선 독립을 위해 궐기해야만 한다'는 미국 샌프란시스코(桑港)로부터 방송이 있었다"라고 함부로 말하였으며,

---

5 광암용신의 본명은 국가기록원, 〈독립운동관련판결문〉의 '집행원부', 청목진근, 송본정봉의 본명은 국사편찬위원회, 〈한국사데이터베이스_일제감시대상인물카드〉에 따른다.

청목진근은 더욱이 1943년(昭和 18) 1월 20일 광암용신에게 앞에 적은 광암용신의 말과 관련된 사항을 말하였으며, 손봉정봉은 1942년(昭和 17) 12월 25일 자택에서 아내인 손본영실(孫本永實, 마고모토 에이지쓰)에게 광암용신의 말과 관련된 사항과 그 내용을 전하였다.

처분결과: 각각 공판 중[6]

비고: 육·해군형법 위반과 병합

〈그림19〉 1943년 서대문형무소에 수감된 송진근의 인물카드
출처: 국사편찬위원회, 일제감시대상인물카드 〔ia_2725〕

---

6   국사편찬위원회, 〈한국사데이터베이스_일제감시대상인물카드〉에 의하면 송진근, 송정봉은 경성지방법원에서 징역 1년 6개월을 선고받았다. 박용신은 국가기록원, 〈독립운동관련판결문〉의 '집행원부'에 따르면 경성복심법원에서 징역 8개월을 선고받았다. 兪炳殷, 『短波放送 聯絡運動』, KBS 문화사업단, 1991에 따르면 송진근의 형량은 징역 1년, 손정봉과 박용신의 형량은 징역 6개월로 나온다. 이 책에 의하면 뒤의 2인은 1심에서 1년 6개월의 판결을 받았지만, 불복 상고하여 최종 6개월을 선고받았다(212쪽).

〈그림20〉 1943년 서대문형무소에 수감된 손정봉의 인물카드
출처: 국사편찬위원회, 일제감시대상인물카드 (ia_2633)

청명: 부산지방법원 마산지청
직업·성명·연령: 마산상업학교 학생 김천우영(金川佑英, 가나가와 유에이) 17세
사실의 개요: 1943년(昭和 18) 2월 1일 학교에서 돌아오던 길에 경전남부선(慶全南部線) 산인역(山仁驛) 대합실에서 그곳의 수 척짜리 널빤지 벽에 연필로 "이겼다, 미·영. 지금이야말로 일본 격멸이다. 조선독립만세. 미나미 지로(南次郞) 긱하는 보른다"라고 낙서하였으며, 게다가 2월 16일 학교에 가는 도중에 산인역 대합실에서 그곳의 널빤지 벽 여러 곳에 "일본 섬멸. 다나카 리키코 씀"이라 낙서하였다.
처분결과: 1943.6.9 징역 1년 3년간 형 집행유예

청명: 청진지방법원
직업·성명·연령: 무직 이성만(李成萬) 21세
사실의 개요: 1943년(昭和 13) 3월 3일 함북 무산군(茂山郡) 풍계면(豊溪面) 명신동(明臣洞) 김암연홍(金岩延弘, 가네이와 노부히로)의 집에서 부산수부(富山秀夫, 도야마 히데오)가 "조선은 일본과 병합된 뒤 인민의 생활이 안락해졌다"라고 말하자 이에 대하여 "그렇지 않다. 조선은 일본과 병합된 후 하루라도 안락한 날을 보낸 적이 없다"라고 함부로 말하였다.
처분결과: 1943.4.22 기소유예

청명: 부산지방법원

직업 · 성명 · 연령: 제화공 정전평길(井田平吉, 이타 헤이키치) 22세

사실의 개요: 1943년(昭和 18) 3월 23일부터 주거침입 · 절도 피의사건으로 북부산 경찰서 제1감방에 유치되어 있었는데, 관식(官食) 목제 도시락 상자에 불온 문자를 새기면 다른 불특정 다수가 볼 수 있다는 사정을 숙지하고, 예전부터 인도의 독립운동에 자극을 받고 있었던 피고인은 경솔하게도 조선의 독립을 망상한 나머지 3월 27일 북부산 경찰서 제1감방에서 바늘을 사용해 본인에게 지급된 점심밥 목제 도시락 상자의 안쪽 바닥에 "조선 동포여, 독립운동을 벌이자", 그 횡판(橫板) 표면에 "조선독립운동"이라 각각 글자를 새겼다.

처분결과: 1943.6.7 징역 3년

비고: 주거침입 · 절도와 병합

청명: 신의주지방법원

직업 · 성명 · 연령: 붓(毛筆) 행상 당안면직(棠岸勉稷, 도기시 벤쇼쿠) 51세

사실의 개요: 1943년(昭和 18) 4월 23일 평북 삭주군(朔州郡) 삭주면 동부동(東部洞) 목촌봉학(木村鳳鶴, 기무라 호가쿠)의 집에서 조선 소주 2홉(合) 5작(勺)을 마시다가 많이 취한 나머지 삭주면 서부동(西部洞) 노상에서 입고 있던 옷을 벗어 던지고 나체가 되어 노상에 앉은 뒤 부근의 민중 다수가 모여든 가운데 한 손을 들며 "일본 놈들 때문에 조선이 망했다. 독립 만세"라고 두세 차례 큰소리로 외쳤다.

처분결과: 1943.6.8 징역 6월

청명: 경성지방법원 철원지청

직업 · 성명 · 연령:

무직(인천교人天教 신도) 김본노윤(金本鷺潤, 가네모토 로준)[김노윤金鷺潤] 62세

노동(인천교 신도) 신정영춘(新井榮春, 아라이 에이슌)[박영춘朴榮春] 36세

노동(인천교 신도) 진도은곤(珍島殷坤, 친도 인콘)[김은곤金殷坤] 44세

고물상(인천교 신도) 김림인기(金林仁基, 가나바야시 히토모토)[김인기金仁基] 36세

노동(인천교 신도) 김본삼성(金本三星, 가네모토 산세이)[김근수金根洙] 25세

무직(인천교 신도) 신정창률(新井昌律, 아라이 마사노리)[박창률朴昌律] 76세

노동(인천교 신도) 김본근식(金本根植, 가네모토 곤쇼쿠)[김근식金根植] 18세

노동(인천교 신도) 이병근(李秉根) 64세

사실의 개요: 김본노윤은 인천교(人天敎) 신자인바, 1941년(昭和 16) 5월 날짜 불명부터 1941년 7월 날짜 불명까지의 사이에 신정영춘 외 3명에게 "인천교를 믿으면 무병식재(無病息災), 불로장수하고, 인천대주(人天大主)의 영감(靈感)으로 장차 조선은 독립할 것인데 그때 신도는 누구든 후하게 대접받을 것이다"라고 설파해 입교를 권유하며 신정영춘 등을 입교시켰다. 게다가 다른 피의자들과 더불어 1941년 10월 1일부터 1943년(昭和 18) 5월 11일 사이에 전후 8회에 걸쳐 '일본을 빨리 멸망시키고 조선을 독립시켜 우리의 고통을 없애고 행복을 달라'며 조선 독립을 기원하였다.

처분결과: 1943.7.8 김본노윤을 제외한 전원 기소유예, 1943.7.19 김본노윤 징역 1년 6월[7]

비고: 김본노윤은 육군형법 위반과 병합

2) 내선일체(內鮮一體)에 관한 불온 언동

청명: 해주지방법원

직업 · 성명 · 연령: 목수 백천용수(白川用洙, 시라카와 요슈) 39세

사실의 개요: 1942년(昭和 17) 2월 2일 겸이포읍(兼二浦邑) 본정(本町, 혼마치) 서선목공소(西鮮木工所)에서 육군특별지원병을 희망 중인 김정정관(金井楨觀, 가네이 데이칸)과 성전번장(成田繁藏, 나리타 시게조)에게 "내선일체라고 말하지만, 군대조차 차별이 있다. 내 친구들의 말에 따르면 지원병으로 나가도 일본인은 옷도 신발도 모자도 받을 수 있으나, 조

---

[7] 본 인천교 사건에 대해서는 淮陽警察署長(→ 京城地方法院 檢事正 등), 「人天敎ノ不穩計劃ニ關スル件」, 1943.5.27(京城地方法院檢事局, 『(1940.8~1943.5)思想ニ關スル情報(警察署長)』에 수록) 참조. 본명은 이 자료에 따른다.

선인은 신발 한 켤레밖에 받을 수 없다. 부대로 가도 조선인은 개와 같은 취급을 받는다"라는 내용을 함부로 말하였다.

처분결과: 1942.4.11 징역 6월

청명: 광주지방법원
직업·성명·연령: 양곡소매상조합 고원 이판덕(李判德)[8] 29세
사실의 개요: 1942년(昭和 17) 4월 26일 지인인 전남 담양군(潭陽郡) 월산면(月山面) 삼다리(三茶里)의 박문규(朴文奎)의 집에서 행해진 박문규의 장녀 결혼 축하연에 가서 영전용웅(永田龍雄, 나가타 다쓰오) 외 수 명과 음주 중에 영전용웅 등이 '이기고 돌아와라, 용감히'라는 군대의 노래를 합창하자 같은 이들에게 "시끄럽다. 일본 노래는 그만둬라. 너희들에게는 조선의 피가 남아 있으며, 그 피가 끓고 있는데 어째서 그런 노래를 부르는 것인가. 일본인으로 정신이 바뀌어버린 것인가. 바보들아, 그만둬라"라고 함부로 말하였다.

처분결과: 1942.7.13 징역 6월

청명: 광주지방법원 목포지청
직업·성명·연령: 시멘트포대 재제업(再製業) 신농일룡(神農日龍, 신노 니치류)[강일룡姜日龍][9] 36세
사실의 개요: 1942년(昭和 17) 7월 16일 목포부 수정(壽町, 고토부키초) 2정목(丁目) 자택에서 김본정조(金本正祚, 가네모토 세이조)에게 "친구인 안전원보(安田元輔, 야스다 겐스케)가 지난번 기업허가령 위반으로 경찰 당국으로부터 취조를 받았는데, 일본인이었다면 이런 취급을 받을 일이 없었을 것이다. 내선일체라고 말하지만, 당국은 조선인만을 압박하니 모순이 심하다" 운운하고, 다시 1942년 8월 24일 앞의 자택에서 김본정조에게 "내선일체 혹은 내선융화라고 말하나 조선인의 생활 정도는 3년 전이나 지금이나 마찬가지로 생

---

[8] 이판덕에 대한 판결문 일부가 국가기록원, 〈독립운동관련판결문〉에서 확인된다(검색일 2020.11.05).
[9] 본명은 국가기록원, 〈독립운동관련판결문〉의 '수형인명부'에 따른다.

활은 점점 핍박받는다. 조선인은 속고 있으니 바보들뿐이다. 또 최근 당국의 조선인 남양(南洋)행 인부 모집으로 '인부 공출'이란 문구를 사용하는 것은 조선인을 바보 취급하는 말이다", "정감록(鄭鑑錄) 비결(秘訣)에도 있는데 조선어의 '이만'이라는 말은 한자로 번역하면 '이만(移滿)'인데, 이는 장차 조선인이 만주로 이주할 것이라는 의미이다. 이는 정감록에서 예언한 것인데, 실제로 이것이 실현되고 있다" 운운하고, 8월 26일 목포부 내 부산여관(釜山旅館)에서 김본정조 외 1명에게 "최근 조선에도 징병제도가 실시되었는데, 이는 조선인에게 실로 불명예스러운 일이다. 일본인을 위해 희생되는 것이 어째서 명예로운 일이겠는가. 나는 1918~1919년(大正 7~8)경 당시 조선 독립운동 활동을 한 인물들이야말로 조선인으로서 명예로운 이들이라고 생각한다" 운운하고, 8월 27일 목포부 보정(寶町, 다카라초)의 중국 요릿집 객실에서 앞의 김본정조 외 1명에게 "현재 조선 내에서 남양행 관리를 수십 명 모집하고 있는데 이들은 전부 제1선 군인으로 보충될 사람들이며, 조선인은 남양에 가도 총을 잡지 못하고 군인들 밑에서 일할 뿐으로, 이만큼 바보 같은 자들은 없다. 또 최근 군청 등의 관공서에서 다수의 남양행을 모집하고 있는데, 그들은 일본의 정책에 속아서 가는 것이다" 운운하며 함부로 말하였다.

처분결과: 1942.12.3[10] 금고 8월

비고: 조선임시보안령 위반, 육·해군형법 위반과 병합

청명: 함흥지방법원

직업·성명·연령: 회사원 부산웅이(富山雄二, 도야마 유지)[유흥두劉興斗] 24세

사실의 개요: 해당자는 1939년(昭和 14) 6월 조선총독부 육군병지원자 훈련소에 입소하여 1939년 11월 27일 훈련소를 졸업함과 동시에 제20사단 소속 함흥 소재 제74연대로 입대하였으나 1940년(昭和 15) 5월 5일 병 때문에 현역에서 면제되어 현재 조선운송주식회사 서호어항(西湖魚港) 화물취급소(荷扱所)에서 일하고 있는 자이다. 예전부터 일본인과 조선인의 차별 대우에 대하여 민족적 편견을 기반으로 한 불만을 품고 있었는데, 1942년(昭和

---

[10] 위 자료에 따르면 광주지방법원 목포지청의 판결일은 1942년 11월 30일이다.

17) 8월 9일 정평군(定平郡) 정평면 동천리(東川里)의 흥아식당(興亞食堂)에서 정평군 군수, 정평경찰서장과 정평군 재향군인 관계자 등 약 30명이 열석한 가운데 개최된 육군국민병 간열점호(簡閱點呼)[11] 위안회에 참석해 그 석상에서 "일한병합(日韓倂合)의 조서는 일시동인(一視同仁)의 은혜로 정사를 수행한다는 취지인데, 조선에 재주하는 일본인에게는 가봉(加俸)을 주고 조선인에게는 이를 주지 않고 있다. 그리고 철도국에 조선인을 채용하지 않으며, 또 교육자가 되어도 반도 출신 선생은 좋은 학교의 교장은 될 수 없다. 이러한 일은 일한병합 조서의 취지와는 다르다"라는 뜻을 함부로 말하였다.

처분결과: 1943.2.26 징역 6월 3년간 집행유예, 1943.3.1 검사 공소 신청[12]

청명: 함흥지방법원

직업·성명·연령: 국민학교 교원 지산윤근(芝山潤根, 시바야마 준콘)[이윤근李潤根][13] 26세

사실의 개요: 1938년(昭和 13) 11월 경성사범학교 연습과(演習科)를 졸업하고 1938년 12월 31일부터 1943년(昭和 18) 3월 31일 청원에 의해 면직되기까지 국민학교 교원직에 있었는데, 1942년(昭和 17) 9월 상순 함남 신흥군(新興郡) 상원천면(上元川面) 소재 상원천공립국민학교 교원실에서 동 교 교원 본원박차(本原博次, 모토하라 히로쓰구) 외 1명에게 "나와 함께 경성사범학교를 졸업한 일본인은 이미 교장이 되었는데, 조선인은 아직 교장이 된 이가 한 사람도 없다. 이 사실을 보아도 내선일체는 말뿐으로, 실제는 허위이다"라고 함부로 말하였다.

처분결과: 1943.6.7 징역 8월

비고: 육·해군형법 위반과 병합

---

11 원문은 '管閱點呼'이나 '簡閱点呼'로 바로잡았다. 간열점호는 당시 일본 육해군에서 예비역 및 후비역(後備役)의 하사관, 병과 제1보충병을 집합시켜 간단한 질의응답을 통해 재향군인의 본무를 사열 점검하고 가르치는 것을 말한다(https://ja.wikipedia.org/wiki/簡閱点呼 참조. 2021.4.16. 검색).

12 국가기록원, 〈독립운동관련판결문〉의 '집행원부'에 따르면 유홍두는 1943년 12월 14일 경성복심법원에서 '검사 공소 이유 없음'의 판결을 받아 집행유예가 확정되었다. 본명은 이 자료에 따른다.

13 본명은 국사편찬위원회, 〈한국사데이터베이스_직원록자료〉에 의한다.

청명: 청진지방법원

직업·성명·연령: 무직 송강충한(松岡忠漢, 마쓰오카 주칸)[전충한全忠漢] 25세

사실의 개요: 경성부 돈암정(敦岩町) 송강형만(松岡亨萬, 마쓰오카 교반)[전형만全亨萬][14] 집에서 1942년(昭和 17) 9월 초순 송원명학(松原銘鶴, 마쓰아라 메이가쿠)·무촌종철(茂村宗鐵, 시게무라 소테쓰)[이종철李宗鐵] 등과 조선 독립의 실행에 관해 협의하면서 "최근 내선일체 운동이 행해지고 있으나, 이는 일본이 조선 민족을 기만하는 수단에 지나지 않으며, 민족이 다른 이들이 결합하는 것은 불가능하다. 일본은 현재 중일전쟁에 이은 대동아전쟁 때문에 상당히 물자가 부족하며 특히 쇠가 부족해진 결과 쇠의 회수운동 등을 벌이고 있는 상황이다. 결국 일본은 물자 부족 때문에 패전할 터이다"라고 함부로 말하였으며, 1942년 10월 초순 송원형만 집에서 송원명학·무촌종철 등과 앞과 같은 내용의 협의를 하면서 "내선일체 운동은 조선 고유의 민족성과 고유문화를 말살시키는 것이니, 반대해야만 한다. 미나미(南) 총독은 조선인을 위해 최선을 다하는 것처럼 선전하고 있으나, 이는 거짓이다. 그 일례를 들자면 조선에 대해 징병제도를 실시하고 의무를 부담시키면서 조선이 30년간 요구하고 있는 참정권 부여에 관해서는 아무런 고려도 하지 않는다"라고 함부로 말하였다.

처분결과: 1943.5.31 징역 2년

비고: 치안유지법 위반, 육·해군형법 위반과 병합

청명: 광주지방법원

직업·성명·연령: 직공 복전종옥(福田種玉, 후쿠다 슈교쿠)[오종옥吳種玉][15] 19세

---

[14] 원문은 '松原亨萬'이나 '松岡亨萬'으로 바로잡았다. 아래 자료에 따르면 함남 북청군 출신인 전충한은 경성부 돈암정에 거주하는 숙부 전형만의 도움을 받으며 경성에서 유학 생활을 했다. 清津地方法院檢事正,「治安維持法違反被告事件判決寫送付ノ件: 松岡忠漢, 茂村宗鐵」, 1943.6.11(京城地方法院檢事局思想部, 『1943年)鮮內檢事局情報』에 수록). 본명은 이 자료에 따른다. 이종철은 치안유지법 위반으로 징역 1년형을 선고받았다.

[15] 본명은 국가보훈처, 〈공훈전자사료관_독립유공자 공적조서〉에 의한다(2021.4.16. 검색). 이 자료에 따르면 오종옥은 복역 중 1944년 4월 26일 옥사했다. 국가기록원, 〈독립운동관련판결문〉의 '집행원부'에는 1944년 4월 19일 '형집행정지 출감'으로 기록되었다.

사실의 개요: 1942년(昭和 17) 9월 20일 가네보(鐘紡) 전남공장 직기과(織機課) 공동변소 내의 흰 벽에 검은 연필로 "우리는 일본인을 죽여 버려야 한다"라고 낙서하였다.
처분결과: 1943.2.25 징역 1년 6월

청명: 경성지방법원
직업·성명·연령: 농업 김촌이조(金村伊祚, 가네무라 이조)[김이조金伊祚][16] 40세
사실의 개요: 어렸을 때부터 천주교를 독실하게 믿고 민족의식이 상당히 농후한 자인바, 1942년(昭和 17) 11월 22일 강원도 양구군(楊口郡) 방산면(方山面) 상무룡리(上舞龍里)의 촌평만조(村平萬祚, 무라히라 반조)[윤만조尹萬祚] 집에서 촌평만조 외 2명 등과 음주 잡담 중에 이야기가 마침 양곡 공출에 이르자 해당자가 "나는 작년 한강수전(漢江水電)회사의 논 9마지기를 소작했는데, 그 논은 토지가 좋지 않은 데다가 수리도 나빠서 모내기가 늦어졌고 그 후 수해 때문에 논이 유실되어 수확이 나빴으며, 게다가 식량이 부족하여 어느 정도 먼저 먹어버렸기 때문에 그 나머지 수확량 전부로도 공출 할당량에는 부족했다"라고 말한 것에 대해 옥천수철(玉川壽喆, 다마카와 주테쓰)[유수철劉壽喆]이 "가령 아사하는 일이 있더라도 공출해야만 하는 것을 어째서 먼저 먹어버렸는가" 하고 재삼 질책하자 분개해서 옥천수철 등에게 "너 같은 녀석이 있어서 조선이 망한 것이다"라고 함부로 말하였다.
처분결과: 1943.5.24 징역 6월

---

16 관련 인물의 본명은 국사편찬위원회 편, 『일제강점기 경성지방법원 형사사건기록 해제』 국사편찬위원회, 2009, 121~120쪽에 따른다.

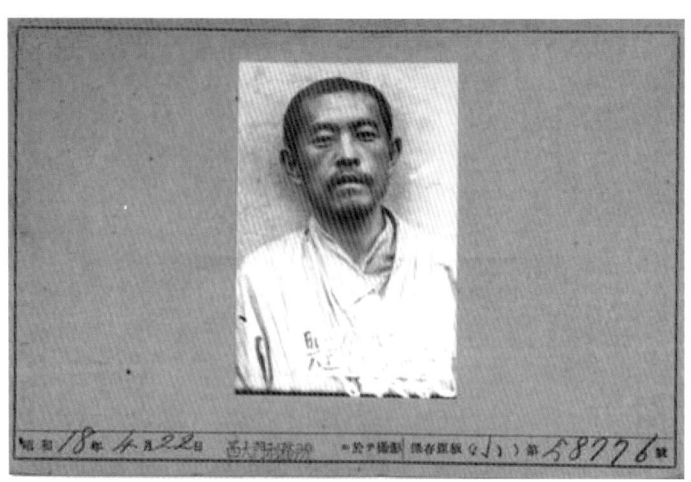

〈그림21〉 1943년 서대문형무소에 수감된 김이조의 인물카드
출처: 국사편찬위원회, 일제감시대상인물카드〔ia_1243〕

청명: 부산지방법원

직업·성명·연령: 주조업(전 면협의회원) 부전창작(富田昌作, 도미타 쇼사쿠) 69세

사실의 개요: 1942년(昭和 17) 12월 28일 경남 울산군(蔚山郡) 온산면(溫山面)[17] 사무소 면장실에 온산면장 고본기철(高本基鐵, 다카모토 기테쓰)[고기철高基鐵] 외 수 명이 모여 있는 석상에서 온산면장에게 "관공서 녀석들과 왜놈에게만 찹쌀을 배급하는 것은 어째서인가. 녀식들만 인산인가. '조선인은 죽어라'라고 말하는 것인가" 하고 함부로 말하였으며, 12월 30일 온산면사무소 현관 앞에서 온산면장 외 수 명의 면전에서 앞과 같은 내용의 말을 함부로 하였다.

처분결과: 1943.2.27 기소유예

---

17 원문은 '당월면(唐月面)'이나 '온산면'(溫山面)으로 바로잡는다. 당시 행정구역을 보면 '당월'은 면이 아니라 온산면(溫山面)에 속한 이(里)였다. 고기철은 온산면장이었다(국사편찬위원회, 〈한국사데이터베이스_직원록자료〉에 의한다. 2021.4.16. 검색).

청명: 대전지방법원 홍성지청

직업·성명·연령: 이발 직인 양천명조(梁川明助, 야나가와 메이스케)[양태원梁泰元][18] 29세, 군 교화주사 성락웅(成樂雄) 30세

사실의 개요: 1943년(昭和 18) 1월 3일 충남 예산(禮山) 읍내 음식점에서 음주 중이던 양천(梁川)은 자기가 사용한 접시를 곁에 있던 '오뎅' 냄비 속에 집어넣어 국물을 뜨던 것을 음식점 주인 야마자키 유키노(山崎ゆきの)에게 제지당하자 "나는 전염병 환자가 아니다", "조선인이라 바보로 보는 것인가" 하고 분노를 표하였고, 마찬가지로 동인을 제지했던 음식점 고용인 여성 박월규(朴月奎)에게 "너는 조선인인 주제에 일본인 편을 드는 것인가. 이런 바보……"라고 함부로 말하였다. 성락웅은 위 양천의 행위를 제지하지 않고 더욱이 앞에 적은 야마자키 유키노가 '당신들이 일본인, 조선인을 언급하며 시끄럽게 떠든다면 경찰서에 전화하겠다'라고 주의를 주자 "경찰서에 신고하겠다면 해 봐라. 우리에게도 생각이 있다"라고 함부로 말하였다.

처분결과: 성락웅 1943.3.27 기소유예, 양천명조 제1심 판결 1943.5.8 구류 29일, 1943.5.8 검사 공소 신청, 제2심 판결 1943.7.5 제1심과 같음

비고: 양천명조는 경찰범처벌규칙(警察犯處罰規則) 위반으로 처단

청명: 청진지방법원 성진지청

직업·성명·연령: 공장 공원(工員) 김삼철(金森哲, 가네모리 사토시) 29세

사실의 개요: 예전부터 내선 차별대우에 대한 불만을 품고 평소 이런 차별대우의 철폐를 열망하며 강렬한 민족의식을 지니게 된바, 1943년(昭和 18) 2월 17일 점심 식사 후 휴게 시간에 같은 공장 압연과(壓延課) 조재계(條材係) 현장 재료반 대기실에서 직공 약 10명에게 "우리는 일본인과 똑같은 일을 해도 급료가 싸기 때문에 최근 식량이 부족해도 부식물을 살 수가 없다. 일본인과 조선인의 차별은 너무 심하다", "내 친구이자 일본인이 경영하는 목장

---

[18] 본명은 대전지방법원홍성지청, 「1943년 刑公 제177호 判決:梁川明助」, 1943.5.8; 경성복심법원, 「1943년 刑控 제160호: 判決:梁川明助」, 1943.7.5에 따른다.

에 고용된 이가 그곳의 딸과 사이가 좋아져 결혼 문제까지 일어났으나, 조선인이라고 거절 당해 부부가 될 수 없었다", "이 공장에서도 현장 재료반의 책임자가 바뀔 때 당연히 내가 그 책임자가 되어야 했으나, 다른 일본인이 되어버렸다", "조선의 문화가 일본보다 뒤처졌 는데, 이는 우리 조상들이 잘못했기 때문이다", "고무공도 눌렀다가 놓으면 튀어 오른다" 등 을 함부로 말하였다.

처분결과: 공판 중

청명: 해주지방법원

직업·성명·연령: 일본대학(日本大學) 전문부 법률과 학생 김산덕치(金山德治, 가나야마 노리하루) 24세

사실의 개요: 1943년(昭和 18) 3월 28일 황해도 평산군(平山郡) 남천읍(南川邑) 신남천리(新南川里) 상촌신남(桑村信男, 구와무라 노부오)의 집에서 그 외 2명과 잡담 중에 그들에게 "나는 일본대학에 입학할 때 고등문관 시험을 보고 고등관이 되어 현실 사회로 나가겠다고 결심했으나, 그 후 일본의 상황을 보면 내선일체라는 것은 조선만의 일이며 일본에서는 아무런 고려도 하고 있지 않다. 또 일본은 조선에 비해 일본인과 조선인의 차별이 심하다. 조선인이라고 하면 어떤 학교를 졸업했든 상대해 주지 않는 현실이다. 작년 같은 때는 조선 인 중에서 고등문관 사법과 합격자는 70명이나 있었으나 실제 사법관으로서 취직한 자는 겨우 4~5명으로, 검사도 좀처럼 될 수가 없고 변호사가 되려고 해도 변호 건수가 적기 때문에 생활이 곤란하다고 하며, 행정과를 통과해 행정관이 되려고 해도 도지사급은 2~3명 정도밖에 없으므로 좀처럼 자리에 오를 수 없고 군수도 마찬가지이다. 내선 차별이 이러한데도 조선인은 일본인과 손을 흔들며 나아가야만 하는가. 아니면 조선인은 일본인의 고삐를 풀어헤치고 독립해 나가야만 하는가. 우리 조선인이 취해야 할 길은 다만 이 두 가지만이 있을 것이다" 운운하며 함부로 말하였다.

처분결과: 1943.6.3 징역 6월

청명: 부산지방법원

직업 · 성명 · 연령: 음식점업(애국반장) 암본안이랑(岩本安二郞, 이와모토 야스지로)[이정수李廷守] ■■세[19]

사실의 개요: 1943년(昭和 18) 4월 6일 경남 동래군(東萊郡) 사상면(沙上面) 괘법리(掛法里) 자택 계산대에서 대천상삼랑(大川常三郞, 오카와 쓰네사부로)[정치순丁致淳]과 잡담하던 중 대천이 사상면장 평송석진(平松錫振, 히라마쓰 샤쿠신)의 부정 배급 사건에 관하여 "면장이 검거되고 며칠밖에 지나지 않았는데, 면서기 등은 시국도 분별하지 않고 저렇게 마시기만 해서는 곤란한 일이다. 지금 면에 누군가 일본인 상석 서기를 두고 일반 면서기의 감독이나 면장의 행동을 감시하게 한다면 저런 불상사[20]도 일어나지 않았을 것이며, 여러 물자의 배급도 원활히 이루어졌을 것 같다"라는 뜻을 이야기하자, 피고인은 이에 반박하며 "귀하는 무엇을 말하고 있는가. 조선은 일본에게 나라를 빼앗긴 것만으로도 유감이어서 참을 수 없을 지경인데, 그런 일이 생겨버린다면 우리의 권리까지 빼앗겨 버려서 우리는 더욱 비참한 꼴이 되어버리지 않겠는가. 그러한 말은 해서는 안 된다"라고 함부로 말하였다.

처분결과: 1943.5.17 징역 10월

청명: ■■■■■[전주지방법원][21]

직업 · 성명 · 연령: ■…■[남선교통주식회사 사무원 송산화영(松山和暎, 마쓰야마 와에이)[최상욱崔相煜] 22세]

사실의 개요: 1943년(昭和 18) 5월 9일 부안군(扶安郡) 부령면(扶寧面) 서외리(西外里) 마루시게야(丸茂屋) 객실에서 송강신길(松岡信吉, 마쓰오카 노부요시)[김병은金炳殷]과 함께

---

19 관련 인물의 본명은 釜山地方法院, 「1943년 刑公 제546호 判決:岩本安二郞」, 1943.5.17(釜山刑務所長 → 朝鮮總督, 「假出獄執行濟ノ件報告」, 1944.1.21에 寫本 수록)에 따른다. 이정수의 판결 당시 기록된 나이는 "34세"이다.
20 원문은 '不詳事件'이나 문맥상 '不祥事件'인 것 같다.
21 이하 두 건의 '청명', '직업 · 성명 · 연령'은 원본 누락으로 판독할 수 없어 전주지방법원, 「1943년 刑公 제792호 判決:松山和暎, 松岡信吉」, 1943.9.25를 참조하여 관련 사항을 기입하였다. 관할 청명은 아래 김병은 건의 '청명'이 원본에 "支"가 아니라 "地"로 끝난다. 따라서 '전주지방법원 정읍지청'이 아니라 '전주지방법원'으로 했다. 본명도 위 자료에 따른다.

음주 중 마루시게야의 하녀 다케이 후미코(竹井文子)·야마모토 마쓰코(山本松子)(두 사람 모두 일본인)가 모여 있는 면전에서 [송산화영이] 마루시게야 객실의 조선인 하녀 나카야마 유키코(中山ユキ子)에게 "너는 조선인인 주제에 조선어로 말하지 않느냐. 조선인은 조선어를 써야 한다"라고 함부로 말하였다. 게다가 5월 16일 앞의 마루시게야 하녀들의 방에서 [송산화영이] 야마모토 마쓰코 외 2명에게 "내선일체란 무엇인가. 소련·만주 국경을 경비 중인 조선인 지원병들이 일본인 병사에게는 흰 쌀밥에 맛있는 야채를 먹이고 조선인 병사에게는 맛없는 것을 먹이기에 분개하여, 천 명의 조선인 지원병이 합의해 소련 쪽으로 도주했다. 이에 이왕(李王) 전하가 상당히 걱정하시며, 그다음 지원병 전체에게 '금후는 이러한 일이 없도록'이라 말씀하시면서 부탁하셨다고 한다. 내선일체를 외치는 지금 군인조차도 이러한 내선 차별대우가 있다는 사실은 참을 수 없이 분개할 일이다. 조선에 와 있는 일본인은 전부 시골에서 걸식하는 것과 같은 생활을 하였는데, 조선에 와서 조선인의 피를 짜 부자가 되어 지금은 대단한 모습을 하고 있다. 나는 창씨개명에 대해서도 선조로부터 오랫동안 이어져 온 최(崔)라는 성을 내 대에 이르러 마쓰야마(松山)로 개성(改姓)한 일에 실로 참을 수 없이 분개한다. 일본인에게 야마토 혼(大和魂)이라는 것이 있을지도 모르나, 조선인에게는 조선 혼(朝鮮魂)이라는 것이 있다"라고 함부로 말하였다.

처분결과: 공판 중[22]

비고: 불경, 육군형법 위반과 병합

청명: ■■■■■■[전주지방법원]

직업·성명·연령: ■…■[군농회 가마니(叺)지도원 송강신길(松岡信吉, 마쓰오카 노부요시) [김병은金炳殷] 22세]

사실의 개요: 1943년(昭和 18) 5월 9일 부안군(扶安郡) 부령면(扶寧面) 서외리(西外里)[23]

---

22 위의 자료에 따르면 최상욱은 1943년 9월 25일 전주지방법원에서 불경, 육군형법 위반, 보안법 위반으로 징역 2년의 처분을 받았다. 그는 1943년 5월 27일 같은 장소 같은 사람들에게 아무것도 없는 신사에 왜 절을 하는가 등 '신궁(神宮)'에 대한 불경한 행위'를 했다.

23 원문에는 '부여군(扶餘郡) 부여면 서외면(西外面)'으로 쓰였으나 바로잡았다.

마루시게야(丸茂屋) 객실에서 송산화영(松山和暎, 마쓰야마 와에이)[최상욱崔相煜]과 음주 중 마루시게야의 하녀 다케이 후미코(竹井文子)·야마모토 마쓰코(山本松子)(두 사람 모두 일본인)가 모여 있는 면전에서 조선인인 마루시게야의 하녀 나카야마 유키코(中山그キ子)에게 "너는 조선인인 주제에 조선어로 말하지 않느냐. 조선인은 조선어를 써야 한다. 너는 일본인 집에 살며 일본 옷을 입고 있어도 마음마저 일본인에게 팔아버려서는 안 된다. 내선일체란 무엇인가. 관공서 같은 대단한 곳에는 일본인만이 앉아 있는데, 나는 고원(雇員)에서 지도원(指導員)으로 떨어졌다. 일본인은 문화가 위대하다고 대단한 듯이 말하나, 무엇이 대단한가. 옛날 일본의 문화는 중국과 조선에서 건너간 것이다. 한문도 그러하지 않은가. 일본인이 위대한 것은 아니다. 중국인과 조선인이 위대한 것이다. 내선일체란 무엇인가. 조선인도 일본인과 마찬가지의 생활을 하고 있는데, 조선인에게는 가봉(加俸)을 주지 않고 있지 않은가"라고 함부로 말하였다.

처분결과: 공판 중[24]

3) 국어(國語, 일본어) 상용에 관한 불온 언동

청명: ■…■

직업·성명·연령: ■…■

사실의 개요: 1942년(昭和 17) 1월 8일 경의선(京義線) 능곡역(陵谷驛)에서 대산승홍(大山勝弘, 오야마 가쓰히로)이라는 ■…■에게 곡류 군외(郡外) 반출에 관한 심문을 실시하였는데, 대산승홍이 일본어로 대답하자 기다리던 승객 70~80명의 면전에서 "나는 조선인인데, 조선인에게 어째서 조선어로 이야기하지 않고 일본어를 쓰는가", "조선인이 조선어를 쓰지 않고 어째 일본어를 쓰는가"라고 함부로 말하였다.

처분결과: 1943.2.25 징역 8월

---

[24] 본 자료집 373쪽 주 21의 자료에 따르면 김병은은 1943년 9월 25일 전주지방법원에서 보안법 위반으로 징역 8개월의 처분을 받았다.

청명: ■…■

직업·성명·연령: ■…■

사실의 개요: 1942년(昭和 17) 1월 24일 광주부(光州府) 본정(本町, 혼마치) 2정목 후타바(双葉)카페에서 카페의 여급이 국어를 쓰며 접대한 데에 분개해 그녀에게 "조선인인 주제에 일본어를 쓰는 것은 건방지다. 조선인은 조선어를 써야 한다"라고 함부로 말하였다.

처분결과: 1943.1.18 징역 8월

청명: ■…■[청진지방법원][25]

직업·성명·연령: ■…■[무직 산원태섭(山原泰燮, 야마하라 다이쇼)][최태섭崔泰燮] 17세

사실의 개요: 1942년(昭和 17) 5월 23일 함북 학성군(鶴城郡) 학서면(鶴西面) 원평동(院坪洞) ■…■에서 관제엽서 5매에 각각 조선 독립을 목적으로 "■…■ 학교 학생은 일치단결하여 조선의 징병제도와 국■…■[국어 상용] 운동에 반대하여 단체적 운동을 해야 한다"라는 내용을 기재하여 ■…■성[경성鏡城]공립중학교·전남광주공립중학교·경성부 ■…■[경복景福]중학교·개성(開城)공립중학교·전북군산공립중학■…■생 일동에게 우체통에 넣어 우편으로 보냈다.

저분결과: 1942.12.15 징역 단기 2년 장기 5년

비고: 치안유지법 위반과 병합

---

[25] 이 사건의 '청명', '직업·성명·연령', '사실의 개요'는 일부 원본 누락으로 판독할 수 없으나, 清津地方法院, 「1942년 刑公 제36호 判決:山原泰燮」, 1942.12.15(京城地方法院檢事局思想部, 『(1943년)鮮內檢事局情報』에 수록)을 참조하여 기입하였다.

청명: ■…■[광주지방법원 순천지청][26]

직업 · 성명 · 연령: ■…■ [잡화상 고산판옥(高山判玉, 다카야마 한교쿠)[황판옥黃判玉] 42세

사실의 개요: ■…■ 내연의 처인 조운학(趙雲學)이 이웃집에 거주하는 전중상석(田中相石, 다나카 소세키)의 아내 ■…■의 꼬임으로 매일 밤 부락의 국어강습회에 출석하였기 때문에 가사■…■에 약간의 지장이 초래되자 피고인은■…■불쾌하게 여기고 또한 이를 권유한 위의 전중신덕(田中信德, 다나카 신토쿠)도 미워하고 더불어 국어강습회도 백안시하였는데, 1942년(昭和 17) 7월 1■일 술에 취한 채 위의 전중신덕의 집을 방문하여 그에게 자기 ■…■녀를 데려가는 것은 부당하다고 힐난하며 말싸움하던 중 부락연맹 ■…■장(長) 언산종규(彦山鍾圭, 히코야마 쇼케이)가 전중신덕의 집에 방문하여 피고인이 잘못한 점을 ■…■하자 피고인은 도리어 격앙되어 전중신덕의 집에 모여 있던 전중신덕 외 근처의 부녀자들 약 10명의 면전에서 큰소리를 지르며 "너는 일이 없으면 낮잠을 자면 그만이지 않은가. 어째서 마을의 여자들을 모아 일본어 등을 가르치는가. 애초에 개의 음경 같은 일본어 따위를 배워

---

[26] '청명', '직업 · 성명 · 연령'은 光州地方法院順天支廳, 「1943년 刑公 제76호 判決:高山判玉」, 1943.5.6에 따른다. 본 사건에 관한 이해를 위해 판결문 전문을 번역하면 다음과 같다.
1943년 刑公 제76호 판결
본적: 전라남도 고흥군 고흥면 남계리 559번지
주소: 동 도 동 군 동 면 옥하리 번지 미상
　　　잡화상 黃 고쳐서 高山判玉 42세
위 사람에 대한 보안법 위반 피고사건에 대하여 심리를 마치고 다음과 같이 판결한다.
주문: 피고인을 징역 6월에 처한다
이유: 피고인은 무교육 무자산의 노천 상인이다. 1942년 5월경부터 거주하는 마을 부락연맹에서 매일 야간에 부락 거주 부인을 모아 국어강습회를 개최하여 피고인의 내연의 처 조운학(趙雲學)도 이웃집 거주 전중상석(田中相石, 다나카 소세키)의 처 신덕(信德)의 권유에 따라 이에 출석하였다. 그 때문에 가사 정리에 약간 지장이 있는 것을 불쾌하게 여겨 위의 신덕을 미워하고 아울러 동 강습회 개최를 백안시하였다. 1942년 7월 18일 오후 6시경 술기운은 띠고 신덕의 집을 찾아가 그녀에게 자기의 처를 위 강습회에 계속 불러내 패씸하다고 질책하며 말다툼하는 중에 동 부락연맹이사장 언산종규(彦山鍾圭, 히코야마 쇼케이)가 그곳에 와서 피고인을 훈계하니 피고인은 도리어 격앙해서 그곳에 모인 신덕 외 약 10명이 보고 있는 앞에서 위 언산종규에게 "너는 일 없으면 낮잠이나 잘 것이지 어째서 마을의 여자들을 모아 일본어를 가르치는가. 대체 이제 개의 음경 같은(더럽다는 뜻) 일본어를 배워서 무엇하냐"라고 큰소리로 고함쳐 정치에 관한 불온 언동을 하였으므로 이로 인해 치안을 방해한 자이다.
위 사실은 피고인의 당 법정에서 그러한 내용을 자백함에 따라 이를 인정한다. 법에 비추어 보건대 피고인의 소위는 보안법 제7조 소정의 범죄이므로 동조의 소정 형 중 징역형을 선택하여 그 소정 형기 범위 내에서 피고인을 징역 6월을 처분할 수 있다.
이에 주문과 같이 판결한다.
조선총독부검사 박택성대(朴澤成大, 호자와 세이다이)[박성대朴成大] 관여
1943년 5월 6일 광주지방법원순천지청 조선총독부판사 쓰다 다케야(津田猛哉)

서 무엇에 쓰겠는가"라고 함부로 말하였다.

처분결과: 1943.5.6 징역 6월

청명: ■…■

직업·성명·연령: ■…■

사실의 개요: 1942년(昭和 17) 8월 9일 사리원읍(沙里院邑) 서리(西里) 옥산창근(玉山昌根, 다마야마 쇼콘)의 집에서 국어강습회 실시에 관해 제5구장 회의가 개최되었을 때, 구장 대리 원천상치(遠川相治, 도카와 소지)가 국어 상용을 역설한 것에 대하여 "나는 부모에게 일본어를 배우지 않았다. 부모가 가르쳐주지 않는 말을 배울 수는 없다. 내선일체가 무엇인지 모르겠지만 국어강습회에는 반대다"라고 함부로 말하였다.

처분결과: 제1심 판결 1943.1.15 징역 6월, 1943.1.19 피고인 공소 신청, 제2심 판결 1943.5.31 무죄

청명: 경성지방법원

직업·성명·연령: 무직 천상덕웅(川上德雄, 가와카미 도쿠오) 18세

사실의 개요: 1942년(昭和 17) 8월, 날짜는 확실하지 않음. 경성부 창신정(昌信町) 583번지 앞 도로 통행 중에 때마침 길을 가던 중학생 풍 남자 2명의 태도가 건방지다며 그들에게 폭행을 가하고자 전본영식(全本瑛植, 젠모토 에이쇼쿠) 외 3명과 공모해 해당자에게 길을 묻자 '당신은 취한 것 같으니 얼른 집으로 돌아가라'라고 국어[일본어]로 대답하니 해당자에게 "이 녀석 건방지다. 조선의 밥을 먹고 있으면서 어째서 일본어를 쓰는가"라 함부로 말하고 남자 2명에게 폭행을 가하였다.

처분결과: 공판 중

비고: 폭력행위처벌에관한법률 위반, 절도와 병합

청명: 부산지방법원

직업 · 성명 · 연령: 일용노동 목하명률(木下命律, 기노시타 메이리쓰) 54세, 농업 대도성근(大島聖根, 오시마 세이콘) 53세

사실의 개요: 1942년(昭和 17) 10월 19일 건초를 매각하고자 부산부 우암리(牛岩里) 소재 조선축산주식회사 사무소에 갔을 때 조선축산주식회사 계원 왕본기홍(王本基弘, 오모토 모토히로)이 품질이 불량하므로 가격을 낮춰 거래하겠다고 말하자 분개하여 왕본기홍의 귀갓길을 따라가 복수하기로 두 사람이 모의해 10월 19일 오후 6시경 왕본기홍을 붙잡아 폭행하여 상해했다. 그때 왕본이 국어로 구조해줄 것을 외치자 두 사람은 부락민 14~15명의 면전에서 "왜놈의 흉내를 내는가. 일본어는 개 짖는 소리 같다. 조선인이라면 조선어로 말해라", "조선인이 일본어를 쓰지 마라. 조선어로 말해라. 왜놈의 흉내를 내지 말아라"라고 함부로 말하였다.

처분결과: 제1심 판결 1942.12.15 각각 징역 6월 2년간 형 집행유예, 1942.12.16 검사 공소 신청, 제2심 판결 1943.1.29 각각 징역 8월

청명: 부산지방법원 진주지청

직업 · 성명 · 연령: 진주우편국 사무원 신전등구(新田登久, 닛타 도큐) 23세

사실의 개요: 1942년(昭和 17) 11월 2일 진주부 일출정(日出町, 히데초)의 찻집 한월(寒月)에서 친구가 가게로 오는 것을 기다릴 때 한월의 여급 안본풍자(安本豊子, 야스모토 도요코)가 국어로 "오야마(大山) 씨는 아마 오지 않겠죠?"라고 말한 데에 '조선어를 써라'라고 말하였는데, 안본이 조선어 사용은 주인이 금하고 있다고 대답하자 안본풍자가 일본 본토 출신이며 게다가 본토의 소학교를 졸업하고 조선어를 충분히 말할 수 없다는 것을 알고 있으면서 조선인 손님 약 10명이 모여 있는 한월 점포 내에서 건방지게도 안본풍자의 오른쪽 뺨을 때린 뒤 "조선인인 주제에 일본인 흉내를 내다니 건방지다. 너도 엽전(조선인이라는 뜻)이니 조선어를 써라"라고 함부로 말하였다.

처분결과: 1942.12.17 금고 4월

청명: 경성지방법원

직업·성명·연령: 회사원 강산정명(江山正明, 에야마 마사아키)[李鼎燮이정섭][27] 49세

사실의 개요: 1942년(昭和 17) 4월 경성부 태평통(太平通) 2정목에 경성군수산업주식회사[28]를 설립하고 직접 그 이사 겸 사장이 되어 현재에 이른 자인바, 1942년 10월 하순 경성군수산업주식회사 판매계 주임 목산정일(牧山正一, 마키야마 세이이치)이 예전부터 국어 사용을 장려하고 있던 경성군수산업주식회사 전무이사인 오야태일(吳野泰一, 구레노 야스카즈)을 칭찬하는 말을 몰래 하자 위의 목산에게 "오야는 어디 종족인지 물어봐라"라고 함부로 말하였다. 1942년 11월 18일 앞의 오야에게 "조선인이 일본인의 기분만 맞추고 있으니 조선이 망한 것이다"라고 함부로 말하였으며, 1942년 11월 하순경 앞의 오야가 국어로 전화하고 있는 것에 대하여 "조선인끼리 말할 때는 조선어를 써라"라고 함부로 말하였다. 1942년 12월 중순에는 수일 전에 퇴사를 지시받은 앞의 목산이 국어로 퇴사를 지시받은 이유를 묻자 "서툰 일본어를 쓰지 마라. 이전의 전화도 서툰 일본어를 써서 못 알아들었지 않은가" 하고 함부로 말하였다.

처분결과: 1943.5.19 징역 2월 2년간 집행유예

성명: 신의주지방법원

직업·성명·연령: 회사 고원 송촌동호(松村東浩, 마쓰무라 도코) 24세

사실의 개요: 신의주부 빈정(濱町, 하마초) 소재 조선운송주식회사 신의주 지점 강안선(江岸線) 현장작업원 대기소에서 1942년(昭和 17) 2월 9일 김광의웅(金廣義雄, 가네히로 요시오) 외 3명쯤에게 "'쪽발이'(일본인을 비하하는 용어) 녀석들은 50~60이 되어도 관청이나 회사에서 고급(高級)으로 일할 수 있지만, 조선인은 노년까지 일하게 해주지 않으니 관청이나 회사에서 근무할 수 없어서 장사라도 해서 돈을 벌지 않으면 안 된다. 이게 모두 정치가

---

[27] 본명은 국사편찬위원회 편, 『일제강점기 경성지방법원 형사사건기록 해제』, 국사편찬위원회, 2009, 115~116쪽에 따른다.

[28] 경성군수산업주식회사는 1942년 4월 24일 자본금 10만 원으로 설립되었으며 무도구(武道具)의 제조 및 수리와 이에 부대하는 모든 업무를 목적으로 한다(국사편찬위원회, 〈한국사데이터베이스_한국근현대회사조합자료〉 참조).

올바르지 못하기 때문이다", 1942년 4월 6일 강안선 현장작업원 대기소의 보조역 북촌준웅(北村俊雄, 기타무라 도시오)이 관계되어 안(案)을 낸, 조선어 사용자에게 그때마다 10전을 갹출시켜 국방헌금으로 삼는다는 회람판의 회부를 받자 이에 분개하여 장곡유정(藏谷裕汀, 구라타니 유테이) 외 3명에게 "이런 바보 같은 회람판이 있는가. 조선인이 조선어를 사용하지 않으면 누가 사용하는가. 이런 일까지 금지하는 것은 결국 마루호시(丸星)[29] 현장에서 조선인을 쫓아내겠다고 말하는 것과 마찬가지가 아닌가. 조선인에게 조선어를 없애는 것과 같은 무리한 정치가 어디 있는가?", 1942년 8월 8일 위의 장곡 외 3명에게 "개성(開城)의 마루호시에는 지점장 이하 사원의 태반이 조선인이며, 또한 부윤(府尹)도 조선인이라고 한다. 개성은 조선인의 세력이 강해 일본인이 세력을 펴지 못하게 한다. 이는 개성의 조선인이 단결심이 강하기 때문이다. 이것이 진정한 조선인이다. 개성에서 일본인이 큰 과자가게를 열었으나 그 외에 조선인의 작은 과자가게가 있었는데, 조선인들이 단결하여 조선인의 가게에서만 과자를 구입하므로 일본인 가게는 망해서 철수했다고 한다 운운", 8월 8일 영원충삼(鈴原忠三, 스즈하라 주조) 외 3명에게 대기소에 걸려 있던 황국신민의 서사 액자를 가리키면서 "우리는 황국신민이 아니다. 충성으로 군국(君國)에 보답할까 보냐"라고 읊은 뒤 "황국신민의 서사를 읽고 실행할 수 없다. 우리는 아예 이렇게 읽는 편이 낫다", 1942년 9월 11일 백천원조(白川元祚, 시라카와 겐조) 외 1명에게 "국민등록은 작년에도 나왔는데 올해 또다시 나오지 않았는가. 시끄러운 녀석들이다. 이는 조선인만 조사하여 지원병이나 의무병으로 징발해가기 위해서일 것이다", 1942년 12월 22일 평전부웅(平田富雄, 히라타 도미오) 외 3명에게 "이번 정월에는 찹쌀을 1~2되씩 배급하고, 다음 달의 쌀 배급량에서 그 분량만큼 차감하겠다고 말하고 있으나, 이래서는 결국 특별배급을 받지 않는 셈이 된다. 우리는 '쪽발이'와 마찬가지로 지원병·의무병 따위로 징발되어 부려지면서 쌀 배급까지 차별대우를 하는 것은 배급제도가 마련되어 있지 못하기 때문이다"라고 각각 함부로 말하였다.

처분결과: 공판 중

비고: 불경, 조선임시보안령, 육·해군형법 각각 위반과 병합

---

29 당시 각 지역에 설립되었던 운수창고회사이다. 『朝鮮銀行會社組合要錄』을 보면 함경남도 고원군에 1931년 설립된 高原丸星運送(合資), 황해도 신천군에 1935년 설립된 信川丸星運送(合名)이 1942년판에도 실려 있다(국사편찬위원회, 〈한국사데이터베이스_한국근현대회사조합자료〉 참조).

청명: 평양지방법원

직업·성명·연령: 요릿집 고용인 산본대련(山本戴璉, 야마모토 다이렌) 22세

사실의 개요: 해당자는 소학교 2학년을 중도 퇴학한 채 별도의 교육을 받지 않은 국어[일본어] 미숙련자인바, 고향인 평남 중화군(中和郡) 양정면(楊井面) 성리(星里)[30]로 귀성하던 중에 1943년(昭和 18) 1월 4일 양정면 입석리(立石里)에서 양정면 경찰관 주재소에 근무하는 가나에(金江) 순사에게 검문을 받을 때 시종 조선어로 응하였기 때문에, 가나에 순사가 '양복을 입은 자가 국어를 모르는가' 하고 야유했다. 이에 분개하여 성리 구장 조본용익(朝本用翼, 아사모토 요요쿠) 집으로 가는 가나에 순사를 쫓아가 조본용익 집에 주인인 조본 외 수 명의 마을 사람들이 모여 있는 석상에서 가나에 순사에게 앞의 언동을 힐문한 뒤 "국어 상용에는 절대 반대다. 조선어를 사용해도 어떠한 거리낌도 없다" 운운하며 함부로 말하였다.

처분결과: 1943.3.8 기소유예

청명: 전주지방법원

직업·성명·연령: 무직(전 군산우편국 사무원)(여성) 고뢰춘지(高瀨春枝, 다카세 하루에다) 22세

사실의 개요: 1943년(昭和 18) 2월 9일 군산부 개복정(開福町) 1정목 45번지 김전우진(金田宇珍, 가네다 우친)의 집에서 개복정연맹이사장인 김전에게 동내 각종 행사에 참가하도록 주의를 받자 조선어로 변명했기 때문에, 김전이 국어를 사용하도록 주의를 하자 김본문웅(金本文雄, 가네모토 후미오) 외에 수 명이 모여 있는 면전에서 "조선 밥을 먹는 자가 조선어를 쓰는 것이 뭐가 나쁜가. 당신은 조선 밥을 먹고 있지 않은가"라고 함부로 말하였다.

처분결과: 1943.7.21 기소유예

---

30 중화군 양정면에 없는 동리명이다. 비슷한 것으로 간성리(澗星里)가 있다.

청명: 해주지방법원 사리원지청

직업·성명·연령: 농업 목촌태순(木村泰珣, 기무라 다이슌) 20세

사실의 개요: 1943년(昭和 18) 2월 25일 황해도 안악군(安岳郡) 용순면(龍順面) 가정리(柯亭里)의 망월윤식(望月允植, 모치즈키 인쇼쿠) 집 앞마당에서 덕산종호(德山鍾鎬, 도쿠야마 쇼코)에게 농담하자 덕산이 국어[일본어]로 "술에 취해서 무엇을 말하고 있는가. 얼른 돌아가서 쉬는 편이 좋지 않겠는가" 하고 질책하자, 이에 분개하여 덕산에게 "너는 조선인이면서 어째서 일본어를 쓰는가"라고 함부로 말하였다.

처분결과: 1943.4.28 징역 단기 1년 장기 2년

비고: 상해, 폭행과 병합

청명: 부산지방법원

직업·성명·연령: 현장식당(飯場) 경영주 강수학(姜秀學) 43세[31]

사실의 개요: 예전부터 국어[일본어]를 충분히 이해하지 못했기 때문에 국어 상용 운동에 불평불만을 품고 있었는데, 자기 현장식당에 투숙 중인 평야춘광(平野春光, 히라노 하루미쓰)이 몰래 일본 이주노동자 모집에 응모하고 있는 것을 알게 되자 분개한 나머지 1943년(昭和 18) 3월 11일 거택 안의 인부 등 약 20명의 면전에서 위의 평야를 구타하면서 조선어로 "일본 노동자 모집에 가는 자는 죽여 버리겠다"라고 함부로 말하자, 평야가 국어로 "그렇게 때리지 말고 좋게 말로 하세요. 나빴다면 용서해 주세요"라고 사과하자 "국어를 써서 나를 바보 취급하지 마라. 국어를 쓰는 녀석은 죽여 버릴 것이다"라고 함부로 말하였다.

처분결과: 1943.4.19 징역 8월

---

31 국가기록원, 〈독립운동관련판결문〉에 '수형인명부'가 확인된다. 창씨명은 신농수학(神農秀學)이며 본적은 경북 영양군 석보면 화매동, 주소는 부산부 초량정이다.

청명: 대전지방법원 충주지청

직업·성명·연령: 철도국 고원(선로수) 대성병호(大城丙浩, 오시로 헤이코) 39세

사실의 개요: 1943년(昭和 18) 3월 20일 충북 단양군(丹陽郡) 대강면(大崗面) 용부원리(龍夫院里)에서 음식점을 하는 송전대윤(松田大允, 마쓰다 다이인)의 집에서 동료인 목촌문재(木村文在, 기무라 분자이) 외 1명과 함께 탁주 2되를 마시고 일단 음식점을 떠났으나, 다시 술을 마시고자 3월 21일 오전 2시경 재차 송전의 집에 갔지만 취침한 뒤여서 술을 판매하라고 큰 소리를 내며 시끄럽게 굴었다. 때마침 송전대윤의 집에 와 있던 순사 서원무남(西原武男, 니시하라 다케오)이 국어로 제지하며 무분별함을 설교하자, 목촌문재 외 수 명의 면전에서 위의 서원 순사에게 "조선인이 조선어를 쓰지 않느냐. 국어가 필요 있는가. 조선어로 말해라"라고 함부로 말하였다.

처분결과: 1943.6.30 기소유예

청명: 부산지방법원 마산지청

직업·성명·연령: 가구 직공 암본상홍(岩本常弘, 이와모토 쓰네히로) 25세

사실의 개요: 1943년(昭和 18) 5월 1일, 2일에 걸쳐 마산부 주최 청년대건민연성대회(靑年隊健民鍊成大會)에 참가해 행군하던 중, 동월 5일 마산부 영정(榮町, 사카에초)의 청년대대장 신정양명(新井良明, 아라이 요시아키)이 각 중대의 질서 유지에 관하여 주의를 주자, 그에게 "엉망인 일본어 그만두고 조선어를 써라"라고 함부로 말하였다. 게다가 제3중대 반장 김본정의(金本正義, 가네모토 마사요시)에게 "일본어를 쓰면 조선어는 녹이 슨다. 어차피 소용이 없으니 서양어를 써라"라고 함부로 말하였다.

처분결과: 1943.6.8 징역 6월

청명: 대전지방법원

직업·성명·연령: 야채 행상 ■전영래(■田榮來, ■타 에이라이) 45세

사실의 개요: 1943년(昭和 18) 6월 10일 충남 아산군(牙山郡) 온양읍(溫陽邑) 온천리(溫泉

里) 온정관(溫井館) 목욕탕에 입욕하고자 탈의 중에, 온정관의 관리인이 피부병 환자인 것을 발견하고 국어로 "피부병 환자는 공동 욕탕에 입욕할 수 없다"라고 입욕을 막자, 이에 분개하여 관리인과 말싸움을 시작해 수 명의 목욕탕 손님 면전에서 그에게 "조선인이면서 어째서 일본어를 쓰는가. 자네는 일본인인가. 자네 같은 자가 있어서 우리가 이렇게 되어 버린 것이다"라고 함부로 말하였다.

처분결과: 1943.6.30 기소유예

청명: 부산지방법원

직업·성명·연령: 선반공 정상덕윤(井上德潤, 이노우에 도쿠준)[정덕윤丁德潤][32] 18세

사실의 개요: 1943년(昭和 18) 6월 10일 부산부 대창정(大倉町) 4정목 부립공회당에서 개최된 조선연극단의 연극을 관람하러 갔을 때, 옆자리에 앉아 있던 진성옥순(眞城玉順, 신조 교쿠준)이란 자가 국어로 "그 자리는 내가 친구를 위해 맡아 둔 것이니 다른 곳으로 옮겨주기 바란다"라고 재촉하자, 그에게 "건방지네. 조선인인 주제에 일본어를 사용하는가. 바보 녀석"이라고 함부로 말하였다.

처분결과: 공판 중[33]

---

32 본명은 국사편찬위원회, 〈한국사데이터베이스_일제감시대상인물카드〉에 따른다.
33 위의 자료에 따르면 정덕윤은 1943.8.28. 부산지방법원에서 징역 1년을 선고받았고, 1944.4.10. 형집행정지로 출감했다. 국가기록원, 〈독립운동관련판결문〉의 '집행원부'도 참조.

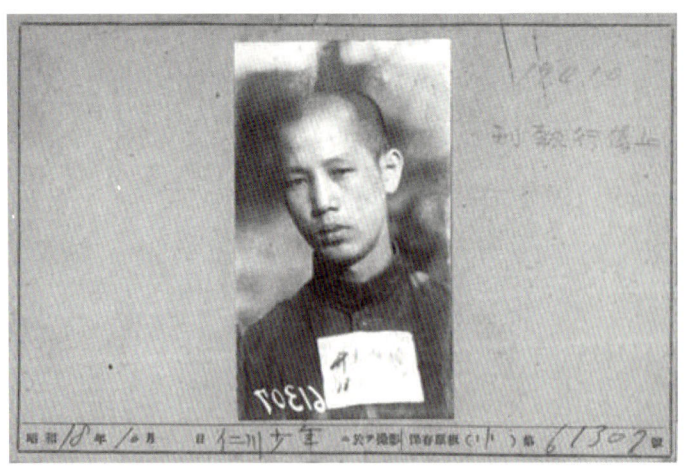

〈그림22〉 1943년 인천소년형무소에 수감된 정덕윤의 인물카드
출처: 국사편찬위원회, 일제감시대상인물카드 [ia_4853]

4) 지원병제도에 관한 불온 언동

청명: 광주지방법원

직업·성명·연령: 점원 암촌옥(岩村鈺, 이와무라 교쿠)[허봉학許鳳鶴][34] 25세

사실의 개요: 1941년(昭和 16) 12월 8일 전남 제주도(濟州島) 읍내의 신부 도슨 패트릭의 집에서 이천문웅(伊川文雄, 이카와 후미오)[윤기옥尹奇玉] 외 1명에게 "일·영·미가 개전하였으니 금후 일본도 지원병을 다수 모집하여 향후 매년 3,000명 정도 모집한다고 하는데, 그 안에는 수재도 상당히 있으니 일본군의 내부 상황을 숙지한 뒤 지원병들이 단결해 일어선다면 조선은 독립할 수 있을 것이다. 조선인 중에는 일본인보다 두뇌가 뛰어난 자가 많다"라는 뜻을 함부로 말하였다.

처분결과: 1942.10.28 징역 1년 6월

비고: 육·해군형법 위반과 병합

---

34 관련 인물의 본명은 光州地方法院, 「1942년 刑公合 제43-2호 判決: ダウソン, パトリツク 등 11인」, 1942.10.24 처분일이 판결문과 다르다. 이 사건에 관해서는 86쪽 주 53 참조.

청명: 부산지방법원 마산지청

직업·성명·연령: 전 마산공립중학교 학생 달성장방(達城將邦, 다쓰시로 마사쿠니) 19세

사실의 개요: 1941년(昭和 16) 12월 중순 마산공립중학교에 등교했을 때 교실에서 동급생 차본고행(車本高行, 구루마모토 다카유키) 외 5~6명이 특별 지원병에 관하여 잡담하고 있던 것을 듣고 차본 등에게 "조선에서 지원병으로 나간다고 해도 대단한 위인이 될 수가 없다네"라고 함부로 말하였다.

처분결과: 제1심 판결 1942.6.11 징역 1년, 1942.6.12 법정 대리인과 1942.6.13 피고인 각각 공소 신청, 제2심 판결 1942.7.17 징역 8월 3년간 집행유예

청명: 함흥지방법원

직업·성명·연령: 무직 김택건태랑(金澤健太郎, 가나자와 겐타로)[김홍순金洪淳][35] 24세

사실의 개요: 1942년(昭和 17) 3월 중순 경성부 내에서 장촌학우(張村學禹, 하리무라 가쿠우)에게, 그로부터 수일 후 경성부 내에서 평소원이(平沼源二, 히라누마 겐지)에게, 1942년 6월 중순쯤 함남 영흥군(永興郡)[36] 고령면(古寧面) 안동리(安東里)에서 거듭 장촌학우에게 "지금 일본인은 목숨을 걸고 전쟁을 벌여 인구도 줄어들고 있지만, 조선인은 놀면서 이를 보고 있으며 인구도 늘고 있어서 행복하다. 그러나 이후 전장에서 병사들이 돌아와 이를 본다면 필시 분개하여 조선인에게 철포를 겨누고 전멸시킬 것이기 때문에 조만간 일본으로 적을 옮겨 두는 편이 낫다. 미나미 총독도 이 점에 동감하여 지원병제도를 실시하게 되었다"라고 함부로 말하였다. 1942년 9월 말경 고령면 소재 고령국민학교 운동장에서 앞의 평소원이, 장촌학우에게 "다나카(田中) 정무총감이 모(某) 국장에게 '자네들은 지원병을 강제로 모집했는가' 묻자 그 국장은 '그런 일은 없습니다'라고 대답했는데, '나는 일본에 있어도 조선의 사정은 잘 알고 있다. 강제로 모집했겠지'라며 질책한 일이 있었다고 한다. 고이소(小

---

[35] 본명은 咸興地方法院, 「1943년 刑公 제345호 判決:金澤健太郎」, 1943.5.5(咸興刑務所長 → 朝鮮總督, 「假出獄執行濟ノ件報告」, 1943.12.24에 수록)에 따른다.

[36] 원문에 '永興面'으로 표기되었으나 '영흥군'으로 고쳤다.

磯) 총독은 이를 폐지하려고 생각했으나, 미나미(南) 총독의 사퇴 기념사업이기에 어쩔 수 없이 이를 인계받아 실시하게 되었다. 또 이렇게 빨리 징병제도를 실시하게 된 다른 하나의 원인은 이번 전쟁에서 다수의 군인이 사상을 당해 병사가 부족해졌기 때문이다. 전쟁이 없었다면 징병제도는 이렇게 빨리 실시되지 않았을 것이다"라고 함부로 말하였다.

처분결과: 1943.5.4 징역 8월

비고: 육·해군형법 위반, 조선임시보안령 위반과 병합

청명: 신의주지방법원

직업·성명·연령: 서당교사 구룡최준범(龜龍璀皴範, 기류 간슌한) 45세[37]

사실의 개요: 예전부터 불온사상을 품었을 뿐만 아니라 조선의 시정에 관해 불만을 품고 있던 자인데, 1939년(昭和 14) 8월경부터 1942년(昭和 17) 8월경 사이에 수차례에 걸쳐 평북 용천군 내중면(內中面) 소재 연곡동(蓮谷洞) 서당에서 학생 광천봉구(廣川鳳九, 히로카와 호큐) 외 사십 수 명에게 "조선인에게 지원병제도가 생겨 이에 지원하는 자가 있는데, 놈들과 같은 자들은 조선을 모르는 이들이니 얼른 죽지 않으면 조선에는 평화가 찾아올 수 없다", "보통학교를 졸업해 국어를 아는 자는 징병제도에 의해 징병될 것인데, 서당에 다니고 있는 자들은 국어가 충분하지 않으므로 징병되지 않을 것이다. 그러한 일도 모르면서 학부형들은 다액의 기부를 내가면서까지 보통학교에 입학시키고 있는데, 바보 같은 놈들이다"라고 함부로 말하였다.

처분결과: 1943.2.25 징역 2년

비고: 치안유지법 위반, 조선임시보안령 위반, 육·해군형법 위반과 병합

37　구룡최준범의 창씨개명에 대해서는 104쪽 주 78 참조.

청명: 부산지방법원

직업·성명·연령: 토목공사 감독 동원국조(東原國祚, 히가시하라 고쿠조) 25세

사실의 개요: 1942년(昭和 17) 10월 10일 부산부 좌천정(佐川町, 사가와초) 대성정부(大城貞夫, 오시로 사다오) 집 뒤 광장에서 좌천정 제3구 제12조장 이시다 센노스케(石田千之助)의 지시에 따라 제12조 내의 지원병 적합자인 대성정부 외 3명과 집합했다가, 이시다가 지원병이 될 것을 권유하자 "지원병 훈련소에서는 지원병을 함부로 발로 차거나 때리거나 해서 학대하며, 또한 전쟁에 나가면 적에게 살해당할 것이 두려우니 지원병은 되지 않을 것이다"라고 함부로 말하였다.

처분결과: 1943.1.23 기소유예

청명: 광주지방법원 장흥지청

직업·성명·연령: 농업 덕산맹갑(德山孟甲, 도쿠야마 모코)[최맹갑崔孟甲][38] 50세

사실의 개요: 1942년(昭和 17) 10월 16일 밤 전남 영암군(靈巖郡) 서호면(西湖面) 몽해리(夢海里) 동각(洞閣)에서 국민총력몽해리부락연맹 임시총회가 개최되었을 때 다소 취한 채 출석했는데, 임시총회 석상에서 몽해리 구장 겸 영암군 부락연맹이사장인 김본구웅(金本久雄, 가네모토 히사오)이 피고인에게 피고인의 장남 낙천(洛釧, 라쿠센)은 육군특별지원병지원자로 적합한 자이니 10월 19일까지 서호면사무소에서 지원 수속을 하도록 권유했다. 그러자 피고인은 장남 낙천이 생식기 발육이 불완전한 불구자인 것은 몽해리 내에서 주지의 사실임에도 불구하고 김본구웅이 이 사실을 모욕하기 위해 위의 권유 얘기를 꺼낸 것이라 곡해하여 분개했다. 그는 김본구웅에게 "지원병의 지(志)라는 글자는 어떤 의미의 문자인가" 질문하고, 김본구웅이 '마음이 향하는 바'라는 뜻이라 대답하자, "그게 아니라 강제라는 뜻이다. 지원병이 되고자 한다면 상당히 많은 지출이 필요한데, 이러한 비용으로 술이나 고기를 먹느니만 못하다"라고 함부로 말하였다.

처분결과: 1943.4.28 징역 6월

---

[38] 본명은 광주지방법원장흥지청, 「1943년 刑公 제395호 判決:德山孟甲」, 1943.4.30에 따른다. 판결일이 원문의 처분일과 다르다.

청명: 부산지방법원

직업·성명·연령: 해산물상인 고산박충(高山博充, 다카야마 히로미쓰) 48세

사실의 개요: 1942년(昭和 17) 11월 13일 부산부 수정정(水晶町, 스이조초)의 자택에서 육군병지원자훈련소 입소에 지원 중인 장남 승호(勝好, 가쓰요시), 차남 성부(盛夫, 모리오)에 대한 고사(考査) 기일을 통지하기 위해 내방한 피의자 소속의 애국반장 교모토 세이이치(恭本精一)에게 "목을 잘라도 아이들을 지원병으로는 절대 내놓지 않을 것이다"라고 함부로 말하였다.

처분결과: 1942.11.28 기소유예

청명: 부산지방법원

직업·성명·연령: 기도사 산가인부(山佳寅夫, 야마가 도라오) 39세

사실의 개요: 1942년(昭和 17) 12월 2일 부산부 초량정(草梁町) 김택경(金澤敬, 가나자와 다카시)의 집에서 개최된 영남 심안공제원(心眼共濟院) 간부회의 석상에서 "지난 8월 내 사촌도 지원병이 되어 남양 방면으로 갔는데, 지원병으로 간 녀석들은 개자식이다. 무엇 때문에 가는 것인지 그 뜻을 모르겠다. 나라면 죽어도 가지 않을 것이다. 그 녀석들은 머리가 좋다. 처음에 지원병인지 뭔지를 말하며 이번에는 징병제를 선포하는 등 참으로 대단하다. 그러나 무엇 때문에 우리가 이에 응해야 하는가, 강제로 응해야만 하는가" 운운하며 함부로 말하였다.

처분결과: 1942.12.16 기소유예

청명: 신의주지방법원

직업·성명·연령: 회사 고원 영본중웅(永本重雄, 나가모토 시게오) 31세

사실의 개요: 1943년(昭和 18) 1월 1일 신의주부 대화정(大和町, 다이와초) 평거성차(平居誠次, 히라이 세이지)의 집에서 장곡유정(藏谷裕汀, 구라타니 유테이) 외 3명에게 "정부는 배급품에도 일본인과 조선인의 차별을 두니 조선인은 죽는 편이 낫다. 나라의 이익도 되지

않는데 음선(陰膳)[39]을 폐지할 필요가 있는가. 이런 상황에서는 조선이라는 이름조차 없어질 것이다"라고 함부로 말하였다. 1943년 2월 중에 신의주부 빈정(濱町, 하마초) 소재 조선운송주식회사 신의주 지점 강안역(江岸驛) 현장작업원 대기소에서 위의 장곡유정 외 수 명에게 "조선인 지원병은 전부 일본의 부대로 보내지며 조선인만의 부대를 편성하지 않는 것은 '쪽발이'(일본인을 비하하는 뜻) 녀석들이 두려워하기 때문이다. 조선인 지원병은 최전선으로 쫓겨나 죽을 것이다. 어차피 죽을 것이라면 총구를 후방으로 돌려 '쪽발이'를 쏴 죽이고 죽는 것이 바램이다"라고 함부로 말하였다.

처분결과: 공판 중

비고: 불경, 조선임시보안령, 육군형법 위반과 병합

청명: 경성지방법원

직업 · 성명 · 연령: 무직 송산국광(松山國光, 마쓰야마 구니미쓰)[조국환趙國煥][40] 19세

사실의 개요: 경성공립공업전수학교 재학 중 1943년(昭和 18) 2월 상순 같은 학교 기계과 실습실에서 동교 교사 마쓰모토 간타로(松本煥太郎)가 '남자로 태어난 이상 지원병이 되어 명예롭게 전사해야만 한다'라고 설명하자, 동 교사 및 덕천한주(德泉漢周, 도쿠이즈미 간슈)[이한주李漢周] 등 급우 십 수 명의 면전에서 "지원병이 되는 자들은 대단한 바보이다. 그들은 이 세상에 어떠한 희망도 없이 죽으려 하지만 죽을 장소가 없어서 지원한 자들이다"라고 함부로 말하였다.

처분결과: 예심 중[41]

비고: 조선임시보안령 위반과 병합

---

[39] 일본에서 여행 등으로 집을 떠나 있는 사람의 무사를 기원해서 바치는 음식. 병사로 출정한 경우에도 바쳤다.

[40] 송산국광의 본명은 국사편찬위원회 편, 『한민족독립운동사자료집 70』, 국사편찬위원회, 2007, 52~175쪽; 경성지방법원, 「1943년 豫 제15호 豫審終結決定: 金川弼相 등 3인」, 1943.7.27에 따른다. '덕천한주'는 위의 자료집 원문을 보면 '증인신문조서' 끝부분에 날인한 도장으로 본명을 확인할 수 있다(http://library.history.go.kr/dhrs/dhrsXIFViewer.jsp?system=dlidb&id=KS0000000533. 2021.4.30 검색). 덕천한주의 한자가 원문에 "德原漢周"이나 위 자료집과 판결문에 따라 "德泉漢周"로 바로잡는다.

[41] 위 예심종결 결정에 따르면 조국환은 1943년 7월 27일 경성지방법원 예심에서 '면소免訴' 처분을 받았다.

청명: 대전지방법원 강경지청

직업·성명·연령: 직공 길전민지조(吉田敏之助, 요시다 빈노스케)[이홍규李鴻圭][42] 23세

사실의 개요: 편모 외동아들이기 때문에 지원병이 되는 것을 꺼리던 자인데, 1943년(昭和 18) 3월 29일 충남 부여군(扶餘郡) 부여면 구아리(舊衙里) 19번지 환선(丸善)이발소로 이발하러 갔을 때 수 명이 모여 있던 환선이발소 안에서 자기의 친구이자 부여면 서기로 근무하고 있는 신홍식(申洪湜)이 지원병이 된 사실을 들어 알게 되자 불만인 기색을 드러내며 "지원병으로 가지 않아도 면에 근무한 것으로 국가에 봉공을 다하는 것은 마찬가지인데, 어째서 지원병인가?" 운운하며 함부로 말하였다.

처분결과: 제1심 판결 1943.5.26 금고 4월 2년간 집행유예, 1943.5.27 검사 공소 신청[43]

청명: 함흥지방법원 원산지청

직업·성명·연령: 선원 김본광홍(金本光弘, 가네모토 미쓰히로)[김고운金高雲][44] 34세

사실의 개요: 1943년(昭和 18) 5월 5일경 당시 투숙처인 원산부 상동(上洞) 강남여관(江南旅館) 객실에서 때마침 찾아온 지인 장곡천청(長谷川淸, 하세가와 기요시)[張熙俊장희준]과 잡담하던 중, 그가 "이번 조선에 해군특별지원병 제도가 실시되어 실로 기쁘다. 나도 젊었다면 해군에 지원하고 싶었다"라고 말하자, 그에게 "조선인에 대한 육·해군특별지원병 제도는 그 내실이 조선인을 죽이는 기관(機關)(제도를 뜻함)으로, 이것이 정부의 정책이다"라고 함부로 말하였다. 장곡천이 타일렀지만 위의 언사를 거듭하였다.

처분결과: 공판 중[45]

비고: 육·해군형법 위반과 병합

42　본명은 대전지방법원강경지청, 「1943년 刑公 제126호 判決:吉田敏之助」, 1943.5.26; 경성복심법원, 「1943년 刑控 제202호 判決:吉田敏之助」, 1943.7.30에 따른다.
43　위 판결문에 따르면 이홍규는 1943년 7월 30일 경성복심법원에서 징역 4개월 2년간 집행유예의 판결을 받았다.
44　관련자의 본명은 경성복심법원, 「1943년 刑控 제299호: 金本光弘」, 1943.10.29에 따른다.
45　위의 2심 판결문에 의하면 김고운은 1943년 7월 31일 함흥지방법원 원산지청에서 '무죄'로 처분되었고, 검사가 공소하였지만 동년 10월 29일 경성복심법원에서도 '무죄' 판결을 받았다.

5) 창씨(創氏)제도에 관한 불온 언동

청명: 경성지방법원

직업·성명·연령: 무직 이용상(李龍商) 36세, 승려 죽원준호(竹原俊鎬, 다케하라 슌코)[정탄현정(程坦然)] 31세

사실의 개요: 이용상은 1942년(昭和 17) 8월 중순 경성부 체부정(體府町) 임천규(林天圭)[46] 집에서 잡담 중에 "창씨를 실시하나 호적에 옛 성도 기재하는 것은 형식상 자못 졸렬한 것으로, 내선일체의 취지에 반(反)한다"라는 뜻을 함부로 말했다.

죽원준호는 평북 강계군 공북면(公北面) 향하동(香河洞) 소재 봉천사(奉天寺)의 주지직에 있는바, 1942년(昭和 17) 7월 중순 봉천사에서 앞의 임천규와 잡담 중에 "안중근을 칭찬한 '신재삼한만국(身在三韓滿國)생난백전사천적(生難百戰死千積)'이란 시가 있는데, 이를 조각한 비석이 지금 여전히 하얼빈에 있다"라고 함부로 말하고 또 그 시를 낭독하였다.

처분결과: 1943.2.2 각각 기소유예

청명: 부산지방법원

직업·성명·연령: 관(棺) 제조업 회산석두(檜山錫斗, 히야마 샤쿠토) 54세

사실의 개요: 1942년(昭和 17) 11월 2일 부산부 수정(壽町)[47] 복성여관(福成旅館)의 뜰에서 김광금술(金光今述, 가네미쓰 긴주쓰) 외 2명에게 "관청에서는 10년간 흉작이 계속되어도 걱정은 없다고 말하나, 올해 1년의 흉작조차 식량이 부족해 조선인은 살 수가 없다. 재작년 나는 이누노코(犬ノ子, 개자식)라고 창씨(創氏)하여 동래 부읍장에게 서류를 제출했는데, 어째서 '이누노코'라고 창씨를 하였는지 이유를 묻기에 나는 '조선인은 성을 바꾸면 개

---

[46] 임천규는 헌정동지회원이자 민영환이 자결한 뒤 그를 이어 흥화학교 교장을 맡았던 임병항(林炳恒)의 장남이다. 본 사건은 임천규 관련 치안유지법 위반 피의 사건 중 일부가 보안법 위반으로 기소된 것으로 보인다. 京城 鍾路警察署長 → 京城地方法院 檢事正, 「[林天圭] 治安維持法違反 被疑事件ニ關スル件」, 1942.12(京城地方法院檢事局, 『(1940.8~1943.5)思想ニ關スル情報(警察署長)』에 수록) 참조. 죽원준호의 본명은 이 자료에 따른다.

[47] 당시 부산부에 수정(壽町)은 없고 수정정(水晶町)은 있었다. 부산부에 복성여관(福成旅館)이 있던 곳은 서대신정(西大新町)과 복천동(福泉洞)이었다. 국사편찬위원회, 〈한국사데이터베이스〉 참조.

자식, 소자식이라고 불리니 창씨는 성을 바꾸는 것이기에 개자식이라고 성을 지었다'라고 대답하였다. 부읍장은 나를 질책하면서 '만약 이런 일을 경찰에게 알린다면 자네는 처벌받을 것이니 다시 제출하라'라고 하였기에 히야마(檜山)라 창씨를 하였는데, 조선인은 존재가 없다"라고 함부로 말하였다.

처분결과: 1943.2.27 징역 6월

청명: 경성지방법원
직업·성명·연령: 동관(東關)기업주식회사 이사 청원순치(淸原純治, 기요하라 준지)[한일대韓一大]⁴⁸ 34세
사실의 개요: 1943년(昭和 18) 1월 17일 경성부 서교정(西橋町) 158번지의 자택 온돌에서 친구인 고전학차랑(高田鶴次郎, 다카다 쓰루지로) 외 5명에게 "우리에게 창씨를 시켜보거나 이름을 바꾸게 해본들 그것이 뭐라도 되겠는가. 창씨를 해도 일본인과 조선인의 차별을 변함없이 저지르고 있으며 어디서든 조선인을 우대하지 않고 있지 않은가"라고 함부로 말하였다.
처분결과: 공판 중
비고: 육·해군형법 위반과 병합

6) 징병제도에 관한 불온 언동

청명: 신의주지방법원
직업·성명·연령: 회사 고원 평전웅(平田雄, 히라타 유) 27세
사실의 개요: 1942년(昭和 17) 5월 12일경 신의주부 빈정(濱町, 하마초) 소재 조선운송주

---

48 본명은 국가기록원, 〈독립운동관련판결문〉의 '집행원부' 형사사건부'에 따른다. 1심(경성지방법원, 1943.8.16)에서 징역 1년 6개월, 2심(경성복심법원, 1944.2.4)에서 징역 1년 집행유예 2년이 선고되었다.

식회사 신의주지점 강안역(江岸驛) 현장작업장 작업원 대기소에서 길본현경(吉本賢景, 요시모토 겐케이) 외 1명에게 "이번에 우리 조선인에게도 일본인과 마찬가지로 억지로 징병의무를 강제하게 되었다. 그만큼 우리가 권리를 주장하는 것도 인정해주지 않는다면 균형이 맞지 않는다. 형식적으로 내선일체의 결실이라고 말하나, 실질적으로 대우나 그 밖의 방면에서 일본인과 조선인의 차별이 있으니 평등하게 대우를 개선할 필요가 있다"라고 함부로 말하였다. 또 1942년 9월 25일경 같은 대기소에서 옥원용하(沃原龍夏, 요쿠하라 류카) 외 1명에게 "이번에 쌀 배급소가 줄어들었다고 하니 쌀의 매입도 상당히 번잡해질 것이며, 또 요즘 물건을 사려고 해도 가게 앞에서 2~3시간 줄을 서지 않으면 안 되기 때문에 매입 전문 고용인을 고용하지 않으면 안 된다. 일본인은 봉급이 많으니 고용인도 고용할 수 있으나, 우리는 하루 1엔 50전이나 2엔밖에 받지 못하니 고용인을 고용한다면 밥을 먹을 수도 없게 된다. 실제로 조선인은 전쟁이 길어질수록 생활이 쪼들려져 곤란해질 뿐이다"라고 함부로 말하였다. 게다가 1942년 12월 6일 같은 장소에서 영본중웅(永本重雄, 나가모토 시게오)[49] 외 3명에게 "대동아전쟁 1주년이라거나 저금 주간이라고 말하며 소란을 벌이기만 해서는 아무것도 되지 않는다. 그보다도 쌀 배급을 많이 해주는 편이 낫다. 또 최근 라디오에서는 매일 뉴스와 강연뿐으로, 조선어 방송도 들리지 않으니 재미가 없어서 듣지 않는다" 운운하며 함부로 말하였다. 12월 20일 같은 장소에서 위의 영본중웅(永本重雄) 외 십 수 명에게 "배급품은 아무래도 '쪽발이' 녀석들이 우선적으로 받으니 배알이 뒤틀린다. 그래서 고래 고기같이 '쪽발이'가 먹지 않은 것만 배급제로 받는다면 조선인만 받을 수 있으니 좋겠다"라고 함부로 말하였다.

처분결과: 1943.6.11 징역 10월

비고: 조선임시보안령 위반, 육·해군형법 위반과 병합

---

49 원문은 영본금웅(永本金雄)이나 문맥상 아래 영본중웅(永本重雄) 및 본 자료집 390쪽 사건 인물과 동일인으로 판단되어 '金'을 '重'으로 고쳤다.

청명: 신의주지방법원

직업·성명·연령: 회사 용인(傭人) 평거성치(平居誠治, 히라이 세이지) 43세

사실의 개요: 1942년(昭和 17) 5월 17일 신의주부 빈정(濱町, 하마초) 소재 조선운송주식회사 신의주지점 강안역 현장작업원 대기소에서 성명 불명인 자 약 3명에게 "현재 조선인에게 지원병제도를 신설하고 있는데, 그처럼 급속히 징병제도를 실시하여 반도 청년을 강제로 끌고 가는 것은 대동아전쟁에서 일본이 병사가 상당히 부족하기 때문이다"라고 함부로 말하였다. 다시 1943년(昭和 18) 3월 4일 같은 장소에서 성명 불명인 자 수 명에게 "최근 술이 부족한 것은 전장의 병사들에게만 보내고 있어서 우리 손에 들어오지 않기 때문이다. 전쟁이 없었다면 술도 실컷 먹을 수 있었을 것이다" 운운하며 함부로 말하였다. 1943년 3월 4일 같은 장소에서 송본창룡(松本昌龍, 마쓰모토 마사타쓰) 외 3명에게 "지금까지는 국민학교에 입학시키는 것도 어려웠으나, 지금부터는 문제없이 입학시킬 수 있게 된다고 한다. 이는 조선인이 가여워서가 아니라 조선인을 지원병이나 징병으로 끌고 가기 위해서다"라고 함부로 말하였다.

처분결과: 공판 중

비고: 불경, 조선임시보안령 위반, 육·해군형법 위반과 병합

청명: 대전지방법원

직업·성명·연령: 생명보험회사 출장소장 김수리조(金水利造, 가네미즈 도시조) 44세

사실의 개요: 1942년(昭和 17) 6월 상순 대전부 소재 조선생명보험회사 충청지사 사무실에서 충청지사 소장 고산완이(高山莞爾, 다카야마 간지) 외 2명에게 "일본에서는 남자가 많이 전사해 부족하므로 남자 한 사람이 10명 정도의 아내를 얻을 수 있다고 한다. 대본영 발표는 날조이다. 상대방만 당하고 있는 것처럼 발표하고 있으나, 일본도 상대의 반절 정도는 당하고 있다. 일본은 병사가 부족해서 조선에 징병제도를 선포하여 조선인을 병사로 그러모으는 것이다"라고 함부로 말하였다. 1942년 7월 중순 앞의 장소에서 목본충치(木本忠治, 기모토 다다하루) 외 3명에게 "어째서 조선인이 지원병이 될 필요가 있는가. 내 자식은 지원병으로 보내지 않을 작정이다"라고 함부로 말하였다.

처분결과: 공판 중

비고: 육·해군형법 위반과 병합

청명: 대전지방법원

직업·성명·연령: 농업 소림무웅(小林茂雄, 고바야시 시게오) 18세

사실의 개요: 징병제도에 염증을 느껴 그 폐지 의견을 관공서나 기타 일반 다수에게 표명하고자 결심하고 1942년(昭和 17) 11월 21일 밤 충북 청주읍(淸州邑) 문동정(文東町)[50] 자택 온돌에서 반지(半紙)를 4등분 하여 붓으로 (1) 중앙부에 '징병을 철폐하라', 그 우측에 '이왕(李王) 만세', 그 좌측에 '가엾은 조선인'이라 묵서하고 붉은 연필로 동그라미를 친 붙임 종이 3장을, (2) 중앙부에 '징병령 폐지', 그 우측에 '이왕 만세', 그 좌측에 '조선인을 죽이지 마라'라고 묵서하고 붉은 동그라미를 친 붙임 종이 2장을, (3) 중앙부에 '징병령 폐지', 그 우측에 '이왕 만세', 그 좌측에 '가엾은 조선인'이라고 묵서하고 붉은 동그라미를 친 붙임 종이 1장을 각각 작성하여 11월 21일 밤 위의 붙임 종이 6장을 청주읍 소재 충북도청 정문 기둥에 2개소, 청주군수 관사 판자벽, 청주 읍사무소 정문 문기둥, 청주읍 본정(本町, 혼마치) 1정목 61번지 덴리교(天理敎) 청주교회 판자벽, 본정 2정목 23번지 니시카와 데이이치(西川貞一)의 집 판자벽에 부착하였다.

처분결과: 공판 중

청명: 부산지방법원

직업·성명·연령: 회사원 풍전부구(豊田富久, 도요다 도미히사) 39세

사실의 개요: 1943년(昭和 18) 1월 5일 부산부 행정(幸町, 시아와세초)의 카페 적옥회관(赤玉會館)에서 친구인 쓰이키 시게루(築城茂, 일본인)와 식사 중에 수 명의 손님이 모여 있던 석상에서 "일본의 정치는 정말 돼먹지 못하다. 지금까지 어째서 조선인을 일본인으로 인

---

50 당시 청주읍에 없는 정명(町名)이다.

정하지 않았는가. 그것이 일본의 정치가 나쁘다는 증거이다. 내년부터 조선에도 징병제가 실시될 것이니 20만 정도의 조선인 병사가 바로 생겨날 것이다. 지금부터 5년 후에는 조선인도 일본인에게 크게 가르칠 만한 것이 있을 것이다"라고 함부로 말하였다.

처분결과: 1943.2.27 징역 10월

청명: 경성지방법원
직업·성명·연령: 무직 옥천광렬(玉川光烈, 다마가와 고레쓰) 20세
사실의 개요: 1943년(昭和 18) 5월 1일 친구인 김림상락(金林相洛, 가나바야시 소라쿠)과 함께 경성부 남대문통(南大門通) 5정목 정류소에서 동대문 행 전차에 승차하여 차내에서 그에게 "만주에서도 제1기 징병(1944년부터 시행될 최초의 조선인에 대한 징병을 의미한다)에 해당하는 자는 취직률이 나빠져, 회사 측에서도 고용해 주지 않는다"라는 내용을 함부로 말하였다.
처분결과: 1943.6.30 기소유예

7) 기타 시정 방침에 관한 불온 언동

청명: 청진지방법원
직업·성명·연령: 잡화 행상 한상근(韓相根) 55세
사실의 개요: 1942년(昭和 17) 2월 초 청진부 포항정(浦項町) 영원규원(永原奎元, 나가하라 게이겐)의 집에서 영원 외 수 명의 사람과 음주 중에 "지금의 정치는 야만적인 정치이다. 구정이 머지않아 다가오는데 소주 한 되도 살 수가 없다. 경성의 양반은 구정을 지내니 나도 구정은 경성으로 돌아가 보내겠다"라고 함부로 말하였다.
처분결과: 1942.4.27[51] 징역 10월
비고: 육·해군형법 위반과 병합

51　동일 인물의 '육·해군형법 위반' 사례에는 처분일이 '4월 24일'이다. 본 자료집 97쪽 참조.

청명: 대전지방법원 충주지청

직업·성명·연령: 농업 정세영(鄭世永) 71세

사실의 개요: 1942년(昭和 17) 3월 21일 충북 괴산군(槐山郡) 불정면(佛頂面) 앵천리(鶯川里)의 자택에서 쌀 공판을 독려하러 왔던 불정면 서기 방산충호(芳山忠浩, 요시야마 다다히로) 외 3명에게 "옛날에 악정(秕政)을 함부로 하는 나라에 있었지만, 인민에게서 식량을 강탈하는 일은 없었다. 그런데 지금의 관헌은 '공판(共販)'이라는 이름을 빌려 인민을 기아에 빠트리려고 한다. 말세인가. 나는 대한황제의 유민으로 일본의 신민이 아니니 가령 군수·면장의 명령이라고 해도 식량을 공출하지 않겠다"라고 함부로 말하였다. 1942년 4월 10일경 자택에서 괴산경찰서에 근무하는 미조구치 미요시(溝口見義) 경부보 외 1명에게 "옛날부터 남녀유별이라는 잠언이 있어서 조선은 단군 이래 동방의 군자국(君子國)이라고 칭송받았는데, 현재 관청에서 남녀 혼합으로 옥외 노동을 시키는 것은 실로 금수와 같은 행동을 강제하는 것이다"라고 함부로 말하였다. 1942년 11월 30일경 자택에서 괴산경찰서의 미쓰다 도미조(密田富藏) 순사에게 "내 손자 정승의(鄭承意)는 이번에 설치된 청년특별연성소(靑年特別鍊成所)에 입소할 적격자인데, 이런 제도에는 절대 반대이기 때문에 죽어도 손자를 입소시키지 않겠다"라고 함부로 말하였다.

처분결과: 1942.12.22 기소유예

청명: 광주지방법원

직업·성명·연령: 회사 고원 염본봉섭(炎本鳳燮, 엔모토 호쇼)[강봉섭姜鳳燮][52] 25세

사실의 개요: 조선 통치에 불평불만을 품고 당면한 사회 현실에 직면해 편견적인 사상을 키워가고 있던 바, 평소 불평불만을 표하고 일본인과 조선인의 무차별 평등 실현 촉진을 기대하며 널리 동지를 구할 목적으로 1942년(昭和 17) 9월 12일 전남도청 안의 전남양곡주식회사(全南糧穀株式會社) 사무실 내 복도에서 붓으로 목판에 '태극사(太極社)'라고 크게

---

52 강봉섭에 대한 3심 판결문은 국가기록원, 〈독립운동관련판결문〉에서 확인할 수 있다. 高等法院, 「1943년 刑上 제27호 判決:炎本鳳燮」, 1943.5.10. 자료 원문에 "吳本鳳燮"으로 표기되었으나 이 판결문에 따라 "炎本鳳燮"으로 고쳤다. 아래 "大極社"도 판결문에 따라 "太極社"로 고쳤다.

써서 전남도청 회의실 제1승강계단 중앙에 내걸어, 9월 12일 오전 10시부터 거행된 기원 2600년 축전 기념장(記念章) 전달식 참가자 등 다수의 사람에게 이를 전시하였다.

처분결과: 제1심 판결 1942.12.21 징역 6월, 1942.12.23 피고인 공소 신청, 제2심 판결 1943.2.24 징역 6월, 1943.2.24 피고인 상고 신청, 제3심 판결 1943.5.10 상고 기각

청명: 대구지방법원 안동지청

직업 · 성명 · 연령: 승려 죽본용만(竹本用萬, 다케모토 요반)[권석헌權錫憲][53] 36세

사실의 개요: 1942년(昭和 17) 10월 21일 경경선(京慶線) 하행열차 안에서 옆자리에 있던 고림영준(高林永俊, 다카바야시 나가토시) 외 1명이 불교를 비난하자, 분개한 나머지 "300년 전에 서산대사와 사명당이 임금을 섬기고 나라를 돕고자 일본에 사신으로 파견되어 화평을 맺었다. 그 당시 오성이나 한음이라는 위대한 사람이 있었지만 국가를 안정시키는 일이 불가능했기에 서산대사와 사명당이 화평을 맺어 국가를 안정시켰다. 그것도 불교의 덕택이다. 당신처럼 불교에 반대하는 자가 많아서 조선은 타국의 속국이 된 것이다" 운운하며 함부로 말하였다.

처분결과: 1943.4.14 징역 6월

청명: 신의주지방법원

직업 · 성명 · 연령: 회사 현장감독 광전영길(廣田榮吉, 히로타 에이키치) 31세

사실의 개요: 1942년(昭和 17) 11월 6일경 신의주부 빈정(濱町, 하마초) 소재 조선운송주식회사 신의주지점 강안역 현장작업원 대기소에서 송촌동호(松村東浩, 마쓰무라 도코) 외 1명에게 "어젯밤 신선극장(新鮮劇場)에 갔을 때 모자와 목도리, 외투를 벗고 궁성 요배를 했는데, 매우 싫었다. 조선영화나 조선극에 일본어를 사용하는 것은 옳지 않다"라고 함부로 말하였다. 1943년(昭和 18) 3월 1일 앞과 같은 장소에서 위의 송촌 외 3명에게 "개성의 조

---

[53] 본명은 국가기록원, 〈독립운동관련판결문〉의 '형사사건부'에 의한다.

선인은 중국인처럼 단결심이 강한 것 같은데, 신의주의 조선인은 단결심이 없어 곤란하다. 현재는 국방헌금, 기부금, 공채 매입 등에 돈을 써야만 하니 주머니에 현금을 준비해두지 않으면 거리를 걷다가 배급품을 봐도 제때에 살 수 없다. 그리고 물건을 산다고 해도 조선인 가게의 실적이 올라가도록 조선인의 가게에서 많이 사지 않으면 안 된다. 또 신의주의 일본인 거리에는 훌륭한 콘크리트 도로가 깔렸는데, 조선인 거리에는 아무것도 해 주지 않는다"라고 함부로 말하였다.

처분결과: 1943.6.10 징역 6월

비고: 조선임시보안령 위반과 병합

청명: 부산지방법원

직업 · 성명 · 연령: 커피 제조업 안성원차랑(安城源次郎 야스시로 겐지로) 26세

사실의 개요: 예전부터 일본인 · 조선인 간에 차별 대우가 있다는 불만을 참지 못한바, 1942년(昭和 17) 11월 21일 친구 2명과 부산부 초량정(草梁町)의 바(bar) 천인(天人)에서 식사 중에 여급인 성산금자(城山金子, 시로야마 가네코)가 부모를 봉양하는 관계상 결혼하지 않고 일하고 있는 사정을 이야기하자 약 20명의 유흥객이 모여 있던 천인 안에서 "너 같은 녀석이 있으니 조선이 망해서 일본의 속국이 된 것이다"라고 함부로 말하였다.

처분결과: 1942.12.26 징역 10월

청명: 평양지방법원 안주(安州)지청

직업 · 성명 · 연령: 농업 김강진달(金岡眞達, 가네오카 사네타쓰) 27세

사실의 개요: 1942년(昭和 17) 11월 24일 평남 안주군(安州郡) 대니면(大尼面) 발북리(鉢北里) 김치선(金致善)의 집에서 안주경찰서 만성(萬城)경찰관주재소에 근무하는 모리야마 다카히데(森山高榮) 순사 외 2명과 잡담 중에 모리야마에게 "우리나라의 경찰이 범인을 취조할 때 폭행을 가한다고 하나, 미국에서는 범인을 안락의자에 앉혀 전기장치를 사용해 자백을 재촉하고 있다"라는 내용을 함부로 말하였다.

처분결과: 1943.2.4 기소유예

청명: 경성지방법원

직업·성명·연령: 화공(畵工)(기독교회 집사) 고목헌실(古木獻實, 후루키 겐지쓰)[이상태李相泰][54] 29세

사실의 개요: 어렸을 때부터 기독교를 신봉하여 1940년(昭和 15) 5월부터 전북 이리(裡里) 읍내에 소재한 장로파 고현교회(古縣敎會)의 집사로 일하고 있던 자인데, 1942년(昭和 17) 12월 6일 고현교회 예배당에서 조선인 남녀 약 200명에게 "신을 찾아라"라는 제목으로 설교하면서 "대동아전쟁에서 우리나라가 승리를 취하고 있는 것은 예수 그리스도라는 신의 섭리에 의한 것으로, 우리는 천지 만물을 창조하고 인류의 생명을 지배하는 유일한 이 신을 찾아 이에 감사를 드려야만 한다. 그런데 우리나라에서 이 신을 찾지 않고 신사(神社)에 의지해 그 신에게 감사하고 기원을 드리고 있는 것은 무익한 일이다. 특히 기독교 신자로서 이 점에 망설이는 것은 유감이다"라고 함부로 말하였다.

처분결과: 제1심 판결 1943.6.5 징역 6월, 1943.6.11 검사 공소 신청

청명: 함흥지방법원 북청지청

직업·성명·연령: 방공감시대원 김택태순(金澤泰淳, 가나자와 다이준) 22세

사실의 개요: 1942년(昭和 17) 12월 8일 함남 북청군(北靑郡) 북청읍 내의 극장 고사관(高砂館)에 극을 보러 갔는데, 시작에 앞서 관객에게 국민의례를 하게 되어 있어 관객 약 700명이 동시에 국민의례를 행했음에도 불구하고 피고인은 관객 일동의 엄숙한 묵도(默禱) 중에 돌연 "무슨 묵도인가" 하고 큰 소리로 화를 내었다.

처분결과: 1943.2.19 징역 6월

---

54 본명은 국사편찬위원회 편, 『일제강점기 경성지방법원 형사사건기록 해제』, 국사편찬위원회, 2009, 116~118쪽; 경성지방법원, 「1943년 刑公 756호 判決:古木獻實」, 1943.6.9; 경성복심법원, 「1943년 刑控 제263호 判決:古木獻實」, 1943.9.23에 따른다. 이 판결문에 따르면 2심(경성복심법원)에서 검사의 공소는 기각되었다.

청명: 청진지방법원

직업·성명·연령: 자동차 운전수 성산근철(星山根哲, 호시야마 곤테쓰) 32세

사실의 개요: 1942년(昭和 17) 12월 상순 함북 경원군(慶源郡) 용덕면(龍德面) 조선유연탄주식회사 고건(古乾)광업소 경리계 배급사무소 안에서 청원강부(淸原康夫, 기요하라 야스오) 외 수 명의 친구와 잡담 중 정오의 사이렌이 울리자 청원강부 등이 모두 곧바로 기립해 묵도를 시작하여서 담화가 도중에 끊어진 것을 불쾌해하며 "너희들은 어째서 묵도를 하는가. 묵도는 그만둬라"라고 함부로 말하였다.

처분결과: 1943.6.2 기소유예

청명: 함흥지방법원 원산지청

직업·성명·연령: 전기공 영산훈일(永山壎一, 나가야마 군이치)[최훈일崔壎一][55] 23세

사실의 개요: 1942년(昭和 17) 12월 16일 원산부 녹정(綠町, 미도리초) 북선(北鮮)전기주식회사 원산지점 전기공 대기소에서 같은 회사원 국본훈(國本勳, 구니모토 이사오) 외 3명과 잡담 중에 상여나 채권 문제가 화제에 오르자 국본 등에게 "이 채권의 돈은 국가가 필요한 곳에 쓰는 것인데, 언제 당첨되는가", "지금 일본은 중국이나 미국이나 영국과 싸우고 있는데, 우리 조선이 남에게 지배당할 것은 마찬가지니 이 전쟁에 일본이 이기든 중국이나 미·영이 이기든 결과는 마찬가지이다. 우리 조선인이 어차피 지배당하는 것은 마찬가지이니 나는 조금 더 문명을 갖춘 미국이나 영국에게 지배당하는 편이 낫다고 생각한다"라고 함부로 말하였다.

처분결과: 제1심 판결 1943.6.14 징역 8월, 1943.6.16 검사 공소 신청

---

[55] 본명은 경성복심법원, 「1943년 刑控 제240호 判決:永山壎一」, 1943.8.13(국가보훈처, 〈공훈전자사료관〉에 수록)에 따른다. 원문의 창씨명 중 '勳'도 판결문에 의거해 '壎'으로 고쳤다. 2심에서 검사의 공소는 기각되고 징역 8개월 형이 확정되었다.

청명: 대구지방법원

직업 · 성명 · 연령:

제분 · 방앗간 영업 경도홍석(慶島洪錫, 요시시마 고샤쿠)[김홍석金洪錫][56] 50세

일용직 양천봉석(梁川鳳錫, 야나가와 호샤쿠)[양봉석梁鳳錫] 54세

농업 웅천진효(熊川鎭孝, 구마가와 시게타카)[주진효朱鎭孝] 51세

농업 하본주필(河本周弼, 가와모토 슈스케)[이주필李周弼] 49세

일용직 덕산정일(德山精一, 도쿠야마 세이이치) 33세

건어물 행상 덕산정무(德山精茂, 도쿠야마 세이무) 42세

과수원 경영 빈원헌(濱元憲, 하마모토 겐) 59세

사실의 개요: 경도홍석은 삼정대도교(三正大道敎)라는 사교를 일으켜 스스로 교주가 되어 "천도청명(天道淸明), 지도안정(地道安定), 인도광명(人道光明)"을 교의로 삼고, 머지않아 세계는 인운(人運) 5만 년으로 전환하고 동시에 현 사회는 멸망할 것이며 성인을 왕으로 삼는 삼정도의 사회가 실현될 것이니, 삼정대도교에 입교하여 주문을 외치고 독실한 신자가 된다면 도통을 얻어 현세의 재액을 면하고 신사회로 접어들어 고위 고관에 취임하여 현세보다도 행복한 생활을 향유할 수 있다는 취지의 황당무계한 교설을 유포하며 포교했다. 삼정대도교의 융성을 기도하여 다른 피의자들과 공모한 뒤 1942년(昭和 17) 2월 15일경부터 1942년 12월 22일에 이르는 동안 신도의 도통과 삼정도 사회의 출현을 기원하는 치성제(致誠祭)를 거행하여 불온 언동을 행하였다.

처분결과: 1943.6.17 경도 이하 4명 공판 중, 덕산 이하 3명 기소유예

청명: 평양지방법원

직업 · 성명 · 연령: 금융조합 급사 무촌원필(武村元泌, 다케무라 겐피쓰) 21세

사실의 개요: 1943년(昭和 18) 1월 3일 양곡공출 독려를 위해 평남 중화군(中和郡) 중화면

---

[56] 관련 인물의 본명은 국가기록원, 〈독립운동관련판결문〉의 '수형인명부', '형사사건부'에 따른다. 이 자료에 따르면 김홍석은 징역 1년(2심), 양봉석, 주진효, 이주필은 징역 6개월(2심)의 선고를 받았다.

어부산리(魚鳧山里)의 사촌형 무촌원식(武村元植, 다케무라 겐쇼쿠)의 집에 온 중화군 근무 요네다(米田) 기수 외 2명에게 "정부의 방침이 햇곡식 출하기까지 자가 소비량 이외에 전부 공출시키는 것이라면, 이는 백성을 죽이는 것이다. 매우 지독하다. 이것으로 어떻게 살아갈 수 있겠는가. 평안남도의 방침은 돼먹지 않다"라고 함부로 말하였다.

처분결과: 1943.3.2 징역 8월 3년간 집행유예

청명: 함흥지방법원

직업 · 성명 · 연령: 농업 송원수용(松原壽鏞, 마쓰하라 주요) 25세

사실의 개요: 1943년(昭和 18) 3월 10일 함남 정평군(定平郡) 광덕(廣德)면사무소 부근 산림에서 기천성노(箕川聖魯, 미노카와 세이로) 외 2명과 수목 벌채 중에 때마침 광덕면사무소 앞뜰에서 면장 이하 십 수 명의 직원이 정렬하여 육군기념일 축하를 위해 국민의례에 이어서 황국신민의 서사를 제창하고 있는 것을 보자 위의 3명에게 "아이들이 천자문을 읽고 있다"라고 함부로 말하였다.

처분결과: 1943.4.30 기소유예

청명: 부산지방법원 마산지청

직업 · 성명 · 연령: 조선술 주조업(전 마산부회 의원, 마산 상공회의소 의원) 송강기개(松岡磯介, 마쓰오카 기스케) 54세

사실의 개요: 1943년(昭和 18) 3월 25일 마산부 회의실에서 열린 1943년도 일반세입출예산 부회(府會) 석상에서 일반 질문 연설을 하면서 식량배급기구에서 경찰의 작용에 관해 발칙하게도 "최근 양곡류의 특별배급에 관해서는 경찰서장의 승인을 받은 뒤 부(府)의 결정에 기초하여 배급을 받는 실정이나, 식량 배급문제는 순연한 권업 행정으로서 경찰이 관여해야 할 일이 아님에도 불구하고 권업 행정이 경찰 행정에 좌우되고 있는 현 제도는 취지 불명이다"라는 내용을 함부로 말하였다.

처분결과: 1943.6.2 기소유예

청명: 대전지방법원 강경지청

직업·성명·연령: 임수대(臨水台)부락 구장(區長) 성본명남(星本明男, 호시모토 아키오)[현명남玄明男][57] 38세

사실의 개요: 임수대 마을[58]은 부여군(扶餘郡) 내에서 기존부터 비교적 미곡배급이 적어서 [해당자는] 부락민에게 여러 차례 미곡배급의 독촉을 받았고, 외산면(外山面)[59] 당국에 이 실정을 호소하였다. 1943년(昭和 18) 4월 9일에 이르러 해당자도 미곡이 부족해졌기 때문에 아침밥은 탁주, 점심밥은 약주로 대신해 약간 음주한 상태로 4월 9일 오후 3시경 이웃집에 면서기 김광수지조(金光水之助, 가네미쓰 미즈노스케) 및 부여면 주재소 주석(主席)순사 가네오리 히데시게(兼折榮重)가 와 있는 것을 확인하고 위의 두 사람에게 미곡배급에 관한 고충을 토로하고자 이웃집에 들어갔으나, 아침부터 술을 마신 기운도 있어서 위의 고충을 말하는 동안 점차 흥분해 위 두 사람 외에 수 명의 면전에서 조선어로 "관공서 녀석들은 부락민 다수가 아사하려는 상황인데도 불구하고 모르겠다는 얼굴을 한다. 부락민이 아사한 뒤 죽은 이에게 밥을 줄 생각인가보다. 이런 관공서에 의지해도 소용이 없다. 우리는 아사하기 전에 관공서 녀석들을 죽여야 한다"라고 함부로 말하였다.

처분결과: 공판 중

비고: 안녕질서에 대한 죄와 병합

---

57 본명은 大田地方法院江景支廳, 「1943년 刑公 제294호 判決:星本明男」, 1943.9.1; 京城覆審法院, 「1943년 刑控 제381호 判決:星本明男」, 1943.12.10에 따른다. 이 판결문에 의거해 원문의 창씨 '星山'을 '星本'으로 고쳤다. 2심에서 검사의 공소가 기각되고 징역 6개월 집행유예 3년 형이 확정되었다.

58 충남 부여군 외산면(外山面) 만수리(萬壽里)에 있는 마을 명이다.

59 원문은 '同面'이나 앞에 면이 나오지 않았다. 임수대 마을이 속한 '외산면'으로 번역했으나 '同郡'의 오자로 본다면 '부여군'이다.

8) 집계

(1) 관내별 수리 건수·인원

형태별	건수/인원	경성	대전	함흥	청진	평양	신의주	해주	대구	부산	광주	전주	계
조선 독립에 관한 것	건수	2		1	3		4	1		3	1		15
	인원	11		1	3		4	2		3	1		25
내선일체에 관한 것	건수	1	1	2	2		2			2	3	2	15
	인원	1	2	2	2		2			2	3	2	16
국어 상용에 관한 것	건수	3	2		1	1	1	2		5	2	1	18
	인원	3	2		1	1	1	2		6	2	1	19
지원병 제도에 관한 것	건수	1	1	2			2			4	2		12
	인원	1	1	2			2			4	2		12
창씨 제도에 관한 것	건수	2								1			3
	인원	3								1			4
징병제도에 관한 것	건수	1	2				2			1			6
	인원	1	2				2			1			6
기타에 관한 것	건수	1	2	3	2	2	1		2	2	1		16
	인원	1	2	3	2	2	1		8	2	1		22
합계	건수	11	8	8	8	3	10	5	2	18	9	3	85
	인원	21	9	8	8	3	10	6	8	19	9	3	104

(2) 발생 시기별 건수·인원

관내별	건수/인원	1941년 12월	1942년 1월	2월	3월	4월	5월	6월	7월	8월	9월	10월	11월	12월	1943년 1월	2월	3월	4월	5월	6월	계
경성	건수		1							2			2	1	2	1			2		11
	인원		1					1		2			2	1	4	1			9		21
대전	건수				1		1						1		1		2	1		1	8
	인원				1		1						1		2		2	1		1	9
함흥	건수						1		1	1				2	1		1		1		8
	인원						1		1	1				2	1		1		1		8
청진	건수			1		1	1					1		2	1				1		8
	인원			1		1	1					1		2	1				1		8
평양	건수													1	2						3
	인원													1	2						3
신의주	건수	1				3			1		1	1	1		1		1				10
	인원	1				3			1		1	1	1		1		1				10

관내별																	
해주	건수			1			1		1			1	1				5
	인원			1			1			2		1	1				6
대구	건수								1	1							2
	인원								1	7							8
부산	건수	1				1		2	4	2	1	1	3	1	1	1	18
	인원	1				1		3	4	2	1	1	3	1	1	1	19
광주	건수	1	1		1		2	2	1	1							9
	인원	1	1		1		2	2	1	1							9
전주	건수											1			2		3
	인원											1			2		3
합계	건수	2	3	2	1	2	4	2	3	5	4	5	10	10	7	6	8	3	6	2	85
	인원	2	3	2	1	2	4	2	4	5	4	6	11	16	10	6	8	3	13	2	104

(3) 처분 결과별 인원

◎는 다른 죄와 병합 처분된 것, ×는 형 집행유예 선고가 있던 것. 두 가지 모두 합계 내에 포함.

관내별	형기						기소유예	계
	3월 미만	6월 미만	9월 미만	1년 미만	1년 이상	계		
경성	1 × 1		2			3 × 1	10	13 × 1
대전							3	3
함흥			4 ◎ 4			4 ◎ 4	2	6 ◎ 4
청진			1 ◎ 1	1 ◎ 1	2 ◎ 2	4 ◎ 4	3	7 ◎ 4
평양			1 × 1			1 × 1	2	3 × 1
신의주			2 ◎ 1	1 ◎ 1	3 ◎ 3	6 ◎ 5		6 ◎ 5
해주		1	1		2 ◎ 1	4 ◎ 1		4 ◎ 1
대구			1			1	3	4
부산		1	6 × 1	3	2 ◎ 1 × 1	12 ◎ 1 × 2	5	17 ◎ 1 × 2
광주			6 ◎ 1		3 ◎ 1	9 ◎ 2		9 ◎ 2
전주							1	1

합계		1		2	24 ◎ 7	5 ◎ 2	12 ◎ 8	44 ◎ 17	29	73 ◎ 17
		× 1			× 2		× 1	× 4		× 4

「주」 1. 함흥: 본 표 외에 보안법 위반으로서 기소(공판 요청)되었으나 경찰범처벌규칙 위반으로 처단된 자 1인 있음. 2. 해주: 6월 미만 1인은 조선임시보안령 위반으로 처단됨(공범자 1인은 조선임시보안령 위반으로 벌금형에 처해졌다).

(4) 직업·연령·남녀별 인원

×는 여자이며 합계 내에 포함.

직업별/연령별	소년 (20세 이하)	청년 (30세 이하)	장년 (40세 이하)	고년 (50세 이하)	노년 (51세 이상)	계
농업	3	4	1	2	4	14
회사원		7	2	3		12
무직	3	5	2		2	12
직공	3	5				8
노동	1		3	2	2	8
학생·생도	3	1				4
각종 행상인				2	2	4
경성중앙방송국원		3				3
방공감시원		2				2
우편국 사무원		2 × 1				2 × 1
승려			2			2
고물상			1			1
제화공		1				1
이발사		1				1
군 직원(吏員)		1				1
국민학교 교원		1				1
목수			1			1
면협의원					1	1
애국반장			1			1
조합 고원(雇員)		1				1
공업			1			1
군농회 지도원		1				1
면미곡반출 임시감시원				1		1
철도국 고원			1			1
요릿집 용인(傭人)		1				1
마른 식품(乾物) 상인				1		1
현장식당(飯場) 영업				1		1
잡화상				1		1
관(棺) 제조업					1	1
선원			1			1

서당 교사				1		1
기도사			1			1
토목공사 감독		1				1
해산물 상인				1		1
점원		1				1
기독교 교역자		1				1
구장			1			1
전기공		1				1
자동차 운전수			1			1
금융조합 급사		1				1
주류 양조업					1	1
방앗간 영업				1		1
과수원 경영					1	1
커피 제조업		1				1
계	13	42 × 1	19	16	14	104

2. 일본, 대만, 관동주의 불경 및 유언비어 사건
(비고란에 기재한 조문은 언론, 출판, 집회, 결사 등 임시단속법言論出版集會結社等臨時取締法의 조문이다.)

청명: 요코하마(橫濱)지방재판소 요코하마구(橫濱區)

직업·성명·연령: 쓰루미대륙주부학원장(여성) 우부카타 다다코(生方忠子) 49세

사실의 개요: 피고인은 본적지 소재의 천태종(天台宗)파 덴노인(天王院) 주지 우부카타 고조(生方晃常)의 아내로, 1941년(昭和 16) 10월 1일 대륙에 지원하는 신부를 양성할 목적으로 위의 덴노인 내에 쓰루미대륙주부학원(鶴見大陸主婦學院)을 개설하여 스스로 학원장이 되었지만 그 분야에 어떠한 정진의 의사도 없어서 1942년(昭和 17) 4월 1일 자연히 폐원하기에 이르렀다. 같은 해 3월 14일경 위 기숙사(寮) 내에서 우쓰미 야에코(內海八重子) 및 소에다 에쓰코(添田悅子) 두 학생에게 외람되게도 "황후 폐하는 색맹인데, 색맹은 계통이 이어지는 것이므로 역시 황태자님도 색맹일 것입니다. 데루노미야(照宮)님은 어렸을 때부터 행실이 나쁘고 교실에서도 뒤를 돌아보거나 하며 공부를 게을리해 불량하다고 합니다. 지치부노미야(秩父宮)님은 대외적으로는 폐결핵이어서 최근에는 잠시도 세간에 얼굴을 내비치지 않고 있다고 회자되고 있으나 이는 거짓말로, 실은 여자가 2~3명이 있으며 그중 한 사람과 동반자살을 하려다 실패해 여자 때문에 목이 찔렸기 때문에 외양이 보기 좋지 않아 세간에 얼굴을 내비치지 않는 것이라고 합니다"라는 내용을 함부로 말하였다.

처분결과: 불경, 1942.11.19 징역 10월 5년간 집행유예

청명: 요코하마지방재판소 요코하마구

직업·성명·연령: 부동산중개업 오리하시 쇼타로(折橋勝太郞) 43세

사실의 개요: 1942년(昭和 17) 4월 중순경 가나가와현(神奈川縣) 후지사와시(藤澤市) 후지사와 1,996번지의 스즈키 규시로(鈴木久四郞)를 방문해 그와 잡담하던 중 "실은 오늘 듣고 온 이야기인데, 지치부노미야님이 중국에 가서 '가사'(매독을 뜻함. 瘡)에 걸려와서 몹시

위중하다고 한다. 친왕(親王)님이 '가사'에 걸려 올 정도라면 일본도 끝이다. 남방에서도 군인들이 상당히 여자에 굶주려 있다고 하니 친왕님이라고 해도 알 수는 없다"라고 함부로 말하였다.

처분결과: 불경, 1943.6.7 징역 5월

청명: 요코하마지방재판소 요코하마구
직업·성명·연령: 조립공 요시다 히로시(吉田廣志) 25세
사실의 개요:
하나. 1942년(昭和 17) 5월 12일경 동양(東洋)통신기주식회사 가와사키(川崎)공장 변소 안 앞 벽에 직공의 개별적 능력 차등을 무시하고 동일 작업에 종사시키는 공장 간부의 무능함을 나타내 보였다.
"발 크기가 11문(文)인 사람 또는 9문인 사람에게 10문의 버선을 신기는 정신병자가 있다"
둘. 5월 14일경 앞의 변소 안 앞 벽에
"한 손으로 도시락을 쥐고 한 손으로 기계에 기름을 붓는다. 이것이 기업 자본가의 모습이다"
셋. 5월 17일경 앞의 변소 안 앞 벽에
"죽었을 터인 자본주의가 모습을 바꿔 천황의 정의라는 이름 아래 가면을 쓰고 우리 위를 덮쳐왔다. 일어나라. 전국의 프롤레타리아여. 전쟁 목적을 이용하는 악질 이윤자(利潤者)를, 그 앞잡이를 먼저 폭격하라. 우리의 생활을 지키는 것이 후방을, 국가를 지키는 것이다"
넷. 그 무렵 앞의 변소 안 앞 벽에
"시국 이용의 새로운 범죄자인 자본주의를 격멸하자"
라는 내용의 각각 소위 좌익풍의 선동적 문구를 기재함으로써 시국에 관하여 인심을 혹란(惑亂)하게 할 만한 사항을 유포하였다.
처분결과: 언론출판집회결사등임시단속법 위반, 1942.8.31 징역 8월 4년간 집행유예
비고: 법 제18조

청명: 요코하마지방재판소 요코하마구

직업·성명·연령: 이발직 도제 스나코■칸(砂子■煥) 33세

사실의 개요: 1943년(昭和 18) 2월 13일 요코하마시 시오도메초(汐留町)에서 이발업을 하는 요시다 에키조(吉田益藏)의 집에서 하숙인 가토 다케오(加藤竹夫)와 잡담하던 중 대동아전쟁 건으로 말싸움이 붙어 그에게 "일본은 '정의이다, 정의이다'라고 말하고 있지만, 정의가 아니다. 선전포고 전에 '하와이'를 공습한 것은 비겁하다고 '미국인'이 말하고 있다. 일본은 '이겼다, 이겼다'라고 말하고 있지만, '노몬한'에서는 졌다. '솔로몬' 해전에서도 적 구축함을 가라앉혔지만 전함이 당해버렸으니 진 것이다.[60] 도쿄와 요코하마(京濱) 사이의 군수공장지대는 미국기의 공습에 곤란을 겪어 큰 손해를 입었다. 일본이 지고 있는 것은 이런 사실들이 증명하고 있다. 도요토미 히데요시는 조선 정벌을 실시하여 패하였으나 역사상에서는 이긴 것으로 되어 있다. 너희들은 역사의 이면을 모를 것이다. 일본은 신대(神代)부터 황통연면(皇統連綿)으로 이어지고 있다고 말하나, 도쿄(道鏡)[61]의 시대에 당시의 황후가 도쿄에게 강간당한 일이 있었다. 그러니 만세일계의 천황이라 말하는 것은 거짓이다"라고 함부로 말하였다.

처분결과: 불경, 언론출판집회결사등임시단속법 위반, 1943.5.28 징역 6월

비고: 법 제18조

청명: 미토(水戶)지방재판소 미토구

직업·성명·연령: 농촌회 의원, 촌익찬장년단장村翼贊壯年團長, 익찬회군지부翼贊会郡支部[62] 상무원 고마쓰자키 미쓰마사(小松崎滿昌) 43세

사실의 개요:

---

[60] '노몬한' 전투와 '솔로몬' 해전에 대해서는 본 자료집 주 85쪽 주 52, 112쪽 주 86 참조.
[61] 일본 나라(奈良) 시대 승려(~772년)이다.
[62] 대정익찬회(大政翼贊会, 1940.10~1945.6)는 일본의 관제 국민통합 기구로 전시기 국민동원체제의 핵심 조직이다. 하부조직으로 각 행정단위에 지부를 두었으며, 실천부대로 대일본익찬장년단과 같은 산하 단체를 두었다. 고마쓰자키 미쓰마사는 대정익찬회 지부와 장년단의 지역 간부였다.

하나. 1943년(昭和 18)) 1월 19일 촌(村) 사무소 화롯가에서 "구루스(來栖) 대사가 귀국할 때 일본으로 철수한 일본인 중에서 40여 명이 상륙 후 행방불명이 되었다고 한다. 이들이 루스벨트에게 돈을 받고 스파이가 되어버렸기 때문은 아닐까?"

둘. 같은 해 1월 25일 촌 사무소 사무실에서 "일본에는 스파이가 있어서 군수생산력은 3월이 되면 3분의 1로 감퇴할 것이다", "히타치제작소(日立製作所)의 종업원이 가족수당 문제를 발단으로 파업을 일으켰다"

셋. 1월 25일 산업조합 사무실에서 "도조(東條) 수상의 별장에 불온분자가 침입하여 집기나 가재도구를 가져가서 팻말을 세웠다"라고 함부로 말하였다.

처분결과: 언론출판집회결사등임시단속법 위반, 1943.5.8 벌금 100엔

비고: 법 제17조

청명: 우쓰노미야(宇都宮)지방재판소 우쓰노미야구

직업·성명·연령: 정(町)사무소 고원(도나리쿠미 장隣組長) 이소베 쓰네오(磯部常雄) 37세

사실의 개요: 1942년(昭和 17) 8월 28일 도나리쿠미 장 정례회의(常會)에서, "9용사(진주만 특별공격대의 9용사를 가리킴)도 좋으나, 후방 일부에서 암거래를 하는 자가 있으니 '나를 위해, 나라를 위해'라며 목숨을 버리는 것은 바보같이 보인다. 모두 쓰러져 국민이 한 사람도 남지 않게 된다면 어떻게 하겠는가" 하고 함부로 말하였다. 동석한 자가 반박하자 "정치라는 것은 이치를 알 수 없다. 미노베(美濃部) 박사라는 한때 훌륭한 사람이 채용되었는데, 지금은 죄인과도 같은 꼴이 됐다"라고 함부로 말하였다.

처분결과: 언론출판집회결사등임시단속법 위반, 1943.5.19 벌금 50엔

비고: 법 제18조

청명: 우쓰노미야지방재판소 오■…■⁶³

직업·성명·연령: 농업 ■…■

사실의 개요: 하나. 1942년(昭和 17) 11월 18일 도치기현(栃木縣) 나스군(那須郡) 구로이소초(黑磯町) 국민학교 교정에서 사이토 잇파치(齊藤一八)에게 "최근 구로이소 경찰서원이 도로상에서 경제 단속을 하고 있는데, 노파가 바구니에 ■…■

처분결과: 언론출판집회결사등임시단속법 위반 ■…■

■…■[원문 55~56쪽 소실]⁶⁴

청명: 우쓰노미야지방재판소 아시카가구(足利區)

직업·성명·연령: 농업 기베 이와지로(木部岩次郎) 68세

사실의 개요: 1943년(昭和 18) 2월 10일 자택에서 마루야마 도키치(丸山藤吉)에게 "아시카가(足利)우편국에 돈을 맡기러 갔다 오다가, 길을 걷던 이가 '어디든 4할의 세금이 붙는다'라고 말하고 있는 것을 들었는데, 저금 등에도 세금이 붙게 되는 것은 아닐까" 하고 함부로 말하였다.

처분결과: 언론출판집회결사등임시단속법 위반, 1943.6.18 벌금 40엔

비고: 법 제18조

청명: 우쓰노미야지방재판소 오타와라구(大田原區)

직업·성명·연령: 농업 구마다 세이이치(熊田正一) 32세

사실의 개요: 1943년(昭和 18) 2월 23일 미곡 공출에 관한 부락회의에 출석하여 자기 분량의 할당 감액을 주장했으나 용인되지 않았기 때문에 "일본이 이 정도로 몰리고 있으므로 미

---

63 오타와라구(大田原區)로 추정된다.
64 방기중 편, 『일제 파시즘기 한국사회 자료집 2』, 선인, 2005, 466~467쪽. 원본의 55~56쪽이 소실된 채로 영인되었다.

국의 속국이라도 되는 편이 낫다. 차라리 미국에서 태어났더라면 이런 일은 없었을 것이다"
라고 함부로 말하였다.

처분결과: 언론출판집회결사등임시단속법 위반, 1943.4.8 벌금 50엔

비고: 법 제17조

청명: 우쓰노미야지방재판소 우쓰노미야구

직업·성명·연령: 닛코전기정동소(日光電氣精銅所) 직공 야타 데쓰(八田荎) 34세

사실의 개요: 동료 직공 수 명에게

하나. 1943년(昭和 18) 2월 중에 "(1) 과달카날섬의 적 앞에 상륙했을 때 일본군은 가장 우수한 배로 수송해갔는데, 과달카날섬은 적의 제공권 아래에 있어서 상륙할 수 없었기에 침몰을 면하기 위해 어쩔 수 없이 배가 암초로 올라갔다. (2) 홋카이도(北海道)에서 석탄을 싣고 출범한 화물선 3척이 적의 어뢰를 맞아 한꺼번에 침몰하여서 도조(東條) 씨에게 질책을 들었다"

둘. 1943년 3월 26일 "(1) 적 잠수함은 일본의 근해나 시코쿠(四國) 부근에도 항상 출몰하고 있다. (2) 지금 일본에서는 '배를 만든다, 배를 만든다'라고 이야기하고 있으나, 조선소에서는 대우가 나빠 공업원이 게으름을 부려서 배가 만들어지는 것보다도 가라앉는 쪽이 많다"라고 함부로 말하였다.

처분결과: 육·해군형법 위반, 언론출판집회결사등임시단속법 위반, 1943.5.25 징역 6월 3년간 집행유예

비고: 법 제17조

청명: 우쓰노미야지방재판소 우쓰노미야구

직업·성명·연령: 양복상인 구로스 시로(黑須四郞) 58세

사실의 개요: 1943년(昭和 18) 3월 27일 도치기현(栃木縣) 나스군(那須郡) 가노무라(狩野

村) 이시바야시(石林)[65] 소재 경방단 대기소에서 방공훈련을 위해 집합한 경방단원 고이데 군(小出軍) 외 이십 수 명과 잡담하던 중 국채 건에 이야기가 미치자 고이데 군 등에게 "정부는 국채나 탄환절수(彈丸切手)[66]를 다방면으로 사라고 재촉하고 있는데, 국민의 태반은 아무것도 모른 채 사고 있는 모양이다. 국채가 어떻게 될지 모르는 채 사 모으고 있다. 전쟁이 일단 끝나 국채를 상환할 때가 와도 정부가 돈이 없으므로 상환할 수 없는 것은 명백하니 국채도 결국 파산일 것이다"라고 함부로 말하였다.

처분결과: 언론출판집회결사등임시단속법 위반, 1943.6.16 벌금 100엔

비고: 법 제18조

청명: 우쓰노미야지방재판소 우쓰노미야구

직업·성명·연령: 농업 구루스 헤이조(來栖兵藏) 43세

사실의 개요: 1943년(昭和 18) 4월 7일 오후 7시경 경계경보 발령 중에 "이번 경계경보는 연습이라서 길구나"라고 함부로 말하였다. 때마침 와 있던 반장이 훈련이 아니라는 취지로 주의를 하자, "이바라키(茨城縣)의 히타치(日立) 쪽에 갔다 왔다는 사람에게 들었는데, 거기에서는 가정방화군(家庭防火群)이 나와 근무하고 있다고 한다. 진짜 경계경보라면 경방단이 출동해 경비에 임할 터인데, 가정방화군이 나와 있는 것이라면 이번 경계경보도 연습이다"라고 함부로 말하였다.

처분결과: 언론출판집회결사등임시단속법 위반, 1943.6.3 벌금 50엔

비고: 법 제18조

---

65 원문은 '狩野村大字石林'이다. '오아자(大字)', '아자(字)'는 당시 일본 시정촌(市町村) 아래의 구획명으로 보통 마을 이름 앞에 붙는데, '오아자'가 '아자'의 상위 개념이다. 이 자료집에서 번역할 때 원문의 '오아자', '아자'는 생략하고 띄어쓰기만 하였다. 예) 能賀足村大字知志谷字石濱 → 노가아시무라(能賀足村) 지시야(知志谷) 이시하마(石濱)

66 당시 일본에서 전쟁비용을 조달하기 위해 발행됐던 일종의 할증금부채권(割增金附債券)이다. 구입 후 추첨을 통해 당첨되면 할증금이 붙으며, 추첨 후 일정 매수 이상을 모으면 만기 때 찾을 수 있다. 조선에서도 발행되었다.

청명: 우쓰노미야지방재판소 오타와라구

직업·성명·연령: 농업 구로사키 기시지로(黑崎岸次郎) 70세

사실의 개요: 1943년(昭和 18) 5월 17일 자택을 방문한 주재소순사 이사와 사토시(伊澤哲) 외 2명에게 손자 슈이치(秀一)가 농회의 야마구치(山口) 모(某)에게 들어 알게 된 일이라며 "시즈오카(靜岡)의 어느 역에서 어떤 노파가 정거장에 보자기 꾸러미를 짊어지고 왔는데, 순사가 그 꾸러미를 조사하자 백미였기에 이유를 물었더니, 딸의 출산 간호를 위해 들고 간다고 말하던 참에 기차가 왔기에 승차하려 했지만, 순사가 잡아당겼기 때문에 굴러서 쌀을 쏟아버렸다. 노파가 쌀을 줍고 있던 도중 기차가 출발해버렸다. 그곳에 헌병이 와서 그 순사를 구타했다고 한다. 다음날 경찰의 순사 모두가 도시락을 지참한 채 헌병대로 불려가서 속을 열어보았더니 8할 정도가 백미였기 때문에 질책을 받았다고 한다"라고 함부로 말하였다.

처분결과: 언론출판집회결사등임시단속법 위반, 1943.6.16 벌금 50엔

비고: 법 제18조

청명: 시즈오카(靜岡)지방재판소 시즈오카구

직업·성명·연령: 무직 니무라 기조(新村喜藏) 51세

사실의 개요:

하나. 1942년(昭和 17) 4월 14일경 이발업을 하는 마쓰모토 사카오(松本坂夫)의 집에서 그 외 3명에게 "싱가포르 공략전에서 일본의 선두부대가 싱가포르의 시가지로 돌입했다고 하는데, 오전 7시경이었다고 하나 당국의 발표는 오후 7시라 하니, 그 사이의 간격이 있던 것을 생각해보면 그 시간에 선두부대는 전멸했음이 틀림없다", "일본군은 장사(長沙) 전쟁에서 독가스를 사용했는데, 역풍을 맞아 반대로 일본군 약 2만이 전멸했다" 운운했다

둘. 1941년 12월부터 1942년 6월 15일경 사이에 수차례에 걸쳐 이마다 지요키치(今田千代吉)의 집에서 이마다 지요키치 및 그 아내 준(じゆん)에게 "조만간 일본은 경제적으로 봉쇄당하고 말 것이다. 상대는 돈이 있으며 장비가 마련되어 있으므로, 아무리 군부가 분발해도 이길 수가 없다" 운운했다. "지금 정부는 '저금, 저금' 하고 있다. 이는 전쟁을 치러 점차 불

경기가 되자 이것이 계속되면 국민은 전쟁을 혐오할 것이므로 정부가 돈을 뿌렸는데, 너무 뿌려서 '인플레'가 되었다. 그 돈을 모을 작정이다", "오늘날 통제는 '인플레'이기 때문에 통제하지 않으면 방법이 없으니 어쩔 수 없이 하는 것이다. 그 증거로는 쌀이 나고야(名古屋)에서는 1되에 1엔인데, 오사카(大阪)에서는 2엔이다", "일본의 항공모함 아카기(赤城)가 당해버렸다고 한다" 운운했다.

셋. 1942년 6월 15일경 식당 신도야(新藤屋)를 운영하는 스즈키 리야(鈴木リヤ)의 집에서 도야마 쇼라쿠(遠山庄樂) 외 수 명에게 "일본의 항공모함이 5척 당했다고 한다. 아카기 혹은 다른 무엇인가가 당했다고 한다" 운운했다.

넷. 1941년 12월경부터 1942년 6월 초 무렵 사이에 수차례에 걸쳐 도야마 쇼라쿠 집에서 그에게 "큰 전과의 발표들은 선전이니 실제로 그렇겠는가. 발표들을 전부 신뢰하면 안 된다. 일본도 상당히 피해가 크다고 한다", "일본은 경제적으로 완전히 막다른 상태다. 경제적인 면이나 또한 다른 면에서 보아도 일본은 미·영의 적수는 아니다"라고 함부로 말했다.

처분결과: 육·해군형법 위반, 언론출판집회결사등임시단속법 위반, 1943.3.26 징역 6월

비고: 법 제18조

청명: 나가노(長野)지방재판소 마쓰모토구(松本區)

직업·성명·연령: 직인 후카다 마타쓰구(深田又次) 42세

사실의 개요: 1942년(昭和 17) 2월 초순 도나리쿠미(隣組) 정례회의(常會) 석상에서 아오야기 나루미(靑柳成美) 외 20명 정도의 회합한 사람들에게 "'군(軍)에 농산물을 공출하라'라고 말하나, 우리처럼 사서 먹는 자에게는 낼 수 있는 것이 없다. 이렇게 말하는 것은 역시 미쓰이(三井)·미쓰비시(三菱)의 자본가가 있기 때문으로, 우리 같은 가난뱅이는 재벌의 노예와 같은 것이다. 애초에 우리 같은 일용노동자에게 채권 따위를 사게 하는 제도가 나쁘다. 이것도 모두 미쓰이·미쓰비시가 있기 때문이다. 지금의 전쟁도 그렇다"라고 함부로 말하였다.

처분결과: 언론출판집회결사등임시단속법 위반, 1943.3.8 벌금 30엔

비고: 법 제18조

청명: 나가노지방재판소 나가노구

직업·성명·연령: 농업 쓰치야 마사미쓰(土屋政光) 46세

사실의 개요: 1942년(昭和 17) 7월 중에 저금 할당이 예상외로 많은 금액인 것에 화가 나 봉투를 만들어 그 앞면에 "착혈저금(搾血貯金)"이라고 크게 쓰고 그 위아래에 해골 그림을 그렸으며, 그 뒷면에 "이런 기분 나쁜 저금은 없습니다. 나는 지금까지 여유가 있는 돈은 강제하지 않아도 전부 저금하고 있었습니다. 백성에게 저금을 강요하는 일은 석가(釋迦)에게 불법(佛法)을 설파하는 것과 같은 어리석은 짓입니다. 저금을 강요하기 전에 농산물 가격과 생산품의 물가를 잘 비교해 보시기 바랍니다"라고 기재하고, 여기에 통장 및 현금 1엔 50전을 넣어 도나리구미 장(隣組長)을 거쳐 신용조합 계원에게 제출해서 많은 사람이 보게끔 했다.

처분결과: 언론출판집회결사등임시단속법 위반, 1943.5.31 벌금 50엔

비고: 법 제18조

청명: 나가노지방재판소 나가노구

직업·성명·연령: 무직 마쓰쿠라 다카요시(松倉高義) 24세

사실의 개요: 현역병으로서 요코스카(橫須賀) 제1해병단에 입단하였으나 그 후 흉막염 및 폐 침윤 때문에 병역이 면제된 자이다. 1942년(昭和 17) 9월 29일 지인 마쓰오카 마스오(松岡益男)와 해후하여 그가 해군의 상황을 묻자, 대답하지 못하면 부끄러운 일이라고 생각해 자기가 산호해(珊瑚海) 해전에 참가한 자인 것처럼 꾸며 "산호해 해전 때 적 비행기는 500기 정도에 아군은 100기 정도였는데, 아군은 참패하였으며 내가 탑승한 잠수함은 격침되었다. 나는 물속에 4시간이나 있었는데, 지나가던 상선인 요시다마루(吉田丸)에 구조되었다. 적함은 26척, 아군은 14척이었는데, 적을 전부 해치웠지만 아군도 10척이나 당했다. 홀로 도망간 적함이 있었는데, 여기에는 대단한 이가 타고 있었다고 한다", "일본의 근해에는 적 잠수함이 내습하고 있다. 오시마(大島) 앞바다를 우회해서 잠수함이 내습해 오고 있어서 요코스카에서 출항해 바로 격침당하는 군함도 있다. 출항해서 10시간 만에 격침당한 함선도 있었다", "일본 해군의 전사자도 1만이나 2만은 나왔을 것이다", "어떤 해전에서 일

본의 항공모함은 3척 이상이나 당했다", "렉싱턴호[USS Lexington]를 가라앉혔을 때는 아군 잠수함이 3척이었으며, 어뢰 50~60발을 쏘았으나 그중에 20발 정도밖에 맞지 않았다", "일본은 7만 톤의 군함을 건조하여 1척은 완성되었는데, 사령관이 탈 수 있게 2척째를 건조 중이다"라고 함부로 말하였다.

처분결과: 해군형법 위반, 1942.12.26 금고 6월

청명: 나가노지방재판소 마쓰모토구
직업·성명·연령: 잡역부 히로세 마사요시(廣瀨政吉) 48세
사실의 개요: 1942년(昭和 17) 11월 21일 마쓰모토(松本)시 모토초(元町) 메토바노유(女鳥羽ノ湯)에서 개최된 정례회의(常會)에 출석해, 회의 석상에 모여 있던 모모세 도요하루(百瀨豊治) 외 60명에게 "다카마쓰(高松)의 백성이 거름을 뜨러 가는 마쓰모토시의 단골손님에게 쌀을 부탁받아 1말 정도를 자전거에 싣고 시마우치무라(島內村)로 왔는데, 순사가 취조했지만 백성이 아무 말도 하지 않았다. 순사가 화가 나서 몰아붙인 뒤 주재소로 데려가 심문한 결과, 백성은 '내가 거름을 뜨러 간 겐치(源地)의 경찰서에서 배급미로는 부족하여 아이의 성장이 곤란하므로 위반 사항이지만 아이에게 도움이 될 것으로 생각하니 쌀을 가져다 달라는 부탁을 받았다'라고 대답했다. 순사는 '그렇다면 화를 낼 정도의 일은 아니었다. 가져다주라'라고 부탁했던바, 백성은 '올해까지 부모에게도 꾸중을 들은 적이 없다, 아이를 돕는 것이기 때문에 두고 볼 수 없었던 것인데, 아무래도 꾸중을 들으면서까지 가져가는 것은 아닌 것 같다'라고 말하고 돌아가 버렸다"라는 내용을 함부로 말하였다.

처분결과: 언론출판집회결사등임시단속법 위반, 1943.1.15 벌금 50엔
비고: 법 제17조

청명: 나가노지방재판소 나가노구
직업·성명·연령: 과자상 사쿠라이 슌(櫻井俊) 48세
사실의 개요:

하나. 1942년(昭和 17) 11월 25, 6일쯤 나가노현 미나미사쿠군(南佐久郡) 고우미무라(小海村) 고바야시 고쿠라쿠(小林國樂)의 집에서 그에게 "최근 세토내해(瀨戶內海)에서 아자마마루(淺間丸)가 적 잠수함에 격침당했다"라고 얘기하였고, 홋타 세키조(堀田赤三)의 집에서 그 외 9명에게 "세토내해에서도 바로 최근에 아자마마루가 가라앉았다"라고 얘기하였으며,

둘. 1942년 12월 8~9일쯤 앞에 적은 고바야시 고쿠라쿠의 집에서 그에게 "우에다(上田)의 어느 주부가 배급미로는 부족했기 때문에 배급을 늘려줄 것을 배급소에 청원했지만 소용이 없었다. 그래서 어쩔 수 없이 집으로 돌아가 2층에서 목을 매어 죽었다. 그 후 남편이 집으로 돌아와 주부가 없었기 때문에 배급소에 물어보았더니 '쌀 배급을 늘려주라고 요청해왔으나 쌀을 줄 수 없었다'라고 대답했다. 남편은 집으로 돌아가 2층에 주부가 죽어 있는 것을 발견하고 정신이 나가 2명의 아이를 죽이고 이를 가마니에 넣어 경찰에 가져가서 '이는 암거래로 입수한 것이니 손을 대지 말고 그대로 두어 달라'라고 말해두고, 배급소로 가서 배급소의 인부를 죽인 뒤 경찰서로 왔다. '이것을 봐 달라'라고 말하며 가마니를 열어 보인 뒤 서장(署長)도 죽여 버렸다고 한다. 우에다의 서장은 나가노, 마쓰모토와 같은 경시(警視)급 서장이니, 이 일이 사실이라는 것은 조만간 인사이동으로 알 수 있다"라고 함부로 말하였다.

처분결과: 해군형법 위반, 언론출판집회결사등임시단속법 위반, 1943.3.9 징역 3월

비고: 법 제17조

청명: 나가노지방재판소 마쓰모토구

직업·성명·연령: 회사원 무라코시 곤시로(村越權四郎) 46세

사실의 개요: 1942년(昭和 17) 12월 5일 마쓰모토시 미나미겐치(南源地)의 미사오노유(操ノ湯)에서 입욕 중에 지인 모모세 후지오(百瀨富士雄)에게 "요코하마시에서는 계엄령이 선포되었다고 한다. 그 이유는 최근 요코하마에서 유조선의 화재로 위문품을 실은 배가 불탔으며, 게다가 그 불똥으로 창고까지 불이나 난리여서 마침내 계엄령이 선포되었다고 한다"라고 함부로 말하였다.

처분결과: 언론출판집회결사등임시단속법 위반, 1943.2.8 벌금 50엔

비고: 법 제17조

청명: 나가노지방재판소 나가노구

직업·성명·연령: 농업 아오야기 다카토(青柳隆人) 35세

사실의 개요: 공산주의에 공감하여 훈계 처분을 받았던 일이 있었는데, 1942년(昭和 17) 5월 초순 무렵부터 1942년 12월 중순까지

하나. 만주 이민은 현재대로라면 절대로 안 된다. 그 이유는 가토 히로하루(加藤寬治)의 지도정신[67]이며, 게다가 만척회사(滿拓會社)가 금비주의(金備主義)[68]를 쓰고 있으므로 안 되는 것이다.

둘. 일본의 통제경제 방침은 상당히 나쁜데, 그에 비해 소련은 훌륭히 하고 있다. 일본의 통제에 결함이 있어서 암거래가 이루어지거나 하는 것은 정치의 방침이 나쁘기 때문이다. 소련은 20년 전에도 앞서 배급제를 취하고 있었으나 일본은 이제 겨우 그것을 운용하고 있는 상황으로, 따라서 일본은 소련보다도 20년이나 뒤처져 있는 셈이다.

셋. 지금의 정치는 좋지 않다. 소련의 방침이 올바른 길이다. 모든 물건을 국가가 통제하는 것은 인류의 이상이다. 일본의 전쟁 방법은 좋지 못하다. 제1선의 상황은 모르겠지만 국내는 아직 자본주의적인 방침으로, 돈만 있다면 어떠한 일이라도 가능하지 않은가. 이번 세계전쟁은 중국에서 시작해 세계의 동란이 되었으며, 최후에는 소련 공격이라고 들었는데 완전히 그대로이지 않은가. 이는 실로 유물사관이 올바르다는 사실을 보여주는 것이다. 일본 정치의 행방은 과학성이 없어서 나쁘다.

넷. 대동아전쟁은 결국 자본가를 옹호하는 전쟁이다. 최근 상황을 보아도 소기업은 연달아 정리되어 대기업이 되며, 그래서 자본가는 점점 이윤을 얻게 되어간다. 이상할 바 없는 이번 세계전쟁은 일본의 제국주의와 미·영의 민주주의와 소련의 공산주의의 삼파전이다.

라고 함부로 말하였다.

처분결과: 언론출판집회결사등임시단속법 위반, 1943.5.28 징역 6월

비고: 법 제18조

---

[67] 가토는 "만일 말(馬) 없이 괭이 하나만 쥐어 주고 새로운 곳에 배치되더라도 만주 농민이나 조선 농민에게 절대 뒤지지 않는 농민이야말로" 만주 개척의 근본이라고 생각했다(日滿農政研究会新京事務局, 『日滿農政研究會第二會總會速記錄』, 1940, 156쪽).

[68] 원문은 金備主義이나 金肥主義인 것 같다. '金肥主義'는 농가에서 자체 제작한 퇴비나 거름 대신 돈을 주고 비료, 주로 화학비료를 구입해 쓰는 방침을 말한다.

청명: 나가노지방재판소 마쓰모토구

직업·성명·연령: 인부 아라이 간지로(新井勘治郎) 46세

사실의 개요: 1942년(昭和 17) 12월 20일 쇼센(省線) 기소후쿠시마(木曾福島)에서 시오지리역(鹽尻驛)으로 가는 열차 안에서 성명 불명인 승객 수 명에게 "내년부터 조선에도 징병령이 시행된다고 하니 조선인을 전장으로 데려가 총알받이로 써버린다면 좋을 것이다. 3,000만 명 중에서 절반은 전장으로 데려가 차례대로 해치워 버린다고 한다. 실제로 미우라(三浦)의 공장에서도 터널 안에서 상당히 해치워 버리곤 했다"라고 함부로 말했다.

처분결과: 언론출판집회결사등임시단속법 위반, 1943.3.12 벌금 50엔

비고: 법 제18조

청명: 나가노지방재판소 나가노구

직업·성명·연령: 고용인 이와시타 고렌(岩下交連) 32세

사실의 개요: 1943년(昭和 18) 11월 13일 나가노현 지이사가타군(小縣郡) 니시카도무라(西門村) 소재 온천 여관에 투숙하여 여관의 주인인 사이토 스기시게(齊藤杉茂)와 그의 아내 마사(まさ)에게 "우리나라의 남방작전도 최근 고전 중이라고 한다. 군부에서는 남방에 파견한 현재의 병력을 희생시킬 각오를 다졌다고 한다. 그러므로 조만간 대규모의 동원이 있을 것이라 한다. '일본은 지금 추축국이다'라고 말하고 있으나, 독일은 세계 제패를 목표로 하고 있으며 또 일본이 독일을 추종하는 것은 불가능하다. 결국, 두 영웅이 양립할 수 없으니 5년 안에는 필시 독일과 싸우게 될 것이다"라고 함부로 말하였다.

처분결과: 언론출판집회결사등임시단속법 위반, 1943.2.16 금고 2월

청명: 나가노지방재판소 마쓰모토구

직업·성명·연령: 목수 모치즈키 아키히토(望月明人) 34세

사실의 개요: 1940년(昭和 15) 12월부터 1943년(昭和 18) 1월까지 해남(海南) 섬에서 목수직에 종사하다가 1943년 2월에 일본으로 돌아왔는데, 2월 25일 마쓰모토시 소재 제과회

사의 전무이사인 오카무라 야스오(岡村保男)를 방문하여 귀국 인사를 할 때 그가 물은 바에 대답하여 "해남 섬의 일본인 봉급은 300엔 정도로, 쿨리[coolie, 苦力]나 보이를 쓰고 있기에 거의 일하지 않고 돈이 쌓여가는 상황이다. 거기에 가보면 중국인은 불쌍한 이들로, 각지에서 징용의 형태로 모집되어 불응하는 바 없이 끌려와 일을 강제당하며 전염병에라도 걸린 것 같으면 독약을 주사해 죽여 버린다. 임신 중인 여자를 데려와 주사도 놓지 않고 절개해서 죽여보기도 한다. 데려온 중국인은 소모품이라고 칭하며, 병에 걸리면 방망이로 머리를 때려 조금이라도 움직이면 끌고 와 일을 시킨다. 어찌 되었든 죽을 때까지 부려먹는다. 그래서 3,000명 정도 있던 쿨리도 지금 살아 있는 자는 100명 정도일 것이다. 남방 쪽에서도 병사가 적어 대만인 순사를 모집해 쓰고 있는데, 여하튼 50리 정도에 30명 정도밖에 없어서 말을 듣지 않으면 차례차례 찔러 죽이기에 일 만큼은 잘 진척되지만 불안한 부분도 있다"라고 함부로 말하였다.

처분결과: 언론출판집회결사등임시단속법 위반, 1943.3.12 벌금 100엔

비고: 법 제17조

청명: 나가노지방재판소 나가노구

직업·성명·연령: 농업 오쓰키 야스오(大槻靜雄) 34세

사실의 개요: 1933년(昭和 8) 가을 공산주의 운동에 종사하던 중에 검거되어 훈계 처분을 받았으나, 또다시 좌익 활동을 청산하지 못하고 그 좌익 의견의 영향에 따라

하나. 1942년(昭和 17) 12월 8일 구라다 도모오(倉田友雄) 외 수 명에게 "지금 조선은 전쟁에는 협력하나 민족 독립을 인정해 달라고 말하는 운동이 벌어지고 있다"라는 내용

둘. 1942년(昭和 17) 11월 30일경 고자와 이쓰지로(小澤逸次郎)의 집에서 고바야시 기요시(小林清志) 외 수 명에게 "남방작전도 라디오나 신문에서는 큰 전과를 정부가 발표하고 있으나, 그 보도는 그다지 정확하지 않다. 사실 일본은 지고 있다. 이 전쟁은 미·영이 이길 것 같다"라는 내용

셋. 1943년(昭和 18) 1월 초순 야마카와 가이치(山川嘉一)의 집에서 고바야시 기요시 외 수 명에게 "이번 전쟁은 미·영이 이기고 일본이 패할 것인데, 그러한 경우라도 농민은 곤란

하지 않다. 곤란한 것은 관리나 요쿠소(翼壯)[69]의 간부뿐이다"라는 내용

넷. 1월 27~28일경 모모세 사다에(百瀨定江)의 집에서 그 외 2명에게 "이번 전쟁은 필시 미·영이 이기고 일본이 패하게 될 것이다"라는 내용을 각각 함부로 말하였다.

처분결과: 언론출판집회결사등임시단속법 위반, 1943.6.30 징역 4월

비고: 법 제18조

청명: 나가노지방재판소 나가노구

직업·성명·연령: 농업 니키 도모후유(二木知冬) 36세

사실의 개요:

하나. 1942년(昭和 17) 10월 중에 사는 마을의 여관에 모여 있던 이들에게 "일본은 식량 문제로 이번 대동아전쟁에서도 패하고 말 것이다"

둘. 그 후 1942년 11월 같은 여관에 와 있던 자들에게 "농작물 가격이 저렴하니 백성은 자가에서 소비할 만큼밖에 생산하지 않는다. 따라서 배급을 받는 자는 충분히 먹을 수 없다. 그러나 대신(大臣)만큼은 식량을 자유롭게 입수할 수 있다. 도조(東條) 수상이 배급미만으로 저렇게 큰 목소리가 나올 리가 없다. 조만간 미·영이 독일을 굴복시키고 일본을 공격해 올 것이다. 그때 일본은 지고 말 것이며, 국내에 소동이 벌어질 것이다."

셋. 11월 중에 "이번 전쟁에서는 일본이 패배자가 될 것이다."

넷. 1942년 12월 중순 무렵 "대동아전쟁은 완전히 미쓰이·미쓰비시 등 재벌의 금전을 위한 전쟁이다. 일본은 이 전쟁에 져서 가난뱅이들이 편안한 세상이 될 것이다."

다섯. 12월 하순 무렵 "대동아전쟁은 그 내실이 미쓰이·미쓰비시 등의 재벌이 돈을 벌기 위한 전쟁이다. 정말로 일억일심(一億一心)이라면 부자도 모든 재산을 제공하여 하층 계급과 함께 해야만 할 것이다. 재벌의 돈벌이를 돕는 것 같은 방식으로는 일본은 전쟁에서 패배해 버릴 것이다", "쌀의 공출, 금속의 공출도 성실히 임하는 자는 바보이다. 백성은 쌀을 배불리 먹고 공출 등을 하지 않으며 암거래로 파는 편이 낫다."

---

[69] 대정익찬회의 산하 단체인 대일본익찬장년단(大日本翼贊壯年團)의 약칭이다.

여섯. 1943년(昭和 18) 2월 25~26일경 "대동아전쟁은 일본의 패배이다. 미국 등에 병기도 뒤떨어져 있으니 도저히 일본이 이길 수가 없다", "지금의 전쟁은 국가를 위한 전쟁이 아니다. 재벌을 위한 전쟁이다. 그 점을 보자면 소련은 자본가도 가난뱅이도 없으며, 실로 평등하니 가장 강하다. 조만간 세계가 소련에게 지배당해 공산주의가 될 것이다. 그렇게 된다면 옛날 우리가 말한 것과 같은 가난뱅이가 편안하게 지낼 수 있는 세상이 될 것이다. 일본은 식량 문제로부터 생각해봐도 이번 전쟁에는 필시 패할 것이다."

일곱. 2월 하순 무렵 "과달카날 철퇴가 성공이라고 생각한다면 큰 착각이다. 그런 상황으로 간다면 일본은 패할지도 모른다", "우리가 10년 전에 말했던 일, 공산주의 사회가 사실로 다가왔다"라고 함부로 말하였다.

처분결과: 언론출판집회결사등임시단속법 위반, 1943.5.12 징역 8월

비고: 법 제18조

청명: 니가타(新潟)지방재판소 나가오카구(長岡區)

직업·성명·연령: 고등여학교 교원 야마기시 미쓰나오(山岸光尙) 43세

사실의 개요: 1942년(昭和 17) 12월 중순경 고등여학교의 4학년생 '호(ほ)'반의 약 50명에게 생물 진화의 원칙을 설명하던 중 인류 쇠망의 필연성을 해설한 뒤 "생물에게 영고성쇠가 있는 것은 생물학상의 원칙으로, 천양무궁(天壤無窮)한 천황의 명령과 같은 것도 생물계에서는 단순한 언어의 수사에 지나지 않고, 오늘날 전성기를 자랑하는 생물도 다음 시대에는 다른 생물에 의해 구축되어 쇠망할 것이며, 인류도 생물의 일원인 이상 이 원칙을 면할 수는 없다. 우리 일본인도 인간인 이상 물론 그 운명에 지배당할 것이며, 천황 폐하도 생물학적으로는 하나의 생물이므로 마찬가지다"라는 내용을 함부로 말하였다.

처분결과: 불경, 1943.5.31 징역 6월 3년간 집행유예

청명: 니가타지방재판소 아이카와구(相川區)

직업·성명·연령: 전당포·고물상(의류상인조합 지부장) 사토 사타로(佐藤佐太郎) 70세

사실의 개요: 1942년(昭和 17) 12월 20일 의류상인 조합의 사전 회의에 출석하여 하나. "최근 경보가 발령되었는데(12월 12일 발령된 경계경보), 무엇 때문인지 알고 있는가. 나는 알고 있다. 최근의 경보는 미국 비행기 300기가 중국으로 갔는데, 그중에 100기가 대만을 공습하였기 때문에 전화가 걸려와 마이즈루(舞鶴)에서 발령된 것이다"

둘. "전쟁이 길게 지속된다면 정부는 화폐 가치를 내릴 것이다. 그렇게 된다면 금의 가격은 절반 정도가 되어 버릴 것이니 우편국이나 은행에 1,000엔을 저금해도 300엔이나 350엔밖에 얻을 수 없게 될 것이다. 그러니 금을 물품으로 바꾸어둔다면 좋을 것이다", "정부는 장차 지주로부터 전답이나 택지를 관청에서 정한 시세로 매입해, 그것을 곤란을 겪고 있는 소작인들에게 경작시킬 것 같다"라고 함부로 말하였다.

처분결과: 육군형법 위반, 언론출판집회결사등임시단속법 위반, 1943.4.20 금고 6월 3년간 집행유예 벌금 200엔

비고: 법 제18조

청명: 니가타지방재판소

직업·성명·연령: 농업 사사키 사토시(佐々木佐敏)[70]

사실의 개요: 피고인은 부민강건(富民強健), 식량증산을 목적으로 부민(富民)연구회를 조직하고, 또한 동방회(東方會, 이후 동방동지회東方同志會) 나카노시마(中之島)분회를 결성하여 스스로 그 청년교도계에 취임하는 등 각종 운동에 종사 중인 자이다. 1942년(昭和 17) 12월 21일경 니가타현 가마하라군(蒲原郡) 나카노시마무라(中之島村) 나카조(中條)의 자택에서 개최된 미야무라(宮村)농사실행조합원 나카무라 스케이치(中村助一) 등 9명의 집회에서 이야기가 때마침 국채 할당 등의 문제에 미치자, 나카무라 스케이치 등에게 "우리가 먹지 못하게 된다면 천황도 그 무엇도 무의미하다. 도조(東條, 현 총리대신)는 서민들의

---

[70] 원문에 '청명'의 '구(區)재판소'와 '성명' 뒤의 '연령'이 기재되어 있지 않다. 방기중 편, 앞의 책, 480쪽.

일은 아무것도 모르는 주제에 천황에게 무책임한 일을 말하고 있다. 그러니 천황은 우리의 괴로운 일도 모르고 '쌀을 내놓아라, 국채를 사라'라고 명령만 한다. 본래 일본의 천황 폐하는 제멋대로여서 쓸 데가 없으니 우리 국민의 생활이 편안해질 수 있는 대통령 정치로 바꾸지 않으면 안 된다"라고 함부로 말하였다.

처분결과: 불경, 1943.6.22 징역 6월

청명: 니가타지방재판소

직업·성명·연령: 소목장(指物 職人) 이마이 소키치(今井惣吉) 35세

사실의 개요: 1943년(昭和 18) 2월 16일 니가타현 기타가마하라군(北蒲原郡) 구즈쓰카초(葛塚町) 사무소에서 기타가마하라군 목공품공업조합 구즈쓰카 지구 임시 총회가 개최되었을 때 조합원 십 수 명이 모여 있는 석상에서 어느 조합원이 자재 배급에 관해 "긴 이야기지만, 천황 폐하께서 목조선의 돛을 만들 목재를 하사하고 계실 정도이니 우리 업자들은 이 전쟁에서 어떻게든 이기기 위해 자재 부족 따위는 당연히 감내해야만 한다고 생각한다"라는 취지의 의견을 이야기하자, 이에 반박하듯 "우리 업자들은 자재 배급을 받아 일하고 있으며, 이를 통해 생활을 유지하고 공채를 사고 저금도 하니 적잖이 국가에 희생하고 있다. 이런 초비상 시에 천황 폐하가 돛을 만들 목재를 10자루나 20자루 내는 것은 당연한 일이다. 애초에 이 전쟁에서 패한다 한들 우리 일반인은 곤란하지 않겠지만, 가장 먼저 곤란해지는 것은 천황 폐하가 아니겠는가" 하고 함부로 말하였다.

처분결과: 불경, 1943.7.8 징역 5월

청명: 교토(京都)지방재판소 교토구

직업·성명·연령: 직물제조업 보조(여성) 후쿠이 히데코(福井秀子) 25세

사실의 개요: 1943년(昭和 18) 5월 30일 사는 집에서

하나. 1943년 4월 30일 자 아사히신문(朝日新聞) 조간에서 천장절(天長節) 관병식장에서 열병 중에 천황 폐하의 자태를 삼가 인쇄한 부분을 잘라내 펜으로 ×표를 긋고 '바보 폐하'

라고 기재한 뒤 서류 봉투에 봉해 넣고 수령인으로 야마가타 미노루(山形實)라는 성명을 써서 해당 봉투를 교토시 가미쿄(上京) 구청으로 우송했다.

둘. (1) 1943년 5월 6일 자 아사히신문 조간에서 천황 폐하의 자태를 삼가 인쇄한 부분을 잘라내 펜으로 ×표를 그어 말소하고 '바보, 망해라'라고 기재하였으며 (2) 5월 19일 자 아사히신문 조간에서 황후 폐하의 약식 자동차 행렬을 삼가 인쇄한 부분을 잘라내어 펜으로 ×표를 그어 말소하고 '바보'라고 기재한 뒤, 이 잘라낸 종이 쪼가리들을 서류 봉투에 봉해 넣고 수령인을 기재하여 야마모토(山本) 사진관 명의를 써서 해당 봉투를 교토부 나카다치우리(中立賣)경찰서에 우송했다.

처분결과: 불경, 1943.7.8 징역 6월

청명: 고베(神戶)지방재판소 히메지구(姬路區)
직업·성명·연령: 직공 오시마 초조(大島長藏) 40세
사실의 개요: 피고는 항상 가정 내에 풍파가 끊이지 않아 두 차례에 걸쳐 아내와 이혼하였으며, 그동안 가산도 점차 기울어 가난해지자 마침내 국가와 사회를 저주하기에 이르러 대동아전쟁과 동반된 물자 부족·물가 등귀·증세 등을 보고 견부 친정의 사상에서 기인한 것이라고 망단(妄斷)하던 자이다. 때마침 1942년(昭和 17) 10월 24일 히메지시 가메이초(龜井町)에서 음식점을 하는 이다 게이지(位田慶次)의 집에 갔을 때 그의 음식점 스탠드에 비치된 계산표 용지 뒷면에 연필을 사용해

    천황의 일본국이 아니다.
        소수 재벌의 일본국이 아니다.
    국민의 대다수
        우리의 대일본국이다.
          천황은 절대적 권력자인가? 운운

이라고 무엄하게도 천황이 현인신(現人神)이시고 절대 신성하시며 엄연히 대일본제국의 통수권을 총람(總覽)하고 계신 뜻을 부정하는 듯한 사항을 기재하여 음식점 스탠드에 놔두었다.

처분결과: 불경, 공판 중

청명: 고베지방재판소 고베구

직업·성명·연령: 범선 선장 히라이 히사이치(平井久市) 60세

사실의 개요: 1942년(昭和 17) 11월 29일 고베시 후키아이구(葦合區) 야쿠모도리(八雲通) 리키타케 마사하루(力武正治)의 집에서 그의 아내와 잡담하던 중 그녀에게 "간인노미야(閑院宮)님은 진무천황(神武天皇)의 진정한 혈통이다. 어떠한 일이 있어도 간인노미야님의 혈통은 끊어지지 않는다. 지금의 폐하는 진무천황의 진정한 혈통은 아니다. 세상이 세상인지라 예전처럼 강한 자의 천하이니, 나에게 부하가 많이 있다면 지금의 폐하를 거꾸러트리고 간인노미야님을 옹립할 텐데"라고 함부로 말하였다.

처분결과: 불경, 1943.2.18 징역 5월 3년간 집행유예

청명: 고베지방재판소 고베구

직업·성명·연령: 직공 간다 다조이치(神田多三一) 44세

사실의 개요: 1942년(昭和 17) 12월 19일 고베시 스마구(須磨區) 데라다초(寺田町)와 스마구 오타초(太田町) 1정목(丁目)의 인가가 조밀한 거리를 보행하던 중에 경계경보 또는 공습경보가 발령되지 않았는데도 큰 소리로 '공습경보'라고 2회에 걸쳐 잇달아 외쳤다.

처분결과: 언론출판집회결사등임시단속법 위반, 1943.1.11 벌금 100엔

비고: 법 제18조

청명: 고베지방재판소 히메지구

직업·성명·연령: 무직 모리사키 시치베(森崎七兵衛) 38세

사실의 개요: 1943년(昭和 18) 2월 24일

하나. "일본 본토에서는 경마 도박이나 마작 도박 등은 엄중하게 단속하고 있지만, 천진(天津) 쪽에서는 경마 도박이든 마작 도박이든 자유롭게 할 수 있다. 순사는 도박하는 현장을 보아도 모른 척을 하고 있을 뿐만 아니라 순사 자신도 도박하는 상황이다. 내 지인이 천진시의 아메미야(雨宮) 특무기관장 집에 마작을 하러 간다고 말하고 여러 차례 다녔는데, 이

러한 사람들도 무엇을 하고 있는지 모른다"

둘. "화북 방면에 주재하고 있는 헌병 중에는 첩을 데리고 있는 자가 다수 있는데, 봉급이 정해져 있는 헌병이 첩을 데리고 있는 것이니 어쨌든 정당한 일을 하고 있지 않은 것이다"

셋. "일본 본토에서는 술이 부족해 제약을 받고 있는데, 천진 쪽에서는 술도 풍부해서 아침부터 심야까지 자유롭게 마실 수 있다. 천진시의 마르타마(マルタマ) 카페 등은 대단한 호경기로 여급 시녀가 200여 명, 무용수가 약 30명 있는데, 매일 매상도 1만 엔씩이나 되어 여급에게 10~20엔씩 팁을 주어도 고마워하지 않는다"라고 함부로 말하였다.

처분결과: 언론출판집회결사등임시단속법 위반, 1943.5.8 벌금 200엔

비고: 법 제17조

청명: 고베지방재판소 히메지구

직업 · 성명 · 연령: 농업 니시자와 쇼이치(西澤勝一) 44세

사실의 개요: 1943년(昭和 18) 3월 16일과 17일 하천 복구공사에 종사하던 중 2차례에 걸쳐 "미곡 공출 문제와 관련하여 아코군(赤穗郡) 야노무라(矢野村)의 촌장이 자살했다는 이야기가 있다"라고 함부로 말하였다.

처분결과: 언론출판집회결사등임시단속법 위반, 1943.4.21 벌금 30엔

비고: 법 제17조

청명: 고베지방재판소 고베구

직업 · 성명 · 연령: 회사원 후쿠다 나오타케(福田尙武) 50세

사실의 개요: 1943년(昭和 18) 5월 23일 효고현(兵庫縣) 무코군(武庫郡) 나루오무라(鳴尾村) 소재의 니시항공공사(西航空公社) 공원기숙사 제22고와료(工和寮) 도서실에서 시찰단 접대 등을 위해 대기하던 중 동료 사원 사토 다쿠마(佐藤琢磨) 외 수 명과 잡담하면서 그들에게 "메이지 천황(明治天皇)이 뇌매독이었으니 유전으로 다이쇼 천황(大正天皇)도 뇌증(腦症)을 지니셨다"라는 내용을, 무엄하게도 금상 폐하의 혈통을 모독하는 것과 같은 사항

을 함부로 말하였다.

처분결과: 불경, 공판 중

청명: 와카야마(和歌山)지방재판소 와카야마구

직업·성명·연령: 철공소 직공 ■…■

사실의 개요: 1942년(昭和 18) 11월 중순경 동료 직공들 수 명에게 "어느 제재직(製材職) 남성이 가이난시(海南市)[71] 거리를 자전거로 달리고 있었는데, 아이를 업은 여자가 무거운 여행가방을 지니고 걷고 있는 것을 보고 자전거 뒤에 실어서 이를 언덕 위까지 들고 왔던바, 순사가 있어 그 가방 속을 조사 ■…■

처분결과: 언론출판집회결사등임시단속법 위반, ■…■

비고: 법 제17조

■…■[원문 75~76쪽 소실][72]

청명: ■…■

직업·성명·연령: ■…■

사실의 개요: ■…■라고 말하며 목숨을 버리려고 하는 것은 개죽음이다. 전사하는 것이 무슨 명예인가"라고 함부로 말하였다.

처분결과: ■…■

청명: 도쿠시마(德島)지방재판소 도쿠시마구

직업·성명·연령: 도량형기제조 직공 이우치 도시이치(井內利市) 37세

사실의 개요: 1943년(昭和 18) 5월 27일 도나리구미(隣組) 정례회의(常會)에 출석해 그 석

---

71 와카야마현 와카야마시 남쪽에 있다.
72 방기중 편, 앞의 책, 484~485쪽. 원본의 75~76쪽이 소실된 채로 영인되었다.

상에서 조장인 미야모토 비테이(宮本美弟)가 "국민의례를 행하겠으니 동쪽을 향해주시기 바랍니다"라고 말하자, "국민의례 따위는 힘들다. 그만두지 않겠는가" 하고 함부로 말했다. 국민의례 종료 후 재차 일동에게 "'요배(遙拜), 요배'라고 하는데, 어디에 요배하라는 것인가"라고 말하여, 조장이 그 잘못을 질책하였음에도 "그렇게 말해봤자 천황 폐하가 지금 무엇을 하고 있는지 알지 못하지 않는가"라고 함부로 말하면서 두 손가락을 써서 소 흉내를 내며 외설적인 행위를 하였다.

처분결과: 불경, 1943.7.16 징역 8월

청명: 다카마쓰(高松)지방재판소 다카마쓰구
직업·성명·연령: 촌장 오기타 고헤이(荻田浩平) 41세
사실의 개요: 오기타 고헤이는 1942년(昭和 17) ■…■
■…■[원문 77~78쪽 일부 누락][73]

청명: 다카마쓰지방재판소 다카마쓰구
직업·성명·연령: 농업 모리 고자부로(森廣三郎) 51세, 농업 다케가미 마사루(武上正) 58세
사실의 개요: 모리 고자부로는 1943년(昭和 18) 2월 2일 다케가미 마사오 ■…■ "히라이(平井)의 경부보가 쌀을 샀다. 판매한 남자가 그 쌀을 수레에 싣고 가는 것을 형사가 붙잡아 '어디로 가져가는가'라고 묻자, '어디로 가져가는지 따라와 보시오' 하고 말하기에 형사가 따라가 보았더니 경부보의 집으로 들어가므로 형사는 가만히 돌아갔다"라고 함부로 말하였으며, 다케가미 마사루는 2월 15일 스와 요시오(諏訪義夫) 외 십 수 명에게 앞과 같은 내용의 말을 함부로 하였다.

처분결과: 언론출판집회결사등임시단속법 위반, 1943.4.14 각각 벌금 50엔
비고: 법 제18조

---

[73] 방기중 편, 앞의 책, 485~486쪽. 원본의 77~78쪽 일부가 누락된 채로 영인되었다.

청명: 다카마쓰지방재판소 다카마쓰구

직업·성명·연령: 칠기제조업 오카다 야스오(岡田靜夫) 33세

사실의 개요: 1943년(昭和 18) 2월 6일 칠기연구회 석상에서 니시오카 간지(西岡寬治) 외 9명에게 "장소는 모르겠지만, 거름을 치는 아저씨가 수레에 무언가를 싣고 있었는데, 순사가 '그것이 무엇이냐'라고 묻자 '찹쌀이다'라고 말했다. '어디로 가지고 가느냐'라고 묻자 제대로 듣지 못한 것처럼 '당신을 위해서야' 하고 말하므로, 다시 물었더니 '서장님이나 부장님에게 가져가는 것이다'라고 말하였다. 그러자 순사는 '그렇다면 가라'라고 말하고 보내려 했는데, 곁에 있던 자가 '보내서는 안 되는 것이 아닌가'라고 말했다"라고 함부로 말하였다.

처분결과: 언론출판집회결사등임시단속법 위반, 1943.4.16 벌금 50엔

비고: 법 제18조

청명: 고치(高知)지방재판소 아키구(安藝區)

직업·성명·연령: 군농회 기사 다우치 긴젠(田內銀善) 34세

사실의 개요: 1942년(昭和 17) 11월 22일 보리 증식에 관한 강연 중에 "저 미드웨이 해전[74]에서 우리 항공모함 1척이 침몰했다는 보도가 있었습니다만, 사실은 수 척의 피해가 있었다고 들었습니다. 확실히 발표하지 않는 것을 유감으로 생각합니다. 만일 이것이 사실이라고 한다면, 패하게 되면 패했다고 확실히 국민에게 알리는 편이 낫다고 생각합니다"라고 함부로 말하였다.

처분결과: 해군형법 위반, 1943.5.14 금고 3월, 3년간 집행유예

---

74 1942년 6월 5일부터 7일에 걸쳐 하와이 북서쪽 미드웨이 환초 앞바다에서 벌어졌던 미국과 일본 사이의 해전이다. 일본이 패배했는데, 항공모함 4척 등이 격침되고 약 3,500명이 전사했다.

청명: 고치지방재판소 고치구

직업 · 성명 · 연령: 농업 도쿠하시 와타루(德橋渡) 34세

사실의 개요: 1942년(昭和 17) 11월 24일 승합자동차 안에서 "이번 솔로몬 해전에서 당한 전함은 후소(扶桑)다"라고 함부로 말하였다.

처분결과: 해군형법 위반, 1943.5.12 금고 3월, 3년간 집행유예

청명: 고치지방재판소 나카무라구(中村區)

직업 · 성명 · 연령: 약제사(군익찬장년단장) 가메이 주타로(龜井壽太郎) ■■■

사실의 개요: 1942년(昭和 17) 10월 23일 및 1942년 12월 22일 군(郡)익찬장년단장으로서 군내를 순회 강연하던 중에 2차례에 걸쳐 "우리나라는 장차 반드시 독일과 싸우지 않으면 안 된다. 10년 후일지 20년, 30년 후가 될지는 모르겠지만 일·독 전쟁은 필연이다. 현재 독일군이 점령하고 있는 지역의 석유 매장량과 우리나라가 점령하고 있는 지역의 석유 매장량을 비교해 보았더니 독일 쪽이 많았다. 장차 전쟁에서 가장 필요해질 석유를 둘러싸고 석유 전쟁이 될 것이기 때문에 우리나라에서는 남방에서 유입되고 있는 석유도 민간에서는 사용하지 않고 일·독 전쟁을 준비해 저장하고 있으므로, 우리는 현재뿐만 아니라 장래의 일·독 전쟁도 예상해 흔히 있을 부자유(不自由)도 참아가며 매진하지 않으면 안 된다"라고 함부로 말하였다.

처분결과: 언론출판집회결사등임시단속법 위반, 1943.5.5 벌금 100엔

비고: 법 제18조

청명: 고치지방재판소 고치구

직업 · 성명 · 연령: 고치현농회 기수 미야모토 다케시(宮本武) 44세

사실의 개요: 피고인은 고치(高知) 현농회 기수인바, 1943년(昭和 18) 3월 6일 고치현 다카오카군(高岡郡) 하게무라(波介村)에서 음식점을 하는 나카코시 에이키(中越永喜) 집 2층 객실에서 하게무라의 촌장 등 11명을 초대해 주연을 벌이던 중 촌장 등 11명에게 자기가

날조한 허구의 사실로서 "일본의 어느 곳에서는 적 잠수함이 나타나 적군이 상륙해왔기 때문에 그 부근을 지키고 있던 청년 남녀는 두려워서 모두 도망갔으나, 역시 재향군인은 비장한 결심으로 죽창을 들고 응전해 이를 쫓아냈다고 한다" 운운하며 함부로 말하였다.

처분결과: 언론출판집회결사등임시단속법 위반, 1943.6.11 벌금 80엔

비고: 법 제17조

청명: 고치지방재판소 나카무라구

직업·성명·연령: 무직 오타니 미코요시(小谷己子吉) 69세

사실의 개요: 1943년(昭和 18) 5월 24일 고치현 하타군(幡多郡) 오쿠나이무라(奧內村)의 아마지(安滿地)어업조합 사무소에서 어업조합장 오가와 준키치(小川順吉) 외 1명에게 고(故) 야마모토(山本) 해군대장의 전사에 관하여 "야마모토 대장이 전사하셨다고 어제 신문에 나왔는데, 아무래도 기리시마(霧島)가 침몰했을 때 지휘를 실수해 버렸다고 한다. 이번 전사도 비행기로 인한 전사라고 하는데, 아무래도 할복해야 할 처지였다고 한다" 운운하며 함부로 말하였다.

처분결과: 해군형법 위반, 1943.7.5 금고 3월 3년간 집행유예

청명: 나고야(名古屋)지방재판소 나고야구

직업·성명·연령: 전기기구 상인 고마쓰바라 야로쿠(小松原彌六) 56세

사실의 개요: 피고인은 대일본적성회(大日本赤誠會) 아이치현(愛知縣)연합지부 나고야 동(東)지부장으로서 1942년(昭和 17) 4월 30일에 시행된 중의원 의원 선거 때 아이치현 제1구 의원후보자 다케시타 덴키치(竹下傳吉)의 선거사무소장이었던 자이다. 반공연맹이 발행한 잡지 『반공정보反共情報』에 게재되어 발행이 금지된 〈식량난을 속히 해결하라〉는 제목을 붙인 별지(생략) [원고]의 머리말이 현재의 식량난 문제, 경제 통제 등에 관한 피고인의 소견과 일치하는 것이었기에, 1942년 4월 7일 나고야에서 개최된 다케시타 덴키치의 정견 발표 연설회에서 전후 2회에 걸쳐 청중 약 40명에게 유태(猶太)사상 배척을 논한 뒤, 미

리 필기해 둔 〈식량난을 속히 해결하라〉는 원고의 머리말 전문의 사본을 낭독·인용하여 자기도 이와 같은 생각이라는 뜻을 연설함으로써 우리나라가 식량 부족이라는 사실을 과대 서술하였다. 이는 공산주의자에게 조종당하고 있는 불합리한 관료 통제경제에서 기인한 것으로 현재 국내 경제의 형세는 레닌의 전시공산주의 시대를 방불하게 하는 것이라 하여 현재의 국책인 통제경제의 진의를 곡해·비난하는 취지의 연설을 하였다.

처분결과: 언론출판집회결사등임시단속법 위반, 1942.12.21 금고 3월, 3년간 집행유예

비고: 법 제18조

청명: 나고야지방재판소 도요하시구(豊橋區)

직업·성명·연령: 직공 히로마 료야(廣間良哉) 23세

사실의 개요: 피고인은 소행이 바르지 못하여 1941년(昭和 16) 3월 8일 기후(岐阜)지방재판소에서 영리유괴 및 절도 죄로 징역 1년 6월에 처해져 오카자키(岡崎)소년형무소를 거쳐 1942년(昭和 17) 7월 16일 히메지(姬路)소년형무소에서 출소하여, 1942년 12월 이래 도요하시시 소재 산슈이시카와구미(三州石川組) 제사소(製絲所) 야채건조공장에 직공으로 고용된 자이다. 앞서 위의 오카자키·히메지 형무소에서 복역하던 중에 동료 죄수로부터 감화를 받아 자기가 구금된 것은 오로지 천황의 재가에 따라 제정된 법률이 있기 때문이라고 망단하여 천황에 대한 극도의 반감을 품기에 이르러

1) 1943년(昭和 18) 1월 4일경 앞의 공장에서 동료 직공인 가와세 무라지(川瀨村治)에게 "우리나라는 황통연면(皇統連綿)이라 말하고 있지만, 스이코 천황(推古天皇)을 비롯해 여성 천황이 2~3인이 있다. 여자만으로는 아이를 낳을 수 없으니 다른 피가 섞여 있으므로 황통연면은 아니다. 또 정치도 에도시대(江戶時代)나 가마쿠라시대(鎌倉時代)에는 무가정치(武家政治)로 황실에는 권력이 없었으니 만세일계(萬世一系)의 천황이라고는 말할 수 없다. 나는 천황제도가 마음에 들지 않는다. 천황은 위대하다고 말하지만, 국민 중에는 천황보다도 위대한 인물이 얼마든지 있다. 그러나 아무리 잘난 인물이라도 천황이 있으므로 총리대신밖에 될 수 없다. 그러나 미국 등은 국민 중에서 가장 현명한 인물이 대통령이 되어 정치를 수행하므로 정치가 수월히 행해지지만, 일본은 천황이 모두를 지배하기 때문에 수월히

행해지지 않는다. 좋든 나쁘든 천황이 말하는 것, 행하는 것에는 따르지 않으면 안 된다"라고 함부로 말하였고,

2) 1월 13일경 앞의 곳에서 가와세 무라지에게

"스이코 천황은 여성 천황으로 쇼토쿠 태자(聖德太子)를 남첩(男妾)으로 두고 있었지만 실제로는 쇼토쿠 태자가 천황과 같은 자로 천황이라 불러도 좋을 것이다. 그래서 황통연면은 확실한 것은 아니다"라고 함부로 말하였고,

3) 1월 18일경 동료 직공인 도요하시시 히가시신초(東新町) 나가시마 야스히라(長嶋保平)의 집에서 그와 앞의 가와세 무라지에게

"천황은 사실 현명하다고만은 할 수 없다. 여자를 몇십 명이나 마음대로 해 그 여자들이 일생 아이를 낳을 수 없게끔 하고 향락에 빠져 있지 않은가. 만약 우리가 그런 일을 한다면 중벌을 받을 것이 아니겠는가. 이번 선전(宣戰)의 조칙도 천황 한 사람이 만든 것은 아니다. 결국, 천황은 인형과 같은 존재로 실제 정치는 국무대신이 하고 있으니, 가치가 없는 자를 천황으로 두는 것보다도 미국 등과 같이 국민 중에서 가장 잘난 사람을 중심으로 정치를 수행하는 편이 낫다. 일본에서는 나라를 지배할 힘이 있는 자가 있어도 천황이 있으므로 지배할 수 없으니 천황을 없애버린다면 국민은 마음 편히 지낼 수 있을 것이다. 만세일계라고 말하고 있지만 정치를 무가(武家)에게 빼앗기기도 했고 여성 천황이 있기도 했으며, 쇼토쿠 태자는 스이코 천황의 양자이자 남첩과 같은 자였다. 여성 천황이 있는 것은 이미 황통이 끊겼던 것과 같다. 정치도 혈통도 만세일계는 아니다. 옛날 사람이 계속 살아가는 것이 아니니 옛날 일이 옳다고는 할 수 없다"라고 함부로 말하였으며,

4) 1월 20일경 앞의 공장에서 위의 가와세 무라지에게

"화족(華族)은 1대에 국한하는 편이 낫다. 이런 작위를 내린 것도 천황이니 나는 애초에 천황이 마음에 들지 않는다. 천황을 없애지 않는다면 우리는 행복해질 수 없다. 난바 다이스케(難波大助)[75]는 실제로 배짱이 있던 인물이다. 천황을 쓰러트리는 정도의 일은 간단하다"라고 함부로 말하여,

---

[75] 일본의 공산주의자로 1923년 도라노몬(虎ノ門) 사건, 즉 황태자 암살미수 사건의 주역으로 다음 해 '대역죄(大逆罪)'로 사형당했다. 원문에 "灘波大助"로 표기되었지만 "難波大助"이 맞다.

이로써 외람되게도 천황에 대하여 불경한 행위를 하였다. 게다가 하등의 확실한 근거도 없으면서도 ㄱ) 1월 14일경 앞의 공장에서 가와세 무라지에게 "국민은 전부 모르고 있지만 무쓰(陸奥)나 나가토(長門)는 벌써 격침당해 사라져버렸다"라고 함부로 말하였고 (ㄴ) 1월 18일경 앞의 나가시마 야스히라 집에서 그와 가와세 무라지에게 먼저 앞에 적은 3)의 불온 언사를 이야기하였을 때 그에 더하여 "신문에는 병사가 전사할 때에는 '천황 폐하 만세'라 하고 죽는다고 말하지만 사실은 그 누구든 아이나 부모의 이름을 부르며 죽어갈 것이다. '천황 폐하 만세'라 말하고 죽어가는 사람은 수만 명 중의 한 명 정도이니 맞지 않는 말이다. 또 모두 알고 있지 못하는 것이지만, '무쓰'나 '나가토'는 한참 전에 가라앉아버렸는데, 이 사실을 아직 발표하지 않는 사실을 보아도 뉴스도 뭔가 전혀 맞지 않는다"라고 함부로 말하였다.

처분결과: 불경, 해군형법 위반, 1943.5.11 징역 5년

청명: 나고야지방재판소 나고야구
직업·성명·연령: 농업 야마다 모리노부(山田盛信) 44세
사실의 개요: 피고인은 1943년(昭和 18) 4월 5일 자택 및 그 앞 도로에서 아내와 계부에게, 그것이 타인에게 전파될 가능성이 있음을 알면서도 당시 발령 중이었던 경계경보에 관하여 근거가 없음에도 불구하고 "이번 경계경보는 욧카이치(四日市)의 공장이 공습을 당했기 때문이다"라고 이야기함으로써 전시에 인심의 혹란을 유발할 수 있는 허위 사실을 유포하였다.
처분결과: 안녕질서에 대한 죄, 1943.6.8 벌금 70엔

청명: 아노쓰(安濃津)지방재판소 욧카이치구(四日市區)
직업·성명·연령: 이발업 아키바 기요시(秋葉喜好) 29세
사실의 개요: 1943년(昭和 18) 1월 18일경부터 1월 26일까지 사이에 4차례에 걸쳐 미에현(三重縣) 구와나시(桑名市) 에바(江場) 와카미야초(若宮町)의 자택 점포에서 마에카와 기이치(前川喜一) 외 약 10명의 방문객에게 "만주에서 귀환한 사람의 말인데, 지금 만주는 상당

히 긴장되어 있다. 식량도 충분하지 않아 콩비지를 훔쳐다가 먹는 일도 있다고 한다. 지금이라도 소련과 전쟁을 치를 것 같은 형세로, 군대의 연습은 소련의 전차를 두들겨 부수는 연습만 하고 있어서 언제 전쟁 상태로 접어들지 알 수 없는 정세이니 지금 일본 본토에서 병사나 전차와 비행기를 많이 보내고 있다고 한다. 작년에도 어느 장교가 소련 측으로 한 발 쏘게 해 달라고 청하였으나 허가되지 않았다고 한다. 독일도 겨울이 되면 소련을 당해낼 수 없으니 일본이 중개하여 단독강화(單獨講和)를 맺게 하거나 독일을 지원하기 위해 소련과 개전할지도 모른다" 운운하며 함부로 말하였다.

처분결과: 언론출판집회결사등임시단속법 위반, 1943.6.30 벌금 50엔

비고: 법 제17조

청명: 후쿠이(福井)지방재판소 후쿠이구

직업·성명·연령: 무직(전 은행원) 지시로 후지오(地代富士男) 25세

사실의 개요: 1943년(昭和 18) 5월 30일 후쿠이현 난조군(南條郡) 다케후초(武生町)의 찻집에서 시미즈 자이이치(淸水才一) 외 2명에게 같은 날 대본영에서 발표된 애투섬[Attu Island]에서 벌어진 황군 옥쇄 사실에 관하여 "애투섬은 빼앗겨 버렸다. 홋카이도는 애투섬에 가깝다. 또 홋카이도 가까이에는 미국의 작은 섬들이 있어서 올해 8월경에는 홋카이도도 빼앗겨 버릴 것이다. 이러한 사실은 간부 후보생에게서 들었다. 정부의 현재 방침은 돼먹지 않다. 세금을 올리기만 해서 무엇을 할 작정인가. 이렇게 음식세까지 징수해가는 것은 실로 바보 같은 얘기다"라고 함부로 말하였다.

처분결과: 언론출판집회결사등임시단속법 위반, 1943.6.24 벌금 50엔

비고: 법 제18조

청명: 가나자와(金澤)지방재판소 가나자와구

직업·성명·연령: 전기공 아라나가 이자부로(新長伊三郞) 48세, 전기공 사카시타 센키치(坂下淺吉) 47세

사실의 개요: 아라나가 이자부로는 1942년(昭和 17) 12월 26일 지인의 넷째 아들 장례에 참가했는데, 이 고인은 대동아전쟁에 육군 이등병으로 출정해 사망하였음에도 마을 주관 장례(村葬)를 치르지 않았다는 사실에 자기의 상상을 더해, 다음날인 27일 이시카와현(石川縣) 고마쓰시(小松市) 사카에초(榮町)의 홋쿠리쿠배전(北陸配電)주식회사 고마쓰 영업소의 전기공 대기실에서 동료인 사카시타 센키치 외 2명에게 "어제 사와(澤)의 촌장 하시모토 한에몬(橋本半右ユ門)의 아들이 출정했다가 전사했기 때문에 장례가 있어서 조문하였는데, 마을 주관 장례가 아니었다. 그 아들은 전장에서 무언가 나쁜 일을 해서 총살당했다고 한다. 유골이 끈에 묶여서 돌아왔다. 그 오랏줄은 사변이 끝날 때까지 풀어서는 안 된다고 말했다"라고 함부로 얘기했다. 사카시타 센키치는 앞에 적은 전언과 관련된 사항에 자기의 상상을 더하여 1943년(昭和 18) 1월 15일 고마쓰시 아타카초(安宅町) 오키타니 요산키치(沖谷與三吉)의 집에서 그 외 3명에게 "고마쓰에서 듣고 왔는데, 사와의 하시모토 한에몬이라는 촌장의 자식이 전장에서 스파이 노릇을 하다가 총살당해 유골이 끈에 묶여 돌아왔다. 그 포승은 사변이 끝날 때까지 풀어서는 안 된다고 합니다"라고 함부로 말하였다.

처분결과: 육군형법 위반, 공판 중

청명: 야마구치(山口)지방재판소 하기구(萩區)

직업·성명·연령: 상업조합 사무원 중촌대균(中村大均, 나카무라 다이킨) 22세

사실의 개요: 피고인은 히로시마(廣島)고등학교에 재학한 적이 없음에도 불구하고 항상 지인에게 히로시마고등학교에 재학했던 것처럼 말하고, 또 조부는 '일한합병(日韓合併)' 때 이에 반대하여 60만 병사를 이끌고 싸웠지만 지금은 몰락해 있다는 등 허위의 사실을 얘기해 자기가 명문가 출신인 것처럼 말을 퍼뜨렸으며, 간교한 지혜에 능해 태생의 존귀함을 꾸며낸 자이다. 1942년(昭和 17) 11월 14일 같은 마을(村) 헤키가미(日置上)의 미쓰다 간이치(光田貫一) 집 자기 방에서 지인인 구보타 도시오(久保田利夫) 외 1명과 잡담하던 중 구보타 도시오 외 1명에게 "난바 다이스케(難波大助)가 어째서 천황 폐하를 쏘았는지 알고 있는가. 난바 다이스케가 폐하를 쏜 것은 결혼을 약속한 여인을 폐하가 손대었기 때문에 분개한 나머지 폐하보다 현명한 친황인 다카마쓰노미야(高松宮)님에게 황위를 잇게 하려고 쏜

것이다"라고 함부로 말하였다.

처분결과: 불경, 1943.6.2 징역 1년

비고: 조선인[76]

청명: 야마구치지방재판소 야마구치구

직업·성명·연령: 포목상 아사미 이치로지(淺見一郞治) 43세

사실의 개요: 1943년(昭和 18) 2월 16일부터 2월 23일까지 요릿집과 기타 6~7개소에서 "옷감이 적어져서 내년쯤부터 아무리 표가 있어도 자유롭게 살 수 없게 될 것이다. 표 외에 인가증이 필요해질 것이다. 그래서 표, 인가증과 돈이 필요하게 된다. 또 진짜로 필요해서 어쩔 수 없는 경우가 아니면 인가증을 받을 수 없게 될 것이다. 필요한 것은 사두는 편이 낫다"라고 함부로 말하였다.

처분결과: 언론출판집회결사등임시단속법 위반, 1943.4.30 벌금 50엔

비고: 법 제18조

청명: 오카야마(岡山)지방재판소 오카야마구

직업·성명·연령: 승려 나가타 교겐(長田曉玄) 53세

사실의 개요: 1942년(昭和 17) 7월 8일 오카야마현 기비군(吉備郡) 오카다무라(岡田村) 기비(黃薇)실업학교에서 개최된 중일전쟁 기념 및 대조봉대일(大詔奉戴日) 기념 시국강연회에 강사로 출석하여 청중 이토시마 도모(糸島伴) 외 약 150명에게 "오늘날 일·소는 민감한 관계에 있다. 미국이 만약 블라디보스토크에 비행기지를 세운다면 우리나라는 상당히 불리한 입장이 될 것이므로 이를 방임할 수 없다. 실은 우리나라에서는 마쓰오카 요스케(松岡洋右)씨가 전권을 위임받아 다테가와(建川) 대사의 경질이라는 북새통 속에서 은밀히 소련

---

[76] 본명은 알 수 없으나 본적은 전라남도 보성군(寶城郡) 문덕면(文德面) 한천리(寒泉里) 260이다. 日本內務省警保局, 「在留朝鮮人運動の狀況」, 『特高月報』 1943.6(朴慶植 編, 『在日朝鮮人關係資料集成』 第5卷, 三一書房, 1975), 166쪽.

에 가 연해주 블라디보스토크를 소련에서 빌리고자 하는 교섭을 벌이고 있으니, 장래에 연해주 블라디보스토크는 일·소 공동방어지역이 되어 우리 비행기지가 설치될 것이며 우리 해군이 주둔하게 될 것 같다"라고 함부로 말하였다.

처분결과: 언론출판집회결사등임시단속법 위반, 1942.12.26 벌금 100엔

비고: 법 제17조

청명: 오카야마지방재판소 다카하시구(高梁區)

직업·성명·연령: 포목상 모리우치 겐이치(守內憲一) 35세

사실의 개요: 섬유제품배급소비통제규칙(纖維製品配給消費統制規則)[77] 위반사건으로 검거된 일이 있어서 경제통제 강화에 심한 불평이 있었다. 1942년(昭和 17) 10월 27일 이웃집인 시계상 점포에서 "일본은 무리한 전쟁을 시작한 것이다. 저쪽(미·영을 의미)은 물자가 풍부하고 경제력이 강대한데, 이를 상대로 가난한 일본이 적대하여 전쟁을 시작한 것은 잘못이다. 지금은 이기고 있지만 결국에는 질 것이 틀림없다. 바보가 된 것이다. 무리한 전쟁을 시작한 것이니 통제는 강화되고 물자는 부족해질 것이며 상거래는 어려워질 것이니 괴로움뿐일 것이다. 일반인들도 괴로워하고 있다. '통제경제, 통제경제'라 하면서 소란스럽게 암거래를 단속하나, 암거래하게 하면 상인도 돈을 벌 수 있을 것이고 따라서 거리도 부유해져 모두가 기뻐할 것이니 암거래는 가만히 놔두면 될 것이다. 저금하라든가 공채 사라고 말하나, 암거래라도 하지 않으면 물건 사는 것은 불가능해질 것이다"라고 함부로 말하였다.

처분결과: 언론출판집회결사등임시단속법 위반, 1943.4.17 벌금 100엔

비고: 법 제18조

---

77   원문은 '統則'이나 '統制'로 고쳤다.

청명: 오카야마지방재판소 오카야마구

직업·성명·연령: 농업 고노 미치타케(河野通剛) 51세

사실의 개요: 전 소학교 교장으로서 촌회 의원, 촌농회 평의원 등의 공직을 맡아 촌내에서 지도적 위치에 있는 자나, 관리미(管理米) 공출의 명을 받자 '이는 농민의 식량을 부족하게 하고 그 결속을 어지럽히는 것이다'라고 망단하여 1943년(昭和 18) 3월 3일 촌농회 사무소에 가서 "국가는 '결전미(決戰米)다, 공출미다'라고 하며 백성에게서 쌀을 징수해버리는데, 이렇게까지 하지 않으면 국가에 쌀이 없는 것인가. 농가에서 보유하고 있는 식량미를 지금 바로 내지 않으면 안 된다고 말하는 정치라는 것은 있을 수 없다. 이렇게 해서는 농민이 식량 위기에 처하게 된다. 다른 마을에서는 결전미를 내지 않는 곳도 있다고 하니, 이 마을도 내지 않도록 무마해 달라. 관리나 경찰이 말하는 것을 참으로 여겨 그대로 해서는 안 된다. 관리나 경찰이 하는 일은 돼먹지 못하다. 최근 매사 '전쟁이다, 전쟁이다'라고 하며 관리나 경찰이 앞장서서 백성에게 쌀을 징수하니 백성은 더욱 괴로워질 뿐이다. 그런 전쟁이라면 빨리 그만두어 버려라. 할 필요가 없다"라고 함부로 말하였다.

처분결과: 언론출판집회결사등임시단속법 위반, 1943.4.27 벌금 100엔

비고: 법 제18조

청명: 오카야마지방재판소 오카야마구

직업·성명·연령: 주류양조업 야스다 다이조(安田大藏) 24세

사실의 개요: 1943년(昭和 18) 3월 21일 현 도로(懸道)에 인접한 도기상(陶器商) 안도 가스케(安藤嘉助)의 집 흰 담벼락 외에 2개소에 연필로 "일본 공산당, 자본가를 죽여라. 무산자는 일어나라. 도조 내각의 즉시 해산을 희망한다. 전쟁을 멈춰라! 미·영과 즉시 화평하라. 우리는 더는 전쟁할 수 없다. 전쟁을 멈춰라"라고 크게 써서 많은 사람이 보게 했다.

처분결과: 언론출판집회결사등임시단속법 위반, 1943.5.28 징역 6월 5년간 집행유예

비고: 법 제18조

청명: 오카야마지방재판소 오카야마구

직업·성명·연령: 회사원 와카바야시 고타로(若林孝太郎) 68세

사실의 개요: 1943년(昭和 18) 5월 22일 오카야마현 오다군(小田郡) 가사오카초(笠岡町) 소재 오카야마현 제충국(除蟲菊)동업조합 사무소에서 동업조합 위원회에 출석한 요시카와 다카에(吉川高惠) 외 3명에게 "작년 말에 하마마쓰(濱松)에서는 대단한 일이 벌어졌다. 하마마쓰 경찰서장을 제외한 모든 경찰관이 헌병 때문에 비난의 대상이 되어 교체되었다고 한다. 그것은 작년 12월 말경에 할머니가 쌀 2되 정도를 넣은 주머니를 가지고 하마마쓰역에 내린 것을 망을 보던 순사가 발견해 취조했더니, 할머니는 '손자가 병원에 입원해 있어서 병문안을 위해 가져가는 것이니 허락해 달라'라고 여러모로 사정했다. 그러나 순사는 '직무이기 때문에 허가할 수 없다. 경찰에 데려가겠다'라고 말하며 허락하지 않았다. 때마침 옆에서 보고 있던 헌병이 이 모습을 보고 있기 힘들어 순사에게 '입원해 있는 손자의 병문안을 위해 가져가는 것이라고 말하고 있고 적은 양의 쌀이니 용서해주는 것이 어떨까' 하고 말하였으나, 순사는 직무이니 허가해서는 안 된다고 거절하였으므로 헌병은 화가 나서 순사에게 '자네는 직무라고 하며 시끄럽게 말하지만 평소 자네들이 먹고 있는 도시락은 새하얀 쌀이 아닌가. 직무이므로 허가할 수 없다면 어쩔 수 없지만 할머니와 함께 헌병대로 오라'라고 말하고 데리고 돌아가 취조하였는데, 경찰관이 쌀 가진 자를 취조하면서 이를 압수해 자기들의 식량으로 충족하고 있던 사실이 판명되었다. 헌병대가 경찰서나 경찰관의 자택 등을 조사했더니 백미가 나왔기 때문에 신속히 서장을 제외한 경찰관 전원이 교체되어 하마마쓰는 큰 소동이 났다고 한다"라고 함부로 말하였다.

처분결과: 안녕질서에 대한 죄, 1943.7.13 벌금 100엔

청명: 돗토리(鳥取)지방재판소 돗토리구

직업·성명·연령: 쌀중매업 오카무라 도미자부로(岡村富三郎) 60세

사실의 개요: 1942년(昭和 17) 9월 15일 돗토리시 곤카와초(梶川町)의 일본수산주식회사 사무실에서 사무원 오쿠라 아키요시(大倉秋義)에게 "최근 적의 스파이가 많이 활동하여 일본의 수송선이 잠깐이라도 출항하면 바로 당해버린다. 이것만 없다면 남방의 물자는 얼마

든지 가져올 수 있어서 물자의 곤란을 겪지 않아도 된다. 요전에도 일본의 1만 톤급의 배가 설탕을 가득 채워 일본으로 돌아오는 도중에 적 잠수함에게 당해버렸다고 한다. 이는 스파이 짓이라고 한다"라고 함부로 말하였다.

처분결과: 해군형법 위반, 1942.12.26 금고 2월 3년간 집행유예

청명: 돗토리지방재판소 요나고구(米子區)
직업·성명·연령: 미싱재봉공 나이토 요시토모(內藤義知) 37세
사실의 개요: 구장 겸 정례회장(常會長)인바 1942년(昭和 17) 12월 7일 구(區) 정례회의 석상에서

하나. "솔로몬 해전 등에 관하여 신문에는 '일본이 이겼다, 이겼다'라고 보도하고 있지만, 실제는 그렇지도 않다고 한다. 과달카날섬에 상륙해 있던 일본군은 최근에 반격해 온 적에게 한 명도 남김없이 전멸을 당했다. 이러한 일은 신문에는 나오지 않는다. 신문에는 거짓말이 많다. 전쟁은 미·영과 비등하기보다 오히려 우리나라에 불리하다"

둘. 다음으로 "도조(東條) 내각도 이미 말기이다. 머지않아 물러날 것이다. 그렇게 된다면 후기 내각이 문제가 될 텐데, 누가 도조 씨를 대신하게 될 것인가. 일본에는 인물이 있는 것 같지 않다. 결국 '말레이 작전'으로 유명한 야마시타 도모유키(山下奉文) 중장이 청년 장교의 신망이 상당히 두터우니 다음 총리대신이 될 것이다"라고 함부로 말하였다.

처분결과: 해군형법 위반, 언론출판집회결사등임시단속법 위반, 1943.6.1 징역 3월 2년간 집행유예
비고: 법 제18조

청명: 돗토리지방재판소 돗토리구
직업·성명·연령: 목수 하세 고쿠조(長谷國藏) 35세
사실의 개요: 중부 제47부대에 임시 소집을 받아 입대하였으나 남방(태국·프랑스령 인도차이나)에 출정 중 병을 얻어서 일본으로 송환되어 돗토리 육군병원에 입원하였고, 얼마 지

나지 않아 귀향 치료를 지시받아 그대로 소집 해제된바,

하나. 1942년(昭和 17) 12월 20일 전후 우콘 노부하루(右近信治)가 부재중인 우콘 미네지로(右近峯次郎)의 집에서 우콘 미네지로 외 2명과 잡담 중에 "천황 폐하의 아드님도 벙어리가 될 수 있다면, 바보도 될 수 있을 것이다. 우리와 마찬가지다"라고 말하였고,

둘. 1942년 10월 중순쯤 앞의 육군병원 면회소로 온 전우 하야시 요시오(林義雄)의 친어머니 하야시 쓰타(林ツタ)에게 "내가 탄 배가 남방에서 일본으로 향해 항행하던 중 적 잠수함의 어뢰 공격을 받아 300명 정도의 사상자가 나왔고 나도 그때 다쳤다"라는 내용을 함부로 말하였다.

처분결과: 불경, 해군형법 위반, 1943.3.11 징역 1년

청명: 돗토리지방재판소 돗토리구

직업·성명·연령: 농업 겸 토목건축청부업 보조 아리타 미키오(有田實龜雄) 24세

사실의 개요: 피고인은 고등소학교 졸업 후 육군현역지원병으로 마쓰에(松江)부대에 입대하여 중부 중국 출정 중에 부상하여 현역 면제가 된 뒤 본적지 친가로 돌아와 아버지를 돕고 있는 자이다. 1941년(昭和 16) 11월 27일 돗토리구재판소에서 사기죄로 징역 1년(3년간 집행유예) 형을 처분받아 형 집행유예 기간 중인데, 돗토리현 도하쿠군(東伯郡) 구라요시초(倉吉町)에서 요릿집을 운영하는 미쓰시마 요네(光島よね)의 집에서 놀았다. 피고인은 가까운 미사사(三朝) 온천에 왕림해 계시던 아사카노미야(朝香宮) 전하의 경호를 위해 임시검문하고 있는 경찰 관리인 것처럼 꾸며 미쓰시마 요네의 집에서 작부 다케모토 노부(竹本ノブ) 외 1명에게 "최근 임검이 몇 번이고 있어서 참기 힘들다. 친황님이 오셨기에 내일도, 모레도 임검이 있어서 방해가 된다"라고 함부로 말하였다. 게다가 그 직후에 미쓰시마 요네 집에서 앞의 작부에게 "현장 출동으로 지쳤다(피로하다는 뜻). 미사사에 멍청이(백치의 뜻)가 정신없이 와서 방해가 된다"라고 함부로 말하였다.

처분결과: 불경, 공판 중

청명: 마쓰에(松江)지방재판소 하마다구(濱田區)

직업·성명·연령: 전보 배달부 오카모토 마사유키(岡本正行) 18세

사실의 개요: 1942년(昭和 17) 11월 12일 시마네현(島根縣) 하마다시 소재 나가하마(長濱) 우편국 구내의 사람들이 보기 쉬운 공중전화 좌측 판자벽에 "흉포한 적기(敵機)가 또다시 공습하여 에가와(江川) 부근이 소이탄 투하로 인해 재해를 입었다"라고 기재한 폭 약 4촌에 길이 약 8촌의 문서를 붙여 게시하여서, 나가하마 우편국에 와 있던 오가와 모쿠에이(小川默永) 외 7~8명의 사람이 읽었다.

처분결과: 육군형법 위반, 1943.1.18 징역 1년 3년간 집행유예

청명: 마쓰에지방재판소 마쓰에구

직업·성명·연령: 인부 김전판암(金田判巖, 가네다 한간) 37세

사실의 개요: 아내의 친동생인 강본금동(江本金東, 에모토 긴도)가 일본 도항을 열망하여 재삼 일본 도항을 위한 수속을 의뢰해왔기에, 이를 단념시키기 위해 1943년(昭和 18) 2월 14일경 시마네현 야쓰카군(八束郡) 노기무라(乃木村) 노기(乃木)의 자택에서 "일본에 있는 조선인 중 45세 이하인 자는 전부 군인으로 모집하게 되어 차례대로 모집하는 중이니, 처지가 곤궁한 나도 언제 모집될지 모릅니다. 또 하나 곤란한 것은 배급미입니다. 배급미 1개월분으로는 15일간밖에 먹을 수 없으며 시골로 가서 암거래로 사는 것 외에 방법은 없습니다. 암거래로 산다면 1되에 10엔을 내지 않으면 안 되며, 만약 경찰에게 발견된다면 죽지 않을 정도로 얻어맞을 것이니 앞길이 암담합니다. 어떻게 하면 살아남을 수 있을지 걱정입니다"라는 서신 1통을 작성해 이를 우편으로 보내 읽게 했다.

처분결과: 언론출판집회결사등임시단속법 위반, 1943.6.25 벌금 30엔

비고: 법 제18조, 조선인

청명: 마쓰에지방재판소 하마다구

직업·성명·연령: 농업 아라세 게이타(荒瀨啓太) 69세

사실의 개요: 피고인은 시마네현 오치군(邑智郡) 소재 추보책임(追補責任)[78] 다카하라무라(高原村)삼림조합의 설립과 그 경영에 관하여 불만의 뜻을 품고 있던 자인바, 1943년(昭和 18) 2월 14일 다카하라무라국민학교에서 삼림조합이 개최한 통상 총회에 참석 중 조합원의 부담 경감을 위해 제안된 삼림조합 정관 변경의 의제가 철회되자, 삼림조합장 이노우에 사토시(井上哲) 외 약 50~60명의 참석자에게 "삼림조합은 이상한 곳이다. 목재를 '제출해라, 제출해라'라고 말을 내뱉는다. 목재의 가격은 조합 쪽에서 정하는 것이니 자기 산이라도 우리 마음대로 할 수 없다. 최근 정부의 방침이 어느 쪽인가 말하자면 빨갱이와 같은 것이다. 가령 아내를 얻어 위쪽 입은 자기가 먹이고 아래쪽 입은 다른 사람이 마음대로 하는 것과 같다"라고 목재 공출에 관하여 바로 정부의 시책을 논급해, 흡사 현재 우리 정부가 공산주의 사상에 기반을 두어 국민의 이익을 착취하는 것인 양 언급함으로써 시국에 관하여 인심을 혹란하게 할 사항을 유포한 자이다.

처분결과: 언론출판집회결사등임시단속법 위반, 1943.6.8 벌금 100엔

비고: 법 제18조

청명: 마쓰에지방재판소 마쓰에구

직업·성명·연령: 여객운송업 후나키 오토지로(船城乙次郎) 69세

사실의 개요: 1943년(昭和 18) 3월 18일 도항선 내에서 승객 수 명에게 "어째선지 최근 요나고(米子)비행장에 일본[79]의 비행기가 폭탄을 떨어트려서 대단한 소동이었다고 합니다. 대단한 일을 저질러 버린 것이네요. 아마도 미국이 중국에게 돈을 받고 저지른 일 같은데, 이런 녀석들이라면 어떠한 일을 저질러도 이상하지 않겠죠"라고 함부로 말하였다.

---

[78] '추보책임'이란 조합이 그 재산의 채무를 완제하기 곤란한 경우, 정관에 정해진 금액을 한도로 조합원에게 책임을 부과하는 것을 의미한다.

[79] 문맥상 '미국'이 맞는 것 같으나 원문 그대로 두었다.

처분결과: 언론출판집회결사등임시단속법 위반, 1943.5.26 벌금 50엔
비고: 법 제17조

청명: 마쓰야마(松山)지방재판소 사이조구(西條區)
직업·성명·연령: 황산직공(硫酸工員) 무쿠게야마 센스케(槿山專助) 39세
사실의 개요: 1943년(昭和 18) 2월 15일 작업장에서 동료 3명에게 "지금 소련과 시작되었다. 정오 뉴스에 마쓰키(松木)씨가 말한 것이니 진실이다"라고 흡사 일·소 전쟁이 시작되었다는 취지의 말을 함부로 하였다.
처분결과: 육군형법 위반, 1943.5.15 금고 3월 3년간 집행유예

청명: 나가사키(長崎)지방재판소 나가사키구
직업·성명·연령: 교원 시와쿠 후미마사(鹽飽文正) 56세
사실의 개요: 1942년(昭和 17) 8월 25일 나가사키시립고등여학교 교실에서 2학년 1반 오쓰보타 쓰루코(大坪田鶴子) 외 50여 명의 학생에게 "그리스도는 세계 제일의 위인인데, 그 신자가 있다면 손을 들어보아라"라고 질문한 것에 대하여 학생 중에서 "아마테라스 오미카미(天照大神)가 세계에서 가장 위대하다"라고 대답하자, "아마테라스 오미카미가 세계 제일의 위인이라면 전 세계 사람들이 아마테라스 오미카미를 믿겠지만, 일본인밖에 알지 못하지 않는가. 그리스도를 보라. 전 세계 사람이 믿고 있지 않은가. 그리스도가 세계에서 가장 훌륭하다", "아마테라스 오미카미는 아주 옛날의 일로 사실상 있었는지 어떠했는지도 알지 못하지 않는가. 이에 반해 그리스도는 부모도 확실하고 보았다는 자도 있으며 둘째 딸도 확실히 있지만, 아마테라스 오미카미는 그것을 알 수 없지 않으냐"라고 이야기하였다. 학생 중에서 '아마테라스 오미카미는 역사에 확실히 실려 있다'는 취지로 반박하자, 이에 대하여 다시금 "아마테라스 오미카미는 여자가 아닌가. 여신이라면 너희들은 아마테라스 오미카미의 남편을 알고 있는가. 아이의 이름을 알고 있는가" 등을 물었다. 학생 중에서 "그것은 니니기노미코토(瓊々杵尊)입니다"라고 대답하자 "니니기노미코토는 손자가 아닌가. 니니기노미코토는

니기리메시[80] 노미코토, 그것이 좋지 않다면 오니기리 노미코토다"라고 함부로 말하였다.

처분결과: 불경, 1943.6.21 징역 10월 3년간 집행유예

청명: 후쿠오카지(福岡)지방재판소 후쿠오카구
직업·성명·연령: 기록사 안카이 시게오(案海重雄) 29세
사실의 개요: 1942년(昭和 17) 10월 2일 와타나베(渡邊)철공소 변소에서 용변을 보던 중에 소지하고 있던 연필로 변소 내의 판자벽에

"와타나베철공소를 부수어라. 철공소를 불태워라. 일본을 부수어라. 와타나베철공소를 부수어라. (공타당共打黨 일당)

와타나베철공소는 화염이 일어 불타버리면 좋겠다. 그렇게 되면 이런 지옥 같은 곳에서 일하지 않아도 된다. 적기가 와서 폭파시키면 좋겠다. (공타당 일당)

(누설하라, 비밀을. 어느 나라에든) 부수어라, 와타나베. 누설해라, 비밀을. 와타나베철공소 같은 곳에서 일하는 자는 바보이다.

와타나베철공소의 비밀을 누설하라, 어느 나라에든. 와타나베철공소의 공장 내에서든 부근에서든 괜찮은 사진을 찍어서 니시신마치(西新町)의 누군가에게 판다면 1장에 7엔은 받을 수 있다"라고 써서 와타나베철공소 공원 가키모토 시카노스케(柿本鹿之助) 등이 읽게 했다.

처분결과: 안녕질서에 대한 죄, 1943.1.23 징역 3월 3년간 집행유예

청명: 구마모토(熊本)지방재판소 구마모토구
직업·성명·연령: 무직 오타 아키(太田アキ) 49세
사실의 개요: 1942년(昭和 17) 6월 말일 구마모토현 아마쿠사군(天草郡)[81] 노보리다테초(登立町) 도고(東鄕) 8816번지 마쓰나가 덴타(松永傳太)의 집에서 그와 그의 아내에게 "미

---

80 "니기리메시(にぎり飯)"라는 주먹밥을 뜻하며, 뒤의 "오니기리(おにぎり)"라는 이를 정중하게 이르는 말이다.
81 원문은 '天葉郡'이나 구마모토현에 없는 군명으로, '天草郡'으로 고쳤다.

국 비행기의 도쿄 공습은 일본인 중에 미국 스파이가 있어서 일본 비행기의 비행 방법을 미국에 통보했기 때문에 일본 비행기의 비행 방법을 흉내 내어 날아온 것이므로, 적과 아군을 구별할 수 없었다"라고 함부로 말하였다. 또 1942년 8월 13일 아마쿠사군 가미무라(上村) 다바타(田端)의 가와바타 마스타로(川端增太郎)의 자택에서 우라구치 시게카즈(浦口茂一)에게 앞과 같은 말을 함부로 하였다.

처분결과: 언론출판집회결사등임시단속법 위반, 1943.7.9 벌금 100엔

비고: 법 제18조

청명: 구마모토지방재판소 구마모토구

직업·성명·연령: 농업 후지오카 쓰토무(藤岡勉) 38세

사실의 개요: 경계경보 발령 중이었던 1943년(昭和 18) 4월 9일 경방단원으로서 경계근무에 종사하던 중 구마모토현 다마나군(玉名郡) 오다무라(小田村) 경방단 본부 대기소인 오다무라 사무소 사무실에서 단장 미우라 가즈노리(三浦一範) 외 수 명의 단원들에게 "오다무라에는 전화가 없으니 연락원으로 단원을 우메바야시무라(梅林村) 사무소까지 보내야 한다. 사무소에서도 얼른 전화를 설치한다면 이렇게 많은 사람이 나오지 않아도 될 것이다. 이 주변의 시골에 적기가 오겠는가. 경방단원을 동원해 시간 낭비만 시킨다. 한편으로는 '증산, 증산'이라 말하나 이렇게 시간만 낭비해서는 증산도 무엇도 불가능하지 않겠는가. 이런 일을 시키는 것보다도 철수해서 집에서 일하는 편이 좋지 않겠는가. 경계에 임한다고 해도 이렇게 많은 사람이 투입되지 않아도 될 것이다. 같은 부락에서도 나오지 않는 자가 있으니 우리도 나오지 않아도 되지 않을까. 군대처럼 돈도 나오는 긴시훈장(金鵄勳章)이나 은급(恩給), 부조금이라도 준다면 모르겠지만, 경방단에는 이러한 것도 없다. 날마다 나오는 부조금이라도 있다면 때때로 출근하는 것도 괜찮겠지만, 경방단은 그 일을 하다가 다치면 부상한 사람만 손해다. 죽어도 군인이라면 야스쿠니신사(靖國神社)에 모셔지겠지만 경방단원에게는 이러한 것도 없으니 경방단원이 가장 바보 같다. 무보수여서 참으로 수지가 맞지 않는다"라고 함부로 말하였다.

처분결과: 언론출판집회결사등임시단속법 위반, 1943.7.3 벌금 200엔

비고: 법 제18조

청명: 구마모토지방재판소 구마모토구

직업·성명·연령: 무직 마스토 기타로(增藤己太郎) 81세

사실의 개요: 1943년(昭和 18) 4월 9일 구마모토현 가미마시키군(上益城郡) 미후네마치(御船町) 다키가와(瀧川) 39번지 이발소를 운영하는 우메다 도요키(梅田豊喜)의 집에서 동일 오후 3시 라디오로 대본영의 제국 해군 항공부대의 플로리다 섬 앞바다 해전의 전과 발표를 접하고, 우메다 도요키 외 3명에게 "이처럼 대본영에서 전과를 발표하지만 절반은 거짓이다. 이렇게 발표하지 않으면 일반 국민에게 [체면이 서지 않아] 곤란하기 때문이다"라고 함부로 말하였다. 게다가 "지금은 남자가 부족하므로 잔뜩 아이를 만들어야 할 필요에서 여자를 강간해도 죄가 되지 않는 모양이다"라고 함부로 말하였다.

처분결과: 언론출판집회결사등임시단속법 위반, 1943.7.6 벌금 100엔

비고: 법 제18조

청명: 구마모토지방재판소 구마모토구

직업·성명·연령: 여관 영업 쓰카모토 이와키치(塚本岩吉) 62세

사실의 개요: 1943년(昭和 18) 5월 6일 아라오시(荒尾市)[82] 오시마(大島) 87번지 아라오시 신용조합 사무소에서 아라오시신용조합장 후지오카 요시카쓰(藤岡義勝) 외에 수 명에게

하나. 일본 정부가 이번에 중국에서 치외법권을 철폐했는데, 이로 인해 종래 물자 반출의 허가를 받을 수 있는 권리가 없었던 중국인이 자유롭게 허가를 받을 수 있게 되었다. 그 결과 재류 일본인은 지금까지와는 다소 다른 불이익을 입었으며, 앞으로 장사가 순조롭지 않게 될 것이며 결국은 생산 난 때문에 일본으로 철수할 수밖에 없을 것이다.

둘. 최근 항주(抗州) 부근에서 철도 폭파 사건이 일어났으며, 우리 집 앞에 극장이 있는데 그 극장 안에서도 시계장치 폭탄이 터졌다고 하는데 항주 전체가 큰 소란에 휩싸였다. 앞으로 이러한 일을 중국인이 활발히 벌인다면 항주 전역을 토벌할 시기가 올지도 모르겠다.

라고 함부로 말하였다.

---

82 원문에 '荒瓦市'로 표기되어 있으나 이곳 행정구역명 '荒尾市'로 고쳤다.

처분결과: 언론출판집회결사등임시단속법 위반, 1943.6.25 벌금 100엔

비고: 법 제17조

청명: 구마모토지방재판소 구마모토구

직업·성명·연령: 농업 다가미 구마키(田上熊記) 41세

사실의 개요: 경계경보 발령 중이었던 1943년(昭和 18) 5월 13일 오전 3시가 지났을 무렵 후쿠오카현 가스야군(糟屋郡) 사사구리(篠栗) 소재 시코쿠(四國)에 참배하고자 구마모토현 다마나군(玉名郡) 우메바야시무라(梅林村)의 자택을 출발해 다음 날인 14일 오후 7시가 지났을 무렵 귀가하였다. 오가는 길에 후쿠오카 쪽에서 경계경보가 엄중한 상황을 목격하고 이를 근거로 14일 오후 7시가 지났을 무렵 우메바야시무라 노상에서 무라이 다다요시(村井唯義)에게 "후쿠오카 방면은 공습경보가 발령되어 큰 소란을 벌이고 있었다. 가고시마(鹿兒島)에는 적 비행기가 왔지만 일본 비행기의 공격을 받아 행방을 모른다고 한다. 시코쿠 쪽에도 적 비행기가 와서 폭탄을 떨어뜨렸다고 참배인이 말했다"라고 함부로 말하였다. 다시 5월 14일 오후 10시경 우메바야시무라 후지모토 마쓰(藤本マツ)의 집에서 다카다 마쓰오(高田末雄) 외 1명에게 앞과 같은 말을 함부로 하였다.

처분결과: 언론출판집회결사등임시단속법 위반, 1943.6.29 벌금 70엔

비고: 법 제18조

청명: 센다이(仙臺)지방재판소

직업·성명·연령: 약제사 다다노 준(只野淳) 50세

사실의 개요: 1942년(昭和 17) 12월 중순경 센다이시 모토데라코지(元寺小路) 오하라 신(小原伸)의 집에서 그에게 확실한 근거가 없음에도 "제국 육군은 북 가라후토(北樺太)에 진주했다고 한다. 장차 연해주에도 진출할 것이다", "스탈린그라드가 함락되지 않은 것은 일본이 소련에게 무기와 식량을 보급하고 있기 때문이다"라는 내용을 함부로 말함으로써 대동아전쟁에 즈음해서 군사(軍事)에 관하여 유언비어를 이야기하였다.

처분결과: 육군형법 위반, 1943.6.15 징역 10월 4년간 집행유예
비고: 군기보호법 위반과 병합

청명: 센다이지방재판소
직업·성명·연령: 여관업 아오키 스케자부로(靑木助三郎) 38세
사실의 개요: 1942년(昭和 17) 12월 중순경 센다이시 모토데라코지(元寺小路) 다다노 준(只野淳)의 집에서 그 외 2명에게 확실한 근거가 없음에도 "제국 육군은 북 가라후토(樺太)에 진주했다고 한다. 장차 연해주에도 진출할 것이다", "스탈린그라드가 함락되지 않은 것은 일본이 최근 소련과 우호적이어서 소련에게 군수품을 보급하고 있기 때문이다"라는 내용을 함부로 말하여 대동아전쟁에 즈음해서 군사에 관하여 유언비어를 이야기하였다.
처분결과: 육군형법 위반, 1943.6.15 징역 1년 4년간 집행유예
비고: 군기보호법 위반과 병합

청명: 센다이지방재판소
직업·성명·연령: 회사사무원 이토 덴이치(伊藤傳一) 40세
사실의 개요: 1943년(昭和 18) 1월 10일 자택에서 방문객 혼고 사요(本鄕さよ)와 잡담 중에 "이번 솔로몬 방면의 전쟁에는 센다이에서 대다수 병사가 갔는데, 솔로몬섬에 상륙했을 때 4만 명의 병사가 지뢰화(地雷火)에 당해 살아남은 자는 겨우 400명 정도였다고 한다"라고 함부로 말하였다.
처분결과: 육군형법 위반, 1943.3.2 금고 6월 3년간 집행유예

청명: 센다이지방재판소 (센다이구)
직업·성명·연령: 양복 재봉공 마쓰이 산지(松井三治) 31세
사실의 개요: 1943년(昭和 18) 1월 25일 마을에서 약재상을 하는 히라쓰카 데이하치(平塚

定八) 집 점포에서 지인인 서적상 히사미치 가이(久道街) 외 수 명과 대담하던 중에 히사미치 가이가 히가시쿠니노미야(東久邇宮) 전하가 하사하신 담배를 요릿집에서 피웠기 때문에 처벌받은 자가 있다는 내용을 이야기하자 "그런 바보 같은 일은 있을 리 없다. 저 녀석들은 황족인지 마적인지 모르겠다. 저 녀석들이 없었다면 경비(經費)가 상당히 달라졌을 것이다"라고 함부로 말하였다.

처분결과: 불경, 1943.3.8 징역 6월

청명: 후쿠시마(福島)지방재판소 고리야마구(郡山區)

직업 · 성명 · 연령: 농업 오리가사 요조(折笠要藏) 48세

사실의 개요: 1942년(昭和 17) 10월 16일 자택에서 해군 공용재를 구매하러 집에 방문한 이가라시 기유(五十嵐龜遊) 외 2명에게 "'공출, 공출'이라 말하지만, 우리가 있어야 비로소 나라가 존재하는 것이 아닌가. 전쟁 때문에 이렇게 괴로운 것이라면 전쟁에 져도 상관없다. 차라리 어딘가의 속국이 되어도 살아갈 수는 있지 않겠는가"라고 함부로 말하였다.

처분결과: 언론출판집회결사등임시단속법 위반, 1943.3.15 벌금 50엔

비고: 법 제18조

청명: 후쿠시마지방재판소 후쿠시마구

직업 · 성명 · 연령: 농업 아부라이 슈타로(油井周太郎) 52세

사실의 개요: 1942년(昭和 17) 10월 30일 사는 마을의 부락상회(部落常會)에 출석하여 부상회장(副常會長)이 고타이신궁(皇大神宮)에 대하여 일동 경례해야 한다는 뜻의 폐회사를 하자, 부회장에 대한 평소 반감과 그날 밤 부락상회에 대한 불만으로 인해 이에 반항하여 "천황 폐하나 고타이신궁에 예배한들 아무런 쓸모도 없다"라는 내용을 함부로 말하였다. 또 출석자 일동이 고타이신궁에게 요배(遙拜)하는 중에 담배를 들고 가는 등 농(弄)하며 요배하지 않았다.

처분결과: 불경, 1942.12.26 징역 4월

청명: 후쿠시마지방재판소 후쿠시마구

직업·성명·연령: 농업 아베 시게루(阿部繁) 54세

사실의 개요: 1942년(昭和 17) 10월 30일 부락상회(部落常會) 석상에서 출석자 스즈키 유즈루(鈴木讓) 외 수 명에게 "우리 백성은 지붕 위의 헤이소쿠(幣束)[83]와 같아서 어디로 넘어져도 아프지 않으니 전쟁은 이기든 지든 걱정은 없다. 미국은 물자가 풍부한 나라이니 차라리 속국이 되어도 상관없다"라고 함부로 말하였다.

처분결과: 언론출판집회결사등임시단속법 위반, 1943.3.13 벌금 100엔

비고: 법 제18조

청명: 후쿠시마지방재판소 시라카와구(白河區)

직업·성명·연령: 농업(도나리구미 반장) 와타나베 기치자에몬(渡邊吉左衛門) 54세

사실의 개요:

하나. 1943년(昭和 18) 1월 28일 촌장에게 볏짚 세공품의 할당 공출을 요청받자 이에 대하여 "전쟁에 져도 먹는 것만큼은 먹고 있으니 상관없다고 말할 생각이다"라고 함부로 말하였다.

둘. 같은 해 2월 5일(구 1월 초하루) 신년 축하식 회장에 가서 삽남 중에 "이밀든 서밀든 진쟁에 지면 좋을 텐데"라고 함부로 말하였다.

처분결과: 언론출판집회결사등임시단속법 위반, 1943.3.24 벌금 50엔

비고: 법 제18조

청명: 모리오카(盛岡)지방재판소 모리오카구

직업·성명·연령: 농업 사이토 젠타로(齊藤善太郎) 49세, 농업 사이토 이치자에몬(齊藤市左エ門) 47세

---

[83] 헤이소쿠(幣束)는 길쭉한 나무에 삼이나 종이를 끼운 것으로 신에게 바치는 폐백이다.

사실의 개요: 피고인 사이토 젠타로는 1941년(昭和 16) 12월 중에 사는 마을의 다카하시 나가하루(高橋長治)의 집에서 동 피고인 사이토 이치자에몬 외 2명에게 "지치부노미야(秩父ノ宮)님은 의회에서 타인에게 머리를 맞았다. 부처님이 아니라 신이 될 것이다"라고 함부로 말하였다. 피고인 사이토 이치자에몬은 1942년(昭和 17) 2월 4일 앞의 다카하시 나가하루 집에서 다카하시 나가하루 외 4명에게 앞에 기재한 사항과 같은 취지를 이야기하였고, 또 집 앞에서 사이토 마사하루(齊藤政治)에게, 그 뒤 사이토 마사에몬(齊藤正右ェ門)의 집에서 그에게 똑같이 "지치부노미야님은 의회 회의장에서 남에게 머리를 맞았다고 하는데, 그 이야기를 들었느냐"라고 함부로 말하였다.

처분결과: 불경, 1942.12.15 사이토 젠타로 징역 3월, 사이토 이치자에몬 징역 4월

청명: 모리오카지방재판소 모리오카구

직업·성명·연령: 경지정리조합 서기 사이토 젠키치(齊藤善吉) 43세

사실의 개요: 피고인은 이와테현(岩手縣) 와가군(和賀郡) 구로사와지리초(黑澤尻町) 소재의 와가군중앙경지정리조합 서기이며 예비육군소위로서 제국 재향군인회 제8사단 관내 모리오카지부 와가군연합회 분회장을 맡은 자이다. 1942년(昭和 17) 2월 27일 앞의 구로사와지리초 사무소에서 개최된 구로사와지리초 정례회의(常會) 석상에서 약 30명에게 "제국 해군의 웨이크(Wake)섬 공략 때 우리 측 구축함 2척이 침몰하였는데, 이는 적 전투기의 총탄에 맞아서 적재되었던 폭뢰가 폭발했기 때문이다"라는 내용, "소련은 블라디보스토크를 중심으로 군대 약 70만, 북 가라후토에 약 1개 사단을 각각 주둔시키고 있다. 특히 블라디보스토크 항에는 잠수함 약 60척이 투입되어 있지만, 우리 측의 폭격을 두려워해 연해주 방면으로 분산했으며, 분산할 때 부유 기뢰를 방류했다"라는 내용, 그리고 "제3차 고노에(近衛) 내각의 총사직 원인은 토요다(豊田) 외무대신이 프랑스령 인도차이나 진주는 일·미 교섭을 좌절시킨다고 하여 도조(東條) 육군대신과 사이에 의견 차이가 생겼기 때문이다. 그래서 후계 내각을 천거하기 위한 중신회의에서 도조 육군상이 2점, 우가키(宇垣) 대장이 2점, 기타가 1점을 받았지만 군부 총의의 표시에 따라 천황의 명령이 도조 육군상에게 내려진 것이다"라는 내용을 각각 이야기함으로써 시국에 관하여 인심을 혹란하게 할 사항을 유포하였다.

처분결과: 언론출판집회결사등임시단속법 위반, 약식 청구 중
비고: 법 제18조

청명: 모리오카지방재판소 모리오카구
직업·성명·연령: 농업 겸 제재(製材)직공 히라마쓰 에이스케(平松榮助) 40세
사실의 개요: 1942년(昭和 17) 8월 12일 모리오카시 하치만초(八幡町)의 카페 시바타 요시오(柴田義男)의 집에서 음주 중에 카페의 여급 마스타니 기누(枡谷キヌ)에게 "홋카이도의 어느 카페에서 술을 마시고 있었는데, 그곳에 있던 자가 '어이 젊은이, 꽤 잘 마시는군'이라 말하기에 '건방진 소리 하지 마라, 노인네'라고 말했더니 옆에 있던 사람이 '무례한 짓을 하지 마라. 이분은 나시모토노미야(梨本ノ宮)님이다'라고 말하기에 그만두었다. 그러자 나시모토노미야라는 사람은 계속 쓰고 있던 잔을 내어 '기념으로 너에게 주겠다'라고 말하기에 그것을 받았다"라고 이야기하였다. 또 모리오카시의 요릿집 다카하시 도메(高橋トメ)의 집에서 음주 중에 이시카와 가네하루(石川金治) 외 1명에게 "최근 홋카이도에 갔을 때 어느 카페에서 늙은 할아버지가 위세 등등하게 마시고 있기에 '그만 마셔야 할 것 같다'라고 말하였더니 옆에 있던 육군 중장인 사람이 '그만해라. 이분은 나시모토노미야님이니'라고 말하기에 그만두었는데, 대단한 일이었다"라고 함부로 말하였다.
처분결과: 불경, 1942.12.26 징역 6월

청명: 아사히카와(旭川)지방재판소 아사히카와구
직업·성명·연령: 전 홋카이도청 고원 호리카와 이치로(堀川一郎) 31세
사실의 개요: 1942년(昭和 17) 2월 2일 밤 아사히카와시 시조도리(四條通) 7정목 우(右) 8호의 카페 아사히카와 회관 박스 석에서 동료인 요코보리 신이치로(横堀信一郎)와 음주하던 중 이야기가 때마침 시국에 이르자 요코보리가 "우리 병종(丙種)도 이번부터 전쟁에 가게 되었다"라고 자랑하듯이 말하자 피고인은 "자네는 대단하다는 듯이 말하지만, 나는 전쟁에 가서 죽는 것은 싫다"라고 말하였다. 이에 요코보리가 "자네가 이야기하는 것은 사람들

의 공통된 생각일지도 모른다. 그러나 일본인이 모두 천황 폐하를 위해 죽는 것은 곧 야마토 혼(大和魂)이 아닌가"라 얘기하자, 피고인은 "나는 소집되어도 천황 폐하를 위해 전사하는 것은 싫다. 일본은 황실을 쓰러트리지 않으면 참된 행복은 오지 않을 것이다"라고 함부로 말하였다. 이에 요코보리가 "자네는 무엇을 말하는 것인가. 우리가 이렇게 생활하고 또 이렇게 술을 마시고 있을 수 있는 것도 전부 천황 폐하 덕분이 아닌가"라고 말하며 불경한 언사를 제지하려 하자, 피고인은 "나는 천황 폐하의 은혜 따위는 조금도 받고 있지 않다. 천황 폐하는 단지 유태(猶太) 재벌의 괴뢰이다"라고 함부로 말하였다.

처분결과: 불경, 공판 중

청명: 아사히카와지방재판소 아사히카와구
직업·성명·연령: 양복점 도제 차가와 조(茶川襄) 28세
사실의 개요: 1943년(昭和 18) 5월 1일 아사히카와시 고조도리(五條通) 15정목의 이발소 아라카와 이조(荒川伊藏)의 집에서 이발하던 중에 그 외 1명에게 "징용 공원(工員) 기숙사의 장(長)이 난폭하여 공원을 괴롭혔기 때문에 모두에게 멍석말이를 당했다. 이불에 싸 2층에서 떨어뜨려 죽은 자도 있다고 한다", "징용된 사람은 군속(軍屬)이라 말하나 그것은 이름뿐으로 대우는 좋지 않다. 처벌받을 때만 군속으로서 군법회의에 부쳐지는 식으로 저쪽의 상황에 좋은 대로만 되어 있다. 기숙사 사람 중에서 군법회의에 회부되었는데 괴로운 나머지 목을 매어 죽은 자도 있다고 한다"라고 함부로 말하였다.

처분결과: 언론출판집회결사등임시단속법 위반, 1943.6.8 벌금 50엔
비고: 법 제17조

청명: 가라후토(樺太)지방재판소 마오카구(眞岡區)
직업·성명·연령: 목수 하마 마사요시(波間政義) 25세
사실의 개요: 1942년(昭和 17) 7월 4일 가라후토 혼토군(本斗郡) 혼토초(本斗町) 국민병 간열점호장(簡閱點呼場)에서 모리 데쓰조(森鐵藏) 외 수 명에게 "세 번째 날(7월 3일을 뜻

함) 혼토 근해에 군함이나 항공모함이 나타났고, 그날 오후 12시경 게누시(氣主) 등대의 상공을 돌아서 어디의 비행기인지는 모르겠지만 3기가 날아갔다. 아마도 적기일 것이다. 그래서 경계경보가 울린 것이다"라고 함부로 말하였다.

처분결과: 언론출판집회결사등임시단속법 위반, 1943.2.12 벌금 50엔

비고: 법 제17조

청명: 가라후토지방재판소 도요하라구(豊原區)

직업·성명·연령: 회사원 요코야마 데이스케(横山悌介) 49세

사실의 개요: 1942년(昭和 17) 10월 20일경 가라후토 루타카군(留多加郡) 노가아시무라(能賀足村)[84] 지시야(知志谷) 이시하마(石濱)의 마쓰모토 도시키치(松本利吉)의 집에서 그 외 2명에게 보험을 권유하면서 "조만간 3,000엔 이하의 예금은 전부 이자가 붙지 않게 바뀔 것이어서 큰 마을에서는 모두 예금은 하지 않고 보험만 가입한다"라고 함부로 말하였다.

처분결과: 언론출판집회결사등임시단속법 위반, 1943.2.16 벌금 50엔

비고: 법 제17조

청명: 가라후토지방재판소 도요하라구

직업·성명·연령: 양복 재봉공 스즈키 겐타로(鈴木源太郎) 36세

사실의 개요: 1943년(昭和 18) 2월 15일 메밀국수 집에서 식사 중에 "이번 알류샨 방면에서 일본 군대가 2개 사단이나 전멸했다. 2개 사단이라면 가장 적게 잡아도 2만 명의 병사이다"라고 함부로 말하였다.

처분결과: 육군형법 위반, 1943.5.28 징역 1년

비고: 횡령과 병합

---

84 가라후토의 행정구역명에서 원문의 '能賀足村'가 확인되지 않는다. '노토로무라(能登呂村)'인 것 같지만 원문 그대로 둔다.

청명: 가라후토지방재판소 도요하라구

직업·성명·연령: 농업 다마가와 기치지로(玉川吉次郎) 42세

사실의 개요: 1943년(昭和 18) 3월 11일 본파(本派) 혼간지(本願寺)[85] 포교소에서 "최근 오도마리항(大泊港)에서 연락선이 왔을 때 적 잠수함이 나타났기에 연락선은 갈팡질팡 도망쳐서 돌아갔는데, 그 후 일본의 화물선이 이 사실을 알지 못한 채 출항했기 때문에 격침되어 버렸다고 한다. 또 그 후 적 수송선이 30척이나 소야(宗谷) 해협에 나타났는데, 연락선의 급보를 받은 무쓰(大湊)의 군함이 와서 전부 사로잡았다고 한다"라고 함부로 말하였다.

처분결과: 해군형법 위반, 1943.6.5 금고 4월 2년간 집행유예

청명: 가라후토지방재판소 도요하라구

직업·성명·연령: 농업 와타나베 준(渡邊隼) 61세, 농업 야스무라 야스마사(安村安政) 52세

사실의 개요: 와타나베 준은 1943년(昭和 18) 3월 14일경 가라후토 루타카군(留多加郡) 루타카초(留多加町) 가와니시(河西) 오토요(大豊) 75번지 야스무라 야스마사의 집에서 그에게 "혼토(本斗) 지역이 공습당해 다량의 소이탄이 떨어졌다고 한다"라는 내용을 함부로 말하였다. 야스무라 야스마사는 3월 18일경 루타카초 가와니시 미나미오하라(南小原) 21번지 앞 도로에서 우타하라 사다메(歌原定)에게 "혼토가 공습당했다고 한다. 그래서 매일 비행기가 날고 있다고 한다"라는 내용을 함부로 말하였다.

처분결과: 육군형법 위반, 1943.6.19 각각 금고 3월 3년간 집행유예

청명: 대북(臺北)지방법원

직업·성명·연령: 해산물상인 보조 채경성(蔡景聲) 22세

사실의 개요: 1942년(昭和 17) 4월 21일 자기의 매제(妹弟) 5명에게 "2~3일 전 미국의 비

---

85 본파 혼간지는 니시혼간지(西本願寺)의 이칭으로 오타니(大谷)파의 히가시혼간지(東本願寺)에 맞대어 부르는 명칭이다.

행기가 도쿄에 날아와 병원과 학교에 소이탄을 떨어트려서 각지에 화재가 발생해 많은 사람이 죽었다. 그 후 미국기가 궁성 위로 날아와 소이탄을 떨어트렸으나, 궁성 위에는 철판이 있었기에 탄은 철판에 튀어져 날아가 궁성 밖으로 떨어졌다. 일본의 황제는 일본의 인민이 가여워 미국기가 얼른 돌아가도록 마음속으로 생각하며 창문가에서 미국기에 경례하였기 때문에 비행기가 돌아갔다"라고 함부로 말하였다.

처분결과: 불경, 안녕질서에 대한 죄, 제1심 1942.11.12 징역 1년 6월, 제2심 1943.12.22 원심대로.

비고: 대만인

청명: 관동(關東)지방법원

직업·성명·연령: 무직 사영록(司永祿) 58세

사실의 개요: 1942년(昭和 17) 4월 3일 지부(芝罘) 시내 사내통(寺內通) 삼의여관(三義棧)의 관리인 왕진정(王振庭)에게 "지금 상해(上海)와 남경(南京) 간의 기차 운행이 중지되었다. 이는 어떤 군대가 남경을 포위했기 때문으로, 남경 성내의 일본군과 신중화민국군은 성 밖으로 나갈 수 없고 식량도 보충할 수 없어서 장래에는 아사할 것이다"라고 함부로 말하였나.

처분결과: 육군형법 위반, 1943.6.23 징역 6월

비고: 중국인

청명: 관동지방법원

직업·성명·연령: 상선(商船) 급사 가와카미 미치타카(川上道敬) 38세

사실의 개요: 1943년(昭和 18) 4월 4일 대련(大連)시 과자가게에서 "대련의 화옥여관(花屋旅館) 짐꾼들이 스파이였던 것이 판명되어 경관에게 검거되었다. 그 일부는 적의 잠수함에 연락을 취하고 있던 자들이었는데, 이들이 검거되어 상선의 항행이 안전해졌다"라고 함부로 말하였다.

처분결과: 언론출판집회결사등임시단속법 위반, 1943.4.16 벌금 50엔

비고: 법 제17조, 일본인

청명: 관동지방법원

직업·성명·연령: 과자가게 에가와 시즈(江川シズ) 46세

사실의 개요: 1943년(昭和 18) 4월 4일 자기 점포에서 손님에게 "화옥여관의 짐꾼이 스파이였던 사실이 경찰에 판명되어 검거되었기 때문에 이제 일본·만주 간의 선박 항행은 안전해졌다"라고 함부로 말하였다.

처분결과: 언론출판집회결사등임시단속법 위반, 1943.6.9 벌금 50엔

비고: 법 제17조, 일본인

청명: 관동지방법원

직업·성명·연령: 취사부(炊事夫) 오위맹(吳緯孟) 18세

사실의 개요: 해당자는 만주국 안산(鞍山)시 초음가(初音街) 2단(段) 21호의 소화제동소(昭和製銅所) 독신기숙사 계풍료(啓風寮)의 취사부인 바, 1943년(昭和 18) 4월 7일 계풍료의 기숙인 우에다 세이고(上田正伍)의 방에서 그에게 소지하고 있던 메이지(明治) 천황의 사진을 보였는데, 우에다 세이고가 해당 사진을 정중히 다루어야 한다는 뜻의 이야기를 하자, 우에다 세이고 외 2명에게 "이것이 천황인가. 좋지 못한 녀석이다. 죽이는 편이 낫겠다. 이 자는 내 자식이다('자기보다 낮은 녀석이다'라는 의미). 이런 자는 변소에 갖다 버려도 상관없다. 조만간 이 녀석의 자식을 쿨리(苦力)로 만들어 버리겠다"라고 함부로 말하였다.

처분결과: 불경, 1943.7.12 징역 1년 6월

비고: 중국인

청명: 관동지방법원

직업·성명·연령: 회사 고원(雇員) 이진오(李振五) 29세

사실의 개요: 1943년(昭和 18) 5월 4일 대련(大連)시 천대전정(千代田町, 지요다초) 회사 기숙사의 자기 방에서 모여 있던 동료 5~6명에게 고향의 상황을 질문받자 곧바로 "산동(山東) 거주민의 생활이 궁박한 상황이다. 게다가 귀성 중에 성명이 불확실한 자에게 들은 바로는, 최근 산동성 영성현(榮城縣) 방면에서 팔로군이 활약하여 지난번 일본군 비행기 1기가 격추당했고 탑승자 3명이 모두 사살당했다"라고 함부로 말하였다.

처분결과: 육군형법 위반, 1943.6.23 징역 6월

비고: 중국인

청명: 관동지방법원

직업·성명·연령: 미장이 곡서성(曲書成) 31세

사실의 개요: 피고인은 1940년(昭和 15) 6월경부터 약 1년 반 동안 산동성 모평현(牟平縣) 일대에 칩거한 항일 팔로군에 가입했던 적이 있는 자이다. 1942년(昭和 17) 12월 12일 여순(旅順)시 원보정(元寶町, 모토다카라초)의 친형 집에서 형의 아내인 곡공씨(曲孔氏) 외 2명에게 "팔로군은 최근에 장비를 제대로 완비하여 전쟁 능력이 강대해졌다. 이에 반해 일본군은 그 병력이 쇠퇴하였기 때문에 양군의 교전에서는 항상 일본군이 패퇴하고 사상자가 속출하는 경향이 있다"라고 먼저 말한 뒤,

하나. "신정부가 장정 훈련소를 모평현 생선가게에 개설하려 하였으나, 팔로군이 여기에 불을 놓아 그 계획을 좌절시켰다."

둘. "팔로군이 내양현(萊陽縣)의 만지(萬地)에 주둔하고 있는 신정부 군대를 포위하여 장차 이를 섬멸하고자 했는데, 일본군이 구원했기 때문에 팔로군은 그 포위를 풀고 일시 퇴각했으나, 재차 세력을 만회하여 도리어 만지에 주둔한 일본군을 포위해 이들을 투항시켰다."

셋. "팔로군이 지부(芝罘)의 어느 경찰관 파출소를 습격해 파출소를 경비하고 있던 경찰관 18명을 납치했고 더불어 기관총과 기타 무기를 노획해 후퇴했다"라고 함부로 말하였다.

처분결과: 육군형법 위반, 1943.3.26 징역 6월

비고: 중국인

청명: 관동지방법원

직업 · 성명 · 연령: 무직 장옥(張玉) 56세

사실의 개요: 1942년(昭和 17) 12월 자택을 방문한 친구 장독(張督) 외 4명과 잡담하던 중에 흥에 겨워 부주의하게도 장독 등에게 "청조의 동치(同治) 황제는 매우 호색한이었기 때문에 북경(北京)의 합덕문(哈德門) 밖에 거주하는 매춘부와 밀통하여 그녀에게 자기의 사생아를 배게 하였다. 얼마 지나지 않아 성병에 걸려 병이 위독해지자 신하인 이홍장(李鴻章)을 몰래 베갯머리로 불러 그 일을 밝히고 출산한 아이와 그 부인의 양육을 이홍장에게 부탁한 뒤 붕어하였다. 황제 사후에 이홍장은 그 부인을 자기 관저의 한 방에 숨겨두었는데, 그녀는 결국 남자아이를 분만하였기에 이홍장은 황자(皇子)로서 봉사하고 양육에 힘썼다. 그러나 언젠가 아내가 알게 되자 결국은 그 비밀이 서태후(西太后) 또는 일반 인민에게 누설될 것을 걱정하여 황자를 다른 사람과 동행시켜 일본으로 호송했다. 일본에서는 그 무렵 때마침 황태자가 계시지 않았기 때문에 그 황자가 황태자가 되어 결국 천황 자리에 즉위했다. 그가 유명한 메이지 천황이다"라고 이야기하였다.

처분결과: 불경, 1943.4.15 징역 1년 6월

비고: 중국인

청명: 관동지방법원

직업 · 성명 · 연령: 유신교(惟神教) 본부장 미즈노 요시히토(水野義人) 37세

사실의 개요: 피고인은 백모인 미즈노 후사(水野フサ)에게 영입되어 그가 교주로 있는 대련 소재의 유신교회에 들어가 신도의 포교에 종사하던 자인바, 1942년(昭和 17) 12월 20일 대련시 중앙공원의 내참도장(內參道場)에서 아오키 히사시(靑木昶) 외 2명에게 "지치부노미야 전하가 노몬한 사건에서 손을 다치시고 포로가 되셨기에 정전협정이 맺어졌다고 한다. 그때 포로 교환이 이루어져 지치부노미야 전하도 돌아오신 것인데, 손을 다치신 관계로 거수경례를 할 수 없어서 외출하지 않는 것이다. 지치부노미야라는 이름은 이제 없어질지도 모른다"라고 함부로 말하였다.

처분결과: 불경, 1943.6.17 징역 4월, 1943.6.22 피고인 공소 신청

비고: 일본인

청명: 관동지방법원

직업·성명·연령: 농업 우영실(于永實) 62세, 두부 상인 주사거(周士擧) 46세

사실의 개요: 우영실은 1942년(昭和 17) 12월 24일 같은 피고인인 주사거에게 "위해위(威海衛)가 미국 비행기에 의해 공습을 당했다. 그 후 그 비행기는 여순(旅順) 관내의 소평도(小平島) 방면에서 청도(靑島)로 날아갔다가 재차 위해위로 돌아와 폭격하였기에 위해위의 성냥 회사가 소실되었다"라고 함부로 말하였다. 주사거는 앞의 우영실에게 들은 사항을 다른 이에게 함부로 말하였다.

처분결과: 육군형법 위반, 1943.4.6 우영실 징역 6월 3년간 집행유예 주사거 징역 6월

비고: 두 사람 모두 만주국인

부록

부록

『아시아태평양전쟁 발발과 '불온 언동'』 자료집에 수록된 사건을 이해하는 데 필요한 참고자료로 '불온 언동' 등 처벌법과 1942~1943년 조선총독부 검사국 간부의 훈시와 보고를 번역하여 부록으로 첨부하였다. 〈부록〉에 수록한 자료의 목록은 아래와 같다.

〈부록1〉 '불온 언동' 처벌법
1. 안녕질서에 대한 죄(安寧秩序ニ對スル罪. 일본 형법)
2. 언론, 출판, 집회, 결사 등 임시단속법(言論出版集會結社等臨時取締法)
3. 조선임시보안령(朝鮮臨時保安令)
4. 개정 육군형법(陸軍刑法)과 해군형법(海軍刑法)의 관련 조항
5. 불경죄(不敬罪. 일본 형법의 일부)
6. 보안법(保安法)
7. 치안유지법(治安維持法)

〈부록2〉 1942~1943년 조선총독부 검사국 간부의 훈시와 보고
1. 마스나가 쇼이치(增永正一) 고등법원 검사장 훈시-경찰부장 회의에서(1942.5)
2. 미즈노 시게카츠(水野重功) 경성복심법원 검사장 관내 상황 보고-재판소 및 검사국 감독관 회의에서(1942.6)
3. 미즈노 시게카츠(水野重功) 고등법원 검사장 훈시-재판소 및 검사국 감독관 회의에서(1943.4)
4. 모리우라 후지오(森浦藤郎) 고등법원 검사 희망 사항-재판소 및 검사국 감독관 회의에서(1943.4)
5. 도자와 시게오(戶澤重雄) 경성지방법원 검사정의 관내 상황 보고-재판소 및 검사국 감독관 회의에서(1943.4)

6. 사카미 지지(酒見緻次) 청진지방법원 검사정의 관내 상황 보고-재판소 및 검사장 감독관 회의에서(1943.4)
7. 이토 겐로(伊藤憲郎) 부산지방법원 검사정의 관내 상황 보고-재판소 및 검사국 감독관 회의에서(1943.4)

'불온 언동' 처벌법은 이 자료집의 순서대로 우선 '유언비어'을 처벌하는 주된 법령 네 가지를 제정 및 개정일 순으로 번역했다. 이 자료집 원문에도 관련 조항이 부록으로 첨부되었으나, 여기서는 전문을 번역했다. 단 개정 육·해군형법은 전체 분량이 많아 간단히 해당 조항만 번역했다. 불경죄의 경우 일본 형법의 해당 조항을 번역했다. 1907년 제정된 이래 한국인의 사상과 '불온 언동'을 탄압하는 주된 법이었던 보안법은 전문을 소개했다. 이 자료집에 수록된 '불온 언동' 사건 중에는 치안유지법 위반과 병합하여 기소된 사례가 적지 않다. 이에 치안유지법 중 '죄'를 규정한 조문을 번역했다.

1942~1943년 조선총독부 검사국 간부의 훈시와 보고는 『조선형사정책자료(朝鮮刑事政策資料)』에서 선별했다. 이 자료는 고등법원 검사국이 매년 조선총독, 법무국장, 고등법원검사장, 각 지방법원검사정 등의 훈시, 주의 사항, 희망 사항, 보고 등을 집록한 것이다. 이 중 이 자료집의 사건들이 주로 일어났던 1942~1943년 고등법원 검사장 등의 훈시, 그리고 각 지역의 상황을 알 수 있는 지방법원검사정의 관내 상황 보고를 번역했다. 당시 조선총독부 검사국이 파악한 전반적인 사상·경제 통제 상황, '불온 언동'의 추세, 그 단속의 문제점을 잘 보여준다. 검사국 간부들도 가찰(苛察), 즉 가혹한 사찰을 인정하며 실무진에게 가찰하지 말 것, 기망(欺罔)하지 말 것을 당부하였다. '불온 언동'은 전시기 식민지 권력이 민중을 기망하고 가혹하게 사찰한 생생한 사례라 할 수 있다.

⟨부록1⟩ '불온 언동' 처벌법

1. 안녕질서에 대한 죄(安寧秩序ニ對スル罪, 일본 형법의 일부)
- 1941.3.11 법률 제61호로 공포, 동년 3.20 시행

제105조 2 인심을 혹란(惑亂)하게 하는 것을 목적으로 허위 사실을 유포한 자는 5년 이하의 징역 혹은 금고, 또는 5,000엔 이하의 벌금에 처한다.

은행 예금의 대규모 인출이나 기타 경제상의 혼란을 유발할 것을 목적으로 허위 사실을 유포한 자는 7년 이하의 징역 혹은 금고, 또는 5,000엔 이하의 벌금에 처한다.

제105조의 3 전시, 천재지변이나 기타 사변에 처하여 인심의 혹란 또는 경제상의 혼란을 유발하고자 허위 사실을 유포한 자는 3년 이하의 징역 혹은 금고, 또는 3,000엔 이하의 벌금에 처한다.

제105조의 4 전시, 천재지변이나 기타 사변에 처하여 폭리를 얻을 목적으로 금융계의 교란, 중요물자의 생산 또는 배급의 저해(沮害)나 기타 방법에 의해 국민경제의 운행을 뚜렷하게 방해할 우려가 있는 행위를 하는 자는 무기 또는 1년 이상의 징역에 처한다.

전항의 죄를 범한 자는 정상에 따라 10만엔 이하의 벌금을 함께 부과될 수 있다.

[자료] 內閣印刷局, 『官報』제4252호, 1941.3.12

[설명] 1941년 3월 11일 일본 정부가 공포한 '형법 중 개정 법률'(법률 제61호)에 포함된 죄이다. 기존 형법 제7장 '범인 장닉(藏匿) 및 증거 인멸의 죄'(103~105조)와 제8장 '소요의 죄'(106~107조) 사이에 '제7장의 2 안녕질서에 대한 죄'를 추가하였다.

2. 언론, 출판, 집회, 결사 등 임시단속법(言論出版集會結社等臨時取締法)
- 1941.12.19 법률 97호로 공포, 동년 12월 21일 시행

제1조 이 법은 전시에 언론, 출판, 집회, 결사 등의 단속을 적정하게 하여 안녕질서를 유지하는 것을 목적으로 한다.

제2조 정사(政事)에 관한 결사를 조직하고자 할 때는 명령이 정하는 바에 의하여 발기인이 행정관청의 허가를 받아야 한다.

제3조 정사에 관하여 집회를 개최하고자 할 때는 명령이 정하는 바에 의하여 발기인이 행정관청의 허가를 받아야 한다. 단 법령으로써 조직된 의회의 의원후보자를 전형(銓衡)하기 위한 집회, 선거운동을 하기 위한 집회와 공중을 회동하지 않는 집회는 명령이 정하는 바에 따라 발기인이 행정관청에 신고하면 된다.

제4조 공사(公事)에 관한 결사 또는 집회로서 정사에 관련되지 않은 것이라도 필요한 경우 명령으로 앞 2조의 규정에 따르게 할 수 있다.

제5조 옥외에서 공중이 회동하거나 다중운동을 하고자 할 때는 명령이 정하는 바에 의하여 발기인이 행정관청의 허가를 받아야 한다. 단 명령으로써 정해진 경우는 이 제한을 두지 않는다.

제6조 법령으로써 조직된 의회의 의원 의사 준비를 위해 서로 단결하는 경우에 대해서는 제2조의 적용 규정을, 의사 준비를 위해 서로 회동하는 것에 대해서는 제3조의 규정을 적용하지 않는다.

제7조 신문지법에 의한 출판물을 발행하고자 하는 자는 명령이 정한 바에 따라 행정관청의 허락을 받아야 한다.

제8조 행정관청이 필요하다고 인정할 때는 제2조~제5조 혹은 앞 조의 규정에 의한 허가를 취소하거나 제3조 혹은 제4조에 따라 신고된 집회의 금지를 명할 수 있다.

제9조 출판물의 발매 및 반포의 금지가 있는 경우에 행정관청은 필요하다고 인정하는 때에 당해 제호의 출판물 이후의 발행을 정지하거나 동일인 또는 동일사가 발행에 관계한 다른 출판물의 발행을 정지할 수 있다.

제10조 제7조의 규정 또는 앞 조의 규정에 의한 정지 명령을 위반하여 발매 또는 반포 목적

으로 인쇄한 출판물은 행정관청에서 압류할 수 있다.

제11조 제2조의 규정(제4조의 규정에 기초해 따르게 한 경우를 포함)을 위반한 자는 1년 이하의 징역 혹은 금고, 또는 1,000엔 이하의 벌금에 처한다.

제12조 제3조의 규정(제4조의 규정에 기초해 따르게 한 경우를 포함) 또는 제5조의 규정을 위반한 자는 6월 이하의 징역 혹은 금고, 또는 500엔 이하의 벌금에 처한다.

제13조 제7조의 규정을 위반한 자는 1년 이하의 징역 혹은 금고, 또는 1,000엔 이하의 벌금에 처한다.

제14조 제9조의 규정에 의한 정지 명령된 출판물을 발매한 자는 6월 이하의 징역 혹은 금고, 또는 500엔 이하의 벌금에 처한다.

제15조 제10조의 규정에 의한 압류 처분의 집행을 방해한 자는 6월 이하의 징역 혹은 금고, 또는 500원 이하의 벌금에 처한다.

제16조 앞 3조의 죄에는 형법의 병합죄 규정을 적용하지 아니한다.

제17조 시국에 관해 유언비어(造言飛語)를 한 자는 2년 이하의 징역 혹은 금고, 또는 2,000엔 이하의 벌금에 처한다.

제18조 시국에 관해 인심을 혹란(惑亂)하게 할 사항을 유포한 자는 1년 이하의 징역 혹은 금고, 또는 1,000엔 이하의 벌금에 처한다.

부칙

이 법의 시행 기일은 칙령으로써 정한다.

이 법의 시행에 처하여 현존하는 정사에 관한 결사(제6조 전단前段의 규정에 해당하는 것은 제외함) 또는 제4조의 명령 시행에 처하여 현존하는 당해 명령에 관계된 공사에 관한 결사는 명령이 정하는 바에 따라 그 존속에 대해 주간(主幹)자가 행정관청의 허가를 받아야 한다.

제8조의 규정은 전항의 허가에, 제11조의 규정은 동항의 규정을 위반한 자에게 준용한다.

집회 또는 다중운동으로 제3조 또는 제5조의 규정에 따라 허가 또는 신청이 필요한 것에 대하여는 이 법 시행 후 3일 이내에 행한 것에 한하여 종전의 예에 따른다.

이 법 시행에 처하여 현재 성문의 규칙에 따른 절차를 거쳐 신문지법에 의한 출판물을 발행하는 자는 제7조의 규정에 의한 허가를 받은 자로 간주한다.

[자료] 現代法制資料編纂会, 『戦時・軍事法令集』, 国書刊行会, 1984, 190~191쪽.

3. 조선임시보안령(朝鮮臨時保安令)
- 1941.12.26 조선총독부제령 제34호로 공포, 동일 시행

제1조 본령은 전시에 언론, 출판, 집회, 결사 등의 단속을 적정하게 하여 안녕질서를 유지하는 것을 목적으로 한다.

제2조 공사에 관한 결사를 조직하고자 할 때는 조선총독이 정하는 바에 의하여 발기인이 행정관청의 허가를 받아야 한다.

제3조 공사에 관하여 집회를 개최하고자 할 때는 조선총독이 정하는 바에 의하여 발기인이 행정관청의 허가를 받아야 한다.

제4조 옥외에서 공중이 회동하거나 다중운동을 하고자 할 때는 조선총독이 정하는 바에 의하여 발기인이 행정관청의 허가를 받아야 한다.

제5조 조선총독이 정하는 경우 앞 3조의 규정은 적용하지 아니한다.

제6조 행정관청은 필요하다고 인정할 때는 결사의 해산을 명할 수 있다.

제7조 경찰관은 필요하다고 인정할 때는 집회·다중운동 또는 군집을 제한하거나 금지 또는 해산할 수 있다.

제8조 경찰관은 필요하다고 인정할 때는 병기·흉기·폭발물 기타 위험한 물건의 휴대를 금지할 수 있다.

제9조 신문지 기타 출판물의 발매 및 반포의 금지가 있는 경우에 행정관청은 필요하다고 인정하는 때에 당해 제호의 출판물 이후의 발행을 정지하거나 동일인 또는 동일사가 발행에 관계한 다른 출판물의 발행을 정지할 수 있다.

전항의 규정에 따른 정지 명령을 위반하여 발매 또는 반포할 목적으로 인쇄한 출판물은 행정관청에서 압류할 수 있다.

제10조 조선총독은 필요하다고 인정하는 때는 신문지 기타 출판물의 수입 또는 이입을 제한하거나 금지할 수 있다.

전항의 규정에 의한 제한 또는 금지 명령을 위반하여 수입 및 이입한 출판물은 행정관청에서 그 발매 또는 반포를 금지하고 압류할 수 있다.

제11조 행정관청은 필요하다고 인정하는 때는 제2조~제4조, 신문지규칙 제1조, 1907년 법률 제1호 신문지법 제1조 또는 1909년 법률 제6호 출판법 제2조의 규정에 의한 허가 또는 인가를 취소할 수 있다.

전항의 규정에 따라 허가를 취소한 1909년 법률 제6호 출판법에 의한 출판물은 행정관청에서 발매 또는 반포를 금지하고 압류할 수 있다.

제12조 제2조의 규정 또는 제6조의 규정에 따른 명령을 위반한 자는 3년 이하의 징역 혹은 금고, 또는 3,000엔 이하의 벌금에 처한다.

제13조 제3조 또는 제4조의 규정을 위반한 자는 1년 이하의 징역 혹은 금고, 또는 1,000엔 이하의 벌금에 처한다.

제14조 제7조 규정에 의한 제한이나 금지 명령을 위반한 자, 동조의 규정에 의하여 해산을 명받은 후 해산하지 아니한 자 또는 제8조 규정에 의한 금지 명령을 위반한 자는 10월 이하의 징역 혹은 금고, 또는 500엔 이하의 벌금에 처한다.

제15조 신문지규칙 제1조 또는 1907년 법률 제1호 신문지법 제1조의 규정을 위반한 자는 1년 이하의 징역 혹은 금고, 또는 1,000엔 이하의 벌금에 처한다.

제16조 제9조 제1항의 규정에 의한 정지 명령을 위반한 자는 1년 이하의 징역 혹은 금고, 또는 1,000엔 이하의 벌금에 처한다.

제17조 신문지 기타 출판물에 대한 본령, 신문지규칙, 1907년 법률 제1호 신문지법, 출판규칙 또는 1909년 법률 제6호 출판법에 의한 압류 처분의 집행을 방해한 자는 6월 이하의 징역 혹은 금고, 또는 500엔 이하의 벌금에 처한다.

제18조 제10조 제1항의 규정에 의한 제한 또는 금지 명령을 위반한 자는 1년 이하의 징역 혹은 금고 또는 1,000엔 이하의 벌금에 처한다.

제19조 앞 4조의 죄에는 조선형사령에 따를 것을 정한 형법의 병합죄 규정을 적용하지 아니한다.

제20조 시국에 관해 유언비어(造言飛語)를 한 자는 2년 이하의 징역 혹은 금고, 또는 2,000엔 이하의 벌금에 처한다.

제21조 시국에 관해 인심을 혹란(惑亂)하게 하는 사항을 유포한 자는 1년 이하의 징역 금고 혹은 구류, 또는 1,000엔 이하의 벌금이나 과료에 처한다.

부칙

본령은 공포일부터 시행한다.

본령 시행에 처하여 현존하는 공사에 관한 결사에 대해서는 그 존속에 대하여 조선총독이 정하는 바에 의하여 주간자가 행정관청의 허가를 받아야 한다.

제11조의 규정은 전항의 허가에, 제12조의 규정은 동항의 규정을 위반한 자에게 준용한다.

집회 또는 다중운동으로 제3조 또는 제4조의 규정에 따라 허가가 필요한 것에 대하여는 본령 시행 후 10일 이내에 행한 것에 한하여 종전의 예를 따른다.

[자료] 朝鮮總督府,『朝鮮總督府官報』제4477호, 1941.12.26.

4. 개정 육군형법(陸軍刑法)과 해군형법(海軍刑法)의 관련 조항

육군형법
- 1942.2.20 법률 제35호로 공포, 동년 3.15 시행

제99조 전시 또는 사변에 처하여 군사에 관해 유언비어(造言飛語)를 행한 자는 7년 이하의 징역 또는 금고에 처한다.

해군형법
- 1942.2.20 법률 제36호로 공포, 동년 3.15 시행

제100조 전시 또는 사변에 처하여 군사에 관해 유언비어(造言飛語)를 행한 자는 7년 이하의 징역 또는 금고에 처한다.

[자료] 現代法制資料編纂会,『戰時・軍事法令集』, 国書刊行会, 1984, 80~81, 89~91쪽.

[설명] 1942년 2월 20일 일본 정부는 '육군형법 중 개정 법률'(법률 제35호)과 '해군형법 중 개정 법률'(법률 제36호)을 공포하고 동년 3월 15일부터 시행했다. 유언비어와 관련 조문 중 기존의 '3년 이하의 금고에 처한다'를 '7년 이하의 징역 또는 금고에 처한다'로 개정했다.

5. 불경죄(不敬罪. 일본 형법의 일부)
　　- 1907.4.24 법률 제45호로 공포, 1908.10.1 시행

제2편 죄 제1장 황실에 대한 죄

제73조 천황, 태황태후, 황태후, 황후, 황태자 또는 황태손에 대해 위해를 가하거나 가하려고 한 자는 사형에 처한다.

제74조 천황, 태황태후, 황태후, 황후, 황태자 또는 황태손에 대해 불경한 행위를 한 자는 3월 이상 5년 이하의 징역에 처한다.

　신궁(神宮) 또는 황릉(皇陵)에 대해 불경한 행위를 한 자도 동일하다.

제75조 황족에 대해 위해를 가한 자는 사형에 처하고 위해를 가하려고 하는 자는 무기 징역에 처한다.

제76조 황족에 대해 불경한 행위를 한 자는 2월 이상 4년 이하의 징역에 처한다.

[자료] 朝鮮總督府 編, 『朝鮮法令輯覽』下卷, 帝國地方行政學會朝鮮本部, 1938, 제15집 316쪽.

6. 보안법(保安法)

- (대한제국) 1907.7.27 법률 제2호로 공포, 동일 시행

제1조 내부대신은 안녕질서를 유지하기 위하여 필요한 경우에 결사의 해산을 명할 수 있다.

제2조 경찰관은 안녕질서를 유지하기 위해 필요한 경우에 집회 또는 다중의 운동, 혹은 군집(群集)을 제한, 금지 또는 해산을 할 수 있다.

제3조 경찰관은 앞 2조의 경우에 필요하다고 인정될 때는 무기와 폭발물 기타 위험한 물건의 휴대를 금지할 수 있다.

제4조 경찰관은 가로(街路)나 기타 공개된 곳에서 문서, 도화(圖畫)의 게시와 분포(分布), 낭독 또는 언어와 형용과 기타 행위를 하여 안녕질서를 어지럽힐(紊亂) 우려가 있다고 인정될 때는 그 금지를 명할 수 있다.

제5조 내부대신은 정치에 관해 불온한 동작(動作)을 행할 우려가 있다고 인정되는 자에 대하여 그 거처에서 퇴거를 명하거나 또 1개년 이내의 기간을 특정하여 일정한 지역 안에 범입(犯入)하는 것은 금지할 수 있다.

제6조 앞 5조에 의한 명령을 위반하는 자는 40 이상의 태형 또는 10개월 이하의 금옥(禁獄)에 처한다.

　제3조의 물건이 범인의 소유일 때는 정상에 따라 몰수한다.

제7조 정치에 관하여 불온한 언론과 동작 또는 타인을 선동, 교사 혹은 사용하거나, 또는 타인의 행위에 간섭하여 이로써 치안을 방해하는 자는 50 이상의 태형, 10개월 이하의 금옥 또는 2개년 이하의 징역에 처한다.

제8조 본 법의 공소시효는 6개월간으로 한다.

제9조 본 법의 범죄는 신분 여하를 불문하고 지방재판소 또는 항시(港市)재판소 관할로 한다.

부칙

제10조 본령은 반포일로부터 시행한다.

[자료] 대한제국 내각법제국관보과, 『官報』 제3830호 부록, 1907.7.29.

7. 치안유지법(治安維持法)

- 1925.4.22 법률 제46호로 공포, 동년 4.29 시행; 1941.3.8 법률 제54호로 전면 개정, 동년 5.15 시행

제1장 죄

제1조 국체를 변혁하는 것을 목적으로 결사를 조직한 자 또는 결사의 임원 기타 지도자의 임무에 종사한 자는 사형 또는 무기나 7년 이상의 징역에 처하고, 결사에 가입한 자 또는 결사의 목적수행을 위한 행위를 한 자는 3년 이상의 유기징역에 처한다.

제2조 전조의 결사를 지원하는 것을 목적으로 결사를 조직한 자 또는 결사의 임원 기타 지도자의 임무에 종사한 자는 사형 또는 무기나 5년 이상의 징역에 처하고, 결사에 가입한 자 또는 결사의 목적수행을 위한 행위를 한 자는 2년 이상의 유기징역에 처한다.

제3조 제1조의 결사의 조직을 준비하는 것을 목적으로 하여 결사를 조직한 자 또는 결사의 임원 기타 지도자의 임무에 종사한 자는 사형 또는 무기나 5년 이상의 징역에 처하고, 결사에 가입한 자 또는 결사의 목적수행을 위한 행위를 한 자는 2년 이상의 유기징역에 처한다.

제4조 전 3조의 목적으로 집단을 결성한 자 또는 집단을 지도한 자는 무기 또는 3년 이상의 징역에 처하고, 전 3조의 목적으로 집단에 참가한 자 또는 집단에 관하여 전 3주의 목적수행을 위한 행위를 한 자는 1년 이상의 유기징역에 처한다.

제5조 제1조~제3조의 목적으로 그 목적사항의 실행에 관하여 협의 또는 선동을 하거나 그 목적사항을 선전하고 기타 그 목적수행을 위한 행위를 한 자는 1년 이상 10년 이하의 징역에 처한다.

제6조 제1조~제3조의 목적으로 소요·폭행 기타 생명·신체 또는 재산에 해를 가할 수 있는 범죄를 선동한 자는 2년 이상의 유기징역에 처한다.

제7조 국체를 부정하거나 신궁 또는 황실의 존엄을 모독할 수 있는 사항을 유포하는 것을 목적으로 결사를 조직한 자 또는 결사의 임원 기타 지도자의 임무에 종사한 자는 무기 또는 4년 이상의 징역에 처하고, 결사에 가입한 자 또는 결사의 목적수행을 위한 행위를 한 자는 1년 이상의 유기징역에 처한다.

제8조 전조의 목적으로 집단을 결성한 자 또는 집단을 지도한 자는 무기 또는 3년 이상의 징역에 처하고 전조의 목적으로 집단에 참가한 자 또는 집단에 관하여 전조의 목적수행을 위한 행위를 한 자는 1년 이상의 유기징역에 처한다.

제9조 전 8조의 죄를 범하게 하는 것을 목적으로 금품 기타 재산상의 이익을 공여하거나 그 신청 또는 약속을 한 자는 10년 이하의 징역에 처한다. 공여를 받거나 그 요구 또는 약속을 한 자도 같다.

제10조 사유재산제도를 부인하는 것을 목적으로 결사를 조직한 자 또는 결사에 가입한 자나 결사의 목적수행을 위한 행위를 한 자는 10년 이하의 징역 또는 금고에 처한다.

제11조 전조의 목적으로 그 목적 사항의 실행에 관하여 협의를 하거나 그 목적사항의 실행을 선동한 자는 7년 이하의 징역 또는 금고에 처한다.

제12조 제10조의 목적으로 소요·폭행 기타 생명·신체 또는 재산에 해를 가할 수 있는 범죄를 선동한 자는 10년 이하의 징역 또는 금고에 처한다.

제13조 전 3조의 죄를 범하게 하는 것을 목적으로 금품 기타 재산상의 이익을 공여하거나 그 신청 또는 약속을 한 자는 5년 이하의 징역 또는 금고에 처한다. 공여를 받거나 그 요구 또는 약속을 한 자도 같다.

제14조 제1조~제4조·제7조·제8조 및 제10조의 미수죄는 벌한다.

제15조 이 장의 죄를 범한 자가 자수한 때에는 그 형을 감경(減輕) 또는 면제한다.

제16조 이 장의 규정은 이 법 시행지 외에서 죄를 범한 자에게도 적용한다.

(제2장 '형사수속' 제17~38조, 제3장 '예방구금' 제39~65조와 '부칙' 생략)

[자료] 現代法制資料編纂会, 『戰時·軍事法令集』, 国書刊行会, 1984, 183~188쪽.

〈부록2〉 1942~1943년 조선총독부 검사국 간부의 훈시와 보고

1. 마스나가 쇼이치(增永正一) 고등법원 검사장 훈시-경찰부장 회의에서(1942.5)[1]

오늘 여러분과의 회동에서 제가 품고 있는 생각 일부를 말씀드릴 기회를 얻게 된 것을 기쁘게 생각하는 바입니다.

1) 제국은 이미 자위상(自衛上) 불가피하게 영국과 미국에 대해 선전을 포고한 이래로 황군이 연전연승을 거듭해 혁혁한 전과를 거두고 있는 것은 실로 세계적으로 경이로운 바입니다. 생각건대 이 승리의 요인은 우리 황국인 국가를 위해 죽음으로써 보답하려는 충성 정신에 기인하는 바 다름 아닐 것으로 생각됩니다. 일억 국민이 모두 감사 감격에 넘치는 바입니다만, 후방(銃後)에 있는 우리가 이 황군의 정신을 체득하고 각자의 직무 영역에서 봉공(奉公)에 매진해야 할 것으로 생각하는 바입니다.

국가총력전인 근래의 전쟁에서 사상전이 얼마나 중요한 지위를 점하는가에 대해서는 새삼 여기서 그 중요성을 강조할 필요가 없다고 생각합니다만, 대동아전쟁 발발이라는 새로운 사태의 발생과 진전에 따라 급변하는 내외의 객관적 여러 정세에 비추어 볼 때 특별히 여러분 각자의 주의를 환기하고 싶습니다. 전쟁 발발 이후 적은 이미 무력전이나 경제전 분야에서는 전적으로 승산이 없음을 깨닫고 겨우 변명으로나마 게릴라전을 감행하여 자국민의 원망을 누그러뜨리려 하는 것이 현재 상황입니다. 이러한 궁지에 몰린 상황을 타개하고 최후의 승리를 획득하고자 하는 적에게 남겨진 유일한 희망은 전쟁을 장기전으로 이끌면서 그사이 맹렬한 사상전을 전개하고, 선전 등의 온갖 모략 공작을 시행하여 사상적 혼란을 일으키고, 이로써 우리의 후방에 혼란을 일으켜 내부에서부터 우리를 붕괴시키고 복종시키려는 것은 그들의 집요하고 음험한 국민성에 비추어 봐도 명백한 바입니다. 실제로 그 편린으로 미국 대통령은 일찍부터 조선 민족의 독립을 극심히 옹호 지원하려는 취지를 방송했다

---

[1] 高等法院檢事局 編, 『朝鮮刑事政策資料-昭和17年度版-』, 1942, 8~16쪽.

고 전해지고, 중경(重慶) 정권 역시 그것에 호응해서 자신의 인솔 하의 불령(不逞)한 무리를 부추겨 우리 반도에 대한 사상 모략 공작을 적극적으로 시도해왔던 것이 간파되었습니다. 다른 한편에서는 일·소 중립조약이 존재함에도 불구하고 코민테른의 사상적 공세는 하루도 완화된 적이 없습니다. 이러한 외부로부터 사상전 공격은 전쟁 발발 이후 인적·물적 두 가지 측면에서 점점 그 중요성이 더해져, 우리 반도에 장래 가장 경계심을 강화해야 할 필요가 있는 사항이라고 생각됩니다.

그리고 이러한 공격에 직면한 반도의 사상 정세를 살펴보건대, 근래 민심이 다소 이완되는 조짐이 있고, 각지에서 사상적으로 불미스러운 사건이 빈발하고 있는데, 특히 1941년도에 치안유지법 위반 및 기타 중요 사상범죄의 발생 검거수가 놀라울 정도로 비약적으로 증가해 앞날을 예측하기 어려운 정세에 있으므로, 이 점에 관해서 저는 항상 각 관계 방면에 깊이 주의를 환기해 온 바입니다. 실로 대동아전쟁은 이러한 내적 정세 아래에서 그 발발을 맞이한 것인데, 다행히도 충성스럽고 비길 데 없이 용감한 황군 장병이 각자 용전분투함으로 인해 순조롭게 전과를 확대하고 있으므로 제반 각층 모두가 민심을 안정시키고 관민이 일치 결속하여 후방에서 봉공의 열심을 피력해 오고 있는 것은 황국을 위해 실로 지극히 축하할 바입니다. 그러나 깊이 생각하면서 자세히 민심의 이면 동향을 관찰해보면, 여전히 전면적으로 앞길을 낙관할 수 없는 점이 많이 있는 측면을 간파할 수 있습니다. 즉, 전쟁 발발 초기 민중 중에는 국민적 흥분 감격의 감정을 드러내지 않고 방관적 태도로 임하며, 나아가 전국(戰局)의 앞길에 대해 비관적 언사를 표현하거나 혹은 혁혁한 전과 발표에 대해 회의적 또는 부정적 태도를 제시하는 자 역시 결코 적지 않았는데, 이러한 경향은 전과가 확대됨에 따라 점차 시정되고 있는 것은 물론입니다만, 지금 군사 및 기타 시국에 관한 각종 유언비어가 그치지 않고, 징용령 또는 청년체력검사를 실시할 때 드러난 일부 민심의 불안 동요, 혹은 남방 점령지 여러 민족의 처우 방침에 관한 도조 총리대신의 성명에 관련해서 야기된 사상적 동요 등의 사실을 종합적으로 고찰해 보면, 여전히 반도 일부 민중 중에는 민족의식을 완전히 불식시키지 못한 자가 있고, 게다가 시국의 인식 상에서 결여된 점이 많고 황국신민이라는 자각이 부족한 자가 상당히 잔존하는 점을 인정할 수밖에 없습니다. 게다가 작년 이후 경기도를 중심으로 하여 검거된 코뮤니스트(communist) 그룹 사건에 의해서도 알 수 있듯이 공산주의자 무리는 시국의 진전과 더불어 일·소 개전이 반드시 도래할 것이라는 전망하에 종래의 관념적 운동 방침을 전부 내던지고, 우리의 후방을 교란할 목적으로 구체적 운동으로 전환하여 동지를 획득하고 첩보 파괴에 관한 모략 공작에 전념하게 된 것은 대단히 주목해야 할 현상입니다. 이러한 종류의 불령분자(不逞分子)는 대동아전쟁 발발을 좋은 기회가 도래한 것이라 칭하며 더욱더 집요하게 지하운동을 전개해 가고 있는 것으로 추정됩니다. 그들은 내포한 사상적 특성상 적국의 사상 모략에 대해 쉽게 악수·제휴하고 더욱 열렬한 운동을 전개할 가능성이 충분히 존재한다고 말하지 않을 수 없습니다. 한편 대구사범학교 사건과 기타 빈발하는 학교 교사 및 학생 생도층을 중심으로 하는 민족주의운동에 비추어 봐도 우리 반도의 사상 진영의 일부에는 적국의 공격에 대해 지극히 연약한 부분이 존재하는 것이 드러난 것으로 봐야 할 것이며, 반도 민중에게 일반적으로 있는 폐단인 개인주의 또는 자유주의적 사상 경향과 맞물려 적의 사상 모략에 편승할 위험성이 다분히 존재하는 것도 부정할 수 없는 사실입니다. 각자 과거의 정세를 잘 파악하고 일부 민중의 시국 편승적, 영합적 애국운동에 현혹되는 일 없이 냉정하게 이면 근저에 흐르는 민중의 진정한 사상 동향을 통찰하고 불미스러운 사건이 발생하는 것을 미연에 방지하기에 유효적절한 대책을 연구·수립하고, 이로써 후방(銃後) 치안을 확보하는 데 유감없는 상황을 마련하기를 기대하는 바입니다.

2) 다음으로 사상전과 관련하여 고려해야 할 것은 각종 선전 모략과 병행해 앞으로 우리 군사 정황 첩지(諜知)를 목적으로 하는 첩자가 잠입하면서 방화 혹은 철도파괴 등의 모략 공작이 점점 더 치열하게 실행될 가능성이 존재한다는 것입니다. 이러한 모략 공작은 직접적으로는 중요 물자와 각 건조물을 파괴하고 소모하거나 혹은 군사 수송을 방해하는 등 우리의 전투력을 감쇄시킬 목적인데, 간접적으로는 이로 인해 민심을 극도로 불안·동요시켜 결국 후방 치안을 어지럽힐 우려가 있는데 그 피해는 실로 막대합니다. 각자가 이 점을 잘 유념하여 그들의 비밀스러운 활약을 허락함으로써 정전(征戰)의 목적을 달성하는 데 조금이라도 지장을 초래하는 듯한 점이 없도록 항상 주도면밀한 사찰과 내정(內偵)을 독려함으로써 하등의 모략 사건의 발생을 미리 방지하기 바랍니다. 최근 각지에서 중대한 화재 사고가 발생하고 작년 중에는 중대한 화재 사건이 1,417건에 달했고, 그 손해액도 1,000만 엔을 돌파하는 상황으로, 전시 하 중요 물자를 마구 없애버려 실로 유감스럽기 그지없는 바인데, 그중

에는 전적으로 출화(出火) 원인이 불분명하거나 혹은 모략에 의한 것이 아닌지 의문스러운 점도 많습니다. 기타 각종 열차 운행 방해 사건, 혹은 군사 또는 국토방위에 관련 있는 중요 기밀문서의 도난 사건 등이 주로 북조선을 중심으로 빈번히 계속 발생하고 있는데, 그 대부분은 범인을 체포하지 못한 상태입니다. 이러한 사건들은 그 범행 수법으로 보거나 또는 현재 중국 동북지역 또는 만주 방면에서 유사한 각종 모략 사건이 빈발하는 정세에 비추어 볼 때, 그 대부분은 모략에 의한 것으로 추정할 만한 이유가 다분히 존재합니다. 실제로 함경북도에서 검거되어 취조 중인 방화 또는 철도파괴를 목적으로 한 자기단(自起團) 등 중국인 관계 모략단과 같은 경우는 중경 정권 또는 공산 팔로군(八路軍) 관계자와 밀접한 관련을 맺고 있고 그 지령에 기반한 모략을 목적으로 삼는 방화 등을 공작하고 있습니다. 이러한 모략단은 북한 지방뿐만 아니라 조선 전국 각지에 산재하고 있고 지하로 잠입하여 호시탐탐 시기를 노리고 있는 것으로 생각해야 할 것입니다. 이 모략 공작들은 물론 지극히 비밀리에 감행되고 있는데, 마치 자연발생적인 사고인 듯 가장하는 것이 상투적인 수법이므로 항상 해오던 수사 방법으로는 쉽게 그들이 쳐 놓은 수법에 그대로 걸려들 것이며 모략인 것을 간과할 수 없습니다. 따라서 모략 의심이 있는 사건이 발생할 때는 미리 주도면밀하게 주의를 기울여 다양한 각도에서 검토를 거듭하고 면밀한 조사를 계속해야 할 필요가 있음은 물론입니다. 다른 한편으로는 모략 공작의 실제 담당자가 단순하고 사소한 것에 현혹되어 배후에 있는 모략단의 존재를 모른 채 방화 등의 실행 행위를 감행하는 것이 종종 있습니다. 이러한 범인을 체포할 때는 그 배후 관계를 엄중히 추급하고 모략단의 범죄망을 일거에 박멸할 수 있도록 하는 것이 절대적으로 필요한 조건입니다. 그렇게 하지 않으면 모략은 더욱 계속 발생할 것이고 그칠 줄 모르는 정황을 보일 것임은 분명합니다. 이렇듯 모략 사건의 수사는 지극히 중대하고 곤란함을 동반하므로 조금이라도 모략이 의심 가는 사고가 발생했을 때는 지체 없이 담당 검사에게 보고하고 그 지휘를 기다림으로써 수사상의 만전을 기해야 할 것입니다.

또 작년도 본 회의 석상에서 국방보안법 및 개정 치안유지법 시행에 따라 그 운용에 관한 일부 주의와 희망을 말씀드렸는데, 그 후 약 1년간 실제 운용 실적을 검토해 보니, 성적이 양호하고 대체적으로 법이 요구하는 소기의 목적을 달성해 가고 있는 상황입니다. 여러분의 협력과 노력에 대해 심대한 경의를 표하는 바입니다. 이 법이 정한 특별형사 절차의 운용 여부는 치안의 확보에 중대한 영향을 미치는 것이므로 그 중요성을 감안하여 형사절차의 적용을 받아야 할 범죄를 탐지하는 경우는 앞서 말한 모략 의심 사건이 발생한 경우와 마찬가지로 중대사안으로 인정된 경우는 검거에 착수하기 전 내사(內査)에 해당된다고 하더라도 신속하게 용의 사실을 담당 검사에게 통보 연락하고 그 지휘를 받았으면 합니다. 이러한 관해 2~3가지 유감스러운 사례가 보이므로 특별히 유념해 주시기를 바랍니다.

3) 다음으로 후방(銃後) 치안유지에 중요한 점은 인심에 불안과 동요를 유발하지 않는 것입니다. 이러한 불안 동요의 주된 원인은 각종 유언부설(流言浮說)로, 이 유언부설을 단속하고 박멸하는 것은 치안유지상 긴요한 사항에 속합니다. 종래 치안에 관한 불온한 언동은 보안법으로, 군사에 관한 유언비어(造言飛語)는 육·해군형법으로, 시세 변동을 유도할 목적으로 허위 소문을 유포한 자는 조선거래소령으로, 불온한 연설을 하거나 인심을 광혹(誆惑)하는 유언부설을 발설한 자는 경찰범처벌규칙으로 각각 단속해 왔습니다만, 전시(戰時)에는 이렇게 하여 충분히 그 목적을 달성하지 못한 부분도 있고, 앞서 형법을 개정하여 인심 혹란(惑亂)을 목적으로 한 허위사실 유포 및 경제적 혼란 유발을 목적으로 한 허위사실 유포를 금지하여 새롭게 이를 처벌하며, 추가로 국방보안법을 제정하여 외국과 통모(通謀)하거나 외국에 이익을 제공할 목적으로 치안을 방해하는 사항을 유포한 자를 엄중하게 처벌하고, 끝으로 조선임시보안령을 발포하여 널리 시국에 관한 유언비어(造言飛語)를 만든 자와 시국에 관해 인심을 혹란하게 할 사항을 유포시킨 자를 처벌하여 전시상황에서 각종 유언부설 단속에 관한 법규를 완비해 나가고 있습니다. 이러한 상세한 입법은 위정자가 얼마나 유언부설이 전시상황에서 생각지 못한 중대한 결과를 야기하는지 우려하고 있음을 입증하는 것으로 볼 수 있습니다. 유언부설 중에는 적의 모략에 의한 것도 있고, 사적 욕망을 달성하기 위한 것도 있으며, 무지함이 원인이 된 것도 있고, 그 원인이나 양상이 천차만별이므로 이러한 수사에 임할 때는 그 원인, 목적, 동기 등을 탐구하여 위 법규의 어디에 해당하는지 연구하여 소탐대실하는 것이 없도록 각별히 노력해 주기를 희망하는 바입니다.

4) 황군의 무력적 위세가 혁혁해짐에 따라 대동아공영권의 정치·경제적 건설도 두드러지게 진척되고 있다는 것은 매우 기쁜 일입니다. 우리의 경제적 통제는 중일전쟁 발발 이후 오

늘에 이를 것을 예상하여 몇 년간 강화 일변도로 진행해 왔습니다. 하지만 그 운영은 대략적으로 좋았고 다행히도 두드러진 물가 등귀도 없었고, 생산력이 차츰 확충되어, 대체로 소기의 성과를 달성해 경제적 불안을 야기하는 일 없이 순조로운 추이를 보이는 것은 여러분 각자의 노력에 힘입은 바가 크다고 깊이 믿고 있는 바입니다. 그러나 우리가 직면하고 있는 장기 지구전에서 물러서지 않을 결의를 실천하고 전쟁에 끝까지 이기는 것은 쉬운 과업이 아니기 때문에, 고도국방국가의 기초인 종합국력의 배양·확충을 위해 전쟁경제 분야에서도 역시 필승의 진지를 구축하지 않으면 안 됩니다. 따라서 각종 통제는 향후 한층 더 강화되어야 하는 것이 당연함에도 불구하고 최근 항간에서는 왕왕 위대한 전과에 마음이 우쭐해져서 전국의 추세를 낙관하고, 풍부한 남방 물자를 일상생활과 관련지어 상상하고 현실적 거리, 설비, 수송 능력과 기타 인적·물적 제 요건의 제약을 살피지 않고, 또 웅대한 대동아 경제정책의 발전 단계를 인식하지 못하고 함부로 통제의 완화나 과거 자유주의경제로의 복귀를 갈망하는 듯한 언동을 하는 자가 보이는 것은 실로 유감스럽습니다. 이러한 현상이 보이는 것은 통제 순응의 기운을 쇠퇴시키고 국책의 수행에 지장을 초래할 뿐만 아니라, 일반적으로 통제법령 경시 풍조를 배양할 우려가 있으므로 여러분 각자가 최근 소식에 귀 기울이고 주도면밀하게 지도하고 엄밀하게 사찰하여 국민이 검거·단속이 느슨해졌다는 생각을 품어 정부의 통제완수에 대한 결의를 의심하게 하는 것과 같은 일이 없도록 더욱 경제 통제 강화에 매진해 주시기를 바랍니다.

5) 대동아전쟁 발발 이후 경제계의 통제에 대한 적극적 협력의 기운은 이미 매우 진전되어 온 것으로 보이며, 종래의 경제통제법령에 대한 위반은 그 수가 감소하는 조짐이 보이는 듯합니다만, 그 질적 측면에서는 오히려 악화하는 경향이 있습니다. 또한 기업허가령과 같은 새로 시행된 법령 위반이 속출하는 상황에서는 자유주의 경제 관념의 구태의연한 부분이 있다고 생각됩니다. 여러분 각자가 부하 경찰관을 잘 독려하고 민중의 방범적 지도에 힘쓰는 한편, 끊임없이 관내 경제 사정과 위반 동향에 세심한 주의를 기울여 항상 담당 검사와 연락을 꾀하여 폐해의 소재를 밝히고 기획성이 있는 검거에 힘쓰도록 유념해 주시길 바랍니다.

또한 통제의 광범화·심도화에 따라 공무와 국민 생활의 맞닿는 범위가 현격하게 확대되고, 관공리 및 기타 법령에 의한 통제사무의 운행에 관여하는 직원의 조치는 민중의 화복(禍福)이나 사상적 동요에 심각하고 예민한 영향을 미칠 수 있는 시기이므로, 직무 집행의 공정에 관해 여론에 특히 귀를 기울일 뿐만 아니라 사적인 정에 이끌려 일을 처리하거나 그와 관련된 부정된 이익을 얻는 등 매직(賣職)·배임(背任) 죄를 짓고 검거되는 경우가 계속 증가하는 것은 실로 유감스럽습니다. 특히 배급사무 운영과 관련하여 그 폐해가 심각한 것이 있다고 들립니다. 여러분 각자가 공무의 적정함과 위신을 위해 이 점에 대해 부단한 배려를 게을리하지 말고, 만약 이러한 사범이 있으면 엄중하게 그 책임소재를 추궁하고 경미한 것이라고 하더라도 단순한 행정적 조치에 그치지 말고 검사와 연락하여 단호한 처치를 내림으로써 관장(官場) 신체제의 건전한 실천을 촉진하고 민중으로 하여금 공평하지 않다는 우려가 없도록 각별히 유념해 주시기 바라는 바입니다.

2. 미즈노 시게카츠(水野重功) 경성복심법원 검사장 관내 상황 보고-재판소 및 검사국 감독관 회의에서(1942.6)[2]

제1. 관내 민중의 사상동향 및 숙정(肅正) 방책

1) 일반적 사상 동향

중일전쟁 이후 시국인식에 대한 당국의 지도가 좋아지고 차츰 보급됨에 따라 반도 민중들 사이에서도 애국열이 팽배해지고 확산되고 있다. 이에 더해 폭악한 영미 응징을 위한 성스러운 대동아전쟁의 발발을 계기로 해서 한층 더 진전되는 모습을 보이고 있음은 전승기원, 국방헌금, 전국민근로운동, 기타 여러 애국 행사 참가자의 급증 등의 실적에 비추어 보아도 충분히 그간의 소식을 짐작할 수 있다. 특히 영미 숭배자의 아성으로 주목받았던 기독교 일파의 관계자도 종사하여 계속 애국운동에도 참가하는 경향을 보이고 있고, 또 종래 회색적 태도였던 민족주의자도 입장을 바꾸어서 과거를 청산하고 전향을 표명하는 자가 속출

---

2 高等法院檢事局 編, 『朝鮮刑事政策資料-昭和17年度版-』, 1942, 24~47쪽.

하고 있는 것은 대동아전을 계기로 한 조선반도 사상계의 일대 전환기로도 칭할 만한 가장 주목해야 할 현상이다. 이것은 전적으로 전쟁 개시 이후 황군의 혁혁한 전과에 기인한 것으로, 제국의 실력을 깊이 인식한 데서 연유하는 것에 다름 아니다. 이러한 대전에 직면해서도 반도 민심의 동향은 대략 평정함을 유지하면서 일반적으로는 상당히 양호한 치안 상태가 지속하고 있다고 보기에 충분하며, 이것은 실로 축하해야 할 현상일 것이다.

2) 검찰 사무를 통해 관찰되는 사상 동향

그렇지만 검찰사무 상에서 드러나는 현상을 개별적으로 자세히 검토해 보면, 반도 민중 중에는 지금 더욱 완고하게 민족주의적 편견을 가지고 자유주의·이기주의의 화신인 영미에 의존하는 사상을 벗어나지 못한 자가 적지 않다. 이들은 이번 전쟁에서도 거국적인 애국운동의 중압 때문에 겉으로는 조용히 지켜보는 태도를 취하고 있지만, 내심 이때를 기회로 하여 항상 조선독립을 위한 행동을 하려고 생각을 품고 있고, 반도 시정의 근간으로 삼고 있는 내선일체(內鮮一體) 이념에 대해서도 걸핏하면 스스로가 아직 황국신민화 되지 않았음에도 불구하고 내선평등론을 주장하거나 혹은 관공리의 봉급이나 기타 대우 상의 차별을 지적하며 유명무실하다고 항의하고, 그 밖에 창씨개명 제도, 지원병 제도에 대해서도 겉으로는 찬성의 뜻을 표하면서도 뒤로는 형식적인 것에 그치거나 혹은 강제적이라는 등의 비방을 하는 등 사사건건 민중의 반감을 부추기고 분요를 야기하는 거사를 하는 자가 적지 않다. 따라서 현 시국 하 반도 사상계는 아직 낙관할 수 없는 혼탁한 측면이 잠재되어 있음을 잊지 말아야 한다고 생각한다.

그리고 한편 민중 중에는 무지몽매한 자가 상당히 다수여서 대동아공영권의 확보를 목표로 하는 성전(聖戰)의 의의를 이해하지 못하고 오로지 무관심하여 그 우매함이 가련하게 느껴지는 부분도 있다는 것 역시 부정할 수 없는 사실이다. 이들은 주로 통제경제 강화에 따른 물자의 부족 등 경제 사정의 변동으로 생활상 불안을 느끼고 심경이 항상 동요하여 걸핏하면 유언비어(造言飛語)의 온상이 되는 점도 다분히 있는 바이다.

이상과 같이 양자는 모두 대동아전쟁에 대해 필승의 신념이 없고 거국일치의 태세를 문란하게 할 뿐만 아니라 후방의 교란적 사상 모략에 편승할 위험성이 있어 결전 체제하의 배반자라 할 수 있다. 그만큼 [이들에 대한] 계몽·숙정(肅正)이 실로 급박한 요무라고 믿는다.

3) 사상적 편견자나 무지몽매한 자를 위한 계몽·숙정 방책

이상과 같은 자들에 대한 계몽·숙정화를 실행할 방법으로는 단순히 사법적 사후 단속의 발동에만 맡기지 말고 민중 보도교화(補導敎化)에 관한 행정적 실천 지도진을 한층 강화하여 국민총력연맹 활동과 서로 호응하여 먼저 지도계급에 있는 자로 하여금 솔선하게 함으로써 애국행사의 형식적 실천뿐만 아니라 그 진정한 의의를 알게 하고, 일본어를 장려하고, 미신을 타파하고 악습을 개선하는 등의 방법으로 실천하게 하여 실로 일본정신이 무엇인지를 보급하고 드높이게 한다. 또 도조 수상의 대동아건설 방침에 관한 성명을 곡해하는 듯한 무리에 대해서는 그 성명이 남방 혹은 민족 독립보장을 언급한 그 이면에는 동아 화란(禍亂)의 기지가 되어 홍콩과 말레이반도와 같은 경우 앞으로 대동아 방위상 절대 필요한 거점이 될 것이므로 제국 스스로 이것을 파악하는 조치를 하고 결코 이곳을 놓치지 않겠다는 취지의 중대 성명임을 숙독시킨다. 나아가 조선반도는 수십 년간 과거 동아 화란의 대근원지였기 때문에 일청, 일러 개전의 원인이 되었다는 것을 상기시키고, 대륙방위 상 중요한 거점이라는 인식을 새롭게 하여 독립의 야망을 품는 것과 같은 사태가 있어서는 안 됨을 깊이 명심시킨다. 이로써 잘못된 민족의식을 폐기하고 거기에서 벗어나도록 노력하게 하여 반도 민중에게 내선일체의 진정한 이념은 민중 일반이 진실로 황국신민화가 될 때 비로소 시인(是認)되는 것임을 철저히 명심하도록 침투시키는 것이 중요하다고 생각한다.

제2. 학교 교직원 및 학생 사상사범 검거상황 및 사상정화 대책

원래 학교 교직원은 담당 학급 정도에 상관없이 건전한 황국신민 육성의 중책을 맡고 있으므로 평시에도 단순히 학술기예에 탁월한 것만으로는 부족하다. 그 인격과 사상에서 황국신민으로서 가장 우수한 정신적 소질을 갖추는 것이 필요한 것임은 물론, 특히 거국일치하여 국난을 돌파하려고 하는 이때 그 필요성은 가장 절실하다고 하겠다.

1) 학교 교직원 사상범

대동아전쟁 발발 전후 즉 1941년 1월부터 1942년 4월까지 이 기간 경성복심법원 검사국 관내 각 검사국에서 검거된 학교 교직원의 사상적 범죄는 다음과 같다.

불경죄	3건	3명	국민 3건	3명
치안유지법 위반	18건	36명	대학 1건 전문 1건 중등 12건 국민 4건	1명 2명 13명 20명
보안법 위반	6건	6명	중등 3건 국민 3건	3명 3명
합계	27건	45명		

그 대부분은 치안유지법 위반이다. 맡은 학교 계급별로 보면 45명 중, 대학은 1건 1명, 전문학교 1건 2명, 중학교 15건 16명, 국민학교 10건 26명으로, 한두 가지 예외를 제외하면 모두 제2의 국민을 훈육 육성해야 할 입장에 있는 중등학교 교직원 및 국민학교 훈도의 범죄 사건으로, 악질적 성격이 현저한 것으로 보이는 사례도 있어 기강과 기풍 상 간과하기 어려운 현상일 것이다.

특히 대전지방법원 검사국이 검거한 신정효준(新井孝濬, 니이 코준)[박효준朴孝濬] 등 16명에 대한 치안유지법 위반과 같은 것은 반도 교육계의 불미스러운 사건이다.[3] 피고인들은 모두 대구사범학교 재학 중에 교내의 전통적 분위기에 자극받아 민족주의 의식을 품고 동창인 학생들과 결탁하여 조선독립을 목적으로 하는 대구사범학교 문예부라 하는 비밀결사를 조직하여 매주 토요일 회합했다. 주의의 보급을 위해 작품을 만들고 모여서 서로 비판하고, 등사판을 활용하여 기관지 「학생」이라 이름 지은 불온 문서를 인쇄하여 같은 학교 생도 수십 명에게 배포하며 동지들을 획득하는 데 열중했다. 취직한 후에는 교단을 이용하여 두뇌가 우수한 조선인 생도들에게 민족의식을 주입하고 앙양하는 것과 더불어 황국신민 연성의 신성한 학교를 불온사상 조성의 도장으로 만들어 순진한 소년들을 사악하게 유도하는 것에 광분하고 독립 성공 시 쓸모 있는 인재가 되게 하고자 하였다. 그 수단의 음험함은 참화의 심대함이 예상되고 아연 소름 끼치게 하는 부분이 있다. 이들 외에 교직원 사건에서도 사상적 색채의 농담, 운동 규모의 광협 등에서 다소간 차이는 있으나, 그 기획하는 바는 대략 위

---

[3] 이 사건에 관해서는 예심종결 결정과 고등법원 판결문이 남아 있다. 大田地方法院, 「1941년 豫 제20호 豫審終結決定: 新井孝濬 등 35인」, 1943.2.8; 高等法院刑事部, 「1944년 刑上 제13호 判決: 新井孝濬 등 6인」, 1944.3.23. 관련자의 본명은 이에 따른다.

의 사건과 동일한 경향이 있어, 이대로 진행된다면 반도 교육계의 앞길은 심히 우려스러운 정황이며, 나아가 일반 국민사상에 악영향을 미칠 것이 심히 크다고 말해야 할 것이다.

2) 학교 교직원의 사상 악화 경로

이 교직원들의 사상 악화 경로가 어떠한지를 검토해 보면, 대체로 사범학교 및 기타 중등학교 학생 시절 이미 민족주의 또는 민족주의적 공산사상에 감염되었고, 교직원으로 취직하자마자 드러나는 경향이 있는 것으로 보인다. 앞서 서술한 신정효준 등의 사건에서 피고인 죽본준일(竹本俊一, 다케모토 준이치)[장세파張世播]이 훈도(訓導)로 취직 후 담임하고 있던 6학년 학생 70여 명에게 흘린 말 중에 자신이 훈도가 된 것은 조선독립의 목적 달성을 위해서이며, 입으로는 황국신민 선서를 외치더라도 속으로는 조선인이라는 마음을 잊지 말아야 하며 조선은 반드시 독립할 것이라는 등과 같은 언행을 했던 사정에서 그 위험성을 알 수 있을 것이다.

요컨대 이들 교직원 사상 사범은 대체로 학생 시절 배태된 것으로 보이는 관계상 학생 사상 사범의 연장으로 간주해도 무방한 실정이다.

3) 각종 학생 사상범

추가로 관내에서 각종 학생 사상 사건의 추세를 살펴보면, 이번 전쟁 말말 전후 의진히 감소할 조짐이 없으며, 앞서 제시한 기간에 검거한 수를 꼽아보면 다음과 같다.

불경죄	10건	10명	전문 1건 중등 9건	1명 9명
치안유지법 위반	30건	155명	대학 2건 전문 6건 중등 21건 국민 1건	12명 36명 106명 1명
보안법 위반	4건	5명	전문 1건 중등 3건	1명 4명
합계	44건	170명		

학교 계급별로 보면 대학 2건 12명, 전문학교 8건 38명, 중등학교 33건 119명, 국민학교 1건 1명이다. 중등학생의 치안유지법 위반이 그 대부분을 차지하고 대학 및 전문 학생 사건도 대부분 중등학생 시절에 사상이 악화된 경우로 추정되는 상황이므로, 살펴보면 악성 사상 침투의 최고조 시기는 중등학교 시절이며, 이 시기가 사상적으로 가장 경계가 필요함을 알 수 있다. 본래 학생은 감수성과 부화뇌동하는 경향이 풍부한데, 특히 중등학생 시절에 가장 심한 경향을 보이므로 그러한 특성은 불온주의자의 표적이 될 뿐만 아니라 학생 자신의 언동도 몹시 격하여, 일단 민족적 반감을 야기하는 경우 자칫하면 상궤를 벗어나는 태도로 나와 때로 국체를 경시하고 불경스러운 언동을 과감하게 하며, 내선일체, 창씨개명, 지원병 제도 등 시정 방침을 비방하는 언사도 함부로 하는 등 위반을 감행하는 경향이 다분합니다. 이것이 중등학생에게 사상 사범이 많은 까닭이라고 해도 틀림없을 것이다.

학생의 사상사건 중 불경죄 또는 보안법 위반죄는 모두 일시적인 민족적 반감의 발발에 기인하며, 사상적 배경으로 주목할 만한 것은 없고, 지극히 천박한 의사의 발로와 다름없다. 다만 치안유지법 위반에 해당하는 것 중에는 악성 사상 침윤(浸潤) 정도가 상당히 농후한 것도 존재하는 점을 부정하기 어려운 것이 사실이다. 경성지방법원 검사국이 검거한 고광학(高光學), 이정수(李貞洙) 등 29명의 학생 관계 치안유지법 위반사건은 피고인들이 민족주의적 공산주의의 최근 거두라고도 지목할 수 있는 이관술(李觀述) 일파의 지도 감화에 의해 이들의 조선공산당 재건운동 및 시국 핍박을 예상하고 실로 전율할 수단으로 치안 교란 등의 망동(妄動)에 합류한 것이다. 또 대전지방법원 검사국이 검거한 대구사범학교 생도 평야청민(平野清敏, 히라노 세이민)[4] 등 18명에 대한 치안유지법 위반사건은 피고인들이 같은 학교 출신 훈도였던 앞서 언급했던 신정효준 등과 조선독립을 목적으로 하는 결사를 조직하여 국민교육의 문란을 기도했다. 이러한 종류의 사건의 경우는 모두 사상적 근저가 깊은 악질 범죄로 인정된다. 또 경성지방법원 검사국이 검거한 경성약학전문학교 축구단이라는 가면 하에 일본인 생도 배격을 수반하는 독립운동계획사건, 춘천지청 검사분국이 검거한 춘천공립중학교 생도가 〈민족의 제전〉이란 제목의 영화에 자극을 받아 민족적 우월감에 기인한 독립운동계획사건, 함흥지방법원 검사국이 검거한 함흥공립농업학교 촉탁교사의 선동을 받은

---

4 위 자료에는 '平野精敏'으로 나온다.

같은 학교 생도와 함흥공립사범학교 생도들의 민족적 공산운동사건과 같은 것도 역시 반도에서 학생 사상 악화의 한 단면을 드러내는 것이라고 할 수 있다.

4) 학생 사상 악화의 원인

이러한 학생 사상 악화의 원인을 탐구해 보면 민족주의 공산주의 등 불온사상을 품고 있는 자와 교류, 좌익 문헌 탐독 등 개인적 사정에 기반한 것이 많다. 동시에 한편으로는 환경적 감화 등 사회적 사정에 기반한 것도 상당히 유력한 것임을 간과할 수 없다. 즉, 학교에 따라서는 과거에 교직원 또는 학생들 사이에 사상 사범을 야기한 경력을 가진 자가 있거나 혹은 기독교 경영과 같이 종교적 관계가 있는 등의 사정에 기인하여 전통적으로 교내에서 좋지 않은 기풍이 확산되고 있는 것도 그 원인이라 할 수 있다. 앞서 언급한 교직원과 학생 사건 중에 드러난 대구사범학교의 경우는 전자에 속하고, 민족의식이 농후해짐에 따라 여성 교원 등 몇 명이 생도들에게 조선인은 〈아리랑〉의 주인공과 같이 조국 부흥을 위해 노력해야 한다고 선동한 원산루씨고등여학교(元山樓氏高等女學校) 사건의 경우는 후자에 속하는 것임을 보여주는 분명한 실제 사례다. 이러한 학교 분위기가 있는 반도 학생들이 민족적 자극을 받아 사상 악화의 일로를 걷는 것은 오히려 필연적이라고 봐야 할 것이다.

더욱이 이때 가장 유의해야 할 점은 만주국 건국대학에서 조선 민족의 독립성을 고취하는 듯한 풍문이 있는 것과 아울러 이른바 동아연맹론자들이 조선독립의 필연성을 인정하는 듯한 말을 퍼뜨리고 다니는 자가 있는 것으로, 이러한 언동도 학생 사상 악화의 일대 요인이 되므로 크게 경계가 필요한 부분이다.

5) 학교 교직원과 학생의 사상정화 대책

지금은 후방 치안유지 확보를 위해 학생층과 교원 층의 사상정화는 조금도 소홀히 하지 말아야 할 긴급한 요무로, 그 대책으로 고려해야 할 것을 한두 가지를 든다면,

(1) 우선 각 학교에 건전하고 진지한 순 일본정신에 융합한 교풍을 수립하도록 노력하고, 잘못된 민족적 분위기를 제거할 것.
(2) 교직원의 인선에 대해서는 단순히 학식 기예에 뛰어난 점만을 중시하지 말고, 그 사상 경향에 대해 신중히 심사하고, 임명 후에도 일상의 언동에 대해 감독자가 적정한 관찰

을 게을리하지 말 것.

(3) 교직원과 학생, 생도들이 행하는 각종 행사를 형식적으로 끝내지 말고 모든 행사에서 그 의의를 이해시키고, 또 모든 일상생활에서 그 응용 실천을 하도록 지도 장려하여 마음 깊은 곳에서부터 일본정신을 체득하는 데 전념하게 할 것. 특히 사범학교는 물론 기타 중등학교에서는 덕육(德育)에 가장 힘을 쏟아 억지로 하게 하지 말고 깊이 이해할 수 있는 사상적 훈련방법을 고안하여 실천하게 함으로써 반국가 사상이 대두할 여지를 두지 말 것.

(4) 불행히도 사태의 양상이 범죄를 배양하는 지경에 이른 경우 교직원이든 생도이든 불문하고 학교 당국이 신속히 단속 관계 관헌과 연락을 긴밀히 취해 증거를 보전하고 검거 시기를 놓치지 않도록 협력을 아끼지 않을 것에 유의할 것. 단순히 자교의 명예만을 우선시하거나 감독자의 책임 귀속만을 걱정하여 사안을 덮는 데 전념하려는 결과가 오히려 이러한 종류의 범인을 증가시키거나 혹은 그 증거를 없애려다가 결국 적절한 단속을 저해하는 폐해에 빠지지 않도록 엄밀히 경계하는 것이 필요함.

위와 같은 몇 가지 항목으로 귀결된다고 생각된다.

제3. 관내 첩보 사범 및 모략 사범 검거 상황

대동아전쟁 발발과 더불어 일찍부터 전국적으로 배치해두었던 검거진에 의해 간첩 의심이 있는 분자는 일단 일망타진되었다. 그러나 반도의 현 상황에서 영국, 미국과 의기투합하여 중경 위정권[임시정부]과 중국공산당의 합작 하에 우리 제국의 군기 및 정치경제 등 각 방면에 걸쳐 국방상 중요 사항의 정보 탐지 또는 군사 기타 국방상 중요 시설에 대한 파괴 교란 등의 모략 공작에 모든 지혜를 짜내어 활동하는 자들이 있다. 소련도 이번에 일소관계의 악화에 대비해 첩보 모략에 급급한 실정이므로, 방첩의 긴급함이 오늘날보다 큰 경우가 없었다.

지금 이러한 종류의 범죄가 가장 많은 청진지방법원 검사국에서 검거한 첩보 사범에 대해서 한마디 한다면, 1941년 1월부터 1942년 3월까지 검거한 건은 11건 20명으로, 작년 여름 일소관계가 험악해진 것이 전달되었을 때는 국경지방에서 간첩의 활약이 가장 활발했던 듯하다. 위 검거사건 중에 주된 것을 언급하면 다음과 같다.

1) 함북 출신 조도언(曺道彦, 39세)과 최정운(崔正雲, 30세) 두 사람은 모두 원래 만주국 내에서 항일 비적이었는데, 그 후 소련 간첩이 되어 교양 지령을 받아 1941년 2월 말 실탄을 장전한 권총을 가지고 조선으로 들어와 경흥군(慶興郡) 노서면(盧西面) 부근의 지형을 모사(模寫)하여 그것을 소련 관헌에게 제보하고, 같은 해 3월 다시 조선으로 들어와 웅기(雄基) 시가지 및 병사(兵舍) 부근 일대의 지형을 모사하여 제보하고 돌아가던 도중 체포되었다.

2) 함북 출신 우종구(禹鐘九, 25세)와 평북 출신 김병식(金炳植, 20세) 두 사람도 동북항일연군(東北抗日聯軍)에 가입한 후 소련으로 건너가 간첩의 교육과 지령을 받고, 1941년 8월 15일 실탄을 장전한 모젤 권총을 가지고 경흥군(慶興郡) 노서면 조산동(造山洞)에 침입하여 그곳에서 웅기에 이르는 두만강의 군대, 군수품 수송, 지형 및 교통 등의 상황을 탐지한 다음 귀환하던 도중 발견되어, 산중으로 숨어들어 갔으나 경찰관, 자위단원 등에게 포위 체포되었다. 그때 자위단원 1명을 살해하고 1명에게 상처를 입혔다.

 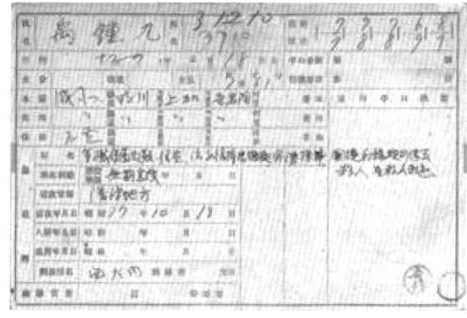

〈그림23〉 1942년 서대문형무소에 수감된 우종구의 인물카드
출처: 국사편찬위원회, 일제감시대상인물카드 〔ia_3234〕

3) 함북 출신 강병언(姜秉彦, 31세)은 어릴 적부터 소련에서 자라 소련 중학교 교사가 되었는데, 약 1년 반 동안 간첩으로서 교양 교육을 받고 청진을 중심으로 하는 부근 항만에서 군대, 군수품, 병기 등의 수량과 수송상황, 군사시설, 경제 상황 등의 탐지 명령을 받아, 1941년 6월 16일 저녁 보트로 두만강을 건너 경흥면 은계동(隱溪洞)에 침입했지만, 산속에

서 방황하다가 공복을 견디지 못하고 민가로 아침밥을 구하려 내려왔을 때 자위단원에게 발견, 체포되었다.

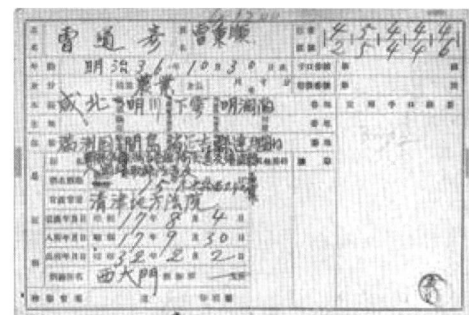

〈그림24〉 1942년 서대문형무소에 수감된 조도언의 인물카드
출처: 국사편찬위원회, 일제감시대상인물카드 [ia_5076]

다음으로 모략 사범의 주된 것을 들면 다음과 같다.

1) 중국 산동성(山東省) 출신 유경한(劉景漢, 44세)은 일찍이 회령군(會寧郡) 유산(遊山) 및 계림(鷄林) 탄광 등에서 노동하였고, 최근에는 학포(鶴浦) 탄광의 인부가 된 자이다. 산동성에 있는 공산당 팔로군(八路軍)의 지령을 받고 조선에 들어와 양용리(楊勇利)라는 자로부터 철도와 산업시설 파괴, 일본군의 군수능력 감쇄 및 후방교란 방법을 교사받고 다시 위 탄광 노동자 곽유위(郭有爲)에게 같은 취지의 교사를 했다. 그 결과 곽유위가 1941년 7월(일자는 미상) 계림역 구내 인입선로의 대못 5개를 약 1마디씩 뽑아두어 다음날 통과하는 화물열차를 탈선시켰고, 같은 달 하순에는 석탄대차(臺車) 권양기의 로프를 풀어 대차를 갱내로 추락하게 했다. 같은 해 11월 하순에는 유경한, 곽유위 두 명이 계포역 구내 대차의 연결을 절단하는 등의 행위를 하였다.

2) 중국인 모략단 '자기단(自起團)' 사건. 이 건은 중국인 총근생(叢根生)이라는 자가 공산 팔로군의 지령을 받고 중일전쟁 중에 일소(日蘇) 개전에 이를 것을 예상하고 청진 및 그 부근의 군사상 기밀 탐지, 산업 교통기관의 파괴에 의한 후방 교란을 기획해, 1939년 6월 청진부로 왔고, 그 후 동일한 목적으로 청진에 온 손실정(孫實亭)과 공모하여 그 지역에 거주하는 중국인 몇 명을 동지로 획득하여 1940년 1월 '자기단'이라 칭하는 결사를 조직하였다.

이후 1941년 11월 하순까지 청진부 포항정(浦項町) 북선제유회사(北鮮製油會社) 및 기타 중요산업시설 9개소에 방화하여 불태워 없애버려(燒燬) 합계 약 335만 7,000엔의 손해를 발생시켰다. 방화 수단은 두 가지 방법에 의한 것이었다. 하나는 화장용수 백분(白粉) 빈 병에 8할 정도까지 유산(硫酸)을 넣고 병 입구는 광목(廣木) 천 조각에 송진을 가열하여 바른 것으로 덮고 실로 묶어 이것을 병 주위에 밀착시켜 높이 21.2cm, 폭 9.09cm, 두께 1.2cm 정도의 종이상자에 넣는다. 병 입구 위에는 완구용 불꽃놀이의 흑회색 화약 2개와 유황 1개의 비율로 혼합한 분말을 채워 넣고 그 위에 다른 분말과 탈지면(脫脂綿)을 섞어 넣어 간격을 만들고 그 위에 화약과 유황을 혼합한 분말에 같은 양의 송진 분말을 추가하여 섞은 다음 그것을 탈지면에 섞어 넣어 종이상자 입구까지 채워 넣고, 추가로 탈지면으로 덮은 것으로 성냥(自來火)을 만든다. 사용할 때는 병 입구를 아래로 향하게 해서 내버려 두면 4시간 정도 후에는 광목 천 조각은 유산에 의해 부식되고 유산이 화약에 흘러들어 발열, 점화하게 되는 장치이다. 그리고 광목 대신 손가락 끝에 끼우는 고무를 사용하면 늘어나는 정도에 따라 8시간에서 15시간 후 부식되고, 자전거용 튜브를 사용하면 22~23시간 후에 부식된다고 한다.

다른 방법은 성냥 머리 부분의 인(燐)과 송진 분말을 혼합하여 신문지를 크게 둘둘 말아 만든 것을 중앙에 높이 21.2cm 정도로 접어 중국 선향(線香) 5개 정도를 묶어 넣고 선향에 점화하여 내버려 두면 1시간 50분쯤 발화되는 장치가 된다고 한다. 그리고 그 삽입하는 선향의 길이에 따라 발화 시간을 조절할 수 있다고 한다.

3) 이상은 이미 검거한 후 사안이 명료한 것이지만, 그 밖에 1942년 3월 말 무렵부터 4월 중순까지 시기에 회령, 훈융(訓戎), 나진 등 각지에서 열차 축상(軸箱)[5] 안에 자갈을 투입하여 운행을 방해한 사건, 1941년 11월 하순부터 1942년 3월 중순까지 백암역, 청진철도기관구 사무소, 청진열차구, 성진기관구, 길주기관구 등 몇 곳에서 철도승무원이 보관 중인 군자비(軍資秘) 열차운행시행절차, 열차운전시간표 등의 기밀서류 몇 권의 도난사건이 있었다. 모두 모략적 범죄로 의심되지만 여전히 범인을 검거하지 못한 것이 심히 유감스러운 바이다.

---

5 차바퀴를 연결하는 축에 패드, 베어링이 들어 있는 상자. 회전 시 윤활 작용을 하여 차축(車軸)을 보호한다. 축함(軸函, axle box)이라고도 함.

아마도 이 서류 중에는 '군용자원비밀보호법'에 의거해 기밀물건으로 지정된 것도 있으리라 판단되는바, 해당 피해는 보관자의 취급 소홀에 기인한 것으로 인정된다. 그러나 위 법상으로는 기밀에 관한 과실누설죄의 규정이 없으므로 기밀물건 보관자에게 과실이 있더라도 형사상 책임을 물을 수 없고, 이 때문에 보관자도 부지불식간에 보관 누설이 되는 것이 있다고 보인다. 이러한 기밀보관에 완벽하기 어려우므로 '군기보호법', '국방보안법'과 같이 동법에서도 보관자에 대한 과실누설죄를 인정하는 취지의 법조문을 두어 보관자가 한층 책임의 중대함을 자각할 필요가 있다고 생각된다.

제4. 관내 경제사범 처리 상황 및 생활필수품 배급 상 유의해야 할 사항

1941년도의 해당 관내 제1심 검사국에서 수리된 경제사범은 다음과 같다.

	건수	인원
수출입 관계	507	953
물자통제 관계	753	2,203
가격통제 관계	3,568	8,338
기타	34	75
합계	4,862	11,489[437]

위 건수 중에서 6,694명 즉 [전체 인원의] 약 57.4%가 기소처분, 1,476명 즉 약 12.8%가 기소유예처분, 기타 나머지 3,319명 즉 약 28.8%가 '범죄 혐의 없음', '공소권 없음', '기소중지' 등의 불기소처분 및 이송처분이었다.

다음으로 경제통제상황을 개관해 보면, 대동아전쟁 발발 전후에 조선 내 경제통제는 가격 부문에서 일단 그 체제를 확립하려던 상황이었고, 물자수급 부문에 관해서는 불과 군수 중요물자의 사용제한 및 배급에 대해 법제화되었을 뿐이었고, 생활필수품 등 민간수요물자

---

6   원문상으로는 11,489이지만, 위에 제시된 숫자의 합계는 "11,569"이다. 본문의 비중 계산도 11,569명을 기준으로 계산한 값에 가깝다.

에 대해서는 법령에 기반한 배급소비의 통제는 볼만한 것이 없고 전적으로 각종 업자의 상호협정에 의해 배급기구에 맡겨진 것에 불과하였다. 그러나 관계 당국의 이해 있는 지도와 업자의 열의 있는 협력이 맞물려 지방에서는 상당한 성과를 거두고 있다. 이와 함께 동아공영권 내 각 방면에서 황군의 혁혁한 전과에 의거해 물자수급에 관해 어느 정도의 전망이 보이므로 경제계의 앞길이 갑자기 명랑화(明朗化)한 감이 있는 것에 기인한 것인지 경성복심법원 검사국 관내 경제사범이 금년도에 들어 다소 감소하는 추세에 있는 것은 반가운 현상이라고 할 것이다.

그리고 성전(聖戰)의 목적 완수를 위해서는 어느 정도 기간 내에는 곤고(困苦)와 결핍을 견딜 수 있도록 큰 용맹심이 요청되는 것은 당연하다고 해도, 항구적으로는 우선 국내 일반 민중을 위해 최소한도의 생활 필수물자의 생산 및 배급의 확보를 도모하여 생활의 안정을 꾀해야 하는 것 역시 필연이라고 해야 할 것이다.

그러나 일반 민중의 생활 필수물자의 배급 상황을 보면 여전히 반드시 원활하고 적정하다고 보기 어려운 점이 있는 것은 심히 유감스러운 바이다. 생산 방면, 수이입(輸移入) 방면에서 부족한 것은 부정하기 어렵다고 하더라도 필경 배급기구, 배급방식, 소비규정 등에서 어딘가 모자란 부분이 있는 것도 그 원인이라 할 수 있을 것이다. 따라서 이것을 시정하도록 힘쓰는 것은 지금 당장 급무라고 할 수 있겠다. 그 방법으로 대략 다음과 같은 점들에 유의할 필요가 있을 것으로 사료된다.

1) 배급기구의 정비, 간이화 도모

현재 민수물자의 배급기구는 대부분 업자 측에서 각각 통제단체를 만들고 관헌에서 지도 감독을 하는 이른바 자치통제의 형식에 의한 것으로 그 당무자의 멸사봉공 성의에 의해 운영이 잘 되고 성과를 볼 수 있었다. 그렇다 하더라도 물자의 종류에 따라서는 여전히 이러한 통제기구조차 없는 것도 있고 또한 기구가 있더라도 조직이 복잡다단하여 정비가 불충분한 것도 있어, 이로 인해 물자의 편재(偏在), 재고 없음, 불급(不急) 방면으로 유출, 기타 배급 혼란을 초래하여 수급난에 박차를 가해 후방 국민생활에 불안을 주는 점이 적지 않다. 올해 초 이래로 생선 어패류의 조선 외로 유출, 주전자의 일반가정에서 입수 불가능 상태와 같은 것은 그 적절한 예시이다. 이는 한편으로 어패류의 공정가격 제정에 관해 연구가 부족하여서 생기는 현상이지만, 다른 한편으로 어획업자와 배급기구 사이에 통제적 연락이 부족한 것도 영향이 있었던 것으로 사료된다. 적어도 일반 민중의 생활상 보건상 가장 필요한 식료물자에 대해서는 전면적으로 생산, 집하, 수송, 저장, 배급, 소비 각 부문을 일관되게 종합 통제 계획을 수립함과 동시에 배급기구의 단계적 조직을 가능한 한 축소 간이화하여 옥상옥(屋上屋)이 되는 통제기구의 설치를 피하고, 불가피할 경우라도 인적 구성과 물자 출자 모두 수급업자 각자가 출연(出捐)하여 중간착취적 배급기구를 말소·해소함으로써, 소매에서 공정가격으로는 수지가 맞지 않아서 밀거래의 횡행을 조장하는 듯한 결과에 빠지게 됨을 유의할 필요가 있다고 생각된다.

2) 배급방법의 시정에 대해 재검토 요망

배급 비율의 결정 기초인 이른바 실적주의는 생산업자 또는 도매업자와 소매업자의 관계에서 그 수요가 일정불변하다면 비교적 공평한 비율 결정 표준이라 하더라도, 그 실적인 총거래량은 명확하지만 현금거래의 경우에는 수량이 불확실한 것이 많다. 그에 따라 실적의 기본 조사에서 적정하지 않은 부분이 있고, 또 일부 업자들은 허위 판매거래서를 작성하여 허구의 실적신고를 하여 부당하게 배급량의 증대를 획책하는 자도 있고, 혹은 물건 매입에 관해 다른 업자가 발행한 거래서 계산서 등의 증거 서류를 개찬·변조하거나, 혹은 다른 업자와 모의하여 허위 거래서류를 작성하여 실적신고를 한 사례까지 보인다. [이렇게 되면] 이른바 '실적(實績)'에 대해 의심을 품고 일반인의 불평불만을 유발하는 원인이 되므로 신중하게 재검사를 하여 부정업자에게는 배급정지 처분을 하는 등의 적절한 시정방책을 강구할 필요가 있다. 동시에 소비자의 거주 이동 또는 인원 증감이 있는 경우에 불편을 초래하지 않을 방법을 수립하는 것에 유의할 필요가 있다.

3) 소비규정을 강화할 것

배급기구 및 업자 간의 배급방법을 시정하더라도 소매업자가 일반 소비자에게 판매할 때 면포, 고무신, 쌀, 설탕, 술 종류 등에 대해서는 전표(切符)제도, 통장제도 등에 의해 소비규정 방책이 강구되었지만, 여전히 적정한 할당이 이루어지지 않고 있다. 또한 석탄류, 야채류, 어패류 등에 대해서는 소매업자의 점포에 쌓여 있는 상품이 현존함에도 불구하고 구입희망자에게 이미 다른 곳에 팔렸다고 칭하며 판매를 거부하는 사례가 적지 않는 것은 대량으로 밀거래 유통되는 것이 아닌지 매우 의심스럽다.

또한 개인별로 할당하여 시행하는 전표제도, 통장제도에 대해서도 실제 배급 시에는 매월 계산 시 그달 남은 부분을 다음 달의 수급 부분에서 공제함으로써 불필요한 배급을 강요하지 않고 융통성이 있게 하도록 시정해야 한다. 최근 관내의 모 도시에서 곡식 배급 시 1인 1일 할당 수량을 정해 각 소매업자에게 그 고객의 인원에 따른 수량을 배급했는데, 고객에 따라서는 월 3회 배급인데 2회분 배급으로 충분하므로 1회분의 배급을 구입하지 않겠다고 하는 자가 몇 명 있었으므로, 소매업자의 손에는 그에 상응하는 수량이 남게 되었음에도 배급처에서는 변함없이 전월(前月)대로 배급하여서, 소매업자가 비명을 질렀고, 결국은 할당대로 구입하지 않는 자에게는 일절 배급하지 않겠다고 통고하여 문제를 야기한 사례가 있다고 들었다. 이러한 것은 아마 매우 드문 사례이겠지만, 역시 타산지석으로 삼기에 충분하다.

4) 공정가격 특히 소매가격을 재검토할 것

현재 정해진 공정가격이라는 것은 어떤 기준에 의거해 결정된 것인지 불분명한 부분이 있다. 이와 같은 것은 그 기준을 공시해야 할 것이다. 가까운 예를 들면, 생두부와 구운 두부의 관계처럼 1개당 1전도 하지 않는 가공에 의해 판매가격이 배가 되기 때문에 생두부로 판매하기를 거부하는 것, 생 어패류와 말린 어패류보다도 된장이나 술지게미(粕)에 절이는 등 약간의 가공을 한 것이 높은 가격인 경향, 게다가 맛없는 것을 팔아치우려는 쪽으로 치우친 듯한 경향은 공정가격제도 측면에서 재검토하여 시정할 필요가 있다고 생각한다.

또한 과일 야채류 등은 그 종류별로 출하 시기를 구별하여 출하 할당 수량과 그에 상응하는 공정가격에 차이를 두어 소비자에게 상당히 장기간에 걸쳐 판매가 지속할 수 있도록 안배하는 것도 소비규정의 한 방법일 것으로 생각된다.

5) 사법상 유의해야 할 점

이상의 여러 가지 시정해야 할 사항에 관해서 여전히 사법 조치로는 말초 사범의 규명에만 만족하지 말고 관공리, 애국반장, 배급기구 관계 관리 등이 물자배급 및 기타 통제사무 집행에 관해 정실에 의거하여 부당한 신고, 인가, 배급을 감행하는 등의 부정행위를 하는 경우 가차 없이 그들을 검거함으로써 일반 경계심을 배양해야 한다. 만약 현행 규정에서 해석상 벌칙의 적용이 곤란한 경우 다시 법규를 개정하거나 신 법규 제정에 주의를 기울여 적당한 시책을 마련하게 할 필요가 있다고 생각한다.

제5. 통제경제에 관계된 독직(瀆職) 사범 검거 상황

기강 숙정은 역대 상사들로부터 훈계받았을 것이지만, 관공리라고 하면 말할 필요도 없이 민중의 모범이 되어야 할 자들로 스스로 반성하고 또한 서로 경계하여 과오에 빠지지 않도록 주의하고 공무의 엄중함을 유지하고 신용을 확보해야 하는 것 당연하다.

그런데 최근 관공리의 독직죄 특히 뇌물죄가 계속되고 있는 것은 심히 유감스러운 점으로, 1941년도에 해당 관내 각 검사국에서 수리한 뇌물죄가 43명이고, 그중 통제경제 사무에 관계된 뇌물 수수자로 검거된 것은 다음과 같다.

통제경제 사무		관직별	
물자배급 관계	6명	중앙관청 소속	4명
		중앙관청 기수(技手)	1명
수출입허가 관계	4명	중앙관청 고원(雇員)	1명
		경부보(警部補)	1명
경제사범 단속 관계	3명	순사	3명
		군속(郡屬)	2명
합계	13명	면서기	1명
		합계	13명

그중 주된 2, 3가지 범죄 내용의 개략은 다음과 같다.

1) 어느 도(道)의 휘발유, 중유류의 배급조정사무에 종사 중인 경부보(警部補)가 트럭 영업자 6명으로부터 휘발유 배급에 관한 편의 제공을 부탁받고 3개월간 10회에 걸쳐 요정(料亭)에서 합계 354엔 96전 상당의 향응을 받아 징역 5월에 처해졌다.

2) 중앙관청의 기수(技手)로 사설철도 차량 및 기타 자재배급 통제사무에 종사하던 중 차량 레일 정지 못 등을 주조(鑄造) 판매하는 업자 2명으로부터 주조 자재배급에 대한 편의 제공을 의뢰를 받아 2년간 9회에 걸쳐 현금 4,300엔을 받고 업자에게 편의를 제공했다. 또 업자에게 편의를 주어 광산매매를 주선하고 금 1만 엔을 받은 사실이 있다. 기소되었으나 예심 중에 병사하였다.

3) 중앙관청 근무 중인 고원(雇員)이 철강사용증명서 및 철강할당증명서 발행사무에 관해 해당 증명서 교부 신청서의 심사 결재서류 및 증명서 안(案) 작성과 증명서 교부 등의 업무에 종사하던 중, 철강재료 및 토목광산기계 판매업자로부터 정당한 방법에 의한 출원으로는 증명서를 용이하게 입수하기 어려우므로 청탁을 받아 조선총독 명의의 증명서 용지를 사용해 소정의 사실을 기입하고, 그것을 다른 정당하게 발행해야 할 증명서 안(案)에 섞어 넣어 담당 직원에게 회부하여, 마치 발행 결재가 있는 서류처럼 꾸며 담당 직원이 조선총독 명의의 도장을 찍게 하여 약 1년간 13회에 걸쳐 철강량 합계 1,315kg에 대한 사용증명서 173장을 위조해 해당 업자에게 교부하고 그때마다 보수를 받아 합계 2만 7,000엔에 달했다. 현재 경성지방법원에서 공판 중이다.

다음으로 수출입허가 관련해서, 중앙관청에서는 각종 물자의 수출입 조정사무에 종사 중인 판임관 4명이 조선, 일본은 물론 만주 및 중국 동북쪽 방면 등의 수출입업자 및 종사자 다수로부터 물품의 수출입허가 신청에 대해 직무상 편의 및 신속한 허가 절차법에 관해 청탁을 받았다.

1) 갑(甲)은 약품, 과일, 담배 등의 수출입사무에 관해 3개월간 30명으로부터 요정 및 기타 유흥 74회에 의한 향응 1,700엔 남짓, 현금 11회분 2,050엔, 상품권 3회분 90엔, 합계 3,840엔 남짓을 수수함.
2) 을(乙)은 식료품, 기계, 금속 등의 수출입사무에 관해 2개월간 32명으로부터 요정 및 기타 유흥 20회에 의한 향응 517엔 남짓, 현금 22회분 2,035엔, 상품권 기타 15회분 428엔, 합계 2,980엔 남짓을 수수함.
3) 병(丙)은 화학제품, 공업용 약품, 씨앗과 묘목 등의 수출입사무에 관해 2개월간 28명으

로부터 요정 및 기타 유흥 23회에 따른 향응 728엔 남짓, 현금 6회분 730엔, 상품권 기타 6회분 190엔, 합계 1,648엔 남짓을 수수함.

4) 정(丁)은 의약품 한약재, 어패류, 제지품(製紙品) 등의 수출입사무에 관해 2개월간 27명으로부터 요정 및 기타 유흥 40회에 의한 향응 971엔 남짓, 현금 5회분 170엔, 상품권 기타 8회분 264엔, 합계 1,366엔 남짓[7]을 수수함.

이러한 행동은 관청 사무의 위신을 심각하게 실추시키는 것으로 보이므로 지극히 유감스럽다.

다음으로 경제사범 취조 관계에 관해서는,

1) 모 경찰서 경제계 순사 2명 중,

   (1) 갑은 통제물자의 판매 가격표시, 기타 사찰 및 경제사범 검거 등에 종사하던 중 직물상 4명으로부터 단속을 관대하게 해주도록 요청받고 4회에 걸쳐 현금 240엔, 상품권 50엔을 수령함.

   (2) 갑과 을 두 사람은 경제사범 수사사무 취급 중 의료기구상품의 밀거래 사범에 취조가 파급될 것을 두려워하여 은밀히 취급해 달라고 요청한 상인에게서 모 경방단 본부장을 통해서 받은 현금이 800엔임.

   갑은 징역 9월, 을은 징역 8월의 처분을 받음.

2) 모 경찰서 사법경찰관사무취급 순사가 제과업자 3명으로부터 '가격등통제령' 위반사건 취조 중에 관대하게 다뤄줄 것을 청탁받아 수차례에 걸쳐 합계 200엔을 수령함. 그 후 소재 불명으로 기소중지 중임.

추가로 위에서 언급한 수출입물자의 조정사무에 대해서는 만주국 중화민국 관동주 등에 대한 부분은 1941년 7월 14일 개정 공포된 수출입물품등임시조치법 제1조에 의한 명령 제2조 제2항에 의해 조선동아무역주식회사(朝鮮東亞貿易株式會社)를 조정기관으로 지정하고, 또 기타 지역에 대한 부분은 국가총동원법에 입각해 발령한 무역통제령 및 무역통제령시행

---

7 합산하면 1,405엔 남짓이나 원문대로 번역함.

규칙 등에 의해 같은 해 8월 이후 조선무역진흥주식회사(朝鮮貿易振興株式會社)를 수출조정기관 및 수입조정기관으로 지정하였다. 특정 물자의 수출입을 하기 위해서는 이러한 종류의 조정기관인 회사와 그 위탁을 받은 곳, 특히 총독의 승인을 얻은 곳에서 조선총독의 허가를 받은 경우가 아니면 수출입을 할 수 없게 하고, 위 회사로부터 위탁을 받은 곳은 위탁증명서를 얻어 허가신청을 하게 하였다. 그런데 총독의 허가서는 쉽게 받을 수 있다 하더라도, 회사로부터 위탁을 받아 그 증명서를 받아야 하는 상황에서는 자칫하면 청탁 향응이나 금품 수수도 관리 간의 경우보다 한층 많이 이루어지기 쉬운 위험한 상황이 충분히 있어, 수출입품등임시조치법이나 국가총동원법에 의한 뇌물죄 발생이 많아질 우려가 있으므로, 감독 관청에서는 세심한 주의를 기울여 엄중하게 관찰할 필요가 있다고 사료되니 참고를 위해 부언해 두는 바이다.

3. 미즈노 시게카츠(水野重功) 고등법원 검사장 훈시-재판소 및 검사국 감독관 회의에서(1943.4)[8]

저는 불민한 몸으로 과분하게도 고등법원 검사장이라는 직책을 명받아 취임했고, 이 자리에서 처음으로 새로운 검찰진영 배치 직후에 여러분과 회동 자리에 참석해 명랑하고 발랄한 여러분의 늠름한 모습을 접했고, 소관 사무에 관해 품고 있는 저의 생각 일부를 말할 기회를 얻게 된 것이 저에게는 가장 영광스럽고 기쁜 바입니다.

1) 검찰사무의 전시체제화(戰時體制化)에 대해

검찰사무 수행에 관한 일반 방침은 각종 실체적 형사법령 및 절차적 형사법령이 명하는 정신에 따라 적정·타당하게 운용해야 함은 확고부동한 것으로, 검찰 조직에서 윗사람의 경질 및 이동에 따라 조금이라도 움직일 수 있는 부분이 아닙니다. 그리고 법령의 적정·타당한 운용이라는 것은 국가사회의 현실 정세에 즉응하는 과오 없는 처지인지 아닌지에 따라

---

[8] 高等法院檢事局 編, 『朝鮮刑事政策資料 - 昭和18年度版-』, 1943, 23~34쪽.

판단해야 할 것으로, 이것이 바로 사물(死物)인 법령에 활력을 부여하는 까닭입니다.

본래 사법사무란 재판이든 검찰이든 그것을 택하는 수단·방법에 따라 달라지는 부분이 있다고 하더라도, 모두 천황의 대업(大業)을 보좌하는 국가 정무의 하나로, 비록 사법의 독립이라 통칭하고는 있지만, 모두 국가가 있고서야 재판이 있는 것이며 검찰도 있는 것입니다. 따라서 국가의 존립 확보를 위해 수행되어야 할 각종 시책을 도외시하는 검찰 및 재판 등은 존재 가치가 없다고 말할 수 있겠습니다. 삼권분립이라고 칭해지는 자유주의적 외래 사상이 활개를 치는 시대에 교육받아온 우리는 걸핏하면 이러한 취지를 잊기에 십상인 폐해에 빠집니다. 이 때문에 만일 혹은 사법권의 독립이라든가 검찰권의 자영(自營)이라는 등의 문구에 현혹되어 사법 독선주의에 따라 국가 시정의 근본방침(조선에서는 조선통치의 근본방침이라고 말할 수 있겠지요)과 그것을 실천하는 방책에 대해 아무런 고려 없이 무턱대고 그들의 아성에서 농성하며 법령이라는 자구의 끄트머리에 구애되어 거기에 함축된 정신을 파악하지 못하거나, 혹은 국가 목적에 부합하지 않거나, 혹은 도리어 거기에 배치되는 것과 같은 해석 운용을 하기에 이르는 것은, 이것은 전적으로 사법의 사명을 모독하는 것이라 하지 않을 수 없습니다. 따라서 검찰사무 운영에 관해서는 항상 국가 목적 수행의 현실 정세를 바르게 인식하고 통찰하여 이에 즉응하는 파사현정(破邪顯正)의 실효를 거두고 이로써 그 목적 완수에 기여해야 합니다. 치안의 확보와 국민 생활의 안정을 기하는 것을 주안으로 하여 검거방침을 정하고 기소·불기소 처분을 하는 것은 물론입니다. 구형(求刑)에서도 그 종류·분량을 정할 때나 향후 재판에서 명시된 법령의 해석, 형량의 적정 타당 여부를 비판하여 그대로 확정시킬지 말지 결정할 때도 이러한 취지에 근거하여 심각한 고려를 해야 할 것입니다. 현재의 내외정세에 비추어 보아 우리나라는 존립 자위를 위해 대동아공영권 확립을 목표로 하여 실로 국운의 흥폐를 걸고 이른바 '먹느냐 먹히느냐'의 결전체제 하에 있습니다. 원래 [지금의 상황을 유지하는 것은] 천황 휘하에서 충성스럽고 용맹한 황군 장수의 정신역투(挺身力鬪)와 후방(銃後) 국민의 멸사봉공의 지극한 정성에 의한 것으로, 초기 전투 이래 매우 단기간에 세계 역사상 미증유의 커다란 전과를 거두었고 전략상으로 절대 필승불패의 태세를 확립시킬 수 있었던 것은 실로 더할 수 없는 감격입니다. 하지만 적 미국과 영국도 여러 번의 패전을 만회하기 위해 그들의 풍부한 자원과 강대하고 신속한 생산력에 의지해서 우리에게 대항하여 집요한 반격을 계속해오고 있으므로 우리 성전(聖戰) 목적을 달성하기 위해서는 국민은 더욱 많은 노고와 희생을 각오해야 합니다. 따라서 국민은 관민(官民)을 불문하고 곤궁함과 결핍한 상황을 참고 견디고 전심으로 전쟁 목적 완수에 매진함으로써 적인 미국과 영국에 대해 이기고 이기고 또 이기지 않으면 안 될 것입니다. 그러려면 일반행정 방면에서는 그 시책이 전반에 걸쳐 전시체제에 즉시 응할 수 있는 것에 중점을 두고, 국체본의에 투철히 의거하여 국민정신력의 철저한 강화를 도모하고, 때로는 각 방면에서 총력을 집결시킬 것을 강조하고, 때로는 중요 생산을 민첩하고 신속하게 증강할 수 있도록 기획하는 등 착실히 실현되는 방향으로 모든 힘을 쏟아부어 가야 할 것입니다. 그러나 국민 중에는 "그대들의 용맹함에 믿고 맡기노라"라고 하신 천황의 말씀을 받았으면서도 급박한 시국 상황을 인식하지 못하거나 혹은 사리사욕을 채우려 하거나, 혹은 적국의 교묘하고 은밀한 모략과 공산주의에 기반한 책동에 편승하여 치안을 혼란하게 할 기획을 하거나, 혹은 유언비어(造言飛語)로 민심을 동요시켜 성전 목적 완성을 저해하는 등의 적성(敵性) 범죄행위를 과감하게 시도하는 자의 행적이 끊이지 않는 것은 심히 유감스러운 바입니다. 따라서 우리 검찰의 소임을 맡은 자는 이러한 국내에서 적성 행위에 대해 박멸할 수 있는 방책을 확립하고 내부의 적에 대응한 싸움에서도 이기고 이기고 또 이기지 않으면 안 될 것입니다. 이에 검찰 운영에 대해서도 전시체제화의 필요성을 통감하고 있습니다.

원래 법규의 곡해(曲解)는 절대 피해야 합니다만, 법규 제정 목적 및 정신이 뜻하는 바를 깊이 탐구하여 전쟁 목적 완수에 즉응할 수 있는 해석을 내릴 수 있다면 마땅히 그것에 따라야 할 것이며, 또한 검찰 처분에 대해서도 평시라면 범인 한 사람의 재범(再犯) 방지로 칭해지는 특별예방만을 중시하여 기소유예 처분이 타당하다고 인정되는 경우에 대해서도 전시체제 아래에서는 일벌다계(一罰多戒)에 의한 일반적 예방 견지에 따라 기소하는 것이 타당한 것으로 인정되는 경우가 있을 것입니다. 또 전시 목적 수행 관점에서 이와 반대되는 조치를 취하는 것이 타당한 경우도 있을 수 있습니다. 또 형량(刑量)을 정하는 것에도 마찬가지로 평소라면 벌금형이 타당하더라도 전시체제 하에서는 체형(體刑)이 타당하다거나, 또 체형의 분량에 대해서도 평시라면 가볍게 해도 충분하지만, 결전체제 하에서는 과감하게 중형(重刑)으로 임하는 편이 타당한 것으로 인정되는 경우도 있을 것으로 생각됩니다. 요컨대 오늘날 결전적 전시체제 아래에서는 직접 전쟁 목적 수행에 반대되거나 혹은 목적 수행상 지장을 초래할 우려가 있는 범죄행위에 대해서는 특별예방을 희생하고 일반예방을 주안점으로 해서 검찰사무를 처리함으로써 국가 목적 수행에 부합하는 것이 적정·타당한 조치라고 해야 할 것입니다. 하지만 전시 목적 수행의 급박한 정세에 대한 관점으로 보면 이것에 반대되는 예외적 특수조치를 취하는 것이 타당한 경우도 있습니다. 그러므로 결전체제 하의 검찰사무 수행상 검거 및 수사 종결처분을 해야 할 때는 물론이거니와 하급심 재판을 그대로 확정시켜야 할지 말지 판단해야 할 때도 과감하게 앞서 서술한 취지에 입각해서 시행하기를 바라는 바입니다.

2) 검사중심주의의 철저 강화에 대해

근래 전쟁에서는 국가의 총력을 전쟁 목적에 집중시켜 전력 증강을 시도해야 하는 것은 더 말할 필요도 없습니다. 그리고 전력의 증강 유지는 국내의 치안 확립 없이는 도저히 달성하는 것이 불가능합니다. 오늘날 우리나라가 건국 이래 미증유의 대전쟁을 수행해 오면서도 국내의 치안에서 전혀 동요함이 없는 것은 제반 행정기관의 지도·계발에 기인하는 것은 물론입니다. 하지만 그것과 더불어 엄연한 검찰 기관의 존재에 의해 국민 생활의 안정이 확보되어 있기 때문이라는 점 역시 중대한 원인이라 해야 할 것입니다. 이처럼 검찰은 국가 총력전의 일환으로 지극히 중요한 임무를 짊어지고 있으므로 각자 항상 범죄 발생 상황에 대해 깊은 주의를 기울여 그것이 치안에 미칠 영향을 고려하여 범죄를 미연에 방지하도록 준비하고, 그런데도 범죄가 발생할 시 검사의 수사권을 충분히 활용하여 발동시킬 수 있도록 조직적 계획을 수립하며, 또 수사에 관한 검사중심주의를 특별히 강화하고 철저히 하여 강력하고 과감한 수사 실행을 기할 수 있도록 노력해야 할 것입니다. 말할 필요도 없이 검사는 수사의 중심 브레인이며, 사법경찰관인 경찰관과 헌병은 그 보조기관입니다. 그러나 걸핏하면 검찰 진영의 일손 부족을 구실로 수사 전반을 보조기관에 위임하는 병폐가 없어지지 않습니다. 이러한 것은 수사 활동상의 본말(本末)이 크게 뒤바뀐 것이라고 해야 할 것이며, 또한 수사의 수단이나 결과에서 대중의 지탄을 받고 나아가 검찰의 공정성에 의구심을 품지 않게 하기 어려운 것입니다.

이로 인해서 검사는 항상 수사에 관한 주체라는 사명을 실제로 발휘하여 사법경찰관을 통제 또는 지휘 지도하고, 또한 상호 화친 협조에 의해 서로 도우며 일심동체가 되어 수사 쇄신과 향상, 능률 증진이 되도록 노력해야 할 것입니다. 이렇게 할 때 비로소 검찰의 완벽을 기대할 수 있다고 확신하는 바입니다.

  현재 정세에서 일손 부족은 검찰 기관뿐만이 아닙니다. 각 방면에서 모두 외치고 있습니다. 그러나 전쟁 목적 수행상 가장 중요한 역할을 짊어진 어떤 방면에서는 직원의 증가가 도리어 능률 저하를 초래하여 실적에 비추어 오히려 감원을 계획하고 있다고 얼핏 들었습니다. 그런데 검찰기관 인원 증강에 대해서는 법무 당국에서 항상 동정하며 끊임없이 노력해 오고 있는 바이지만, 현재 정세에서는 실현되기 매우 어려운 상황인 듯합니다. 따라서 지금 시국에서는 오히려 당분간 은인자중하고 각자 경계하는 마음으로 일손 부족의 불평불만을 그만두고, 각자 적극적인 창의에 기초한 연성훈련(鍊成訓育)과 배려심 있는 위무위안(慰撫慰安) 방안을 궁리해야 합니다. 직원은 직급의 상하를 막론하고 각자 대동아 전장 제일선에 있다고 자각하고 한 사람이 열 명의 힘을 발휘할 수 있다는 의지를 다시 불태움으로써 능률 증진을 도모하여 명실공히 검사중심주의 실현을 위해 한층 더 노력을 발휘할 것을 간절히 바랍니다.

3) 관리도(官吏道) 쇄신의 철저에 대해

  기강을 바로잡는 것에 대해서는 이미 역대 상사가 각종 관공리에게 누차 깊은 주의를 환기해 왔던 바일 터이지만, 지금 다시 한번 일반 민중의 모범이 돼야 할 관공리로, 혹은 직무 집행의 공정을 어지럽히거나 혹은 직무에 관해 사사로운 욕망으로 팔이 굽어 결국 법에 저촉되어 위신을 실추시키는 자가 끊이지 않는 사실은 심히 개탄스러운 바입니다. 현재 결전 과정의 중대 시국을 맞이하여 인심의 긴장이 더욱 요청되는 이 시점에 이러한 종류의 위법행위는 결단코 간과하기 어려우니 철저한 대책을 강구하여 근절되기를 바라 마지않습니다. 본디 기강이 느슨해지는 것은 관공리의 사기가 풀어지고 견고하지 않은 것에 기인하는 것임을 말할 필요가 없습니다. 그 근본은 관공리인 자가 스스로 외람되게도 폐하의 관공리라는 신념과 자각을 망각하는 것에 근원이 있다고 해도 과언이 아닐 것입니다. 무릇 관공직에 있는 자는 공직 청렴을 생명으로 삼고 법령 준수를 그 본령(本領)으로 삼아, 이로써 황운부익(皇運扶翼)의 대도(大道)를 지켜나가야 할 것입니다. 그런데도 그 직무를 모독하고 사적인 이익을 영위하려 한다면 이미 공무의 위신을 실추시킨 것뿐만 아니라 국가사회의 풍교(風敎)를 해친 것으로 이보다 심한 것은 없습니다.

오늘날 미증유의 중대한 시국 하에서 관공리는 그 지조(志操)를 견지하고, 청렴·신선·발랄·건실·강건한 기풍을 진작시켜 의연히 황운(皇運)을 보좌하는 일에 매진해야 할 것입니다. 특히 사법은 국가의 강녕(康寧)과 국민의 복지를 확보하는 것을 사명으로 하는 중요한 사무이며 검찰은 형사사법의 근간이므로, 이에 종사하는 자는 그 책임의 중차대함을 깊이 자각하고 사법 정신의 함양·발휘에 정진해야 할 것입니다. 또 진실로 타인의 잘못됨을 바로잡으려 하는 것은 좋지만 먼저 스스로 청렴해야 한다는 것을 잊지 말아야 하겠습니다. 그러므로 각자 관하 직원에게 감독 지휘의 권한을 충분히 발휘하여 한편 인격과 식견의 연성에 주의하며 온정으로써 선도(善導)하며 더불어 공사(公私)의 언행에서 어긋나고 태만한 자라면 의심을 미루지 말고 엄격히 처단하는 방법을 강구해야 합니다. 읍참마속(泣斬馬謖)도 부득이하다는 점을 솔선하여 과오가 있으면 처벌된다는 것을 보여줌으로써 관리도(官吏道)의 쇄신·강화를 도모하여 다른 관공서에 모범을 보이는 기개 하에 직책을 완수해야 합니다. 진심에서 우러나오는 노력을 아끼지 않기를 바라 마지않는 바입니다.

올해 초 총독 각하께서 취임하신 이후 강조하셨던 국체본의(國體本義)의 투철, 도의조선(道義朝鮮)의 확립을 명심하라고 하신 이념을 실천할 요강의 하나로 '서정(庶政) 집무의 획기적 쇄신'이란 제목으로 관리도(官吏道)의 쇄신을 외치신 훈시 중에 "왕왕 질서를 어지럽히고 현실을 무시하고 왜곡을 감행하는 것이 심해지면 반드시 온몸이 고통을 감지할만한 충격인데도 뇌 신경에서는 무감각한 것처럼 사실이 드러나는 것은 유감스럽다 운운", "소승적(小乘的)으로 자신의 감정이 드러나는바 자신의 업무 책임 분담의 수행을 소홀히 하면서 권세를 빌려 무고하게 괴롭히고 값싼 동정심으로 그릇됨을 간과하는 것은 모두 행정을 좀먹는 것이며 또한 스스로에게도 상처주는 것이 된다. 자신을 규율하며 정직하고 근면한 자도 대중의 고의에 의해 과오·태만 등이 인정되는 때는 가차 없이 단호하게 처벌을 가하는 것이 원래부터 옳다고 인정되어야 할 것이다 운운", "멀쩡한 모습을 한 현대 관료 중에서 오히려 대중으로부터 원망을 받는 자가 적지 않다는 것이 과연 무엇을 의미하는가 운운"이라고 매우 함축적인 말씀을 하셨습니다. 저는 단순히 사법관헌부 내부의 쇄신을 시도하는 것만으로는 부족하고, 만일 부외(部外)에서 어긋남이 있을 때 앞장서서 고치는 데 기여하기 위해 적정한 사법을 발동해야 할 것임을 암시하신 것이라고 이해했습니다. 따라서 여러분 각자가 기강이 완에 따라 관리도를 바로잡아야 할 부분이 있다면 부내와 부외를 불문하고 단호하게 어긋남을 주저함 없이 바로잡아 부정을 일소하여, 선량한 민중이 우려를 불식하고 더불어 검찰의 공정함을 진심으로 기뻐할 수 있게 하여 국가의 부탁에 부응하기를 기대해야 합니다.

그러나 사법부 외의 관공서나 통제기구에서도 기강 숙정(肅正)에 대해서는 계속 신경 쓰고 있고, 각 상사의 엄중한 감독 아래 상벌을 명확히 해 온 것은 의심할 바 없는데, 검찰 당국에서 사안의 대소 경중 할 것 없이 검거에만 전념하여 평지풍파를 일으키고 관공서 간의 융합을 방해하는 듯한 일이 있다면 이는 소탐대실이며 일반적으로 그러한 결과가 초래된다면 오히려 국내 총력결집에 매우 심각한 지장을 초래할 우려가 있습니다. 그러므로 여러분 각자는 평소 다른 관공서와 밀접한 연락·협조 관계를 유지하며 준법정신의 고양을 직원 연단 항목의 하나로 추가하여 기강 숙정을 한층 강화하여 범죄를 미리 방지하는 데 유의해 주시고, 간담(懇談)을 거듭하고, 실행에 관한 주의를 환기하십시오. 그런데도 범죄를 단행하는 자가 있다면 단호하게 검찰 활동을 개시해야 함은 국가가 요청한 것임을 미리 양지하시고, 사사로운 정에 이끌리는 마음을 배제하고 수사 진행에 협력하는 등 실제 사범 검거 시 불필요한 반감이나 불화가 발생하지 않도록 유의하는 것이 마땅하다고 생각하는 바입니다.

4) 사상운동 방지에 대해

현 시국 하 조선의 일반 민중은 대체로 정부의 시책에 순응하는 풍조가 점차 농후해지고 있는 것은 일본을 위해서는 실로 기뻐해야 할 현상입니다만, 그 이면의 사상 동향을 자세히 관찰하면 여전히 낙관적이지만 않다는 점이 인정되는 것은 심히 유감스럽습니다. 민족주의운동 또는 공산주의운동이라고 칭하는데, 이렇듯 우리 국체로는 용납되지 않는 사상운동에 대해서는 단호하게 제압을 가하여 실로 사회적 불온한 기운을 양성하려는 듯한 자에 대해서는 철저하게 소탕하여 거국일체의 정신을 옹호하고 국운의 발전에 공헌하기 위해 조금이라도 유감이 없게 하는 것이 중요합니다. 그런데 일부 우둔하고 완고한 민족주의자 중에는 표면적으로는 시국의 중압에 의해 일본과 화친하는 듯한 태도나 위장적 태도를 견지하고 있지만, 내심으로는 제국의 장래에 대해 비관적 견해를 갖고 일본의 패전 후 조선 독립을 상상하거나 그 시기가 도래할 것을 대비하는 행동을 몰래 획책합니다. 또 종국에는 일본의 승리를 확신하는 자 중에서도 대동아공영권 확립 시 조선의 독립을 실현하기를 희망하는 자들도 있는데, 그들의 의도는 혹은 언동이나 통신문 혹은 항간에 떠도는 낙서 등에 빈번하게 드러날 뿐만 아니라 전국(戰局)의 진전에 따라 이러한 현상이 더욱 심각해지는 것은 예상하기 어렵지 않습니다. 따라서 이 점에 대해서도 깊이 생각하여 불령 사상의 숙정(肅正)을 꾀하며 아울러 사상 정화를 위해 각별히 노력해 주시기를 바랍니다.

다른 한편 공산주의운동을 절멸하고 세계평화건설에 기여하는 것은 제국의 중대한 사명으로, 예전부터 이러한 종류의 사상운동에 대해서는 엄중한 단속에 힘써왔고 부단히 검거해 왔기 때문에 점차 쇠미해지는 경향을 보이는 것은 우리 국가를 위해 실로 축하할 만한 바입니다. 여러분 각자가 분투한 결과로 이러한 노고를 치하하는 바입니다. 그러나 코민테른은 현재 더욱 장기전 아래 여러 다양한 기회를 살피거나 첩자들을 조선 내부로 침투시켜 반전 사상 혹은 공산주의 사상의 선전에 힘쓰고 그 수단 방법이 더욱 은밀·교묘해져 검거의 단서를 찾기가 매우 곤란해지고, 언제 어떤 기회에 그들이 발톱과 이빨을 드러낼지 추측하기 어려운 상황입니다. 앞으로 사태의 추이가 어떻게 되느냐에 따라 국책 수행상 예측하지 못한 방해 요소가 될 수 있는 사안이 발생하지 않는다고 보장하기 어려우므로, 각자 더욱 내외 제반 정보의 변동에 유의해서 이 운동들의 최근 정세 진상을 파악하고 시의적절한 조치를 해주시기를 바라는 바입니다.

5) 경제사범 검거에 대해

전시하에서 모든 국가 활동은 전쟁 목적의 달성에 집중되지 않으면 안 되므로, 이 때문에 국민의 경제생활에 대해서도 군수 자재 확보, 생산력 확충 등의 측면에서 보더라도 경제통제를 실시하여 물자의 운행을 원활하게 하는 것이 절대적으로 필요한 사항입니다. 따라서 시국 하에서 경제통제의 중요성에 대해서는 대체로 일반 국민이 모두 주지하는 바라고 생각됩니다. 요즘 이른바 '경제전(經濟戰)'에 대해 다시 새롭게 인식하여 어떤 직업이나 거래에서도 사리사욕만을 채우려 하는 것과 같은 공리적 소아(小我)의 관념을 버리고 공익 즉 현재 시국 하 전쟁 목적수행을 으뜸으로 삼는 대아(大我)를 철저히 하여 곤궁하고 결핍된 상황을 견뎌 더욱 거국일치의 결실을 거두는 것이 중요한 것임을 다시금 말하지 않을 수 없습니다.

이 때문에 경제사범의 검거는 한층 더 강화하여 특별히 최근에 심해지고 있는 생활 필수 물자의 수급이 원활하지 않음에 따라 이에 편승한 위반행위 및 기타 배급기구에서 특수한 지위를 이용해 배급을 어지럽히는 듯한 악질적 사안에 대해서는 더욱 엄격히 검거를 실행하고 그러한 종류의 경제사범 박멸을 도모하는 데 유감없이 실력을 발휘해 주기를 기대합니다. 다만 이 경우에 유의해야 할 것은 현재 정세상 그 증강이 가장 필요하고 신속함이 요구되는 중요 산업은 군수공업에 필요 불가결한 자재 생산에 관한 것입니다만, 그 생산력의 소장(消長)은 전투 능력과 직접 연결되며 결정적인 영향을 끼쳐서 국방력의 강약이 되어 국가의 운명을 좌우하기에 이릅니다. 따라서 이러한 종류의 생산력 확보 증강 상 하루라도 소홀히 할 수 없는 긴급한 필요에 쫓겨 실로 불가피하게 발생한 경제사범이 발생하지 않는다고 장담하기 어려우므로, 중요 생산 증강에 관련된 경제사범의 검거 시에는 해당 산업 운용을 저해하지 않도록 신중하게 검토하길 바랍니다. 올해 3월 3일 자로 제가 통첩했던 이유와 오늘 검찰의 전시체제화에 대해 예외적 특수조치를 해야 할 경우도 있다고 하는 취지를 부가하여 두는 이유도 이러한 점을 깊이 유의해 주길 바라는 데 있다는 점을 양해해 주시길 바라며, 이러한 조치에 대해 유감없는 실력이 발휘되기를 기대합니다. 그러나 이름만 생산 증강일 뿐 내실은 시국에 편승하여 사적 이익을 취하려는 듯한 무리에 대해서는 단호하게 응징할 필요가 있음은 물론입니다.

6) 선거 단속에 대해

최근 조선 전국 각지에서 부읍회(府邑會) 의원과 면회(面會) 의원의 선거가 행해지려고 있는데, 근래 조선에 본적(本籍)을 가진 자의 교육 보급 및 생활 향상에 수반하여 경제력이 충실해지고 더불어 정치의식이 두드러지게 약진한 유권자가 급증함에 발맞추어 이번 선거에서 경쟁이 매우 극심할 것으로 예상합니다. 한편 이번 선거에서는 선거 모체(母體)를 결성하여 선거를 공정하게 하고 동시에 유능하고 진실로 민중의 지도자인 인물을 선출하려고 하므로 전적으로 전시체제 하 총력결집을 위한 것이라 믿고 그 건전한 발전을 크게 환영해야 할 부분도 있습니다. 그러나 종래의 선거 사례에 비추어 볼 때 선거 시 득표수를 얻기 위해 유권자에게 이익을 제공하거나 향응을 베푸는 등 부정한 수단과 방법을 취하는 사범이 적지 않습니다. 이러한 폐단은 지방의 기풍에 다대한 악영향을 미칠 뿐만 아니라 선거의 공정과 자유를 좀먹고 심하게 부패시키는 부분이므로 각자 일단 사범이 있으면 주저하지 말고 그들을 검거하는 데 유감없이 실력을 발휘하고 그 처리를 엄정하게 하여 선거 단속의 목적을 저해하는 일이 없도록 한층 유의해 주시기를 바라는 바입니다.

4. 모리우라 후지오(森浦藤郎) 고등법원 검사 희망 사항-재판소 및 검사국 감독관 회의에서(1943.4)[9]

명에 따라 이하 몇 가지 사항에 대해 희망 사항을 말하니 집무에 참고하시기를 바랍니다.

1) 치안유지법 위반 및 국방보안법 위반 사건의 수사에 대해

개정 치안유지법 및 국방보안법에서 규정한 특별수사 절차는 명실공히 검사중심주의의 일원적 수사체제를 수립한 것으로, 이에 대한 운용에 관해서는 앞서 고등법원 검사장 통첩에 의해 그 대강을 지시했습니다만, 이후 이 법의 운용 실적을 보니 여전히 유감스러운 점이 보이므로 더욱 이 점에 유의해 주시길 바랍니다. 예를 들면 사건보고는 사법경찰관이 사건 내사 당초부터 실행하게 하고, 또한 검사의 지휘명령에 의거하지 않고 관계자의 신병을 구속하는 것과 같은 것은 절대 없도록 해야 하며, 검사가 적극적으로 수사 주체가 되어 기능을 유감없이 발휘하시기를 희망합니다.

2) 불경죄의 검거에 대해

근래 불경 사범의 발생 검거수가 급증 일변도인데, 특히 기독교도 또는 조선 내 전통적인 유사종교의 신자에 의한 불경죄 검거 사례가 적지 않는 사정입니다. 현 시국 하에서 불령(不逞) 불경의 교리·교설을 고수하고 그것을 유포·선전시키는 것과 같은 무리에 대해서는 단호한 조치를 취해 절멸을 기해야 함은 물론입니다. 다만 이들 사범의 내용을 자세히 검토해 보면, 그중에는 모 경찰관주재소의 순사가 천주교 신자인 피의자에 대해 지옥·극락 문답을 한 끝에 진실로 송구하게도 천황 폐하가 돌아가신 후에는 어떻게 되는지 추문하여 피의자가 결국 불경스러운 언사를 내뱉게 하는 상황으로 내모는 사안이 있었습니다. 그 밖에도 민심 사찰, 내정(內偵)에 종사하는 등의 경우에 사법경찰관리가 그 신자들에게 고의로 종교 문답을 해서 그들이 불경 언사를 감히 드러내게 하여 그들을 검거한 것이 아닌지 추측하게 한 사례가 있었습니다. 이러한 수단과 방법을 사용하여 불경 사범을 적발·검거하는 것은 헛되

---

9 高等法院檢事局 編, 『朝鮮刑事政策資料 －昭和18年度版－』, 1943, 61~66쪽.

이 국민을 속인다는 비난을 피할 수 없는 부분이 있으므로 사상의 선도 및 단속에도 영향을 주는 부분이 심대함을 고려하여 이 점을 충분히 유의하시기 바랍니다.

   3) 불경죄 해석에 대해
   불경죄 해석에 대해서는 1940년 10월 본회 석상에서 고등법원 검사로부터 이미 돌아가신 역대 천황들에 대한 불경 사범에 대해 막연히 형법 제74조 1항에서 정한 불경죄를 구성하지 않은 것으로 해석하는 것은 부당하다는 취지의 지시가 있었습니다만, 위 지시의 취지는 역대 천황에 대한 불경 행위라고 하더라도 그것이 현재 천황의 존엄함을 모독할 때는 천황에 대한 불경죄를 구성하는 것으로 한다는 뜻을 지적한 것으로, 역대 천황에 대한 불경 행위가 곧바로 현재 천황에 대한 불경죄를 구성한다는 취지를 지시하는 바는 아닙니다. 이 점에 대해 다소간 오해하는 경향이 있으므로 주의하셨으면 합니다.
   다음으로 피의자가 모 신사(神社)에 대해 불경 행위를 한 사범에 대해 그 신사에서 모시는 신이 아마테라스 오미카미(天照皇大神)라는 점, 그리고 피의자의 그에 대한 인식 여부에 대해 충분한 수사를 하지 않고 처리했던 사례가 있었으므로 이 점에 대해서도 앞으로 주의해 주시기를 바랍니다.

   4) 유언비어에 관한 사안의 처리에 대해
   육·해군형법에서 정한 유언비어(造言飛語)죄, 형법의 안녕질서에 대한 죄, 혹은 조선임시보안령 위반 등의 이른바 유언비어에 관한 범죄는 대동아전쟁 발발 이후 현격하게 증가하고 이러한 유언비어가 후방(銃後) 민심에 끼치는 영향은 실로 두려워해야 할 부분이 있으므로, 국내 치안유지상 소홀히 할 수 없는 실정이며, 이것을 방지하는 것이 현시점의 급무입니다. 따라서 이러한 종류의 사범 검거에 대해서는 각별히 고려해 주시기를 절실히 희망하는 바이며, 이와 더불어 이러한 종류의 사범 처리에 대해서도 특별히 신중한 고려를 해주시기를 바랍니다.
   유언비어에 관한 범죄는 그 범인의 사상의 근저에 민족주의 또는 공산주의 등 불령 사상을 내포하고 있는 경우 혹은 그렇지 않은 경우가 있으며, 그 언동의 내용에서 두드러지게 반군적(反軍的), 반(反)국가적, 반(反)시국적인 경우가 있어 그 죄질은 천차만별입니다. 따라서 이러한 종류의 사범 처리 시에는 특별히 그 범죄 죄질의 경중을 잘 판별하여 악질적인 경우는 가차 없이 엄벌에 처하고, 죄질이 경미한 경우는 가혹한 처벌로 이어지지 않도록 고려해야 할 것으로 사료됩니다. 기존의 처리 상황을 관찰해보면 악질적인 것으로 인정된 사범에 대한 과형(科刑)이 대략 너무 가볍게 처분되는 감이 있고, 더불어 죄질이 가볍다고 보이는 사범에 대한 처리가 다소 너무 무겁게 처분되는 감도 있습니다. 만일 그 처분의 관대함과 엄격함이 마땅하지 않다면 악질사범 방지의 목적을 달성하는 것이 곤란할 뿐만 아니라, 그 반대의 경우 헛되이 민중이 검찰 당국에 대해 가혹한 사찰(苛察)을 원망하게 하여 민심 위축과 침체를 가져와 시국 즉응(卽應)의 열의를 잃게 하거나 혹은 불평불만을 내심 쌓게 하여 도리어 사상을 악화시키게 할 우려가 있으므로, 이러한 종류의 사범 처리 시 특별히 고려해 주기를 희망합니다.

5) 사건 처리에 대해

피의자 모씨가 1941년 8월 무렵 '애국가'라는 불온한 노래를 몇 명에게 선전했던 사범에 대해 1941년 12월 31일 보안법 위반으로 하여 사건송치를 한 검사는 보안법 위반 사실에 대해 간단한 구류·심문을 한 후에 피의자를 구류했습니다. 이 사건 수리 전날인 1941년 12월 30일 자로 담당 경찰부장이 위 모씨에 대해 치안유지법 위반 피의사실로 위 모씨가 1928년 음력 윤달 2월 무렵 만주국 내에서 조선 독립을 목적으로 하여 조직한 고려청년회에 가입하고 그 목적수행을 위해 같은 해 음력 3월부터 1929년 음력 3월까지 수차례에 걸쳐 조선독립운동 자금을 구실로 금품을 강탈했고 금품 제공에 응하지 않은 자 3명을 살해한 사실 및 전술한 불온 '애국가'를 몇 명에게 선전한 사실에 대해 수사상 지휘를 바란다는 취지를 쓴 보고서를 검사는 1942년 1월 6일 수리하고 그대로 방치하여 같은 달 10일 보안법 위반 구류를 취소한 다음, 같은 날 치안유지법 위반과 강도살인 사건으로 인지하고, 그날 피의자를 심문한 다음 치안유지법 위반과 살인 피의사건으로 구류장을 만들고 그 구류 갱신을 한 다음 1942년 4월 17일 강도 및 강도살인, 보안법 위반으로 예심 청구를 하고 구류장은 그대로 효력을 존치하였습니다. 예심판사도 검사의 구류장에 입각해 그 후 수차례 구류를 갱신한 다음, 1943년 1월 26일 보안법 위반에 대해서는 공판, 강도 및 강도살인의 점은 면소(免訴)를 결정하고 구류장은 그대로 하여 사건을 공판에 회부시켰습니다. 공판에서는 같은 해 2월 12일 보안법 위반 사실에 대해 유죄를 언도하고 즉일 위 판결이 확정된 사례가 있었습니다. 위 사건의 처리에는 여러 가지 점에서 부당하다고 인정되는 점이 있으므로 이에 대해 한층 주의를 기울여 주시기를 바라는 바입니다.

6) 검찰사무보고에 대해

검찰사무보고에 대해서는 기존에 수차례 주의를 환기시켰습니다만, 이번에 더욱 철저하게 해야 하는 점이 보입니다. 하나의 예를 말씀드리면, 보고를 지연시킨 공무원과 일반인이 공범 관계에 있는 경우 그 일반인에 대한

처분결과 부기(附記) 누락, 보고서 기재 내용의 불비(不備) 등의 사례가 적지 않습니다.

앞 항목에서 서술했던 사례에 대해서 말씀드리면, 위 사건은 예심을 청구함과 동시에 한편에서는 보고예시에 의거해 보고를 작성해야 하지만 정식 보고를 하지 않았습니다. 당국에서 그 보고를 요구하자 그 보고서에 단순히 보안법 위반 사실만을 기재하고 강도 및 강도살인의 사실은 내용을 기재하지 않고 단순히 위 사실에 대해 동시에 예심 청구를 했던 취지를 부기했을 뿐입니다. 이러한 종류의 보고는 보고예시 및 종래 예규에서 정한 바를 따라주기를 바랍니다.

7) 모략 용의 사고 보고에 대해

모략 행위에 의한 것 또는 적어도 일단 모략의 용의가 있어 보이는 사안으로 조치가 필요한 화재 사고, 철도 사고, 전기통신 사고, 기타 사고 발생의 경우에는 그 사안 요령을 즉시 보고하고 적당한 시간 중에 보고하거나 처리 전말에 대해서도 신속히 보고해야 한다는 취지의 통첩이 있음에도 불구하고, 간단히 사고 발생 보고를 한 채로 상당한 시일이 지나도 어떤 처리를 했는지 보고하지 않는 경향이 있는데, 이러한 종류의 사고에 대해서는 특별히 신속히 보고해 주시기를 희망합니다.

5. 도자와 시게오(戶澤重雄) 경성지방법원 검사정의 관내 상황 보고-재판소 및 검사국 감독관 회의에서(1943.4)[10]

현재 대동아전쟁은 이미 결전체제에 돌입해 지금 전 국민의 책임은 오로지 거국일치하여 위로 한 분[11]에게 귀일해 멸사봉공의 진심을 피력하는 데 있고, 시국은 국민에게 최대의 인내와 희생을 요청하니 절실한 때이다. 관내 제반 정세를 훑어보니, 반도 대중의 황민화 촉진은 크게 주목할 만한 것이 있다. 지극한 마음의 애국심이 그대로 드러나는 것은 몇몇 사례에 비추어 실로 심히 감격스럽다. 사상의 호전 및 영역 내 치안 확보는 과거에 비해 격세지감이 있다 하더라도, 뒤집어 자세히 그 실상을 통찰해 보면 아직 충분히 만족할 만하다고 할 수 없다. 특히 우려스러운 것은 민중들의 가슴 깊이 민족 독립 의욕이 남아 있어 아직 완전히 불식할 수 없는 것이 적지 않다. 과격한 불령분자(不逞分子)가 몰래 활약하는 것에 편승하여 쉽게 맹동(盲動)을 감행할 우려가 없지 않은 점, 특히 무지한 일반 민중은 당국의 굽히지 않는 지도와 계몽에도 불구하고 현 시국의 중대성에 관해 충분히 인식하지 않고 각종 통제의 증강을 혐오해 국책 수행에 적극적으로 협력하지 않을 뿐만 아니라 개인주의적 이욕(利慾)을 충족시키는 데만 전념해 걸핏하면 반전적·반관적 말을 내비치는 듯한 징후를 보이는 것은 실로 유감스럽기 짝이 없다. 현재 당 검사국 관내에서 최근 검거 사범에 비추어 봐도 일반 형사사건은 계속 감소하는 경향을 보이지만, 사상 및 경제사범, 그 외 시국 관계 사범은 점점 격증하는 추세이다. 그 내용 또한 악질화의 일로를 걷고 있어 신속히 이러한 사범을 방지하고 검거함으로써 현 단계에 즉응할 거국일치의 체제를 정비해야 한다. 그리고 시대의 악습(時弊) 구명(究明) 및 시정 방안에 관한 구체적인 여러 방책에 관해서는 이미 자문에 대한 답신으로 상세히 이야기한 바 있으므로, 여기에서는 재차 언급하는 것은 피하고, 최근 당 검사국 관내에서 발생한 구체적인 사범과 관련하여 사상 및 경제 검찰 두 방면에 대해 중점적으로 그 개황을 이야기하고자 한다.

---

[10] 高等法院檢事局 編, 『朝鮮刑事政策資料 -昭和18年度版-』, 1943, 79~87쪽.
[11] 일본 '천황'을 말한다.

제1. 사상 사범의 추세

　당 검사국 관내 사상 사범의 추세 중 가장 현저한 현상은 최근 민족주의운동이 치열해지고, 일전에 반도를 풍미하던 공산주의운동은 점차 쇠락의 풍조에 있다. 당 관내에서도 과거 조선공산당 재건을 궁극의 목적으로 하는 '콤그룹' 사건을 검거한 이후 공산주의운동 사건으로 검거된 자는 지극히 적었다. 그런데 이에 반해 민족주의운동은 점차 치열해지는 추세를 보이고, 특히 상층 계급 및 학교 교원 및 학생·생도 혹은 종교관계자 등 지식계급에 속하는 분야에서 활발하게 전개되고 있는 것은 주목해야 할 현상이라고 할 것이다. 추측하건대 공산주의운동 사건 검거 수가 감소한 사실로 공산주의자들이 그 주의·주장을 방기·전향한 것이라고 판단하는 것은 성급하다. 오히려 그들은 국내 및 국제 정세의 핍박을 고려해 내심 호기가 왔다고 하면서도 시국의 중압 아래 과격하고 노골적인 운동이 불리하다는 것을 자각해 비밀리에 지하에 잠입해서 시국의 추이를 조용히 관찰하고 궐기의 기회를 엿보고 있다고 하지 않을 수 없다. 그리고 최근 민족주의 운동 양상이 치열해지는 것은 그 이면에 이 공산주의자들이 개입되어 인민전선이론(人民戰線理論)에 입각해 교묘한 수단으로 민족의식을 자극하고 흥분하게 하고 있다고 생각되는데, 종래 반도의 공산주의운동 실상에 비추어 봐도 이러한 배후세력을 뿌리 뽑지 않고서는 민족주의운동의 실별을 기하는 것은 늑책이라 하기 어렵다.

　그리고 또 최근 민족주의운동의 특질은 소위 동아연맹이론(東亞聯盟理論)의 영향을 많이 받고 있다는 점이다. 특히 일부 상층 계급 중에는 황도대공영권(皇道大共榮圈)이 확립할 때 버마, 필리핀 등과 같이 조선 민족의 독립도 반드시 이루게 될 것으로 간주해 지금보다 합법적 운동을 전개하고 민중을 지도·계몽해서 민족의 실력을 함양해 신속히 독립 목적을 관철하고자 꾀하는 자가 적지 않다. 이러한 사상적 경향은 단지 상층 계급만이 아니라 널리 각층에 걸쳐 만연해 있는 것처럼 보이므로, 이러한 사상이 근본적으로 일한병합에 관한 메이지 천황의 뜻에 어긋나고 반도 통치의 근본을 부정하는 용서받을 수 없는 불령사상(不逞思想)인 연유를 명확히 해서 신속하고 단호한 조치를 취할 필요가 있다고 믿는다. 더욱 고려해야 하는 것은 최근 미국 대통령과 그 외 적국 수뇌부가 조선 민족의 해방을 적극 지지·지원한다고 칭하고 미국에 있는 이승만을 조선공화국 대통령에 추대하는 등 비열한 책략과 선전을 개시하고 있다. 이것은 애들 장난과 같아 실소를 금할 수 없다고 하더라도, 현재 검거 조사 중인 경성방송국 관계 직원의 무선전신법 위반 등 피의사건에 비추어 봐도 위 선전의 내용은 상당히 광범위하게 조선 안에 유포되어 민중의 민족의식을 현저하게 자극·흥분시키고 있는 것으로 간주되므로 앞으로 적국(敵國)의 사상 모략 공작의 적극화가 예상되는 지금 이것을 사소한 것이라고 간주해서는 안 된다.

다른 한편으로 학생·생도의 민족주의운동은 계속 증가하고 있다. 검거된 사범의 내용이 반드시 악질적이고 중대하다고는 할 수 없지만, 사범이 빈발하는 점을 감안할 때 조선인 중등학교 이상의 학교는 남녀를 불문하고 거의 모두가 의식분자로 가득 차 있다고 해도 과언이 아닐 것이다. 아직 사상이 고정되지 않는 이 청소년 학도가 교사나 부모님, 그 외 주위의 사회적 환경의 영향에 얼마나 예민하게 감득할지 생각할 때 실로 한심하기 짝이 없다. 요컨대 학생·생도의 사상 악화는 결국 사회의 축소판으로 민심 동향을 엿볼 수 있는 하나의 자료가 된다. 그리고 사범의 내용을 검토해 보면 대개 일본의 패전을 필연적이라고 간주해 자기 수양에 힘쓰면서 동시에 대중을 지도·계몽해서 민족의 실력을 양성함으로써 타일을 기약하는 데 있고 오로지 합법의 가면에 숨어 과격한 운동을 회피하고 있는 것이 그 특징이다.

이상 서술한 바와 같이 최근 지식계급의 민족주의운동 기저에는 대동아전쟁 과정에서 일본의 승패 여하와 관계없이 민족의 독립은 가까운 장래 필연적으로 실현될 것으로 보고 있고, 그 목적 실행의 지침은 오로지 민족의 실력양성에 연계된 듯하다. 그러한 경향은 점차 반도 각 계층으로 계속 침투하고 있는 것 같고, 최근 조선인의 '유태인'화를 우려하는 까닭도 실로 여기에 있다. 즉 민족의 실력양성주의가 경제적 이윤추구주의와 결합해 금권(金權)의 힘에 의해서 일본인을 압박·배척하려고 하는 기운을 양성하고 있는 것 같고, 경성부 안은 차치하더라도 군부(郡部) 읍면에 거주하는 일본인 상인이 조선인의 압박에 항거하지 못하고 폐업해서 돌아갈 수밖에 없게 된 사례가 적지 않은 것이 눈에 띄는 사실이다. 일본과 조선이 서로 길항(拮抗)해서 통치의 근본이념에 배치하는 결과를 초래하고 있고, 그 원인은 본래 하나에 그치지 않고 조선에 있는 일본인도 반성해야 할 점이 있다고 생각되지만, 주된 원인은 전술한 바와 같이 조선인 측의 민족적 편견에 기인하는 것이 많은 것 같다. 조선인의 실력 증진은 좋다고 하더라도, 민족적 편견이 커지거나 민족대립 관념을 도입하여 실력을 믿고 일본인을 압박하는 등의 모습으로 나오는 것은 중대한 일이라고 이야기하지 않을 수 없다. 그 외 불경 사범의 격증이나 유언비어(流言蜚語) 또는 악질 낙서의 빈발 등 민족의식의 발로라고 여겨지는 많은 현상을 종합하면, 아무리 과격한 사상 사범의 검거는 근소하다고 하더라도 반도 각반 각층에 걸쳐 민족의식 앙양 경향은 현저한 측면이 있다고 판단하지 않을 수 없다. 현재 국민단결이 요청되고 있는 것이 절실한 이때 실로 매우 유감이니 신속히 발본색원할 수 있는 구체적인 방책을 연구해 반도 사상계의 철저한 숙정을 기도해야 한다.

제2. 경제사범의 추세

경제사범이 국민생활 안정 확보를 저해하고 국책 수행에 현저한 지장을 초래하므로 그 방지 및 검거는 현 시국에서 잠시도 소홀히 할 수 없는 긴급한 일이라는 점은 말할 필요가 없다. 그런데 당국의 노력에도 불구하고 여전히 경제사범이 급증하는 추세에 있다는 것은 실로 유감이다. 그 원인은 한가지로 충분히 설명할 수 없다고 하더라도, 핵심은 국민의 신념이나 마음가짐이 결전체제에 즉응하지 않는 것에 유래한다. 이 관계는 결국 전술한 반도에서 사상적 황민화 촉진과 표리일체를 이룬다. 그리고 최근의 경제사범의 특질을 살펴보면 점차 그 수단과 방법이 악질·교묘해지는 경향, 배급기구의 불비·결함에 편승한 사범의 증가 두 가지로 귀착한다. 사범의 종류에 대해서 고려하면, 식량 부족에 기인한 미곡 등의 식료품 가격 위반 및 기업허가령 위반이 사범의 중핵인 것은 주목할 만하다. 전자에 대해서는 특히 생선 식료품의 소매 부분에서 거의 전면적으로 암거래가 감행되고 있는 사실은 직접 일반 소비 대중의 일상생활을 위협하는 관계상 이에 대한 급속한 구체적 방책의 수립·실행을 강하게 요청하지 않을 수 없다. 또 후자에 대해서는 최근 농업 혹은 노동을 폐하고 안이하게 이득을 얻으려고 하는 노점 행상 그 외 소기업으로 전업이 격증하는 것에 기인한다고 판단된다. 이것 역시 생활필수물자를 중심으로 하는 암거래의 원천이 되고 있다. 경제사범 문제는 전술한 바와 같이 요컨대 국민의 신념이나 각오에 귀착한다고 하더라도 또 법령 및 배급기구의 불비·결함에 수반하여 발생하는 것도 부정할 수 없는 사실이다. 이 점에 대해서 검찰 당국은 종래의 소극적 태도를 버리고 법령의 제정 개폐 및 기구의 개선에 대해 적극적으로 관여해 시폐(時弊)에 관한 검찰 독자의 체험과 식견을 잘 반영시킬 필요가 있다. 이하 최근의 경제사범 특질 두 가지에 대해 약간 해설해보고자 한다.

1) 악질, 교묘화 경향

통제법령의 정비, 배급기구의 확립, 민간의 협력 기운의 대두 등의 이유로 통제경제가 점차 원활한 운영을 보이고 대(大)상점의 위반은 점차 그 수가 감소하고 있다고 하더라도 일반상인의 이윤추구와 일반 소비 대중의 물자 매점 등이 원인이 되어 경제통제위반 사범은 지금도 감소하지 않고 오히려 그 죄질이 점차 악질, 교묘해지는 경향을 보인다. 작년 1942년도 당 검사국이 수리한 경제사범은 2,063건, 3,962명으로 그 가운데 가격통제령 위반사건은 1,362건, 2,563명으로 다수를 점한다. 현 시국 하 경제정책의 근본 요청인 저물가정책 유지에서도 이런 종류의 사범을 철저하게 검거해서 박멸을 기할 필요가 있다는 것을 통감하는 바이다. 그리고 종래 그러한 경제사범은 대개 점포를 가지고 있는 업자였는데, 그 점포에 비치된 장부에 거래 상황을 자세히 기재하고 있는 경우가 많으므로 이러한 종류의 범죄수사는 비교적 쉬웠다. 하지만 최근에는 위반자가 대개 그 범죄 흔적을 은폐하기 위해 거래 상황을 장부에 기재하지 않고, 설령 기재해도 사실을 기재하지 않으며, 또 업자 중에는 이곳 저곳 그 거처를 변경하여 검거를 피하려는 자가 많아 사범 검거가 점점 곤란해지고 있다. 특히 부내 종로 방면 등에서는 공정가를 무시하고 일반상점에 존재하지 않는 재봉실(縫絲), 화장비누, 세탁비누, 고무신, 고무끈 등을 놀랄만한 고가에 판매하는 자가 다수 존재하는 상황이다. 이들 노점 행상인의 대부분은 경제통제가 어떠한 것인지에 대해 전적으로 무지한 하층 계급 부녀자에 속하고, 판매하는 물자의 유출 경로를 조사해 보니 통제배급조합에서 배급을 받은 소매업자가 그들에게 비밀리에 이 물자들을 암시장(暗市場) 가격으로 판매하는 경우이거나 업자가 아닌 자가 백화점 그 외 주요한 상점에서 이러한 물자를 하나씩 사 모은 경우도 있다. 암거래 가격도 최고 공정가격의 열 배, 열다섯 배로 거래되고 있다. 간혹 하층계급에 속하는 자가 개인용으로 배급을 받은 것을 고가로 사 모아 판매하는 자도 있다. 심한 경우는 도난품을 판매하고 있다. 그 폐해가 매우 심하다고 할 것이며, 이와 같은 이유로 그 방지·검거는 매우 곤란하다고 하더라도 이들 물자가 주로 입수 곤란한 생활 필수물자라는 점을 감안하여 단속·검거는 촌각을 다투는 급무라고 생각한다. 더욱 주의할 것은 가격 위반이 규격위반이나 무게위반의 형태에 의해 그 목적을 달성하려는 경향이 현저해지는 것으로 고의로 규격을 떨어뜨려 공정가격의 규격에 합치되지 않는 것을 제조 판매하는 것이다. 혹은 전혀 검량하지 않거나 고의로 무게를 부족하게 해서 부정한 이득을 도모하는 무리가 많고 특히 정확한 규격이 정해지지 않은 물품에서 더욱 그렇다. 이 현상은 장아찌 종류, 햄·소시지 등의 가공식료품에 많고 근본적으로는 이러한 물품에 대한 품질검사 규정의 제정이 요망되지만, 우선 검찰 당국이 취할 태도로서는 부정 가공품에 대해 가격통제 상 가공품으로서 취급하지 말고 가공되지 않은 물품 혹은 경우에 따라서는 가격 미지정 물품으로 취급함으로써 이런 종류의 부정 가공품을 일소할 필요가 있다고 사료된다. 이 부정 가공식품 범람은 필연적으로 그 가공원료가 일반가정에서 몰래 다량으로 가공용 방면으로 흘러가는 결과를 초래하는 이유이다.

2) 배급기구 불비·결함에 편승하는 사범의 증가

업자가 일정 점포를 갖춘 상태로 거래하는 경우 배급기구가 정비된 부문에서는 위반 사례가 매우 근소한 반면, 업자가 난립해서 물자배급기구의 정비가 불완전한 부문에서는 필연적으로 암거래가 수반되는데, 생선 식료품이 그 적절한 예라고 할 수 있을 것이다. 이 물자들에서는 점포를 가지고 공정가격에 의거해서 공정한 거래를 하려는 진지한 업자에게는 오히려 물자의 입하가 없고 이에 반해 통제를 무시하고 암거래를 감행하는 무리에게는 풍부하게 물자가 유입되어 폭리를 얻는 결과를 초래하고 있는 실상이다. 그리고 이에 대해서는 가격통제법령으로 단속하고 있지만 본래 가격통제법령은 저물가정책의 유지를 주된 목적으로 하므로 물자배급 질서에는 직접적으로 관여하지 않는 성질이 있으므로 도저히 물가조작만으로는 공정한 배급 질서를 유지하는 것은 불가능하다고 할 것이다. 따라서 신속히 집하·출하·배급 경로를 확립하고 취급업자의 지역적 및 인적 정리를 단행해서 명랑하고 합리적인 거래를 실현할 필요가 있다.

6. 사카미 지지(酒見緻次) 청진지방법원 검사정의 관내 상황 보고–재판소 및 검사국 감독관 회의에서(1943.4)[12]

제가 현직에 착임한 지 아직 얼마 지나지 않은 관계로 본 보고가 조악하고 간략하며 허술할 수밖에 없는 점 유감스러운 바입니다만, 아무쪼록 양해해 주시기 바랍니다.

1) 관내 일반 민정 및 사상 개황

관내 함경북도 일대는 조선 최동북부의 변강에 위치해 예로부터 중앙의 경기도 지방과 멀리 떨어져 있어서 문화적 혜택을 입은 것이 매우 적은 관계상 일반 민도(民度)가 저급합니다. 민중의 성정(性情)은 성진(현 성진부城津府 및 학성군鶴城郡) 길주(吉州) 명천(明川), 소위 삼군(三郡) 지방이 고루하고 정열적이며, 다른 북부지방은 완고하면서도 부드럽고 순하다고 할 수 있습니다.

그리고 위의 이른바 남삼군(南三郡)에서는 민중의 기질적 특성상 이미 주지하는 바와 같이 과거 배일파(排日派) 거두 이용익, 상해임시정부 국무총리 이동휘, 고려공산당 중진 김하석(金河錫) 등을 배출해 온 관계와 현재 북선(北鮮)-소련-만주 국경 방면에 준동하고 있는 공비(共匪) 김일성의 존재에 영향을 받아 일반적으로 민족의식이 농후하고, 지난 1932~1933년경부터 민족적 공산주의운동이 매우 창궐하고 있습니다. 그 후 만주국 건국 이후 청진(淸津)·성진·나진(羅津) 지방이 갑자기 경제·교통의 요충지로 되면서 중요 공업과 그 외 산업부문이 일대 발전하여 지금은 북선을 보지 않고 조선을 이야기하지 말라고까지 선전되고 있습니다. 다른 관내에서 온 이주자 역시 급격히 증가해 향후 민중 사상의 추이에 관해서는 크게 주의를 기울여야 할 필요가 있습니다.

종래 사상운동 관계자는 관하 북선의 중요성에 착안해 그 운동의 주력을 이 지역에 향한 결과 청진 그 외 공장 및 광산 방면에서 활발한 운동을 전개했습니다만, 수차례 검거 적발과 중일전쟁에 이은 현 대동아전쟁 수행의 객관적 정세로 인해 현재 거의 운동이 종식된 것은 국가를 위해 축하할 만한 일입니다.

---

12 高等法院檢事局 編, 『朝鮮刑事政策資料 –昭和18年度版–』, 1943, 88~101쪽.

그러나 한편으로 관내는 미곡, 그 외 생활필수품을 다른 지역에 많이 의존해 온 이른바 소비도(消費道)인데, 1941~1942년의 냉해·한해 및 1941년 말 게히마루(氣比丸)호 조난사건이 있고 난 뒤에 해상수송력이 원활하지 않아 필수물자의 급격한 부족과 관내 산업의 일대 부문인 정어리 어업의 부진에 기인한 일반 민중의 경제적 곤핍이 심해져 걸핏하면 인심이 불안·동요하는 경향이 없지 않았습니다. 이 점에 유의할 필요가 있습니다.

그리고 관내는 북으로 소련과 직접 국경을 접하고 있어 소련 첩자로 월경해서 조선에 들어오는 자가 많습니다. 또 한편으로 중국, 만주국에 대한 군수품 수송의 요지가 되자 일본제철, 미쓰비시제철소를 비롯한 다수의 중요 공장, 광산 등이 있어서 중국 공산 팔로군 등에서 관내의 수송력 및 생산력에 대한 파괴, 훼손 그 외 방해 공작을 기도하며 상당히 많은 모략 첩보원(謀諜員)을 계속 잠입시키고 있습니다. 이들을 검거하고 막는 것이 매우 중요한 일임은 두말할 필요가 없습니다.

하물며 훗날 북쪽 국경 방면에서 전쟁이 개시되는 불가피한 경우를 상정하면 저를 비롯해 후방 치안을 든든히 하고 전쟁목적수행에 미력을 다하려는 자의 사명의 중대성은 점점 증가한다는 것을 끊임없이 자각해야 할 것입니다.

따라서 여기에 약간 서술상 중점을 고려해 이하 최근 소련 및 공산 팔로군 관계 첩보·모략 사건을 필두로 하여, 이어 과거 관내에 매우 창궐했던 민족적 공산주의운동의 잔재로 보이는 치안유지법 위반사건 관계에 대해 개관 서술하니 참고로 삼기를 바랍니다.

2) 소련 관계 간첩 사건

소련 관계 간첩으로 1941년 이후 검거된 것은 20건 32명입니다. 지금까지 검거 결과에 비추어 보면 무장간첩과 비무장간첩으로 구별할 수 있습니다. 무장간첩은 전부 조선인으로, 그 다수는 만주국 측의 토벌에 의해 소련 영내로 도피해 소련 관헌에게 체포된 재만조선인 비적이라는 점은 크게 유의해야 하는 부분입니다. 이들은 소련 관헌의 명령에 따라 견취지도(見取地圖) 작성법 및 그 외 간단한 교양을 받은 후 국경 방면으로 잠입해서 일본군 활동 상황 등을 조사하고, 발각되거나 체포되는 상황에 직면하면 즉시 발포하고 도주를 시도합니다. 이 때문에 이미 이들의 흉수(兇手)에 당한 우리 희생자는 경찰관 1명, 자위단원 2명에 이르고 있습니다. 무장간첩 검거사건의 개황을 서술하면 다음과 같습니다.

(1) 조도언(曺道彦, 39세)은 재만반일군유격대(在滿反日軍遊擊隊)에 가입해 활동하던 중 1940년 7월 15일 무렵 일본과 만주 군경(軍警)의 토벌대와 조우하여 도주해 소련으로 들어간 자이며, 최정운(崔正雲, 33세)은 연해주에 돈 벌로 나갔다가 1937년 9월 무렵 카자흐스탄공화국 잔프로 강제 이주된 자입니다. 위 두 사람은 1940년 11월 무렵 소련 관헌의 명에 의해 약 2개월간에 걸쳐 간첩으로 교양된 후 모젤 권총 1정을 휴대하고 1941년 2월 19일 무렵부터 같은 해 3월 12일 무렵까지 전후 2회에 걸쳐 관할 경흥군(慶興郡) 노서면(盧西面) 증산동(甑山洞) 금취장(金取場) 마을 및 경흥군 웅기읍(雄基邑) 백학동(白鶴洞) 반구룡(盤九龍) 마을 뒷산에서 그 부근의 조선 제71부대 병사(兵舍) 및 부근 일대의 지형을 모사(模寫)하고 있던 것을 검거했습니다. 1941년 9월 9일 기소, 1942년 8월 4일 청진지방법원에서 조도언은 징역 15년, 최정운은 징역 5년에 처해졌습니다.

(2) 우종구(禹鐘九, 25세), 김병식(金炳植, 20세) 두 사람은 동북항일연군(東北抗日聯軍)에 가담하여 활동하던 중 1940년 9월 소련으로 들어가 수개월 간 간첩으로 교양된 후 1941년 8월 15일 모젤 권총 각 1정씩을 휴대하고 두만강을 건너 경흥군 노서면 조산동(造山洞)에 잠입, 그곳에서 웅기로 가서 두만강 강안의 일본군대의 주둔상황, 군수품의 수송상황 등을 탐지하여 귀환하던 도중, 같은 달 19일 밤 노서면 굴포동(屈浦洞)에서 잠복 경계 중이던 경찰관과 자위단원이 발견하여 체포하려 하자, 즉시 발포하여 자위단원 김해창주(金海昌周, 가네우미 쇼슈)의 복부와 머리 부분을 관통하는 총상을 입히고 즉사시켰고, 자위단원 김산병규(金山炳奎, 가나야마 헤이케이)에게 전치 3주를 필요로 하는 복부 관통 총상을 입혀 검거되었다. 1942년 5월 30일 기소, 같은 해 10월 13일 둘 다 청진지방법원에서 무기징역에 처해졌습니다.

(3) 박청송(朴靑松, 26세)은 연해주에서 카자흐스탄공화국 카라칸다 시로 강제 이주되어 국영 석탄 배급소 회계 담당 견습으로 있던 중, 1941년 9월 1일 소련 관헌의 명에 의해 같은 달 말경부터 1942년 4월 무렵까지 오케얀스카야 시에서 김철(金喆, 28세), 이봉석(李鳳錫, 33세), 최창식(崔昌植, 27세) 등과 함께 지도 보는 법, 자석 사용법, 일본군대와 비행기 구분법 등 간첩 교양 교육을 받은 후 박청송과 김철은 모젤 권총 1정과 단도(短刀)를 휴대하고 1942년 8월 14일 두만강을 건너 관하 경원군(慶源郡) 동원면(東原面) 신건동(新乾洞)에 잠입하여 같은 달 26일까지 회령(會寧)비행장 상황 등을 조사하고 귀환하는 길에, 같은 해 9월

5일 미명 경원군 동원면 서중평동(西中坪洞) 두만강 강안 도로 위에서 경계 중이던 경원경찰서 근무 순사 고모토 곤도쿠(河本今得), 다니구치 쥬조(谷口重三), 자위단원 시미즈 에이토(淸水永斗) 등에게 발견되어 체포되려 하자, 즉시 발포하여 고모토에게 흉부 관통 총상을, 시미즈에게 복부 관통 총상을 입혀 두 사람을 살해하고, 다니구치 왼쪽 발에 전치 5개월 총상을 입히고 달아났다. 같은 날 저녁 만주국 간도(間島) 혼춘현(琿春縣) 순의촌(純義村) 상계동(上界洞)에서 추척해 온 경찰관이 체포하려 하자, 김철은 다시 발포하여 경원경찰서 근무 순사 마쓰바라 준이치(松原純一)의 왼발에 전치 2개월 관통 총상을 입히고 결국 도주하였고, 박청송만 검거되었습니다. 1942년 12월 11일 기소되어 현재 청진지방법원에 계류 중입니다.[13]

(4) 박두경(朴斗京, 50세)은 동북항일연군에 가입해 활동하던 중 1940년 9월 무렵 소련으로 들어가 1942년 12월 10일 무렵부터 약 1개월간 연추(煙秋) 북방 약 5리에 있는 지명을 알 수 없는 마을에서 김기준(金基俊, 40세가량)과 함께 소련 관헌의 명에 의해 간첩으로 교양되어 회령의 일본군대 주둔상황 등을 조사할 목적으로 모젤 권총 각 1정을 휴대하고 1943년 1월 18일 무렵 두만강을 건너 관하 경원군 동원면 신건동에 잠입했다. 같은 달 29일 저녁 종성군(鍾城郡) 용계면(龍溪面) 박건동(朴巾洞)[14] 산중의 숯꾼 이산율(李山律)의 집에 가서 숙박 중, 다음 날 30일 미명 회령경찰서 근무 순사 고무로 야스조(小室安三), 오바야시 미쓰조(大林光三), 쓰루야마 호가(鶴山鳳河) 세 명이 포위 체포하려 하자, 두 명이 즉시 발포했고 그에 응전하는 고루모(小室) 순사에 의해 김기준은 사살되었고, 박두경은 권총을 버리고 투항하여 검거되었습니다. 현재 사법경찰관에게 명하여 수사 중입니다.

다음으로 비무장간첩도 또한 대부분 조선인인데, 그 다수는 연해주로부터 카자흐스탄공화국 등에 강제 이주시킨 자로, 소련 관헌은 그중 상당히 교양이 있고 의지가 완고하다고 인정되는 자에게 상당히 장기간에 걸쳐 무전기 사용법 및 기타 간첩으로서 필요한 교양을 한 후 조선에 들여보내 경성(京城) 방면에서도 특수한 연락 방법을 유지하게 하는 것 같습

---

[13] 박청송 사건에 관해서는 高等法院檢事局思想部, 「朝鮮思想事件判決 蘇聯邦武裝諜者朴靑松に對する運機保護法等違反事件」, 『思想彙報』 續刊, 1943.10, 177~182쪽; 고등법원형사부, 「1943년 刑上 제40호 判決:朴靑松」, 1943.5.31을 참조.

[14] 박건동은 용계면에 없는 동리명이다. 다만 1912년 종성군 화산면(華山面)의 동리명으로 박건동이 확인된다. 1914년 화산면은 이웃 방산면(方山面)과 통합되어 화방면(華方面)이 되었다.

니다. 이 상당수가 조선에 있다고 추정되지만, 1941년 이후 지금까지 관내에서 검거된 경우는 16건 23명에 불과합니다. 혹시 조선 전국에서 상당히 완비된 간첩망을 형성하고 있는 것은 아닌지 우려되는 부분이 있어, 이에 따라 검거 단속에 각별한 노력이 필요하다고 생각됩니다.

비무장간첩 검거사건의 주요한 것을 들자면 다음과 같습니다.

(1) 김촌남섭(金村南燮, 가네무라 난쇼, 33세)[김남섭 金南燮]은 연해주에서 돈벌이로 나와 있던 중 1931년 무렵 시우친 구역 탑두구(塔頭溝) 콜호즈 어장 지방공산당에 가입하였다. 1933년 11월 무렵 소련 관헌의 명으로 간첩으로서 새로운 교육을 받고 1934년 2월 무렵부터 1935년 10월까지 부산, 진해 등에서 그곳에 있는 군사시설, 부산에 상륙한 일본군의 이동상황 등을 조사하여 무전기로 보고하고, 그 사이 몇 회 소련으로 들어가 제보하기도 했다. 1941년 8월 9일 기소되어, 같은 해 12월 16일 청진지방법원에서 징역 15년에 처해졌습니다.

 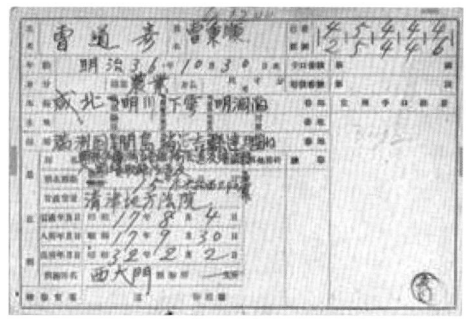

〈그림25〉 1941년 서대문형무소에 수감된 김남섭의 인물카드
출처: 국사편찬위원회, 일제감시대상인물카드 [ia_0563]

(2) 강병언(姜秉彥, 31세)은 보로실로프(Voroshilov. 현재 우수리스크)로부터 카자흐스탄 공화국 크질오르다(Kzyl-Orda) 시로 강제 이주된 자로, 극동사범대학[극동고려사범대학] 졸업 후 크질오르다 국립중학교 교사 겸 학감(學監)으로 근무하던 중 1939년 10월 무렵 소련 관헌의 명에 의해 1941년 3월까지 다른 10명과 함께 간첩으로서 무전기 사용법 및 기타 교육을 받고 그 후 조선으로 들어왔다. 경성부(京城府) 창경원 안에서 같은 패들과 연락을 취해 자금 및 무전기 등을 건네받고 연락원에게서 청진부 내에 근거하는 일본군의 이동상황

등을 탐지 제보하도록 명령받았다. 1941년 3월 18일 경흥군(慶興郡) 경흥면 은계동(隱溪洞)에 잠입했을 때 그 지역 자위단원에게 발견 체포되어, 1941년 12월 19일 기소, 1942년 1월 27일 청진지방법원에서 징역 5년에 처해졌습니다.

(3) 진흥권(陳興權, 25세)[15]은 동북항일연군에 가입하여 활동 중이던 1940년 10월 중순 무렵 일만(日滿) 양군 토벌대를 만나 도주하여 소련으로 들어갔다. 1941년 11월 무렵 소련 관헌의 명에 의해 간첩으로서 교육을 받고 1942년 1월 13일 밤 두만강을 건너 경흥군(慶興郡) 경흥면 상수이(上守移)에 잠입, 같은 달 18일 회령군(會寧郡) 회령읍에 도착해 육군 비행장의 상황 등을 탐지하던 중 검거되었다. 1942년 6월 30일 기소, 같은 해 8월 11일 청진지방법원에서 징역 4년에 처해졌습니다.

(4) 이해봉(李海鳳, 19세)은 동북항일연군에 가입하여 활동하던 중 1940년 음력 8월 상순에 소련으로 들어가 1941년 10월 16일 무렵 소련 관헌의 명에 의해 간첩으로 교육을 받고 1941년 11월 10일 밤 두만강을 건너 경흥군(慶興郡) 경흥면 신회동(新會洞)에 잠입했다. 같은 달 18일 무렵 회령군 회령읍에서 육군비행장의 상황 등을 탐지해, 1942년 1월 1일 소련으로 들어가 소련 관헌에게 이를 제보했다. 또 같은 달 22일 조선에 다시 잠입해서 회령으로 가던 도중 같은 달 27일 종성군(鍾城郡) 화방면(華方面) 주난동(州難洞)[16]에서 검거되었다. 1942년 6월 30일 기소, 같은 해 8월 18일 청진지방법원에서 단기 5년 장기 8년의 징역에 처해졌습니다.

3) 중국 공산 팔로군 관계 첩보 모략 사건

중국 산동성 공산 팔로군의 지령에 의해 조선에 들어와 군사상 비밀을 탐지하거나 방화, 철도파괴 등의 모략행위를 감행해 검거된 것이 1941년 이후 7건 36명인데, 그중 2건 4명을 제외한 모든 사례가 첩보행위뿐만 아니라 모략행위의 사명을 띤 자들이었다. 특히 주의해야 할 점은 그들 중에서는 당장은 아무런 행동도 하지 않았지만 향후 일·소 개전이 일어날 경

---

15 진흥권의 판결문이 남아 있다. 淸津地方法院刑事部, 「1942년 刑公 제24호 判決:陳興權」, 1942.8.11 (京城地方法院檢事局思想部, 『(1943年)鮮內檢事局情報』에 수록). 이 자료에 의하면 진흥권의 이명은 '김흥권金興權'이다.
16 화방면에 없는 동리명이다. 제일 유사한 지명으로 '사탄(沙灘)'동이 있다.

우 철도파괴, 방화 등을 하고 동시에 소련 비행기의 내습 시 불을 피워 유도하라는 명을 받은 자도 있었다는 점입니다. 공산 팔로군 관계 모략 검거사건의 주된 것을 들자면 다음과 같습니다.

(1) 손실정(孫實亭, 29세)은 중국 공산 팔로군을 위해 행동하는 주지원(周智遠)이라는 자의 명에 의해 청진부 내에서 군사상 비밀을 탐지함과 동시에 방화, 철도파괴 등의 모략행위를 감행할 목적으로 1937년 10월 중순 무렵 신경(新京), 도문(圖門), 남양(南陽)을 거쳐 청진부로 와서 야채 행상을 하면서 1938년 음력 7월 무렵 여섯 번에 걸쳐 청진 부두에서 보병 합계 약 1만 3,000명이 상륙한다는 것을 탐지하고 그것을 주지원에게 제보했다. 다음으로 제유직공(製油職工)이 되어 1938년 11월 말 무렵부터 1940년 1월까지 총근생(叢根生, 32세) 외 3명의 직공을 같은 무리로 획득하고, 1940년 1월 23일 첩보 모략을 목적으로 자기단(自起團)이라는 결사를 조직하고, 1941년 8월까지 왕자근(王子勤, 49세) 외 10명의 직공을 위 결사단에 가입시켰다. 1938년 12월 중순 무렵 청진부 내 약방 등에서 유산(硫酸), 탈지면, 유황, 폭죽, 화장수 병, 송진 등을 사들여 병에 약간의 유산(硫酸)을 넣고 그 입구를 셀로판지로 막아 종이 재질의 원통 최하단부에 넣은 다음, 그 틈새를 탈지면으로 막고 그 위에 화약을 넣고, 그다음 화약과 유산을 혼합한 분말을 넣고, 추가로 그 위에 유황과 송진을 섞은 분말을 넣어 그 위에 탈지면을 채워 넣음으로써 '자래화(自來火)'라 불리는 방화약(放火藥) 3개를 제조했습니다. 같은 달 22일 밤 총근생 외 2명과 함께 몰래 청진부 포항정(浦項町) 대동(大同) 백화점 안 양복진열단의 양복 메리야스 제품들 사이에 삽입해 둔 후 다음날 23일 오전 3시 무렵 위 장치에 의해 자연히 발화하게 하여 동 백화점을 전소시켜, 이로 인해 9만 3,000엔에 상당하는 손해를 입게 했다. 그 밖에 1941년 10월까지 청진부 포항정 조선유지주식회사 공장 외 8개소의 공장과 시장 등에서 위와 같은 방법 또는 성냥의 도약을 벗겨내어 송진과 혼합해서 신문지로 둘둘 만 뒤 그 가운데에 중국선향(線香) 6~7개를 삽입하고 실로 묶어 그 선향에 불을 붙인 다음 그것을 목적물 속에 삽입시키는 등의 방법으로 방화했고, 이로써 합계 360여만 엔에 상당하는 손해를 끼쳤다. 그 밖에 철도 교통에 대한 모략행위 2건도 있었습니다. 위 검거 결과 손실정 및 기타 3명은 1942년 8월 19일, 왕자근 외 10명은 같은 해 10월 6일 기소되었고, 이들 모두 현재 예심 중입니다.

(2) 유경한(劉景漢, 44세)은 1934년 3월 무렵 조선으로 들어와 회령군(會寧郡) 유선(遊仙), 계림(鷄林)탄광 등에서 노동이나 다른 일에 종사하던 중 1940년 음력 10월 무렵 중국에서 파견되었다고 칭하는 밀정 양용리(楊湧利)라는 자로부터 일본의 군수수송과 군수물자 제조 능력을 감퇴시키기 위해 철도 및 중요공업시설을 파괴하라는 명을 받고, 그 후 곽유위(郭有爲, 27세)를 동지로 획득하여 그와 함께 1941년 7월 17일 미명 못을 빼는 쇠지레를 들고 회령군 보을면(甫乙面) 계림역 구내 철도선로의 대못 5개를 빼서 같은 날 오전 6시 55분 무렵 이곳으로 진입하는 기관차를 탈선 전복시키는 것 외에 2건의 철도 모략행위를 했으므로, 1942년 6월 26일 기소되어 현재 예심 중입니다.

(3) 동숭악(董崇岳, 31세)은 중국 공산 팔로군에 입대하여 팔로군 대수파(大水波)지대 사령관 우좌해(于左海)라는 자의 명에 의해 1941년 5월 25일 신경, 도문, 남양을 거쳐 나진부로 와서 부두 인부를 하면서 1941년 음력 6월 무렵부터 같은 해 음력 9월까지 나진 부두에서 보병 300명, 대포 4문, 전차 4대, 포탄 500상자, 소총탄 3,000상자가 육양(陸揚)되는 것, 나진부 내에서 고사포 진지의 상황 등을 탐지하여 그것을 위 우좌해에게 제보했다. 또 1942년 2월 3일 무렵 나진부 말광정(末廣町) 제1시장에서 주먹만 한 크기의 돌을 면포로 싼 것에 석유를 부어 불을 붙인 다음 그것을 시장 구내에 던져 방화함으로써 해당 시장 400평을 소실시키고 21만여 엔에 상당하는 손해를 보게 했다. 1942년 10월 15일 기소, 현재 예심 중입니다.

4) 치안유지법 위반 관계 사건

1932년 무렵부터 1937년까지 관내 남쪽 삼군(三郡)에서 농민조합운동과 청진 방면에서 노동조합운동 사건 등 관내의 치안유지법 위반 관계 사건은 한때 급증했으나, 여러 차례의 검거와 사상정화 공작의 결과 점차 평온한 상태로 돌아가려 했는데, 때마침 중일전쟁이 발발하고 제반 사정상 재차 남쪽 삼군에서 농민조합운동을 전개하려 하는 자와 청진부를 중심으로 하는 도회지역이 갑자기 국가적 중요공업지대로 되면서 거기에 착안하여 노동조합운동을 전개하려는 자들이 계속 생겨나는 상황입니다. 그러나 힘껏 그들을 검거하기 위해 노력한 결과 1941년 이후 검거수가 22건 376명에 달했고 최근에도 도망 중인 주모자를 검거하여 대동아전쟁 발발 이후 천황 폐하 휘하 황군의 혁혁한 무위(武威)에 믿고 의지하려는 기운이 더해지고, 게다가 징병제도 및 의무교육제도의 실시 등의 발표가 일반 조선 민중에게 황국신민으로서 자각을 깊게 하는 좋은 결과를 가져옴으로써 현재는 관내 사상 상황이 대체로 평온함을 드러내고 있습니다.

그러나 이러한 종류 사범의 과거 사례에 비추어 보면 불령(不逞)한 민중에게 늘 있는 특성을 간과해서는 안 됩니다. 특히 지금 대전 중인데 장래에 만일 전국(戰局)이 일시 일본에 불리한 상태를 드러내는 듯한 일이 있게 되면 그때 그들에게 책략을 모색한 틈을 제공하게 되어 어떤 정세 전환이 초래될지 추측하기 어려우므로, 엄히 경계하고 징벌하는 것이 마땅합니다. 최근의 주요한 검거사건은 다음과 같습니다.

(1) 이산내용(李山內龍, 리야마 나이류, 37세)은 중일전쟁 발발 후 저축장려 등이 행해지자 일본이 경제적으로 피폐해질 것으로 판단하여 이 기회에 조선을 독립시키려 하면 독립이 가능할 것이라 주장하고, 1937년 11월 중순 무렵 김전하갑(金田夏甲) 외 2명과 함께 길주군(吉州郡) 동해면(東海面) 좌익농민조합 조직준비협의회를 조직한 것을 시작으로 길주군 내 일원에 농민조합운동을 전개했다. 또 일찍이 성진(城津)적색농민조합 재건준비회에 관여했다가 도망 중이던 안전기필(安田基弼, 야스다 기스케, 29세)은 1939년 10월 중순 무렵에 곽산흥용(郭山興龍)과 더불어 성진농민조합 좌익위원회를 조직하여 학성군(鶴城郡) 일원에 운동을 개시하였다. 1940년 가을에 길주군 내에 검거가 개시되자 앞서 언급한 이산내용(李山內龍)도 학성군으로 도주해 와서 이곳에서 위 사람들과 합체하여 운동을 전개하였다. 1941년 3월 이후 이들을 검거해 76명을 기소하고 137명은 기소유예했다. 기소된 자는 1942년 6월 이후 수차례에 걸쳐 청진지방법원에서 이산내용(李山內龍) 징역 8년을 필두로 이하 모두 유죄 판결을 받았으며, 지금도 그 일부는 사법경찰관에 명령하여 수사 중입니다.

(2) 신기동(申璣童, 28세)은 일찍이 청진부에서 조선공산주의자동맹 사건에 관련되어 처벌받은 자입니다만, 출옥 후 1939년 3월 중순 무렵 안산병모(安山炳模, 야스야마 헤이모)[안병모 安炳模][17] 현홍익(玄鴻翼) 등과 함께 조선혁명청진수남(水南)좌익노동조합을 조직하고, 일당은 회령, 주을(朱乙) 각 탄광까지 마수를 뻗었으며, 1940년 11월 무렵 경성(京城) 방면에서

---

17 관련 인물 본명은 다음 자료에 의한다. 淸津地方法院檢事正, 「治安維持法違反等被告事件起訴狀送付ノ件」, 1941.11.7; 淸津地方法院, 「1941년 豫 제18호 豫審終結決定: 安山炳模 등」, 1942.8.31.

온 이관술(李觀述), 김수남(金壽南) 등과 연락하게 되었다. 그사이 일찍이 청진, 웅기(雄基) 방면에서 노동운동에 종사하다가 처벌받은 전력이 있던 성야순명(星野淳明, 호시노 준메이, 44세)은 1939년 7월 무렵 앞에서 언급한 현홍익 및 김원학걸(金原鶴傑, 가네하라 가구게쓰)[김학걸 金鶴傑] 등과 함께 조선혁명청진좌익노동조합 지도부를 조직하였고 1940년 6월 무렵부터 앞서 언급한 김수남과도 연락했으며, 같은 해 8월 무렵 함경남도 함주군(咸州郡) 흥남읍(興南邑)으로 옮겨가 1941년 4월 말까지 그 지역에서 운동을 계속하였으며, 경성부에서도 몰래 활동하다가 같은 해 5월 이후 검거되었다. 같은 해 9월 30일 14명을 기소 예심 청구하고(求豫審), 11명을 기소유예했다. 기소된 자는 현재 공판 중입니다.

 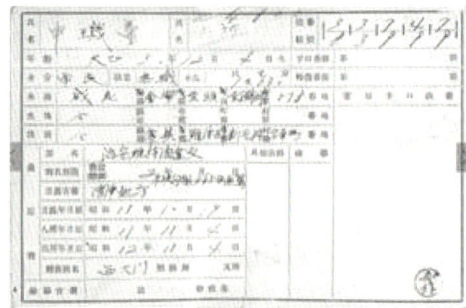

〈그림26〉 1936년 서대문형무소에 수감되었던 신기동의 인물카드
출서: 국사편찬위원회, 일제감시대상인물카드 (ia_2762)

(3) 송전창전(松田昌轉, 마쓰다 쇼텐, 41세)은 일찍이 제주도(濟州島) 야체이카 사건에 연루되어 도쿄로 도망가 있던 중, 다시 1939년 11월 중순 무렵 도쿄시 고이시가와구(小石川區)에서 송성철(宋性澈)과 함께 조선문제시국연구회를 조직하여 김산위출(金山渭出, 가나야마 이슈쓰)[김위출金渭出] 외 9명을 거기에 가입시켰다. 한패 풍목주익(豊木柱翼, 도요키 게이에키)은 조선독립을 위해서는 소련에 들어가 공산주의를 연구한 다음 조선에 귀국 후 동지 모으기에 힘쓰고 동시에 소련의 원조에 의지하는 것이 상책이라 생각하고, 1941년 말 무렵 소련으로 들어갈 목적으로 함경북도 남양(南陽) 방면을 배회하던 중 검거되었다. 1942년 12월 12일 송전창전(松田昌轉) 이하 기소 11명 기소유예 1명이고, 기소된 자는 현재 공판 중입니다.

(4) 중광효언(重光孝彦, 시게미쓰 다카히코, 22세) 외 17명의 길주공립농림학교 생도는 1941년 3월 무렵부터 1942년 3월 하순 무렵까지 몇 차례에 걸쳐 이 학교 기숙사, 실습지

등에서 두 명에서 십수 명씩 회합하여 잡담한 끝에 "우리 조선 민족은 야마토 민족의 압제 하에 신음하고 있다. 조선 동포의 진정한 행복은 독립이라는 두 글자에 있으므로 우리 학도들은 독립의 방법을 크게 공부하여 좋은 기회가 도래할 때를 기다려 무지한 동포들을 지도하고 조선 독립을 감행하자"라고 협의하였다. 1943년 1월 14일 검거되었고 현재 사법경찰관에 명하여 수사 중입니다.

(5) 송강충한(松岡忠漢, 마쓰오카 주칸, 25세)은 1941년 9월 경성광산전문학교를 졸업했고, 무촌종철(茂村宗鐵, 시게무라 소테쓰, 22세)은 사립 혜화전문학교 불교과 1학년생, 송원명학(松原銘鶴, 마쓰하라 메이카쿠, 23세)는 사립 아사히(旭)의학전문학교[18] 2학년생이었는데, 위 세 명은 1942년 5월 무렵부터 같은 해 10월까지 수차례 경성부 안암정(安岩町) 송원명학의 집과 그 외 다른 곳에서 "일본은 중일전쟁부터 대동아전쟁에 이르기까지 총력을 모아 전쟁을 하고 있는데, 인적 물적 자원이 부족하여 전쟁에 이길 전망이 없다. 최근 철 회수 운동과 같은 것은 일본 국내의 물자 결핍을 여실히 말해주는 것이므로, 우리는 이때 민족적 단결을 시도하여 조선 독립을 도모해야 한다"라고 협의하였다. 1943년 1월 26일 검거, 현재 사법경찰관에게 명하여 수사 중입니다.

이상으로 보고를 마칩니다.

---

18 구명(舊名)은 세브란스의학전문학교이다.

7. 이토 겐로(伊藤憲郞) 부산지방법원 검사정의 관내 상황 보고-재판소 및 검사국 감독관 회의에서(1943.4)[19]

제1. 관내 식량 사범은 경제사범 중 가장 많고 또 현 시국에서 중요한 의미를 지님

전시 국민생활의 안정과 치안 확보를 위해 식량 대책 확립은 가장 긴급한 요무(要務)이다. 따라서 현재 형사정책 운영상 식량문제에 관한 범죄, 이른바 식량 사범의 동향을 조사하여 관찰함으로써 그에 대한 대책을 강구할 필요가 있음은 말할 필요가 없을 것이다. 생각건대, 식료품은 일반 국민의 생활 유지와 관련되어서 그 수급 관계 조정은 중대한 사회문제에 속하고 물자 부족 혹은 가격 등귀 또는 편재(偏在) 현상이 드러나면 극도의 위협을 받게 될 수 있고 그렇게 되면 후방 치안에 동요를 주지 않는다고 장담할 수 없다. 그런데 관내 경상남도에서는 이미 중일전쟁 후 식료품의 부족과 가격 인상이 나타났고, 1939년도 가뭄 피해가 있었으며, 대동아전쟁 후 작년 1942년은 미증유의 극심한 가뭄에 의해 미곡이 평년작의 반에도 미치지 못했다. 지금은 단경기(端境期)[20]를 맞이해 도민의 얼굴에 수심이 가득하다. 그동안 생산자인 농민 중에는 반드시 공출이 기쁘지 않은 자가 있고, 소비자의 지위에 있는 자 중에 부정 수급을 하는 자도 있고, 상인 또는 배급에 종사하는 자 중에는 도리어 이와 관련되어 죄를 범한 자도 있다. 이러한 식량에 관한 부정행위에 대해 시기적 상황을 감안해야 하는 것은 상상하기 어렵지 않다. 형사정책 상 식량 사범에 대해서는 그 실정을 잘 조사하여 시국을 인식하지 않고 식량난에 편승해서 사리사욕적 행위를 하는 자에 대해서는 엄벌을 가하고 더불어 환경 관계상 불가피하게 죄를 범한 자에 대해서는 충분히 고려할 여지가 있다. 또 식량 사범의 발생에 대해서는 예방적 견지에서 각각 시책이 있어야 할 것으로 생각한다.

본래 경제사범을 물자별로 고찰하면 대체로 ① 섬유 ② 식량 ③ 화학공업품 ④ 연료 ⑤ 약품 ⑥ 목재 ⑦ 사료 ⑧ 잡품의 8가지로 대별된다. 관내에서 작년도 이상과 같은 물품의

---

[19] 高等法院檢事局 編, 『朝鮮刑事政策資料-昭和18年度版-』, 1943, 102~109쪽.
[20] 농산물의 공급량이 수요량보다 훨씬 적어지는 시기를 칭한다.

'가격등통제령'을 위반한 총인원은 유시(諭示, 훈방) 2,098명, 검거 3,034명(검사수리 1,322명)으로, 그중 식료품에 관한 위반 인원은 유시 1,546명, 검거 2,343명 (검사수리 850명)에 달하는 상황이다. 또 '폭리행위등단속규칙' 위반 사례에서도 거의 비슷한 분포여서 얼마나 식량 사범이 현 시국 하 중요성이 있는지 충분히 알 수 있다. 그리고 위 식량 사범을 종류별로 나눠보면, ① 미곡 ② 잡곡 ③ 생선 어패류 ④ 야채 및 과일 ⑤ 주류 ⑥ 당분(糖粉) ⑦ 면류 ⑧ 조미료 ⑨ 과자 ⑩ 염건어(鹽乾魚) ⑪ 통조림 ⑫ 고기 ⑬ 식용유 기름 등으로 구분되는데, 위 항목 중 가장 필수물자로 봐야 할 것은 ①~④인 미곡, 잡곡, 생선 어패류, 야채 및 과일 종류인데, 앞서 언급한 작년 중의 식량 사범(가격등통제령 위반) 유시 1,546명 검거 2,343명 중 미곡 유시 30인 검거 125명, 잡곡 유시 69명 검거 78명 (검사수리를 합해서 128명) 생선 어패류 유시 546명 검거 656명(검사수리 170명), 야채 유시 473명 검거 462명 (검사수리 77명)에 달한다. 이러한 동향은 형사 정책상 중대 사항일 것이다.

1) 미곡에 관한 위반은 점차 감소하고 있지만 가장 경계가 필요함

관내 미곡의 수급 상황을 살펴볼 때 중일전쟁 초기에는 아직 자유경제 혜택을 받는 무역지이자 또한 소비지인 부산부에 다량의 집하물이 있었는데, 점차 국가통제에 들어가게 되자 오히려 상당한 밀거래가 행해졌다. 특히 경상북도의 1939년도 여름 가뭄 피해가 극심했던 결과 미곡 수급이 극도로 궁핍해졌기 때문에 경상북도에서 미곡 단속이 느슨해져 7부 도정한 흰 쌀의 도매 밀거래가격이 1석당 58엔을 돌파하는 것조차 있었다. 경상북도에서는 업자들 사이에서 밀거래 행위가 이루어져 소비자 측에서도 쌀 확보를 위해 고가로 구입하게 되었다. 1940년 단경기에는 생산지에서 군 밖으로 반출금지와 시세 상승을 내다본 매석에 의해 민심이 상당히 불안했다. 1941년도에는 관하 미곡배급조합의 활동에 의해 미곡 가격을 통제하여 자유롭게 처분하는 것을 금지하여 사범이 감소했다. 1942년도에 들어와서 경상북도에서는 큰 가뭄으로 평년작이 230만 석인데 91만석 밖에 수확하지 못해 식량 대책상 매상 확보는 매우 곤란한 상황이 되었다. 이러한 압박을 받는 사정 하에서 일찍이 행해졌던 업자 측의 대규모 밀거래는 거의 없어졌고 소비자 측에 이중배급 위반이 보이는 정도인데, 이중배급행위도 민심의 자각과 더불어 점차 감소하는 경향을 보인다. 그러나 극도로 소비를 규제하는 것은 이제 춘궁기(春窮期)를 맞이해 불안·동요하는 조짐이 보이고, 범죄 형태

는 형법범인 강도, 절도 또는 살인, 악질적 사기(이중배급이 아님), 배급 사무에 관계된 자의 배임 횡령 또는 일반 민중의 소요죄로 이행하는 경향이 있다. 엄중한 경계가 필요한 것으로 사료된다.

2) 생선 어패류, 야채, 과일 등 부식물과 관련된 위반은 점차 증가하는 경향임

관내에서 이상과 같은 미곡류의 주요 식료품에 대한 통제에 의해 일단 안정되고 사범이 감소하는 경향을 보이지만, 부식물(副食物)인 생선 어패류, 야채, 과일류에 대해서는 작황이 부실하고 일본으로부터 입하량도 감소하며, 생선 어패류의 어로도 곤란(예를 들면 중유重油 부족 또는 방어해면령防禦海面令 시행)하다 하더라도, 업자의 사리사욕적 행위에 기반한 점이 많다는 것은 간과하지 말아야 할 것이다. 특히 시장상인 같은 경우는 몇 번의 일제 단속에도 불구하고 여전히 아무렇지 않게 부정행위가 많은 것은 실로 유감스럽다. 즉, 1942년도 생선 어패류의 가격 위반은 (유시, 검거 합쳐) 1,202명, 야채 과일에서는 935명으로 합계 2,137명이다. 같은 연도 식량 사범 총수 (유시, 검거 합쳐) 3,889명에 비하면 얼마나 이런 종류의 사범이 창궐하는지를 알 수 있다. 게다가 이런 유의 사범은 누차 증가하는 경향이다.

3) 기타 식량 사범은 소수

위의 사례 외에 조선산 탁주 위반은 식량 대책을 위해 이미 1940년 말 주조 수량을 20% 줄인 결과, 종래의 도매를 전부 소매 판매로 바꾸어 가격을 인상하려는 것을 탐지했고, 과자류에 대해서는 부산부 내의 과자업자 거의 전부가 초과 매매를 했고, 기타 두부의 밀거래, 간장 아미노산의 초과 판매, 육류 종류의 밀거래, 사료용 쌀겨의 부정 판매, 오키나와 흑당의 초과 판매 등을 비롯해 식료품에 관한 사건이 있는데, 앞서 기록한 생선 어패류, 야채, 과일 종류의 위반에 비하면 지극히 소수이다.

제2. 관내 식량 사범은 도회지에 많고 종목은 부식물에 많으며, 소상인의 범행이 많음

부산부는 인구 35만에 달하는 도회지이자 조선 제일의 무역항이므로 식료품도 이곳에 집하되고 매매가 이루어진다. 최근 점점 재주(在住) 대상인이 자각하는 기색이 있어 사범

이 감소하고는 있지만, 여전히 중규모 상인은 경제사범을 하는 경우도 많아서, 검사국에 수리된 사건 수에서 1938년 2건, 1939년 127건, 1940년 735건, 1941년 1,243건, 1942년 1,840건으로 매년 증가하는 경향을 보인다. 그리고 위 사건은 부산, 진주, 마산 등 도회지에서 이루어지고 물자별로 보면 앞서 기술한 것과 같은 식료품 사범이 가장 많다. 최근에는 특히 그 경향이 두드러져 식량 사범은 경제사범의 약 90%에 달하고, 특히 생선 어패류, 야채, 과일의 부식품 사범이 가장 많은 상황이다. 대체로 미곡 잡곡류의 제한 배급제가 있고 야채 과일류는 아직 자유 판매이지만, 작년에는 특히 감자, 배추, 무, 사과 등의 작황이 좋지 않았을 뿐만 아니라 시기에 따라 공정가격에 차이가 있어 생산자 측의 매석, 소비자층의 구매 보류가 맞물리고 일본에서 입하난(入荷難), 쌀 작황 부진 등에 의해 점점 더 부족해지는 상황이다. 이러한 수급 압박에 편승해서 위반자가 발생하며, 소상인 특히 시장 상인은 대체로 교양 수준이 낮아 위반자의 대부분을 차지하고 있는 모양새다.

제3. 식량 사범 방지는 단속, 선도, 개선의 세 방면에서 고찰 중

지금 대동아전쟁의 결전체제 하에서 대륙 전진의 병참기지 현관에 해당하는 경상남도 특히 부산의 중요성을 감안할 때 관내에서 식량 통제 확보를 도모하고 민중의 생활을 안정시키는 것이 중요하다. 그리고 이러한 종류의 통제를 어지럽히는 범죄행위에 대해서는 그 원인이나 동기를 잘 규명하고 형사정책적 처리를 해야 할 것이다. 즉, 그러한 범죄에 대해 단속을 강화하고, 범죄 가능성이 있는 자들에 대해 선도하며, 물자 부족과 물가 등귀에 대해 생산증대를 장려하고 소비규정을 고려하는 등 개선 방책을 확립함으로써 이러한 유의 범죄 근절을 기해야 할 것이다.

1) 단속은 엄벌 방침을 계속 취하는 중

관내에서 미곡 밀거래는 1940년 초 무렵 가장 활발했는데 ① 벼, 현미, 백미 등 약 11만 엔을 매매한 자를 징역 4개월, 벌금 2,000엔 ② 벼 10만 근을 수십 명과 함께 공모하여 계획적으로 매점한 자를 징역 3월, 벌금 3,000엔 ③ 벼, 현미, 보리, 콩 등 약 32만 엔을 매매한 자를 벌금 5,000엔으로 각각 처벌했다. 이러한 악질 사례는 지금은 그림자를 감추었으나 현재와 같이 식량이 심각하게 부족한 상황에서는 가령 이처럼 다액의 밀거래 행위는 없다 하더라도 초과 매매를 해서 혼자만의 이익을 취하려는 무리는 일종의 후방 교란자로서 엄중히 처벌할 필요가 있다. 또 소비자의 양곡류 부정 수급 사건에 대해서도 소비규정의 강화에 수반하여 의지가 박약한 자가 조금씩 거짓말을 하며 부정 수급을 감행하려고 하는 만연한 경향에 착목(着目)해 일벌백계의 실효를 거두기 위해 개인 사정을 참작하지 말아야 할 것이다. 만약 한 개인의 사리사욕을 채우기 위해 강도, 절도를 행하는 자 같은 경우는 처음부터 엄중하게 처단해야 할 것이다. 또 배급 관계에 재직하는 계기로 배임 횡령을 하는 자가 많아 부군읍면의 직원과 연맹이사장, 조장(組長), 애국반장 등의 사범이 날로 속출하는 경향이 있다. 식료품을 빼돌리는 것도 증가하고 있어 엄벌 방침을 채택하는 중이다. 최근 관하 거제도에서 미곡배급과 관련하여 대중적 소요로 발전할 뻔한 사건이 있었다. 이러한 종류의 범죄에 대해서는 앞으로도 그 진상을 조사하고 주모자를 엄벌해야 할 것이다. 그리고 가격통제령 위반 및 폭리행위등단속규칙 위반의 검거는 때로는 일제주의(一齊主義)로, 때로는 일품주의(一品主義)로, 때로는 불시단속으로 계속 검거해야 할 것이다. 관하에선 부산, 진주, 마산과 같이 인구가 밀집한 소비지에서 사범이 많이 발생하는 경향이 있지만, 검거가 지극히 곤란한 상황이다. 이때 이 지역들에서는 특히 국민총력도연맹 또는 경제통제협회 등의 적극적 협력에 의해 위반자의 석발을 도모하고 일반에게 범죄의 신고를 장려함으로써 범죄의 절멸을 기해야 할 것이다. 더욱이 식량부족에 관한 유언비어를 퍼뜨리는 자에 대해서는 사상적 범죄자가 원래 무지한 자라고 해도 그 전파의 위험성을 감안하여 엄중히 처벌하는 방침을 취하는 중이다.

2) 선도(善導)에 대해 좌담회를 개최하여 민심을 계몽하는 중

식량 사범은 형법범 또는 특별법범으로 미리 사회적으로 선도하는 방법을 강구하여 미리 방지할 수 있는 성질이 있다. 이미 관내에서는 경찰관 또는 기타 좌담회 간담회를 누차 개최하여 그 성과를 올리고 있는데, 추가로 그 방법을 확대하여 신문상에 게재하거나 방을 붙이는 등의 방법으로 식량 사범이 비(非)국민적 행위이며 결국 그 행위가 물자 수급이 원활해지지 않는 결과를 초래하는 까닭이 된다는 것을 역설하여 충분히 선도하는 것이 중요하다. 또 공정가격의 주지에 대해서는 공정가격표를 책자로 인쇄하여 계속 배포 중인데 효과가 작지 않다.

3) 개선에 대해서 증산을 장려하고 배급기구를 완전하게 하여 가격 설정을 고려하는 중

대체로 배급기구의 불완전, 가격의 불균형, 이윤의 불균점(不均霑) 등은 업자의 사리사욕과 함께 경제사범을 발생시키는 요인으로 꼽을 수 있다. 경상남도에서 이미 강력하게 미곡 통제를 한 결과 이러한 종류의 원인에 의한 미곡류의 위반이 없어졌지만, 생선 어패류, 야채 과일에 대해서는 고려가 필요한 것이 많다. 당분간 이 점에 대해 조사를 개시하여 생산, 집하, 출하 및 배급상황과 가격 설정 방법의 적절성 여부에 대해 긴급히 수급 대책을 마련해야 할 것이다. 그러지 않으면 생선 어패류, 야채 과일 종류에 대한 위반행위가 많이 발생할 것이다. 견해에 따라서는 이에 대해 엄벌을 가하는 것이 가혹하다는 관점도 피할 수 없으나, 형사정책적으로 보면 이른바 예방 방법으로서 사법관이 당연히 유의해야 할 문제일 것이다. 시장 또는 상점의 상황을 보면 장시간 진열해두어도 실제 판매되지 않는 경우가 적지 않다. 특히 이것이 일상 식료품일 경우는 필연적으로 일반 민심 사상에 나쁜 영향을 끼칠 것이다. 적어도 큰 시장이든 공설시장이든 경매에 한정하지 말고 일반 고객 판매도 경찰관이나 다른 사람이 감시하게 하는 방법을 채택해 식료품에 관한 한 매매의 적정함과 성실함을 도모하게 해야 할 것으로 생각한다.

자료목록

연번	편저자	문건명 (호수, 일자 등)	자료(책)명	발행처	발행일	원문쪽수
1	高等法院檢事局思想部		大東亞戰爭勃發後ニ於ケル特殊犯罪調:造言飛語及不敬事件		1943.5	서문, 목차, 1~250
2	高等法院檢事局思想部		大東亞戰爭勃發後ニ於ケル特殊犯罪調:保安法違反事件及內地等ニ於ケル各種言論事犯		1943.8	서문, 목차, 1~110
부록 1-1	內閣印刷局	安寧秩序ニ對スル罪	官報 제4252호	內閣印刷局	1941.3.12	385
부록 1-2		言論出版集會結社等臨時取締法	戰時·軍事法令集	現代法制資料編纂会	1984	190~191
부록 1-3	朝鮮總督府	朝鮮臨時保安令	朝鮮總督府官報 제4477호	朝鮮總督府	1914.12.26	203~204
부록 1-4		개정 陸軍刑法, 海軍刑法	戰時·軍事法令集	現代法制資料編纂会	1984	80~81, 89~91
부록 1-5	朝鮮總督府	不敬罪	朝鮮法令輯覽 下卷 제15집		1938	316
부록 1-6	大韓帝國 內閣法制局官報課	保安法	官報 제3830호 부록		1907.7.29	1
부록 1-7		治安維持法	戰時·軍事法令集	現代法制資料編纂会	1984	183~188
부록 2-1	高等法院檢事局	增永正一 고등법원 검사장 훈시	朝鮮刑事政策資料-昭和17年度版-		1942	8~16
부록 2-2	高等法院檢事局	水野重功 경성복심법원 검사장 관내 상황 보고	朝鮮刑事政策資料-昭和17年度版		1942	24~47
부록 2-3	高等法院檢事局	水野重功 고등법원 검사장 훈시	朝鮮刑事政策資料-昭和18年度版		1943	23~34
부록 2-4	高等法院檢事局	森浦藤郎 고등법원 검사 희망 사항	朝鮮刑事政策資料-昭和18年度版		1943	61~66
부록 2-5	高等法院檢事局	戶澤重雄 경성지방법원 검사정의 관내 상황 보고	朝鮮刑事政策資料-昭和18年度版		1943	79~87

부록 2-6	高等法院檢事局	酒見緻次 청진지방법원 검사정의 관내 상황 보고	朝鮮刑事政策資料-昭和18年度版		1943	88~101
부록 2-7	高等法院檢事局	伊藤憲郎 부산지방법원 검사정의 관내 상황 보고	朝鮮刑事政策資料-昭和18年度版		1943	102~109

인명 찾아보기

ㄱ

가메이 주타로(龜井壽太郞) 436
가산호관(佳山鎬官) 237
가수중신(駕首中信)[김용규金容珪] 122, 260
가와카미 미치타카(川上道敬) 464
간다 다조이치(神田多三一) 431
강릉문웅(江陵文雄) 187
강병언(姜秉彥) 496, 529
강본원백(江本元伯) 268
강본인숙(江本仁淑) 268
강본종윤(岡本鍾潤)[이종윤李鍾潤] 180
강본창원(岡本昌元) 140
강본창호(岡本昌浩) 229
강산영길(康山英吉) 175
강산정명(江山正明)[李鼎燮이정섭] 380
강수학(姜秀學) 383
강원원길(江原源吉)[유태훈劉台薰] 267
강전광치(岡田廣治)[강흥수(주)姜興洙(珠)] 223
강중형(姜重衡) 38
강촌신남(江村信男) 166
경곡영숙(慶谷永淑) 286
경도홍석(慶島洪錫)[김홍석金洪錫] 404
경산두업(慶山斗業)[전두업全斗業] 196
경산재선(慶山在善) 178
계명규(桂明奎) 268
고광학(高光學) 493
고교용수(高橋龍洙) 75
고교재옥(高橋在玉) 222

고노 미치타케(河野通剛) 445
고도삼룡(高島三龍) 341
고도용(高島勇) 72
고도희봉(高島希鳳) 53
고뢰춘지(高瀨春枝) 382
고마쓰바라 야로쿠(小松原彌六) 437
고마쓰자키 미쓰마사(小松崎滿昌) 413
고목임원(高木任遠) 203
고목헌실(古木獻實)[이상태李相泰] 402
고본현(高本炫) 279
고봉세화(高峰世和) 263
고산강순(高山江順)[고강순高江順] 307
고산계화(高山桂花)[고계화高桂花] 173
고산박충(高山博充) 390
고산보현(高山保賢) 144
고산종영(古山鍾泳) 150
고산판옥(高山判玉)[황판옥黃判玉] 377
고산흥진(高山興鎭) 271
고삼양로(高森良魯)[이양로李良 魯] 225
고원갑자(高原甲子)[박갑자朴甲子] 128
고원효삼랑(高原孝三郞) 92, 298
고촌도근(高村道根) 120
곡산창권(谷山昌權) 242
곡서성(曲書成) 466
곡원산석(谷元山石) 245
곡천홍준(谷川弘準) 88
공본복순(孔本福順)[공복순孔福順] 343
공전병택(共田丙澤)[황점택黃點澤] 332
곽유위(郭有爲) 497, 532

광암용신(廣岩龍信)[박용신 朴龍信] 360
광원정의(光原正義) 314
광원충하(廣原忠河) 263
광전광부(廣田光夫) 156
광전명복(廣田明復) 331
광전영길(廣田榮吉) 400
광전오성(廣田五星) 170
광전창근(廣田昌根) 163
광촌조웅(廣村照雄) 339
구로사키 기시지로(黒崎岸次郎) 418
구로스 시로(黒須四郎) 416
구룡최준범(龜龍璀駿範) 104, 388
구루스 헤이조(來栖兵藏) 417
국본건재(國本健在) 70, 358
국본규엽(國本奎燁) 159
국본기선(國本基善) 211
국본대규(國本大奎) 159
국본동렬(國本東烈) 181
국본만성(國本萬成) 200
국본말길(國本末吉) 322
국본봉준(國本奉俊) 110
국본삼복(國本三福)[이화집李化執] 119
국본충남(國本忠男) 56
국본현웅(國本賢雄) 277
국원영휘(國原永輝) 296
국전길(菊田吉) 88
국지정웅(菊池貞雄) 45
궁본고분녀(宮本古分女) 250
궁본법치(宮本法治) 168
궁본영신(宮本永信) 212
궁본일랑(宮本一郎) 115
궁본제현(宮本齊鉉)[이제현李齊炫] 192
궁전복도(宮田卜禱) 178
궁천공(宮川功)[서창금徐昌金] 188
금촌병태(錦村柄台) 145
기도홍국(箕島弘國) 239

기베 이와지로(木部岩次郎) 415
기원진순(箕原鎭淳) 162
길도용웅(吉島龍雄) 107
길승화(吉昇華) 290
길전귀룡(吉田貴龍) 251
길전민지조(吉田敏之助)[이홍규李鴻圭] 392
길전영일(吉田永一) 290
김강덕윤(金岡德潤) 288
김강진달(金岡眞達) 401
김계봉(金啓鳳) 117, 313
김곡성완(金谷成完) 263
김곡영삼(金谷榮三)[김식영金湜榮] 78
김곡정자(金谷貞子) 263
김곡탄일(金谷彈日) 263
김광상현(金光祥鉉)[김상현金祥鉉] 151
김광우양근(金光又良根) 133
김광응선(金光應善) 146, 321
김광의남(金光義男) 231
김광호(金光虎) 38
김궁화순(金宮化淳) 267
김기준(金基俊) 528
김덕성(金德成) 263
김도명덕(金島命德) 281
김도병수(金島炳洙) 77
김림상수(金林尙秀) 338
김림인기(金林仁基)[김인기金仁基] 364
김림정학(金林正鶴) 344
김림학섭(金林學燮) 152
김만년(金萬年) 158
김무극명(金武克明)[김승극금承極] 76, 317
김병식(金炳植) 496, 527
김본광봉(金本光峰)[김용갑金容甲] 55
김본광홍(金本光弘)[김고운金高雲] 392
김본근식(金本根植)[김근식金根植] 364
김본노윤(金本鷺潤)[김노윤金鷺潤] 363
김본명봉(金本命鳳) 184

인명 찾아보기 **545**

김본삼득(金本三得)[김삼득金三得] 50
김본삼성(金本三星)[김근수金根洙] 364
김본상칠(金本相七) 287
김본수남(金本壽男)[김수남金壽男] 236
김본수천(金本守千)[김수천金守千] 45
김본순석(金本順錫) 143
김본영갑(金本榮甲) 275
김본우길(金本又吉) 285
김본우평(金本宇平)[김상호金相昊] 64
김본원길(金本元吉)[김원길金元吉] 220
김본유길(金本裕吉) 49
김본윤덕(金本允德)[곽윤덕郭允德] 295
김본이남(金本二男)[김이남金二男] 183
김본익환(金本益煥) 54
김본장손(金本長孫) 188
김본종완(金本鍾完)[김종완金鍾完] 54
김본청작(金本淸作) 293
김부용근(金富容根) 324
김산건차랑(金山健次郎) 95
김산계조(金山界祚) 268
김산광웅(金山光雄) 272
김산괴세(金山槐世)[김괴세金槐世] 151
김산기렬(金山基烈) 89
김산길수(金山吉秀) 46
김산덕치(金山德治) 372
김산민부(金山敏夫)[김종국金種國] 52, 301
김산성연(金山成淵) 244
김산순자(金山順子) 135
김산정일(金山正一)[김종군金鍾郡] 301
김산진화(金山璡化) 153
김산향성(金山鄕星) 291
김산호성(金山浩成)[김호성金浩成] 266
김삼성선(金森性善) 87
김삼철(金森哲) 371
김성경섭(金城景燮) 312
김성동태(金城東泰) 59

김성명남(金城明南)[김명남金明南] 329
김성문국(金城文國) 291
김성복동(金城福童)[김복동金福童] 319
김성선도(金城善度) 205
김성선표(金城璿杓) 232
김성수학(金城壽學) 327
김성우진(金城又進) 185
김성정백(金城挺百) 201
김성효진(金城孝振) 359
김송독술(金松讀述) 180
김수리조(金水利造), 김수판조(金水判造) 60, 396
김안보패(金安寶貝) 267
김암영웅(金岩永雄) 182
김야선순(金野仙順) 126
김용희(金溶熺) 202
김원규엽(金原圭燁)[김규엽金圭燁] 89
김원무성(金原茂盛) 88
김원섭(金元燮) 335
김원의현(金原義鉉) 182
김원태술(金原泰述) 258
김원학길(金原鶴傑)[김학길金鶴傑] 534
김자영준(金子英俊) 178
김자이오(金子二五)[김이오金二五] 39
김전강수(金田康秀)[김정수金廷洙] 228
김전광고(金田光高) 213
김전광린(金田光咨) 268
김전금암(金田金岩) 293
김전기락(金田琪洛)[김원달金元達] 256
김전병호(金田丙浩) 44
김전보비(金田寶妣) 151
김전생수(金田生水) 194
김전성길(金田成吉) 102
김전순갑(金田順甲) 322
김전재국(金田在國) 152
김전정련(金田正鍊) 262, 314
김전치신(金田治信) 227

김전황(金田晃) 50
김정대효(金井大孝) 263
김정연학(金井鍊鶴) 221
김정용득(金正龍得) 242
김정정강(金井政強) 112
김정창윤(金井昌潤)[김창윤金昌潤] 69
김정학근(金井學根) 71
김조용문(金朝龍文) 165
김준문(金俊文) 120
김증(金烝) 71, 330
김진선구(金津善九) 69
김창동(金昌洞) 274
김천돈국(金川敦國) 158
김천명규(金川明珪) 164
김천병옥(金泉炳玉) 99
김천성해(金川成海) 121
김천우영(金川佑英) 362
김천창돈(金川昌敦) 197
김천호연(金川浩淵) 112
김철(金喆) 527
김촌남섭(金村南燮)[김남섭 金南燮] 529
김촌상현(金村祥賢) 267
김촌영희(金村榮熙) 43, 323
김촌이조(金村伊祚)[김이조金伊祚] 369
김촌정문(金村貞文) 48
김촌정삼(金村鼎三)[김정삼金鼎三] 49
김촌준녀(金村俊女) 267
김촌지경(金村智京) 267
김촌찬숙(金村燦夙) 239
김촌창학(金村昌學) 185
김촌초녀(金村初女) 267
김택건태랑(金澤健太郎)[김홍순金洪淳] 387
김택동현(金澤東鉉) 144
김택문웅(金澤文雄) 300
김택윤수(金澤倫洙) 174
김택태순(金澤泰淳) 402

김포윤극(金浦允極) 96
김학선(金學善) 131
김학태(金鶴泰) 52
김한서(金漢西) 147
김해상익(金海尙翼) 191
김해성대(金海聲大) 184
김해영웅(金海永雄) 138
김희숙(金熙淑) 267
김희철(金喜澈) 255

ㄴ

나가타 교겐(長田曉玄) 443
나가토메 도타(永留藤太) 141
나이토 요시토모(內藤義知) 447
나주학규(羅州學奎) 277
남원영화(南原榮化) 281
남원옥(南原玉) 281
남원일부(南原一夫)[진기천晋基千] 297
남창왕(南昌旺) 203
노순임(盧順任) 203
노촌순녀(蘆村順女) 263
능성자덕(綾城滋德)[구자덕具滋德] 44
능성종일(綾城宗一)[구종일具宗一] 145
니무라 기조(新村喜藏) 418
니시자와 쇼이치(西澤勝一) 432
니키 도모후유(二木知冬) 426

ㄷ

다가미 구마키(田上熊記) 455
다나카 조지로(田中長次郎) 275
다다노 준(只野淳) 455
다마가와 기치지로(玉川吉次郎) 463
다목업수(多木業水)[이업수李業水] 246
다우치 긴젠(田內銀善) 435

다카미 료이치(高見良一) 85
다카이시 시즈카(高石シツカ) 74
다케가미 마사루(武上正) 434
단산재성(丹山載星) 61
단산재연(丹山在淵) 234
단산항순(丹山恆順) 263
달본성수(達本聖洙) 109
달성장방(達城將邦) 387
달성정수(達城正守) 197
당안면직(棠岸勉稷) 363
당안용호(棠岸龍浩) 327
대곡상봉(大谷常鳳) 174
대도성근(大島聖根) 379
대도지량(大島志亮) 286
대산규련(大山奎鍊) 38
대산문웅(大山文雄) 309
대산민환(大山珉煥) 141
대산성녀(大山姓女) 176
대산신원(大山信元) 209
대산정부(大山正夫) 250
대산천혜자(大山千惠子) 135
대산충웅(大山忠雄) 175
대산태일랑(大山太一郎) 109
대산형원(大山炯源) 268
대성병호(大城丙浩) 384
대성영길(大城永吉)[서상일徐相一] 59
대성정옥(大城貞玉) 135
대야춘성(大野春成) 79
대원재현(大原在賢)[노재현盧在賢] 46
대원효삼(大原孝三) 336
대천의상(大川義相) 72
대천천일(大川天一) 266, 314
대촌찬원(大村贊元) 249
대평자우(大平子祐) 219
덕산길윤(德山吉允) 206
덕산맹갑(德山孟甲)[최맹갑崔孟甲] 389

덕산인숙(德山仁淑) 263
덕산정무(德山精茂) 404
덕산정일(德山精一) 404
덕영정달(德永正達) 215
덕원충정(德原忠政) 216
덕전일형(德田一亨)[정일형鄭一亨] 272
도변광서(渡邊光書) 47
도본하제(島本河濟) 77
도영차랑(都永次郎)[도영학都永鶴] 94
도정융치(桃井隆治)[이병수李炳洙] 97
도촌벽(島村壁) 181
도쿠하시 와타루(德橋渡) 436
동문인(東文仁)[김동인金東仁] 305
동숭악(董崇岳) 532
동옥명(董玉明) 41
동원국조(東原國祚) 389
동원희조(東原喜朝) 276
등택대일(藤澤大一) 167

■

마반요신(馬返堯臣)[강요신姜堯臣] 89
마스토 기타로(增藤己太郎) 454
마쓰이 산지(松井三治) 456
마쓰쿠라 다카요시(松倉高義) 420
매전인승(梅田寅昇) 175
모리 고자부로(森廣三郎) 434
모리사키 시치베(森崎七兵衛) 431
모리우치 겐이치(守內憲一) 444
모치즈키 아키히토(望月明人) 424
목촌건영(木村建榮) 72
목촌길례(木村吉禮) 211
목촌명숙(木村明淑) 263
목촌병일(木村秉一) 233
목촌성배(木村成培) 278
목촌순희(木村淳熙)[이순희李淳熙] 44

목촌시언(木村時彦) 238
목촌용수(木村用水) 202
목촌원태(木村源太) 182
목촌전필(木村銓弼) 278
목촌태순(木村泰珣) 383
목촌판구(木村判九) 152
목촌현수(木村賢洙) 159
목하명률(木下命律) 379
목하인수(木下仁守)[박순호朴順互] 49
무라코시 곤시로(村越權四郎) 422
무본삼갑(武本三甲) 310
무원의국(茂原義國) 106
무전학숙(武田學淑) 331
무촌원필(武村元泌) 404
무촌종철(茂村宗鐵) 535
무쿠게야마 센스케(槿山專助) 451
문산석우(文山錫雨) 359
문산재신(文山載信) 159
문원금암(文元金巖) 42
미쌍가매(米双可梅) 149
미야모토 다케시(宮本武) 436
미즈노 요시히토(水野義人) 467
민본종식(閔本宗植)[민종식閔宗植] 73
민수천(閔壽千) 276
민연승(閔連陞) 63
밀산수범(密山洙範) 129

ㅂ

박내금(朴乃今) 105
박두경(朴斗京) 528
박두정(朴斗亭) 232
박득성(朴得星) 38
박본룡만(朴本龍滿) 127
박봉화(朴鳳和) 217, 312
박응진(朴應珍) 316

박인관(朴寅觀) 278
박중팔(朴仲八) 235
박창호(朴昌浩) 172
박청송(朴靑松) 527
박해상(朴海翔) 38
박현영(朴賢永) 168
반준호(潘俊浩) 101
방산원길(方山元吉) 152
방원정숙(房原貞淑)[장정숙張貞淑] 229
방천희병(芳川禧柄) 192
방촌원교(芳村元交) 157
백씨(白氏) 263
백원낙연(白原樂) 268
백원호익(白原虎翊) 210
백천문웅(白川文雄) 263
백천송남(白川松男) 162
백천수길(白川壽吉) 198
백천수업(白川守業) 99
백천식(白川軾) 205
백천영식(白川暎湜) 263
백천용수(白川用洙) 79, 364
백천창해(白川昌海) 178
백천천복(白川千福) 100
백천천옥(白川天玉) 263
백천택서(白川澤瑞) 267
벽도여래(碧島礪來)[김여래金礪來] 91
복광훈(卜廣勳) 70
복전종옥(福田種玉)[오종옥吳種玉] 368
본산봉학(本山鳳鶴) 277
부산웅이(富山雄二)[유흥두劉興斗] 366
부산일형(富山一衡) 160
부영황길(富永晃吉) 293
부전광호(富田光浩) 169
부전상풍(富田相豊)[나상풍羅相豊] 317
부전영복(富田泳福) 169
부전창작(富田昌作) 370

부평금이랑(富平金二郎) 111
불국사관전(佛國寺觀典)[김부력金夫力] 303
빈원헌(濱元憲) 404

ㅅ

사사키 사토시(佐々木佐敏) 428
사영록(司永祿) 464
사원청정(砂原淸井)[김영호金永浩] 92, 302
사이토 이치자에몬(齊藤市左エ門) 458
사이토 젠키치(齊藤善吉) 459
사이토 젠타로(齊藤善太郎) 458
사이토 후지오(齊藤富士夫) 66
사카시타 센키치(坂下淺吉) 441
사쿠라이 슌(櫻井俊) 421
사토 사타로(佐藤佐太郎) 428
산가금주(山佳錦珠) 263
산가영한(山佳永漢) 288
산가인부(山佳寅夫) 390
산강의웅(山岡義雄) 130
산본기연(山本己淵) 263
산본대련(山本戴璉) 382
산본덕수(山本德洙) 223
산본동일(山本東一) 279
산본무부(山本武夫) 253
산본문언(山本文彦) 48
산본성천(山本成川) 148
산본을순(山本乙順) 134
산본재덕(山本在德) 133
산본준혁(山本俊赫) 169
산본준형(山本俊衡) 316
산본태의(山本泰義) 183
산본혜정(山本惠正) 48
산성해두(山城海斗) 53
산원재기(山原在基) 205
산원태섭(山原泰燮)[최태섭崔泰燮] 57, 376

산천운학(山川雲鶴) 327
산촌봉순(山村奉淳) 295
삼강상철(森崗相喆) 93
삼본경환(森本京煥) 259
삼본시영(杉本始榮)[이시영李始榮] 74
삼산희두(森山熙斗) 208
삼전종구(森田鍾久)[이종구李鍾久] 108
삼전종차랑(森田宗次郎) 76
삼전학고(森田學古) 132
삼정부원(三井富源) 195
삼정성삼(三井聖三) 320
삼정순조(三井淳祚) 219
삼천순(森川淳)[이병우李秉愚] 198
상곡종하(上谷宗夏) 274, 342
상전병철(上田炳哲)[서병철徐炳哲] 114
상전제민(上田濟敏) 131
서원건(西原健) 132
서원경환(西原景煥) 102
서원구복(西原九福)[정규화鄭奎和] 111
서원규석(西原圭錫) 284
서원동철(西原東哲) 280
서원상도(西原相道) 335
서원재덕(西原在悳) 333
서원재홍(西原載弘) 263
석산우준(錫山又俊) 192
석천대석(石川大錫) 147
선금증남(善金曾男) 177
선우원일(鮮于源一) 325
선원성화(旋源成化) 267
성락웅(成樂雄) 371
성본명남(星本明男)[현명남玄明男] 406
성산관이(城山寬二) 84
성산광남(星山光男) 84
성산근철(星山根哲) 403
성산만엽(城山萬葉) 125
성산영식(星山永植) 136

성산운석(星山雲錫) 167
성야순명(星野淳明) 534
성야정광(星野正光)[배갑수裵甲壽] 256
성전기석(成田基錫) 125
성전이영(成田二永)[성이영成二永] 228
성전평업(成田平業)[김대악金大岳] 295
성천경호(星川景鎬) 43
소림무웅(小林茂雄) 397
소림지춘(小林志春) 221
손광희(孫光熙) 258
손실정(孫實亭) 497, 531
송강기개(松岡磯介) 405
송강수웅(松岡秀雄)[김봉학金奉學] 122
송강신길(松岡信吉)[김병은金炳殷] 374
송강영종(松岡永琮)[오영종吳永琮] 171
송강충한(松岡忠漢)[전충한全忠漢] 368, 535
송곡서훈(松谷瑞薰) 52
송본광홍(松本光弘)[이수용李守用] 336
송본몽길(松本夢吉) 199
송본방탁(松本芳卓) 231
송본수정(松本守廷) 56
송본재영(松本在永)[심유택沈裕澤] 340
송본창오(松本昌五) 285, 326
송본충부(松本忠夫) 58
송산국광(松山國光)[조국환趙國煥] 391
송산도근(松山道根) 50
송산명조(松山明潮), 송산명호(松山明湖) 43, 323
송산복섭(松山福燮) 152
송산복성(松山福星) 191
송산부(松山富) 207
송산옥기(松山玉己) 154
송산저은(松山佀殷) 281
송산화영(松山和暎)[최상욱崔相煜] 373
송성정보(松盛廷保) 43, 323
송원국태(松原國泰) 243
송원명학(松原銘鶴) 535

송원상덕(松原尙德)[염만금廉萬金] 177
송원성호(松原成虎)[박욱래朴昱來] 302
송원수용(松原壽鏞) 405
송원융(松原隆) 107
송원타봉(松原他鳳) 218
송원효진(松原孝鎭) 180
송전동헌(松田東憲) 149
송전부일(松田富一) 193
송전성근(松田成根) 139
송전영창(松田永昌)[전영창田永昌] 186
송전정남(松田政男)[전순남田淳男] 186
송전창전(松田昌轉) 534
송전치묵(松田致默)[문치묵文致] 300
송전혜숙(松田惠淑)[최혜숙崔惠淑] 187
송전흥국(松田興國) 272
송천영금(松川永金) 85
송천찬영(松川燦永) 250, 325
송촌동호(松村東浩) 380
송촌신일(松村新一) 308
송파석룡(松坡錫龍)[장석룡張錫龍] 42
송평경운(松平京雲) 215
송평동필(松平東弼) 323
송환규(宋煥奎) 124
송효근실(松孝根實)[이근실李根實] 327
수원강웅(水原康雄)[백시영白時榮] 87
수원기선(水原基善) 279
수원완극(水原完極) 290
수전계엽(水田桂燁) 238
수전선익(水田善益) 237
스나코■칸(砂子■煥) 413
스즈키 겐타로(鈴木源太郎) 462
시본운식(柿本雲植) 226
시와쿠 후미마사(鹽飽文正) 451
신강일(信岡一) 110
신계성근(新溪成根) 232
신기동(申璣童) 533

신농말령(神農末令) 239
신농의성(神農義性) 239
신농일룡(神農日龍)[강일룡姜日龍] 365
신농찬준(神農贊俊) 239
신농창복(神農昌福) 284
신림홍석(新林洪錫)[김홍석金洪錫] 106
신범용(申凡用) 77
신본상범(新本祥範) 253
신본수진(新本守辰) 169
신본익수(新本益洙) 157
신석창(辛錫昌) 100
신소악이(辛小岳伊) 195
신안신도(新安信道) 222
신영순(申榮順) 152
신전등구(新田登久) 379
신전목민(神田牧民) 260
신전사균(神田士均) 91
신정금삼(新井金三) 210
신정기준(新井基俊) 179
신정남중(新井南重) 57
신정도인(新井道仁) 273
신정동규(新井東奎) 300
신정미자자(新井美慈子)[박순기朴順基] 304
신정범룡(新井範龍) 258
신정수해(新井壽海) 154
신정영춘(新井榮春)[박영춘朴榮春] 363
신정용숙(新井容肅) 320
신정원치(新井源治)[박신도朴愼道] 235
신정인학(新井仁鶴) 251
신정정남(新井政男)[박흥림朴興林] 40, 302, 318
신정정부(新井正夫)[박재화朴載和] 321
신정정하(新井政夏) 328
신정창률(新井昌律)[박창률朴昌律] 364
신정효준(新井孝濬)[박효준朴孝濬] 491~493
신촌정(新村正) 51
쓰치야 마사미쓰(土屋政光) 420

ㅇ

아라나가 이자부로(新長伊三郎) 441
아라세 게이타(荒瀨啓太) 450
아라이 간지로(新井勘治郎) 424
아리타 미키오(有田實龜雄) 448
아베 시게루(阿部繁) 458
아부라이 슈타로(油井周太郎) 457
아사미 이치로지(淺見一郎治) 443
아오야기 다카토(靑柳隆人) 423
아오키 스케자부로(靑木助三郎) 456
아이다 기스케(相田喜助) 60
아키바 기요시(秋葉喜好) 440
안동차병(安東車秉) 235
안동헌(安東憲) 133
안등학(安藤學)[안학득安學得] 176
안본국신(安本國信) 270
안본병선(安本柄善)[권병선權柄善] 270
안본제민(安本濟民) 49
안본주학(安本柱鶴) 333
안본창제(安本昌濟) 200
안본향묵(安本享默), 안본형묵(安本亨默) 43, 323
안산병모(安山炳模)[안병모安炳模] 533
안성원차랑(安城源次郎) 400
안원경인(安原景寅)[안경인安景寅] 164
안원도관(安原道寬) 340
안원병식(安原秉湜) 261
안원실(安原實) 164
안장덕호(安長德浩) 263
안장태항(安長泰恒) 263
안전계자(安田桂子) 123
안전기필(安田基弼) 533
안전도조(安田稻助) 244
안전박광(安田博光) 123
안전병수(安田炳秀)[안병수安炳秀] 297
안전세경(安田世京)[안세경安世京] 270

안전영하(安田永河) 129
안전재흥(安田再興) 129
안전치호(安田致鎬)[안치호安致鎬] 101
안전희유(安田熙侑) 229
안정정길(安井正吉) 138
안천두을(安川斗乙) 108
안천정웅(安川政雄) 106
안촌정숙(安村貞淑) 263
안카이 시게오(案海重雄) 452
안풍종한(安豊鍾漢)[이종한李鍾漢] 89
안홍무웅(安洪武雄) 243
안흥방언(安興邦彦) 121
안흥지원(安興智源)[안지원安智源] 199
암곡해태랑(岩谷海太郎) 281
암본범순(岩本凡巡)[추범순秋凡巡] 295
암본상홍(岩本常弘) 384
암본승평(岩本昇平)[이득수李得洙] 149
암본안이랑(岩本安二郎)[이정수李廷守] 373
암본용옥(岩本龍玉) 263
암본용현(巖本勇賢)[이명조李命祚] 39
암본정우(岩本正雨)[이정우李正雨] 181
암본정자(岩本靜子) 153
암본창헌(岩本倉憲)[이석우李錫雨] 126
암전용수(岩田龍洙) 141
암천창엽(岩川昌曄)[김창엽金昌曄] 89
암촌옥(岩村鈺)[허봉학許鳳鶴] 386
야마기시 미쓰나오(山岸光尙) 427
야마다 모리노부(山田盛信) 440
야마다 요시유키(山田義行) 271
야산영태(野山榮泰)[송영태宋榮泰] 126
야스다 다이조(安田大藏) 445
야스무라 야스마사(安村安政) 463
야촌용진(野村龍鎭) 158
야타 데쓰(八田莖) 416
약목일준(若木日準)[장일준張日準] 189
양본중만(楊本重滿)[조중만趙重滿] 278

양산근수(楊山根守) 247
양산만익(陽山萬益) 143
양원봉섭(楊原鳳燮) 67, 326
양천명조(梁川明助)[양태원梁泰元] 371
양천병시(梁川炳時) 287
양천봉석(梁川鳳錫)[양봉석梁鳳錫] 404
양천상희(陽川尙喜) 65
양천판암(梁川判岩)[양해봉梁海峰, 양길선梁吉先] 324
양천풍기(梁川豊基) 257, 291
에가와 시즈(江川シズ) 465
에자와 미에(柄澤ミエ) 271
여산필노(礪山必魯) 61
연산영준(延山泳俊) 281
연원구철(延原九轍) 166
연원정희(延原定熙) 206
연천장손(延川長孫) 190
염본봉섭(炎本鳳燮)[강봉섭姜鳳燮] 399
영목정웅(鈴木正雄) 213
영목풍광(鈴木豊光) 222
영본중웅(永本重雄) 390
영산찬응(永山贊應)[이찬응李贊應] 80
영산훈일(永山壎一)[최훈일崔壎一] 403
영원홍래(永原鴻來) 178
영전수성(永田守成) 105
영정수부(英井秀夫) 308
영정충치(永井忠治)[진택수晋澤秀] 304
영천남천(永川南天) 121
영천묵동(永川墨童) 154
오건영(吳建泳) 103
오기타 고헤이(荻田浩平) 434
오리가사 요조(折笠要藏) 457
오리하시 쇼타로(折橋勝太郎) 411
오본윤정(吳本允禎) 144
오산문수(吳山文洙)[오문수吳文洙] 82
오산순필(吳山順弼) 219

오시마 초조(大島長藏) 430
오쓰키 야스오(大槻靜雄) 38
오원의부(吳原義夫)[오봉렬吳奉烈] 305
오위맹(吳緯孟) 465
오은현(吳殷鉉) 38
오주인묵(吳洲仁默) 38
오카다 야스오(岡田靜夫) 435
오카모토 마사유키(岡本正行) 449
오카무라 도미자부로(岡村富三郎) 446
오타 아키(太田アキ) 452
오타니 미코요시(小谷己子吉) 437
옥강황(玉岡晃) 331
옥천광렬(玉川光烈) 398
와카바야시 고타로(若林孝太郎) 446
와타나베 기치자에몬(渡邊吉左衛門) 458
와타나베 준(渡邊隼) 463
완산성한(完山星漢) 185
완천영부(完川英夫) 157
왕자근(王子勤) 531
요산성삼(遼山省三) 107
요시디 디가시(吉田尚) 66
요시다 아키라(吉田昭) 66
요시다 히로시(吉田廣志) 412
요시오카 마사루(吉岡勝) 115
요안 마리 하몬(Hamon) 51
요코야마 데이스케(橫山悌介) 462
우광전(于廣田) 63
우병천(于炳泉) 63
우병홍(于炳洪) 63
우부카타 다다코(生方忠子) 411
우에다 기쿠요(上田キクヨ) 73
우영실(于永實) 468
우종구(禹鐘九) 496, 527
우창배(禹昌培) 234
웅천진효(熊川鎭孝)[주진효朱鎭孝] 404
원경운(元京雲) 263

원경원(原慶遠) 253
원산명석(元山明錫)[원명석元明錫] 337
원산봉덕(元山鳳德) 123
원전순영(原田順永) 170
원전신(原田信) 43, 323
원전화규(原田華圭) 83
원천정록(原川正祿) 212
위학린(韋學麟) 278
유경한(劉景漢) 497, 532
유범실(兪凡室) 185
유석준(兪奭濬) 131
유승덕(柳承惪) 81
유이호(柳利好)[유연수柳連秀] 130
유창성(柳昌成) 289
유천형기(柳川瀅基)[유형기柳瀅基] 272
유택수수(柳澤壽秀) 175
유흥옥(柳興玉) 152
유희만(兪熙萬)) 47
윤남석(尹南錫) 283
윤택용중(尹澤容重) 207
은천생금(銀川生金) 254
의평경상(義平景相) 255
이가관일(李家寬一) 136
이가광엽(李家光葉) 150
이가재순(李家在淳) 173
이간란(李干蘭) 160
이관술(李觀述) 493
이근유성(利根有成) 116
이근호(李根鎬) 231
이두화(李斗和) 38
이등규윤(伊藤奎允) 209
이등성경(伊藤性敬) 67
이등희일랑(伊藤喜一郎) 83
이마이 소키치(今井惣吉) 429
이병근(李秉根) 364
이본상용(李本相容)[이상용李相容] 110

이봉린(李鳳麟) 124
이부신칠(李阜辛七) 220
이산내용(李山內龍) 533
이성만(李成萬) 362
이소베 쓰네오(磯部常雄) 414
이옥순(李玉順) 211
이옥희(李玉姬) 136
이와시타 고렌(岩下交連) 424
이용상(李龍商) 393
이우치 도시이치(井內利市) 433
이전계림(李田桂林) 43, 323
이전달권(李田達權) 71, 214
이전득수(李田得水), 이전득영(李田得永) 43, 323
이정상규(二井祥圭) 282
이정수(李貞洙) 493
이종림(李宗林) 82
이진오(李振五) 466
이천문웅(伊川文雄)[윤기옥尹奇玉] 86
이천우근(利川又根)[서우근徐又根] 189
이천정명(利川貞明) 334
이천한성(利川漢成) 315
이촌서웅(李村瑞雄) 310
이촌응종(李村應鍾) 306
이촌익배(伊村益培) 208
이촌전주(李村全州) 148
이토 덴이치(伊藤傳一) 456
이판덕(李判德) 365
이해봉(李海鳳) 530
일방순경(日方順京) 152
임명수(林明洙) 214
임미순(林米順) 133
임본길웅(林本吉雄)[임각규林角奎] 282
임석순(任石順) 113
임성기(林星基) 113
임승남(林承南) 246
임영화(林永化) 160

임원식(林元植) 286
임재영(林在㼁) 103
임춘웅(林春雄) 137

ㅈ

장곡인식(長谷仁植) 79
장규래(莊奎來) 245
장목규락(張木奎洛) 234
장본신일(張本信一) 311
장옥(張玉) 467
장전효진(長田孝辰)[장효진張孝辰] 244
장천관일(長川寬壹) 269
장촌정문(張村政文) 263
장춘봉희(長春鳳希) 156
전국은(田國恩) 214
전금순(田錦順) 292
전길용(全吉龍) 289
전복득(全福得) 194
전전문일(前田文一)[김길규金吉圭] 102
전중기주(田中基周) 179
전중상석(田中相石) 377
전중주사(田中珠司) 128
전촌유풍(田村有豊) 272
전촌조이(田村祚伊) 237
전촌혁국(田村爀國) 134
정목구원(正木久源) 226
정상덕윤(井上德潤)[정덕윤丁德潤] 385
정세영(鄭世永) 399
정원영세(井原英世) 230
정전평길(井田平吉) 363
제원국부(齊原國夫) 145
조도언(曺道彥) 496, 527
조목경린(朝木京麟)[이경린李景麟] 155
조산규선(曺山圭瑄) 202
조야순숙(朝野珣淑) 241

조운학(趙雲學) 377
조조동(曹朝童) 255
좌좌목직자(佐々木直子) 280
주본정부(朱本正夫)[주만우朱萬尤] 299
주사거(周士擧) 468
주전경순(朱田敬淳) 262
죽강정범(竹岡丁範) 201
죽본용만(竹本用萬)[권석헌權錫憲] 400
죽본준일(竹本俊一)[장세파張世播] 492
죽산해식(竹山海植) 155
죽원준호(竹原俊鎬)[정탄현程坦然] 393
죽천중면(竹川重冕)[박중면朴重冕] 171
중광종무(重光宗武) 233
중광효언(重光孝彦) 534
중산경남(中山庚男) 254
중산흥주(中山興冑) 247
중원석전(中原石田) 166
중원평팔랑(中原平八郎) 42
중촌대균(中村大均) 442
중평번웅(中平繁雄) 341
지갑득(池甲得) 117
지산병수(池山炳秀) 185
지산윤근(芝山潤根)[이윤근李潤根] 367
지시로 후지오(地代富士男) 441
지재호(池載浩) 168
지전승해(池田承海) 318
지전영진(池田榮鎭) 146
지전용웅(池田龍雄) 62
진도은곤(珍島殷坤)[김은곤金殷坤] 363
진동목(陳桐目) 233
진흥권(陳興權) 530

ㅊ

차가와 조(茶川襄) 461
차순녀(車順女) 215

창성정랑(昌成政郎)[성낙용成洛庸] 204
채경성(蔡景聲) 463
천구정균(川口正均)[김정균金正均] 158
천본기용(川本基用) 159
천상덕웅(川上德雄) 378
천수정웅(天水正雄) 146
천야장방(天野長芳) 294
천원인석(千原仁錫)[천재봉千載奉] 252
천전계근(千田繼根) 288
철원충현(鐵原忠賢) 65
청목길하(青木吉夏)[박길하朴吉夏] 139
청목성진(青木姓辰) 171
청목종항(青木鍾恒)[이종항李鍾恒] 171
청목좌보(青木佐輔)[심좌보沈左輔] 357
청목학근(青木學根) 248
청산부길(青山富吉) 191
청산시읍(青山始揖) 242
청산태용(清山台容) 328
청송달기(青松達基) 104
청송방희(青松邦禧) 153
청수삼철(清水三哲)[이삼철李三哲] 137
청야정웅(清野正雄)[김환철金煥喆] 193
청원건일(清原健一) 75
청원경수(清原慶守) 216
청원규석(清原奎錫) 81
청원기순(清原起淳) 343
청원길야(清原吉野) 41
청원대용(清原大勇) 107
청원순치(清原純治)[한일대韓一大] 394
청원옥찬(清原玉燦) 269
청원희정(青原喜正)[이희정李喜正] 249
청전영기(青田永基) 91
청천원기(清川元記) 292
촌전재일(村田裁一) 221
총근생(叢根生) 497, 531
최경삼(崔景三) 240

최덕지(崔德支) 331
최본총녀(崔本聰女) 263
최성도(崔成道) 263
최성문(崔成文) 263
최정운(崔正雲) 496, 527
최창희(崔昌姬) 263
최현열(崔賢烈) 162
추산용복(秋山勇福) 109
추입언(鄒立言) 41
추전신삼랑(秋田新三郎) 200

ㅌ

탁양현(卓養鉉) 275
태전덕현(太田德鉉) 236

ㅍ

평강원상(平岡元相) 142
평거성치(平居誠治) 396
평도옥선(平島玉仙) 196
평본도치(平本道治)[문도치文道治] 337
평산광일(平山光一) 224
평산기성(平山基成)[신기성 申基成] 330
평산길자(平山吉子) 263
평산도희(平山道熙) 242
평산두병(平山斗炳) 116
평산문길(平山文吉) 263
평산씨(平山氏) 263
평산원경(平山元京) 277
평산응갑(平山應甲) 104
평산찬숙(平山贊淑) 263
평산창주(平山昌周) 116
평산홍희(平山洪熙) 108
평소근출(平沼近出) 257
평소명석(平沼明錫) 138

평소봉효(平沼奉孝) 241
평소성복(平沼星福) 339
평소신자(平沼信子)[김복낭金福娘] 189
평소칠모(平沼七模)[윤칠모尹七模] 98
평송동묵(平松東默) 58
평송성환(平松晟桓) 167
평야기주(平野基住) 344
평야승식(平野昇植) 226
평야청민(平野淸敏) 493
평전병수(平田秉洙) 119
평전웅(平田雄) 394
평창정욱(平昌正旭)[이희균李熺均] 218
평천국패(平川國佩) 263
평촌수하(平村秀夏) 252
평촌영학(平村永學) 338
포산영극(浦山永極) 43, 323
풍목주익(豊木柱翼) 534
풍신가옥(豊信佳玉) 215
풍연서국(豊淵瑞國)[이서국李瑞國] 62
풍전건종(豊田健鍾) 210
풍전부구(豊田富久) 397
풍천기재(豊川綺宰) 85

ㅎ

하림염창(河林濂昌) 40
하마 마사요시(波間政義) 461
하본용현(河本龍鉉) 271
하본주필(河本周弼)[이주필李周弼] 404
하세 고쿠조(長谷國藏) 447
하정현석(河鄭玄錫) 98
하촌구호(河村龜鎬) 167
하촌성모(河村成模)[정성모鄭成模] 118, 313
한궁봉순(韓宮鳳淳) 134
한산차용(韓山次用)[한차용韓次用] 230
한상근(韓相根) 97, 398

한성덕원(漢城德元) 144
한성영정(漢城永政) 311
한윤희(韓允熙) 163
함산인극(咸山仁極) 94
해원태향(海原泰鄉) 86
향산병원(香山秉元) 263
향산창성(香山昌盛) 175
향산춘봉(香山春奉)[이춘봉李春奉] 114
향야씨영(香野氏英) 263
향촌유환(鄉村侑煥)[오유환吳侑煥] 89
허영훈(許永勳) 47
현홍익(玄鴻翼) 533
호리카와 이치로(堀川一郎) 460
호산광윤(虎山光允) 93
호산점신(湖山點信) 204
홍순자(洪順者) 198
홍원성준(洪原性駿)[홍성준洪性駿] 213
홍촌순서(洪村順瑞) 261

홍택종근(洪澤鍾根) 339
홍확실(洪確實) 267
화림우현(華林禹鉉) 299
화산건명(和山健明) 171
화산달근(和山達根) 171
화소혁원(花咲赫元) 161
화원범락(華元範洛) 227
회산석두(檜山錫斗) 393
후나키 오토지로(船城乙次郎) 450
후지오카 쓰토무(藤岡勉) 453
후카다 마타쓰구(深田又次) 419
후쿠다 나오타케(福田尙武) 432
후쿠이 히데코(福井秀子) 429
흥해지걸(興海之傑) 248
히라마쓰 에이스케(平松榮助) 460
히라이 히사이치(平井久市) 431
히로마 료야(廣間良哉) 438
히로세 마사요시(廣瀨政吉) 421

동북아역사재단 일제침탈사 자료총서 60
사회·문화편

유언비어(1)
아시아태평양전쟁 발발과 '불온 언동'

초판 1쇄 인쇄 2021년 12월 20일
초판 1쇄 발행 2021년 12월 31일

기획 | 동북아역사재단 일제침탈사 편찬위원회
편역 | 정병욱·김연옥
펴낸이 | 이영호
펴낸곳 | 동북아역사재단

등록 | 제312-2004-050호(2004년 10월 18일)
주소 | 서울시 서대문구 통일로 81 NH농협생명빌딩
전화 | 02-2012-6065
팩스 | 02-2012-6189
홈페이지 | www.nahf.or.kr
제작·인쇄 | 공앤박 주식회사

ISBN 978-89-6187-705-3 94910
      978-89-6187-704-6 (세트)

- 이 책은 저작권법으로 보호를 받는 저작물이므로 어떤 형태나 어떤 방법으로도 무단전재와 무단복제를 금합니다.
- 책값은 뒤표지에 있습니다. 잘못된 책은 바꾸어 드립니다.